2001

中 美
关 系 史

2016

陶文钊 著

上海人民出版社

目 录

第一章　中美建设性合作关系的建立

中美关系从正常化以来有一个规律：每当美国经过大选实现了政党轮替，新总统入主白宫后最初一段时间中美关系常常会受到一些干扰，经过了一个时期的磨合，及至新政府在外交实践中对两国关系的重要性有了切身感受，美国对华政策与两国关系才又重新回到合作、发展的主渠道上来。2001 年共和党总统乔治·沃克·布什入主白宫以后，中美关系也经历了一个磨合期。但这个时期比克林顿总统当政时已经短得多了。

第一节　最初的磨合

共和党对克林顿政府第二任期的对华政策颇有异议，他们尤其不赞成 1997 年 10 月江泽民主席访美时双方《联合声明》中关于"共同致力于建立中美建设性战略伙伴关系"的提法。1999 年 8 月，得克萨斯州州长乔治·沃克·布什在接受美国有线电视新闻网（CNN）访谈时批评克林顿的对华政策说："（克林顿）总统把中国称为战略伙伴是犯了一个错误，我认为他给中国发出了很糟糕的信号……下一任总统应该明白，我们能够找到一些意见一致的领域，诸如开放他们的市场，也应该知道，他们应被看作竞争者，一个战略竞争者。"①11 月 19 日，他

---

① "Bush backs Taiwan, blasts Clinton policy", *China News*, 16 August, 1999, http://www.fas.org/news/taiwan/1999/cn-08-16-99-7.htm.

在加利福尼亚州里根图书馆作外交政策演讲时说:"我们必须把中国看清楚,不是通过装腔作势和党派政治的透镜。中国在崛起,这是不可避免的。我们的利益是明白的:我们欢迎一个自由和繁荣的中国。我们并不认为会有冲突。"接着,他话锋一转,就讲到了美国不认同的中国的内政和外交政策及行为,最后说:"中国是竞争者,而不是战略伙伴。我们与中国打交道必须同时摒弃恶意和幻想。"①布什这个讲话是他竞选中一次专门的外交政策演讲,是一次定调子的讲话。

进入大选年,布什团队不断以"战略伙伴"这个说法攻击克林顿政府,攻击民主党对手,一再重弹所谓中国是"战略竞争者"的调子。新保守派的代表人物、后来成为国防部副部长的沃尔福威茨认为,中国正在"成为美国及其盟友在21世纪上半叶的主要战略竞争对手和潜在威胁"。②布什的主要外交政策顾问、他第一任期的国家安全事务助理、第二任期的国务卿赖斯也写道:"中国不是一个维护现状的国家,而是要改变亚洲力量均衡使之有利于自己的国家。仅凭这一点,它就是一个战略竞争者,而不是克林顿政府曾经称呼它的'战略伙伴'","重要的是在通过经济上的交往促使中国内部发生转型的同时遏制中国的力量和野心。要寻求与中国的合作,但当我们两国的利益冲突的时候也绝不要害怕与北京的对抗。"③在2000年8月共和党全国代表大会上通过的共和党竞选纲领中,讲到美国对亚太地区的政策时,纲领强调美国与日本、韩国、澳大利亚、泰国和菲律宾的同盟关系,认为这对于"建设和扩展东亚的和平、安全、民主和繁荣至关重要"。涉及中国和中美关系的论述基本上突出了两国关系的消极面,其中多处批评克林顿的对华政策。认为美国对华政策被"误导"了,克林顿的北京之行是"尴尬的总统叩头"和"对长期盟友日本的公然侮辱","美国在亚洲的关键挑战是中国","中国是美国的战略竞争者,而不是战略伙伴"。④自然,对于共和党的这个纲领也不能太认真看待,其中有许多竞选的宣传,有夸大其词之处,更多地反映了竞选的需要,是为了博取选票。但正是这种党派斗争常常给中美关系造成伤害。

---

① George W.Bush, "A Distinctly American Internationalism", Ronald Reagan Library, Simi Valley, California, November 19, 1999, https://www.mtholyoke.edu/acad/intrel/bush/wspeech.htm.

② Strobe Talbott, "U.S.-China Relations in a Changing World", in Christopher Marsh and June Dreyer, eds., *U.S.-China Relations in Twenty-first Century: Policies, Prospects, and Possibilities*(Lanham, MD, Lexington Books, 2003), p.7.

③ Condoleezza Rice, "Promoting the National Interests", *Foreign Affairs*, January/February, 2000, p.56.

④ *Republican Party Platform of 2000*, http://www.presidency.ucsb.edu/site/docs/doc_platforms.php?platindex=R2000.

2001 年 1 月 20 日,布什就任美国第 43 任总统。他就职后实行 ABC 政策 (Anything but Clinton),与克林顿对着干,对美国外交政策作出调整。他给二十多个国家的领导人打了电话,但就是不给中国国家主席打电话。布什强调美国在亚洲的盟友日本和韩国的重要性,将中国置于日、韩乃至俄、印之后。布什就任之初,中情局局长特尼特向总统介绍了美国国家安全最大的三个关切:恐怖主义、大规模杀伤性武器的扩散以及中国。①

布什对前任政策调整的一个重要措施是政府官员的任命。在克林顿的第二任期,国务院和国家安全委员会中掌管亚洲政策的主要是中国问题专家。在国安会,李侃如是负责亚洲事务的高级主任,在国务院,负责亚太事务的助理国务卿陆士达本人是东南亚问题专家,他的主要助手助理国务卿帮办谢淑丽是中国问题专家。日本对这种人事安排非常敏感。共和党也有许多批评,尤其是在克林顿 1998 年 6 月底 7 月初对中国进行国事访问之后。他是 1989 年北京政治风波后第一位访华的美国总统;他在中国逗留了 9 天 8 夜,不仅是他任内对单个国家进行的时间最长的访问,以现代国家元首出访的通例来看,都是超长的;这是对中国进行的"专访",越过日本上空而未作停留,违反了美国总统出访的惯例:一般美国总统访问东亚,都会访问美国的盟国日本和韩国。此次访问之前,共和党人就曾经设法予以阻止;访问之后共和党又强烈批评克林顿故意抬高了美中关系,怠慢了美国的盟国,尤其是日本。共和党人认为之所以作出这种安排,就是因为在国安会和国务院都是中国问题专家在主导亚洲政策。②这次访问也给日本带来强烈冲击,被视作尼克松访华以后美国的又一次"越顶外交"。他们还对克林顿及政府高官公开批评日本在东亚金融危机中的表现并对中国加以赞扬表示不满。③

布什政府在人事方面进行了大调整。布什政府中主管东亚事务的政治任命的官员鲜有与中国打交道的经验:常务副国务卿阿米蒂奇④、助理国务卿凯利、国安会亚洲事务高级主任帕特森都是日本问题专家,国防部副部长沃尔福威茨

---

① Shirley A.Kan, *US-China Counterterrorism Cooperation: Issues for U.S. Policy* (CRS Report for Congress), January 6, 2010, p.1.

② 不止一位共和党的智库学者对笔者表示了这种看法,有的甚至强烈批评李侃如和谢淑丽。

③ *Republic Platform 2000*, wysiwyg://9.http:www.rnc.org/2000/2000platformcontents. 赖斯在她的文章中写道:"一位美国总统再也不应当访问北京 9 天,而拒绝在东京和首尔停留。" Condoleezza Rice, "Promoting the National Interest", *Foreign Affairs*, January/February 2000, p.54.

④ 阿米蒂奇是美国数一数二的知日派,由他领衔,于 2000 年 10 月、2007 年 2 月、2012 年 8 月出台了三个关于美日关系的报告,坚持不懈地鼓吹提升美日同盟关系,推动解禁集体自卫权,对冷战后美日关系的调整起到了重要作用。见陶文钊:《冷战后美日同盟的三次调整》,《美国研究》2015 年第 4 期。

是印度尼西亚问题专家。①这一调整明确显示了布什政府在亚洲两个大国之间重新重视日本的倾向。以国防部长拉姆斯菲尔德为首的保守派对中国的军力、战略意图、对台湾政策以及在大规模杀伤性武器扩散方面的情况持十分怀疑的态度。在2000年6月的一次采访中，他指责中国、俄罗斯和朝鲜"是导弹技术和大规模杀伤性武器的主要扩散者……它们的所作所为导致了不稳定，破坏了世界的均势"。②

但在布什政府中对中美关系的看法也不完全一致。国务卿鲍威尔代表了对华接触派。鲍威尔在老布什政府内任参谋长联席会议主席，属于共和党的温和派。2001年1月他在确认对他任命的参议院外交关系委员会的听证会上说："中国不是战略伙伴，但中国也不是我们无法避免和不可转变的仇敌。中国是一个竞争者，一个地区的潜在对手，但它也是贸易伙伴，愿意在我们两国都有战略利益的地区，如朝鲜半岛进行合作。中国具有所有上述这些特征；但中国不是敌人"，"对我们的挑战就是要采取建设性的举措，有帮助的举措，以服务于我们的利益"。③总统本人的观点基本介乎两者之间。但国务院和国防部都同意日本在美国东亚战略中起主导作用，认为布什政府应当遵循与克林顿政府不同的政策，提升日本在地区安全架构中的地位，使日本在美国领导的东亚的同盟链中起更关键的作用。

中国政府重视中美关系，希望尽量减少美国两任总统的交接对两国关系的影响，2001年2月即派遣了前驻美大使朱启桢、李道豫，前驻加拿大大使张文朴访问美国，老大使们走访了老布什、基辛格与舒尔茨，与朝野各方进行了良好的沟通。3月19日，国务院副总理钱其琛访问美国。钱其琛与鲍威尔进行了会谈，会见了布什总统、切尼副总统、赖斯、拉姆斯菲尔德等高官，足见美国对钱其琛访问是颇为重视的。布什在22日与钱其琛会晤前还共同会见记者，这更是超规格的接待了。布什在会见记者时说："中国是一个伟大的国家。中国有巨大的潜力。我们与中国有共同利益"，"我们两国的关系，显然，将是一种复杂的关系，

---

① David M. Lampton and Richard D. Ewing, *U. S.-China Relations in a Post-September 11th World* (Washington, DC: The Nixon Center, 2002), p.3. 后来情况也有变化。帕特森于2002年1月卸任，接替他的是莫健。莫健有相当丰富的处理对华关系的经验。

② David M. Lampton and Richard D. Ewing, *U. S.-China Relations in a Post September 11th World*, p.5.布什政府在对华政策上的这种分歧是公开的。2001年秋天，笔者与美国国务院一位较高级别官员讨论中美关系时，他说："国务院的军人(指鲍威尔)是鸽派，国防部里的文职长官(指拉姆斯菲尔德和沃尔福威茨)是鹰派。"

③ Colin Powell, "America Must Be Involved in the World", Powell Statement before Senate Foreign Relations Committee, January 17, 2001, Embassy of the United States of America, *Backgrounder*, February 5, 2001, p.6; David M.Lampton and Richard D.Ewing, *U.S.-China Relations in a Post-September 11th World*, p.4.

在某些领域我们能达成一致,如贸易;在某些领域我们会发生分歧……但我们双方将以相互尊重的方式来坚持己见。保持与中国的良好关系符合我们美国的最大利益"。他还表示,在 1975 年他去中国探亲,看望父母,他将于今年(2001 年)秋天再次访问中国,他"非常渴望再去中国","盼望故地重游",看看他年轻时看到的中国与现在的中国相比发生了多大的变化,他也"期待着结识中国领导人"。这样,布什还把他年轻时的经历与现在的两国关系联系了起来,融入了个人的感情因素,拉近了两国的距离。①在会见钱其琛时布什也强调了两国之间的"共同利益",并表示"相信,我们可以与中国有良好的关系。从长远的角度看,我希望为今后的 30 年打下基础"。②这样,中国政府在布什当政之初就与布什政府进行了良好的沟通,两国关系开局还算顺利。

天有不测风云。冷战结束后,美方没有停止在中国沿海的抵近侦察活动,美国拒不尊重中国在 200 海里专属经济区内的权利,经常派遣侦察船舰和飞机闯入中国专属经济区内。中方与美国多次交涉,要求美国停止此类活动,但美方依然我行我素。中国海、空军理所当然要驱赶美国舰、机。2001 年 4 月 1 日上午,美国一架 EP-3 军用侦察机在中国海南岛东南海域上空活动,与中方进行跟踪监视的歼-8 战斗机相撞,致使中国飞行员王伟驾驶的飞机坠毁,王伟跳伞后失踪。严重受损无法继续飞行的美机未经中方允许,于 9 时 33 分降落在海南岛陵水机场。约 50 分钟后,中方将 24 名美机组人员安置在当地的一个招待所。

当日下午(北京时间)3 时许,美方先声夺人,太平洋司令部通过其网页发表了关于事件的简短声明,要求中方按照国际惯例,尊重飞机的完整及机组人员的健康和安全,为飞机和机组人员尽快返回美国提供便利条件。而对中方飞机被撞毁、人员失踪只字未提。③

撞机事件发生后,作为受害者,中国政府一方面立即对失事飞行员进行紧急搜救,同时就此事向美国政府进行严正交涉。当天,中国外交部发言人朱邦造发表谈话说,中国军用飞机在中国沿海对美国军用侦察机实施跟踪监视,属于正当的飞行活动,符合国际惯例。中方飞机坠毁的直接原因,是美机违反飞行规则突然向中方飞机转向、接近造成的。因此,"发生这一事件的责任完全在

① The White House, Office of the Press Secretary, "Remarks by the President and Vice Premier of China Qian Qichen in Photo Opportunity", March 22, 2001, Embassy of the United States of America, ed., *Washington File*, March 23, 2001, p.1.

② "Transcript: Background Briefing on Bush-Qian Meeting March 22", *Washington File*, March 26, 2001, p.13.

③ 参见中国现代国际关系研究所危机管理与对策研究中心编著:《国际危机管理概论》,时事出版社 2003 年版,第 273 页。

美方"。发言人表示，对美方给中方造成损失问题和美机未经许可进入中国领空并降落中方机场一事，中方将保留进一步向美方交涉的权利。这是中方对事件的最初表态。①

中美双方对事件的看法是完全不同的。中方责问：事件发生的地点是中国的专属经济区，按国际惯例只允许"无害通行"，而军事侦察机显然不在此例，美国为什么要到离中国这么近的地方活动？美国居心何在？美方的说法是：美国的飞机和军舰在任何公海飞行和游弋，中国为什么要在公海进行拦截？美国军方人士更认为，中国的真正企图是要否认美国对从朝鲜海到南中国海这一大片海域的进入。现在中国还没有力量，及至中国有力量了，就会这样做。②

4月1日晚，中国外交部部长助理周文重紧急召见美国驻华大使普理赫，就美国 EP-3 侦察机撞毁中国军用飞机事件向美方提出严正交涉和抗议。周文重表明了中国政府的上述立场和观点，同时告诉普理赫，美机组人员安然无恙，中方已经给予妥善安置。普理赫表示不同意中方对事件的看法，并要求尽快会见机组人员，察看飞机。同日，中国驻美大使杨洁篪在华盛顿紧急约见美国国务院负责人，奉命就美军用侦察机撞毁中方军用飞机一事向美方提出严正交涉和抗议。

针对中方的表态，当天夏威夷时间上午 9 时（北京时间已经是 4 月 2 日凌晨），美太平洋舰队司令丹尼斯·布莱尔上将举行记者招待会，称事故完全是由中国飞行员的错误造成的，并要求中方人员不要登上该架美机。他说："我们的飞机像往常一样在同一个高度直飞，很显然，到底是谁撞上了谁。"布莱尔同时提到，"最近两个多月，中国战斗机的拦截活动愈演愈烈"，而且，中方的"飞机拦截行动不符合专业行为，这里面有安全问题"。③

4月2日晚，周文重再次紧急召见普理赫，进一步表明了中国政府的态度，要求美方承担责任，向中方道歉。周文重同时告诉普理赫，中方同意美使馆人员最早于 3 日晚会见美机组人员。普理赫表示，当星期一早上太阳在华盛顿升起时，撞机事件将在美国引起轩然大波。他对中方允许与美机组人员见面表示高兴，认为这是朝解决问题迈出的重要一步。他对中方一架飞机的损失

① 《就美国侦察机撞毁中国军用飞机事件外交部发言人发表谈话》，2001 年 4 月 2 日，http://www.cctv.com/news/special/zt1/crash/3871.html。

② 2001 年 6 月 27 日，中国驻美大使杨洁篪在华盛顿威尔逊国际学者中心的午餐座谈会上发表讲话，华盛顿一些重要智库的中国学家都在座。海军参谋长的政治顾问即表达了这样的看法。当时笔者适在华盛顿访问，也参加了午餐会。

③ 《环球时报》2001 年 4 月 2 日；David M. Lampton and Richard D. Ewing, *U.S.-China Relations in a Post-September 11th World*, p.12.

表示遗憾，并称愿协助中方搜救落水的飞行员。当时中美双方斗争的焦点是，中方要美方道歉；美方向中方施压，要中方立即放人。双方为此展开了拉锯式的谈判。

美国东部时间4月2日上午，布什在与他的安全团队商议之后，在白宫南草坪记者招待会上宣读了一份声明，其中说："我们的首要目标是机组人员立即安全返回和飞机不遭进一步破坏地回到美国。"他指责中方没有立即让使馆人员与机组人员接触，认为"这是违反外交惯例的，也不符合我们两国都表示过的改善关系的愿望"。①布什发表讲话后，中国国家主席江泽民于3日上午在会见到访的卡塔尔首相阿卜杜拉时有意识地发表公开谈话说，"撞机"事件的责任完全在美方，美方应该向中国人民道歉，并立即停止一切在中国沿海空域的侦察飞行。②

美东时间4月3日下午，布什再次就"撞机"事件发表谈话称，"这是一架美国军用飞机不得不在中国领土上紧急降落的非常情况。我们的态度是不让这起事故演变成国际事件……现在该是我们的男女军人返回家园的时候了，是中国政府归还我们飞机的时候了"。③布什在讲话中毫不顾及中方的关切，没有向中方道歉。中美双方各持己见，事态一度出现僵局。

事件发生后，中方确定了"人机分离"的原则。4月4日，江泽民主席出访拉美六国。他在人民大会堂的欢送仪式上就处理"撞机"事件作出指示：中央由胡锦涛抓此事，并对外交部长唐家璇说：外交部要认真落实中央指示，协调有关部门，务必妥善处理好这一事件，你要亲自负责此事。④江泽民确定的原则是："你道歉我放人"，⑤为解决问题指明了方向。当日，唐家璇约见普理赫，再次进行交涉。唐家璇强调，要让中方放人，美方必须先道歉。中国重视中美关系，希望看到事件尽快得到妥善解决。如美方承认错误，向中方道歉，中方可以考虑安排美机组人员尽快离开中国。他还要求美方立即停止在中国沿海的侦察活动，这是造成此次事件的根源。⑥

美国舆论和民众不理解中国依法对美机进行的调查取证工作，一些媒体声

① "Transcript：White House Press Briefing, Monday, April 2, 2001", *Washington File*, April 3, 2001, pp.1—2.

② 《人民日报》2001年4月4日第1版。

③ George W.Bush, "Remarks Calling on China To Return the United States Military Crew and Surveillance Aircraft", April 3, 2001. Online by Gerhard Peters and John T. Woolley, *The American Presidency Project*, http://www.presidency.ucsb.edu/ws/?pid=45675.

④ 唐家璇：《劲雨煦风》，世界知识出版社2009年版，第271—273页。

⑤ 周文重：《斗而不破——中美博弈与世界平衡》，中信出版集团2017年版，第15—16页。

⑥ 《人民日报》2001年4月5日第1版。

称中国实际上已经将美机组人员扣作"人质"。在媒体的煽动下,一些民众情绪激烈。中国驻美使领馆接到不少恐吓电话。在使领馆旁边的树上挂上了黄丝带,这是美国人表达对亲人思念的方式;白天,常会有人到使领馆门前示威;晚间,则有人在使馆附近举着蜡烛,守夜祈祷。甚至有人在街上拦住我们的外交官,近乎歇斯底里地问:"你们为什么不让我们的人回家?"美国国内的反华势力蠢蠢欲动,两国关系面临严峻考验。①

在这种情况下,中国驻美大使杨洁篪在华盛顿接受了 CNN 的采访,向美国人民说明真相。杨大使打比方说:一伙人总在你门前开车徘徊,家里有人出去查看,结果自家的车子被毁,人也失踪了。对此,家里人总该有权利做一点儿调查吧,对方至少也应该说个对不起。希望美国人民作出公正判断。他还说,美国必须道歉,这"非常重要",只要美方认真对待此事,事件马上就会结束。②这次采访对美国舆论的转变产生了一定作用。此外,杨大使还频繁约见美政府官员、前政要、重要国会议员,希望他们发挥作用,敦促布什政府及早向中方道歉。

美国务卿鲍威尔是军人出身,又有丰富的政治经验,深知军事必须服从政治。美方在他的主持下开始考虑接受中方的要求。4 月 4 日,鲍威尔在一次讲话中对中国飞机没有安全降落和中国飞行员失踪表示"遗憾"(regret),他还以个人名义致函钱其琛说,美国人也和飞行员的家人一样都在思念和祈祷,美方愿意和中方一道为两国关系努力,使这一事件成为过去。③4 月 5 日,布什在一次讲话中也对中国飞行员的失踪表示"遗憾",这是他从事件发生以来第一次作出这样的表示。他同时说,"不应让这个事件影响(双边)关系的稳定,我们同中国的关系非常重要","我的意向是与中国确保良好的关系",同时再次催促让美国飞行员尽快回家。④

中方的回应是,美方道歉信必须满足三项要求:第一,美方必须以适当的措辞,对事件本身、中方飞行员和飞机损失,以及美机未经许可进入中国领空并降落在中国机场,进行道歉;第二,美方必须承认飞机是"未经允许进入中国领空的";第三,美方应对中方妥善安置机组人员表示感谢。但美方在 4 月 6 日提交的道歉信的第二稿中仅对王伟家属、朋友和战友表示了道歉,而未对事故道歉。中方理所当然予以拒绝。⑤

① 唐家璇:《劲雨煦风》,第 277 页。

② 张沱生、史文主编:《对抗·博弈·合作——中美安全危机管理案例分析》,第 288 页。

③ 《人民日报》2001 年 4 月 8 日第 2 版;"Excerpt:Secretary of State Powell Expresses Regret Over Loss of Chinese Pilot", *Washington File*, April 5, 2001, pp.1—2。

④ 《美国总统布什关于失踪的中国飞行员的讲话》,*Backgrounder*, April 6, 2001, p.13。

⑤ 唐家璇:《劲雨煦风》,第 278 页。

4月6日,正在智利访问的江泽民再次就"撞机"事件发表谈话说,美国应就美侦察机撞毁中国战斗机一事向中国人民道歉;中美两国领导人应该站在两国关系全局的高度,解决这一问题。① 同日,钱其琛复函鲍威尔表示,美方正视事实,采取积极态度,承担自己的责任,向中国人民作出道歉,对解决问题至关重要。②

从4月5日到11日,中美双方就美方道歉信的内容进行了多轮磋商。文本经过反复修改,美方的措辞也从起初的对事件表示"regret"(遗憾),改为"sorry"(抱歉或遗憾),最后又改为"very sorry"。③ 11日下午,代表美国政府处理"撞机"事件的全权代表、美驻华大使普理赫向唐家璇外长正式递交了道歉信,这是美方道歉信的第五稿。普理赫同时向唐外长递交了鲍威尔致钱其琛的信,信中确认普理赫已得到布什总统的授权,可以代表美国政府签署就"撞机"事件对中方的道歉信,并对中方为妥善安置美机组人员付出的努力表示感谢。④ 唐家璇接受了美方的道歉信,表示中国政府决定允许美方机组人员在履行必要手续后离境。并希望美方严格遵守中美三个联合公报和国际关系基本准则,不要再做有损于中美关系发展的事,而应采取建设性态度,与中方一道,推动两国关系走上正常发展的轨道。

4月12日,中方在海口美兰机场向美方移交了 EP-3 侦察机上的 24 名机组人员,允许他们乘坐美方租用的商业包机从海口出境回国。这时离美国的复活节还有两天。

从美机组人员在海南降落到离开,中方始终本着人道主义原则,根据中美领事条约的有关规定,安排美国使领馆人员先后五次探视,允许美方机组人员给家人打电话报平安,允许他们通过电子邮件与家人联系,并向他们转交美方送来的生活用品,24 名机组人员的身体情况一直良好。机组人员回美国后,布什总统

---

① 《人民日报》2001 年 4 月 8 日第 2 版。

② 唐家璇:《劲雨煦风》,第 278 页。

③ 唐家璇的回忆录中细述了双方的磋商过程,以及中方对"道歉"一词的英文表述的斟酌。见《劲雨煦风》,第 278—280 页。

④ 当时关于道歉信,中美双方决定只磋商美方信件的英文版本,中译本由各方自己去做,表现了一定的灵活性。两国的中文译本略有差异。美官方的中译本如下:

"布什总统和鲍威尔国务卿对贵方的飞行员与飞机至今下落不明均表示了诚挚的遗憾。请向中国人民和飞行员王伟的家人表示,我们对他们的损失感到非常惋惜。……我们非常抱歉他们[美机组人员]在进入中国领空和降落时没有得到口头许可",*Backgrounder*,April 12,2001。

中方的译文如下:

"布什总统和鲍威尔国务卿对中方飞行人员失踪和飞机坠毁都已表示了真诚的遗憾。请向中国人民和飞行员王伟的家属转达,我们对王伟的失踪和那架飞机的坠毁深表歉意,……并对美机未经许可进入中国领空并降落深表歉意",《人民日报》2001 年 4 月 12 日第 1 版。两个译本中的斜体为笔者所加。

也对机组人员"受到了很好的对待"表示"宽慰"。

布什政府在处理"撞机"事件中虽曾一度显得傲慢,但总体说来表现出了一定的节制:在整个事件中,没有任何高层官员表示美国机组人员在中国被扣为"人质";①事件的解决也排除了军方更为强硬的意见,立足于外交渠道,由国务院负责处理;布什和鲍威尔都对中国飞行员的失踪表示"遗憾";美方最终基本接受了中方"道歉"的要求。在处理机组人员返回的过程中,布什、鲍威尔等一再表示了对中美关系的重视。4月12日,当机组人员回到夏威夷后,布什对于"事件通过外交途径耐心地予以解决"表示"非常高兴",这使"中美两国富有成果的关系的框架得到了维护"。②

机组人员离开后,中美双方就军机返还问题继续进行谈判。美方态度竟重又强硬起来。布什、鲍威尔和拉姆斯菲尔德纷纷发表谈话,对中方在11天后才让机组人员回国进行指责,并强调美方没有对中国"道歉"(apologize)。对"撞机"事件的处理又从国务院转到国防部手中。4月17日,美方谈判代表团到达北京。代表团主要由国防部和太平洋司令部官员组成,国务院系统只有两名较低级的官员参加,团长是国防部副部长帮办维尔加。普理赫大使没有参加谈判。中方代表团主要由外交部官员组成,包括几名国防部官员,由外交部美大司司长卢树民任团长。美方只想讨论飞机返回问题,提出中方还机最终限期不应迟于5月底;中方希望较为全面、彻底地解决"撞机"问题,双方立场相差甚远。美方"过河拆桥"的做法给谈判设置了障碍,引起中方愤慨。两天的谈判没有什么结果。③

4月23日至27日,周文重部长助理与普理赫大使就美机返还问题进行多轮非正式磋商。双方商定,由美方先派一个技术评估小组赴海南陵水机场察看EP-3侦察机。5月1日至5日,美国洛克希德公司5名技术人员来华察看飞机。5月10日,美方提出,可派美技术人员去修复飞机,然后整机飞离海南。美方称,这是解决问题的最便捷的方式,他们可让中方人员乘坐美机监控、防止侦察设备启动,以及切断或拆除飞机上与飞行无关的设备电源等措施,来解决中方的安全关切。④

---

① 在4月3日的记者招待会上,有记者问:"机组人员是人质吗?"鲍威尔表示不赞成用这个词。"Transcript: Powell April 3 Briefing on U.S.-China Aircraft Accident", *Washington File*, April 5, 2001, p.3.

② "White House Report: Bush on U.S.-China Relations", April 12, 2001, *Washington File*, April 13, 2001, pp.1—2.

③ 参见张沱生、史文主编:《对抗·博弈·合作——中美安全危机管理案例分析》,第293—294页。

④ 唐家璇:《劲雨煦风》,第285页。

中方认为美机如何返回不仅仅是个技术问题,而是具有重要象征意义的政治问题。中国人民不可能接受这种办法。5 月 13 日,中方正式通知美方,中国不同意美方提出的修复飞离方案。美方无奈,于 17 日表示同意将飞机拆解后用民用运输机运回美国。24 日,外交部发言人宣布,中国接受美方提议,允许美方将 EP-3 侦察机拆解后运走。

6 月 2 日至 5 日,由卢树民司长任团长和由美国驻华公使衔参赞莫健任团长的两国代表团就美机返还问题进行正式磋商,并达成协议。拆运工作于 6 月 18 日开始。美国租用了俄罗斯的一架安-124 运输机,分 10 架次将 EP-3 侦察机运回美国。7 月 3 日,最后一个架次的飞机部件离开陵水机场出境。次日,美拆运技术人员乘美专机从三亚机场返美。"撞机"事件的处理全部结束。

在处理飞机返还问题上,中方采取了合情合理的态度。中方先是允许美方察看飞机,接着又搁置争议,同意单就美机返还问题进行磋商。中方坚持了美机不能整机修复返回的原则,而在拆解和运输等问题上持灵活态度,为美方提供了诸多选择。美方对中方的积极态度作出了相应的回应,放弃了整机飞回的方案,同意拆解运回。由于双方都采取了务实态度,布什政府上任之初两国关系中的一场危机得到化解。

危机是化解了,但其影响已经产生。首先,它在两国民意上反映出来。许多美国人认为中国把美国机组人员作为"人质"扣了一段时间。前面说到,布什政府从未使用"人质"的说法,但众议院国际关系委员会主席海德用了这个词,[1]至于媒体就用得更多了,认为中国的做法与苏联在冷战时期的做法一脉相承。中国民众对王伟的失踪深表担忧,一致谴责美国的傲慢和霸权主义行径。其次,它对两军关系产生了极其负面的影响。4 月 30 日,拉姆斯菲尔德的一个下属起草了一份备忘录,要求中断与中国军方之间的一切往来,直到有了新的通知。5 月 3 日,这个备忘录曝光,拉姆斯菲尔德辩解说,下属误解了他的意思。实际上,在拉姆斯菲尔德要求对中美两军交流"个案处理"的指示下,两军关系基本被冻结了。[2]

---

[1] David M. Lampton and Richard D. Ewing, *U. S.-China Relations in a Post-September 11th World*, p.33.

[2] David M. Lampton and Richard D. Ewing, *U. S.-China Relations in a Post-September 11th World*, p.12.有的美国学者指出,拉姆斯菲尔德不顾国务院官员的一再提醒,甚至在布什总统亲自指示他恢复两军交流后仍加以抵制,坚持冻结对华军事交流,一则是因为"撞机"事件的处理,尤其是他把运回 EP-3 侦察机的方式视为美国军方的奇耻大辱;二则是他认为与中国人民解放军交流美国难有收获。见 Michael Swaine, *America's Challenge. Engaging a Rising China in the Twenty-First Century*(Carnegie Endowment for International Peace, 2011), p.311.

2001 年上半年对中美关系的另一个冲击是布什在台湾问题上的表态和宣布新的售台武器。

克林顿于 1998 年 6 月底对中国进行访问，并在上海公开宣示了对台湾的"三不"政策，引起共和党的普遍不满。他们认为克林顿偏离了"与台湾关系法"，损害了台湾的安全，他们要采取措施"纠偏"，还在国会里提出了"加强台湾安全法案"，试图大幅度提升美台关系。①"加强台湾安全法案"立法不成，但这种想法在共和党内阴魂不散。从中美关系正常化以来，历届美国政府都根据《与台湾关系法》，刻意在台湾问题上保持"战略模糊"，即不明确说出如果台湾海峡地区发生军事冲突美国会采取何种措施。布什政府显然对此不满。布什当政后，立意使对台政策"清晰化"，4 月 24 日，在他当政百日接受美国广播公司节目主持人查尔斯·吉布森采访时，有这样一段对话：

吉布森：假如台湾遭到中国攻击，我们是否有责任去保卫台湾人？

布什总统：是的，我们有这个责任。中国人必须认识到这一点。是的，我会的。

吉布森：运用美国的全部军事力量？

布什总统：尽其所能协防台湾。②

从尼克松以来，不论是共和党还是民主党当政，还没有一位美国总统作过这样的表态。虽然次日在接受 CNN 记者采访时他又说了一些仿佛是"亡羊补牢"的话，表示"我愿意帮助台湾自卫，就我的观点而言，在政策上实际没有任何的改变"，"我当然希望台湾坚持一个中国政策。而宣布独立不是一个中国的政策，我们将与台湾一道确保这样的事情不会发生。我们需要和平解决这一问题"，等等。③但他先前说的话已经出口，而且那确实就是他的想法，他的团队的主张。

这一表态不是偶然的。在克林顿政府末期，共和党保守派对这种"战略模糊"越来越不满。1999 年在克林顿政府对李登辉的"两国论"进行了公开的批评以后，保守派智库传统基金会和新美国世纪计划于 1999 年 8 月 20 日联合发表了一个《关于防卫台湾的声明》，抨击克林顿政府"对台北施加压力要其让渡'主权'，迫使其接受北京对'一个中国'的理解，这是危险的，与美国的战略利益背道而驰"；"保持对台湾战略与道德上的'模糊'的时候已经过去了"，"美国应当作出一切努力来遏制中国对在台湾的'中华民国'的任何形式的恐吓，毫不模糊地宣布，如果对台湾发起攻击或进行封锁，美国将保卫台湾"。④在这份声明上签字的

---

① 参见陶文钊：《中美关系史》（修订本）第 3 卷，上海人民出版社 2016 年版，第 8 章第 3 节。

②③ "White House Report: Bush on One-China Policy, April 25, 2001", *Washington File*, April 26, 2001, pp.1—2.

④ The Heritage Foundation and the Project for the New American Century, "Statement on the Defense of Taiwan", August 20, 1999, www.newamericancentury.org/TaiwanDefensestatement.htm.

有共和党新老保守派的 23 名头面人物,他们或者是里根、老布什政府时期的高官,如温伯格(国防部长)、理查德·艾伦(国家安全事务助理)、米斯(白宫办公厅主任)、威廉·贝奈特(教育部长)、伍尔西(中央情报局局长),或者既在前共和党政府中任职,又是小布什政府中的高官,如阿米蒂奇、沃尔福威茨、博尔顿、利比、珀尔;或者是新老保守派的知名理论家,如福尔纳、克里斯托尔、卡根、林蔚等。可见,在布什当政以前,这些新老保守派智库已经把他这个表态准备好了,如今他们正是通过布什之口说了他们想说的话,并且使"保卫台湾"的意思取得了前所未有的力量。

布什的"清晰化"表态出台后,国会中的保守派、一些保守派智库学者兴高采烈。众议员兰托斯称布什的表态是"独一无二、意义重大的",是"直截了当的和勇敢的",他表示:"我相信,超越我们过去很长时间内一直奉行的故意的经过研究的模糊的时刻已经到了",现在"我们已经排除了美国对台湾承诺的任何怀疑"。①传统基金会的谭慎格则撰文说,这是一种"积极的事态发展。它告诉北京,其行为是会有后果的。如果北京继续加强它针对台湾的军事部署,美国对台湾的支持也将增强。布什政府应当强调它根据'与台湾关系法'所承担的义务,而不是强调三个公报,以此提醒中国领导人,一个民主的台湾不仅是美国的重要利益之所在,而且美国有着法定的义务向台湾提供它抵制侵略所需要的东西"。②

但布什的上述"清晰化"声明却受到许多民主党国会议员、诸多智库学者的公开批评。他们指出了这种表态的潜在危险:纵容"台独"分裂势力活动,增加台海地区紧张,把美国拖入其本不想要的与中国的冲突之中。民主党资深参议员克里 4 月 25 日在参议院的讲话中说:"'与台湾关系法'没有使美国承担在台湾受到攻击时去保卫台湾的义务。'与台湾关系法'只是使我们承担了向台湾提供满足它防卫需要的必需的军事设施的义务",美国一直以来保持的战略模糊应该继续保持下去,消除这种模糊"将冒削弱台湾的安全而不是增强其安全的风险,并使我们在需要作出应对形势的决定时失去灵活性"。③民主党的另一资深参议员拜登 26 日也在国会表示,"与布什总统的表态相反,美国没有义务'用美国的所有军事力量'来保卫台湾,从《共同防御条约》被废除以后,美国就没有这样的义务了"。④

---

① "Bush Taiwan Comments Generate Questions on Capital Hill", *Washington File*, April 26, 2001, p.3.

② John J.Tkacik, Jr., "Stating America's Case to China's Hu Jintao: A Primer on U.S.-China-Taiwan Policy". *Heritage Foundation Backgrounder*, No.1541, April 26, 2002.

③ "Text: Kerry Says U.S. Not Obligated to Defend Taiwan from Attacks", April 26, 2001, *Washington File*, April 26, 2001, p.12.

④ "Text: Biden Says U.S. Not Obligated to Defend Taiwan with Force", April 27, 2001, *Washington File*, April 30, 2001, p.1.

美智库学者对布什表态予以抨击。史汀生中心的研究员容安澜表示,"总统对'与台湾关系法'作了过度解读"。①布鲁金斯学会研究员拉迪认为,美国对台湾承诺的战略模糊是维护台湾海峡稳定的"关键部分",如布什表态所言的那种"对台湾安全斩钉截铁的保证意味着冒一种你努力要加以避免的风险"。乔治·华盛顿大学中国项目主任沈大伟也指出,布什的表态实际上是"恢复了与台湾的共同安全条约……从而会引起严重的关切"。②在由克林顿政府国家安全事务副助理詹姆士·斯坦伯格主持的国家政策中心举行的研讨会上,有的学者指出,美国对台政策本来就没有什么不清楚的,如在 1996 年春,克林顿政府派两个航母编队驶向台湾海峡,这就是很清晰的信号。他们认为,对台湾方面作出更加正式的安全保证可能挑衅中国大陆,或者鼓励台湾不必要地挑衅中国大陆。③波士顿学院教授陆伯彬认为,"美国不应该放弃对是否干预台海冲突的模糊政策",这是因为,放弃模糊政策,第一,不会增加威慑力或增进稳定,而只会增加美国的代价;第二,如果台湾宣布"独立"这样的情况发生,美国再说什么也遏制不住中国大陆;第三,美国无条件地承诺保卫台湾将削弱美国与中国合作的能力。④卡内基国际和平基金会的中国问题专家史文撰文说:"布什这种支持一方的态度向北京和台北发出一种信息,似乎美国可以容忍甚至鼓励任何向着台独发展的事态,只要不是明目张胆地公开宣布独立。它也发出了这样的信号:如果中国对这样的事态以显示武力来回应,美国将保卫台湾。这种态度是危险的";"它可能使将来与中国的冲突更容易发生"。⑤许多学者批评说,布什的表态使陈水扁相信,他得到了一张"空白支票",可以不顾海峡两岸稳定,任意采取可能带来严重后果的行动。⑥布什讲话"给予台北为所欲为的自由";"在某种程度上,陈水扁是被布什政府宠坏的"。⑦

4 月 29 日,副总统切尼在接受福克斯新闻·周日节目采访时又对布什的说法进行阐述说:"某种外交上的模棱两可在外交上有时也许是有用的。但我们进

---

① 对容安澜的访谈,2001 年 7 月 2 日。

② "Bush Taiwan Comments Generate Questions on Capital Hill", *Washington File*, April 26, 2001, p.3.

③ Michael Spirates, *Perspectives on Cross-Strait Relations. Challenges and Opportunities* (Conference Summary), Winter 2001. p.5.

④ Robert S.Ross, "The Stability of Deterrence in the Taiwan Strait", *The National Interest*, Fall 2001, pp.75—76.

⑤ Michael Swaine, "Bush Has a Tiger by the Tail with His China Policy", *Los Angeles Times*, June 17, 2002, B-11.

⑥ 对美国布鲁金斯学会高级研究员、前国安会亚洲事务高级主任李侃如的访谈,2004 年 6 月 24 日。

⑦ 对美国前驻华公使傅立民的访谈,2004 年 2 月 14 日。

入了这样一个领域，其中一方不断地展现出对另一方咄咄逼人的态势，于是，阐明这样一个事实就是恰当的了：我们对此是认真的。这对美国是一个重要步骤，我们不希望中国方面产生任何误解。"①

布什政府还在对台售武、高官互访和接待台湾地区领导人过境等方面提升美台关系。也是在 4 月，布什政府批准售台武器大单，包括 4 艘基德级驱逐舰、8 艘柴油动力潜艇、12 架 P-3C 反潜飞机、12 架 MH-53E 扫雷直升机、54 辆 AAV7A1 两栖突击装甲车等，这是美国历来最大的单笔售台武器清单。②

布什政府还在实际上提升美台之间高层互访的级别，尤其军方高层会晤。2002 年 3 月，台湾的防务主管部门负责人汤曜明前往佛罗里达参加"国防峰会"，这是 1979 年以来台湾防务主管部门负责人第一次访美；美副防长沃尔福威茨等前往与会。台湾防务主管部门的副负责人康宁祥、陈肇敏、林中斌等都在不同时间访问美国，甚至一反常例直接进入五角大楼，超过了原先的规定和历来的做法，也是中美建交以来的首次。③在克林顿时期，台湾地区领导人在出访中南美洲途中在美国过境，是只能待在旅馆里，不能进行公开活动，不能接受媒体采访的。布什政府认为给台湾地区领导人的这种待遇过于"屈辱"，简直就是把人软禁在饭店里，以后要按照"安全、舒适、便利、尊严"的原则，"善待"台湾地区领导人。④从此，台湾地区领导人过境美国就得到了更大的自由。

尽管在 2001 年上半年发生"撞机"事件，布什政府又采取措施来提升与台湾的关系，中美关系受到干扰，但双方也都作出了努力来避免形势失去控制。5 月 15 日，布什在白宫会见亚太裔领袖时说，尽管发生了"撞机"事件，美国仍希望与中国发展双边关系，美国无意把中国视为敌人，更无意与中国对抗。⑤中美两国也设法把"撞机"事件对两国关系的影响限制在一个比较短的时间、比较小的范围内。在之前的 4 月 12 日，布什在白宫南草坪的讲话中说："我们有不同的价值观，但在世界上也有共同的利益……美国和中国必须作出一个决断拥有一种卓

① Shirley A. Kan, *China/Taiwan: Evolution of the "One China" Policy—Key Statements from Washington, Beijing, and Taipei* (CRS Report for Congress), October 10, 2014, p.71.
② 这些武器没有立即转让，柴油动力机潜艇一项始终没有落实。因为美国已经 20 多年没有生产柴油动力潜艇，美方本来打算向某个欧洲国家订购，然后转手售给台湾。但这些国家重视与中国的关系，知道问题的严重性，因此不敢替美国造柴油动力潜艇。对美国大使馆政务参赞艾坚恩的访谈，2001 年 12 月 23 日。
③ 苏起：《危险边缘》，台北·天下远见出版公司 2003 年版，第 231 页。
④ "State Department Noon Briefing", August 7, 2002, *Washington File*, August 8, 2002, p.2.
⑤ 郝雨凡、张燕冬主编：《限制性接触——布什政府对华政策的走向》，新华出版社 2001 年版，第 7 页。

有成效的关系,为更加安全、更加繁荣和更加和平的世界作出贡献。"①布什政府维护和发展中美关系的努力主要表现在三个方面:支持对华正常贸易关系,支持中国加入世界贸易组织;不反对北京申办 2008 年夏季奥运会;布什参加 2001 年10 月在上海举行的亚太经合组织(Asia-Pacific Economic Cooperation,APEC)峰会。②

一方面,布什及其团队对中国抱有战略疑虑,但另一方面,他们赞成自由贸易,主张与中国进行经贸合作,认为这对美国是有利的。虽然永久性正常贸易关系立法于 2000 年已经通过,但它要等到中国正式加入世贸组织之后才正式生效,因此,在 2001 年美国仍然需要延长对华正常贸易关系。这一点并不困难,而且布什政府也希望通过此事来改变过去几个月两国关系的紧张气氛。布什在 6月 1 日致国会的信中正式要求国会延长对华正常贸易关系,国会在 7 月无异议地通过了。在中国于 2001 年年底加入世贸组织以后,每年的审议就成了历史。7 月 10 日,助理贸易谈判代表贝德在众议院筹款委员会作证时表示,布什政府期待着中国加入世贸组织,并打算延长中国今年的正常贸易关系。③

中美两国虽然在 1999 年已经达成关于中国"入世"的协定,但还有少数遗留问题。2001 年 6 月上旬,美国新任贸易代表佐利克访华,与中方就这些遗留问题,如农业协定、物流与零售业、贸易权利等进行谈判,并达成协议。6 月 9 日,佐利克发表声明称:"中美之间的新谅解是对两国双赢的结果。这将帮助我们和世贸组织的其他成员在今年完成中国入世的过程。"美国大使馆也表示:"我们非常高兴地报告,美中双方已经就我们讨论的主要问题达成一致。双方同意将在日内瓦一起工作以实现中国加入世贸组织。"④为了进一步表示美国对中国"入世"的支持,佐利克在 2002 年 4 月访华时就中国与全球化的关系发表了一次演讲,表明了布什政府支持中国融入全球经济体系的意向。其中说:

---

① George W.Bush, "Remarks on the Return of United States Navy Aircraft Crewmembers From China," April 12, 2001. Online by Gerhard Peters and John T. Woolley, *The American Presidency Project*, http://www.presidency.ucsb.edu/ws/?pid=45698.

② David M. Lampton and Richard D. Ewing, *U.S.-China Relations in a Post-September 11th World*, p.21.

③ "Bush Administration Backs Normal Trade Relations with China", July 11, 2001, *Washington File*, July 12, 2001.在世界贸易组织于 12 月 11 日正式接纳中国为成员后,12 月 27 日,布什总统签署声明,中国的永久性正常贸易关系立法将于 2002 年 1 月 1 日起正式生效。"Bush Grants Permanent Normal Trade Relations Status to China", December 27, 2001, *Washington File*, December 28, 2001, p.1.

④ "U.S., China Reach Consensus on Beijing WTO Accession", June 11, 2001, *Washington File*, June 13, 2001, p.1; David M.Lampton and Richard D.Ewing, *U.S.-China Relations in a Post-September 11th World*, p.12.

在这个新的全球化时代中国领导人决定寻求全球化带来的利益，并接受它的风险。加入世贸组织并接受它的规则——这是世贸组织的核心——是中国最近采取的一项重要举措，它将使中国能在全球化的浪潮中穿行……我们的目标现在应当是与中国共同工作，以保证中国的承诺得到忠实和及时的履行，同时保证中国能运用世贸组织的规则来防止其他国家对中国的商品关闭市场。①

第二节　建设性合作关系的建立

2001年6月，布什提名他在耶鲁大学的同学雷德为驻华大使。雷德从年轻时起就与中国打交道，曾任美中商务委员会驻华代表，美国使馆一等秘书和商务专员，并在中国当了25年多的律师和谈判代表，是一位中国通，尤其在两国经贸关系方面堪称专家。他在参议院外交关系委员会的听证会上表示，如果他的任命得到认可，他将本着"明确、连贯、务实、负责"这样的四项基本原则与中国接触，为总统10月对中国的重要访问做好准备。②

在"撞机"事件处理的末了，2001年6月28日，鲍威尔国务卿与唐家璇外长通了电话。鲍威尔主要谈的是伊拉克问题。唐家璇阐明了中方在此问题上的原则立场后，话题转到中美关系。唐家璇表示，中方重视中美关系，希望与美方开展建设性合作。10月，亚太经济合作组织（APEC）峰会将在上海举行，中方愿与美方一起，为两国元首在 APEC 会议期间的会晤及布什总统会后访问北京做好准备，推动两国关系健康、稳定地发展。鲍威尔表示完全同意唐家璇的看法，并期待着在7月出席河内东盟地区论坛期间与唐家璇会晤，并欣然接受了此后访华的邀请。③

6月29日，布什总统在白宫举行美国独立日招待会。布什对莅会的杨洁篪大使说，美国飞机运回来后，他愿立即同江泽民主席通电话。中方作出积极

---

① David M. Lampton and Richard D. Ewing, *U. S.-China Relations in a Post-September 11th World*，p.22.有的美国学者认为，布什政府与克林顿政府一样，都认为中国加入世贸组织不仅能使美国经济获益，而且是深化中国对全球经济体系规则承诺的最重要的举措。See Michael Swaine, *America's Challenge. Engaging a Rising China in the Twenty-First Century*，p.195.

② "Remarks by Clark Randt, Jr., To Be Ambassador to the People's Republic of China, at the Hearing of the Senate Foreign Relations Committee"，June 27, 2001, Embassy of the United States of America, ed., *Backgrounder*，July 9, 2001.，p.2.

③ 唐家璇:《劲雨煦风》，第289页。

回应。7月5日,江泽民应约与布什通电话,这是布什上任后两国元首首次通电话。江泽民强调,中美之间存在这样那样的分歧,这并不奇怪。两国之间存在重要的共同利益,应该在中美三个联合公报的基础上,共同致力于两国关系的稳定发展。布什说,美中关系至关重要,两国能够找到广泛的合作领域。他一直强烈支持中国加入世贸组织,因为这符合中国的利益,也符合美国的利益。美中两国还可以在许多国际问题上进行合作。他表示期待着10月到上海参加 APEC 首脑会议并访问北京,期待着与江泽民进行坦率、富有成果的会谈。①

鲍威尔在亚洲之行前对媒体表示:

> 中国对外开放和经济改革所带来的巨大转型是我们与中国关系的基础。我将告诉中国领导人,随着中国继续沿着这条道路前进,随着中国融入国际体系并接受世界的贸易和经济标准,我们将与他们继续合作共事。我也将谈到防扩散、人权和宗教信仰问题,我们在会谈中会非常冷静,顾及两国适合的程度,这两个国家正在构建更好、更友善的关系……我将把这一点说得绝对明确,我们期待着与中国建立更好的关系,美国不寻求与中国为敌。②

总之,随着"撞机"事件成为过去,两国关系开始回暖。7月上旬,中国决定恢复美国海军舰只对香港的例行停靠访问。③

7月24日至27日,东盟地区论坛外长会议在河内举行,25日下午,中美两国外长举行会晤,这是布什当政以来两国外长的首次会晤,双方就中美关系、人权、核不扩散等诸多的问题交换意见。唐家璇针对美国国内怀疑中国要把美国"挤出"亚太地区的焦虑,阐述中国的立场说,现在国际形势发生了很大的变化,但是中美之间的共同利益并没有消失,而是在增加;中美合作的领域并没有减少,而是更为广泛。中美没有理由成为敌人或对手。美国有人认为中国要把美国"挤出亚洲",这种看法既没有根据,也不符合客观事实。中国欢迎美方在维护亚太和平与稳定方面发挥积极作用,愿意就此与美方加强合作。鲍威尔赞同唐家璇的看法,表示双方要面向未来,向前推进中美关系。并说布什总统期待着对

① 唐家璇:《劲雨煦风》,第290页。

② "Transcript: Powell Says Upcoming Asia Trip Will Strengthen Ties", July 20, 2001, *Washington File*, July 23, 2001, p.3.

③ 鲍威尔卸任后,于2006年7月应中国人民外交学会的邀请来华访问,唐家璇会见并宴请了他。鲍威尔非常认真地说,布什当政伊始,中美之间就发生了"撞机"事件,当时如果处理得不好,就可能变成两国间的一场危机。但经过双方的共同努力,终于化险为夷。两国对这一事件的处理是积极有效的。尽管美中之间存在着分歧和摩擦,但只要双方本着友好合作的精神妥善处理,就能推动两国关系继续向前发展。诚哉斯言! 见唐家璇:《劲雨煦风》,第299页。

中国的访问,即使是在处理"撞机"事件的时候,他也没有改变访华的初衷,因为他希望并相信这一事件会成为过去。两国外长的这次会晤非常成功。唐家璇的讲话给鲍威尔留下了深刻的印象。后来鲍威尔曾对唐家璇提及,他对唐家璇的说法感到非常新鲜,这是他第一次听到中方作此表示。由于双方的表态都很积极,这就为鲍威尔对中国的访问创造了良好气氛。

7月28日至29日,鲍威尔国务卿访问中国。这是布什当政以来访问中国的最高级别官员。江泽民主席、朱镕基总理、钱其琛副总理分别会见了鲍威尔。中国领导人从不同角度阐述了中方对中美关系的看法,强调中方重视中美关系,希望与美方共同努力,相互尊重,求同存异,在三个联合公报的基础上发展建设性合作关系。江泽民说,中美关系正在改善。自1972年双方重新打开交往大门以来,中美关系在广泛的领域取得了历史性的成果。两国应站在新世纪的高度,登高望远,共同促进世界的和平与发展。世界是丰富多彩的。各种文明和社会制度应长期共存,在比较中取长补短,在存异中共同发展。①唐家璇在河内会晤的基础上与鲍威尔进行了深入的对话。鉴于布什本人及其团队的成员都曾说过中国是"战略竞争者"或"竞争者",唐家璇把会谈的重点放在中美关系的定位上,力求促使美方对中美关系确定一个积极的定位。他表示,江泽民主席在20世纪90年代初提出的"增加信任,减少麻烦,发展合作,不搞对抗"对于处理好当前的中美关系仍然具有现实意义;中国不是美国的敌人,也无意成为美国的敌人;两国开展交流与合作,有着广阔的前景。

鲍威尔作出了积极的回应。他一再表示,美国不需要一个敌人,也不寻找敌人。美国希望同中国建立友好的关系,建设性的关系,希望中国继续发展和进步,愿在寻求合作中相互促进,并表示,布什总统殷切期待着对中国的访问,他是给总统打前站来了。谈到中美关系的定位时,他说,他不选择"伙伴"和"敌人"这两个词中的一个,"美中关系是如此复杂,又包括很多方面,所以简单地用一个词来涵盖是不正确的。这是一个复杂的关系,但也是一个将越来越建立在友谊和信任的基础上的关系、建立在共同努力解决问题的基础上的关系"。②他还祝贺北京成功取得2008年夏季奥运会的举办权。鲍威尔的这一说法是对"战略竞争者"提法的修正。它表明,布什政府已经正式决定停止使用"战略竞争者"或"竞

① 《江泽民主席会见美国国务卿鲍威尔》,2001年7月28日,http://news.xinhuanet.com/ziliao/2001-12/03/content_499650.htm。

② 《人民日报》2001年7月29日;"Powell Stresses U.S. Wants Friendly Ties with China", *Washington File*, August 1, 2001, p.3. 关于中美关系定位的这种说法,其实在此之前助理国务卿凯利已经有过类似表态。他在7月18日与曼谷、东京、汉城和新加坡四地政府官员和媒体进行越洋对话时说,美中都是大国,因此双边关系是多方面的,不能简单地用"战略伙伴关系"或"战略竞争者"来概括。见《解放日报》2001年7月20日。

争者"的说法来定位两国关系。

鲍威尔的访问是修复两国关系的一次积极努力。在会谈中,双方还就如何发展两国关系作出了具体安排:美国财政部长奥尼尔将于9月在北京与中国财政部长一起主持两国经济联委会(China-US Joint Economic Committee,JEC)会议,商务部长埃文斯将于2001年稍晚与中方一起主持两国商贸联委会(China-US Joint Committee of Commerce and Trade,JCCT)会议,两国海上军事安全磋商机制(Military Maritime Consultative Agreement,MMCA)将于8月举行特别会议,两国还将举行防扩散专家会议。鲍威尔在会见中国领导人后的记者招待会上说:

> 布什总统相信,当然我也相信,美中两国之间的一种建设性关系符合美中两国人民的利益,符合我们在亚洲的盟国和朋友的利益,符合世界的利益。我期待着与我的中国同事们一起工作,拓展和加深我们之间的合作领域。①

7月28日,鲍威尔还罕见地接受了中国中央电视台的专访。他在访问中说:

> 今天我想传达给中国人民的信息是:我们希望与中国人民友好……新政府上任六个月来,美中关系确实有起伏。但是总的来说我们的关系现在向积极的方向发展。……我们有非常非常重要的共同利益:经济利益、贸易利益。我们也将有分歧的领域,在这些领域,我们所说的也许不被中国所接受,但是这些都是在致力于与中国建立一种牢固的关系、欢迎中国进入国际社会的大环境……并且我们对中国近年来所取得的成就印象非常深刻。我们把中国看成是朋友,不是对手。②

中美关系走出了"撞机"事件的阴霾,恢复了高层互访,双方都决定采取实际步骤推进两国关系。此次访问之后,唐家璇与鲍威尔一直保持着良好的工作关系和密切的个人接触。

但在布什政府内部,关于中美关系的认识远不是一致的,实际上国务院与国防部的看法分歧颇大。正如有的美国学者所说,国务院与国防部从"撞机"事件中得出了非常不同的结论。对国务院来说,与中国方面及时解决危机打开了与北京交流的渠道,而且渠道变得日渐宽阔。对国防部来说,"撞机"事件使美国有理由几乎完全冻结对华军事交流,实行更亲台的政策,并对一个上升的、"对美国

---

① "Secretary Powell Press Conference in Beijing", July 28, *Washington File*, July 31, 2001, p.3.

② "Interview of Secretary of State Colin Powell by CCTV", August 2, 2001, *Backgrounder*, August 2, 2001, pp.1—2.

抱有恶意的"中国对美国的长期危险发表政策声明。①国防部 2001 年 9 月发布的《四年防务评估报告》就是一个这样的声明。

　　国际关系并不总像人们预想的、事先安排的那样发展,一些突发事件会给国家关系和世界形势带来重大影响。"天有不测风云",美国东部时间 2001 年 9 月 11 日上午(北京时间 9 月 11 日晚),美国纽约、华盛顿等地相继遭到国际恐怖主义"基地"组织发起的袭击。8 时 45 分和 9 时 3 分,恐怖分子劫持的两架美国民航客机先后撞向纽约世界贸易中心南塔和北塔,双子塔楼于 10 时许先后倒塌。9 时 30 分,正在外地视察的布什总统发表讲话称,美国正遭到恐怖分子袭击,美国政府将对飞机失事原因展开全面调查。他宣布,这是一个"国家灾难",美国政府不会姑息纵容任何恐怖主义行径。②9 时 45 分,国防部五角大楼遭到飞机撞击,部分损毁。10 时 10 分,一架遭劫持的美国联合航空公司客机在宾夕法尼亚州的萨默塞特坠毁。恐怖分子本来是图谋袭击白宫的。

　　"9·11"袭击对于美国的影响非常深远。由于地理上的优势,美国本土在两次世界大战中都免遭战火洗劫。珍珠港事变发生在太平洋上的夏威夷,离美国本土还远得很,从那里坐飞机到西海岸要 5 个多小时。也就是说,从 1865 年内战结束以来,美国本土尽享太平和安宁。"9·11"袭击是一个多世纪来美国本土第一次遭受这样的打击。珍珠港事变中有 2 300 多名美国军人丧生,1 300 多人受伤。"9·11"袭击中蒙难的人数最初估计为 3 500 人,后来落实为约 3 000 人,大大超过珍珠港事变中的死难者。珍珠港事变发生时通信尚不发达,公众只是在事后从广播和报纸上得知这个消息。而"9·11"袭击发生时正好有记者在场,两架被劫持飞机撞向世贸大楼的情景被拍摄了下来,立即通过电视向全国播放,这对美国人心理上的震撼实在太大了。尤其在冷战结束以后,美国成了唯一的超级大国,许多美国人都认为这是美国的"单极时刻",超级大国的心态,"老子天下第一"成了一种美国的政治文化积淀。"9·11"袭击跟这种心理的反差太强烈了,真有天壤之别。美国原来如此脆弱,如此容易受到攻击。正如国家安全事务助理赖斯后来在一个讲话中所说的,"'9·11'使美国的脆弱性暴露无遗"。③

---

① Jonathan D.Pollack, "The Bush Administration and East Asia: Does the United States Need a New Regional Strategy?" in Robert M.Hathaway and Wilson Lee, eds., *George W.Bush and East Asia*(Woodrow Wilson International Center for Scholars, 2005), pp.104—105.

② George W.Bush, "Remarks in Sarasota, Florida, on the Terrorist Attack on New York City's World Trade Center," September 11, 2001. Online by Gerhard Peters and John T.Woolley, *The American Presidency Project*, http://www.presidency.ucsb.edu/ws/?pid=58055.

③ "September 11ᵗʰ Attacks 'Crystallized Our Vulnerability,' Rice Says", October 2, 2002, *Washington File*, October 4, 2002, p.23.

"9·11"袭击改变了美国战略界许多人和布什政府的战略思维。首先,布什政府和美国许多战略家把柏林墙倒塌和"9·11"袭击相提并论,认为前者开启了后冷战时代,而后者则结束了后冷战时代,开启了一个新的时代。在第二次世界大战时,美国的主要敌人是法西斯;在冷战时代,主要对手是苏联;在20世纪90年代,虽然有各种矛盾和冲突,但没有一个是主导的危险,如何定位这个时代、威胁的性质如何等问题在美国缺乏共识,美国的大战略也变得游移不定。①恐怖袭击使美国社会迅速地凝聚起一个共识:国际恐怖主义这种非传统安全威胁是对美国国家安全、美国的生活方式和至关重要的利益的现实的紧迫威胁。袭击之后,布什总统立即宣布,这是一场战争,美国处在全球反恐战争之中。②在2002年9月中旬发布的《美国国家安全战略》中再次强调:"美国正在进行全球反恐战争。美国的敌人不是一种政治体制,或个人,或宗教,或意识形态,而是恐怖主义——有预谋的、有政治企图的针对无辜民众的暴力……这是一场与我们历史上的所有战争都不相同的斗争。"③美国对威胁的来源的评估改变了。赖斯在一个讲话中说:"今天,与其说威胁来自大规模的军队,不如说来自一小撮隐藏的恐怖分子;与其说来自强国,不如说来自虚弱的失败国家。在'9·11'之后,人们已经不再怀疑,今天美国所面对的安全威胁是自内战以来所从未有过的。"有的学者指出,经过十年的犹豫不决和政策辩论之后,终于清楚了,国际恐怖主义而不是中国是美国新的全球敌人。④

其次,布什政府对反恐斗争的定位是"全球反恐战争",而不是对个别恐怖组织进行的个别斗争,为了进行这场战争,美国需要建立一个尽可能广泛的全球反恐联盟,包括世界上所有的大国。美国对大国关系的看法由此发生了转变。在"9·11"事件当晚,布什主持国家安全委员会会议,在会上就提出,恐怖主义的袭击为美国与俄罗斯和中国的合作提供了"异乎寻常的机会"。⑤大国合作反恐成

① "September 11th Attacks 'Crystallized Our Vulnerability', Rice Says", *Washington File*, October 4, 2002, 22—23; "September 11 Launched a New Era in U.S. Strategic Thinking", *Washington File*, September 11, 2002, p.20.

② George W.Bush, "Remarks Following a Meeting With the National Security Team", September 12, 2001. Online by Gerhard Peters and John T.Wooll, *The American Presidency Project*, http://www.presidency.ucsb.edu/ws/?pid=58058; "The Global War on Terrorism. The First 100 Days", *Washington File*, 21 December 2001. p.9.

③ The White House, *The National Security Strategy of the United States of America*, September 2002, http://georgewbush-whitehouse.archives.gov/nsc/nss/2002/.

④ "September 11th Attacks 'Crystallized Our Vulnerability', Rice Says", *Washington File*, October 4, 2002, pp.22—23; Jonathan Pollack, "Learning by Doing: The Bush Administration in East Asia", in Robert Hathaway and Wilson Lee, eds., *George W.Bush and Asia. A Midterm Assessment*, p.65.

⑤ Shirley Kan, *U.S.- China Counterterrorism Cooperation: Issues for U.S. Policy*(CRS Report for Congress.), December 7, 2004, p.4.

为美国国家安全战略的重要内容。

第三，布什政府极端重视大规模杀伤性武器的扩散，布什在上述《美国国家安全战略》序言中说，"我们国家面临的最严重的危险是激进主义与技术的结合。我们的敌人公开宣布寻求大规模杀伤性武器，有证据表明，他们决意这样做"。①防止大规模杀伤性武器的扩散成了布什安全战略中与反恐并重的问题。

布什政府和美国政界战略思维的改变客观上为中美关系的发展提供了机遇。在 20 世纪 90 年代末，美国社会中的保守势力在中国崛起的大背景下渲染"中国威胁"，他们认为，21 世纪初的中国比 90 年代初的中国对美国来说"要危险得多"，"这种危险不仅是潜在的和长远的，而且是现实的、当前的"。②"9·11"袭击以后，这种看法失去了市场，中国成了反恐的盟友，成了合作对象，"中国威胁论"在美国一时不再被提起，即使有人提出，也不再引起人们的注意，中国被美国当成主要竞争对手的不利国际环境得到缓解。有的熟悉布什政府内情的人说："布什再也不想听到那些把中国视为敌人的人说三道四了。他只想要朋友和联合，不想分散精力。"③在"9·11"袭击以后的两年多中，那些先前在中美关系中起负面作用的因素都比较收敛，对美国对华政策持负面看法的利益集团相对来说比较低调：人权集团过去对中国吹毛求疵，现在它们也不得不关心反恐；中国加入了世界贸易组织，作出了开放市场的承诺，贸易保护主义也比较低调；共和党右派比较低调，因为他们不能与自己的总统为难。国内这三股吵吵嚷嚷的势力不再制造那么多噪音，使冷战以来一直进行的对华政策辩论暂告中止。④

布什政府和美国战略界战略思维的改变、对中国和中美关系看法的改变在"9·11"事件之后布什政府公布的几个战略报告中得到反映。2001 年 9 月

① The White House, *The National Security Strategy of the United States of America*, September 17, 2002, Preface by George W.Bush, pp.1—5, http://georgewbush-whitehouse.archives.gov/nsc/nss/2002/.

② Ross Munro, "China: The Challenge of a Rising Power", in Robert Kagan and William Kristol, eds., *Present Dangers. Crisis and Opportunity in American Foreign and Defense Policy*(San Francisco: Encounter Books, 2000), pp.47—48.

③ Michael Swaine, *America's Challenge. Engaging a Rising China in the Twenty-First Century*, p.55.

④ 美国布鲁金斯学会高级研究员李侃如在中国社会科学院美国研究所的报告，2003 年 10 月 13 日。并见本书第五章第二节。中国前外长李肇星在回忆录中指出，有人说"9·11"事件救了中美关系，这有点儿言过其实，但也不是一点道理都没有。没有"9·11"事件，中美关系肯定也会好转，只是时间可能晚一些，因为中美两国人民共同利益太多了。这一事件只不过给中美关系的转圜提供了一次机遇。李肇星：《说不尽的外交》，中信出版社 2014 年版，第 54 页。

30 日,国防部公布《四年防务评估报告》,报告仍然是用传统的大国竞争的观点看待世界,看待中国的。在谈到安全环境时写道:"尽管近期美国不会面对一个旗鼓相当的竞争对手,但地区大国发展出足够的能力威胁对美国利益至关重要的地区稳定的潜在可能是存在的。特别是亚洲,它正逐渐成为一个容易出现大规模军事竞争的地区。""在亚洲维持一个稳定的平衡是一项复杂的任务。存在这样的可能,即一个拥有可怕资源基础的军事竞争者将在这个地区出现。东亚沿海——从孟加拉湾到日本海——象征着一个特别具有挑战性的区域。""排除与美国相敌对的势力对这个至关重要的区域"的统治是"美国持久的利益之所在"。评估报告中所谓的"拥有可怕资源基础的军事竞争者"当指中国无疑。而在东亚沿海风险又是特别大的,因为美国在这里基地较少,能够安全利用的设施较少,而地域又相当广阔。国防部认为中国可能对美国构成比较严重的地区安全挑战,美国需要为此作出军事战略的调整,包括开发更多的基地,尤其是在东亚;在西太平洋部署更多的航母战斗群、水面舰艇和可发射巡航导弹的潜艇;在太平洋为空中力量建立"应急基地";研究在西太平洋为海军陆战队进行沿海作战训练的可行性;与美国的盟友和朋友一起发展导弹防御系统,等等。①如果没有"9·11"恐怖袭击,国防部是会次第实行这些举措的。

2002 年 1 月,国防部向国会提交《核态势评估报告》,勾画变革美国核战略态势的蓝图。其中提到美国可能使用核武器进行打击的七个国家,中国仍名列其中,因为中国的"战略意图仍不清楚",而且正在进行核武器和非核武器的现代化。报告列出了美国可能动用核武器的三种情况:伊拉克进攻以色列或其邻国;朝鲜进攻韩国;或者因为台湾的地位问题发生军事冲突。报告明确指出,一旦中美因为台湾发生军事冲突,美国可能对中国实施核打击。②对这两个报告中关于中国的提法可以作两种解释。第一,报告基本上是在恐怖袭击之前完成的。报告中比较明确地将中国定位为美国的"战略竞争者",战略威胁的来源,甚至是战略对手,这恰恰反映了布什政府初期对中国的看法。报告虽在"9·11"事件以后公布,但美国全球反恐战争的新战略还没有及时反映到报

① The Department of Defense of the United States, *Quadrennial Defense Review Report*, September 30, 2001, p.4, http://www.defenselink.mil.

② Philipp C. Bleek, "Nuclear Posture Review Leaks: Outlines Targets, Contingencies", *Arms Control Today*, April 2002, http://www.armscontrol.org/act/2002_04/npraprial02.asp. 美国国防部就《核态势评估报告》所举行的吹风会,参见"Special Briefing on the Nuclear Posture Review", January 9, 2002, http://www.defenselink.mil/transcripts/2002/t01092002_t0109npr.html. 这份报告的节选内容,参见 *Nuclear Posture Review*[Excerpts], Submitted to Congress on 31 December 2001, http://www.globalsecurity.org/wmd/library/policy/dod/npr.htm。

告中来。有的美国学者把布什政府当时的地区安全战略称作"以中国为中心的战略"。①第二，报告中有关中国的内容折射出美国政府内部在对华政策上的不同观点，国防部主导的两个报告表明了鹰派的强硬立场。

但在稍后 2002 年 1 月 29 日布什的《国情咨文》中，对中国的提法就明显不同了。其中说："在这个时刻，共同的危险正在消除过去的竞争。美国正以过去从未有过的方式与俄罗斯、中国和印度一起工作。"②

这个提法在 2002 年 9 月发表的《美国国家安全战略报告》中得到进一步的展开。报告对世界、对国际政治、对安全形势的看法与之前的看法大不相同，关于中美关系的提法也发生了大变化，内容更加积极、乐观。报告对大国关系的概括是："今天国际社会有着自从 17 世纪民族国家形成以来最好的机会来建设一个各大国在和平中竞争，而不是继续准备战争的世界"，"大国竞争的旧模式可能复活，我们对此表示关切。几个潜在的大国现在正处于内部转型时期——特别重要的是俄罗斯、印度和中国。在所有三个案例中，近期的进展激起了我们的希望，即有关基本原则的真正的全球共识正在缓慢形成"，"大国越来越为共同的价值观联合在一起，越来越为恐怖主义暴力和混乱的共同危险联合在一起"。报告还说，"9·11"事件从根本上改变了美国与其他主要全球权势中心关系的背景，展现了广阔的新机会。美国必须与在欧洲和亚洲的长期盟友，以及俄罗斯、印度和中国的领导人一起，发展积极的合作议程。报告对中国和中美关系的提法也是积极的。③详见下文。

由于北京和美国东部有 12 个小时的时差，袭击发生的时候正是中国的晚上。江泽民主席通过电视看到了事件的全过程，当即召开了政治局常委会议。会后，北京时间 9 月 12 日凌晨 1 时 47 分，江泽民与布什通了电话，对这一恐怖主义事件表示最强烈的谴责，向美国政府和人民表示深切的慰问，向死难者家属表示哀悼，并表明了中国的反恐立场及合作打击恐怖主义的意愿。这距第一次恐怖袭击事件仅仅 5 个小时。9 月 12 日晚，江泽民应约与布什再次通了电话。布什首先对江泽民的上次电话表示感谢，并表示期待着与中国和其他国

① Jonathan D.Pollack, "Learning by Doing: The Bush Administration in East Asia: Does the United States Need a New Regional Strategy?" in Robert M. Hathaway and Wilson Lee, eds., *George W.Bush and East Asia. A Midterm Assessment*, p.61.

② George W.Bush, "Address Before a Joint Session of the Congress on the State of the Union", January 29, 2002. Online by Gerhard Peters and John T.Woolley, *The American Presidency Project*, http://www.presidency.ucsb.edu/ws/?pid=29644.

③ The White House, *The National Security Strategy of the United States of America*, September 17, 2002, https://www.state.gov/documents/organization/63562.pdf.

家一起，加强合作，共同打击国际恐怖主义，希望美中两国在联合国安理会加强合作。江泽民表示十分关心救援工作的进展情况，并愿向美方提供一切必要的支援和协助。①

随后，唐家璇应鲍威尔邀请，于9月20日访美，与布什、鲍威尔和赖斯进行会晤，双方就反恐合作、布什访华达成重要共识。9月20日，唐家璇在美中关系全国委员会和美中贸易全国委员会举行的晚宴上发表讲话，他说：当我看到熟悉的世贸中心大楼倒塌，许多人遇难，感到非常痛心，同时也对这种恐怖主义罪行十分愤慨。这次事件不仅给美国人民带来了灾难，也是对全世界人民的挑战。在反对恐怖主义的斗争中，中国人民和美国人民以及整个国际社会站在一起。再次表达了与美国人民并肩反恐的立场。讲到中美关系时，唐家璇表示：中美关系在过去这些年的发展表明，我们之间没有不可克服的障碍。虽然我们在某个问题上可能产生分歧，但我们之间的共同利益远远超过分歧。要缔造一个健康的关系关键在于深化相互理解和建立相互信任。②

由于反恐形势需要，布什总统推迟了原定的对华访问，但仍然来上海参加了亚太经合组织（APEC）峰会。10月16日，布什在启程前夕接受亚洲编辑圆桌采访时强调，中美关系"最重要的是两国领导人要相互了解，作为普通人相互了解……当我看着他，听他说话，我能知道他是怎么想的，他也能通过听我说话更多地了解我"，这将"建立起个人的关系"，"他可以看到，当我说我希望与中国有良好关系时，我是一个诚实的人；我理解，我们有时意见一致，有时意见不一致，但我们将为有一个良好的关系而工作"。③

此次APEC峰会是"9·11"恐怖袭击后第一次重大的国际会议，国际社会特别关注。会议期间发表了领导人宣言、上海共识和反恐声明等文件，取得了积极的成果。在反恐声明中，出席峰会的领导人"以最强烈的措辞谴责'9·11'对美国的恐怖主义袭击"，"无论何时，无论何地，无论是谁，恐怖主义行为都是对所有人民——不分信仰，不分民族——的和平、繁荣和安全的深远威胁"；领导人决心"在各个层次上以各种方式加强国际合作，同时认为联合国应当发挥主要的作用"。④

---

① 参见吴建民：《外交案例》，第342—343页。

② "Foreign Minister Tang Jiaxuan Addresses National Committee Guests", National Committee on United States-China Relations, *Notes*, Vol.30, No.2(Fall/Winter 2001), p.3.

③ "Bush Will Discuss Terrorism Economic Issues at APEC", October 17, 2001, *Washington File*, October 18, 2001, pp.5—7.

④ "APEC Leaders Statement on Counter-Terrorism", October 21, 2001. Online by Gerhard Peters and John T. Wooll, *The American Presidency Project*, http://www.presidency.ucsb.edu/ws/?pid=73442.

在 APEC 峰会期间,10 月 19 日,江泽民和布什进行会晤。江泽民重申了中国支持打击恐怖主义的原则立场,同时强调,有关军事行动应该针对恐怖主义活动的具体目标,避免伤及无辜百姓;应该充分发挥联合国的主导作用;应该有利于世界的和平与发展。布什表示感谢中国政府在"9·11"事件发生后立即作出反应,毫不犹豫地明确支持美国人民反对恐怖主义。他高度重视美中关系。在目前情况下他离开美国是一件很困难的事,但他还是来到中国,因为美中关系太重要了。如果此次 APEC 会议在其他国家举行,他很可能不会参加。布什把中国称作全球反恐联盟的重要伙伴,两国领导人决定正式建立反恐双边磋商机制。①双方一致认为,会晤十分成功。江泽民主席在会晤后的联合记者招待会上说:

> 中美作为世界上有重要影响的两个国家,在维护亚太和世界的和平与安全,推动地区和全球经济的发展与繁荣,以及同国际社会一道打击恐怖主义等方面,都拥有共同责任和利益。中国重视与美国的关系,愿与美方共同努力,发展建设性合作关系。

> 中美关系正面临重要的发展机遇。我们将开展高层战略对话,推进经贸、能源等领域的交流与合作,加强在重大国际及地区问题上的磋商与协调。

> 我相信,只要双方牢牢把握两国的共同利益,按照中美三个联合公报妥善处理两国关系,特别是台湾问题,中美关系就能不断向前发展。

布什再次对中国坚定地与美国人民站在一起抗击恐怖主义表示感谢,并称,中国在与美国的情报合作、切断恐怖主义的金融网络等方面作出了坚定的承诺。谈到中美关系时,他说:

> 我也感觉我们的会谈是非常成功的。我来上海是因为中国及亚太地区其他国家是美国反恐的重要合作伙伴,也是因为美国经济发展的未来和亚洲经济发展的未来息息相关。美国和亚洲国家面临共同的威胁,也有着扩大贸易、促进繁荣方面的共同希望。

> 今天的会谈让我相信我们能够发展我们的共同利益。两个大国很少能在所有事务上都达成一致,我理解这一点。但我向主席保证,我们将始终本着相互尊重的精神处理我们的分歧。我们寻求一种坦诚、建

---

① 《营造有利战略态势,增强国家战略能力》(2001 年 10 月 31 日),《江泽民文选》第 3 卷,人民出版社 2006 年版,第 353 页;参见李肇星:《说不尽的外交》,第 53—54 页。李肇星认为,布什心直口快,这段话不像外交辞令,而是心里话。

设性和合作的关系。①

此后,"坦诚的(Candid)、建设性的(Constructive)和合作的(Cooperative)"这三个词就成为布什政府概括中美双边关系的三个定语,"建设性的、合作的"这两个词给了中美关系一种非常积极的定位,也反映了合作是两国关系的主流这样一种现实。"坦诚的"表示两国之间还有分歧,两国坦诚面对,不掩饰分歧。中方从积极方面看待两国关系,更多使用"建设性合作关系"的说法。这个定位对于中美关系在布什任内保持稳定是至关重要的。在 2002 年 9 月发表的《美国国家安全战略报告》中关于中国作了更明确的表述:

> 美中关系是我们促进一个稳定、和平与繁荣的亚太地区的重要部分。我们欢迎一个强大、和平与繁荣的中国的崛起……美国寻求与一个变化中的中国建立建设性的关系。我们已经在双方利益重合的领域进行合作,包括现今的反恐战争和维护朝鲜半岛稳定。同样的,我们对阿富汗的未来进行协调,我们已经开启了反对恐怖主义和类似的转型问题的全面对话。在卫生和环境方面的共同威胁,如艾滋病的扩散,也对我们提出了挑战,要求我们共同促进我们公民的福利……中国加入世界贸易组织将有益于我们重要的贸易关系。

> 但是在有的领域我们两国之间存在着深刻的分歧。我们依据"与台湾关系法"对台湾自卫的承诺是分歧之一,人权是另一个分歧……我们将为缩小[两国间]现在存在的分歧而努力,不允许这些分歧妨碍在我们具有共识的领域进行合作。②

这是布什政府初期对两国关系的一个比较清楚和平衡的阐述,它表示布什政府相信,中美两国的共同利益远远大于分歧,合作是两国关系的主流,布什政府将继续沿着中美关系的这个主潮流前进。中美双方就两国关系达成了高度共识。

---

① 《江泽民主席与布什总统共同会见记者》,人民网,2001 年 10 月 19 日;George W. Bush, "The President's News Conference With President Jiang Zemin of China in Shanghai, China", October 19, 2001. Online by Gerhard Peters and John T. Woolley, *The American Presidency Project*, http://www.presidency.ucsb.edu/ws/?pid=64116. http://www.people.com.cn/GB/jinji/222/6260/6262/20011019/585526.html(2012 年 3 月 9 日).布什在 2005 年 11 月出访东亚前接受记者采访时回忆这次上海之行说:"当我在 2001 年'9·11'之后访问上海时,我看到在机场和老城区之间建造的那些高楼大厦,感到无比惊讶。所以,这个国家从 1975 年以来,取得了很大的进展,而且展示出巨大的潜力,这就向美国人民说明了,为什么我们和中国建立良好的工作关系至关重要。尽管两国关系很复杂,但我们有良好的工作关系。这不仅符合我们各自人民的利益,也符合世界的利益。"《布什访华前接受凤凰卫视记者专访》(访谈摘要),2005 年 11 月 9 日,http://www.wuca.net/doc-9546.html.

② The White House, *National Security Strategy*, September 20, 2002. https://www.state.gov/documents/organization/63562.pdf.

第二章 建设性合作关系的开展

中美两国领导人 2001 年 10 月在上海的会晤和双方决定建立中美建设性合作关系是进入新世纪两国关系发展中的大事,首先,它表明 2001 年上半年的麻烦已经成为过去,两国已经成功地应对了不测事件及其影响,使两国关系稳定了下来。其次,两国领导人给予中美关系一个新的积极、务实的定位,为今后的两国关系指明了方向。在布什政府此后的七年多任期中,两国关系基本上就是沿着建设性合作关系的方向不断前进的,这是从 1979 年两国关系正常化以来最长的稳定时期。比较起来,这七年多当中,中美关系摩擦少、程度轻、影响面窄。也正是在这个时期,中国在"入世"后进出口贸易以年均22%的速度猛增,外贸强劲拉动 GDP 增长,对我国经济增长的年均贡献率达到 20%,2001 年中国的 GDP 为 11 万亿元,居世界第 6 位,而到 2008 年,已经跃升到 32 万亿元,居世界第三。①中美关系的稳定为中国经济的腾飞提供了有利的外部环境。而中美两国经济上的相互依存不断加强,真正成为谁也离不开谁的经济伙伴,为中美关系的发展提供了源源不断的动力。在这七年多中,两国高层互访为两国关系不断注入新的活力;两国在反恐、防扩散方面,尤其在朝鲜半岛无核化方面进行良好的合作,深化了战略安全关系。

---

① 陈德铭主编:《中国经贸·中国加入世贸十周年》,2011 年 10 月,第 8、14、16 页;data.stats.gov.cn/search.htm?s= 。

第一节　高　层　互　访

2002 年 2 月 21 日至 22 日,布什总统对中国进行工作访问。中美两国原来商定,在布什参加 2001 年 10 月上海 APEC 峰会后对中国进行正式访问,但由于"9·11"袭击,访问被推迟了。2 月 16 日至 22 日,布什访问亚洲日、中、韩三国。他把访华的日期选定为 2 月 21 日,这正是 1972 年尼克松总统抵达北京开始"破冰之旅"的日子。布什选在这一天来访,其象征性意义十分清楚:他要重走尼克松的路,继承先辈的传统推进中美关系。

21 日上午,江泽民与布什先后进行小范围、大范围的会谈。江泽民指出,30 年中美关系正反两方面的经验给人们的启示是:发展中美关系时,双方应着眼大局,立足长远,增进了解,发展互信;承认和尊重差异,寻求和扩大共同点;恪守中美三个联合公报。江泽民就双方维护和发展两国关系的积极势头、充实建设性合作关系提出以下四点具体意见:第一,加强高层战略对话以及各级别、各部门之间的接触,增进了解和信任;第二,加深在各领域的交流与合作;第三,在相互尊重,求同存异的基础上妥善处理彼此间分歧,特别是台湾问题;第四,把中美关系放在世界范围来考虑,在共同维护世界和平、促进人类文明进步方面加强沟通与合作。布什赞同中方对发展两国关系的意见。

两位领导人就台湾问题深入交换了意见。江泽民向布什解释了中国政府"和平统一、一国两制"的基本方针;布什表示,美国对台湾政策多年来是一贯的,他希望海峡两岸的问题和平解决,任何一方都不要进行挑衅,又说,他打算根据"与台湾关系法"履行美国义务。

两位领导人讨论最多的是反恐和朝核问题。布什再次感谢中国在全球反恐战争中给予的合作,双方就反恐合作进行了深入讨论。美方建议,中国在涉及敏感武器,如导弹的出口管制方面应该实行法制化。布什在 2002 年的《国情咨文》中把朝鲜与伊拉克、伊朗一起称为"邪恶轴心"国家加以谴责。在会谈中布什表示,虽然美国把朝鲜当作"邪恶轴心"国家,但"不是反恐战争中的所有威胁都需要通过武力来解决。有的威胁可以通过外交和对话来解决,而在这一方面中国政府可以提供许多帮助"。他要求中方把美国愿意与朝鲜当局直接会面的信息转达给朝方。①江泽民表示,中国在朝鲜半岛问题上的立场是一贯的。中国希望

---

① "Transcript: President Bush, Jiang Discuss Terrorism, North Korea"(EPF404 02/21/2002), *Washington File*, February 21, 2002, p.1.

朝鲜半岛保持和平与稳定，希望南北双方的问题通过对话解决，也衷心希望美国与朝鲜之间的接触能够恢复。布什还提到了伊拉克，认为那是一个"危险的政权"，但他尚未作出决定是否要对伊拉克动武。美国要打伊拉克的说法只是传闻，他保证将与国际社会进行协商。①

会谈中，布什邀请江泽民于 2002 年 10 月去墨西哥出席 APEC 峰会时顺道访问美国；双方还决定，国家副主席胡锦涛将应切尼副总统的邀请访美；两国将积极开展经贸、能源、科技、环保、艾滋病防治、执法等领域的交流与合作，就地区经济金融问题进行战略对话；于年内举行经济、商贸、科技三个联委会会议。

在首脑会晤后的记者招待会上，布什表示：

> 我们刚刚结束了一次非常坦率、非常积极的谈话……我们的关系是成熟的，是相互尊重的，而且对我们两国和全世界也是重要的。

> 我们认识到恐怖主义对我们两国都是一个威胁，因此，在反恐战争的过程中我们非常欢迎中国给予我们的合作。我们也鼓励中国继续在她的邻国中作为一股和平的力量的存在，包括在朝鲜半岛，在东南亚，在南亚。

> 现在中国已经成为世界贸易组织的完全成员，所以现在可以完完全全地参加全球贸易系统的运作，既有权利也有责任一同来制定和执行开放的贸易的规则。

> 美中两国享有共同的利益，也有分歧。我们相信，我们能够在相互了解和相互尊重的基础上来讨论我们的分歧。②

江泽民主席在记者招待会上说：

> 我们生活在一个多样化的世界里，中美作为两个国情不同的大国存在一些分歧，但是更有着广泛而且重要的共同利益。我们应该抛弃那种国家关系不是结盟就是对抗的旧思维，确立以互信求安全，以互利求合作的新安全观。改革开放以来中国的国力有所增强，人民的生活水平有所提高，但是如果跟美国相比，我们的经济文化发展水平还是比较落后。我们有 12 多亿人口，要实现现代化，使全体人民都过上好的生活还有很长的路要走。集中力量发展经济，改善人民生活是

---

① "Transcript: President Bush, Jiang Discuss Terrorism, North Korea"（EPF404 02/21/2002），*Washington File*，February 21, 2002, pp.1—3;《江泽民与布什举行正式会谈，江主席提出 4 点具体意见》，2002 年 2 月 21 日，中国日报网站，http://news. sina. com. cn/c/2002-02-21/1510480812.html。

② George W. Bush, "The President's News Conference With President Jiang Zemin of China in Beijing", February 21, 2002. Online by Gerhard Peters and John T. Woolley, *The American Presidency Project*, http://www.presidency.ucsb.edu/ws/?pid=63513.

我们长期的中心任务,我们最需要一个和平的国际环境,中国即使发达了,也不会去欺负别的国家。事实证明,中国是维护世界、地区和平的坚定力量。①

江泽民在记者招待会上还谈到了广泛的国际热点问题。讲到朝鲜半岛时,他表示,希望能促进南北双方通过对话解决相互之间的问题,也衷心期望美国和朝鲜能够继续进行交流。谈到伊拉克问题时,他婉转地表示,中国主张"和为贵"。讲到阿富汗时,他表示"衷心希望阿富汗的人民几经灾难能够过上和平、美好的生活,相互团结在一起把国家建设好"。最后,江泽民说,"欲速则不达","有的时候要求太急了也不行","一锹挖不出一个井",劝告布什在处理一些问题时要谨慎从事。可惜,在伊拉克问题上,布什没有听取中方的劝告。

当天晚上,江泽民在人民大会堂举行宴会,宴请布什和夫人。

2月22日上午,朱镕基总理在钓鱼台国宾馆会见布什总统。双方就中美两国经贸合作及亚洲经济交换了意见。朱镕基扼要介绍了中国的经济形势,并指出,近来,世界经济出现一些复苏迹象,但威胁世界经济增长的因素仍在增加。我们希望看到亚太地区经济、金融保持稳定。布什说,亚洲经济面临着困难,但中国经济发展健康、迅速,这对美国经济是极为重要的,对亚太经济的复苏和增长也是有利的。

在布什访华之前,美国的一些人权组织、宗教团体,如美国国际宗教自由委员会(United States Commission on International Religious Freedom, USCIRF)在2月9日专门发布一个报告,要求中国政府"促进尊重人权的文化","改革与宗教信仰有关的司法体制",要求美国政府敦促中国政府"允许宗教的和世俗的非政府组织正式地为民众提供服务",敦促总统把宗教信仰自由问题作为他访华的重要议程,要在与中国领导人的会谈中提出这一问题。他们还设计了许多具体"建议",此外,还要他像里根总统1988年访问苏联时向莫斯科大学生直接讲述对民主、对言论自由、信仰自由的看法那样与中国听众直接对话。②布什本人是个虔诚的基督徒。他在2月22日上午在清华大学作了一场演讲,其主要内容就是宣传美国的价值观,宣讲美国的民主、自由理念。③

2月22日,布什携夫人游览长城。1975年,29岁的哈佛大学商学院毕业生

① 《江泽民布什共同会见记者》,2002年2月21日,http://www.china.com.cn/chinese/2002/Feb/109993.htm。

② "Text: Commission Calls on China to Reform Laws on Religion",*Washington File*,February 13,2002,pp.1—3.

③ "Remarks by President Bush at Tsinghua University",February 22,2002,*Washington File*,February 22,2002,pp.1—8.

布什就曾登上八达岭长城。当时他是利用暑假来北京探望出任美国驻华联络处主任的父亲的。当天,作为第 374 位来八达岭参观的外国元首、政府首脑,布什感叹:"长城依旧,中国已今非昔比。"故地重游,布什对长城仍然很感兴趣。他多次向长城管理处人员询问关于长城起源、修建以及保护、维修的情况。布什问:"中国人究竟为什么修建万里长城?"中国长城学会秘书长董耀会回答说:"长城虽然是军事设施,但反映了中国人民热爱和平的愿望。古代的人民艰苦劳作,建造如此宏伟的工程,就是为了保卫和平。"①布什访华日程安排得非常紧凑,原定在这里游览的时间只有 20 分钟。他和夫人从平台向上登至第二个烽火台后,游兴不减,又一直攀上第三个烽火台。凭台远眺,他久久不肯离去。参观结束后,布什在留言簿上写道:愿我们的人民永享和平。②

由于美国的反恐战争正处在紧要关头,布什总统此次访问时间较短,也没有去外地。但访问仍然具有重要意义。通过此次访问使两国建立建设性合作关系的共识得到确认、巩固。这一定位没有消除或掩盖分歧,布什的访问本身就清楚地说明了这一点。但现在两国都更加确信,在存在分歧的情况下,中美关系仍然有着广阔的发展空间。

2002 年 4 月底 5 月初,胡锦涛副主席应美国副总统切尼的邀请访问美国。切尼在 1 月 16 日给胡锦涛的邀请信中写道:"我相信我们维持高层的接触是至关重要的。如果你能在今年访问美国,我认为这将服务于我们两国的利益,并反映出美中关系的重要性。这样的访问将有助于维护我们双边关系的积极势头,并使我们有机会去探索在将来深化我们关系的途径。"③

胡锦涛访问美国的重要性还在于,当年中国共产党即将举行第十六次全国代表大会,胡锦涛被国内外普遍认为是中共十六大以后的新领导人、新的国家主席。所以他的访问也引起美国的格外重视。胡锦涛于 4 月 27 日抵达夏威夷檀香山,在美军太平洋司令部司令布莱尔陪同下参观珍珠港亚利桑那纪念馆,向镌刻有阵亡将士姓名的纪念墙默哀并献了花圈。29 日,胡锦涛飞抵纽约。当天上午,胡锦涛以贵宾身份为纽约证券交易所当天的交易敲锣开盘,并参观证交所。他还前往世贸大楼遗址废墟进行凭吊,表示中国愿意继续在双向、互利的基础上加强与美国的反恐合作。当天胡锦涛还会见纽约州州长帕塔基、纽约市市长布隆伯格、新泽西州州长麦克格里维,希望中国与纽约市、与两州的交往和

① 《"长城依旧中国已今非昔比"——记布什游览长城》,2002 年 2 月 22 日,http://news.sohu.com/06/97/news147949706.shtml.

② 《美国总统布什对我国进行工作访问》,《新华月报》2002 年第 3 期。

③ "Unofficial Transcript: Senior U.S. Official Discusses Hu's Visit", May 1, 2002, *Washington File*, May 2, 2002, pp.43—45.

合作取得更大成效。他还参观联合国总部,与秘书长安南进行会晤。当晚,胡锦涛出席银行家协会举行的晚宴,并发表演讲。他高度赞扬美国金融、工商界人士为促进中美经贸合作作出的积极努力,希望他们抓住机遇,进一步拓展在华业务,为推动中美经贸合作和两国关系不断发展作出新的更大的贡献。胡锦涛还强调,中国加入世贸组织将会为世界各国企业提供更多的商机和更好的投资环境。中国政府履行加入世贸组织承诺的决心是坚定的。中国已基本完成相关法律、规章的清理工作,制定、修改和废止了一批法律法规。关税总水平从 2002 年 1 月 1 日起已由 15.3％降到 12％,涉及 5 300 多个税目。中国正在逐步推进各个行业的对外开放,中国的货物进口总额今后 5 年将达到 1.5万亿美元,银行、保险、证券、电信等服务贸易市场也将进一步扩大。他特别强调,中美经贸关系和政治关系是相辅相成、相互促进的。两国应该加强对话与合作,增进了解与信任,妥善处理两国间的矛盾与分歧,为中美经贸合作创造有利的政治环境。①

4 月 30 日,胡锦涛抵达美国首都华盛顿。5 月 1 日,胡锦涛与切尼副总统进行会谈,会晤布什总统,还会晤鲍威尔、赖斯等政府高官。布什表示,美国政府和他本人高度重视美中关系。美中两国都是大国,双方开展合作对两国和世界极其重要。他期待着今年秋天接待江主席来美访问。胡锦涛对美方反复强调:台湾问题是中美关系中最重要、最敏感的核心问题,事关中国的统一大业,牵动着 13 亿中国人民的心。中国政府坚持“和平统一、一国两制”的基本方针和江泽民主席关于解决台湾问题的八项主张,致力于两岸早日实现和平统一。我们不能容忍“台湾独立”和对中国主权、领土完整的损害。如任由“台独”势力发展和搞分裂活动,后果将是灾难性的。希望美方恪守一个中国政策和中美三个联合公报原则,为中国实现和平统一发挥建设性的作用,而不要向“台独”势力发出错误信号。美方领导人表示理解台湾问题的敏感性,重申坚持一个中国政策,恪守美中三个联合公报,不支持“台湾独立”,不鼓励“台独”势力的分裂活动。布什强调,美国坚持一个中国政策和三个联合公报原则,说话是算数的;美国不支持“台独”势力和“台独”倾向。②

胡锦涛还访问五角大楼,会晤国防部长拉姆斯菲尔德。从“撞机”事件以后,中美关系迅速恢复,但两军关系是个例外。拉姆斯菲尔德对“撞机”事件不能释怀,尤其对美国 EP-3 被拆运回美耿耿于怀。从那以后,两军关系一直处于冻结

① 《胡锦涛相信美国企业定能在中国市场大显身手》,2002 年 4 月 30 日,http://www.southcn.com/news/china/gccn/200204301101.htm.
② 《增进信任互惠共赢 李肇星谈胡锦涛副主席访问成果》,2002 年 5 月 4 日,http://news.xinhuanet.com/newscenter/2002-05/04/content_381564.htm;《美方重申继续坚持一中政策和三个联合公报原则》,2002 年 5 月 2 日,http://news.sohu.com/09/29/news200682909.shtml.

状态。甚至美国防部的例行活动都不邀请中国驻美武官参加,也拒绝中国武官的拜访要求。胡锦涛在会晤中表示,两军关系是两国关系的重要组成部分,中方对两军开展交流与合作持积极态度。拉姆斯菲尔德勉强表示,美国愿意在相互平等和对等的基础上恢复两军交流。①

胡锦涛分别会见了参众两院领导人,他希望美国国会做发展中美关系的促进者。胡锦涛还出席美中关系全国委员会等团体举办的晚宴,并发表演讲。

美国主流媒体纷纷在头版显著位置报道胡锦涛的访美活动,有的公共电视台还对胡锦涛在上述晚餐会上的演讲进行现场直播。

2002 年 10 月下旬,江泽民主席去墨西哥出席第 10 次 APEC 峰会。布什总统邀请江泽民在途中前往他的家乡得克萨斯州克劳福德牧场进行工作访问。

10 月 22 日,江泽民的专机抵达芝加哥,受到伊利诺伊州州长的热烈欢迎。23 日,江泽民访问休斯敦。24 日,江泽民从休斯敦抵达乔治·布什图书馆,并在专门举行的报告会上就中美关系、中国的改革开放、完成祖国统一大业、国际和亚太地区的和平与发展等问题发表重要演讲。他说:

中国越发展、越开放,与世界的联系越紧密,就越需要一个长期和平稳定的国际环境。促进世界与地区的和平与发展,符合中国的根本利益。

中华民族自古就有以诚为本、以和为贵、以信为先的优良传统。中国在处理国际关系时始终遵循这一价值观。中国对外政策的宗旨是维护世界和平、促进共同发展。

两千多年前,中国先秦思想家孔子就提出了"君子和而不同"的思想……

我们主张,世界各种文明、社会制度和发展模式应相互交流和相互借鉴,在竞争比较中取长补短,在求同存异中共同发展。②

他还回答了听众就中美两国在教育、体育、文化等领域的交流和合作提出的问题。前总统乔治·布什、前国家安全事务助理斯考克罗夫特和数百名政界、学界人士、得州农工大学学生出席了报告会。

25 日,两国领导人在布什私人牧场进行会晤,这是他们一年之中的第三次会晤。布什表示,两位领导人之间的个人关系和两国关系一样牢固。美中两国

---

① 《胡锦涛会见拉姆斯菲尔德,就两军交往等达成共识》,2002 年 5 月 2 日,http://news.sohu.com/04/36/news200683604.shtml.

② 《和而不同是人类各种文明协调发展的真谛》(2002 年 10 月 24 日),《江泽民文选》第 3 卷,第522—523 页。

都相信，一个强大的美中关系将帮助建设一个更加和平的世界。布什对中国在反恐中的合作表示赞赏，称中国为反恐的"盟友"。①江泽民对布什表示，一年来，两国的合作扩大了，相互信任加深了，两国关系出现了好的发展势头。他强调，打击恐怖主义是两国合作的重要领域，在这场斗争中，两国人民是站在一起的。中方已应邀派人去关塔那摩审讯在押的"东突"恐怖分子。希望两国在反恐领域的合作取得更大成效。中国历来反对扩散大规模杀伤性武器，最近颁布了导弹、生物和化学领域的出口管制条例。中国对防扩散的态度是认真的，履行了应该履行的责任。双方同意在双向、互利的基础上加强反恐交流与合作，并于年内进行第三次反恐磋商。双方并同意在集装箱运输安全和贸易安全领域开展合作。

　　台湾问题是双方讨论的重点。江泽民指出，台湾问题对中美关系的稳定发展太重要了。中美双方在台湾问题上有共同点，都坚持一个中国，都希望台湾问题和平解决。中国一直在尽最大努力争取以和平方式解决台湾问题，完成祖国的统一。问题是"台独"分裂势力在千方百计地破坏合作解决的前景。"台独"分裂势力的分裂活动是对台海地区稳定和中美关系发展的最大威胁。希望美方恪守一个中国政策和中美三个联合公报，为中国实现和平统一发挥建设性作用。针对美国有人说，美国售台武器是因为中国大陆增加了对台导弹部署，江泽民批驳了这种说法，并建议，如果美国不卖先进武器给台湾，中方可以考虑减少导弹部署。布什表示，美方理解台湾问题的敏感性，坚持基于三个联合公报和"与台湾关系法"的一个中国政策，反对"台湾独立"。但对于中方的具体建议，他没有回应。

　　双方讨论了朝核问题。江泽民表示，中国一直支持朝鲜半岛无核化，希望半岛保持和平与稳定。1994年的美朝框架协议来之不易，各方均从中受益，不宜轻易放弃。希望美朝双方通过对话解决分歧。中国将为朝鲜半岛的和平与稳定发挥自己的作用。布什表示，美中两国一致认为，朝鲜半岛的核问题要和平解决，两国将一起工作，实现半岛无核化。

　　双方还就人权、宗教等问题交换了看法。江泽民表示，民主、自由、人权是人类的共同追求，中国的宪法和法律保护公民信仰自由。双方同意本着相互尊重和平等的精神，通过对话增进了解，扩大共识。②

---

① 但美国国防部2002年6月关于各国对反恐的贡献的报告中，列举了50个国家，中国居然不在其中。Shirley Kan, *U.S.-China Counter-Terrorism Cooperation：Issues for U.S. Policy*（CRS Report for Congress），December 7，2004，p.4.

② 江泽民：《对当前中美关系和国际局势的几点看法》（2002年10月25日），《江泽民文选》第3卷，第525—527页；《江泽民对美国进行工作访问》，《新华月报》2002年第12期；"Transcript：U.S. and China Want Peaceful Resolution to North Korea's Nuclear Threat"，October 25，2002，*Washington File*，October 28，2002.

2004 年 4 月 13 日至 15 日，切尼副总统应邀访问中国。胡锦涛主席会见并宴请切尼。江泽民、温家宝会见切尼，曾庆红副主席与之进行会谈，台湾、朝核、经贸是双方讨论的三个重要问题。切尼还在复旦大学发表演讲。

进入 21 世纪，首脑外交成为中美关系的一个新特点。在动荡的 20 世纪 90 年代，总共只有一次首脑互访，那就是江泽民主席 1997 年 10 月访美和克林顿总统 1998 年 6 月访华，而且那次互访很不寻常，克林顿是克服了共和党人的重重阻挠才成行的。①到了 21 世纪，情况就大不相同了。首脑互访已经成为两国之间正常的往来和安排，除了两国元首或政府首脑的正式访问，但凡有重要的国际会议，如 APEC 峰会、核安全峰会、后来的二十国集团(G20)峰会等，中美两国领导人总要举行会晤，进行深入对话和沟通。②首脑外交在两国关系中发挥了独特的引领作用。首先，它有助于改善两国关系的整体气氛。为了保证首脑会晤的顺利进行，中美双方都会注意营造有利的气氛，都会更加注意从积极的方面看待两国关系，将一些分歧问题置于有效管控之下。其次，首脑会晤是对两国关系的顶层设计，是两国最高层次的战略沟通，为两国关系指明方向、确定议程、提供动力。第三，它有助于增进和深化两国的合作，双方都要为首脑会晤准备成果，这就推动双方在可能合作的领域尽量扩大合作，本来可能较难克服的困难也会在这种大背景下比较容易克服，政府内部各机构之间的协调也会比较容易进行。领导人的正式出访还常常有庞大的经济、文化代表团和企业家代表团随行，访问期间常常会签署诸多合作协议，展现双边合作看得见摸得着的成果。第四，它有助于两国间棘手问题的解决。遇到此类问题，职业外交官和职业官僚因为"授权有限"，常常根据惯性思维循规蹈矩地来解决问题；一些复杂问题常常牵涉不同政府部门，需要进行跨部门的协调。国家元首和政府首脑则从两国关系的全局、从国家长远利益来看待问题，可以打破常规来处理一些棘手问题，使两国关系取得突破。③

第二节　双边合作的拓展

一、反恐方面的合作与分歧

美国遭受"9·11"恐怖袭击后，布什政府聚焦于反恐战争，也特别看重各

---

① 陶文钊：《中美关系史》(修订本)第 3 卷，第 312—318 页。
② 据统计，2001 年至 2008 年，中美两国首脑会晤达 21 次之多，通电话达 30 次，见吴心伯：《世事如棋局局新——二十一世纪初中美关系的新格局》，复旦大学出版社 2011 年版，第 145—149 页。
③ 对前美国国安会亚洲事务高级主任李侃如的访谈，2002 年 7 月。

国在反恐方面的态度。中美两国在反恐方面进行了多方面的合作：中国投票赞成联合国安理会反对国际恐怖主义的一系列决议；中国与巴基斯坦协调政策，支持巴配合美国在阿富汗开展反恐斗争；管理与阿富汗的边界，向难民提供人道主义援助；同美国分享情报，开展反恐情报合作和情报官员代表团互访；冻结"基地"组织在中国香港和澳门的账户；同意在美驻华大使馆设立司法专员（Legal Attache），①所有这些对于美国迅速取得阿富汗战争的胜利是不可或缺的。

美国要对阿富汗的塔利班政权发起打击，必须有一个邻国做军事行动的前线国家。阿富汗东边是巴基斯坦，西边是伊朗。鉴于伊朗与美国的长期敌对关系，巴基斯坦就成了美国唯一的选择。巴基斯坦总统穆沙拉夫从巴国家利益出发对"9·11"恐怖袭击作出了迅速的反应，立即发表电视讲话予以谴责。但在巴国内有很强大的极端主义势力，阿富汗的塔利班与巴基斯坦的塔利班又有千丝万缕的联系，在一些美国人看来，塔利班的问题甚至主要是巴基斯坦的问题。②因此要巴基斯坦站在反恐阵营这一边不是容易的事情。美国对巴施加了压力。"9·11"恐怖袭击的次日，鲍威尔就给穆沙拉夫打电话，直截了当地说："你要么和我们站在一起，要么成为我们的敌人。"穆沙拉夫把它看作最后通牒。阿米蒂奇在与巴三军情报局局长的会谈中，更加强硬地表示，如果巴基斯坦选择与恐怖分子站在一起，那么巴基斯坦就准备好被炸回到石器时代吧。③穆沙拉夫认为这是令人震惊的公然威胁。中国政府派出高官访巴，向巴领导人说明中国的反恐立场，与巴进行充分的沟通和协调。2001 年 12 月下旬，中国又邀请穆沙拉夫对中国进行国事访问。穆沙拉夫在访问结束离开北京前表示："中国与巴基斯坦对于地区和国际问题的看法完全一致……我也可以非常满意地说，我们的中国同事对于我们加入反恐联盟的理由表示完全理解和支持。"④

---

① 详见本书第 42 页。

② 对约翰斯·霍普金斯大学国际关系高级研究院中东研究所所长弗雷德里克·斯塔尔的访谈，2002 年 7 月。斯塔尔说，在苏联于 1989 年 2 月撤离阿富汗后，该国出现权力真空。巴基斯坦的普什图族人越过巴阿边界，加入塔利班，使塔利班迅速壮大起来，占领了该国 85％的土地，把北方联盟挤到了北部与乌兹别克接壤的地方。如果不是巴基斯坦训练有素的军人参与，塔利班怎么能那么快地培训出驾驶先进战斗机的飞行员呢？穆沙拉夫在他的回忆录中批驳了这种说法。见佩尔韦兹·穆沙拉夫著、张春祥译：《在火线上——穆沙拉夫回忆录》，译林出版社 2006 年版，第 268—269 页。

③ 佩尔韦兹·穆沙拉夫：《在火线上——穆沙拉夫回忆录》，第 197 页。穆沙拉夫在回忆录中详细地讲述了他作出决定时的种种考虑，并称，阿米蒂奇的口出狂言虽然令人失望，但他不是在阿米蒂奇的压力下作出决定的。

④ David M. Lampton and Richard D. Ewing, *U. S.-China Relations in a Post-September 11th World*, p.62.

国际社会从 20 世纪 60 年代开始就在地区和全球范围内进行反对恐怖主义的合作，1963 年 9 月 14 日联合国通过第一个反恐文件《关于在航空器内的犯罪和其他某些行为的公约》，到 1999 年 12 月 9 日先后通过 12 项反恐怖国际公约，涵盖反劫机、反劫船、保护大陆架固定平台、保护核材料、反爆炸、反对劫持人质等各个领域。但在"9·11"恐怖袭击之前，国际社会对恐怖主义这个非传统威胁的严重性的认识整体说来仍然不足，在具体应对方面也存在着侥幸情绪和做法。"9·11"恐怖袭击使国际社会对于恐怖主义危险的严重性大大提高了认识，并迅速就加强反恐合作的迫切性与重要性达成共识。9 月 12 日，联合国安理会迅速通过 1368 号决议，"最强烈地断然谴责""9·11"国际恐怖主义攻击，呼吁各国"采取一切手段打击恐怖主义行为……确认按照宪章有单独或集体自卫的固有权利"。9 月 28 日，安理会又通过 1373 号决议，呼吁所有成员国支持打击国际恐怖主义势力的行动，要求尚未签署或确认现存联合国反恐怖主义公约的国家把签署和确认公约列为优先，并承诺采取具体措施，断绝恐怖主义分子的资金来源，不向恐怖分子提供庇护场所。11 月 12 日的 1377 号决议通过"全球努力打击恐怖主义的宣言"。"9·11"事件以后到 2002 年年底，安理会共通过六项决议，联合国集体安全体系启动。这也表明，安理会确认国际恐怖主义是一种公害，国际社会在反恐问题上凝聚了高度的共识，超越分歧走到一起；由于恐怖主义的跨国性，反恐也必须进行国际合作。这些决议还创立了在反恐方面前所未有的三个先例：第一，将自卫权应用于反恐斗争（如 1368 号决议）；第二，要求各国采取具体步骤实行反恐立法，如将资金流入恐怖主义组织视为犯罪行为等（如 1373 号决议）；第三，在安理会内成立了新的反恐委员会，监督各国执行安理会各项反恐决议的情况。①

中国对这些反恐决议都予以大力支持。这也是自 1971 年恢复联合国席位以来，中国在安理会表决可能涉及使用武力的决议时第一次投赞成票。中美两国都是联合国反恐委员会的成员，两国的合作对委员会的良好运作发挥了重要作用。唐家璇外长在 2001 年 11 月 12 日安理会特别外长会议表决 1377 号决议之前阐明了中国政府的立场，他强调，恐怖主义不仅威胁国际和平与安全，而且冲击世界经济的发展，是全人类的公敌，与恐怖主义的斗争是和平与暴力的较量。中国一贯反对一切形式的恐怖主义，并为此采取了行政、司法、经济、安全等一系列措施。中国也一直面临着恐怖主义的威胁。"东突"恐怖势力长期接受国际恐怖主义集团的训练、资助和支持，多次在中国新疆地区及其他国家制造各种

---

① 参见李铁城、钱文荣主编：《联合国框架下的中美关系》，人民出版社 2006 年版，第 245—246 页；李鸣：《在联合国框架下解决危机——评"9·11"事件后联合国反恐决议》，http://article. chinalawinfo.com/ArticleHtml/Article_25479.shtml。

恐怖活动,残害无辜平民。"东突"是彻头彻尾的恐怖主义,是国际恐怖主义的一部分,应予以坚决打击。①

中国全国人大常委会 2001 年通过的《中华人民共和国刑法修正案(三)》提高了对恐怖犯罪的量刑幅度,增设了资助恐怖活动罪,编造、传播恐怖信息罪等罪名,从而使反恐怖的国内立法更加完善,也为更有效地打击国际恐怖主义活动提供了有力的国内法根据和保障。2001 年 11 月,中国政府签署《制止向恐怖主义提供资助的国际公约》。中国还积极支持和参与制定《关于国际恐怖主义的全面公约》,积极支持《关于制止核恐怖主义行为的国际公约》的工作,并于 2005 年 9 月签署该公约。与此同时,中国还认真落实相关公约,加强各项反恐措施。2002 年年初,公安部成立反恐怖局,各地也先后成立反恐怖协调办公室。中国人民银行颁布一整套反洗钱的文件,对商业性金融机构提出反洗钱的原则要求和操作规范。中国人民银行正式成立反洗钱处,并要求各商业性金融机构设立相应反洗钱组织机构,一个庞大的反洗钱体系被建立起来,负责打击恐怖犯罪活动的融资,加强了对资金流向的监管措施。及至 2006 年《中华人民共和国反洗钱法》颁布,反洗钱被正式纳入法制化管理的轨道。

12 月 4 日至 6 日,美国反恐事务协调员弗朗西斯·泰勒大使率领一个由联邦调查局、国防部和财政部官员组成的跨部门代表团访问中国,与中国外交部国际司及有关部门讨论如何深化和拓展反恐合作,包括情报交流、执法合作、金融监控等。这是 2001 年 10 月两国领导人决定建立反恐双边磋商机制以来双方的首次会谈。泰勒在磋商后举行的记者招待会上说:

> 美国对 9 月 11 日恐怖袭击后中国给予的支持感到满意。中国政府迅速宣布中美面临着共同的威胁。中国政府对具体的协助要求给予了积极迅速的回应,还采取了措施保卫其边境,对这个共同威胁作出回应。以此为基础,在以后的数月中,我们已在许多重要方面的合作中取得了实质性进展,包括在联合国密切协调、共享信息及情报、执法联络工作及金融资产的监控。本周,双方已同意继续和加强所有上述方面的工作。②

双方同意,以后每半年举行一次反恐磋商,而专家和工作级别的接触则经常进行;双方同意组建一个反恐金融工作组,以有效监控恐怖主义组织的金融活动;2002 年年初中国专家小组将对美国进行访问。

泰勒在回答记者问题时承认美军抓获几名"中国新疆人",承认"中国和美国

---

① 《唐家璇在联大就反恐、南亚、台湾等问题发言》,2001 年 11 月 12 日,news. sohu. com/70/37/news147163770.shtml。

② "Press Conference of Ambassador Francis X. Taylor", Beijing, China, December 6, 2001, Embassy of the United States of America, *Backgrounder*, December 10, 2001.

面临着同样的威胁",但另一方面却并不愿意将这些"东突"分子与其组织定性为恐怖组织。

2002年1月21日,中国国务院新闻办发表题为《"东突"恐怖势力难逃罪责》的文章,追溯了"东突"恐怖势力的起源,详细叙述了自1990年至2001年境内外"东突"恐怖势力在中国新疆境内制造至少200余起恐怖暴力事件,造成各民族群众、基层干部、宗教人士等162人丧生、440多人受伤的事实,指出,"东突"恐怖组织不但得到了本·拉登的大力支持,同时又是本·拉登恐怖势力的重要力量,本·拉登与中亚、西亚的恐怖组织头目多次密谋,要帮助"东突"恐怖势力在新疆进行"圣战"。[①]1996年至2001年间,阿富汗是"东突"组织的可靠基地,"基地组织"训练战斗人员、提供武器,并为从中国逃亡的"东突"分子提供庇护。部分"东突"分子在受训后被秘密派遣回中国新疆发展恐怖组织,从事恐怖活动。这些事实是很清楚的。但美国在"东突"问题上的表态却很迟疑。国务院发言人鲍润石1月22日在新闻发布会上对中国国务院新闻办的文章回应说,"中国和美国都是恐怖主义暴力活动的受害者,都面临着国际恐怖主义的威胁",美国"反对在新疆或中国其他地方发生的恐怖主义暴力活动",但他同时又表示,"打击国际恐怖主义不能成为压制正当的政治表达的借口"。[②]

但经过半年多的反恐合作后,美国在"东突"恐怖势力问题上的态度有所改变。2002年8月下旬,美副国务卿阿米蒂奇来华访问,为江泽民访美做准备。8月26日,他在美国驻华大使馆举行记者招待会。在谈到中美反恐合作时说,双方即将举行第二轮有关金融反恐方面的讨论。"中方满意地注意到美国将'东突厥斯坦伊斯兰运动'(ETIM)列入恐怖主义名单,就这一问题我们已经和中方进行了几个月的讨论。"有的记者不懂ETIM是指什么,他解释说:"ETIM指的是Eastern Turkistan Islamic Movement('东突厥斯坦伊斯兰运动')。经过仔细研究之后,我们判定它为恐怖主义组织,因为它对手无寸铁的平民进行暴力侵犯,而不管受伤害者是什么人。"[③]这是美方第一次作这样的公开表示,是两国反恐合作的成果之一。8月27日,外交部发言人证实,美方已正式向中方通报了有

---

① 《国务院新闻办发文〈"东突"恐怖势力难脱罪责〉》,2002年1月21日,http://news.sohu.com/74/76/news147717674.shtml。

② 宋念申:《美国首次认定"东突"是恐怖组织》,2002年8月29日,http://news.sina.com.cn/c/2002-09-03/1837704685.html。

③ 宋念申:《美国首次认定"东突"是恐怖组织》,2002年8月29日,http://news.sina.com.cn/c/2002-09-03/1837704685.html。2002年12月,助理国务卿凯利在一次报告中针对"东突"定为恐怖组织的问题说,"这不是对中国作出的让步",美国有证据表明,"东突厥斯坦伊斯兰运动"与"基地组织"有联系,对平民百姓实施暴力攻击,Shirley Kan, *U.S.-China Counter-Terrorism Cooperation: Issues for U.S. Policy*(CRS Report for Congress) December 7, 2004, pp.3—5。

关决定,中方对此表示赞赏。中美两国在反恐领域具有广泛的共同利益。中方愿同美方共同努力,加强磋商,深化合作。①

此后,中、美、阿富汗、吉尔吉斯斯坦四国就认定"东突厥斯坦伊斯兰运动"为国际恐怖组织一事共同向联合国安理会提出要求并提交了相关材料。2002 年 9 月 11 日,安理会正式将"东突厥斯坦伊斯兰运动"列入恐怖主义组织和个人名单。这样,"东突"组织是国际恐怖势力的一部分、是国际社会的公害这一事实得到了国际社会的公认,这对于在反恐斗争中中国与国际社会加强合作具有重要意义。

2002 年 6 月,中美在华盛顿举行第二次反恐磋商,双方就国际和地区的反恐问题进行深入讨论,审议两国在反恐方面的双边合作,对所取得的进展表示满意。经过多次商谈,中国同意美国联邦调查局于 2002 年 10 月 22 日在美驻华大使馆设立办事处,处理有关反恐、国际犯罪以及其他执法事宜。中方同时保留在美设立相应机构的权利。

2002 年 9 月 10 日中美经济联委会(JEC)发表联合声明称,加强在金融方面的反恐合作、反对洗钱是 9 月 9 日联委会第 15 次会议的重要议题。双方保证努力改善国际合作,对于金融体系主渠道外的金融机制给予更多关注。②

2003 年 2 月,中美第三次反恐磋商和中美金融反恐工作组第二次磋商分别于 18 日、19 日在北京举行。双方代表团就反恐形势、尤其是金融领域的反恐合作深入交换意见,并达成广泛共识,同意通过加强国际金融监控,切断恐怖组织用以购买武器、训练恐怖分子的资金来源。

2004 年 6 月 7 日,中美在华盛顿举行第四次反恐磋商,双方对两国反恐合作感到深受鼓舞,同时认为合作还有很大拓展空间。美方对中方在反恐战争中作出的贡献表示感谢。③鲍威尔 2002 年 2 月在国会作证时对中国的反恐合作表示赞许说:"中国帮助了反恐战争。"12 月,助理国务卿凯利在威尔逊中心的一次报告中也说:"我们分享[反恐]情报达到了前所未有的程度,但是我们独立地作出判断。"④

中国与美国在反恐方面的合作还表现在阿富汗问题上。中国从政治上支持以卡尔扎伊为首的阿富汗临时政府,向阿富汗及时提供人道主义援助。2002 年 1

① 《外交部:中国对美国将"东突"列入恐怖组织表示赞赏》,2002 年 8 月 28 日,http://www.chinadaily.com.cn/gb/doc/2002-08/28/content_26902.htm。

② "U.S., China Delegations Jointly Pledge Anti-Terrorism Action", September 10, 2002, *Washington File*, September 11, 2002, p.7.

③ "U.S., China Cite Progressing Counterterrorism Campaign", *Washington File*, June 10, 2004, p.38.

④ Shirley Kan, *U.S.-China Counter-Terrorism Cooperation: Issues for U.S. Policy* (CRS Report for Congress), December 7, 2004, p.3.

月,临时政府主席卡尔扎伊首次访华,江泽民主席和朱镕基总理分别会见他,中方明确承诺支持阿富汗的和平与战后重建,尊重推翻塔利班政权后阿首次大选的结果,并同意与经过选举产生的阿合法政府保持密切的沟通和合作关系。双方签署中国向阿提供 3 000 万元人民币的紧急物资援助和 100 万美元现汇作为政府启动基金的换文。2002 年 2 月 6 日,王毅副外长率领的代表团访问喀布尔,重开中国驻阿富汗大使馆,1979 年以来首任驻阿大使孙玉玺于 4 月 30 日到任。10 月,中国外长唐家璇访阿,双方签署中国向阿提供 3 000 万美元无偿援助的经济技术合作协定。11 月,阿卜杜拉外长访华,双方签署中国向阿提供 100 万美元物资援助的换文。12 月,中国与阿的其他五个邻国一道与阿政府签署《睦邻友好宣言》,表示尊重阿主权和领土完整,支持阿和平与重建。2003 年 5 月,双方又签署中国向阿提供 1 500 万美元无偿援助的经济技术合作协定等三项文件。2004 年 3 月,在柏林召开的援助阿富汗国际会议上,中国宣布免除阿前政府 1965 年所借的 960 万英镑的债务,2004 年向阿提供 1 500 万美元无偿援助,为阿大选提供 100 万美元物资援助。2006 年 6 月卡尔扎伊总统访华期间,中阿签订双边《睦邻友好合作条约》,并发表联合声明,宣布建立全面合作伙伴关系,双方同意共同打击恐怖主义、极端主义、分裂主义"三股势力",遏制有组织犯罪、非法移民、非法贩运毒品和武器。同年 7 月 1 日起,中方给予阿 278 种对华出口商品零关税待遇。2006 年和 2007 年,中方向阿提供 1.6 亿元人民币无偿援助。2008 年 6 月,在巴黎支持阿富汗国际会议期间中方又宣布向阿提供 5 000 万元人民币无偿援助。①

但在反恐方面,中美两国也不是没有分歧。

第一,在认识方面,中国强调恐怖主义是对国际和平与稳定、对世界经济的威胁和冲击,反恐是和平与暴力的较量,美国并不否认这一点,但同时强调反恐中的价值观因素,布什在"9·11"事件后发表的一系列讲话中,突出了"9·11"事件是对美国价值观的攻击,对自由的攻击,对美国生活方式的攻击;在对待中国新疆地区的恐怖组织和活动的问题上,美国在认定"东突厥斯坦伊斯兰运动"是恐怖组织的同时,总忘不了提到,"反恐不能成为压制少数民族的借口"。②第二,中国主张联合国在反恐中发挥主导作用,反恐国际联盟应由联合国领导。美国并不排斥联合国,但如果联合国与美国产生分歧,则美国不惜采取单边行动,这

---

① 《中国同阿富汗双边关系》,2016 年 12 月,http://www.fmprc.gov.cn/web/gjhdq_676201/gj_676203/yz_676205/1206_676207/sbgx_676211/;中华人民共和国驻阿富汗共和国大使馆经济商务参赞处:《中阿经贸合作概况》,2015 年 1 月 27 日,http://af.mofcom.gov.cn/article/zxhz/201501/20150100879514.shtml。

② 如见布什 2001 年 10 月 19 日在上海的讲话,2002 年 2 月 21 日在记者招待会上(北京)的讲话,10 月 25 日在会晤江泽民后的记者招待会上(克劳福德)的讲话。

在布什政府发动伊拉克战争问题上表现得最清楚。第三,中国反对在反恐上搞双重标准,美国出于上面所说的价值观的考虑,实际上在对待"东突"、对待俄罗斯的恐怖袭击问题上常常搞双重标准。2002 年 12 月 19 日,美助理国务卿洛恩·克拉纳率领人权代表团访问中国,他在中国青年政治学院和新疆大学演讲时强调,"打击恐怖主义同样也绝不能成为忽视人权的合理依据","美国现在和未来都不会容忍政府以反恐怖主义为借口压制和平表达政治或宗教观点"。①第四,中国和国际社会都主张反恐不要与特定的民族、国家、宗教相挂钩,但美国政府在国内或国外,常常对于伊斯兰教信仰者采取歧视态度,对于巴以冲突也采取偏袒以色列的态度。第五,中国主张反恐要重证据,遵守《联合国宪章》和国际关系准则,要避免伤及无辜民众,美国则主张"先发制人"。②第六,中国主张反恐要治标,也要治本,要妥善解决贫困、地区冲突、可持续发展等全球性问题,美国则强调武力打击恐怖主义,甚至导致了武力的滥用,如伊拉克战争。本来在伊拉克没有多少恐怖主义活动,美国推翻萨达姆政权后,伊拉克出现政治真空,那里真的成了恐怖主义的天堂。美军于 2010 年撤出后,情况就更加严重了。尽管如此,在反恐问题上,中美两国的共同利益无疑是主要的,合作是主流。

中美两国在反恐问题上分歧的一个重要表现是对关押在关塔那摩监狱的恐怖嫌犯的处理问题。自阿富汗战争以来,美国在关塔那摩监狱共关押了 22 名中国维吾尔族人。中国政府认为这 22 人是恐怖嫌犯,而美国则采取双重标准。一些国会议员则屡屡对布什政府施压,妄称这些人是"中国的敌人"、"美国的朋友"。一些人权组织,如大赦国际也坚决反对把他们遣返回中国。鲍威尔在一次接受采访时表示,这些人将很快获释,但他们不会被遣返回中国接受审判。不过要为他们找到合适的去处不是一件容易的事。③确实,为这些人找下家成了国务院头疼的难题。美国政府先后与 20 个国家进行了接洽,包括德国、瑞士、芬兰、挪威、意大利、法国、葡萄牙、奥地利和土耳其,但没有哪个国家愿意接受这股"祸水"。④也没有哪个美国国会议员愿意让这些人在他那个州落户。最后于 2006 年才由阿尔巴尼亚接

① "Craner: China Needs to Address Urban Rural Reform Gap", December 18, 2002, *Washington File*, December 19, 2002, pp.2—5;并参见顾国良、刘卫东、李枏:《美国对华政策中的涉疆问题》,中国社会科学出版社 2012 年版,第 73—74 页。该书详细介绍了美国在涉疆问题上的介入。

② "先发制人"的战略是布什 2002 年 6 月 1 日在西点军校毕业典礼上提出的,他说:靠防御赢不了反恐怖战争。我们必须把战斗打向敌人,打乱敌人的计划,"在最严重的威胁出现之前就对付它"。George W.Bush, "Commencement Address at the United States Military Academy in West Point", New York, June 1, 2002. Online by Gerhard Peters and John T.Woolley, *The American Presidency Project*. http://www.presidency.ucsb.edu/ws/?pid=62730.

③ 参见顾国良、刘卫东、李枏:《美国对华政策中的涉疆问题》,第 282—286 页。

④ Shirley Kan, *U.S.-China Counter-Terrorism Cooperation: Issues for U.S. Policy* (CRS Report for Congress), December 7, 2004, p.5.

收了其中的 5 人,截至布什政府任期结束,再无别的国家愿意接收这些嫌犯。①

二、防扩散方面的合作与分歧

上文已经提到,"9·11"事件以后,防止大规模杀伤性武器的扩散与反恐一样成为美国外交政策的首要关注。布什在 2002 年 1 月的《国情咨文》中指称伊拉克、伊朗和朝鲜是"邪恶轴心",并说:"事实证明,支持恐怖主义的国家与试图开发或获得大规模杀伤性武器的国家是同样一些国家",而且"它们可能向恐怖分子提供这些武器,让他们得到发泄仇恨的手段"。②国家安全事务助理赖斯在 2002 年 4 月的一个讲话中强调,"9·11"恐怖袭击的一个教训是,"必须不让恐怖主义者和敌对国家有机会获得大规模杀伤性武器"。③这里最主要的是三个国家:伊朗、伊拉克和朝鲜。对布什政府来说,对美国人口众多的地方进行核、生物、化学武器的恐怖袭击就是噩梦般的前景。而美国一些高官如拉姆斯菲尔德认为这也许是难以避免的。④

中国政府历来主张全面禁止和彻底销毁所有大规模杀伤性武器,坚决奉行不支持、不鼓励、不帮助别国发展大规模杀伤性武器的政策,坚决反对这些武器及其运载工具的扩散。中国政府广泛参加多边防扩散机制,不断完善防扩散出口管制体系;尤其"9·11"事件后中美两国在防扩散方面进行了卓有成效的合作。

2000 年 11 月,中美达成导弹不扩散共识,双方同日发表各自声明,中国承诺不以任何方式帮助任何国家发展"导弹及其技术控制制度"附表中所列的弹道导弹,无意以任何方式帮助任何国家发展可用于运载核武器的弹道导弹(即能把至少 500 公斤有效载荷运载到至少 300 公里距离的导弹),并承诺完善与加强中国的出口管制制度,早日公布管制与导弹相关的出口的完整清单及有关规定。⑤

---

① 奥巴马政府继续为这些不受欢迎的人找下家而大伤脑筋。2012 年 4 月 19 日,五角大楼发言人布雷西尔透露,两名此前被关押在关塔那摩的中国维吾尔族嫌犯已经获释,并被安置到萨尔瓦多,其他获释的维吾尔族嫌犯此前已被分别安置到阿尔巴尼亚、百慕大群岛、帕劳和瑞士。2013 年 12 月 31 日,美将最后 3 名维族嫌犯移交给斯洛伐克。

② George W. Bush, "Address Before a Joint Session of the Congress on the State of the Union", January 29, 2002. Online by Gerhard Peters and John T. Woolley, *The American Presidency Project*, http://www.presidency.ucsb.edu/ws/?pid=29644.

③ "Remarks by National Security Advisor Condoleezza Rice on Terrorism and Foreign Policy", speech delivered at Johns Hopkins-SAIS, April 29, 2002, https://georgewbush-whitehouse.archives.gov/news/releases/2002/04/20020429-9.html.

④ David M. Lampton and Richard D. Ewing, *U.S.-China Relations in a Post-September 11th World*, p.63.

⑤ 美国决定放弃根据美国国内法律因中方过去向伊朗和巴基斯坦提供导弹援助而需实施的经济制裁,恢复美国与中国公司之间开展商业性空间合作的许可证审批程序,同时及早恢复双方关于延长"1995 年美中关于商业发射服务和国际贸易问题的协议"的讨论。

2002 年 8 月到 10 月,国务院正式颁发《中华人民共和国导弹及相关物项和技术出口管制条例》及《导弹及相关物项和技术出口管制清单》、《生物两用品及相关设备和技术出口管制条例》、《有关化学品及相关设备和技术出口管制办法》三套出口管理条例及管制清单,并重新修订《军品出口管理条例》,颁布管理清单,在《中华人民共和国刑法》和其他有关的法律条例中也列入对违反上述法规的刑事处罚措施,这样,中国的防扩散就实现了从行政管理向法制化管理的转变,实现了与国际惯例的接轨。外交部军控司司长刘结一 2002 年 11 月 14 日在卡内基国际和平基金会发表演讲指出,中国现行的防扩散体系具有三个明显的特点:其一,这个体系是多领域、全方位的,涵盖了核、生、化和导弹等各类敏感物项及所有军品;其二,实行了与国际惯常做法的接轨,目前国际通行的最终用户和最终用途保证制度、许可证制度、清单控制办法、全面控制原则等,都已为中国在各个领域广泛采用;其三,对各类敏感物项生产、经营、出口等行为、对国家主管部门的权利与义务作了严格界定,并对有关违法、违规行为规定了明确惩罚措施。刘结一希望,防扩散问题将成为"促进中美关系健康发展的积极因素,成为中美关系中的一个亮点"。①

2004 年 1 月,中国申请加入核供应国集团。5 月 27 日,核供应国集团的成员国在瑞典哥德堡举行的全会上一致决定接纳中国为其新成员。2004 年 6 月 1 日至 2 日,刘结一司长与"导弹及其技术控制制度"主席、阿根廷大使塞尔萨莱在北京共同主持第二轮中国与"导弹及其技术控制制度"组织对话会。中方重申愿意加入这个制度。双方有关防止大规模杀伤性武器及其运载工具扩散的共识大大增强。

中国政府采取有力措施,确保相关的法规条例得到贯彻落实,这些措施包括:(1)建立跨部委的防扩散出口管制应急协调机制,旨在迅速、有效地处理突发性扩散个案;(2)制定并颁布实施《敏感物项和技术出口许可证管理目录》;(3)根据形势的变化修订有关防扩散出口管制条例及其控制清单;(4)依法对违规公司进行处罚;(5)积极发展与有关多边出口控制机制的关系。中国并与"瓦森纳安排"建立了对话机制,与"澳大利亚集团"②也保持着接触。

---

① 《加强团结合作,共同应对挑战——国际防扩散展望与中国的政策》,外交部军控司司长刘结一在卡内基国际防扩散会议午餐会上的讲话,2002 年 11 月 14 日,http://www.chinanews.com.cn/2002-11-20/26/245590.html。

② "瓦森纳安排"全称为"常规武器及两用品和技术出口控制瓦森纳安排"(The Wassenaar Arrangement on Export Controls for Conventional Arms and Dual-Use Goods and Technologies),是旨在加强军品、敏感军民两用物项及技术转让控制的集团性出口控制机制,于 1996 年 7 月在维也纳成立,中国不是该"安排"的成员,但在制定《军品出口管理清单》的过程中,参考了"安排"的有关做法。"澳大利亚集团"成立于 1985 年,是旨在防止生化武器扩散的非正式出口控制机制,近年来,"澳大利亚集团"加强了与中方的沟通及交流。参见樊吉社:第一章"战略与安全问题",见陶文钊主编:《冷战后的美国对华政策》,重庆出版社 2007 年版,第 49—53 页。

　　中国积极、主动参与国际军控与防扩散活动的举措受到了包括美国在内的国际社会的赞誉，提高了中国的国际声望。2004 年 5 月 18 日，美国务院负责不扩散工作的助理国务卿约翰·沃尔夫在国会众议院国际关系委员会作证时说，自 1997 年以来，中国从政策上采取了多项旨在加强核安全的步骤，颁布和强化了对两用物项的控制措施。中国在 2003 年增强了这方面的努力，表现出"它越来越认真地对待核不扩散问题，并愿为此目的与其他国家进行合作"。沃尔夫特别强调了双方为终止朝鲜的核武器项目所作出的共同努力以及在采取反恐怖主义措施方面的合作。①

　　布什政府还在 2002 年 1 月发起集装箱安全倡议（Container Security Initiation），对于从世界最大的 20 个港口运往美国的集装箱货物进行检查。这 20 个港口包括中国大陆的上海、深圳，以及香港、台湾的高雄。美国政府寻求中国方面的合作。2003 年 7 月 29 日，中方同意加入这一倡议，2005 年 4 月起，美工作组开始在上海工作。2005 年 11 月，中美两国签订协定，在中国一些港口安装设备，检测可以用于制造核武器和"脏弹"的核物质及其他放射性物质，作为美能源部国家核安全署特大港口倡议的一部分。

　　中美两国在防扩散领域也存在着分歧。

　　首先，美国继续坚持核威慑政策，拒绝接受中国提出的不首先使用核武器的主张。中国从 1964 年 10 月第一次核试验后就对国际社会明确承诺，在任何时候、任何情况下不首先使用核武器，不论国际形势如何变化，中国的这一承诺始终如一。中美就"不首先使用"进行过多次磋商，但美国不相信此种承诺的有效性，也一直拒绝作出同样承诺。1997 年美国关于核战略的总统指令仍主张，在遭到生化武器袭击的情况下，美国将使用核武器进行报复。即便在"9·11"事件之后，美国在 2002 年的《核态势评估报告》中列出了可能遭到美国核打击的七个国家，其中还包括中国，说明反恐合作也不足以消除美国军方一些人对中国根深蒂固的疑虑和敌意。其次，美国积极发展导弹防御系统是 20 世纪 90 年代以来中美在军控问题上的一个重要分歧。冷战时期，里根政府与苏联进行军备竞赛，包括搞所谓"星球大战"。冷战结束后，虽然苏联威胁消失，但美国为寻求绝对安全，仍然致力于发展导弹防御体系。尤其是布什当政后，于 2001 年年底退出 1972 年与苏联签订的《限制反弹道导弹系统条约》（《反导条约》），加快了发展导弹防御系统的步伐。同时，美国还积极推进与日本合作研发战区导弹防御系统。

① 　John S. Wolf, "China in the Nuclear Suppliers Group(NSG)", Testimony Before the House International Relations Committee, Washington, DC, May 18, 2004, http://www.state.gov/t/np/rls/rm/32570.htm.众议院该委员会在民主党执掌时称为外事委员会（Committee of Foreign Affairs），在共和党主导时称为国际关系委员会（Committee of International Relations）。

在美国支持下，日本政府于 2004 年 12 月公布的新《防卫计划大纲》和新《中期防务力量发展计划》纲要都明确日本将建立导弹防御系统计划。美日的这一动向引起亚太地区国家的广泛关注。第三，布什政府在 2003 年 5 月底发起防扩散安全倡议(Proliferation Security Initiative，PSI)，它要求参加国结成伙伴关系，利用各自的能力发展广泛的法律、外交、经济、军事及其他手段，禁止大规模杀伤性武器和导弹的相关设备与技术通过陆、海、空渠道出入"有扩散嫌疑"的国家，尤其是朝鲜和伊朗。可疑船只一旦进入倡议参与国的领土、领海和领空，则应被扣留和搜查。这实际是"先发制人"战略在防扩散领域的体现，由于这种拦截活动大多可能在国际公域发生，它与现行的国际法有严重冲突之处。中国政府表示，理解倡议参与国对大规模杀伤性武器及其运载工具扩散的关切，赞成倡议的原则和目标，会与倡议成员国进行信息交流和执法合作，但中国也对在国际公域采取拦截措施的合法性及可能带来的后果感到关切。[①]

三、非传统安全问题上的合作

(一)抗击"非典"的合作

2003 年春，一场突如其来的传染病非典型性肺炎从南到北袭击了中国，尤其是广东，给人民的生命健康、社会的正常运行和国家的现代化建设带来了严重威胁，也对中国政府的执政能力提出了严峻考验。中国政府发挥国家可以集中力量办大事的优越性，迅速采取果断、有力的措施，动员社会各方面的力量，抗击"非典"。

要防止"非典"的大规模蔓延，关键是要尽早发现疑似"非典"患者，采取相应隔离治疗措施。而要查出疑似"非典"患者，必须靠体温计。但是在机场、车站等人流集中的地方，要挨个测量每个人的体温是难以想象的。这时清华大学科研人员发明了红外探头，只要对准被检测者的额头，就能非接触地迅速测出体温。正为"非典"疫情而焦急的中国领导人对这个发明非常重视，指示迅速生产 5 000 个到 1 万个红外探头，安置于公共场所。当时国家发改委主任马凯受命负责保障"非典"防治的物资供应，副主任张国宝负责工业生产和科技。张国宝了解到，清华大学研制的这种红外体温仪中的最关键部件——红外热敏元件在国内尚不能生产，全部得从美国进口。而这种平常用量不大的元件在美国一年也只生产几百个，一下要 5 000 个到 1 万个，确实有难度，也只能求助美国帮忙。张国宝想去美国大使馆请雷德大使帮忙。但当时各个单位都已草木皆兵，严格限制人员进出，不接受一般造访。张国宝担心，雷德大使会不会拒绝见他。张国宝还不

---

① 参见樊吉社:第一章"战略与安全问题"，见陶文钊主编:《冷战后的美国对华政策》，第 53—54 页。

得不考虑,要不要戴口罩?外交场合当然不能戴口罩,但当时是非常时期,情况特殊。他找了一个香港生产的类似防毒面具的口罩带在身上,如果对方戴口罩,他就马上也戴上。

张国宝怀着几分忐忑的心情来到美国大使馆。雷德大使已经带着十几个工作人员在楼下院里迎候,见他走来就热情地迎上来与他双手紧握,大使和工作人员没有一个人戴口罩的。雷德大使迎他上了二楼。张国宝介绍了中国的疫情,告诉大使中国急需红外热敏元件,希望美国帮忙搜罗一下,尽可能把库存搜集起来,紧急空运 5 000 个到 1 万个来以供急用。雷德大使满口答应,表示立即报告美国国务院寻求协助。过了大约十天,美国分两批空运来 5 000 个红外热敏元件,解了北京防"非典"的急需。①

4 月 27 日,在两国领导人会晤时,布什总统向胡锦涛主席表示,美国已经准备好在公共卫生和控制传染病方面向中国提供短期和长期的援助。5 月 6 日,美国卫生部长汤普森给负责抗击"非典"的吴仪副总理打电话,讨论了两国加强应对"非典"和其他传染病合作的问题,并达成协议。5 月 7 日,汤普森在记者会上宣布,中美两国就加强在发现和应对传染病方面的合作达成协议。根据协议,两国将在此后多年内加强在传染病防治培训和实验室能力方面的合作,为此目的,美国将派遣更多科研人员来华。他表示,传染性"非典"非常清楚地表明,今天每一种严重的传染病都具有全球危险,应该建立一个"强大的全球网络来确认和应对疾病的爆发"。5 月 8 日,美国国务院发言人鲍润石也宣布,美国国际开发署本周已向中国提供了 50 万美元紧急援助,以帮助加强中国的公共卫生系统。款项将提供给中国红十字会,用于购置各种预防设施和其他各种为应对"非典"必需的医疗设备。②

(二) 地震救灾的合作

2008 年 5 月 12 日下午 2 时 28 分,中国四川省发生里氏 8.0 级强震,震中位于阿坝州汶川县。地震造成数万人遇难,直接经济损失达 8 451 亿元。中国驻美大使馆启动了重大突发事件应急机制,设立救灾应急小组,通过网站对外发布新闻公报和公告,通报灾情、开通 24 小时救灾捐款热线电话,受理包括旅美华侨华人、留学生在内的各界捐款,举办"情系四川"地震灾区赈灾晚会等活动,筹集了大量善款。

中国政府和各界救灾的效率让世界看到中国人民面对大灾大难的坚强、伟

---

① 张国宝:《美曾紧急援助中国"非典"关键物资》,2013 年 8 月 20 日,http://finance.huanqiu.com/world/2013-08/4262467.html/。

② U.S. Department of Health and Human Services, " News Release", May 6, 2003; U.S. Department of State, "Statement by Richard Boucher: U.S. Assistance to China to Combat SARS", May 8, 2003, *Washington File*, May 8, 2003, p.14; May 9, 2003, p.14.

大。5月12日,布什发表声明,对中国四川发生强烈地震表示慰问,表示美国随时准备提供任何可能的帮助。①5月13日,布什在与胡锦涛的电话中表示,美方愿向中方提供一切可能的帮助。当天,周文重大使会见美总统国家安全事务副助理杰弗里,向美方通报汶川地震灾情与中国抗震救灾工作;美助理国务卿希尔打电话给周文重表示慰问,表示美方已经做好准备,将随时应中方要求派搜救队赴华。美国会众议院"美中工作小组"共同主席拉森和柯克分别打电话给周文重表示慰问。众议院在全会期间举行静默仪式,向震灾中的死难者表示哀悼。15日,参议院外委会亚太小组委员会主席、加利福尼亚州民主党议员博克瑟,亚太小组委员会首席成员、阿拉斯加州共和党议员穆考斯基联名提出一项决议案,对中国四川省遭受地震灾害表示哀悼和慰问,并呼吁美国对中国救灾工作提供援助。

16日、17日,周文重大使向美国务院、美中贸易全国委员会、美中关系全国委员会、百特公司等提出,请美方协助提供救灾急需的血液透析机和 DNA 测序仪,并推动美联邦快递公司和 UPS 免费向中国灾区运送包括上述两种仪器在内的美方捐赠救灾物资。美方反应迅速,18日,美方专门派出太平洋总部军用飞机运输价值 160 万美元的救灾物资到成都。

5月19日至21日,中国全国哀悼日期间,驻美使馆在使馆大厅设立吊唁堂,美商务部长古铁雷斯、农业部长谢弗、卫生部长莱维特、劳工部长赵小兰和多位副部长、多位联邦参、众议员等先后来使馆吊唁。5月20日上午,布什与夫人劳拉亲临中国使馆,向地震的死难者表达深切悼念。布什在吊唁簿上写道:"当你们哀悼痛失如此多的至爱及搜寻仍然失踪人士时,值此悲伤时刻,我们与你们同在。我敬仰中国人民对抗天灾时表现出的慷慨精神及人格力量,无论中国希望美国以什么形式提供协助,美国都随时就绪。美国向受地震影响的灾民致以慰问,并祈求他们早日康复。"布什开创了美国总统亲自到外国使馆向地震死难者表示哀悼的先例。

美中贸易全国委员会会长傅强恩组织了美中贸委会 32 家会员企业的 40 多位代表来到中国使馆悼念,使馆为此专门举行了一个仪式。傅强恩在讲话中表示,自地震发生以来,美中贸委会与中国驻美大使馆密切合作,及时向美国公司通报中国抗震救灾最新情况,该组织近 80 家会员公司捐款已经超过 3 000 万美元,并提供了大量救灾物资。出席吊唁活动的美国各大企业的代表在使馆吊唁簿上留言,对汶川地震遇难者表示沉痛哀悼。

6月6日,美国红十字会、商业圆桌会议和美国商会共同举办了"美国对中

---

① David L. McKeeby,"United States Offer Initial Earthquake Aid to China",May 13, 2008, *Washington File*,May 14, 2008, p.2.

国地震作出反应"圆桌会议,布什总统亲自与会,并作简短讲话。他赞扬美国人民救助震灾的热情是"前所未有和无与伦比的"。他说:"我给中国政府的信息是:谢谢你们欢迎美国的援助,谢谢对这场灾难作出稳固而有力的反应。请记住,美国人民就像对待遭遇不幸的兄弟姐妹一样关心中国人民。"国务卿赖斯、财政部长保尔森与会并讲话。白宫办公厅主任博尔顿、国家安全事务助理哈德利等陪同布什出席。

会上决定以美国企业和非政府组织出资的方式提供援助,支持汶川地震灾区恢复重建。援助集中在医疗卫生、教育、基础设施、能源和灾害应对等领域。其中,医疗卫生领域由强生和默克公司牵头,教育领域由宝洁和思科公司牵头,基础设施领域由霍尼韦尔公司牵头,能源方面由雪佛龙公司牵头,灾害应对方面由美国国际发展署牵头。一些美国企业很快将救灾重点转到帮助灾区重建家园。7月1日,思科公司与四川省人民政府签署谅解备忘录,宣布三年内向四川提供总额为3亿元人民币的援助,以自身IT网络技术优势,在教育、医疗卫生、IT培训等领域为灾后重建提供支持。霍尼韦尔公司援建安县秀水镇三村联合小学和提供就业机会等项目也开始实施。6月29日,赖斯国务卿访问了灾区,在都江堰听取灾情介绍,还视察了美国民间向玉塘镇永固村捐赠的净水装置。赖斯为都江堰"勤俭人家"安置点题词:"献给生活在这里的坚强的家庭和孩子,你们身上有一种伟大的精神。美国人民祝愿你们,永远保留这段记忆,过上幸福美好的生活!"[1]赖斯在访问后说,她看到了中国人民的伟大精神。[2]

四、人文交流

(一)布什政府支持北京奥运会

人文交流是新时期两国关系的重要领域,内容越来越充实、丰富,覆盖面越来越广。2008年8月北京举办了第二十八届夏季奥林匹克运动会,这是中国人民百年圆梦的大事。它给北京和中国一个机会,向全世界更好地展示经过30年改革开放和现代化建设的中国的新面貌,有利于塑造中国新的国际形象,同时也会进一步推动北京乃至中国各方面的发展。为举办奥运会而开展的大规模城市建设将加快北京跻身现代化国际大都市的步伐,北京的环境会更加优美。总之,奥运会将大大提升中国和首都北京的国际地位,提升中国人民的民族自豪感和

---

[1] 《"我看到了中国人民的伟大精神"——美国国务卿赖斯访问四川地震灾区侧记》,2008年6月29日,http://news.xinhuanet.com/newscenter/2008-06/29/content_8458598.htm。

[2] 关于美国对中国汶川地震救灾的关注和援助主要根据周文重:《出使美国,2005—2010》,世界知识出版社2011年版,第7—19页。

自信心。惟其如此,中国人民才对奥运会倾注了那样高的热情和关注。毫无疑问,奥运会本身是世界顶级的体育赛事,它当然会极大地推动中国体育事业的发展,帮助提高中国的国民素质。

北京申办奥运会曾经有过受挫的经历。1993 年北京市在中央政府和全国人民的支持下向国际奥委会提出了申办 2000 年夏季奥运会的请求。这本来与美国毫不相干。但美国的一些人权组织却无理取闹,掀起了一个反对北京申办奥运会的恶浪,参众两院也先后通过决议反对北京申办奥运会。克林顿政府没有对此事公开表态,实际上是把代表美国发声的权力给了国会。①

2000 年,北京再次提出申办 2008 年夏季奥运会。此时中国的实力、中美关系的状况和国际形势与 1993 年大不相同,各方面的因素都比 1993 年更为有利。北京奥申委也做了更充分、周到的准备。布什政府对此的态度与克林顿政府不同。5 月 3 日,鲍威尔国务卿在国会的一个听证会上表示,哪一个国家应该获得奥运会的主办权,应该由国际奥委会独立作出判断,不应该将政治与体育混为一谈。国务院发言人鲍润石也说,"我们的决定就是不作决定"。6 月 25 日,布什政府正式宣布,在北京申办 2008 年奥运会问题上保持中立。②但一些国会议员却不思改悔,仍然坚持先前的立场。在 2001 年 7 月中旬国际奥委会莫斯科会议作出决定之前,民主党众议员兰托斯、佩洛西和共和党众议员考克斯在众议院国际关系委员会发起反对北京举办 2008 年奥运会的决议案,并获得通过。布什政府力促众议院国际关系委员会不把这一决议交付众议院全体大会表决。众议院于 6 月下旬进入休会期,要到 7 月 9 日复会。在休会前,众议院没有安排表决上述决议;等复会后,离国际奥委会 7 月 13 日投票只剩 4 天了。即便在国际奥委会作出决定后,仍有一些议员鼓噪,反对国际奥委会的决定。7 月 13 日当天,参议院外交关系委员会主席、极端保守的共和党人赫尔姆斯发表声明,用心险恶地把国际奥委会的决定与 1936 年由纳粹德国承办奥运会相提并论。佩洛西等也提出种种无理要求,对中国和国际奥委会施加压力。③

但总体说来,国会中反对北京申奥的声音比 1993 年弱得多了。有的议员公开表示不应该对北京申奥进行干预。如民主党参议员、新任参议院外委会主席拜登就认为,国会反对北京举办奥运会"不是明智之举"。来自华盛顿州的民主党参议员穆里还提出议案,要求在奥运会主办权问题上避免进行政治干预。美

① 详见陶文钊:《中美关系史》(修订本)第 3 卷,第 239—240 页。

② 参见张沱生、史文主编:《对抗·博弈·合作——中美安全危机管理案例分析》,第 298 页。

③ "Text:Helms Decries IOC Decision to Give 2008 Olympics to Beijing", July 13, 2001; "Representative Pelosy Press Release on China Hosting 2008 Olympics", July 16, 2001. *Washington File*, July 16, 2001, p.3; July 17, pp.8—9.

国奥委会主席鲍德温女士也表示,不应该对奥运会进行政治干预。美国的民意调查表明,大多数美国人对北京申奥或者表示支持,或者认为应该保持中立。就连一些人权组织在此问题上也发生意见分歧,有的认为举办奥运会可能推动中国改善人权。①可以认为,布什政府在此问题上的态度对于国会和民意是有一定影响的。鲍威尔在 7 月中旬对媒体表示:"在七年之中,中国将看到经济自由化和加入世贸组织的好处。我希望他们将能发现,没有政治上的民主,不实行法治,经济上的民主也是不能继续的。"②

但"以中国的人权状况"为由抵制北京奥运会的噪音在西方没有绝响。2007 年 8 月,以巴黎为基地的"无国界记者组织"发布报告,对中国的新闻自由进行诽谤,称中国是"世界上最大的记者监狱"。该组织驻纽约主任塔拉·多拉沙希称,中国在奥运会前正在搜集记者和人权活动分子的资料,"侵犯了记者的隐私和他们的自由、独立"。他们要求国际奥委会对中国施压,制止这种行动。否则,他们的组织就要抵制北京奥运会。以纽约为基地的"保护新闻工作者委员会"执行主任乔·塞蒙在 2007 年 11 月 12 日的声明中说,奥林匹克"不能继续被用作在中国禁止新闻自由的借口",并要求中国政府"给予绝对的新闻自由"。③

一些美国国会议员也仍然在以人权为幌子来对中国施压。众议员达纳·罗拉巴克尔于 2007 年 8 月 2 日提出议案,敦促布什政府抵制奥运会,除非中国"停止对其公民的严重人权践踏"。但议案在众议院里应者寥寥。也有的个人和势力则以中国支持苏丹喀土穆政府为由,要求布什政府抵制北京奥运会。

布什政府反对抵制北京奥运会。6 月 4 日,国务院发表声明明确反对通过抵制北京奥运会在苏丹问题上对中国施压。美国奥委会同样反对抵制奥运会。美国奥委会发言人达尔·萨贝尔 6 月 4 日说,奥林匹克运动"是体育,而不是政治",他解释说,在奥林匹克历史上虽然发生过多次抵制,"过去的情况表明,抵制绝对没有任何效果,其唯一的后果是不公正地惩罚了花费几十年的时光为运动会进行准备的运动员"。④

布什本人对参加 2008 年北京夏季奥运会开幕式的态度是明确而坚定的。2005 年 11 月布什再次访华时,他兴致勃勃地在京西老山地区骑行了 75 分钟自

---

① 任毓骏:《布什政府表示中立,国会态度变化》,http://news.sina.com.cn/w/285755.html。

② David M. Lampton and Richard D. Ewing, *U. S.-China Relations in a Post-September 11th World*, p.24.

③ Eric Green, "View Mixed on Boycotting 2008 Beijing Olympics", *Washington File*, November 20, 2007, p.3.

④ Ibid., p.4.

行车,并对陪同的中国自行车运动员说:"2008 年我会来北京看奥运会。"①2006年 4 月中旬胡锦涛再次访美时,在两国领导人的会晤中,布什问起奥运会的准备情况,并向胡锦涛保证,他一定会参加奥运会,别把他忘了,还半开玩笑地说:"我把酒店都订好了。"②2007 年 9 月 6 日,在悉尼参加 APEC 峰会的胡锦涛会晤布什,并再次邀请他和夫人及全家参加北京奥运会开幕式。布什"急切地"接受了邀请。会晤后布什宣布了这一消息,并说北京奥运会"将是中国人民骄傲的伟大时刻","同时也是中国领导人通过展示他们对更大的开放和容忍的承诺展现信心的机会"。③

布什亲口正式宣布出席北京奥运会后,美国和国际上的一些人权组织更是加紧活动。2007 年 12 月 20 日,一些人权组织写信给赖斯国务卿称,随着北京 2008 年夏季奥运会的临近,现在存在着对中国人权问题施加压力的"机会之窗"。④

布什总统抵制了这些荒唐建议。2008 年 2 月 14 日,布什在华盛顿接受英国广播公司(BBC)专访时,针对上述歪门邪道明确表示,他不会采取这样的立场。布什告诉记者:"我将前往北京参加奥运会。我把奥运会看作一个体育盛事。"⑤

2008 年 3 月 14 日,西藏拉萨市区发生暴力犯罪事件。这是达赖集团有组织、有预谋、精心策划煽动,境内外分裂势力相互勾结制造的。不法分子对拉萨市区主要路段的临街铺面、中小学校、医院、银行、电力和通信设施、新闻单位实施打砸抢烧,给当地人民群众生命财产造成重大损失。拉萨市的商店铺面、银行、通信等单位和学校被抢劫、破坏和烧毁的多达 900 多家,被烧死打死的无辜群众和武警战士达 18 人,伤者数百人。随后几天,在甘南、阿坝等地发生类似事件。境外"藏独"分子和支持者还打砸抢烧我国 40 多个驻外使馆和领事馆等机构,并冲击奥运圣火传递活动,在伦敦、巴黎、旧金山等城市抢夺奥运火炬,蓄意损害中国的国际形象。中国政府在西藏及时采取必要措施,迅速恢复了秩序。事件在国际上引起广泛关注,尤其因为它发生在奥运会前几个月。3 月 15 日,赖斯发表声明,呼吁中国政府在处理事件时"实行克制",并

①⑤ 吴国发:《参加北京奥运会:聪明的布什,理智的萨科齐》,2008 年 8 月 5 日,http://blog.sina.com.cn/s/blog_4e1af9eb0100a9ax.html。

② 乔治·沃克·布什著、东西网译:《抉择时刻》,中信出版社 2011 年版,第 400 页。

③ Eric Green, "View Mixed on Boycotting 2008 Beijing Olympics", *Washington File*, November 20, 2007, p.4.

④ Eric Green, "Beijing Olympics Could Highlight China's Human Rights Situation", *Washington File*, January 16, 2008, p.5.

呼吁各方不要使用暴力。26日,布什在与胡锦涛的通话中也表示他对西藏事态的关切。①

在拉萨骚乱以后,美国一些国会议员加大了对行政当局的压力。有议员提出议案,要求总统抵制北京奥运会开幕式,并"禁止美国联邦官员和雇员"出席。国会两党的15名议员致函布什,呼吁他重新考虑出席北京奥运会的决定,并"敦促中国尊重国际人权标准"。众议院议长佩洛西在接受电视采访时表示,参加奥运开幕式等于向中国政府致意,总统应该考虑放弃参加开幕式。一些原来打算出席奥运会开幕式的欧洲国家领导人此时也发生动摇,或改变立场,表示不再出席开幕式。但布什不为所动。白宫发言人表示,总统坚持认为奥运会是一次体育盛会,他的出席是体现他对美国运动员支持的大好机会。②4月6日,布什还强调,他一定会出席奥运开幕式,美中关系正变得密切,他还将出席奥运看作为美国运动员助威的机会。③

7月6日,布什在日本北海道出席八国集团峰会。布什在峰会前与东道主日本首相福田康夫举行双边会晤,他在会晤后举行的记者会上说:对于各国领导人出席奥运开幕典礼的问题,中国民众密切关注;倘若不出席,我觉得就是对中国人民的公然冒犯。而且那也表示无法与中国进行对话。并且,我也很清楚,美国的健儿们都希望国家领导人到场,为他们加油。所以我会去。④

美国东部时间7月30日下午,布什在白宫接受中国《人民日报》以及中国香港《南华早报》、韩国《朝鲜日报》、泰国《曼谷邮报》三国四位记者的联合采访。在回答《人民日报》记者的问题时,布什说:我个人和美国尊重中国人民,尊重你们的历史,尊重你们的传统,应邀参加奥运会,我深感荣幸……我确实非常高兴去观摩奥林匹克比赛,我是个喜欢运动的人……我认为好的比赛应是非常健康的。健康的比赛,必然会有很强的观赏性。不仅观看比赛,而且去感受全世界的选手同场竞技的整个气氛都是很有意思的。我会给美国运动员加油、喝彩,当然,我

---

① U.S. Department of State, Office of the Spokesman, "Statement by Secretary of State Condoleezza Rice", March 15, 2008, *Washington File*, March 18, 2008, p.6; The White House, Press Secretary, "Statement by Press Secretary", March 26, 2008, *Washington File*, March 27, 2008, p.2.

② 吴国发:《参加北京奥运会:聪明的布什,理智的萨科齐》,2008年8月5日,http://blog.sina.com.cn/s/blog_4e1af9eb0100a9ax.html.

③ 周文重:《出使美国,2005—2010》,第61页。

④ George W.Bush, "The President's News Conference With Prime Minister Yasuo Fukuda of Japan in Toyako, Japan", July 6, 2008. Online by Gerhard Peters and John T.Woolley, *The American Presidency Project*, http://www.presidency.ucsb.edu/ws/?pid=77640.

们会胜不骄,败不馁。①布什还专门接受中国中央电视台记者的采访。

7月30日晚,白宫通过电子邮件向各国驻华盛顿媒体通报布什总统8月到北京参加奥运会等活动的详细日程。

美国在任总统出席在外国举行的奥运会,这在美国历史上是绝无仅有的。况且,布什的父亲乔治·布什前总统将以美国"2008北京奥运观光团"名誉团长的身份一起到北京参加奥运会。此外,国务卿赖斯将应邀出席奥运会的闭幕式;劳工部长赵小兰、卫生与公众服务部长莱维特、前副国务卿休斯以及美国奥委会主席尤伯罗斯等政要都将在奥运会期间抵达北京。这充分显示了布什政府和布什家族对北京奥运会的重视和对中国人民的友好态度。

7月21日,布什在白宫接见全体参加北京奥运会和特奥会的美国运动员,为他们壮行。

在布什来华之前,国安会亚洲事务高级主任韦德宁举行记者会发布消息。他说,总统出席北京夏季奥运会首先是表示对美国奥林匹克运动队的支持;同时,也是表示对运动员的尊重,对举办奥运会的中国人民的尊重;这也使他再次有机会与中国领导人坐在一起讨论共同关心的问题。②

为了表示他对中国"人权状况"的关注,7月29日,布什在白宫接见了热比娅等五人。

2008年7月29日,经过数年的设计和建设,中国驻美大使馆新馆在华盛顿举行开馆仪式。外交部长杨洁篪出席仪式并致辞。他说:中美关系已成为世界上最重要的双边关系之一,无论在深度还是在战略内涵上都今非昔比。中国驻美国大使馆新馆建成,是中美关系发展史上一件标志性大事,既反映了中美关系的良好现状,也象征着两国关系广阔和美好的发展前景。发展中美建设性合作关系是中方坚定不移的方针。中方愿与美方共同努力,推动中美关系持续健康稳定向前发展,更好地造福于两国人民和世界人民。③

美国财政部长保尔森、商务部长古铁雷斯、劳工部长赵小兰、副国务卿内格罗蓬特、总统国家安全事务副助理杰弗里等美方人员也出席了开馆仪式。他们代表政府对中国驻美大使馆新馆开馆表示祝贺,一致认为美中关系的发展强劲

---

① George W.Bush, "Interview With Foreign Print Journalists", July 30, 2008. Online by Gerhard Peters and John T.Woolley, *The American Presidency Project*, http://www.presidency.ucsb.edu/ws/?pid=77775.

② The White Houe, Office of th Press Secretary, "Remarks by Senior Director for Asian Affairs, at the National Security Council, Dennis Wilder, on President's Trip to Asia", *Washington File*, August 1, 2008, pp.8—13.

③ 《杨洁篪出席中国驻美国大使馆新馆开馆仪式并致辞》,2008年7月29日,http://www.gov.cn/jrzg/2008-07/30/content_1059785.htm.

有力,重要性日益上升。美方高度重视对华关系,视中国为重要合作伙伴,致力于在广泛领域加强同中国的交流与合作。

在奥运会期间,美国驻华大使馆新馆也举行开馆仪式。新馆建筑造价 4.34 亿美元,占地 4.6 万平方米,是美国在世界各国的第二大使馆。两位布什总统出席开馆仪式。第 41 任总统乔治·布什深情地回忆了 30 多年来与中国的交往,说:"首先我要指出,这个星期我有一种回家的感觉。每次有机会回到中国,芭芭拉和我总感到很高兴。事实上,我想这一次是我总统任期结束离开白宫后第 19 次或第 20 次前来中国。但在这一特殊时刻,在中国历史上的这一特殊时刻,来到这里,回到我有幸工作过的大使馆,与共同热爱中国和中国人民的布什家族成员一起来到这里,特别令人喜悦,也特别使我感动。"接着,第 43 任总统乔治·沃克·布什发表了热情洋溢的致辞。他说:"毫无疑问,这座新馆令人赞叹。对我来说,它表明了我们与中国关系的重要性。它反映了我们的关系建立在坚实牢固的基础之上。它是在未来许多年里加强这一基础的承诺。"[①]戴秉国国务委员出席仪式并讲话。

8 月 8 日晚,布什又在击剑馆接见美国奥运会运动员和教练,对他们出席本届奥运会表示祝贺和敬意,鼓励他们多得奖牌。[②]

在北京的两天中,布什总统兴致勃勃地在水立方观看男子游泳比赛,对美国队的东山再起极为兴奋;观看沙滩排球队员的训练;还观看众所瞩目的中美男子篮球比赛。他还去了球员们的更衣室与美国球员打招呼。胡锦涛主席在中南海瀛台举行午宴,宴请布什全家。布什对此既兴奋又感激。他在回忆录中写道:"这次布什家族的团聚堪称空前绝后。"他把出席北京夏季奥运会称作任期最后一年的亮点之一。他认为奥运会让世界有机会见证中国的魅力与创新。[③]

2008 年北京夏季奥运会是中国第一次举办规模如此盛大的体育赛事,参赛的各国运动员达一万多名,来自世界各地的观众更是数以百万计,安全保卫工作任务十分繁重。在这一方面,中美两国也进行了合作。美国驻华大使馆协调有

① "Bush Reflects on Solid Foundation of U.S.-China Relations", August 8, 2008, *Washington File*, August 11, 2008, pp.3—4;《两代布什总统在美国驻华大使馆新馆开馆仪式上的讲话》,2008 年 8 月 10 日,http://club.kdnet.net/dispbbs.asp?boardid=1&id=2388954。

② The White House, Office of the Press Secretary, "Remarks by the President During Greetings with 2008 United States Summer Olympic Team", August 8, 2008, *Washington File*, August 11, p.16.

③ 乔治·沃克·布什著、东西网译:《抉择时刻》,第 400 页。布什在与胡锦涛互致贺电庆祝中美关系正常化三十周年时,还特别提到,"我对出席北京夏季奥运会感到荣幸"。《中美两国领导人互致贺电庆祝两国建交 30 周年》,2009 年 1 月 1 日,http://news.xinhuanet.com/world/2009-01/01/content_10588527.htm。

关各部门和机构与中方的合作。国务院外交安全服务处代理处长多诺凡对记者表示,中国作为主办国,无疑对奥运会的安全负有最终责任,"但确保奥运会的安全符合所有人的利益,但凡有需要,美国准备提供自己的帮助"。①2005 年 5 月,中国举办第一次反恐装备展览会,有 200 多家美国公司和外国公司展示它们的装备。为了奥运会的安保工作,布什批准向中国出口若干敏感的装备与技术,如用于发现爆炸和无线电装置的探测设备。2008 年 6 月 30 日,布什告知国会,他暂时取消了相关的出口的限制,让美国射击运动员可以把他们的枪支带来中国,并让美国的电影摄制人员把高清电视摄像机系统连同军用陀螺仪带到奥运会上来,这些设备事后将运回美国。②中国参与筹备奥运会的有 30 个政府部门和机构,这些部门都与美国的相应部门和机构结成了伙伴关系。比如美国能源部的国家核安全署具有发现和处理放射性威胁的经验,并多次向国际体育赛事提供技术帮助。该署也与中国相应部门进行合作,向中方提供了侦察放射性威胁的器材,并对中方人员进行培训。美国同行向中方介绍美国举办历次奥运会的经验,尤其是 2002 年盐湖城冬奥会的经验,以及雅典夏季奥运会的经验。在雅典奥运会举办时,有 20 名美国官员向雅典方面提供从训练到危机处理的各种安全协助。

绿色奥运是北京奥运会的重要理念和追求。中美双方在这一方面也进行了合作。2002 年,北京市政府与美国能源部签署在清洁能源技术方面进行合作的意向书。美国能源部承诺为 2008 年奥运会能源和环境政策计划方面提供技术援助。2004 年,中国科技部、北京市政府又与美国能源部签署《2008 年北京夏季奥运会清洁能源技术合作议定书》。12 月,《议定书》第一次计划会议在北京举行,确定了 10 个进行合作的领域:天然气技术、制冷技术、制热与发电、清洁煤、水电与电瓶车辆展示、环境友好型建筑、城市交通、空气质量、水质量、光伏电池。此后到 2005 年 4 月,联合工作小组举行了三次会议,成立了相应的 10 个工作队负责上述 10 个领域。包括在奥运村的水上公园展示一种水电与天然气混合的能源。通用汽车公司赠送了零排放的电动汽车供奥运会使用。奥运村内的道路照明和游泳馆水的加温都使用太阳能光伏电源。③此外,北京—芝加哥姐妹城市计划还发起了环境保护活动。

为了加强美中两国之间的民间交流,并支持北京奥运会,2006 年 11 月,赖

① Michael Buchanan, "China, U.S. Cooperate on Olympics Security", June 12, 2008, *Washington File*, June 13, 2008, pp.8—9.

② Shirley A.Kan, *U.S.-China Counterterrorism Cooperation: Issues for U.S. Policy*(CRS Report for Congress), January 6, 2010, p.26.

③ Cheryl Pellerin, "Beijing Cleans Air for 2008 Olympic with U.S Help", *Washington File*, April 18, 2005, pp.12—13.

斯国务卿任命华裔美国花样滑冰选手关颖珊为美国公共外交大使。关颖珊祖籍广东中山,在花样滑冰方面才华出众,曾获得 5 次世界单人滑的金牌和 9 次美国单人滑的金牌,并获得 2 枚冬季奥运会的奖牌。关颖珊获得任命后首次出访的国家是中国。2007 年 1 月,关颖珊随同负责公共外交的美国副国务卿卡伦·休斯访华。21 日,关颖珊与休斯一起到北京体育大学访问。休斯在特殊奥运日(Special Olympics Sports Day)庆典上向运动员颁发奖章。关颖珊访问了一批高尔夫、篮球和网球运动员及他们的家庭,并与运动员交流自己运动生涯的体会,她说:"我仍在从滑冰经历中汲取动力。"①

在国外设立本国的文化教育机构以推广本国的语言和文化,促进本国和世界的相互了解已经成为国际上一种通行的做法。随着中国的发展和在世界上影响力的增强,海外越来越多的外国人希望学习汉语,或者是出于对中国文化的兴趣,或者是为了寻找更好的发展机会。为了适应这种需求,从 2004 年起,中国国家汉语国际推广领导小组办公室(国家汉办)开始在国外设立名为"孔子学院"的中国教育机构,而最先设立孔子学院的国家就是美国。②

(二)姚明参加美国职业篮球联盟(National Basketball Association,NBA)赛事

在近年中美两国的体育交流中,姚明是一个不能不提到的人物。自从 2002 年 6 月姚明作为第一位入选 NBA 的中国篮球运动员被休斯敦火箭队选中,这位身高 2.26 米的华人大中锋以其出色的表现,七次入选 NBA 全明星阵容,两次登上《时代周刊》(亚洲)封面,两次被《时代周刊》评选为年度"世界最具影响力的100 人"之一,成为在美国家喻户晓的中国人。在休斯敦,当地市民以姚明为骄傲;在洛杉矶,只要有姚明参赛,场馆内就会用中英文双语进行解说。在 9 年的职业生涯中,姚明以他特有的打球方式,勤奋自信的个性,勇于担当的性格,与伤病作斗争的坚忍精神,谦逊不失幽默的谈吐风格充分展示了一个中国运动员的魅力,在众多美国人心目中塑造了中国人的新形象,许多美国人正是因为喜欢姚明,对汉语和中国文化产生了兴趣,他们通过姚明开始重新认识中国。同时姚明虚心地向美国同行学习,引进美国的先进理念和管理办法,促进中国篮球运动的更好发展。美国几任总统都是姚明的"粉丝"。克林顿前总统曾将姚明誉为"中国对美国最大的单笔出口",③布什总统在 2006 年 4 月 20 日会晤来访的胡锦涛

---

① 《关颖珊向中国学生讲述当运动员的体会》,http://chinese.usembassy-china.org.cn/012007michelle.html。

② 见本书第九章第二节。

③ 王猛:《平视姚明》,新星出版社 2012 年版,第 213 页。

主席后的记者招待会上说：在艺术、美术方面，美国人民对中国艺术和美术是很有兴趣的。在体育方面，姚明是永久性交流的一个选手。他期待两国人民之间能更好地进行交流。①布什在来北京出席奥运会开幕式前接受《人民日报》记者采访时还一再提到姚明，说"伟大的姚明——他为我家乡火箭队效力——我希望届时(他的)脚伤能够痊愈了"。②奥巴马总统是个篮球迷，在 2009 年第一轮中美战略与经济对话开幕式上的致辞中，他引述姚明的话说："我是一个篮球迷，我想借用中国篮球明星姚明的一句话说，无论是新成员也好，还是老成员也好，都需要时间磨合。通过以往我们已经举行的建设性对话，以及我们这一次对话，我相信我们能够达到姚的标准。"③他在 2009 年 11 月访问中国时，在上海与青年对话互动中再次提到姚明说："我们两国人民都热爱篮球，姚明就是个例子。不过，此行我不能观看上海鲨鱼队的比赛，有点儿遗憾。"④一个中国运动员对美国三位总统产生这样的影响，这在两国关系史上是绝无仅有的。

随着姚明进入 NBA，中国人对 NBA 的关注度大大提高。国内有 16 家省级电视台对姚明的首场比赛进行转播或录播，创造了国内转播 NBA 赛事的最高纪录。而在前一年进行 NBA 转播者寥寥无几。篮球是在中国很受欢迎、普及程度很高的体育运动项目。据有关统计，国内大概有 2.5 亿人参加这项运动。中国无疑是拥有最多 NBA 电视观众的国家，为美国职业篮球联盟全球化开拓了新空间。NBA 北京分公司已经成立，NBA 中文网站也已开通，NBA 还计划与中国旅行社合作，组织中国游客去美国观看 NBA 比赛。可以说，姚明把中国的影响带到了美国，反过来，他也把 NBA 的有效管理和精湛球技带给了中国人民，真正在双方之间起到了桥梁的作用。姚明不愧为"民间外交使者"。

不仅是姚明，随着中国体育事业的壮大，越来越多的运动员、教练员走向世界，包括美国，不但把他们的精湛技艺传到美国，而且也以中国的文化影响了他们的同伴。在 2008 年 8 月北京夏季奥运会上，就有五个美国运动项目由

---

① George W.Bush, "Remarks Following a Meeting with President Hu Jintao of China and an Exchange with Reporters", April 20, 2006. Online by Gerhard Peters and John T.Woolley, *The American Presidency Project*, http://www.presidency.ucsb.edu/ws/?pid=72426.

② 《布什接受记者采访：想在奥运车道上骑山地车》，2008 年 8 月 5 日，http://news.enorth.com.cn/system/2008/08/05/003624899.shtml。

③ Barack Obama, "Remarks at the United States-China Strategic and Economic Dialogue", July 27, 2009. Online by Gerhard Peters and John T.Woolley, *The American Presidency Project*, http://www.presidency.ucsb.edu/ws/?pid=86473.

④ Barack Obama, "Remarks at a Town Hall Meeting and a Question-and-Answer Session in Shanghai", November 16, 2009. Online by Gerhard Peters and John T.Woolley, *The American Presidency Project*, http://www.presidency.ucsb.edu/ws/?pid=86909.

华人执教,他们分别是:女排教练郎平、跳水队主教练陈文波、田径队领队李梨、体操女队教练乔良、羽毛球队教练蔡子敏。体育成为沟通中美两国人民心灵的桥梁。①

五、美国对中国的疑虑和牵制

尽管布什政府对华政策的总目标是寻求两国关系的稳定和使中国成为国际体系负责任的利益攸关方,②但美国对中国发展方向的疑虑仍然存在,对华政策中牵制、防范的一面没有削弱,有些地方还有所加强。

(一)美日同盟的调整

冷战结束后,亚太地区安全形势中的一个重要事态是美日同盟的两次调整。第一次调整的标志是 1996 年 4 月 17 日发表的《日美安全保障联合宣言》以及 1997 年 9 月 23 日出台的《日美防务合作指导方针》,这两个文件重申了美日安保体制的重要性,开始改变同盟"专守防卫"的性质,把同盟适用范围扩大到"周边事态"。③

在布什政府时期,美日同盟实现了第二次调整。布什政府亚太战略的重点首先是强化亚洲的同盟体系,突出美日同盟在地区安全与稳定中的作用。早在 2000 年 10 月,一些来自智库、大学的学者、国会议员助手以及一些公司代表对克林顿政府第二任期注重发展对华关系、不够重视对日关系的政策感到不满,这些知日派(多为共和党人)组成一个研究团队,在阿米蒂奇与克林顿政府助理国防部长约瑟夫·奈的主持下就美日同盟关系进行讨论,并提出了一项题为《美国与日本:迈向成熟的伙伴关系》的研究报告,俗称"阿米蒂奇报告"。报告指出,虽然 1996 年美日发布了共同宣言,但是两国决策者并没有真正落实,没有认真实行宣言中提出的安全议程,因此有必要重新聚焦于两国的同盟关系。报告详细阐述了加强同盟关系的六个关键领域:政治、安全、冲绳问题、情报合作、经济、外交。在安全领域,报告矛头直指日本宪法对行使集体自卫权的限制,指出:"日本禁止行使集体自卫权制约同盟的合作。解禁集体自卫权将能实现同盟更紧密更有效的安全合作……我们把美英特殊关系作为美日同盟的样板。"④这份报告为美日同盟的第二次调整提供了政策方向,而研究团队的很多成员后来进入布什政府,成为掌管外交、国防事务的重要官员,如阿米蒂奇是副国务卿,沃尔福威茨任副防长,凯利担任了主管亚太事务的助理国务卿,格林出任国安会亚洲

---

① 何慧:《当代中美民间交流史(1969—2018 年)》,科学出版社 2017 年版,第 67 页。

② 见本书第五章第二节。

③ 参见陶文钊:《冷战后美日同盟的三次调整》,《美国研究》2015 年第 4 期。

④ "The United States and Japan: Advancing Toward a Mature Partnership", INSS Special Report, October 11, 2000. http://www.ndu.edu/ndu/SR_JAPAN.HTM.

事务高级主任，他们自然可以利用手中的权力把报告中的建议转变为政府的政策。

美国的阿富汗战争、伊拉克战争都给美日同盟的调整提供了契机。自民党小泉纯一郎政府抓住机遇，相继提出《应对武力攻击事态法》等三项立法。这些法律根据布什"先发制人"的理论规定，只要预测到被武力攻击的危险，日本就可以出动自卫队进行防卫作战；在发生紧急事态时，首相可以不通过安全保障会议和内阁会议直接调动自卫队、警察和地方政府力量；使日本自卫队得以向西印度洋派遣军舰，向集体自卫迈出了重要一步。2004年2月，小泉政府正式将550名全副武装的陆上自卫队员派往伊拉克战区。这是日本应美国要求首次向战争发生地区派兵，是第二次世界大战结束后日本向海外派兵问题上的重大突破，也是美日同盟关系的重大突破。①

中日两国在诸多领域的分歧是促使美日同盟进一步调整的重要诱因。日本政界一些人视中国崛起为潜在威胁。日本2004年12月的《防卫计划大纲》写道："中国……正试图扩大其海上活动的范围，同时它还在实现核部队和导弹部队以及海军和空军的现代化。日本必须注意这些趋势。"②这是在日本的官方文件中第一次如此明确地提到"中国威胁"。也就是说，在以中国作为对象加强同盟关系方面美日两国有共同需求。

2005年出台的两个文件是美日同盟第二次调整的标志。2月19日举行的美日安全磋商会议的声明重申，"在确保美日两国安全与繁荣、加强地区及全球和平稳定方面，以美日安全为核心的美日同盟将继续扮演重要角色"。声明强调美日两国在亚太地区和全球享有一系列共同的战略目标，使得美日同盟超越亚太地区，在世界范围内对所有安全事态产生影响。③与1996年、1997年的两个文件相比，美日同盟此次调整的中国指向更为明显。第一次调整以周边事态"不是地理性概念，而是着眼于事态的性质"模糊在台湾海峡问题上的立场；这次调整则明确阐释了美日同盟针对台湾海峡的意图，如"鼓励通过对话和平解决台湾问题"、"确保海洋运输安全"等，这些内容为美日日后联合插手台湾问题埋下了伏笔。声明还"鼓励中国提高军事透明度"、"欢迎各种形式的地区合作，同时强调建立公开、透明的地区机制的重要性"等，同样带有明确的防范中国的意图。美日两国是要联手扮演"东亚警察"的角色了。10月29日美日

① 朱凤岚：《论冷战后日美同盟关系的调整》，http://yataisuo.cass.cn/xueshuwz/shouwcontent.asp?id=937；吕耀东：《深化同盟机制：日美双边互动的战略愿景》，《日本研究》2012年第3期。
② Dan Blumenthal, "The Revival of the U. S.-Japanese Alliance", *Asian Outlook*, February/March 2005, p.3.
③ 《美日安全磋商委员会联合声明》（全文），国际在线，2005年2月22日，http://japan.people.com.cn/GB/35469/35475/3192556.html。

2+2 会议出台的《美日同盟：面向未来的变革和改组》对同盟关系进行再定义，强调同盟"应对全球性挑战"的意义，突出同盟为实现地区和全球性的共同战略目标而紧密合作，并列出合作的主要领域。①有的接近美国军方的智库人士指出，美日同盟的此次升级清楚表明，"日本决心加入美国制止中国大国野心的大战略"。②

（二）两国在意识形态方面的分歧

此外，布什政府强调对外政策中的意识形态，把反恐战争看作一场价值观的斗争，强调美国外交的任务是要在海外拓展民主，发动伊拉克战争正是为了在中东拓展民主，推广自由。③在这一背景下，一些国家接连发生"颜色革命"：2003年格鲁吉亚发生"玫瑰革命"；2004年乌克兰发生"橙色革命"，吉尔吉斯斯坦发生"郁金香革命"，现政权在反对党和有组织的群众街头抗议运动中倒台；在白俄罗斯出现流产的"白雪革命"。2005年在黎巴嫩又出现"雪松革命"。在这些"颜色革命"的背后都有美国和西方国家的身影，有的是政府直接出面干预，更多的是非政府组织、慈善机构、基金会等进行渗透，培育"持不同政见者"，扶植反对党或反对派，甚至直接出钱支持民众的街头抗议运动。这些"颜色革命"引起中国的警惕，导致中国对美国真实意图的怀疑。④

两国社会制度和意识形态的不同是两国关系中长远起负面作用的因素。正如有的美国学者所说的，"中国仍是社会主义国家，没有人可以肯定地说中国经济的崛起最终不会对美国和其盟友的安全带来威胁……即便每个人都相信，中国永远不会对美国及其盟友构成安全威胁，由于大多数美国人对中国政府限制宗教自由，通过因特网审查或其他机制限制言论自由等做法很反感，狭义的贸易争端仍有可能升级为更宽泛的'中国问题'"。⑤两国在社会制度和意识形态方面的分歧使两国难以建立起真正的战略互信。

尽管在布什政府第二任期，两国的军事交流得到恢复和发展，但美国军方对中国根深蒂固的疑虑未曾减少。2006年2月美国国防部的《四年防务评估报

---

① Security Consultative Committee, "U. S.-Japan Alliance: Transformation and Realignment for the Future", October 29, 2005, http://www.mofa. gov. jp/region. n-america. us. security/sec/doc0510. html.

② Dan Blumenthal, "The Revival of the U. S.-Japanese Alliance", *Asian Outlook*, February/March 2005, p.1.

③ 详见陶文钊：《布什政府的中东政策研究》，《美国研究》2008年第4期。

④ 参见王缉思：《布什主义的兴衰》第10章"布什主义与中美关系"，世界知识出版社2012年版，第335—336页；并见王缉思、李侃如：《中美战略互疑：解析与应对》，社会科学文献出版社2013年版，第31页。

⑤ 战略与国际研究中心、彼得森国际经济研究所著、隆国强等译：《账簿中国——美国智库透视中国崛起》，中国发展出版社2008年版，第91页。

告》中说:"在主要的新兴大国中,中国是最可能与美国发生军事竞争的国家,也最有可能发展出破坏性的军事技术,如果美国不采取反制战略的话,假以时日,这些技术将挫败美国传统的军事优势……中国继续对其军事力量,尤其是战略武库和旨在改善其远程投放能力的手段进行巨额投入……外部世界对中国的动机和决策所知甚少,对于支持其军事现代化的关键能力所知甚少……美国鼓励中国采取措施阐明其意图,阐述其军事计划。"①如果说这个报告主要反映了布什政府内部鹰派的观点,那么稍后发表的《国家安全战略报告》关于中国就说得比较全面一点,但仍然掩饰不住对中国的疑虑。报告说:

> 中国领导人宣布,他们作出了走和平发展道路的决定。如果中国遵守承诺,美国将欢迎一个和平的、繁荣的、与我们合作的中国的崛起,来共同应对对相互利益的挑战。
>
> 但是中国领导人必须意识到,如果他们仍旧按照过去的思维和行为方式行事……他们是不能沿着和平发展的道路走下去的。这些过去的方式包括:
>
> ——继续以不透明的方式扩张其军力;
>
> ——似乎他们可以"锁定"全球的能源供应,或者他们可以指导市场,而不是开放市场,似乎他们可以继续沿用那些信誉扫地的时代实行的重商主义;
>
> ——支持那些资源丰富的国家,而不管它们在国内的胡作非为和在国际上的破坏行为。
>
> 最后,中国领导人必须看到,他们不能让他们的人民继续享受购买、出售和生产的自由,而不让他们享受集会、言论和信仰的权利……我们的战略是鼓励中国为其人民作出正确的战略选择,而对其他的可能性进行对冲。②

这个《国家安全战略》显示,尽管中美两国在一些主要问题上——美国特别关注的反恐、防扩散,中国特别关注的台湾,双方都关注的经贸——进行着良好的颇有成效的合作,但这些合作未能消除双方的分歧和疑虑,从经贸到军事关系,到人权问题,美国实行的仍然是两手政策:对中国实行接触的同时进行牵制和防范。③

---

① U.S. Department of Defense, *Quadrennial Defense Review Report*, February 6, 2006, p.29, http://archive.defense.gov/pubs/pdfs/QDR20060203.pdf.

② The White House, *The National Security Strategy of the United States of America*, March 2006, https://www.state.gov/documents/organization/63562.pdf.

③ 并见本书第五章第二节。

第三节　不断深化的经贸合作

中国从 2001 年 12 月成为世界贸易组织成员后,对外贸易呈现前所未有的发展势头,货物贸易进出口总额 2002 年增长 21.8%,2003 年增长 37.1%,2004 年增长 35.7%,2005 年增长 23.2%,达到 14 221 亿美元,相当于 2001 年的 2.8 倍,在世界贸易中的排名稳居第 3 位。2011 年更达到 3.64 万亿美元,上升为全球第 2 位;2014 年达到 4.16 万亿美元,上升为世界第 1 位。服务贸易同样呈现了强劲的发展势头,2014 年达到 11 495 亿美元,居世界第 2 位。中美双边经贸关系同样获得了新的强大推动。到 2003 年,中国已经上升为美国的第三大贸易伙伴,仅次于加拿大和墨西哥;2006 年,中国取代墨西哥,成为美国的第二大贸易伙伴。2015 年,中国超过加拿大,成为美国的最大贸易伙伴。中国也是美国的第三大出口目的地和首要进口来源地。美国长期以来是中国的第二大贸易伙伴(略次于欧盟),中国是美国出口增长最快的市场。实际上,按美方统计,美国对华出口额 2000 年为 162 亿美元,2004 年为 347 亿美元,增长 114.2%。2001 年至 2004 年美商在华实际投资 179.9 亿美元,占从 1980 年到 2004 年美商在华实际投资累计 480.3 亿美元的 37.5%。[1]截至 2015 年年底,美对华投资项目累计达 6.6 万个,实际投入 774.7 亿美元。美国是中国的第六大外资来源地。中国在美国的投资保持良好增势。据初步统计,截至 2015 年年底,中国企业在美累计直接投资 466 亿美元。美国是中国对外直接投资的第四大目的地。[2]

表 1　2001—2016 年中美贸易统计[3]

（单位:亿美元）

年　份	进　口	出　口	总　额	平　衡
2001	262	542.8	804.8	280.8
2002	272	696.9	971.9	427.3
2003	338.6	924.7	1 263.3	586.1
2004	446.7	1 249.4	1 696.2	802.7

---

[1]　参见周世俭:《布什第二任期内中美经贸关系面临的几大问题》,《国际贸易》2005 年第 3 期。

[2]　商务部:《2015 年中美贸易额达 5 583.9 亿美元》,2016 年 1 月 29 日,http://news.163.com/16/0129/11/BEGCFVVH000146BE.html。

[3]　资料来源:中国海关。

年　份	进　口	出　口	总　　额	平　衡
2005	487	1 629	2 116	1 142
2006	592	2 035	2 627	1 443
2007	694	2 327	3 021	1 633
2008	814	2 523	3 337	1 709
2009	774	2 208	2 983	1 434
2010	1 020	2 833	3 853	1 813
2011	1 222	3 245	4 467	2 023
2012	1 329	3 518	4 847	2 189
2013	1 523	3 684	5 210	2 158
2014	1 590	3 960	5 550	2 370
2015	1 487	4 097	5 584	2 610
2016	1 352	3 891	5 243	2 359

　　中美经贸关系对两国是互利双赢的。中国成为世界工厂,成为亚太地区最大、最后的组装地,中国组装完成的产品面向全世界,包括美国。在长时期中,中国出口商品的约1/3最终到了美国。美国广阔的市场为中国的制造业提供了用武之地,中国价廉物美的产品帮助降低了美国包括资本、商品和劳务在内的所有东西的价格,对于美国保持低通胀起了一定作用。吴仪副总理在2007年5月底的中美战略经济对话前夕在《华尔街日报》上撰文说,在过去10年时间里,中国产品为美国消费者节省了6 000亿美元。仅2004年就节约了1 000亿美元。尤其对于中下层消费者来说,中国产品是他们日常生活所不可或缺的。美国的400万个到800万个工作机会与对华贸易密切相关。在过去28年中,美国在华投资创办企业超过5.2万个,总额达547亿美元,2005年美国企业在中国的销售额达到611亿美元。美国企业大多获得了良好的回报。①中美经贸关系的不断深化使两国成为相互依存的经济共同体,你中有我,我中有你,谁也离不开谁,两国一损俱损,一荣俱荣。

　　中美经贸关系的迅速发展归功于多个因素。

　　第一,这与世界经济的总体状况和两国经济本身的状况密切相关。进入新世纪,中国经济继续保持持续高速增长的势头,美国经济从整体上看也是强劲

---

① 《约翰斯·霍普金斯大学教授比得·博特利尔评吴仪在美〈华尔街日报〉撰文,批评美保护主义》,2006年5月30日,us.mofcom.gov.cn/aarticle/jmxw/200705/20070504725818.html。

的。"9·11"恐怖袭击对美国造成的直接的物资和财产损失超过 600 亿美元,美国的航运业、旅游业等都遭受一定打击,但没有使美国经济伤筋动骨。在经历一个短期衰退以后,美国经济迅速回升。布什政府采取一整套扩张性的财政政策,降低税收,降低利率,刺激经济增长,并较快收到成效。2001 年实际国内生产总值(GDP)增长率为 1.2%。2002 年四个季度都保持了正增长,全年实际GDP 增长 2.4%。2003 年虽然石油价格上涨,但经济复苏势头加快,全年实际增长 3.1%。2004 年经济继续保持增长势头。技术进步等结构性因素在经济增长中的作用明显,美国经济的国际竞争力继续名列前茅。欧元的流通并未撼动美元的国际地位。[1]因此,正如表 1 所显示的,除了 2009 年因受全球金融危机影响,中美双边贸易额有较大幅度的下降外,在其他年份,两国的贸易额都是迅速增长的。两国经济本身的强劲是两国经贸关系快速发展的基本原因。中美两国经济成为拉动全球经济增长的"双引擎"。

第二,两国处于不同的经济发展阶段,两国的经济结构决定了两国经济上互补性很强。中国作为一个发展中国家,其比较优势是丰富的劳动力资源和相对低廉的劳动力价格,中国的出口商品以劳动密集型产品为主,直到 21 世纪头些年仍然如此。美国的相对优势在于密集的资本、高科技和服务贸易,美国对华出口的商品也以资本和技术密集型产品为主,服务贸易潜力巨大。经济全球化为中美经贸关系的发展提供了平台,将国际分工推向更高的层次。美国劳动力价格昂贵,生产低档日用消费品的厂商只能让出该市场,或者实行"外包",将生产转移到劳动力相对便宜的国家和地方去,然后再将产品返销回美国。中国就是它们的主要外包对象国。中国出口美国的产品中一半以上是日常生活用品,有一多半是在华的外资企业包括台资企业生产的。2003 年美国超市的"巨无霸"沃尔玛公司一家在中国的采购就达 150 亿美元。这种资源重新合理配置是两国经贸关系发展的加速器。[2]

第三,中国"入世"对两国经贸关系的发展至关重要。一方面,对华最惠国待遇(正常贸易待遇)的年度审议不复存在,两国经贸关系中的一大政治障碍消除。另一方面,中国认真履行"入世"承诺,降低进口关税,大幅度削减非关税壁垒,加快推进贸易自由化和贸易投资便利化,深化外贸体制改革,减少行政干预,推动开放型经济进入一个新的发展阶段。其一,中国加快对外经济贸易法制化的建设,集中清理了 2 300 多部法律、法规和部门规章,或废止,或修订,使中国对外

---

① 参见王缉思:《执政一年评布什》,中国社会科学院美国研究所编:《美国年鉴·2002》,中国社会科学出版社 2003 年版,第 215—216 页;王荣军:《美国经济加快复苏》,中国社会科学院美国研究所编:《美国年鉴·2004 年》,中国社会科学出版社 2005 年版,第 221—227 页。

② 参见湛柏明:《中美贸易的互补性与摩擦性》,《国际贸易问题》2004 年第 6 期。

经贸关系的实践与世贸组织的要求相一致。①其二,中国进一步降低关税,由"入世"之前平均进口关税的15%降低到2003年的11.5%,制成品税率是10.3%;2005年更降至9.9%,远低于发展中国家的平均水平。其三,全面放开外贸经营权,民营企业进出口份额不断扩大,成为对外贸易的重要经营主体,最典型的是浙江义乌小商品市场,市场用蚂蚁啃骨头的办法,2013年的出口额已经超过180亿美元,七八十个国家的贸易代表常驻该地。其四,扩大服务市场的开放,为外商提供包括金融、电信、救助、分销、物流、旅游、教育等在内的广泛的市场准入机会。其五,通过建立、完善公平贸易法律制度和执法、监督机制,为境外企业提供一个更加宽松、公平、稳定的市场环境,外商投资环境进一步改善,使中国成为吸引外资最多的发展中国家。②

中国履行"入世"承诺使在华经营的美国公司获益良多。中国美国商会2004年的《美国企业在中国》的主席致辞中说:"据我们的会员公司反映,总体而言,中国认真地履行了有关的'入世'承诺",接受调查的1 600家会员公司反馈的信息显示,3/4是盈利的,有些甚至盈利颇丰。"中国履行'入世'承诺为企业获得商业成功奠定了基础。而且,我们对商会会员公司的调查已连续两年显示,这些公司在中国市场的业务保持强劲增长势头:计划在华扩大业务的企业数量是去年的两倍,而且其平均收入增长和盈利状况均高于世界其他地方。"③美国政府也对此予以肯定。美国贸易代表罗伯特·佐利克2002年12月11日向国会作的关于中国履行"入世"承诺的报告指出,中国作为世贸组织的新成员在这一方面已经取得"意义重大的进步","虽然要做的事还很多"。报告还说,改进指导货物与服务贸易的法律与规则的框架是一个规模广泛的教育运动。④

第四,从2001年下半年以后,在布什政府执政期间,中美关系大体保持了稳定,没有20世纪90年代一再出现的大起大落,尤其是"9·11"事件后,中美两国在各方面的合作进一步拓展,出现了冷战结束以来未曾有过的良好的政治和安全环境,为两国经贸关系的发展创造了有利氛围。两国首脑和高官频繁互访,直接或间接地促进了两国的经贸关系。比如在江泽民主席2002年10月访美前

---

① 参见贾怀勤:《中美两国贸易政策对双边贸易平衡影响之辨析》,《国际贸易问题》2004年第4期。

② 商务部投资促进事务局副局长顾杰2010年9月表示,中国已连续18年成为吸引外资最多的发展中国家。《中国连续18年成为吸引外资最多的发展中国家》,2010年9月27日,http://news.xinhuanet.com/fortune/2010-09/27/c_12612652.htm.

③ "主席致辞",中国美国商会编:《美国企业在中国》(白皮书),2004年版,第5页。

④ "USTR Reports to Congress on China's WTO Compliance", *Washington File*, December 13, 2002,p.2.

夕,10 月 21 日,中美两国的 13 家知名企业在纽约举行 5 个合作项目的签约仪式,合同金额 47 亿美元。在胡锦涛主席 2006 年 4 月访美前夕,吴仪副总理率领的大型采购团访问美国 13 个州的 14 个城市,签订 100 多份订单,金额达 162 亿美元。

第五,布什政府支持自由贸易,支持与中国发展经贸关系。布什当政后,宣布恢复美国贸易发展署 1989 年以后暂停的官方对华援助计划,该计划有助于扩大中美两国在能源、基础设施、环保技术等方面的合作。2001 年 7 月 31 日美国商务部和中国外经贸部在北京签署《中美贸易发展合作框架协议》,把多项援华协议具体化,包括神华液化煤项目、上海空气监测项目、山东空气监测项目、中石油天然气集团公司石油污染物排放自动监测系统等利用美国贸易发展署资助的协议。①同时,中国政府也在“9·11”恐怖袭击后有意识地加大与美国经济合作的力度,减轻“9·11”事件给美国经济带来的损失。2001 年 10 月,中国四家航空公司与美国波音公司签订价值约 20 亿美元的订单,这是在美国民航和旅游业遭到沉重打击后波音公司接到的第一份大单。

但是,贸易保护主义在美国也是有土壤的。美国本来是经济全球化的最大受益者,自然也不是唯一受益者。中国、印度等新兴经济体也是经济全球化的受益者。美国的保护主义者则认为,中国、印度等国从经济全球化中获得了最大的利益。正如 20 世纪 90 年代担任欧盟首席贸易谈判代表的雨果·皮曼所说的:“人们不知道确切的影响是什么,但随着中国变得越来越大,世界变得越来越小,他们在直觉上看到了某些潜在的危险,由于中国和印度的新发展,他们感觉被推到了一种防御性的位置。”民主党资深参议员查尔斯·舒默和保罗·罗伯茨在给《纽约时报》撰写的一篇评论中写道:“全球经济的变化消解了自由贸易的条件。如果市场要素能够转移到最有效的地点,那么所谓的比较优势就不复存在了:今天的情况就是,它转移到了少数几个拥有丰富廉价劳动力的国家。在这种情况下,不再有什么成果共享,只有一些国家成功而其他国家皆输的局面了。”②

由于中美经贸关系发展迅速,两国有一些摩擦也是自然的事情;又由于美国贸易保护主义的存在,一些老问题尚未得到解决,或者还在继续发展,同时又产生了一些新问题。进入 21 世纪以来的主要问题有:贸易不平衡、反倾销、人民币汇率、知识产权问题以及美方把经贸摩擦政治化的倾向。

一、关于贸易逆差问题

美国对华贸易逆差是个老问题。根据美方的统计,从 1991 年起,中国成为

---

① 《人民日报》2001 年 7 月 31 日。
② 转引自王勇:《中美经贸关系》,中国市场出版社 2007 年版,第 60 页。

美国仅次于日本的第二大逆差国,从 2000 年以后,中国取代日本成为最大的逆差国。在美国原先有一种期望,以为中国"入世"后逆差会缩小,两国贸易会趋向平衡,但这种情况没有出现。虽然美国对华出口增长迅速,但中国对美出口增长更快,根据美方统计,2003 年美国对华贸易逆差为 1 240 亿美元,2004 年为 1 620 亿美元,比 2003 年增长了 30%多,对华逆差比对日逆差 752 亿美元的两倍还多。根据美国一项研究报告,仅从 2000 年 10 月到 2001 年 4 月短短 7 个月中,美国至少有 80 家企业宣布将生产线转移到中国,转移了至少 34 900 个就业岗位。①因此美国有一些人,尤其是一些国会议员就试图把贸易逆差问题政治化。查尔斯·舒默在 2006 年 2 月指出:"这些激增的贸易赤字……显示美国经济的虚弱。美国经济的'静脉'正慢慢地出血。"美中经济安全评估委员会 2003 年首次发布的年度报告中把美中贸易关系称作"最不平等的"关系。报告称,2000 年美中贸易额占美国对外贸易额的 6%,但对华逆差却占了美国外贸赤字的 19%。美国从中国的进口占中国出口的 41%,但美国对华出口却只占美国出口的 2%。②2005 年 1 月 11 日该委员会又发表了一项由经济政策研究所国际项目主任罗伯特·斯科特署名的题为《美中贸易,1989—2003——在全国和各州对就业和各个行业的影响》的报告。报告指出,在 1989 年到 2003 年的 14 年间,美国对华贸易逆差增长了 18 倍多,从 62 亿美元到 1 240 亿美元,导致美国丢失了 150 万个就业岗位。在中国"入世"后,不但逆差数额增加,而且在高档电子产品、通信设备、汽车工业和航空航天工业这些高科技产品方面逆差大增。报告还逐个行业、逐州地考察了美国对华逆差的影响。③委员会主席达马托把这一报告称作理解对华贸易逆差"对我国经济安全和国家安全的影响……的一个突破性贡献"。④

　　关于贸易逆差问题,中美两国相关部门在 20 世纪 90 年代就曾进行过多次会商研究。进入 21 世纪,在两国官员的会晤中,中方又一再指出,中美贸易不平衡主要是结构性、转移性、互补性的。对华贸易逆差不是引起美国失业的原因,对美国产业也不构成威胁。在 2003 年 12 月温家宝总理访美时,商务部副部长

① 转引自王勇:《2002 年中美经贸关系回顾》,中国社会科学院美国研究所编:《美国年鉴·2003》,中国社会科学出版社 2004 年版,第 252 页。
② 转引自王勇:《中美经贸关系》,第 123—124 页。
③ Robert E. Scott, "U. S.-China Trade, 1989—2003. Impact on Jobs and Industries, Nationally and State by State", January 11, 2005, http://www.epi.org/publication/wp270/.
④ "Study Criticizes Impact of China Trade Deficit on U.S. Economy", *Washington File*, January 12, 2005, pp.7—9; "U.S.—China Trade, 1989—2003. Impact on Jobs and Industries, Nationally and State by State", http//usinfo.state.gov.

马秀红对美方指出,美对华出口连续三年增长,增幅超过美国对任何外国的出口增长。美国 2002 年出口整体下降 4.9%,但对华出口增长 15%;2003 年头 9 个月,美国出口整体上升 2%,对华出口则上升 18.5%。①

　　一个明显的事实是,双方对逆差的统计存在巨大分歧。2002 年的逆差,美国的统计数额是中国的 2.4 倍。按中国的统计,中国是美国第五大逆差国。两国统计的差异也是一直存在的。早在 1994 年,第八届中美商贸联委会(JCCT)曾成立统计小组对此进行研究,当时得出的主要结论是:货物从中国经中国香港地区和其他国家(地区)转口运输,是造成中美双边统计差异的主要原因。布什政府时期,JCCT 又组织了一次联合研究,选择了 2000 年、2004 年和 2006 年的双边货物贸易统计数据作为研究对象。主要发现和结论是:第一,无论是东向贸易(中国出口至美国)还是西向贸易(美国出口至中国),虽然双边贸易规模及统计差异在不断扩大,但差异率(统计差异绝对值占相应进口额的比率)却在不断下降。这说明双边的贸易统计差异实际上在逐步缩减;第二,双边贸易统计的最大差异来自东向贸易,约占整体统计差异的 80%—90%;第三,造成东向统计差异的主要原因是其中的间接贸易问题。

　　——东向间接贸易是指从中国起运的货物,在中转国(地区)进行商业交易后再转运至美国。近年来,间接贸易在双边东向贸易中的比重逐步下降,但 2006 年,其造成的统计差异仍然高达东向整体统计差异的 52%。主要原因是,当货物经第三方转口时被深加工、再包装或转卖加价而增值;或者,中国企业在出口报关时不知美国为其货物的最终目的地,报作对中转地的出口,但美方按原产地规则记作自中国的进口。经测算,在东向间接贸易中,2000 年、2004 年及 2006 年,由以上原因导致的统计差异分别为 289 亿美元、327 亿美元和 441 亿美元。

　　——东向直接贸易是指从中国起运的货物,未经停其他国家(地区)进行商业交易而直接出口至美国。2006 年,直接贸易统计差异约占东向整体统计差异的 48%。研究发现:双方报关价格不同是统计差异的重要原因,较高的美国进口报价体现了商品的加价行为。经测算,在东向直接贸易中,2000 年、2004 年及 2006 年,因报价不同导致的统计差异分别为 132 亿美元、194 亿美元和 210 亿美元。

　　对统计数据进行估算调整后,年度内的双边统计差异显著缩小:2000 年,两国官方公布的东向统计差异为 480 亿美元,调整后差异缩减为 75 亿美元;2004

---

① 《新华月报》2004 年第 1 期。

年和 2006 年,统计差异分别由原来的 718 亿美元、843 亿美元调减为 235 亿美元和 242 亿美元。[1]

关于美国对华贸易逆差迅速增长的原因,中国学者指出,第一,经济全球化加剧了国际竞争和美国产业结构调整,中国的劳动密集型产品对美国旺销完全是市场力量驱动的。第二,美国公司实行全球化战略,利用中国的人力资源优势在中国加工制造,或者在中国大量采购,这是美国企业为成本最小化和利润最大化采取的市场行为。加工贸易在对美出口中占的比重很大,2002 年为 66.9%,而三资企业加工贸易额占到全部对美出口的 48% 左右。第三,逆差很大程度上是转移了美国对亚洲其他国家原有贸易逆差的结果。从 20 世纪 90 年代以来,美国对其他东亚国家贸易逆差减少了,这些逆差随着对华贸易的扩大转移到了对华逆差中。第四,中国电子产品生产规模大、出口量大,但中国在电子工业的国际分工中处于下游,中国事实上只是组装加工中心。苹果公司 2011 年出售的 7 000 万部 iPhone 手机、3 000 万台 iPad 平板电脑和 5 900 万件其他产品的几乎全部部件都在海外制造。中国是最主要的代工工厂。一台售价 299 美元的 iPad,美国本土企业和工人获得 163 美元的附加值,其中苹果公司占到 80 美元,日本获得 26 美元的附加值,而中国只获得 4 美元的加工费。但是一台 iPad 出口到美国却使得中国对美贸易顺差增加 150 美元。[2]第五,美国的出口管制政策妨碍了美国对华出口的增长(详见下文)。

布什政府对贸易逆差的看法与美国的贸易保护主义者不同。在 2004 年 2 月 17 日公布的《2005 年总统经济报告》中指出,中国"入世"以后的大部分时间里,美国对中国的出口比从中国的进口的增长快,2003 年与 2002 相比,美国对华出口增长 28%,而从中国进口增长 27%。从中国进口的增长主要是从太平洋地区进口转移的结果,中国现在是亚洲制造商出口产品的最后组装地。美国从太平洋地区的进口在 20 世纪 90 年代中期在美国进口中的比例达到峰值,21 世纪的比例其实比那时还有所下降。因此美国对华贸易逆差对美国经济的影响微乎其微。[3]这种看法是比较符合实际的。

一些美国经济学家也认为,考察一个国家的贸易平衡,更重要的是考察其全球贸易状况。兰德公司著名经济学家沃尔夫认为,美中贸易逆差从全球贸易的角度看不是问题,但从双边贸易的角度看确是一个问题,因为 2004 年中国的

---

① 中美商贸联委会:《中美货物贸易统计差异研究报告》(2009 年 10 月,中国杭州),http://www.mofcom.gov.cn/aarticle/i/dxfw/nbgz/201003/20100306806806.html。

② 《温家宝拿代工 iPad 驳美国向人民币施压》,2010 年 9 月 26 日,http://finance.ifeng.com/video/20100926/2654792.shtml。

③ "2005 Economic Report of the President, February 17, 2004", *Washington File*, February 18, 2005, p.4.

贸易总额是 1.15 万亿美元,而中国的贸易盈余总共是 320 亿美元,不到 3%;经济学家认为不是个大问题,但政治家认为是大问题,他们总是可以借此大做文章。①卡内基国际和平基金会的高级研究员盖保德指出,2003 年和 2004 年,中国的世界贸易顺差只占其 GDP 的 3%,远小于德国、荷兰、泰国、阿根廷、马来西亚和新加坡等国的比例。②

二、反倾销问题

《中国入世的议定书》第 15 条规定,在 2015 年前,世贸组织成员在进行反倾销调查时可以把中国视为非市场经济国家。一些国家就滥用这个条款,导致针对中国的反倾销案件数与金额均有大幅度上升,美国也是如此。2002 年美国从中国的进口额占其总进口额的 8%,但对中国的反倾销案件却占美国反倾销案件的 20%。③2000 年至 2004 年 6 月底,美国对华反倾销案件达 38 起,平均每年10.9 起。④而此前从 1990 年到 1999 年十年间,美国对华反倾销案件 54 起,年均5.4 起。美国在进行反倾销调查时不以中国国内的销售价格作为支持价格,而以第三国相似产品的成本或售价作为参照,由于中国产品生产成本与第三国成本的差异,容易高估相似产品的价格,导致倾销行为的成立,也使中国企业在反倾销诉讼中难以取胜。但在美国有关成本数据的采集上,中国厂商可以提出要求,按照实际市场价格来进行评估。比如 2004 年中国木制卧室家具反倾销案中,由于中国厂商的要求,就按照实际市场价格进行了评估。

反倾销案中首当其冲的是纺织业。中国是世界上最大的纺织品生产国和贸易国,纺织工业纤维消费量占全球的 1/4 左右,棉纱、化纤、丝绸、服装等的出口额居世界第一位。多年来,纺织品为中国的外贸顺差作出了巨大贡献。2000 年到 2004 年,纺织品和服装出口额共计 3 414 亿美元,进口共计 747 亿美元,顺差共 2 667 亿美元,年均 533 亿美元。2003 年纺织品和服装出口为 788 亿美元,2004 年更达到 951 亿美元。⑤纺织品和服装也是中国对美出口的主要商品之一。美国是世界最大的纺织品和服装消费市场,消费量占全球的 20%。但美国的纺织业是典型的夕阳产业。1950 年该部门的 GDP 在制造业中的比重为 9.8%,2000 年降至 3.2%,而且还有继续下降的趋势。美国消费的纺织品和服装多半依赖进口,中国对美纺织品出口的增长乃是很自然的。

---

① 笔者对沃尔夫的访谈,2005 年 3 月 29 日。
② 转引自王勇:《中美经贸关系》,第 134 页。
③ 湛柏明:《中美贸易的互补性与摩擦性》,《国际贸易问题》2004 年第 6 期。
④ 参见周世俭:《未来四年中美贸易步入多事之秋》,《国际商报》2004 年 11 月 24 日。
⑤ 参见周世俭:《冲突与摩擦会明显增加》,《国际贸易》2005 年第 3 期。

中国"入世"后对美纺织品出口迅速增长,2002 年增长 15.6%,2003 年增长 27.6%,2004 年增长 20.6%,[1]引起美方极大关注。美国国际贸易委员会 2004 年 2 月 9 日的报告指出,中国已经准备好成为美国纺织品和服装的主要供货商;为了规避从一个国家进口的风险,报告建议美国进口商与其他低成本国家,如印度、孟加拉国、巴基斯坦,以及近便的墨西哥、加勒比国家、中美洲国家拓展纺织品贸易关系。[2]

在《中国入世议定书》中有两项保障条款,一项是特定产品保障条款,有效期至 2013 年;另一项是纺织品的保障条款,有效期至 2008 年。2002 年 9 月美国纺织品生产商协会(ATMI)就以从中国进口的纺织品激增、扰乱国内市场为由,向政府提出启动保障条款,对从中国进口的针织布等五种纺织品重新设置配额限制。2003 年 4 月,美商务部宣布,已制定限制中国纺织品进口的有关法律程序性文件,表示对上述五种纺织品进口重新设限进入审核与操作期。11 月,美国商务部所属纺织品协议执行委员会(CITA)宣布对从中国进口的针织布、胸罩、袍服三个类别实施特殊保障措施,设定 7.5% 的年增长限额。2004 年 10 月,CITA 又裁定对中国的袜子实施保障措施限制。稍后,又受理对中国产棉制裤子的设限申请。此外美国六家纺织业组织和一家劳工组织还递交了对中国产的衬衫、内衣、床单、长丝巾、棉纱、人造纤维裤子、毛制裤子等的设限申请。[3] 2004 年 11 月,在总统大选前夕,布什政府宣布对从中国进口的针织品、晨衣、胸罩、短袜等 9 类纺织品实施"临时性"限额。2005 年夏,中美启动新的纺织品贸易协议的谈判,并于 11 月达成协议。按照该文件,中美两国在协议期内对中国向美国出口的棉裤等 21 类产品实施数量管理,其中包括 11 个类别服装产品和 10 个类别纺织品。协议有效期三年(2006 年 1 月 1 日至 2008 年 12 月 31 日)。协议以 2005 年美国从中国的实际进口量为基数,2006 年的增长率为 10%—15%,2007 年和 2008 年的增长率分别为 12.5%—16% 和 15%—17%,基数均为上一年度全年协议量。[4]

布什政府对美国厂商的救济要求也没有照单全准。2005 年 10 月美国国际贸易委员会(ITC)就一家钢管企业根据美国贸易法提出的投诉裁决称,从中国进口的用于管道、供暖和制冷设备以及楼房和其他工程的圆形焊接非合金钢管造成"市场扰乱",要求布什政府对以上进口实行为期三年的配额,限额为 16 万吨;或对超过 26 700 吨的进口征收 25% 的关税,并逐年递加。11 月,80 多名国

①③　参见周世俭:《冲突与摩擦会明显增加》,《国际贸易》2005 年第 3 期。

②　"China Expects to Become Dominant Textile, Apparel Supplier", *Washington File*, February 11, 2005, p.5.

④　《中美达成纺织品和服装贸易协议》,2005 年 11 月 8 日,http://finance.sina.com.cn/chanjing/b/20051108/21222103279.shtml。

会议员致函总统,敦促他为国内厂商提供救助,但遭到拒绝。布什在 12 月 30 日给劳工部长和贸易代表办公室的信中说,不论是实行配额,还是征收额外关税,都不会起什么作用。从中国减少的进口很可能被现在向美国出口钢管的其他 40 多个国家增加的进口量所补足,结果美国消费者所增加的支出将"大大"多于国内厂商可能增加的收入。①

三、人民币汇率问题

中国从 1994 年起实行人民币严格盯住美元的汇率制度。在美元于 2002 年贬值前,在强势美元的带动下,人民币也随之升值。在 20 世纪 90 年代末的亚洲金融危机中,中国顶住了亚洲各国货币竞相贬值的冲击,坚持人民币不贬值,并支持港元与美元的联系汇率,防止了东亚各国的第二波货币贬值的发生,对亚洲各国渡过危机作出了贡献,受到包括美国在内的各国的普遍赞扬。②2002 年美元开始贬值。美国一些出口商、劳工组织和国会议员开始指责人民币盯住美元的政策,认为中国通过这种固定汇率制故意低估了人民币的价值,削弱了美国商品的竞争力,增大了美国对华的贸易逆差,并导致美国丢失制造业的就业岗位。在 2003 年年初,金属贸易集团、汽车制造集团、纺织工业集团等 80 多家行业组织成立"健全美元联盟"(Coalition for a Sound Dollar,后改称"中国货币联盟",China Currency Coalition),要求布什政府启动 301 条款,纠正中国的所谓"操纵货币"行为。这个所谓联盟成为推动人民币升值的主要利益集团。美国国会参众两院的诸多委员会推波助澜,接连举行听证会,把施压人民币升值的浪潮推向高峰。

利益集团政治是美国政治的特点之一,不同的利益集团都力图把政府政策引向符合自己利益的方向。在施压人民币升值问题上也有不同的声音。要求人民币升值主要反映了美国本土制造业的利益,而对于从事跨国经营的美国大企业、美国金融界来说,人民币升值对它们是不利的。对它们来说,人民币与美元挂钩,实际上支持了美元的价值;大量美元回流美国,又为美国投资银行与证券市场吸纳,降低了它们融资的成本;人民币如果升值,则会增加它们在中国进行投资的成本,降低它们商品的市场竞争力,影响它们的利润。③摩根·斯坦利银

① "Bush Rejects Proposed Import Curbs on Chinese Steel Pipe", December 30, 2005, *Washington File*, January 3, 2006, p.2.

② 如克林顿在 1998 年 6 月访问中国时就说:"在最近的金融危机中,中国坚定地负起了对区内以至全球的责任,帮助阻止另一轮危险的贬值风暴发生","我要指出的是,除非日本经济恢复增长,否则亚洲危机难以恢复"。见《克林顿访华言行录》,中国社会科学出版社 1998 年版,第 146、219 页。

③ 参见王勇:《中美经贸关系》,第 293 页。

行首席经济学家史蒂芬·罗奇的观点就是这一派利益的典型反映。2002年和2003年，他发表了一系列文章，并接受记者采访，指出，全球面临通货紧缩的危险不是中国的错误，把中国作为日本通货紧缩的替罪羊是不公平的，他说，就在几年前的亚洲金融危机中，全世界都担心人民币会贬值，但中国表现出了大国风范；然而现在，大家又要求人民币升值，恐惧它的竞争力太强。人民币汇率稳定是中国经济增长与稳定发展的重要因素，对中国经济有利，对全球经济有利。①虽有两种不同意见，但当时施压人民币的浪潮来势汹汹。布什政府的政策是在这两个主要的利益集团之间寻求平衡，它通过各种渠道对中国施加压力，促中国尽快实行汇率制度改革，但反对采取可能恶化两国关系的立法行动，反对采用制裁等极端措施。

2003年9月初，美国财政部长斯诺专程为人民币汇率问题访问中国。中国人民银行行长周小川等与他进行了深入探讨。温家宝总理会见了他。温家宝强调，保持人民币汇率在合理均衡水平上的基本稳定，符合中美两国的共同利益，中国政府将在深化金融改革中进一步探索和完善人民币汇率形成机制。周小川向媒体充分阐述了关于贸易平衡和人民币汇率问题，他指出，中国政府并不追求贸易盈余，也不追求外汇储备快速增长。美国对华贸易逆差不是人民币汇率引起的。他同时指出，人民币汇率是参照美元还是参照"一篮子"货币来制订，是有讨论余地的。②

美国利益集团的意见总会在国会得到反映。在对人民币施压问题上，美国民主、共和两党的一些议员从各自的考虑出发走到了一起。2003年9月5日，民主党参议员舒默和共和党参议员格拉厄姆等联名提出一项法案，要求布什政府与中国进行谈判，确保"中国以市场为基础来确定货币价值"。在此项立法后180天内，如果不能证实中国不再操控人民币汇率，美国将对从中国进口的货物额外征收27.5％的关税。③9月9日，利伯曼、格拉厄姆等八名议员又提出一项决议案，指责中国"违反世贸组织和国际货币基金组织协议的精神和文字，操控人民币汇率以赢得贸易和竞争方面的优势"，表示支持财政部部长继续与中国进行谈判以实现由市场来确定人民币价值，并要求中国继续以遵

---

① 《罗奇："中国输出通货紧缩"是断章取义》，http://www.china.com.cn/chinese/2003/Jan/257231.htm.

② 《新华月报》2003年第10期。

③ "Senate Bill Presses Market—Based Value for China's Yuan", *Washington File*, September 10, 2003, pp.3—5.这个27.5％的根据是经济学家们估算出来的。博思沃斯认为，人民币被低估了40％，戈尔斯坦认为被低估了15％到25％，舒默把二人的估算加在一起除以二(40＋15＝55, 55除以2)得出27.5。参见王丽军、周世俭：《美国压人民币升值的两手策略》，马振岗主编：《建设和谐世界的战略环境与理论探索》，当代世界出版社2007年版，第432页。

守"入世"承诺的方式行事。在众议院也提出类似决议案,要求中国允许人民币自由浮动,由供求关系的市场力量来决定人民币的价值,而政府不加干预。①在国会的敦促下,布什政府不断对中国施压。10月贸易代表佐利克、商务部长埃文斯,11月贸易副代表乔塞特·夏娜三周之内接连访华,人民币汇率都是双方讨论的主要议题之一。温家宝总理在2003年12月访问美国时,于多个场合,包括与布什总统的会谈中都提到了人民币的汇率问题。陪同温家宝访问的中国国家发改委主任马凯和商务部副部长马秀红也就人民币汇率问题一再进行阐释。

2004年是美国的大选年,一些试图在大选中与布什一争高下的民主党候选人也在就业和人民币汇率问题上纷纷发声,表示要采取强硬姿态,美国对中国的压力持续不减。国会也继续对人民币盯住美元的政策进行猛烈攻击。3月25日,斯诺财长出席众议院财政委员会就世界和美国的经济形势作证时表示,中国政府已经采取措施使人民币朝着可浮动的汇率发展,包括加速资本账户的自由化,以及采取重大举措支撑其银行系统。他认为解决这个问题的最好途径是通过外交方式继续与中国交涉,并向中国提供技术支援。他同时表示,将在次日与中国人民银行行长的会晤中继续要求中方放弃人民币盯住美元的汇率,尽快采取自由浮动汇率。②为了加强两国金融部门的互动,4月14日,斯诺指派亚洲发展银行执行行长、著名的"中国通"斯佩尔兹为驻中国经济与财政事务特使,与中国官员就有关事宜进行磋商,与中国金融界进行接触,并监督中美技术合作项目的进行。4月,美国劳联—产联和制造商协会提出请愿,要求政府对中国的"劳工权利"和"劳工标准"以及人民币汇率政策发起301条款调查,布什政府认为接受请愿就是倒退到经济孤立主义,拒绝了请愿。斯诺在4月28日发表的声明中说,中国走向浮动汇率对于全球贸易体系、对于美国和中国都是最有利的,中国已经为此目的采取积极措施:中国正在使其金融基础设施现代化,已经使若干资本项目自由流动,还在重组银行,并发展金融衍生产品市场。布什政府一直就此积极与中国接触,并产生了实际效果。③

美国的一些行业协会不依不饶,于9月10日再次提出同样请愿,并要求对从中国进口的商品征收40%的关税。请愿再次遭到布什政府拒绝。贸易代表发言人米尔斯在当天发表的声明中批驳了他们的要求,认为对中国商品征收高

---

① "Proposed Resolution Calls for Market-Based Valuation of Yuan", *Washington File*, September 11, 2003, pp.8—9.

② "Treasury Chief Snow Reports Progress on China Exchange Rate", *Washington File*, March 26, 2004, pp.11—14.

③ "Snow Encouraged by Chinese Moves Toward Flexible Exchange Rate", April 28, 2004, *Washington File*, April 29, 2004, p.9.

额关税是一种"冒险",这等于"在美国的周围筑起高墙,从而伤害美国的出口,毁灭就业岗位,危害美国经济复苏"。声明强调,在美国的参与下,中国正在积极推进金融基础设施现代化的工作,为浮动汇率机制进行准备。同日,财政部部长助理尼科尔斯在声明中指出,布什政府在敦促中国尽快实现人民币采取以市场为基础的汇率方面的努力是"史无前例的",中国也同意,实现汇率的转型是重中之重,并正在向正确的方向前进,如采取措施使资本自由流动以深化在外资交易中的市场介入,加强银行和银行监督系统,为浮动汇率作准备。他还说,为了在此问题上取得预想的结果,美国将会尽其所能向中国施压。①2004 年 9 月底,周小川等在第十六届中美经济联委会上与美国同行又着重讨论了人民币汇率问题,中方承诺进一步推进改革,积极稳妥地向以市场为基础的、更有弹性的汇率体制推进。②

按照 1988 年美国贸易法,美国财政部需要一年两次向国会就美国主要贸易伙伴是否通过故意操纵汇率来赢得对美国的竞争优势,从而损害美国贸易提出报告。2004 年 12 月 3 日,财政部提交的报告说,2004 年上半年美国的主要贸易伙伴中没有国家操纵汇率。讲到中国,报告说,中国正在强化它关于让人民币向着以市场为基础的浮动汇率发展的承诺,并正在为此奠定适当的基础。③在布什政府任内,财政部部长的历次半年度报告都没有认定美国的主要贸易伙伴中有国家操控货币。

2005 年 2 月,参议员舒默和格拉厄姆在国会重提 2003 年的《中国货币法案》,要求中国在 2005 年 7 月前将人民币升值 27.5%,否则将对中国的进口商品征收 27.5%的关税。在众议院,共和党人、军事委员会主席亨特和民主党议员瑞安也向众议院筹款委员会提出类似的法案。瑞安还说,他们的法案得到"中国货币联盟"的赞同。布什政府反对这类立法。在 4 月 7 日参议院银行委员会举行的听证会上,财长斯诺说,"金融外交比你们准备敲打中国的大锤要好",参议院企图迫使人民币升值的做法是个"严重错误",因为操之过急可能破坏中国的金融体制。他质问舒默说:"你不希望扰乱中国的金融体制,导致又一场南亚金融危机[原文如此],对吧?"④

---

① "Administration Will Not Investigate China Currency Policy", "Treasury Cites Progress On China Currency Exchange Rate Issue", *Washington File*, September 10, 2004, pp.8—13.

② 《第十六届中美经济联委会联合声明》,2004 年 9 月 30 日,http://www.cnr.cn/news/200410/t20041001_271768.shtml。

③ "United States Finds No Currency Manipulation by Trading Partners", *Washington File*, December 7, 2004, p.5.

④ Todd Bullock, "Snow Urges Congress To Let 'Financial Diplomacy' Work with China", *Washington File*, April 8, 2005, pp.2—3.

同时,布什政府也加大对中国施压的力度。在 2005 年 5 月中旬给国会的半年度报告中,财政部一方面坚持认为中国没有操纵汇率,另一方面又说,中国的货币政策"是被高度扭曲的,对中国经济、对它的贸易伙伴和全球经济都产生了风险",如果现今的趋势继续下去而没有实质性的改变,中国的政策就很可能符合列入汇率操纵国的技术要求。报告还说,美国并不要求中国立即完全放开人民币汇率,美国要求中国采取过渡措施,体现市场条件在汇率中的作用,使汇率过渡到完全的自由浮动。①

2005 年 7 月 21 日,中国政府根据人民币市场供求关系,决定进行人民币汇率形成机制改革:人民币对美元的汇率升值 2%,人民币将参考"一篮子"货币进行调节,而不再盯住单一美元,形成有管理的更富弹性的浮动汇率机制。"一篮子"货币包括美元、日元、欧元;新加坡、英国、马来西亚、俄罗斯、澳大利亚、泰国、加拿大等国货币对确定人民币汇率也是重要参考。人民币的汇率改革缓解了中美在这一问题上的纷争。从汇改到 2008 年 7 月,三年里人民币对美元升值了 21%。

2005 年 10 月 16 日至 17 日,第十七届中美经济联委会在北京举行。斯诺在 17 日晚举行的新闻发布会上称赞中国汇改"具有里程碑式的意义",同时又敦促中国更快更大地放开资本市场,使金融服务领域自由化。②

四、关于知识产权问题

保护知识产权不仅是中国履行"入世"承诺的需要,而且是中国转变经济增长方式、建设创新型国家的内在要求。多年来,中国政府在知识产权保护方面做了大量工作,在立法、执法、宣传、培训以及提升全社会知识产权意识方面都取得了显著进步。但中国的知识产权保护毕竟是一个从无到有,从不完善到逐渐完善的艰难过程,它涉及各个产业部门、各个地区、各个企业的切身利益,情况极其复杂。美国对中国履行"入世"承诺的批评主要集中在知识产权保护方面。中国美国商会在接连几年的《美国企业在中国》(白皮书)中都对中国在这方面存在的问题批评不止,诸如"知识产权侵权现象仍然十分普遍","涉及行业包括媒体和娱乐、制药、信息技术、消费品、电器设备、汽车零件和许多其他行业";"对于我们许多会员公司而言,在中国开展业务的最大障碍之一仍然是缺乏知识产权保护",保护知识产权的责任分散,存在着各政府机构责任不明和职责重叠的现象;

---

① "China Must Change Currency System, U.S. Treasury Report Says", May 18, 2005, *Washington File*, May 19, 2005, p.7.

② "Treasury's Snow Urges More Access to Financial Service in China", *Washington File*, October 19, 2005, p.2.

对侵权行为的查处"力度不够","威慑力小甚至毫无威慑力",等等。①为此美国对中国一再发起"337 条款"调查。2003 年,在国际贸易委员会受理的 13 起有关美国专利的案件中,涉及中国当事人的有 9 起;2004 年前 9 个月,在 23 起"337 条款"调查中涉及中国的有 10 起。可见问题之尖锐。②

2003 年 3 月 18 日美国助理贸易代表帮办查尔斯·弗立曼在对参议院外委会东亚与太平洋小组委员会就中国履行"入世"承诺作证时说,"在知识产权方面,中国确实在法规的框架方面作出了重大的改善。主要的挑战是缺少有效的执法。要在这方面取得重大进展,中国必须投入更多的资源和政治意愿"。③在 2004 年 5 月 3 日美国贸易代表办公室发布的关于知识产权保护情况的报告中,中国被列入了置于"306 条款"下的观察名单,这意味着,如果到 2005 年上半年观察表明中国回避履行先前与美国达成的关于知识产权的协议,贸易代表可以直接对中国实施贸易制裁。④2004 年布什政府发起一个大规模的知识产权保护行动,称作"阻止有组织的盗版侵权的战略"(Strategy Targeting Organized Piracy,STOP)。

中国政府采取一系列切实有效的措施,进一步加大保护知识产权的力度。2004 年 4 月吴仪副总理率团赴美,出席升格后的首次中美商贸联委会。吴仪承诺,对知识产权法律和法规作出具体改进;加强知识产权的宣传教育和执法工作;批准加入世界知识产权组织数字公约;建立中美知识产权联合工作小组,以解决执法问题;出台关于刑事责任标准的司法解释,内容覆盖起诉、定罪和量刑三个方面。⑤

2005 年 4 月,中国发表《中国知识产权保护的新进展》(白皮书),向国际社

---

① 中国美国商会:《美国企业在中国》(白皮书),2001 年版,第 53—55 页;《美国企业在中国》(白皮书),2004 年版,第 11、29、57—63 页;AmCham-China: *WTO Implementation Report*,Fall 2002,pp.14—15。

② "337 条款"最初见于美国《1930 年关税法》第 337 节,"337 条款"由此得名。修订后的"337 条款"规定,如果任何进口的行为存在对美国受保护的知识产权的不公平行为,并且对美国产业可能造成抑制或垄断,美国国际贸易委员会可以应美国国内产业的申请进行调查。"337 条款"的制裁方式分为两种:针对列明公司的不公平进口产品的有限排除令和针对特定类别的所有不公平进口产品的普遍排除令。见《中国商报》2004 年 10 月 15 日。

③ "Statement by Deputy Assistant U.S. Trade Representative Charles Freeman to U,S. Senate Committee on Foreign Relations Subcommittee on East Asian and Pacific Affairs",March 18,2003,*Washington File*,March 20,2003,pp.9—11.

④ "U.S. Release 2004 Report on Intellectual Property Protection",*Washington File*,May 4,2004,p.2.

⑤ 转引自赵烨:《八协议为中美贸易减压》,《人大报刊复印资料·外贸经济、国际贸易》2004 年第 6 期。

会系统说明中国政府在保护知识产权方面的巨大努力和取得的成果。[1]这主要是：

——在中国"入世"前后，国家对知识产权保护相关的法律法规和司法解释进行了全面修改，在立法精神、权利内容、保护标准、法律救济手段等方面更加突出促进科技进步与创新的同时，使其与世贸组织《与贸易有关的知识产权协定》以及其他知识产权保护国际规则相一致；

——建立健全协调、高效的工作体系和执法机制，实行行政保护和司法保护"两条途径、并行运作"的保护模式，并于 2004 年成立以国务院副总理为组长的国家知识产权工作组，负责统筹协调全国、各部门的知识产权保护工作；

——加大知识产权保护的行政执法力度，中国政府从 2004 年 9 月到 2005 年 8 月在全国开展保护知识产权专项行动，后延长到 2005 年年底。执法部门累计查处侵犯专利案件 4 767 件，移送公安机关 15 件；版权机关查处侵犯版权案件 8 060 件，移送公安机关 282。公安机关开展"山鹰行动"，共立案 3 534 起，破案 3 149 起，抓获犯罪嫌疑人 5 981 人，涉案总价值 26.5 亿元，挽回经济损失近 13 亿元。2005 年，工商部门共查处侵犯美国权益人知识产权案件 1 600 多起，其中部分是美国权益人举报的，多数是工商部门主动查处的。[2]

——努力提高全社会的知识产权意识。从 2004 年起，国家确定每年 4 月 20 日至 26 日为"保护知识产权宣传周"，利用各种媒体，并通过举办研讨会、知识竞赛、开展公益活动等多种形式进行宣传教育活动；

——积极履行知识产权国际保护义务，完善相关规则，开展国际交流、对话、合作，自 2003 年起，每年举行中美知识产权圆桌会议；2003 年 9 月，中国有关部门建立与外商投资企业定期沟通协调机制，每季度举行一次会议，听取意见和建议。

计算机软件是美方特别关注的问题。2001 年 10 月，国务院办公厅下发《关于使用正版软件清理盗版软件的通知》，对国务院系统使用正版软件工作进行全面部署，2002 年 5 月完成国务院系统软件正版化工作。2004 年 5 月，国务院办公厅对省、市级政府机关使用正版软件工作进行部署，2004 年 12 月、2005 年 12 月分别完成省、市两级政府机关软件正版化工作。

尽管中国政府做了大量的努力，美方仍然感到不满。2005 年 6 月初来华参加第十六届中美商贸联委会的美国商务部长古铁雷斯在北京的一场公开演讲中虽表示，中国领导人对知识产权保护的关注是令人鼓舞的，但更多的是进行批评

---

[1]　中华人民共和国国务院新闻办：《中国知识产权保护的新进展》（2005 年 4 月 21 日），http://news.xinhuanet.com/zhengfu/2005-04/21/content_2858983.htm。

[2]　《新京报》2006 年 2 月 24 日 B-03 版；《人民日报》海外版 2006 年 4 月 12 日第 1 版。

和指责,说:"承诺最终必须导致结果……我们相信,现在该是见到结果的时候了","如果美国与中国不能展示结果,那么我们所致力的一切,如此至关重要的一切都可能遭遇危险";他认为知识产权保护与纺织品贸易这样的贸易争端不是一个范畴的问题,纺织品配额是可以谈判的,"知识产权保护是不容谈判的"[这句话他重复了多次],"侵权行为是不可接受的","侵权行为是犯罪,我们不认为我们可以与我们的贸易伙伴谈判犯罪。其他的一切,其他的一切都是可以谈判的";他说:"任何政府都不会容忍假币,或把假币当作小事一桩,我不认为侵犯知识产权与假币有任何区别。"①针对古铁雷斯的指责,吴仪在 6 月 4 日会见古铁雷斯时强调,任何国家知识产权保护意识的提高,知识产权制度的建立和完善都是一个逐步发展的过程。我们并不否认在知识产权保护方面存在一些问题,但更应当看到的是,这些问题正在受到重视并不断得到解决,中国政府对保护知识产权的决心和态度是一贯的,来自各国的知识产权权利人的合法权益都将在中国受到保障,所有侵权和假冒的行为都将被依法处理。希望美方正确评价中国知识产权事业已经取得的成绩,少些指责,多些合作与交流,共同推进知识产权保护工作的发展。②

2006 年年初,中国政府在集成软件、系统软件和专业软件基本正版化以及通用软件部分正版化的前提下继续推进软件正版化,为此,中央财政拨出 1.5 亿元专款,其余经费由省、地、县各级财政分段支付。国家版权局等机构还规定,今后政府部门必须购买预装了正版操作系统软件的计算机,并提供购买其他正版软件的配套资金。2006 年 4 月,国家版权局等 9 部委联合发布推进企业使用正版软件的实施方案,全面部署企业软件正版化工作。4 月 6 日,信息产业部、国家版权局、商务部发出《关于计算机预装正版操作系统软件有关问题的通知》,要求所有电脑制造商在产品组装过程中安装正版操作系统。国家版权局、信产部、国务院机关事务管理局联合下发《关于政府部门购置计算机办公设备必须采购已预装正版操作系统软件产品的通知》。4 月 12 日,赴美参加第十七届中美商贸联委会的吴仪副总理率领庞大采购团赴美,遍访 13 个州 100 多家企业,中美双方达成 106 项采购合同,总价值 162 亿美元。包括购买 80 架波音客机,价值 46 亿美元;以及中国四家电脑厂商联想、同方、方正、TCL 签订的超过 16 亿美元的正版软件采购协议。其中,联想 12 亿美元、方正 2.5 亿美元,同方 1.2 亿美元,TCL 6 000 万美元。

① "Gutierrez Urges To Speed Progress on Bilateral Trade Issues", June 2, 2005, *Washington File*, June 3, 2005, p.2.
② 《吴仪会见美国商务部长古铁雷斯和贸易代表》,2005 年 6 月 4 日,http://news.eastday.com/eastday/news/node37955/node37957/node37979/node66258/userobject1ai1155447.html。

4月中旬胡锦涛主席对美国进行国事访问,他4月18日到达美国后的第一项活动就是参观位于西雅图的微软公司总部。胡主席在参访时重申,中国将认真兑现保护知识产权的诺言。①这是中国领导人对国际社会作出的一项庄严承诺。

2008年,中国制定了《国家知识产权战略纲要》,把保护知识产权提升到国家战略的高度加以推进。2006年至2011年,国家又连续6年颁布《中国保护知识产权行动计划》,实施了包括立法、执法、教育培训、文化宣传和对外交流等多个领域的1 000多项具体措施。②诚然,中国的知识产权保护还有许多工作要做,但同样可以说,中美两国在这方面的合作在拓展,前景是乐观的。

五、把经贸问题政治化

由于中美两国存在着社会制度和意识形态的差异,美国一些势力常常把经贸问题政治化,为两国经贸关系的发展设置障碍。其中最主要的是两个问题:对中国的高技术出口管制,对中资企业在美投资的政治审查。

(一) 对华高技术出口的严格管制

1999年美国国会抛出《考克斯报告》,采取种种无中生有、捕风捉影的手法,诬蔑中国窃取美国的核技术和其他高科技。③从此以后,美国对中国的高科技出口一直受到严格管制,诸如核反应堆、卫星、集成电路和程控交换机、先进机床等都在禁止之列。以2002年为例,中国进口高新技术产品828亿美元,比上年增长29%,而从美国进口的这类产品仅为41亿美元,占同类进口总额的4.9%。与中美贸易(969亿美元)在中国对外贸易(2 952亿美元)中所占比例极不相称。美国国际经济研究所的数据表明,由于对华实施高科技管制政策,美国每年要丧失35亿美元到135亿美元的贸易机会。④2001年美国防部、国务院和商务部组成的技术出口审查委员会极力阻止美国半导体制造商中芯国际(SMIC)向中国转让两项光电子技术。2002年2月,美国审计总署向参议院提交一份名为《出口限制:美国急需就中国半导体产业快速发展作基本政策评估》的报告,要求政府对华实行更严格的技术出口管制。2003年,国务院再次指责波音和休斯公司向中国提供可能被用于制造洲际导弹的卫星和火箭技术,两公司被罚款600万

---

① (香港)《大公报》2006年4月20日A2。

② 中华人民共和国国务院新闻办公室:《中国的对外贸易》,2011年12月,http://www.china.com.cn/policy/txt/2011-12/08/content_24099720.htm。

③ 详见陶文钊《中美关系史》(修订本)第3卷,第322—326页。

④ 陈宝森等:《美国对华贸易逆差研究》,第45—58页;湛柏明:《中美贸易的互补性与摩擦性》,《国际贸易问题》2004年第6期。

美元。①美国公司对政府的这种政策也非常不满。中国美国商会在《美国企业在中国》中抱怨说,在中国的主要贸易伙伴中,"美国的出口管制政策是最严厉的",限制美国企业向中国出口双重用途的技术"只会使美国公司将市场拱手让给其外国竞争对手"。它们建议,为了保持美国高科技产品在全球市场的竞争力,美国政府应该取消无效或基本无效的出口管制措施,根据目前中国高科技产业能从国外买到的竞争性产品和技术的情况以及对未来的预测,评估现行出口管制政策及程序的效果。②确实,美国对华技术管制是一把双刃剑,受伤害的不仅是中国,而且是美国的商业利益。中国不能从美国得到的高技术可以从欧洲市场和别处得到。中国电信业、计算机和半导体市场年均增长率可能达到20%—40%,③这将为美国企业带来巨大的商机,如果美国政府一味限制美国对华技术出口,必然损害美国企业的全球竞争力,损害美国在这些领域的领先地位。

(二)对中资企业在美投资的政治审查

在中国改革开放头二十年中,对外经贸关系主要是引进资本,输出产品;中国的对外投资很少,境外投资环境并不构成什么问题。21世纪以来,中国资本开始走出去,而且势头相当迅猛。美国地方上,各州、市、县,是非常欢迎中国投资的,这为它们创造了宝贵的就业机会,对提振美国经济有利。但在联邦层面,中国投资项目要经过层层审批。各种利益集团、国会议员常常夸大投资的政治意义及其对美国国家安全的影响,竭力加以阻挠。2005年中国海洋石油公司(简称"中海油",CNOOC)收购加州联合石油公司(UNOCAL,尤尼科公司)就是一个典型的案例。

加州联合石油公司是美国第九大石油公司,2004年的净收入为82亿美元,其资产主要在墨西哥湾和南亚。据英国《金融时报》2005年1月7日披露,中海油准备对美国同业对手尤尼科公司发出逾130亿美元的收购要约,这将是中资企业规模最大、最重要的一宗海外并购。美国第二大石油公司雪佛龙·德士古公司4月4日宣布,将以164亿美元的价格收购尤尼科公司。6月23日,中海油提出185亿美元的新报价,尤尼科公司表示愿意随时与中海油进行谈判。雪佛龙公司则在29日称,该公司并购尤尼科公司的计划已经得到美国证券交易委员会的批准,这意味着并购计划的最后一道法律监管程序已经完成。该公司还展开了一波又一波大规模的游说,促使国会举行听证会对中海油加以阻挠。

中海油并购尤尼科公司案引起美国社会,尤其是国会的广泛关注,国会中反对之声骤起,并双管齐下,阻挠此项收购。一方面,通过举行听证会、向媒体发表

---

①③ 李方安:《美国对华技术出口管制的效果评判与前景分析》,《国际贸易问题》2004年第7期。

② 中国美国商会:《美国企业在中国》(白皮书),2002年版,第15页;王勇:《2002年中美经贸关系回顾》,中国社会科学院美国研究所编:《美国年鉴·2003》,第253页。

耸人听闻的言论等手段，引起民众的广泛注意，有意识地对舆论进行误导；另一方面，通过立法行动，并向兼任美国外国投资委员会（CFIUS）主席的财政部部长写信进行阻挠。6 月 30 日，众议院提出了第 344 号决议案，对于"中国一家国有企业控制美国一家至关重要的能源生产企业可能对美国国家安全产生的危害表示担忧，要求总统对这一交易进行彻底审查"。①中海油没有退缩，7 月 2 日，中海油提请 CFIUS 对中海油并购尤尼科公司案进行审查。中海油还公开承诺，尤尼科现有储量的 70％位于亚洲，中海油感兴趣的正是这一部分资源；尤尼科绝大多数在美国生产的油气产品将继续在美国销售，在墨西哥湾资产的开发将为美国市场提供更多的油气供给。中海油还承诺，将保留尤尼科绝大部分员工的工作。②

　　7 月 15 日，参议院又提出一项法案，禁止中海油公司"兼并、收购或取得尤尼科公司"。众议院《2005 年能源政策法》第 1837 款则要求国防部长和国土安全部长研究中国不断增长的能源需求对美国的政治、战略、经济和国家安全利益的影响，评估中国政府与石油企业的关系，推迟 CFIUS 的评估工作。8 月 8 日，该法案正式成为法律。③主要由于国会的强烈反对，中海油的并购计划被扼杀了。8 月 4 日，中海油正式宣布撤回对尤尼科公司的收购要约。

　　中美经贸关系中尽管存在着种种争端，但争端涉案金额对于如此庞大的两国贸易来说，影响是有限的。由于从本质上说，两国的经贸关系是互利的，所以这种关系仍然能在克服摩擦中继续发展，很多问题会在经贸关系的发展过程中得到缓解，自然，新的问题又会产生出来。实际上，中美两国的经贸关系还有很大的拓展空间。中国作为世界上最大的发展中国家，就人均 GDP 来说，还处于世界中等收入国家的水平，工业化进程仅仅处于中期发展阶段，具有长期的经济发展动力和巨大的市场需求力，尤其对于资本品的持续扩大的需求将为美国等在资本密集型产业领域具有竞争优势的发达国家提供巨大的商机和利益。

---

① Dick K.Nanto, James K.Jackson, Wayne M.Morrison, Lawrence Kumins, *China and CNOOC Bid for Unocal*：*Issues for Congress*（CRS Report for Congress），February 27，2006，p.15.该决议案于 8 月 30 日在众议院通过。有美国学者指出，反对中海油收购尤尼科的人认为这项交易会使美国更加依赖外国石油，从而损害了美国利益。这一观点是对全球石油市场的根本性误解。即使中国收购了尤尼科并将其所有的原油产出运回中国，对美国和世界石油市场的最终影响也小到可以忽略不计。战略与国际研究中心、彼得森国际经济研究所著、隆国强等译：《账簿中国——美国智库透视中国崛起》，第 127 页。

② 《中海油海外淘金受挫，无奈憾别尤尼克》，http://www.stcr.com.hk/cgal/702.html。

③ Dick K.Nanto, James K.Jackson, Wayne M.Morrison, Lawrence Kumins, *China and CNOOC Bid for Unocal*：*Issues for Congress*（CRS Report for Congress），February 27，2006，pp.1，15—16.

第三章 维护台湾海峡的稳定

台湾问题是中美关系中最重要、最敏感的问题,事关中国的核心国家利益。中美之间三个联合公报的核心问题都是台湾问题。台湾民进党人陈水扁在 2000 年 1 月赢得"选举",5 月正式"执政"。乔治·沃克·布什在 2000 年 11 月赢得选举,2001 年 1 月开始执政。他们的任期有七年多是重合的。民进党指望布什政府任内能支持其"台独"理念和活动,布什总统一开始也没有充分认识到台湾问题对中美关系的敏感性,说过一些不当的话,做过一些不妥的事。但很快,布什政府就了解了陈水扁当局"台独"活动的危害性,意识到在维护台海地区稳定方面与中国政府有着"重叠"的利益,①采取了不支持"台独",甚至反对"台独"的立场。

第一节 布什政府对台湾政策的调整

克林顿政府在第二任期后期,对美国的一个中国政策有过几次承诺:克林顿在 1998 年 6 月访问中国时,在与上海市民座谈中公开表示,美国的政策是"不支

---

① 中美两国在台湾问题上有"重叠的利益"(overlapping interests),这是"美国在台协会"理事主席薄瑞光的表述,如他在纽约美国外交政策全国委员会(National Committee on American Foreign Policy)举办的中美两国学者关于中美关系和台湾问题讨论会上(2007 年 1 月 17 日)就是这样说的。

持'台湾独立',或'两个中国',或'一中一台'。另外,我们并不认为台湾应该加入以国家为主体的国际组织";反对国会提出的"加强台湾安全法案";反对李登辉的"两国论"。①应该说,在克林顿政府的后期,中美双方在台湾问题上的共识是明确的。

布什当政之初,在台湾和华盛顿都有一些人认为,布什执政是自从1981年里根当政以来提升美台关系的最好机会。于是台湾的宣传机器全力开动,鼓吹加强美台关系,更广泛地推进各种与美合作机会,特别是对有不少台湾"朋友"的美国国会多做工作。台湾的这种期望一开始没有落空。2002年4月一些国会众议员宣布成立"台湾连线"②,当时有85位成员;到6月增加到106人,以便加强与台湾的经济、政治、文化和战略关系。一些议员还在考虑邀请陈水扁访美,陈水扁当然求之不得,这将大大帮助他积攒人气,竞选第二任期职位。③

共和党保守派认为克林顿政府在台湾问题上对中国政府妥协太多,对台湾支持太少,布什政府应当进行"纠偏"。④本书前面讲到的他当政百日接受采访时的表态,他宣布售台武器大单,提升美台高官会晤层级都是这种"纠偏"的行动。

在1992年美台达成150架F-16战斗机交易后,克林顿执政时期,这些战机分批交付。从1991年到1998年,台湾地区成为世界上第二大(仅次于沙特阿拉伯)武器进口地。这些战机的服役引起台湾军队在训练、使用、编制、保养乃至战术等方面的变化。1995年至1996年台海风云后,从1997年起,克林顿政府发起与台湾的所谓第二管道"蒙特利尔对话",即"软件项目",美方由助理国防部长帮办坎贝尔主持,双方不事声张地提升军事关系。⑤同时,美国还在亚利桑那州的卢克空军基地训练台湾的F-16飞行员。在硬件方面,在对台出售新的先进武器方面,克林顿政府表现得比较克制。美台之间逐渐形成一个"例行程序":台湾防务部门向台湾的主管部门提出欲购的武器和装备,每年年底,台主管部门会向美国提出一个清单,一般包括5项到15项主要要求,包括武器、装备、技术援助、军事教学等项目。来年年初,"美国在台协会"组织一个主要由国防部专家组成的小型代表团去台湾进行实地考察。考察之后,国防部负责国际安全的部长助

① 参见陶文钊:《中美关系史》(修订本)第3卷,第320、322—337、365—368页。
② Congressional Taiwan Caucus,难以在中文中找到完全对应的说法,台湾地区把它译作"台湾议员连线",这里译作"国会台湾连线"。
③ David M. Lampton and Richard D. Ewing, *U. S.-China Relations in a Post-September 11th World*, p.75.
④ Richard Bush, III, *Untying the Knot. Making Peace in the Taiwan Strait. Taiwan, Asia, Northeast Asia*(Washington, D.C.:Brookings Institution Press 2005), p.262.
⑤ 参见陶文钊:《中美关系史》(修订本)第3卷,第280页;Shirley A.Kan, *Taiwan: Annual Arms Sales Process*(CRS Report for Congress), June 5, 2001, p.2。

理会就国防部的立场提出一个报告,同时,国务院和国安会也会根据方方面面的因素,提出各自的主张。三四月,政府各部门在副部长一级进行会商,决定售台武器项目。如果各方意见分歧,就交由部长一级磋商解决。如在1999年,国务院和国安会在副部长级不赞成向台湾出售远程预警雷达,但在部长一级取得一致看法,决定出售。在美方作出决定后,每年4月,美台举行军售会商,美方将决定告知台湾方面。

1999年台湾向美国提出的清单中包括了:4艘宙斯盾级驱逐舰、6艘到10艘柴油动力潜艇、2套"爱国者"-3导弹防御系统、2套AN/BOND远程预警雷达。美国国防部于该年9月向台湾派出一个小组进行可行性评估。该评估小组本拟于7月21日访问台湾,但由于李登辉发表了"两国论"而推迟。克林顿的解释是,他不想对任何一方进行挑衅,或者"暗示军事解决是一种可以接受的选择"。①评估小组于2000年1月提出秘密报告。9月,克林顿政府再次派出主要由太平洋舰队人员组成的小组赴台考察。

国会中的亲台派,尤其是亲台的共和党议员呼应台湾的要求,动作频频。众议院国际关系委员会主席吉尔曼曾于1999年4月19日致函克林顿,敦促向台湾出售远程预警雷达。三天后,他又致函奥尔布赖特国务卿,威胁说,如果政府不批准此项对台军售,他就要在国会采取立法行动。②在国会的压力下,克林顿政府原则上同意向台湾出售此种雷达。

布什当政后,台湾当局随即向新政府提出了详细的军购清单。过去国民党擅长在美国搞游说活动,民进党学得很快,搞得有过之而无不及。与陈水扁关系密切的台湾研究所(台北)专门建立了一个网站来推动美国对台出售宙斯盾级驱逐舰。台湾还把美国前政府官员、国会议员和他们的助手请到台湾,好生招待,陪他们参观台湾的军事禁区,向他们汇报军情;陈水扁则不顾政务忙碌,一一会见。仅在布什宣布售台武器前一个星期,陈水扁就会见了两批美国来访者,亲自出面进行游说。客人走时还馈赠礼物,而且对他们眷属的喜好搞得一清二楚,因此礼物都是投其所好,针对性极强。亲台派议员自然更加活跃,使劲鼓吹对台出售先进武器。参议院外委会主席赫尔姆斯的说法是非常典型的。2001年1月9日,他在《华盛顿时报》上发表题为《保卫台湾》的文章,其中说,共产党中国是一个正在崛起的大国,正在倾力发展大规模的军事力量。中国现在比十年前更愿意,也更有能力对"民主的"台湾使用武力。为了讨好中国,克林顿政府对来自台湾的急迫防务需求不予理睬,使台湾没有足够的威慑力来对付中国大陆日益严

---

① Shirley A. Kan, *Taiwan: Annual Arms Sales Process* (CRS Report for Congress), June 5, 2001, pp.2—4.
② Ibid., p.3.

重的威胁。他希望布什政府能扭转这个势头,复活早已死亡的"加强台湾安全法案"。①赫尔姆斯的助手多兰 2 月 18 日至 23 日访台后,把台湾欲从美国购买的武器清单在《华盛顿邮报》上公布出来,以此向布什政府施加压力。他在 3 月 8 日致赫尔姆斯的公函中称,他所接触的台湾官员,不论是军方还是文官,都赞成"加强台湾安全法案"。如今的美国政策完全不能满足台湾防务的需求,"如不动大的手术,美国政策将任由年轻的民主体承受遭到共产党中国攻击的危险"。②4 月 20 日,正在台湾访问的共和党众议员谢富尔和巴里特还写信给布什,呼吁美国向台湾出售宙斯盾级驱逐舰。③

　　自然也有议员持不同意见,如民主党资深参议员克里就表示:"对台军售的决定必须是根据美国的利益,而不是台湾的利益,或中国的利益而作出","在作出这些决定的时候我们必须不仅要考虑台湾防务的需要和[台湾]吸纳新技术的能力,而且还要考虑对海峡两岸关系和台湾长期安全的影响"。④

　　就在前述布什"百日采访"之前,美台军售会议已经敲定美国可以提供的武器。4 月 24 日,布什宣布售台大笔武器的决定,包括 4 艘基德级驱逐舰、8 艘柴油动力潜艇、12 架 P-3C 反潜飞机、12 架 MH-53E 扫雷直升机、54 辆 AAV7A1 两栖突击装甲车等,其中一些武器,如柴油动力潜艇,正是"加强台湾安全法案"最初稿本中开列了的,可以说,这是使"加强台湾安全法案"死灰复燃了。这笔武器的估计价格在 150 亿美元,其性能之先进、数额之庞大前所未有。布什政府还打算与台湾方面商谈"爱国者"-3 导弹防御系统。当天,中国驻美大使杨洁篪就美国政府对台出售先进武器向美国提出强烈抗议,要求美方立即纠正错误,撤销上述决定。次日,外交部部长李肇星紧急召见美国驻华大使普理赫,奉命就此项军售向美方提出严正交涉和强烈抗议。26 日,外交部发言人在例行记者会上要求美国停止利用台湾问题干涉中国内政,并对德国和荷兰坚持不售台武器的立场表示赞赏。⑤

　　布什政府还废除了前面讲述的实行多年的美台之间的售武程序。布什在宣布对台新军售大单的同时表示,已经向台湾方面表明,他的政府不会继续进行这种年度审议,台湾可随时提出要求,美台可随时进行商议。这样,除了 2001 年 4 月的一揽子大单,在 2001 年到 2002 年 10 月间,布什政府向国会通

①　Jesse Helms, "Defending Taiwan", *Washington Times*, January 9, 2001, http://www.fapa. org/tsea/pntr/helms010901.html.

②　James Doran, "Letter of Tranmittal to Jesse Helms", *A Staff Trip Report to Committee on Foreign Relations*, U. S. Senate, https://www.gpo.gov/fdsys/pkg/CPRT-107SPRT71658/ html/CPRT-107SPRT71658.htm.

③④　转引自张清敏:《从布什政府对台军售看美台军事关系的变化》,《美国研究》2004 年第 4 期。

⑤　陈文寿主编:《台湾研究论文精选·两岸关系大事记》,台海出版社 2006 年版,第 389—390 页。

报的售台武器项目就达 10 项之多,价值 20 多亿美元,包括 2001 年 7 月宣布的 50 套通信设备,价值 7.25 亿美元;9 月的 40 枚 AGM-65G 小牛式导弹,价值 1 800 万美元;10 月的 40 套反坦克导弹系统,价值 5 100 万美元;以及 2.88 亿美元的飞机零部件;2002 年 6 月的 3 套空管雷达,价值 1.08 亿美元;9 月通知的武器装备有 4 项,总金额 5.2 亿美元;10 月的 290 套反坦克导弹,价值 1 800 万美元。①

布什宣布了军售决定之后,美方就积极敦促台湾落实军购,但台湾方面却有种种考虑和困难。军购的清单是防卫部门提出的,对防卫部门来说,武器装备越先进越好。但及至要购买这些军火,拿出真金白银来的时候,费用就成了问题。由于台湾的社会转型,军队必须由文官出任的台湾防务主管部门负责人领导,台湾的军事采购也不再是秘密,防务部门声称"致力于建立一套合法、透明、公平、合理的采购程序"。美国同意出售了,只是提出了一个供货单,在台湾仍需由"立法机构"审议通过才能拨款购买,在这个过程中"民意代表"也会进行民调,听取民意。媒体自然加入进来,进行宣传炒作。随着海峡两岸关系的发展,到 21 世纪初,双边经贸往来已经达到相当规模。根据大陆方面的统计,2002 年两岸贸易总额达 446.7 亿美元,其中台湾对大陆出口 380.8 亿美元,顺差 314.9 亿美元。到 2002 年年底,两岸累计贸易额达到 2 699 亿美元,台湾对大陆累计顺差 1 893 亿美元。台湾已经成为大陆第四大贸易伙伴,第三大进口市场;大陆是台湾第三大贸易伙伴,最大出口市场,最大贸易顺差来源。②两岸之间的通婚已经不是罕见现象,人员往来也大大增加。所有这些都在悄悄地改变着台湾的民意。根据中国台湾网 2004 年 9 月间的报道,在台湾"立法机构"就向美军购预算进行表决前夕进行的一次民调显示,超过六成的民众不相信军购就可以避免战争,45%的民众反对军购,只有 33%的民众赞成。③更何况,当时"主政"的是民进党,但在"立法机构"中则是反对党国民党占据大多数。通过拨款的难度就可想而知了。

另一个问题是美国军火的报价。此次军售中一个大项是 4 艘基德级驱逐舰。这是在 20 世纪 90 年代末从美海军退役的,舰龄都已超过 20 年。台湾本来想要的是宙斯盾级驱逐舰,但宙斯盾级驱逐舰太先进了,而基德级驱逐舰正好闲在那里,何不变废为宝呢?布什政府提出后,马上得到国会赞成。4 艘舰的报价是 8.75 亿美元,除主舰外,还有 248 枚标准二型防空导弹,32 枚鱼叉式反舰导

---

① Shirley A.Kan, *Taiwan: Major U.S. Arms Sales since 1990* (CRS Report for Copngress), Updated November 19, 2007, p.52.

② 王建民:《2002 年两岸经贸关系评析》,姜殿铭、许世铨主编,曹治洲、董平副主编:《台湾2002》,九州出版社 2003 年版,第 18—19 页。

③ 参见自张清敏:《从布什政府对台军售看美台军事关系的变化》,《美国研究》2004 年第 4 期。

弹，以及其他配套设施。台湾民众、媒体和"立法机构"对这些舰艇议论纷纷，反对声浪甚高。其实，台湾许多学者都清楚，向美国购买这种从美军退役的武器更多是向美国交"保护费"而已。经过数月激烈辩论，才在 2001 年 10 月底勉强通过购舰预算。又经过一年半的讨价还价，才于 2003 年 6 月最终谈定了价格。表面上依了台方减价 15%，实际减少了 100 枚标准二型防空导弹。①

这笔交易是布什宣布的一揽子对台军售大单中最早落实的项目。布什政府对台湾的延宕非常不满，既对"执政"的民进党不满，也对掌控"立法机构"的国民党不满，认为军购的拖延双方都有责任。2003 年 2 月，在美台商会举办的美台军售会议上，助理国防部长帮办劳利斯对台湾防务主管部门副负责人陈肇敏说，尽管总统讲过要尽其所能协防台湾，台湾不应该把美国的承诺看作可以替代台湾自己为防务投入必要的资源。②

美国在向台湾出售先进武器时总是说，这是对大陆针对台湾的导弹部署的反应。这种说法是苍白无力的。中国在东南沿海部署的军事力量是对"台独"的震慑，这一点也得到许多美国学者的认同。如卡内基国际和平基金会中国问题专家史文就说："中国沿着台湾海峡部署军事力量的目的是为了遏制台湾和防止美国作出排除最后统一的选择。"③

正如前面所述，布什政府还提高了美台军方之间交流的层级，对台湾地区领导人出访过境美国给予了更大的自由。④

布什政府所采取的这一系列措施是对台湾政策的一次调整，也是美台关系的一次大提升。这一调整对于海峡两岸关系冲击甚大。民进党本来就是一个以争取台湾"独立"为己任的政党。在选举中，陈水扁为了赢得选票，还假惺惺地表示，要"推动两岸关系全面正常化，建立全方位互动机制，恢复制度性互访与对话"，⑤表现出看似比较和解的姿态。在克林顿政府的压力下，陈水扁在 2000 年 5 月的"就职演说"中言不由衷地作了"四不一没有"的表态，说："只要中共无意对台动武，本人保证在任期之内，不会宣布独立，不会更改'国号'，不会推动'两国论''入宪'，不会推动改变现状的'统独公投'，也没有废除'国统纲领'与'国统会'的问题。"⑥但实际上他无时无刻不在寻找机会，运用一切资源和手段，推行他的"渐进式台独"的路线，搞"去中国化"。布什的上述表态和布什政府所采取

---

① 参见自张清敏：《从布什政府对台军售看美台军事关系的变化》，《美国研究》2004 年第 4 期。

② Shirley A.Kan, *China/Taiwan：Evolution of the 'One China' Policy—Key Statements from Washington, Beijing, and Taipei*(CRS Report for Congress), October 10, 2014, p.23.

③ Michael Swaine："Trouble in Taiwan", *Foreign Affairs*, March/April 2004, p.43.

④ 见本书第 15 页。

⑤ 徐博东、郭庆全编：《近十年来民进党大陆政策大事记》，九州出版社 2011 年版，第 2 页。

⑥ 同上书，第 8—9 页。

的提升美台关系的措施对台海地区的和平与稳定的作用无疑是负面的,鼓励和放纵了陈水扁搞"渐进式台独",使陈水扁在这条路上越走越远。这一点马上就清楚了。布什的政策受到美国许多学者的批评。①

陈水扁"渐进式台独"第一次引起美国关注是 2002 年 8 月 3 日发表的"一边一国"论。当时太平洋岛国瑙鲁断绝了与台湾的"邦交关系",与中国政府建立了外交关系。陈水扁恼羞成怒,在 8 月 3 日以视讯直播的方式,向在东京举行的"世界台湾同乡联合会"年会发表的讲话中称:"台湾是我们的'国家',台湾不是别人的一部分,不是别人的地方政府,也不是人家的一个省,不可成为第二个香港或澳门;由于'台湾主权独立',台湾和对岸的中国是'一边一国',需要分清楚","对岸中国讲的所谓一个中国原则或'一国两制',就是对台湾现状的改变,我们不可能接受,因为台湾的未来、现状的改变与否不是任何国家、政府、政党或个人可以片面替我们决定,只有 2 300 万伟大台湾人民才有权利对台湾的前途、命运、现状作选择或决定。有需要时如何决定? 就是公民投票……大家应认真思考公民投票立法的重要性与急迫性",②抛出了所谓"一边一国"论和以"公投"决定台湾未来的"台独"选项。

这一说法显然直接挑战了美国的一个中国政策,也直接挑战了布什 2001 年 4 月的讲话,布什政府迅速作出反应。8 月 4 日,国安会发言人麦科马克在记者招待会上表示,美国的一个中国政策没有变化,他说:"我们对中国的政策是众所周知的、长期一贯的,它没有变化。"③国务院副发言人里克在 8 月 5 日的记者招待会上也说:"美国长期以来的政策是一个中国政策,我们的政策没有任何改变。我们相信,两岸之间的任何问题都是要由台湾海峡两岸人民来解决的问题。我们的利益关注是,任何解决方案都必须是和平的,这个政策也没有任何改变。"④8 月 26 日,正在北京访问的副国务卿阿米蒂奇被问到陈水扁的讲话时回答说:"美国不支持'台湾独立'",接着他解释说:"说我们不支持,这是一回事。这与我们说'反对'是不同的。如果两岸就解决问题达成一致,美国显然不会介入其中,因此我们使用'不支持'这个说法。这是要由两岸人民解决的问题。"⑤美国学界

---

① 见本书第 13—15 页。

② 徐博东、郭庆全编:《近十年来民进党大陆政策大事记》,第 51—52 页。

③ Jason Dean, Greg Jaffe, "A Global Journal Report: Taiwan's Leader Supports a Vote on Independence—Chen's Remarks Are Likely to Provoke Fury in Beijing; Wedge Between U.S., China", *The Wall Street Journal*, August 5, 2002.

④ Daily Press Briefing by Philip Reeker, Deputy Spokesman of the State Depatment, Washington, D.C., August 5, 2002, http://2001—2009.state.gov/r/pa/prs.dpb/2002/12477.htm.

⑤ See Shirley A. Kan, *China/Taiwan: Evolution of the 'One China' Policy—Key Statements from Washington, Beijing, and Taipei* (CRS Report for Congress), October 10, 2004, p.72.

对陈水扁的"一边一国"论群起批评,甚至连一向亲台的《华盛顿时报》也接连两天发表文章批评陈水扁。①

　　针对国际社会的反应,台湾"大陆事务委员会"主任蔡英文于5日就"两岸政策"发表四点声明:(1)台湾大陆政策的主轴没有改变;(2)两岸经贸政策的进程将会继续推展;(3)建设性的两岸互动关系未变;(4)台湾不希望大陆一再借采取破坏两岸关系作为测试台湾的政策底线。②前三点是无力的辩解,最后一点则是倒打一耙。美国也没有把这个声明当回事,于是蔡英文在陪同台湾地区行政管理机构负责人游锡堃出访南美时,特地从纽约跑到华盛顿,对美国官员和智库学者进行解释。她大事化小、小事化了地说,"'一边一国'用台语来说,是非常轻松的日常用语",美国官员严厉回敬说,印成文字,就不轻松了。另一名亲台的"重量级高层人士"则对蔡英文说:"任何国家的总统不能像拳击手一样,一直跳来跳去,变化位置,让别人不知道你的立场究竟是什么。"③布什政府和学者们显然不接受台湾方面的解释。

　　在与陈水扁当局打了一年多交道以后,布什政府对陈的看法及两者的关系开始发生微妙变化。第一,布什政府对民进党"政府"在军购方面的拖延甚为不满,有的责备台湾防务主管部门没有整合出优先顺序;有的认为台湾当局领导人幕僚机构没有发挥应有的主导力量来统合内部;有的甚至怀疑民进党根本无意于防务建设,企图完全依赖美国在危难时驰援台湾,借此把美国拖下水。④第二,陈水扁在抛出"一边一国"论之前未与布什政府进行沟通,美方对此感到"惊讶",也有一种被忽视、被耍弄的感觉;以后类似的事情一再发生,使布什政府感到陈水扁"不可预测"。⑤第三,"9·11"之后,布什政府的大战略是

① 详见陶文钊主编:《美国思想库与冷战后美国对华政策》,第114—117页。
② 徐博东、郭庆全编:《近十年来民进党大陆政策大事记》,第52页。
③ 苏起:《危险边缘》,第306—307页;对美国威尔逊国际学者中心亚洲项目主任海塞威的访谈,2002年8月。
④ 苏起:《危险边缘》,第309—310页;对布什政府助理国务卿帮办薛瑞福的访谈,2014年11月20日。薛瑞福还认为,布什政府与陈水扁当局的沟通确实有诸多窒碍。首先,台湾内部存在问题:陈甚至不与自己的顾问商量,自己一时兴起就发表言论,因此连他的亲信都不知道他可能说什么,让人不可预测;陈水扁当局认为驻美代表程建人、李大维是亲国民党的,李大维与连战关系很好,他们与当局的关系却很疏远。美国内部也有问题:接替卜睿哲任"美国在台协会"理事主席的夏馨与协会驻台北办事处主任包道格之间格格不入,两人对政府政策理解不一,各人按自己想法向台湾当局表态,包道格比较厌恶民进党,而夏馨则很亲近民进党当局。陈水扁当局在华盛顿从夏馨那里得到的信息,与他们在台北从包道格那里听到的大不一样。这样,陈水扁也被搞糊涂了,不知道谁更代表布什政府。台湾当局对包道格的不满是毫不隐晦的。他们认为,从包道格那里能听到的仅仅是:"退回去"、"冷静点"、"别干这个,别干那个"。由于沟通上的重重梗阻,双方对对方都有许多抱怨。
⑤ 对国安会亚洲事务高级主任韦德宁的访谈,2006年3月16日。

全球反恐,它希望亚太地区保持稳定,陈水扁的所作所为搅得台海地区不宁,不利于亚太地区稳定,也使美国分心,布什政府认为台湾当局不配合,认为陈水扁把个人政治利益置于美国的战略目标和关切之上。①"一边一国"论事件是一条分界线,此事产生的美台之间的隔阂未能化解,布什政府与陈水扁当局开始渐行渐远。

第二节　反对单方面改变现状

2004 年台湾地区即将再次举行地区领导人选举。陈水扁第一任期内台湾经济萧条,民生凋敝,社会不宁,失业率居高不下,政绩乏善可陈。2003 年上半年的一些民意调查显示,他的支持率低于"泛蓝"连战、宋楚瑜的组合。连、宋配形成后支持率一度高达 50%多,领先陈水扁 20 多个百分点。②年初,陈水扁一度考虑将稳定两岸关系、争取中间选民作为寻求连任的策略,并摆出一副"拼经济、拼改革"的架势。但在他"执政"的三年中,两岸关系僵局始终未能打开,经济也一直低迷不振,为了挽救选情,他决定转移焦点,制造议题,操弄民进党一贯擅长的"统独"、"族群"问题,将"台湾认同"、"一边一国"对一个中国作为选战的主轴,以煽动民众的"反中仇共"情绪,挑动省籍矛盾,制造两岸关系紧张来刺激选情。2003 年 9 月 28 日,陈水扁在民进党十七周年党庆晚会上撕下了"四不一没有"的虚假面具,声称要在 2004 年"完成历史性首次'公投'",在 2006 年"催生台湾新宪法",于 2007 年实施"新宪法"(后又改称 2008 年 5 月 20 日正式实施)。他在 10 月 6 日接受《华盛顿邮报》专访时还说,"海峡两岸'一边一国'。一个是中国,一个是台湾",并称:"'公民投票'一定会落实,'新宪法'一定会诞生。台湾不是另一个国家的一个省或一个州。任何民主的改革是我们自己的内部事务。我不认为任何一个民主国家可以反对我们的民主理念。"③由此可以看出,"一边一国"确实是陈水扁根深蒂固的理念,而不是

---

① Kerry Dumbaugh, *Taiwan-U.S. Political Relations*: *New Straits and Changes* (CRS Report for Congress), October 10, 2006, p.7.

② 吴仁文:《2003 年台湾政局回顾》,许世铨主编,曹治洲、李国林副主编:《台湾 2003》,九州出版社 2004 年版,第 24 页。所谓"泛蓝",指国民党和先后从国民党分化出来的亲民党、新党及其他派生团体及其拥护者,"泛绿"指民进党和其他亲民进党、主张台湾"独立"的小党,如台联党、时代力量党等及其拥护者。

③ John Pomfret, "Taiwanese Leader Condemns Beijing's 'One China' Policy; Chen Dismisses Fear in U.S. of Rising Tension", *Washington Post*, October 7, 2003, p.A—18.

蔡英文所说的"轻松用语"。陈水扁对布什政府一年前的批评耿耿于怀,现在他要更清晰地加以重申,看你布什政府能怎么样!一副无赖样子。他知道布什政府欣赏台湾的民主,就以实施"民主"为幌子,显示了前所未有的"抗中拒美"的强硬姿态。

布什政府立即作出反应。国务院发言人鲍润石在9月29日的记者招待会上被问到陈水扁前一天的讲话时,他先表示选举属于台湾的"内政",他不发表意见,接着罕见地把陈水扁在2000年5月20日的"就职演说"翻了出来,把"四不一没有"的承诺逐字逐句地念了一遍,指出"我们已经表示,我们支持和看重他2000年的保证以及此后相关的重申。我们仍然很认真地看待这些承诺,并认为这些承诺应予遵守"。①在另一次记者招待会上,他又反复重申一个中国的政策,并要求两岸不要发表或做出加剧紧张或阻碍对话的言行。②在接下来的两三个月里,白宫和国务院发言人多次发表谈话,重申美国反对台湾海峡两岸任何一方单方面改变现状的立场,继续敦促两岸不要做出或者说出会增加台海紧张,或者使得对话更加困难的举动或者言辞。

但布什政府发出的信息却不一致。10月13至18日,"美国在台协会"理事主席夏馨访问了台湾。她在台湾政治大学演讲时称,美国与台湾关系紧密,绝对不会背弃台湾,"与台湾关系法"是法律,连布什总统也无法改变。她甚至说,如果台湾没有主动挑起战端,而被中国大陆施以封锁、禁运或其他强迫性行为,都将被视为威胁性举动,美国将协助台湾防卫,绝对不会背弃台湾。在与陈水扁见面时,她表示支持"公投",鼓吹说,美国对台湾有义务,所以在世界贸易组织、世界卫生组织、亚太经合组织会议中都帮台湾说话。美国与台湾关系是在平稳进步,而与大陆关系则比较起伏。她再次敦促台湾购买2001年4月布什宣布的那些武器,并夸大大陆针对台湾的军事部署,称:"如果台湾再不提升防卫能力,在2005年到2008年间就会面对军力失衡。"③夏馨的这些表示在多大程度上代表了布什政府,多大程度上是她个人的发挥,是可以进一步考证的。可以确定的是,要求台湾购买美国武器,这无疑是布什政府的政策;支持拓展台湾的"国际空间",也是布什政府一直都在做的;维持海峡两岸的军力平衡,这是美国保守派经常鼓吹的;但是支持陈水扁正在

---

① Richard Boucher, "Daily Press Briefing", September 29, 2003. http://2001—2009.state.gov/r/pa/prs/dpb/2003/24657.htm. 陈水扁是在2000年5月20日的就职演说上作此表态的,鲍润石说成2000年的8月了。

② "State Department Noon Briefing", October 7, 2003. http://www.useembassy-isreal.org.il/publish/press/2003/october/100802-html.

③ 许世铨主编,曹治洲、李国林副主编:《台湾2003》,九州出版社2004年,第371页;并见赵穆:《美国对台采取双头政策》,《国际先驱导报》2003年10月24—30日,第3版。

操弄的"公投"就不符合布什的政策了。夏馨的表态代表了美国政界对华强硬派的立场。但由于她的身份,台湾的许多人都自然把她当作布什政府的代表,她的讲话无疑起到了给屡遭美国国务院发言人批评的陈水扁撑腰打气的作用。①

陈水扁受到夏馨讲话的鼓励,对上述白宫和国务院发言人的批评进行了反击。10 月 30 日,《今日美国报》网站刊登了对陈水扁的书面采访,他在其中说:未来"台湾新宪法"要过台湾地区"立法机构"3/4 同意的门槛极不可能,"因此,我推动由'公民投票'来决定制订一部'新宪法'"。他在 11 月 11 日接见美国布鲁金斯学会代表团时又为自己辩解说,"他一再主张的'台海两岸,一边一国'、推动'公民投票'、催生'新宪法',这些都是台湾'宪政改革'的一部分,与'四不一没有'无关,这些主张不应被窄化为政治上的'统独'争议"。②

10 月 31 日、11 月 1 日,陈水扁去南美访问过境纽约。陈水扁会见了 20 位美国国会议员,接受了"国际人权联盟"颁发的奖章,而颁奖会的晚宴恰恰是由鼓吹对台售武的美国军火商联合防卫公司赞助的。10 月 30 日,美国众议院还通过第 302 号决议,欢迎陈水扁过境美国,并祝贺其获得"人权奖章"。他还接受了媒体的采访,出席了所谓"海外阿扁后援会"成立大会,并租了一艘游轮游览了哈德逊河。当游船航经联合国总部时,他走到甲板上表示:"总有一天台湾要进联合国!"夏馨在两天里全程陪同,对他照顾备至。陈水扁所受到的礼遇前所未有,他对布什政府"放松过境限制的善意"感激不已。口无遮拦的夏馨说:"受到礼遇是因为背后有个守护神,那就是布什总统。"第二天,"布什是陈水扁的守护神"的说法立即见诸台湾报端。陈水扁在访问巴拿马期间又蓄意两度与鲍威尔握手寒

---

① 夏馨的态度是否代表或反映了布什政府的政策,美国学者对此也有不同看法。国际与战略研究中心的葛莱仪认为,台湾当局各取所需,竭力寻找支持他们的观点和说法,只要是支持的,不论是夏馨的、个别国会议员的、个别学者的,他们就津津乐道。而如果他们真要了解布什政府的政策,白宫的政策,那是不困难的。她不认为夏馨代表了布什政府。已故乔治敦大学教授唐耐心则认为:"她向台湾表示的支持程度显然超过了白宫,但区别也只是程度,而不是实质,因为布什政府基本上是支持台湾的。"夏馨是个生意人。她与布什总统的弟弟佛罗里达州州长杰布·布什和助理国防部长帮办劳利斯有长期的商业关系,也与政府中的鹰派关系密切。她的丈夫劳伦斯·迪·利塔曾任国防部长拉姆斯菲尔德的幕僚长、代理助理国防部长、国防部发言人。由于这些关系,她在 2002 年 12 月取代谨慎的卜睿哲当上了"美国在台协会"理事主席,这个职位需要帮助国务院处理中美关系中极度敏感的问题,与她的性格实在是完全不符的。唐耐心评价她说:"不论谁见了她,在头几分钟里你就会感觉到,她是一个热情过度而不讲纪律的人……一个咋咋呼呼的女人,想到什么就说什么。"2004 年 4 月 17 日,在国务院的强烈要求下,夏馨在任职 15 个月之后被迫递交了辞呈。Susan Lawrence, "The Guardian Angel Finally Had Enough", *Far Eastern Economic Review*, April 22, 2004, pp.25—26.笔者与夏馨有过接触,感觉与唐耐心的描述完全一样。

② 徐博东、郭庆全编:《近十年来民进党大陆政策大事记》,第 72—73 页。

暄。无孔不入的台湾媒体对这些都大加宣扬。夏馨在台湾的讲话和在纽约的接待对陈水扁来说不啻是"久旱逢甘露"。毫不奇怪,陈水扁回到台湾后得意扬扬地宣称,他得到了美国特别强烈的支持。①本来他的民调支持率一直落后于连、宋,他出访巴拿马回台后,《中国时报》民调显示,他的支持率首次超过连、宋一个百分点。

面对岛内的政治形势和民进党在"公投立法"上的攻势,原来反对"公投法"的国民党和亲民党改变了策略,于10月23日提出了国亲版的"公投法"草案,并利用泛蓝在"立法机构"的优势,加快了"公投立法"的进程,以对抗民进党的操控。

大陆方面严密注视着事态的发展。11月17日,国务院台湾事务办公室负责人发表措辞严厉的谈话,指出,陈水扁的所作所为彻底暴露了其分裂国家的真面目,正在一步步地把台湾同胞拖向危险的深渊。祖国大陆方面坚决反对陈水扁当局通过"公投立法"和"台独公投"进行分裂活动。一旦台湾通过不设限"公投法",大陆将作出强烈反应。"'台独'就意味着战争。"②

11月21日,温家宝总理在访问美国前夕接受美国《华盛顿邮报》总编辑唐尼专访,进一步表明中国政府的严正立场:

中国的主权和领土完整是不可分割的。中国政府坚持一个中国的立场是坚定不移的,是不容许挑战的。

我们不放弃和平解决台湾问题的努力,因为这符合包括台湾同胞在内的全中国人民的根本利益,但是对任何分裂祖国的挑衅行动,我们不会坐视不管……当台湾当局的领导人试图要把祖国的领土分裂出去的时候,任何一个中国人都不会答应。中国人民会不惜一切代价,维护祖国的统一。

他还希望美国政府能够注意到台湾当局破坏国家统一的严峻性和危险性,不要向他们发出错误的信号,应该采取有助于台海局势和平与稳定的实际

---

① 《陈水扁感谢美放松限制》,《侨报》(纽约)2003年11月3日;《阿扁夸美国"台最好朋友"》,《世界报》2003年11月2日;Susan Lawrence, "The Guardian Angel Finally Had Enough", *Far Eastern Economic Review*, April 22, 2004, p.25.

② 廖翊:《国台办副主任王在希:台独就是战争,武力恐难避免》,http://news.xinhuanet.com/newscenter/2003-11/18content_1185507.htm。11月27日,台湾地区"立法机构"通过了主要由泛蓝提议的"公投法",没有将"国旗、国歌、国号、领土变更"等主权议题明确纳入"公投"范围,为未来可能的"台独公投"设置了较为严格的限制条件,避免了两岸立即摊牌局面的出现。但行政管理机构提出的"就攸关国家安全重大事项"的"公投"列为第17条,给两岸关系发展和和平统一留下了重大隐患。在此之前,11月25日,美国众议院通过了没有法律约束力的"全力支持台湾公投法决议案",声称"只有台湾人而非中华人民共和国政府有权决定台湾前途",严重干涉中国内政。

行动。①

针对台湾加紧进行"公投立法"的局势,美国国务院发言人和白宫发言人11月下旬和12月初前所未有地频繁表态,不断重申美国的一个中国政策,强调维持台海的稳定符合美国的利益,美国反对两岸任何一方片面改变海峡现状,反对台湾举办任何会改变台湾地位或走向"台湾独立"的"公民投票"。②为了加强美国表态的力量,11月底12月初,国安会亚洲事务高级主任莫健奉布什之命三次秘密访台,并带去布什亲笔信,要求陈水扁"帮他个人一个忙",停止可能危及台湾安全的行动,如"公投"。③但陈水扁已经把选举和"公投"绑在了一起,"公投"已经成为他操弄民意的主要手段,他已经骑虎难下,不得不做了。12月7日,陈水扁参加台中造势大会,并称,2004年3月20日选举时将同步举行"防卫性公投",题目是"2 300万人民要求中华人民共和国撤除瞄准台湾的496枚飞弹,并公开宣示不再对台湾使用武力"。④陈水扁对布什的一再要求不理不睬,这当然使布什非常生气。

12月上旬,应布什总统的邀请,温家宝总理对美国进行正式访问。8日,温家宝会晤鲍威尔时重申了中国政府在台湾问题上的原则立场,强调"和平统一、一国两制"是中国政府的基本方针。他说:我们将以最大的诚意、尽最大的努力,用和平方式实现国家的最终统一。同时,我们绝不会容忍台湾当局假借"民主",搞所谓"公投",企图把台湾从中国分割出去。鲍威尔回应说,美国政府认识到台湾问题对中国的重要性,对最近台湾方面传出的某些信息表示关注。他重申美国政府"奉行一个中国政策,遵守美中三个联合公报,从根本上不支持'台独'"。⑤

美国东部时间12月9日中午12时许,布什与温家宝在会谈后在白宫举行联合记者招待会,当被问到美国的对台湾政策时,布什说:

> 美国政府的政策是基于三个联合公报和"与台湾关系法"的一个中国政策。我们反对中国大陆和台湾任何单方面改变台海地区现状的决定。台湾领导人的言行表明,他可能作出决定单方面改变现状,对此我

① 中新网2004年11月21日报道,许世铨主编,曹治洲、李国林副主编:《台湾2003》,第392—393页。
② 《新闻背景:近一个月美国在台湾问题上的频繁表态》,2003年12月9日,http://news.sina.com.cn/c/2003-12-09/15471298169s.shtml。
③ Susan V.Laurence, "Bush to Chen: Don't Risk It", *Far East Economic Review*, May 20, 2004, p.29.
④ 许世铨主编,曹治洲、李国林副主编:《台湾2003》,第376页。
⑤ "Premier Wen Meets with U.S. Secretary of State Powell", December 9, 2003, http://www.china-embassy.org/eng//zmgx/zysj/major%20Events/t55935.htm。

们是反对的。①

　　布什这里说的反对大陆和台湾任何一方单方面改变现状,这不是他的新政策,他的前任一直是这么说的。如果仅仅说到这里,他的表态没有什么新鲜之处。但他接着对陈水扁的批评是这样直言不讳,就差指名道姓了。有的美国学者指出,大概也就是布什总统才会说得这样直白,毫无包装,不满甚至愤懑之情溢于言表。美国国会研究部的中国问题专家邓凯丽写道:一位前政府官员获悉,陈水扁听到这一表态时感觉自己被布什出卖了,这与他先前从布什那里听到的鼓励性的信息大相径庭。②布什这个表态对陈水扁政权的冲击无疑比克林顿的"三不"政策更大。稍后,12月20日,胡锦涛主席应约与布什总统通电话。胡锦涛赞赏布什最近重申坚持一个中国政策、遵守中美三个联合公报、反对台湾当局旨在改变台湾地位的言行。布什表示,美国在台湾问题上的立场是明确的,美方反对单方面改变台湾现状的言行。③在布什总统12月9日表态前后,国安会和国务院发言人又多次表示,美国反对任何会改变台湾地位或走向"台湾独立"的"公民投票";美方很严肃地看待陈水扁的"四不一没有"的承诺。④12月底返台述职的台"驻美代表"程建人坦率承认,目前台美关系处于"史无前例的状况",布什总统有关"反对台湾片面改变现状的行动或言词"的"用词之强

① George W. Bush, "Remarks Following Discussions With Premier Wen Jiabao of China and an Exchange With Reporters", December 9, 2003. Online by Gerhard Peters and John T. Woolley, *The American Presidency Project*, http://www.presidency.ucsb.edu/ws/?pid=778.布什总统表态后,虽有少数国会议员加以批评,但总的来说,比起1998年6月克林顿在上海公开宣示"三不"政策来,国会中的反弹要小得多。有的美国学者认为,这是因为国会中最支持台湾的那些人正是共和党的右派,他们虽然不满布什的这一表态,但他们也不能与自己的总统为难。对卡内基国际和平基金会资深研究员史文的访谈,2004年2月12日。包括史文在内的一些美国学者把布什政府的对台湾政策概括为"双重阻遏和双重保证"(dual deterrence and dual assurance),即既阻遏大陆对台动武,也阻遏台湾"独立",既保证实行一个中国政策,也确认对台湾的安全承诺。见 Michael Swaine, *America's Challenge. Engaging a Rising China in the Twenty-First Century*, pp. 26, 86—87。

② Kerry Dumbaugh, *Taiwan-U.S. Political Relations: New Straits and Changes* (CRS Report for Congress), October 10, 2006, p. 11. 在布什和温家宝会见记者后,一位高官对记者作了如下补充说明:"我们现在在海峡两岸看到这样一些事态发展,迫使我们放弃过去政策中的某些模糊之处。我想在这里强调,总统以很清楚的用语告诉中国人,如果中国要使用压力或武力来单方面改变现状,美国不会置身事外。正是在这个背景下,总统也越来越清楚地告诉台湾,我们同样不欢迎台湾方面单方面改变现状的任何举措。""Background Briefing on President's Meeting with Chinese Premier Wen", December 9, 2003. Online by Gerhard Peters and John T. Woolley, *The American Presidency Project*, http://www.presidency.ucsb.edu/ws/?pid=80021.

③ 张华:《台湾大事记》,许世铨主编,曹治洲、李国林副主编:《台湾2003》,第387—388页。

④ 同上书,第375页。

烈前所少见"。①

在布什 12 月 9 日表态前后,国际社会纷纷就台湾海峡地区局势亮明立场,批评陈水扁执意搞"公投"搅乱东亚的和平和稳定。

在大陆、岛内和国际社会三个方面的压力下,陈水扁在"公投"问题上进退两难。台湾当局原拟在 2004 年 1 月 10 日向日、美、欧派出所谓"宣达团",就"公投"问题进行"沟通",但美、日均明确表示拒绝"宣达团"。台湾当局落得个灰头土脸。无奈,陈水扁决定修改"公投"的议题。1 月 16 日,他发表了为时 5 分钟的电视讲话,宣布了"3·20""公投"的内容:"第一,如果中共不撤除瞄准台湾的飞弹,不放弃对台湾使用武力,您是否赞成增加购置反飞弹的装备,以强化台湾自我防卫能力?第二,您是否同意政府与中共展开协商,推动建立两岸和平稳定的互动架构,以谋求两岸的共识与人民的福祉?"②陈水扁之所以把军购作为"公投"题目,既是为军购延宕辩护,也是为了讨好美国。过了两天,台湾防务主管部门负责人汤曜明却又宣称,即使"公投"未过,还是要执行既定军购政策。这是要告诉美国,武器迟早是要买的。

国际社会对台湾当局破坏地区稳定的行为纷纷予以谴责。日本是台湾当局寻求国际支持的一个重要目标。日本在台湾问题上保持低调,在"防卫性公投"问题上,日本也没有给陈水扁什么支持。2003 年 12 月 29 日,日本交流协会台北事务所所长内田胜久对台湾当局领导人幕僚机构秘书长邱义仁表示,日本政府向台当局明确表示,举办这样的"公投"不仅会恶化两岸关系,而且威胁本地区的和平与稳定,日本对此感到忧虑。同日,日本政府还公开表示,希望陈水扁遵守"四不一没有"的承诺。③在此之前,日本前首相森喜朗低调访台,也曾就"公投"议题告诫陈水扁要"审慎进行"。④

欧盟各国坚持一个中国立场,严厉批评陈水扁假借"人权"、"民主"操弄"公投"。年初,台湾当局就在挖空心思谋划陈水扁的访欧之行。3 月,欧洲议会主席联席会议决定邀请陈水扁到会讲话。但比利时立即明确表示,将阻止陈水扁入境比利时访问欧洲议会的计划,而且没有一个欧洲国家同意陈水扁过境。

① 张华:《台湾大事记》,许世铨主编,曹治洲、李国林副主编:《台湾 2003》,第 378 页。克林顿政府时期的国家安全事务助理伯杰在 2004 年 3 月会见中国政府特使戴秉国时表示,听到布什总统说出这样的重话,他感到意外。他还告诉戴,布什的表态不是权宜之计,而是经过美国高层研究后才这样说的,表明他已经认识到台海局势相当危险。戴秉国:《战略对话——戴秉国回忆录》,人民出版社、世界知识出版社 2016 年版,第 68 页。

② 杨立宪、杨志坚主编,郑庆勇副主编:《台湾 2004》,九州出版社 2005 年版,第 433—434 页。

③ *China Daily*, December 31, 2004;修春萍:《2003 年台湾对外活动综述》,许世铨主编,曹治洲、李国林副主编:《台湾 2003》,第 155 页。

④ 《台湾舆论:台当局一意孤行 危险讯号已不断逼近》,华夏经纬网,2003-12-31 00:32:25,http://www.huaxia.com/xw/twxw/2003/12/280225.html。

12月4日,欧盟执委会一致通过针对台湾"公投"的决议,明确表示,欧盟不愿看到台海两岸发生冲突,台湾举行"统独公投"不但对解决两岸问题没有帮助,对区域和平也有威胁,欧盟不能不关切台湾"公投"的进展。①2004年1月27日,法国总统希拉克与到访的胡锦涛主席会晤时明确表示,台湾"改变现状将推进分裂。这将是重大错误,台湾将要对地区稳定负重要责任"。两位领导人会晤后发表的《中法联合声明》强调,"法国政府确认坚持一个中国的一贯立场。法国政府反对包括'公投'在内的旨在改变现状、加剧台海紧张局势和导致'台湾独立'的任何单方面举动。法国政府认为应以建设性对话作为台海两岸关系的基础,和平解决台湾问题,以保证该地区的稳定、繁荣"。②希拉克的表态和《中法联合声明》对民进党当局的杀伤力还是很大的,陈水扁当局恼羞成怒。28日,吕秀莲居然骂希拉克"可耻";29日,陈水扁会见国际青商会世界主席时表示,对希拉克的指控感到"非常痛心和遗憾";台湾地区行政管理机构负责人游锡堃还于同日宣布暂缓对法交流。③

1月30日,美副国务卿阿米蒂奇在结束访华的记者招待会上表示:"就我的理解,公投通常是用来解决非常分歧、非常困难的问题。就我所看到的(台湾)'公投'的文字,似乎既没有很大分歧,也不困难。因此我想,这引发了对'公投'推动者动机的疑问。"④

台湾地区选举前夕,国际社会继续表达对海峡两岸形势的关注。3月4日,在越南下龙湾举行的东盟外长非正式会议上,各国外长一致同意,由东盟常务委员会主席、印度尼西亚外长哈桑代表东盟就台湾问题发表声明,宣布东盟各国外长就台湾问题达成的共识。哈桑向记者宣布,东盟关注当前台海形势进展,强调应避免采取任何可能导致局势恶化的行动,即台湾将举行的"公投"。东盟国家重申坚持一个中国政策。这是东盟第一次就台湾问题发表共同声明。⑤

台湾3月选举临近,中国政府继续努力巩固国际社会关于一个中国的共识。

---

① 修春萍:《2003年台湾对外活动综述》,许世铨主编,曹治洲、李国林副主编:《台湾2003》,第155—156页。

② 《胡锦涛欧非行使中国在台湾问题上赢得广泛支持》,2004年2月4日,http://news.sohu.com/2004/02/05/45/news218924598.shtml;《中法联合声明》,2004年1月27日,http://news.sohu.com/2004/01/27/58/news218785896.shtml。

③ 《扁痛批希拉克,台法升高紧张》,《联合报》2004年1月30日;《台湾大事记》,杨立宪、杨志坚主编,郑庆勇副主编:《台湾2004》,第334页。

④ "U.S. Opposes Unilateral Action That Might Change Taiwan Situation", 2004年1月30日, *Washington File*, February 2, 2004, p.5.

⑤ 《东盟就台湾问题发表主席声明》,2004年3月5日,http://news.xinhuanet.com/world/2004-03/05/content_1347925.htm。

3月5日至18日，戴秉国副外长作为中国政府特使出访美、德、法、日、俄五国，向这些国家政府阐述中国政府对台湾的政策，与之进行沟通。出访期间，五国政府都表示不支持台湾举行所谓"公投"，并以各种方式发出了反对"台独"的声音。在美国，戴秉国在3月8日会见助理国务卿凯利时坦率地说："陈水扁的分裂活动在不断升级，'台独'已经成为我们面临的现实威胁。希望你们能够在布什总统讲话的基础上再往前走一步，在反'公投'、反'台独'问题上发出更明确的声音。总之，美方不能再向'台独'势力发出模糊甚至错误的信号了，必须坚决阻断通向'台独'的道路。"9日上午，戴秉国会见鲍威尔，明确指出，近来有些美国官员背离总统讲话的原意，在对外表态时塞进自己的意见，向台湾发出错误信号，美方应认真维护总统表态，不要有杂音。鲍威尔表示，如果有这样的表态，这不代表美国政府的立场。他承诺将向台湾当局重申美国政府的立场，防止任何人产生幻想。9日下午，戴秉国会见阿米蒂奇。阿米蒂奇明确表示："我请你带回去的信息是，美方将会采取克制态度，不会在'3·20'前后搅浑水，不会随意解释总统的表态。"戴秉国还会见国家安全事务助理赖斯、国会领袖和前政府官员。鲍威尔、阿米蒂奇、赖斯后来都作了积极的公开表态。①

结束访美后，戴秉国转赴德国。3月11日，德国总理施罗德在会见他时保证，德国坚定执行一个中国政策，反对包括"公投"在内的任何加剧台海地区紧张局势的举动，并承诺在台湾"大选"后德方将不发贺电，不派人参加"就职"典礼。3月12日，德国政府发言人对台湾问题发表声明，公布上述表态内容。施罗德总理还强调，希望台海两岸的所有问题均通过和平途径解决。②

3月13日，访问法国的戴秉国会见希拉克总统。希拉克一再强调，法国在台湾问题和台方搞"公投"问题上采取的明确立场不会改变。他说，世界上只有一个中国，台湾问题是历史原因造成的。法国一直支持"一国两制"，这一立场没有理由改变。台湾搞"公投"只能加剧紧张，不利于局势的稳定。③

在日本，戴秉国会见川口顺子外相、福田康夫官房长官和小泉纯一郎首相。戴秉国对日方在2003年12月29日就台湾当局"公投"所作的表态表示赞赏，希望日方坚定不移地坚持这一政策。日方表示重视中方在台湾问题上的关切，日本不会呼应"台独"，将密切关注事态发展，及时考虑作出必要反应。④

3月16日至19日，戴秉国访问俄罗斯，会见国家安全秘书伊凡诺夫、新任外长拉夫罗夫。俄方在会晤中强调，俄一贯奉行一个中国的政策，支持中国维护

---

① 戴秉国：《战略对话》，第68—85页。
② 同上书，第87页。
③ 同上书，第88—89页。
④ 同上书，第89—93页。

国家主权和领土完整,坚决反对台湾当局搞任何形式的"台独"和"公投"。俄方认为,台"公投"是旨在加剧台海紧张局势的挑衅行为,是完全错误的。俄对台湾问题的一贯立场已写入《俄中睦邻友好合作条约》,普京总统与胡锦涛主席3月15日通话时也重申了这一立场。今后,俄将继续坚定不移地贯彻这一政策。①

戴秉国的五国之行进一步向各国阐明了中国在台湾问题上的立场,也进一步探明了各国的基本态度,帮助在国际上营造了一种气候,并带动了其他国家,对"台独"形成牵制,迫使陈水扁有所收敛。

就在台湾地区选举前一天,3月19日,发生了神秘的"枪击案",陈水扁、吕秀莲在台南扫街拜票时遭到枪击,给本来就白热化的选战更增添了一层扑朔迷离的色彩。第二天,陈、吕得票647.197 0万张,连、宋得票644.245 2万张,陈、吕以0.22%的微弱多数获胜,但陈水扁执意要搞的两个"公投"议题投票率分别为45.17%和45.12%,均未过半,"公投"无效。"泛蓝"随即提出"选举无效"和"当选无效",并要求重新验票,台湾的选举进入一场旷日持久的司法诉讼。美国务院对选举结果表示中立,发表声明称,"恭喜台湾人民完成选举程序",但故意没有提陈、吕的名字,并希望双方的支持者都会保持冷静,使用已建立的合法机制,解决选举结果所产生的疑问。②

3月26日,台湾"选举委员会"不顾国、亲两党的强烈抗议,发布公报,宣布陈水扁当选。白宫随即发表声明,一方面对陈水扁表示祝贺,一方面指出,选举结果正面临法律诉讼,仍然悬而未决。声明还重申了美国的一个中国政策,并称:"维护台湾海峡的和平与稳定和台湾人民的福祉对美国始终具有极其重要的意义。……为了建立台海和平与安定的坚实基础,台湾和北京有责任通过一切可能途径进行对话,并避免片面采取可能改变台湾地位的行动。"③这个声明从字面上说是不偏不倚的,但拿这个电文与四年前的贺电相比,差别是明显的。第一,四年前的贺电由克林顿总统署名,而此次是白宫新闻秘书的一个声明,美国政府重视程度的降低是很明显的;第二,它既表示了祝贺,又承认结果是有争议的,这大概就是为什么此次仅称"陈先生";第三,电文强调了两岸"透过一切可能途径进行对话",而这一点恰恰是布什当政之初所忽视的;第四,声明丝毫未提陈水扁的搭档吕秀莲,和四年前的声明大不相同,实在是让吕相当难堪的事情。所

---

① 中华人民共和国驻俄罗斯大使馆:《中国政府特使戴秉国访俄》,http://ru.china-embassy.org/chn/xwdt/t80091.htm.

② 樊冬宁、陈依秋:《美国务院贺电恭贺"台湾人民",未提当选人扁吕名字》,2004年3月21日,http://www.ettoday.com/2004/03/21/168-1604581.htm.

③ "White House Statement on Taiwan Election", March 26, 2004. http://international.ucla.edu/institute/article/9462.在台湾选举后CNN举行的一次民调中,近8万名网民有62%的人认为,此次选举不公正,只有38%的人认为选举是公正的。《香港商报》2004年3月26日.

有这些都逃不过台湾媒体的睽睽众目。①

但就在白宫发表声明之前,夏馨抢先给台湾"驻美代表"程建人打了热情洋溢的电话表示祝贺。正迫不及待地等待美国贺电的程建人把夏馨的电话记录下来,又拿给夏馨签字。不知深浅的夏馨居然照办。程建人如获至宝,立即发回台湾。台湾当局好不容易盼来了这份电报,立即把它公之于众。夏馨事先既未请示国务院,又抢了白宫的先,而且与白宫的谨慎调子很不一样,国务院和白宫对她这一无组织无纪律的行为十分不满。夏馨被迫在 4 月 7 日提出辞职,成为任职时间最短的"美国在台协会"理事主席。她的职务暂由副理事主席施蓝旗代理。

美国国会是美国社会多元化的缩影,对于台湾的选举和"公投"也是这样。一些台湾的坚定支持者密切注视着事态发展,批评布什政府过于谨慎的表态,他们认为美国应当强烈支持通过民主选举产生的民进党当局,否则有违美国的价值观和美国所支持的民主原则。众议员彼得·德希、达纳·罗拉巴克尔还在 3 月 11 日纠集一些志同道合者写信,表示他们对"台湾人民行使民主权利"的支持。但国会中多数人比较认同行政当局的谨慎态度,他们认为这对抑制台湾当前相互对抗的两派是很有必要的,台湾当前的事态风险很大,可能危及地区稳定和美国的安全利益。②在白宫的影响下,国会参众两院领袖在台湾选举前都比较低调,避免采取可能影响台湾选情的举措。

2004 年 4 月 21 日,众议院国际关系委员会举行纪念"与台湾关系法"25 周年听证会,助理国务卿凯利出席作证。虽然布什政府任内总统、政府高官和发言人多次表态阐明美国对台湾政策,但很多表态仅仅是三言两语,或者仅仅就当时最突出、最紧要问题简单阐明立场。凯利的证词是对布什政府对台湾政策的比较完整、全面的阐述。证词总的调子仍然是反对单方面改变现状。其中有几点特别值得注意。第一,证词强调台海地区的现状要由美国来定义,实际上,美国与中国关于现状的定义是有差别的,台湾当局也有自己的说法。凯利的说法是一种霸道行为。但他这里主要是针对陈水扁的"一边一国"论说的,是对"一边一国"论的一种否定。第二,证词说,中国政府不放弃对台湾使用武力,如果台湾宣布"独立",中国将采取军事行动。虽然美国对此持有强烈异议,"但我们和台湾领导人如果把这些声明看作虚声恫吓那是不负责任的","我们敦促台湾人民也同样严肃地看待这些声明"。他还进一步说:"在我们看来,任何单方面走向'独

---

① 《台报认为美国对台政策预留进退空间》,2004 年 3 月 28 日,http://www.cetin.net.cn/cetin2/servlet/cetin/action/HtmlDocumentAction?baseid=1&docno=136044。

② Kerry Dumbaugh, *Taiwan in 2004 : Elections, Referenda, and Other Democratic Challenges* (CRS Report for Congress), May 12, 2004, p.6.

立'不会使台湾得到比它现在已经享有的自由、自治、繁荣和安全更多的东西",而大陆方面的反应"将可能摧毁许多台湾已经建立起来的东西"。证词并要求陈水扁"实施负责任的、民主的和克制的领导,这是保证台湾的和平和繁荣的未来所必须的"。这段话十分重要。二十多年来,还没有一位美国高官这样警告过台湾地区领导人。把这段话翻译得更直白一些就是,如果台湾地区领导人和民众要和平、要繁荣,那就不要搞"台独";要搞"台独",就会失去和平,失去繁荣。第三,证词一再强调美国的"安全利益",说:美国将"明确地和直白地表示意见,如果我们感觉(台湾的)这种努力将对美国的安全利益带来潜在的负面影响,或者可能破坏台湾自身的安全利益。如果要美国支持,那么台湾的'修改宪法'就应该是有限度的。如果我们不知道限度何在,我们将不会予以支持。总统关于反对单方面改变现状的表态将在与台湾关于政治演进的对话中予以加强"。这段话是明显地针对陈水扁关于2006年"制宪"(后改为"修宪")的时间表的。他明白地告诉台湾当局,美国有自己的利益,如果台湾当局为了自己的利益而损害了美国的利益,它要自担后果,美国不会不加区分地为台湾的一切不负责任的行为背书,美国的支持是有条件的,有限度的。第四,证言积极地鼓励两岸进行对话。并且明白告诫台湾当局不要把美国的支持解释为抵抗两岸对话的"空白支票"。①

2003年12月9日布什在会晤温家宝总理时的表态是美国对台湾政策又一次调整的标志。从那时起,布什政府对台湾政策的重点就是维护台海地区的现状,反对法理"台独"。美国政府官员的多次讲话、表态对此予以阐述、强化,而凯利的全面解读对这种调整作出了清楚的说明。

2004年4月29日,阿米蒂奇在接受凤凰卫视采访时表示,"希望陈水扁就职演说重提'四不一没有'承诺"。对此,台湾当局领导人幕僚机构公共事务室主任黄志芳30日回应称,陈水扁已经说过很多次,不可能四年前说一套,四年后又做一套。②

在大陆、岛内、美国和国际社会的共同压力下,陈水扁在5月20日第二任期的"就职演说"中又言不由衷作了一些保证,诸如"涉及国家主权、领土及'统独'的议题,目前在台湾社会尚未形成绝大多数的共识,所以个人明确的建议这些议题不宜在此次'宪改'的范围之内",又称,"四年前的承诺,未来四年不变"。尽管如此,陈水扁讲话的主旨却是在鼓吹"宪政改造工程",并称要在2008年他卸任之前,"交给台湾人民……一部合时、合身、合用的'新宪法'"。这是他"对历史的

① "Kelly Says Taiwan Relations Act Key to West Pacific Stability", *Washington File*, April 22, pp.5—12.

② 润木:《2004年台湾大事记》,杨立宪、杨志坚主编,郑庆勇副主编:《台湾2004》,第346页。

责任,也是对人民的承诺"。他还不断地强调,"'中华民国'在台澎金马存在、台湾在国际社会存在的事实,不容许任何人以任何理由加以否定",突出他"两个中国"的立场。①此后,陈水扁朝着"台独"的方向越走越远,话也说得越来越露骨,如在"双十节国庆讲话"以及"国安会高层会议讲话"(11 月 10 日)中,他一再声称,"台湾是一个'主权独立'的'国家','主权'属于 2 300 万人民",还直接将"中华民国"与台湾画上等号,不断宣称"'中华民国'就是台湾,台湾就是'中华民国'",力图打造一个在"主权、人民、国号、领土以及行政组织架构"等方面与中国完全脱节的"台湾国"。②对此,中国政府一方面对台湾当局的"独立"言词和举动进行揭露和批判,一方面提醒美国认清台湾当局的图谋,不要发出任何错误的信号。

布什政府继续在不同场合表态"不支持'台独'",警示陈水扁不要制造事端危及台湾稳定。10 月 25 日,鲍威尔在访华时接受香港凤凰卫视记者采访时说:"只有一个中国。台湾不是独立的,不享有作为一个国家的主权。这仍然是我们的政策,我们坚定的政策","我们的一个中国政策不会改变,总统已经在许多场合加以确认。台湾'独立运动'或者那些鼓吹'台独'运动的人不会在美国找到支持","我再次重申:我们不支持台湾的'独立运动'"。鲍威尔还说:"双方都要表现克制,不采取任何单方面的行为,希望两岸寻求改善海峡两岸的对话的方式,朝着我们看见和平统一的那一天前进。"③

鲍威尔的讲话引起中方的注意。第一,它明确地指出了台湾不是独立的,不享有主权,这就从根本上否定了"台独"在国际上获得认可的可能性;第二,美国历届政府很少用"和平统一"这个说法,但鲍威尔用了,中方显然捕捉到了这个差别。11 月底 12 月初,戴秉国再次作为特使访问美国。11 月 29 日下午他在会见阿米蒂奇时提到鲍威尔的讲话,并问起,能否在更高层次上,以更权威的方式加以表述? 阿米蒂奇说,美方暂时就准备说到这个程度。④

正在戴秉国访美期间,国安会亚洲事务高级主任格林向美大司司长何亚非

---

① 《陈水扁发表"5·20 就职演说"》,《台湾 2004》,第 485 页。

② 曾润梅:《2004 年台湾政局发展述评》,《台湾 2004》,第 30 页。其实,对于台湾"独立",一些民进党大佬心里明白,这是可望不可即的。在 2005 年 1 月谢长廷接任行政管理机构负责人时,"美国在台协会"驻台北办事处主任包道格去见他,他说:"独立像一个遥远的月亮,我们可以伸出双手来对她仰望,但是我们的手臂永远到不了那里。"包道格:《反思我在台湾的时光》,2006 年 7 月 13 日,http://www.boston320.org/articles/06-8-01-DouglasPaalSpeech.htm。

③ U.S. Department of State, "Interview with Anthony Yuen of Phoenix TV", Secretary Colin Powell, China World Hotel, Beijing, October 25, 2004. http://www.ndu.edu/archivepdf/china/State/37361.pdf.

④ 戴秉国:《战略对话》,第 101 页。鲍威尔后来对他使用"统一"一词解释说,他的意思就是"解决"(Resolution)。不知道鲍威尔是一时口误,还是故意说错。See Chi Wang, *George W. Bush and China. Politics, Problems, and Partnership* (Lexington Books, 2009), p.36.

透露,布什政府将在圣诞节前启动通知国会对台新军售的程序。于是阻止美国对台的新军售就成为戴秉国此次访问的重要目的。戴秉国会见了诸多布什政府高官和老布什总统,一再强调美国对台售武问题的严重性,中方的立场引起了布什政府的注意,拟议中的对台售武计划也被推迟。

阿米蒂奇 12 月 20 日接受美国公共广播电视台(PBS)采访时表示,台湾问题是美中关系中最大的"地雷"。根据"与台湾关系法",美国应该在太平洋地区保持足够的军事威慑力,以避免发生不幸事件,但美国没有义务保卫台湾。"事实上,这是美国国会的事,宣战权在国会。"①

在近年中美两国领导人的多次会晤中,台湾问题一直是优先的重要议题。2004 年 11 月 20 日胡锦涛主席在智利圣地亚哥出席 APEC 峰会时会晤布什总统,讲到台湾问题时说:

> 当前台海局势复杂敏感。台湾当局仍然顽固坚持台湾是一个"主权国家"的分裂立场,拒不承认体现一个中国原则的"九二共识",正谋求通过所谓"宪政改造"搞"法理台独",企图把台湾从中国分割出去。维护国家的主权和领土完整,是中国的核心利益。中国政府一贯坚持"和平统一、一国两制"的基本方针,愿尽一切努力争取以和平方式解决台湾问题,实现祖国的完全统一。但我们绝不容许"台独",绝不允许任何人把台湾从中国分割出去……"台独"将断送台海和平,并将严重破坏亚太地区的稳定和繁荣。中美双方都应站在这个战略高度来认识"台独"的危害,共同遏制"台独"势力的分裂活动……希望美方切实履行上述承诺,不向"台独"势力发出任何错误信号。

布什回应说,美方理解台湾问题的敏感性,美国坚持一个中国政策,遵守三个联合公报,不支持单方面改变台湾现状和宣布"独立"的言行,不会向台湾当局发出不一致的信号。②

2005 年 11 月,布什对中国进行第二次国事访问,两国领导人举行会谈。在谈到台湾问题时,胡锦涛强调,保持台海地区和平与稳定,致力于实现和平统一,是我们对台政策的主旨。中方高度赞赏美方多次重申坚持一个中国政策、遵守中美三个联合公报、反对"台独"。中美共同反对和遏制"台独"分裂势力及其活动,维护台海地区的和平稳定,符合双方的共同利益。布什表示,美方坚持一个

① 《美国副国务卿阿米蒂奇称美国没有义务保卫台湾》,2004 年 12 月 23 日,http://www.people.com.cn/GB/guoji/1029/3075149.html。
② 《胡锦涛主席出席亚太经合组织领导人非正式会议并讲话》,2004 年 11 月 21 日,http://www.fmprc.gov.cn/ce/cohk/chn/zt/2004zt/APEC2004/t171109.htm。

中国政策,反对"台独",反对单方面改变台海现状。①

2005 年 3 月 4 日,胡锦涛在全国政协会议期间作了四点重要讲话,提出,坚持一个中国原则决不动摇,争取和平统一的努力决不放弃,贯彻寄希望于台湾人民的方针决不改变,反对"台独"分裂活动决不妥协,更加完整、准确地阐述了新一代领导人的台湾政策。②3 月 14 日,第十届全国人大第三次会议通过《反分裂国家法》,把全国人民实现祖国统一的坚定意志和强烈愿望以法律的形式确定下来。这部法律开宗明义地说,制定本法的宗旨是"为了反对和遏制'台独'分裂势力分裂国家,促进祖国和平统一,维护台湾海峡地区和平稳定,维护国家主权和领土完整"。其中第八条规定:

> "台独"分裂势力以任何名义、任何方式造成台湾从中国分裂出去的事实,或者发生将会导致台湾从中国分裂出去的重大事变,或者和平统一的可能性完全丧失,国家得采取非和平方式及其他必要措施,捍卫国家主权和领土完整。

温家宝在十届全国人大三次会议结束时的记者会上阐述这部法律说,这不是针对台湾人民的法律,而是反对和遏制"台独"势力的法律;不是一部战争的法律,而是和平统一国家的法律;不是一部改变两岸同属一个中国现状的法律,而是有利于台海地区和平和稳定的法律。③

《反分裂国家法》对"台独"分裂势力无疑是一个极大的震慑,也打到了他们的痛处,当天,台湾陆委会就发表声明,称"'中华民国''主权'属于 2 300 万台湾人民,绝不容许大陆假借任何手段进行侵犯"。④陈水扁恼怒地说:"两千多位中国人大委员不能表决两千三百万台湾人民的命运","台湾前途任何的改变,只有两千三百万台湾人民才有权决定",⑤并继续鼓吹他的"台独"理论加以对抗:"1949 年前,中华民国在大陆;1949 年后,'中华民国'到台湾;李登辉时代,'中华民国'在台湾;2000 年政党轮替后,'中华民国'是台湾。"⑥3 月 26 日,"绿营"还策动了一次较大的游行。

---

① 《胡锦涛与布什会谈,就发展中美关系提出五点建议》,2005 年 11 月 20 日,http://www.chinanews.com/news/2005/2005-11-20/8/654110.shtml。

② 《胡锦涛就新形势下发展两岸关系提出了四点意见》,2005 年 3 月 4 日,http://news.xinhuanet.com/politics/2009-03/04/content_10882496.htm。

③ 温家宝:《解决台湾问题纯属中国内政,不容外国干涉》,2005 年 3 月 14 日,http://news.xinhuanet.com/taiwan/2005-03/14/content_2695373.htm。

④ 陈文寿主编:《台湾研究论文精选·两岸关系大事记》,台海出版社 2006 年版,第 513 页。

⑤ 《台湾对大陆有关政策与规定》,许世铨、余克礼主编,杨立宪、杨志坚、李国林副主编:《台湾 2005》,九州出版社 2006 年版,第 477—479 页。

⑥ 《陈水扁抛四阶段演进论,声称"中华民国"是台湾》,2005 年 8 月 2 日,台湾网,http://news.163.com/05/0802/15/1Q5L82900001124U.html。

　　中国的《反分裂国家法》不是美方愿意看到的,但布什政府的反应比较克制。美国众议院通过了一项决议,对《反分裂国家法》说三道四,要布什政府"严重关注事态",但参议院没有发声。布什政府有的官员对中国表示了关切,说:"在当前还有可能和平解决两岸关系中的突出问题的环境下通过这部法律可能是适得其反的,没有帮助的",①但也没有说更多,而且新任国务卿康多莉扎·赖斯仍然按照原计划于3月20日访问了中国。在会晤中国领导人胡锦涛、温家宝时,赖斯强调:"美国继续把中国当作可信赖的良好伙伴,我们可以应对在亚太地区和世界各地影响我们的许多问题,把握许多机会。"②4月14日,新任中国驻美大使周文重会见赖斯时,赖斯说,美方了解台湾问题的敏感性,无意改变在台湾问题上的立场,美方已向中方谈过对中方的《反分裂国家法》的看法,现中方已通过此法,这件事过去了。③4月6日,助理国务卿帮办薛瑞福在众议院国际关系委员会作证时也说,虽然布什政府不赞成中国的《反分裂国家法》,"但我们不认为需要改变我们对台湾问题的态度"。④

　　而陈水扁希望布什政府对中国采取严厉立场,希望布什政府说:这就是单方面改变现状。布什政府的表态离台湾当局的期望甚远。大陆《反分裂国家法》正式成立之前,台湾"绿营"就在策划所谓"反吞并法"。但这一企图遭到大陆、岛内和美方的强烈反对,布什政府表示,不能因为海峡两岸的反应一再反应的不断升级导致台海地区出现新的紧张。⑤

　　2005年4月底5月初,台湾国民党领导人连战、亲民党领导人宋楚瑜先后访问大陆。胡锦涛总书记分别与他们进行了正式会谈。这是国共两党领导人从1945年重庆谈判以来60年后的第一次握手,具有重大的历史意义。在胡锦涛与连战会谈的新闻公报中指出:

　　　　两党共同体认到:

　　　　——坚持"九二共识",反对"台独",谋求台海和平稳定,促进两岸
　　关系发展,维护两岸同胞利益,是两党的共同主张。

　　　　——和平与发展是二十一世纪的潮流,两岸关系和平发展符合两
　　岸同胞的共同利益,也符合亚太地区和世界的利益。两党基于上述体

---

① "U.S. Expresses Concern on China's Anti-Secession Legislation", March 9, 2005, *Washington File*, March 10, 2005, p.2.
② "Rice, Chinese Leaders Stress Constructive, Growing Relationship", March 21, 2005, *Washington File*, March 22, 2005, p.3.
③ 周文重:《出使美国,2005—2010》,第186页。
④ "Statement of Randy G.Schriver at the House International Relations Committee Hearing on PRC Anti-Secession Legislation", April 6, 2005, *Washington File*, April 7, 2005, p.6.
⑤ 对国安会亚洲事务高级主任韦德宁的访谈,2005年8月11日。

认，共同促进以下工作：

一、促进尽速恢复两岸谈判，共谋两岸人民福祉；

二、促进终止敌对状态，达成和平协议；

三、促进两岸经济全面交流，建立两岸经济合作机制；

四、促进协商台湾民众关心的参与国际活动的问题；

五、建立党对党定期沟通平台。①

这次会晤和新闻公报的发表具有重大历史意义。这是国共两党领导人在台湾出现极为复杂的形势下，在民进党当局极力推动"法理台独"的情况下的一次会晤。它表明了国共两党共同坚持一个中国原则，坚持"九二共识"，反对"台独"的坚定立场，表明了两党共同推动两岸关系和平发展的强烈意愿。在民进党当权的情况下，这些愿景的实现是有困难的，但它反映的是两岸人民的共同愿望，对两岸关系的未来具有指导意义。

美方包括白宫、国务院与国安会都非常关心连战和平之旅的内涵。布什总统在美东时间5日通过中国国民党"驻美代表"袁健生，向国民党主席连战大陆行表达正面评价，认为连战的访问是一次历史性访问。美国官方希望在连战返台后，能提供第一手资料供美方参考。国民党在3日访问团回台后，随即整理相关资料，包括"胡连会"五点和平愿景公报、会谈内容、国民党对"九二共识"与"国家定位"的立场、农产品销售大陆等议题，传真给袁健生，向美国政府转达。布什政府对此表示感谢。②同时，"美国在台协会"台北办事处主任包道格也亲赴国民党中央党部会晤连战，当面了解他访问大陆的具体情况。

2005年9月13日，赴美出席庆祝联合国成立60周年首脑会议的胡锦涛主席在纽约会晤布什总统时再次强调：为了确保中美关系健康稳定发展，必须妥善处理台湾问题。我们愿以最大的诚意、尽最大的努力争取和平统一的前景，但绝不容忍"台独"。我们一直在努力推动两岸早日恢复谈判。只要台湾当局承认一个中国原则，谈判马上就可以恢复，而且什么问题都可以谈。胡锦涛赞赏布什和美国政府多次重申坚持一个中国政策、遵守中美三个联合公报、反对"台独"。希望美方理解和支持中方为改善两岸关系、维护台海和平稳定所作的积极努力，坚持反对"台独"，停止售台先进武器，确保中美关系健康稳定发展。布什说，美中关系对美国是非常重要的双边关系，他本人和美国政府都高度重视美中关系，愿加强同中方在各领域的磋商和合作。关于台湾问题，布什说，美方理解这一问题

① 《中国共产党总书记胡锦涛与中国国民党主席连战会谈新闻公报》，2005年4月29日，许世铨、余克礼主编，杨立宪、杨志坚、李国林副主编：《台湾2005》，第366—368页。

② 《布什肯定连战访问大陆行，称是"历史性"的访问》，http://club.qzwb.com/club/gb/content/2005-05/07/content_1634501.htm。

的高度敏感性,美方坚持一个中国政策的立场不会改变。①

第三节 反对"入联公投"

2005 年 12 月 3 日,台湾举行"三合一"(县市长、县市议员、乡镇市长)选举。这基本是国民党和民进党的对决战。选举结果,在总共 23 席县市长中(这是最受关注的),国民党由原来 8 席升至 14 席,席次过半,民进党则由原来的 10 席下降为 6 席,亲民党 1 席,新党 1 席,无党籍 1 席。原来由民进党执政的台北县、彰化县、南投县、宜兰县、嘉义市都由绿变蓝。在县市议员和乡镇市长方面,国民党都获得过半多数。用一些美国学者的话说,这是民进党"滑坡式的大败"。陈水扁的权力基础受到严重削弱,个人声望跌到谷底。2006 年的一系列"反贪倒扁"运动更加剧了陈水扁的权力危机,使其陷入更严重的"执政"困境。为了摆脱危机,陈水扁频频向"深绿"势力交心,加紧了"法理独立"的步伐。1 月 29 日,陈水扁在春节讲话中提出所谓"三大诉求",一是"思考要废除'国统会'及'国统纲领'",二是"今年内将'台湾新宪法'定稿,明年举办'新宪公投'";三是希望以台湾为名称"申请加入联合国"。②再次给岛内外和国际上一个强烈"意外"。

陈水扁此言一出,立即引起岛内外的强烈反应。30 日,国民党中央政策会副执行长张荣恭批评说,陈水扁主张"废除'国统会'的意图,是走向全面否定'四不一没有',以及'急独导致急统'的开始"。国民党主席马英九也警告说,陈水扁应该"踩刹车",若"违反'四不一没有'承诺,可能会遇到不测风险,陈水扁要为春

① 《国家主席胡锦涛同美国总统布什会晤》,2005 年 9 月 14 日,http://news.xinhuanet.com/world/2005-09/14/content_3488880.htm;George W. Bush, "Remarks Prior to Discussions With President Hu Jintao of China in New York City," September 13, 2005. Online by Gerhard Peters and John T.Woolley, *The American Presidency Project*, http://www.presidency.ucsb.edu/ws/?pid=73774.

② 张华:《台湾大事记》,许世铨、余克礼主编,杨立宪、杨志坚、郑庆勇副主编:《台湾 2006》,九州出版社 2007 年版,第 313—314 页。"国统会"全名为"国家统一委员会",成立于 1990 年 10 月 7 日,任务是"研究并咨询有关国家统一之大政方针",由台湾地区领导人担任主任委员。目的在于"主导两岸关系的发展",力促中国统一。1991 年 2 月 23 日"国统会"第三次会议通过"国家统一纲领"(简称"国统纲领"),以作为台湾当局关于大陆政策的最高指导原则,并于同年 3 月 14 日获行政管理机构第 2223 次会议通过。"国统纲领"载明:"大陆与台湾均是中国的领土,促成国家的统一,应是中国人共同的责任。""国统纲领"明确规定,分近程、中程、远程三阶段目标实现两岸统一。其中,"近程"以交流互惠为主要内容,"中程"以互信合作为主要内容,"远程"则致力于协商统一。这个文件反映了 20 世纪 90 年代初台湾关于一个中国的共识。

节谈话负全责"。①布什政府也向陈水扁表明,美国反对台湾当局采取步骤加剧紧张或改变现状,而且持续向台北说明这一点。②

30 日,美国国务院立即发布了一个对台湾政策声明:

美国与台湾的非官方关系是以我们的一个中国政策、"与台湾关系法"以及美中之间的三个联合公报为指导的。我们长期以来旨在促进地区和平、稳定和繁荣的政策没有变化。

美国不支持台湾"独立",反对台湾和北京任何一方单方面改变现状。我们支持有利于达成台湾海峡两岸人民都接受的和平解决两岸分歧的对话。

美国继续敦促北京和台北建立实质性的两岸对话,为两岸人民造福。我们支持两岸交通和通信的发展,以利于增进两岸的政治、经济、社会和文化交流,以促进两岸的彼此了解,减少沟通失误和误解。③

2 月 2 日,国务院东亚事务资深顾问祁锦慕在国会作证时强调,"美国的政策没有改变","美国不希望再发生任何意外",并要求"台北信守以往对美国的所有保证"。④2 月中旬,国安会亚洲事务高级主任韦德宁和国务院台湾事务协调科科长夏千福访问台湾,与陈水扁进行了长时间的会谈,要求陈放弃"废统"。⑤在美国的压力下,陈迫不得已修改了措辞,不再使用"废除",而改为"'国统会'终止运作","'国统纲领'终止适用"的说法。这次访问是不公开的,但现代社会中没有多少事情真的可以保守住秘密。在 2 月 22 日的新闻发布会上,记者刨根问底地追问这次访问,国务院副发言人艾瑞里就是不肯证实。但他也一再谈到,"我们对台湾官员清楚阐明了我们长期以来的对两岸关系的政策。我们反对任何一方单方面改变现状,我们相信,北京与台北之间的直接对话是解决两岸关系问题的最佳途径。这是我们继续对台湾官员发出的信息。""我们反对任何一方可能提升紧张或改变现状的举措,这对过去的问题和现在的争议都是适用的。"⑥

2 月 27 日,陈水扁召开"国安会议"作出决议:"国家统一委员会"终止运作,不再编列预算,原负责业务人员归建;"'国统纲领'终止适用",并依程序送交行

---

① 张华:《台湾大事记》,许世铨、余克礼主编,杨立宪、杨志坚、郑庆勇副主编:《台湾 2006》,第 314 页。

② 对国安会亚洲事务高级主任韦德宁的访谈,2006 年 3 月 16 日。

③ The Department of State of the United States, "U.S.-Taiwan Policy", http://www.state.gov./r/pa/prs/ps/2006/60047.htm.

④ 张华:《2006 年台湾大事记》,许世铨、余克礼主编,杨立宪、杨志坚、郑庆勇副主编:《台湾 2006》,第 314 页。

⑤ Alan Romberg, "The Taiwan Tangle", *China Leadership Monitor*, No.18(Summer 2006), Note 33. http://media.hoover.org/sites/default/files/documents/clm18_ar.pdf.

⑥ "State Department Briefing", February 22, 2006, *Washington File*, February 23, 2006, p.9.

政管理机构查照。会后,陈水扁又举行记者会辩解说:"台湾无意改变现状,也坚决反对以任何非和平手段造成此一现状之改变","废统""不涉及现状之改变,而是基于主权在民之民主原则",云云。①颠三倒四,自相矛盾,逻辑混乱,语无伦次。当日,国务院和白宫都发表了声明,国务院副发言人艾瑞里在新闻发布会上说:"我们的理解是陈水扁没有废除'国统会',他重申了对维持现状的承诺。我们非常看重这一承诺,我们将细心关注后续行动。"一个记者敏感地问道:陈水扁只是玩弄辞藻……他是否要为对"国统会"和"国统纲领"所采取的行为付出代价? 发言人又回避了这个问题,说:我不知道这[付出代价]是什么意思。②但这个"不知道"的问题马上就揭晓了。

2月28日,中共中央台湾工作办公室、国务院台湾事务办公室受权就陈水扁终止"国统会"运作和"国统纲领"适用发表声明,指出:"他虽然未敢使用蓄谋已久的'废除'一词,而改用'终止',但这不过是玩弄文字游戏,以此欺骗台湾民众和国际舆论。"并强调,"当前陈水扁通过'宪改'进行'台湾法理独立'活动的冒险性、危险性继续上升,一旦得逞,势必造成两岸关系高度紧张,严重威胁台海地区乃至亚太地区的和平与稳定",坚决反对和制止陈水扁的这种活动,"是当前我们最重要、最紧迫的任务"。③为了向布什政府更清晰表达中方的关切,9月中旬中台办、国台办主任陈云林率团访美,与美国安会和国务院高官进行沟通。

陈水扁本来把"废除"改为"终止"只是为了糊弄美国,多少给布什政府一点面子。国务院和白宫发言人在记者招待会上基本采取息事宁人的态度,希望事情就此收场。但民进党当局却偏偏不肯。得意忘形的台湾当局领导人幕僚机构秘书长陈唐山和"国安会"秘书长邱义仁硬要把那层窗户纸捅破,公开表示,"废除"与"终止运作、终止存在"没有什么区别,这就又打了布什政府一记耳光。3月2日,艾瑞里就"终统"问题发表声明,"希望台湾当局公开纠正上述说法,毫不含糊地确认其所作相关承诺依然有效"。声明还罕见地对陈水扁直呼其名,连个"先生"的称谓都没有,于外事惯例不合,布什政府的愤怒之情溢于言表。声明明确指出,"废除一项承诺就是改变现状",台湾信守承诺对于维持现状至关重要。声明并在国务院网站上公开发表。④

不仅布什政府,一些国会议员也表明了立场。参议院军事委员会主席沃纳发表声明说:如果冲突"仅仅是由于台湾选举产生的官员的不当行为和错误政治所产

① 徐博东、郭庆全编著:《近十年来民进党大陆政策大事记(2000.1—2010.12)》,第143—144页。

② Alan Romberg, "The Taiwan Tangle", *China Leadership Monitor*, No. 18 (Spring 2006), http://media.hoover.org/sites/default/files/documents/clm18_ar.pdf.

③ 许世铨、余克礼主编,杨立宪、杨志坚、郑庆勇副主编:《台湾2006》,第417—418页。

④ "Senior Taiwan Official's Comments on National Unification Council, State Department Press Statement", March 2, 2006, http://www.state.gov/r/pa/prs/ps/2006/662488.htm.

生的,那么我不全相信,美国要竭尽全力去解救它,如果问题是他们自己制造的"。①

陈水扁认准了"法理台独",要一条道走到黑,他相信布什政府对他也无可奈何。但从2002年8月的"一边一国"论,到后来推出"公投",进而鼓吹"制宪",到悍然"废统",陈水扁一次一次地给布什政府带来"意外",布什政府已经认定陈水扁"不可预测",是"麻烦制造者",双方之间的互信彻底丧失。②但口头上,陈水扁还在继续向布什政府作出保证。3月中旬,"美国在台协会"新任驻台北办事处主任杨苏棣抵台北任职。21日,陈水扁接见他时仍称:他"对美国政府及布什总统的承诺不会改变,台美关系也不可能再发生任何的意外"。③但对陈水扁的"意外"已经一再领教的布什政府自然是不会轻信的。

2006年4月,胡锦涛主席对美国进行国事访问。台湾问题是一个突出问题。20日,布什在白宫南草坪的欢迎仪式上的致辞中就强调了美国的一个中国政策,除了重申"反对单方面改变现状"外,他还"敦促各方避免采取对抗性或挑衅性的行动"。④胡锦涛在致辞中回应道:"我们赞赏布什总统和美国政府多次表示坚持一个中国政策、遵守中美三个联合公报、反对'台独'。台湾是中国领土不可分割的一部分。我们将继续以最大的诚意、尽最大的努力争取两岸和平统一的前景,同台湾同胞一道,促进两岸关系和平发展,但绝不允许任何人以任何方式把台湾从中国分割出去。"⑤在会谈中,双方对中美关系近年来的发展给予高度评价。胡锦涛表示,中美在反对和遏制"台独"、维护台海和平稳定方面有共同战略利益。他强调,中国政府坚持在一个中国原则的基础上维护台海和平稳定,促进两岸关系改善和发展,但也绝不容忍"台独"。布什表示,美国政府在台湾问题上的立场没有变化。美国坚持一个中国政策,理解中方在台湾问题上的关切,不希望看到台湾当局单方面改变台海现状的行动损害美中关系。⑥两位领导人会晤以后,国家安全事

---

① Alan Romberg, "The Taiwan Tangle", *China Leadership Monitor*, No. 18(Spring 2006), http://media.hoover.org/sites/default/files/documents/clm18_ar.pdf.

② 对国安会亚洲事务高级主任韦德宁的访谈,2006年3月16日。

③ 张华:《2006年台湾大事记》,许世铨、余克礼主编,杨立宪、杨志坚、郑庆勇副主编:《台湾2006》,第321页。

④ George W.Bush, "Remarks at a Welcoming Ceremony for President Hu Jintao of China," April 20, 2006. Online by Gerhard Peters and John T.Woolley, *The American Presidency Project*, http://www.presidency.ucsb.edu/ws/?pid=72428.

⑤ 《在白宫欢迎仪式上的致辞(2006年4月20日)》,钟建和编:《全面推进21世纪中美建设性合作关系——胡锦涛主席对美国进行国事访问》,世界知识出版社2007年版,第7页。

⑥ 《胡锦涛主席同布什总统举行会谈》,钟建和编:《全面推进21世纪中美建设性合作关系——胡锦涛主席对美国进行国事访问》,第109—110页;George W.Bush, "Remarks Following a Meeting With President Hu Jintao of China and an Exchange With Reporters", April 20, 2006. Online by Gerhard Peters and John T.Woolley, *The American Presidency Project*, http://www.presidency.ucsb.edu/ws/?pid=72426.

务副助理修扎德和国安会亚洲事务高级主任韦德宁在新闻发布会上又强调,总统在台湾问题上阐述了"清晰和一贯的立场",表达了"非常强烈的看法",得到中国国家主席的赞赏。①

陈水扁却顽固坚持其"台独"立场。在4月25日接受《华尔街日报》专访和两天后《产经新闻》的专访中他依然重弹"一边一国"论的老调,公然对抗中美两国元首的共识。

其时,陈水扁正在计划5月对中南美洲作一次访问。他觉得去程在旧金山过境,回程在纽约过境是最风光的。但美方不允,只许他在火奴鲁鲁和阿拉斯加过境。美台之间进行了激烈的讨价还价,甚至延误了陈水扁的专机。最后陈水扁一气之下不在美国过境,他希望在贝鲁特过境遭拒,后来只好在阿布扎比过境,然后又飞往了阿姆斯特丹,去程花了37个小时,成了一次真正的"迷航之旅"。在归途中他也只好过境利比亚和印度尼西亚。由此也可以看出当时美台关系的紧张程度。此次过境风波后台湾岛内掀起了一场如何在陈水扁当局的最后两年中处理对美关系的辩论。

6月上旬,"美国在台协会"理事主席薄瑞光到访台湾,8日,陈水扁在会见薄瑞光时依然辩白说,他对布什总统和美国的承诺,包括"四不"从2000年"就职演说"以来"没有任何改变","未来的两年也不会改变";"'宪改'不会逾越现行'宪法'修改的程序,目前有关'主权'变更或者'领土'的改变、'国号'的改变等等,都不会去处理"。②美国国务院抓住这个时机,想把它作为陈水扁对"四不"的新承诺敲定下来,于当天发表声明说:"美国十分重视这些保证,这是两岸和平和稳定的基石。"③但很快就清楚了,陈水扁的新保证到底有多少意义。

在9月24日民进党举办的"宪改"研讨会上,陈水扁声称,"现行'宪法'领土范围与现实完全脱节,应认真思考予以必要的处理"。与会者表示,会把陈"变革领土范围"这一"宪改"议题纳入"宪改"版本。④陈的说法引起美方高度警觉,国务院立即对此作出反应。25日,国务院发言人在新闻发布会上根据事先准备好的文本,首先重申了美国不支持台湾"独立"和反对单方面改变现状的立场,接着说:

> 我们非常认真看待……一再表示的不让"宪改"触及领土问题的承诺,包括对领土的定义。履行其承诺是对他领导能力的考验;也是对他是否有能力保卫台湾人民的利益,以及台湾与别国的关系和维护海峡

---

① ③　Alan Romberg, "The Taiwan Tangle", *China Leadership Monitor*, No. 18(Spring 2006). http://media.hoover.org/sites/default/files/documents/clm18_ar.pdf.

②　徐博东、郭庆全编著:《近十年来民进党大陆政策大事记(2000.1—2010.12)》,第148页。

④　同上书,第150页。

和平的考验……我们期待他履行这些承诺。①

对民进党"宪改"的反对既来自美国方面,也来自大陆方面,更主要的还来自台湾岛内。民进党当局很清楚,在"泛蓝"在"立法机构"占据多数的情况下,要在现有法律框架内进行他们所指望的"宪改"会遇到不可逾越的障碍。于是陈水扁寻找了一个"法理台独"的替代品,那就是"以台湾名义加入联合国"以及在 2008 年 3 月进行地区领导人选举的同时举办"入联公投"。9 月 14 日,陈水扁通过越洋视频会议向国际社会表示台湾要"认真思考透过公民投票方式,以台湾名义、新会员身份直接申请加入联合国"。9 月 28 日,陈水扁在民进党 20 周年党庆活动上重弹"一边一国"论的老调,将"以台湾名义加入联合国"、催生"新宪"和追讨国民党党产并列为今后要解决的三大问题。12 月 5 日,陈水扁在会见马绍尔、巴拉圭、洪都拉斯三国驻联合国代表时称,"我们绝对不争一个中国代表权,一个中国就让中华人民共和国去代表,但是中华人民共和国没有权利代表台湾,也没有权利代表 2 300 万台湾人民"。②

美国国会中的亲台势力还在一如既往地力图提升美台关系的层级。他们常用的一个办法是利用每年审议下一年度预算的机会,在国务院授权法或国防部授权法中塞进私货。例如,在 2005 年 5 月众议院审议 2006 年国务院授权法时,竟通过一项修正条款,支持解除台湾高层官员访美限制。③这类修正案理所当然遭到布什政府的反对。

2007 年 4 月 11 日,民进党中常会通过"以台湾名义加入联合国公投连署"活动的连署书。

布什政府对台湾当局的举动保持着警惕。6 月 13 日,薄瑞光访问台湾。陈水扁在会晤他时说,按照美国的"与台湾关系法",美国承认台湾是"主权国家"。薄瑞光立即反驳:我们不支持台湾"独立",我不觉得任何人会认为联合国安理会将通过决议接纳台湾成为联合国的会员,你找不到任何人,会认为台湾可能加入联合国。他还说,无论是联合国或非联合国组织,美国都支持台湾以"专家"或"观察员"身份参与,美国反对台湾被完全排除在国际组织之外,但不支持台湾参加以"主权国家"作为会员身份的国际组织。④陈水扁当然听不进薄瑞光的劝诫。

① Alan Romberg, "Taiwan：All Politics，All the Time", *China Leadership Monitor*，No. 19 (Summer 2006)，http：//media.hoover.org/sites/default/files/documents/clm18_ar.pdf.

② 徐博东、郭庆全编著:《近十年来民进党大陆政策大事记(2000.1—2010.12)》,第 150—152 页。

③ 言恒:《美众议院 2005 年提案支持解除台湾高层访美限制》,2005 年 5 月 27 日,http：//news.ifeng.com/taiwan/5/detail_2013_08/02/28191441_0.shtml.

④ 央视国际:《尹乃菁点评一周时事》,2007 年 6 月 23 日,http：//news.cctv.com/special/C17274/01/20070625/102455.shtml。《扁推"公投",美国协调无效神经绷紧》,2007 年 6 月 20 日,http：//www.huaxia.com/la/mtcz/2007/00639452.html.

他继续把美国作为自己工作的重点,尤其是争取博取美国保守派的同情来从某种程度上抵消布什政府的批评。6月18日陈水扁会见美国著名的保守派智库传统基金会会长福尔纳时辩称,将于"明年大选时一并举行以台湾名义加入联合国的公民投票","以台湾名义加入联合国绝不涉及'国号'变更,也不违背'四不'信诺"。①布什政府立即作出反应。18日晚,国务院一位负责官员的声明敦促陈水扁放弃"入联公投"的念头,遭到台湾外事当局的反对。19日,国务院发言人麦科马克作出了"记录在案"的正式表示:"美国反对任何看起来涉及单方面改变台湾地位的作为,这也包括是否以台湾名义来申请加入联合国的'公投'。尽管这种'公投'对台湾在联合国的地位没有实际影响,却会提升台海的紧张。维护台湾海峡的和平对于台湾人民的利益至关重要,也符合美国的安全利益……我们力劝陈水扁采取行动展现领导,来拒绝这一类'公投'的提议。"②

陈水扁固执己见,与布什政府"对着干"。7月3日,保守的《华盛顿时报》"舆论"版登载了陈水扁的投书《美国的一个中国:两岸关系的掣肘》。他在文章中声称:"台湾是一个'主权独立',且爱好自由与民主的'国家';台湾的'国家主权'属于二千三百万的台湾人民;我们不但不接受'一国两制'的'香港模式',更坚决反对'一国两制'的孪生兄弟、用'各表'去包装'一中'的'九二共识'。因为一旦接受了所谓的'九二共识',就表示放弃了民主台湾的'国家主权'……而台湾若被中国并吞,将严重伤害东亚地区的稳定。此种结果,不但二千三百万台湾人民绝对无法接受,国际社会也不能接受。"7月6日,他又接受《华盛顿邮报》采访,态度蛮横地重申,"入联公投"不违背他提出的"四不",并表示"不知美国反对的原因到底为何"。③7月,陈水扁首次致函联合国秘书长潘基文,申请加入联合国,立即遭到拒绝;8月初,他再次致函联合国,再次被联合国法律事务厅退回。

对于陈水扁的这种挑衅言论和举动,布什政府没有听之任之。8月28日,常务副国务卿内格罗蓬特特别约见香港凤凰卫视记者发表谈话,严词警告说,美国把台湾当局的"入联公投"看作"走向宣布独立,走向改变现状的一个步骤",美国认为举办这次"公投"的想法是"一个错误",强调台湾应该"避免任何挑衅性的步骤"。④几天后,8月31日,国安会亚洲事务高级主任韦德宁在通报布什总统即

---

① 徐博东、郭庆全编著:《近十年来民进党大陆政策大事记(2000.1—2010.12)》,第163页。

② "Daily Press Briefing" by Sean McCormack, Spokesman, Washington, DC, June 19, 2007, https://2001-2009.state.gov/r/pa/prs/dpb/2007/jun/86611.htm; Alan Romberg, "Applying to the UN 'in name of Taiwan'", *China Leadership Monitor*, No.22(Fall 2007), http://media.hoover.org/sites/default/files/documents/CLM22AR.pdf.

③ 徐博东、郭庆全编著:《近十年来民进党大陆政策大事记(2000.1—2010.12)》,第164页。

④ "US opposes Taiwan's UN membership referendum", *China Daily*, August 29, 2007. http://www.chinadaily.com.cn/china/2007-08/29/content_6064371.htm.

将参加亚太经合组织峰会并与胡锦涛主席会面时就台湾问题表示,加入联合国需要以国家为会员身份,台湾此刻在国际社会中都不是个国家。他还说,"美国发现民进党就'入联'推动'公投'的做法有点令人困惑。由于台湾在目前情况下,根本无法加入联合国,只会增加两岸的紧张",推动整个"公投"有何用处?所以美国认为毫无必要。他也说到美国不愿意看到海峡对岸大量军事力量的集结。①

9月6日,胡锦涛主席在悉尼出席亚太经合组织峰会期间会晤布什总统。关于台湾问题,胡锦涛强调,今明两年是台海局势高危期。台湾当局无视各方警告,肆无忌惮地推动"入联公投"、"以台湾名义申请加入联合国"等"台独"分裂活动。我们必须对台湾当局提出更加严厉的警告,搞任何形式的"台独"分裂活动都是绝对不能得逞的。布什强调,美国坚定奉行一个中国政策,遵守美中三个联合公报,反对任何单方面改变台海现状的行为。美方充分理解中方在台湾问题上的关切。布什还表示,内格罗蓬特副国务卿已代表美国政府迅速、明确地表明了反对台湾当局推动"入联公投"的立场。美方将继续关注这一问题,愿同中方保持密切沟通。②

内格罗蓬特的表态比较简明扼要,9月11日,负责东亚事务的助理国务卿帮办柯庆生在美台"国防工业会议"上的主旨讲话《一个强固而稳健的台湾》则是自2004年4月助理国务卿凯利的证言以来又一个比较详尽的政策阐述。为了引起重视,他一开始就表示,他的意见"代表了美国政府一致的看法",他要求与会者这样来看待他的讲话。他强调了几点:第一,此后的一年是决定性的时刻,台湾领导人的行为将是决定是否会导致海峡两岸关系紧张——甚至更糟——冲突的主要因素,而"海峡两岸一个稳定与和平的关系是美国长远利益之所在",为此,美国需要一个强固而稳健的台湾。第二,"台北本身可能引发北京使用武力的政治行为就是对台湾自己的主要威胁",因此,"台湾的安全与台湾避免采取不必要的挑衅行为密不可分"。这就是说,"台湾负责任的领导必须估计到中国大陆潜在的红线和反应,避免不必要的、没有用的挑衅"。第三,他斩钉截铁地说,"任何'入联公投'对于台湾的国际地位都没有好处",对台湾的对外关系从根本上是有害的,"它将限制而不是拓展台湾的'国际空间'",因为"国际上大多数国

---

① Dennis Wilder, "Press Briefing on President's Trip to Australia and the APEC Summit", August 30, 2007, https://georgewbush-whitehouse.archives.gov/news/releases/2007/08/20070830-2.html.

② 《国家主席胡锦涛会见美国总统布什》,2007 年 9 月 6 日,http://news.xinhuanet.com/news-center/2007-09/06/content_6676792.htm;George W. Bush, "Remarks Following a Meeting With President Hu Jintao of China in Sydney," September 6, 2007. Online by Gerhard Peters and John T. Woolley, *The American Presidency Project*, http://www.presidency.ucsb.edu/ws/?pid=75742。

家接受北京对台湾的定位，如有需要，北京可以动员起占压倒性的支持来使台湾边缘化"。所以必须强烈反对"入联公投"的倡议。第四，他明确指出，这项"公投"是"居心不良的"，是"旨在改变现状的步骤"，"公投"推动者为了他们短期的政治利益，不惜以台湾人民的安全利益来进行冒险。他驳斥了美国"干涉台湾民主"的指控，指出，"一项错误的政策不会因为包裹着民主的外衣而变得好些"。他还解释说，布什政府在过去若干年中穷尽各种私下的机会来持续地毫无差错地传达信息，但没有效果，布什政府别无选择，才采取这种公开的方式直接诉诸台湾人民。①

柯庆生的讲话那么直白，毫不隐晦，不加包装，任何人一听都不会产生任何误解，这里也不必再多加分析。布什政府的批评也就够严厉的了，但利令智昏的陈水扁已经骑上了"公投"这只老虎，他是不计后果豁出去了。10 月 10 日，陈水扁在发表纪念讲话时继续鼓吹"一边一国"、"以台湾名义加入联合国"等主张，给他自己打气，也给他的支持者壮胆。

10 月 15 日，在中国共产党第十七次全国代表大会上，胡锦涛总书记在报告中呼吁，在一个中国的原则基础上，协商正式结束两岸敌对状态，达成和平协议，构建两岸关系和平发展框架，开创两岸关系和平发展新局面。②陈水扁回应说，若在一中原则的框架下，就"不是和平协议，而是投降协议"，并提出了两岸签署协议的三项条件："放弃一中原则"、"废除《反分裂国家法》"、"撤除针对性的九百多枚飞弹"，真是痴人说梦。③

陈水扁当局还在准备"公投"，布什政府继续进行批评。12 月 3 日，"美国在台协会"驻台北办事处主任杨苏棣在台北一个公开场合再次表示，"在我们看来，台湾当政者的一些行为和言论……是成问题的，甚至冒险的。近来的两件事情是'国统会''终止'运作和'国统纲领''终止'适用，以及当前的'以台湾的名义加入联合国'的'公投'。这些事情的累积效应是破坏了美台关系中的信任。"他强

---

① "A Strong and Moderate Taiwan", Speech to U.S.-Taiwan Business Council Defense Industry Conference, Deputy Assistant Secretary for East Asian Affairs Thomas J.Christensen, September 11, 2007. www.us-taiwan.org/reports.2007_sept11_thomas_chiristensen.柯庆生后来写道，对于这个讲话并不是没有争议的，因为它批评了美国的一个"民主伙伴"。但是在陈水扁发表了那么多的言论、采取了那么多的行动之后，而这些言辞与行动都是与美国利益背道而驰的，布什政府中已经形成一个广泛的共识：要做一点事情在台湾公众心目中把布什政府与陈水扁拉开距离。Thomas J.Christensen, *The China Challenge. Shaping the Choices of a Rising Power* (New York: W.W.Norton and Company, 2015), p.214.

② 胡锦涛:《高举中国特色社会主义伟大旗帜，为夺取全面建设小康社会新胜利而奋斗——在中国共产党第十七次全国代表大会上的报告》，2007 年 10 月 15 日，http://news.xinhuanet.com/newscenter/2007-10/24/content_6938568.htm。

③ 徐博东、郭庆全编著:《近十年来民进党大陆政策大事记(2000.1—2010.12)》，第 170 页。

调,这个特定的"公投"对于海峡两岸的稳定是个威胁,跟陈水扁公开承诺的维护现状的说法是不相符合的,这个"公投"是"不必而不利的"。他并期望,新领导人的产生是"两岸捐弃成见、发展合作关系的新契机"。①布什政府已经十分明确地期待台湾新领导人改变陈水扁的政策了,虽然美方反复表示,对即将举行的选举持中立立场,但像这么明确地发出抛弃"现政权",寄希望于新领导人的信息,对于即将到来的选举无疑是有影响的。12 月 6 日,柯庆生又罕见地与台湾媒体记者举行圆桌会议,明确表示,这项"公投""看来旨在单方面改变现状",是"不明智的、挑衅性的、危险的",不符合台湾人民利益,也不符合美国的利益;它不能改变台湾在国际上的处境;违反了陈水扁的"四不"承诺,而且特别强调,陈水扁近来的表示意味着,"公投"实际上给了台湾人民一次机会或者接受,或者拒绝统一,美国对此感到关切。他最后说,"我们很认真地看待北京对两岸关系的关切。我们相信,台湾领导人和台湾公众也应该认真看待北京的这种关切。"②

中美两国领导人就台湾局势保持着顺畅的沟通。12 月 6 日,胡锦涛应约与布什通电话。胡锦涛指出,妥善处理台湾问题是确保中美关系稳定健康发展的关键。台湾当局正变本加厉地推行"入联公投"等"台独"分裂活动,对台海和平稳定构成严重威胁和挑战。坚决反对和制止"台独",维护台海和平稳定,符合中美共同战略利益。布什说,美中关系很重要,美方高度重视。美方将同中方在台湾问题上保持合作。③

12 月 10 日,"美国在台协会"理事主席薄瑞光再次访台会见陈水扁及国民党、民进党双方参选人,再次重申美国反对"入联公投"立场。12 月 21 日,国务卿赖斯在年终记者招待会上被问到台湾问题时说:

在台湾海峡,美国继续保持维护和平和安全的承诺。我们反对任何威胁使用武力,或任何单方面改变现状的举动。我们有一个中国的政策,我们不支持台湾"独立"。

正如我们在近几个月来所表示的那样,我们认为台湾的"以台湾名义加入联合国"的"公投"是一种挑衅性政策。它毫无必要地提升台湾

① "Remarks by Director of American Institute in Taiwan Stephen M. Young at the Foundation on International of Cross-Strait Studies Conference: Opportunities and Challenges in U.S.-Taiwan and Cross-Strait Relations", December 3, 2007, 裴兆琳主编:《中美关系专题研究,2004—2008》,台北 2011 年版,第 412—416 页。
② "Roundtable Briefing with Taiwan Media: Thomas Christensen, Deputy Assistant Secretary for East Asian Affairs", Washington, D.C., December 6, 2007, http://www.state.gov/p/eap/rls/rm/2007/96691.ht.
③ 《胡锦涛主席同布什总统通电话》,2007 年 12 月 7 日,http://politics.people.com.cn/GB/1024/6623567.html。

海峡的紧张,而且不会使台湾人民在国际舞台上得到任何好处。这就是我们反对此次"公投"的原因。①

美国的亲台保守势力对布什政府批评台湾当局的"法理台独"是十分不满的。在讲到"单方面改变现状"时,他们认为"大陆增加针对台湾的导弹部署才是单方面改变现状"。②2008年2月,正是在台湾地区选举之前,由阿米蒂奇国际咨询公司台湾政策研究小组共同主席、前助理国务卿帮办薛瑞福和美国企业研究所卜大年领衔推出了一个报告:《巩固自由亚洲——二十一世纪的美台关系议题》。报告论证了台湾对美国的重要性:它既是原先接受美国援助,而现在成为国际援助者的少数最成功的经济范例之一,也是"从专制政体和平转型到民主体制"的典范,美台都应该为此"感到由衷的骄傲,而这份骄傲应该成为台湾和美国关系的基石"。台湾已经成为"负责任的利益攸关方"。而一旦中国政府控制了台湾和台湾海峡,"将能在冲突中有效阻止美国及其盟国进出关键的海上航道,并能让解放军的势力深入亚太地区"。而台湾的这种重要性恰恰为布什政府所忽视;国会对台湾的重视程度也下降了,因为国会中的新人将中东作为外交政策的焦点,而对亚洲缺乏深入了解。报告批评布什政府的政策说,北京成功地对美国施压,对台湾进行排挤,华盛顿在北京与台北之间尚未找到平衡点。目前美台之间缺少共同议题,这是造成美台关系出现一波又一波危机的原因。报告提出的美台之间的议题是:政治方面,美台不能画地为牢,自限于20世纪70年代制订的规范中,应该允许台湾地区领导人访问华盛顿,直接与美国领导人进行交流;国务卿应当与相同层级的台湾官员进行对话,建立互信,并允许台湾地区领导人过境纽约;③军事上,要废止美国将领访问台湾的禁令,建立由国防部长领导的美台防务关系协调小组,对军事交流进行监视,促进台湾增进军力,建立共同防卫,维持美军在台湾陷入危险时抵御解放军的能力;经济上,要推动美台自贸协定;在非传统安全方面,把台湾纳入更多的地区和国际安排;在公共卫生方面,把台湾纳入全球公共卫生系统;美台之间还应该有推行"民主"的共同议程,以促进在亚太地区传播和巩固"民主政治"的目标。报告最后建议,"尽可能把台湾从美国对华政策中分离出来,不要把美台关系置于美中关系的框架之下,美台关系应该有单独的议程"。④可见,这个报告与美国一个中国的政策完全是背道

① "Press Conference by Secretary Condoleezza Rice", December 21, 2007, https://2001-2009.state.gov/secretary/rm/2007/12/97945.htm.
② 对前助理国务卿帮办薛瑞福的访谈,2007年1月22日。
③ 从2003年11月陈水扁过境纽约后,台湾当局至少四次提出过境纽约要求,均遭布什政府拒绝。
④ Dan Blumenthal, Randall Schriver, *Strengthening Freedom in Asia—A Twenty-First-Century Agenda for the U.S.-Taiwan Partnership*, A Joint Project of the American Enterprise Institute and Armitage International. February 2008.

而驰的,美国对台湾的政策本来是在一中政策框架内的一种特殊的安排,使美台关系脱离一中框架,无疑就是搞"一中一台"。这正是美国一些保守派挑战一中政策的惯常伎俩。

2月下旬,薛瑞福和卜大年还直接来到台湾,为报告举行首发式,其实是为民进党竞选造势,并受到陈水扁的会见。陈水扁感谢两人来访及报告的发表,并对美台关系提出抱怨,称自从杨苏棣接任"美国在台协会"台北办事处主任后,原有的"台美国安高层"对话机制就中断了,这是台美互动过程出现问题的原因之一。①自然,民进党大势已去,薛瑞福和卜大年的访问也不能挽回民进党在选举中的颓势。

布什政府的反复表态无疑在一定程度上影响了台湾的民意。在2008年3月22日的选举投票中,"入联公投"被挫败,国民党籍候选人马英九、萧万长得765.87万张票,得票率为58.45%;民进党籍候选人谢长廷、苏贞昌得544.52万张票,得票率为41.55%,双方得票率相差几近17%。26日,胡锦涛主席在与布什总统的电话交谈中赞赏布什和美国政府多次表示坚持一个中国政策、遵守中美三个联合公报、反对"台独"、反对"入联公投"、反对台湾加入联合国及其他只有主权国家才能参加的国际组织的明确立场,希望中美双方继续为维护台海和平稳定共同努力。②

第四节　提升美台关系的努力

反对台湾当局单方面改变现状,反对"法理台独"是布什政府执政大部分时间里对台政策的主流。但美国政策的两面性并没有消失,美国依旧把台湾视为"防卫和情报的伙伴",③"从极权社会向民主政体转型"的样板,并认为美台关系对于美国在亚太地区的领导地位具有重要意义。由此认识出发,布什政府继续提升美台军事关系,尤其是力求对台出售先进武器;支持台湾的"民主"进程;支持台湾拓展"国际空间"。

---

① 《陈水扁与美国高层直接对话机制中断》,2008年2月27日,http://mil.eastday.com/m/20080227/u1a3430809.html。

② 《胡锦涛主席同布什总统通电话》,《人民日报》2008年3月27日。

③ Kerry Dumbaugh, *Taiwan-U.S. Political Relations: New Strains and Changes* (CRS Report for Congress), October 10, 2006, p.4.

一、对台军售

在世界军火市场上,台湾是主要的采购者。在1998年至2001年间,美国对台湾交付的武器价值60亿美元,仅次于沙特阿拉伯而居世界第二位。在2002年至2005年间,美国交付的武器价值41亿美元,居世界第四位。2001年4月布什宣布了售台武器大单后,国民党掌控的"立法机构"60多次抵制,反对通过采购武器所需的"特别预算"。除了四艘基德级驱逐舰外,其他各项迟迟没有落实。美方一再进行催促,对民进党和国民党同时施加压力。2005年9月19日,助理国防部长帮办劳利斯在美台国防工业会议上发表了一个强硬的讲话,对"与台湾关系法"所规定的美台相互承担的义务作了新的解释,他说:"'与台湾关系法'的内容和逻辑是期待台湾自己维持得以生存的防卫能力。可是很久以来,'与台湾关系法'却仅仅被看作美国单方面的义务……'与台湾关系法'明确地期待台湾准备、愿意而且能够维持自卫。台湾必须通过为自卫拨出必要的资源来履行这个虽然没有形诸文字但十分清楚的义务,而不是仅仅依靠美国来应对海峡的威胁。"他称,采购武器的特别预算已经成为台湾的一项政治的"错乱"。[1]2006年9月12日,国务院台湾事务协调科科长夏千福在同类会议上发表讲话,渲染大陆对台湾的威胁,称"台湾海峡发生战争的可能性尽管不大,但未必完全不可能。中国拒绝承诺放弃对台湾使用武力,而任何此类使用武力的行动都会对海峡两岸人民、该地区和美国本身造成重大损害","中华人民共和国继续从经济惊人增长获得的收益中,拨出相当大一部分扩充针对台湾的军备,大家都为此感到十分不安。美国国防部有关中国军力的年度报告明确指出,这类扩充军备的活动有破坏现状的危险,在逐步加剧不断扩大的实力差距"。他表示,美方仍然坚持执行布什总统2001年4月的决定,台湾"政治领导人"必须认真考虑安全问题,拿出智慧和政治勇气,就台湾急需提高自卫能力的拨款问题达成一致,"立即提供拨款"。他指出,台湾现在的防卫费用只占GDP的2.5%,"既低于以往的水平,也低于我们认为需要的水平",他希望2007年能增加到2.85%,2008年能增加到3%,使台湾有能力购买昂贵的美国先进的武器系统。[2]

从布什宣布的一揽子军售大单中,台湾军方于2004年6月提出购买6套"爱国者"-3反导弹系统、8艘柴油动力潜艇和12架P-3C反潜飞机,并制定了总额达6108亿元新台币(100新台币约为3美元)的三项军购特别预算。由于"泛

[1] Shirley A.Kan, *China/Taiwan: Evolution of the 'One China' Policy—Key Statements from Washington, Beijing, and Taipei* (CRS Report for Congress), October 10, 2014, pp.23—24.
[2] Clifford Hart, Jr., "Speech to US-Taiwan Business Council Defense Industry Conference", September 12, 2006, Denver, http://blog.ifeng.com/article/371434.html.

蓝"掌控的"立法机构"多次抵制,特别预算案始终无法过关。台军方决定"化整为零",将特别军购预算改列为年度军购预算,并削减金额。其中最早解冻的是反潜飞机,"立法机构"在审查 2007 年度预算时就同意编列 61 亿元新台币加以采购,2008 年又编列了 17 亿元新台币。"立法机构"还同意在 2008 年预算中列入购买 4 套"爱国者"-3 反导弹系统,冻结 2 套。关于柴油动力潜艇,"立法机构"同意拨出 20 亿元新台币的"采购评估费"。国民党之所以改变在军购问题上的立场,是因为民进党当局指责国民党为了政党利益阻挠军购,"置国家安全于不顾",骗取了部分选民的支持。随着 2008 年选举的临近,为避免因此丢失部分选票,国民党立场开始软化。

到 2007 年,布什政府向台湾出售了 4 艘从美国海军退役的基德级驱逐舰、2 套远程预警雷达、12 架反潜飞机等价值 91.51 亿美元的武器。正是在台湾当局极力推动"入联公投"的紧要时刻,2007 年 11 月美国防部通知台湾,美国可以提供"爱国者"-2 反导弹系统的升级版。12 月 21 日,赖斯在圣诞节前的最后一次记者招待会上批评台湾当局搞"入联公投"是挑衅;同日,国防部长盖茨则在他的记者招待会上表示,美国将继续向台湾出售武器,并称,"只要大陆继续在台湾海峡的那一边加强其武装力量,我们就会继续向台湾提供保卫台湾所需的资源"。①美国所发出的这类相互矛盾的信息减弱了布什政府反对"法理台独"的力量。

2008 年 10 月,布什政府在卸任前夕又宣布向台湾出售包括"爱国者"-3 反导弹系统、E-2T 预警机升级系统、30 架 AH-64E 阿帕奇直升机、扫雷舰在内的价值 64.63 亿美元的武器,②再次严重违反了三个联合公报,尤其是《八一七公报》。而且这还只是当时通过审议的武器的一半,另一半则留给了下届政府去交易。中方作出了强烈反应,再次中断了与美国的军事交流。

美台之间高层互访在布什政府期间变得频繁。除前面提到的外,2003 年台湾防务主管部门副负责人陈肇敏去得克萨斯州圣安东尼奥出席美台商会的防务工业会议,助理国防部长帮办劳利斯和助理国务卿帮办薛瑞福会晤了他。此后,每年的美台防务工业会议台湾方面都有一位负责人或副负责人出席:2004 年 10 月台湾防务主管部门副负责人霍守业出席了在亚利桑那州举行的会议,2005 年 5 月台湾的"参谋总长"李天羽访问美国,2005 年 9 月霍守业再次出席在加州圣地亚哥举行的会议,2006 年 6 月台湾防务主管部门副负责人柯承亨出席在科罗

---

① "DoD News Briefing with Secretary Gates and Gen. Cartwright From the Pentagon", December 21, 2007, http://www.globalsecurity.org/military/library/news/2007/12/mil-071221-dod01. htm.

② Shirley A.Kan, *Taiwan: Major Arms Sales since 1990* (CRS Report for Congress), Updated December 29, 2009. pp.60—61.这批武器于 2013 年 11 月交付。

拉多州丹佛举行的会议,2007 年 9 月柯承亨再次出席在安纳波利斯举行的同一会议。

2001 年,美国军方观摩了台湾从 1979 年开始举行的汉光-17 军事演习。太平洋司令部的亚太安全中心在 2002 年夏季第一次接受来自台湾的学员。美台军方还于 2002 年设立热线以防可能出现的危机。2002 年布什政府还要求国会通过相应法律,使现役军人能到"美国在台协会"工作。2005 年一位现役陆军中校(穿便服)到协会任职,这是从 1979 年以来的第一次。

2003 年 4—5 月间,台湾举行了汉光-19 演习。美方约有 20 人前往观摩,包括刚刚从太平洋司令部退休的布莱尔海军上将。美方观摩人员对台军的作战意志以及一旦有事能否坚持到美军前来救援产生了疑问。2003 年 6 月,台湾防务主管部门副负责人林中斌专门前往华盛顿,向美方表达台军的自卫承诺。2003 年 8 月,负责采购、技术和后勤的美代理副防长迈克尔·怀恩致函国会,把台湾作为"非北约的主要盟友"。2004 年 8 月的汉光-20 演习包括美国提供的电子模拟系统,假设解放军进攻并在 6 天之内攻占了台北。布莱尔和太平洋司令部人员又作为观察员参加了 2007 年 4 月举行的汉光-23 演习。①

二、支持台湾拓展"国际空间"

布什政府和美国国会一直支持台湾拓展"国际空间",在民进党"执政"时期主要是台湾参与世界卫生组织(World Health Organization,WHO)活动的问题。从 1997 年起,台湾当局即唆使少数"友邦"向世界卫生大会提出提案,策划以"观察员"、"卫生实体"等名义加入世界卫生组织,但一再遭到挫败。陈水扁上台后将加入世卫组织视为谋求"外交突破"的一个重要目标。2001 年 4 月底,台湾地区行政管理机构成立"推动加入世界卫生组织跨部会专案小组",设专人、专款、专责小组,加强推动工作,并加强了对美、日、欧等重点国家的游说。②5 月 11 日,布什在致穆考斯基参议员的信中就表示,政府支持台湾的声音在国际组织中能被听到,即使台湾不能成为其正式成员,"政府聚焦于找到具体的途径使台湾能从世界卫生组织中获益,并为它作出贡献"。③

2003 年,台湾当局以"非典型性肺炎"疫情为由,声称由于台湾未加入世界卫生组织,影响了防疫,发起了大规模的宣传攻势,试图以"人道主义"的幌子,博

① Shirley A. Kan, *Taiwan: Major Arms Sales since 1990* (CRS Report for Congress), Updated November 19, 2007, p.6.

② 刘国奋:《对台湾当局谋求加入世界卫生组织问题的分析》,http://cass.its.taiwan.cn/zjlc/lgf/201410/t20141031_7854515.htm.

③ "Participation of Taiwan in the World Health Organization, Public Law 108—235", June 14, 2004, https://www.congress.gov/108/plaws/publ235/PLAW-108publ235.pdf.

取某些国家和国际舆论的同情和支持。但在世界卫生大会总务委员会会议上，绝大多数会员国代表拒绝了极少数国家代表把"邀请台湾作为观察员参加世界卫生大会"列入本届大会议程的提案，而在随后举行的全体会议上又通过了总务委员会的这一决定。在加入世界卫生组织图谋遭到第七次挫败后，陈水扁声称要"研究推动台湾加入 WHO 的公民投票"，行政管理机构声称将把"公投入世卫"作为"中长期目标"，"不排除在明年总统大选时同步举办加入 WHO 与兴建核四的咨询性公投"。①

2004 年 4 月，助理国务卿凯利在众议院国际关系委员会的听证会上重申："美国继续强烈支持台湾在国际组织中的参与，在可能的情况下作为它的成员，如果不能作为成员就以其他适当的身份。我们积极支持台湾在世界卫生组织中的观察员身份。"②在美国鼓励下，台湾当局继续打着"人道主义"的幌子，强行叩关，制造大陆打压的假象，煽动岛内民众的悲情。其实，"非典"疫情暴发后，世界卫生组织专家多次赴台湾考察，祖国大陆不仅多次表示对台湾人民的关切，而且欢迎台湾医疗专家参加中国代表团，出席 2004 年第 57 届世界卫生大会。胡锦涛主席在接见世界卫生组织总干事李钟郁时表示，祖国大陆十分关心台湾同胞的健康福祉，愿意在一个中国的原则基础上采取积极措施，推动海峡两岸医疗卫生交流，帮助台湾的卫生专家参与国际卫生领域的活动。李钟郁表示，世界卫生组织奉行一个中国的政策，并依此处理涉台问题。③

美方却执意妄为，2004 年 6 月 14 日布什签署法令，要求美国行政部门通过有效途径，帮助台湾成为世界卫生组织的观察员。布什在当日发表的一份声明中说："美国全力支持台湾加入世界卫生组织的工作，包括成为其观察员。美国已公开表明其对台湾成为世界卫生组织观察员的坚定支持，并将对此继续予以支持。"该法令授权美国国务卿制定相关计划，以便早日达到这个目的。④虽有美国支持，但在民进党"执政"期间，台湾成为世界卫生大会观察员的企图一直没有得逞。

三、美国对台政策中的意识形态因素

台湾社会的民主化、本土化转型使台湾在注重意识形态的美国赢得了相当

---

① 倪俊：《台湾加入世界卫生组织的图谋再次遭到失败》，许世铨主编，曹治洲、李国林副主编：《台湾 2003》，第 336—337 页。

② "James Kelly's Statement at the Hearing before the House International Relations Committee"，April 21, 2004, *Washington File*, April 22, 2004, p.10.

③ 《胡锦涛会见世卫组织总干事》，《人民日报(海外版)》2004 年 4 月 21 日第 1 版。

④ "Statement by the President", June 14, 2004, *Washington File*, June 14, 2004, p.7.《布什签署法令欲助台湾成世卫观察员》，2004 年 6 月 16 日，http://www.sina.com.cn。

的支持,成为美国处理台湾问题的重要因素之一。布什政府同样非常重视国家关系中的意识形态因素。如果美国在对台关系中比较多地与中国的利益进行顺应,国内的保守势力就会提出批评,国会中就会提出各种决议,甚至采取立法行动。布什政府还要考虑对台湾政策的"溢出效应":美国可能被亚洲的民主盟友和伙伴看作对中国示弱,他们会担心一旦与中国发生利益冲突时是否能继续得到美国的支持。①为此,布什政府还要时不时地表现出对台湾的支持,尤其是对台湾民主的支持。2005年11月,布什访问东亚。16日,他在京都的讲话中特地提到,"台湾是另一个在使经济自由化的同时从专制转变为民主的社会。现代台湾是自由、民主和繁荣的。台湾在各个层面拥抱自由,从而给它的人民带来了繁荣,创造了一个自由和民主的华人社会"。②

国会中的亲台势力是推动提升美台关系的中坚力量。2002年4月众议院成立"台湾连线",2003年9月参议院也成立了"台湾连线"。到2006年6月,众议院的"台湾连线"拥有152名两党成员,参议院有25名。③但总体说来,国会在台湾问题上的作用在降低,尤其是参议院对台湾问题的兴趣在下降,国务院官员也感到在台湾问题上国会的压力在减小。在2006年陈水扁过境美国时,布什政府没有同意他原先试图过境纽约和旧金山的要求,而只同意过境阿拉斯加,在此问题上国会也没有施加什么压力。访问台湾的国会议员及其助手的数量在大幅度下降,而访问中国大陆的议员及其助手的数量在迅速增加。④

造成美国国会在对台湾政策上作用下降的另一个原因是"台湾游说团"的日趋衰微。太平洋战争爆发前国民党就开始经营对美国国会和政府的游说,台湾在美国的游说势力一度非常强大。美国学界甚至认为"台湾游说团"是仅次于以色列的最成功的外国游说团体。但随着台湾社会转型,岛内出现了政治多元化,从台湾传递给美国国会的信息也开始多元化,许多信息甚至是自相矛盾的,台湾岛内的斗争也延伸到了美国,使有些本来亲台的议员感到无所适从。台湾在美国的常驻机构是"台北经济文化代表处"以及它在美国的12处办公室。但民进党当局怀疑,代表处的官员忠于国民党,他们向美国官方和民间传递的信息是对民进党不利的。民进党遂指派自己信任的人到美国,或者监视代表处的官员,或者把"代表处"架空,支持亲绿的机构和智库,如"台湾公共事务协会",总之大大

① Kerry Dumbaugh, *Taiwan-U.S. Political Relations: New Strains and Changes* (CRS Report for Congress), October 10, 2006, p.5.
② George W.Bush, "Freedom Is Bedrock of America's Engagement with Asia", *Washington File*, November 17, 2005, p.2.
③ Kerry Dumbaugh, *Taiwan-U.S. Political Relations: New Straits and Changes* (CRS Report for Congress), October 10, 2006, p.21.
④ Ibid., p.22.

削弱了代表处与美方,尤其是与国会沟通的功能。①实际上,台湾各主要政党都不信任别的政党的代表,都有自己驻华盛顿的代表,民进党的代表称作"美台关系咨询员"(Consultant on U.S. -Taiwan relations)。陈水扁上台后,国民党和亲民党感到它们与美方交流的渠道被切断了,便于 2004 年联合建立了自己的"代表处"。台湾特殊的多元化造成它在华盛顿传播的声音混杂,结果是游说的影响下降。

---

① FAPA 成立于 1982 年,当时台湾仍在"戒严"之中,是"台独"人士主导的组织,对于美国国会"台湾连线"的建立起了推动作用。它是民进党立场在美国的主要鼓吹者。

第四章　应对朝核问题的合作

在布什政府时期,应对朝鲜半岛的核问题是中美两国在安全领域合作的重要内容。两国在朝鲜半岛无核化问题上持有基本的共同立场:均反对半岛南北双方中的任何一方发展核武器,均坚持通过六方会谈、以和平的方式解决朝鲜核问题,也都主张维护半岛的稳定。但两国在半岛及东北亚安全格局中所处的地位不同,同半岛南北双方的关系不同,因此在如何以和平方式解决朝核问题的措施与路径方面也存在着分歧,并由于朝核问题本身错综复杂,双方在朝核问题上的合作是一个艰难的过程。

第一节　关于朝核问题六方会谈的开启

在朝鲜战争(1950年至1953年)和整个冷战期间,中美两国分别向半岛北南双方提供了持续而大规模的援助,但是出于相同的核不扩散考虑,双方都没有向两方提供有可能导致核扩散或者导弹扩散的援助。20世纪70年代,当韩国秘密发展核武器的计划曝光后,美国政府及时干预,迫使其放弃了核武器计划。①美国于20世纪50年代曾经在驻韩美军中部署了核武器,但是在冷战结束后裁军的大背景下,90年代初从韩国撤走了核武器,对韩国的核保护伞则依然存在。

---

① 参见杨希雨:《中美关系中的朝核问题》,《国际问题研究》2015年第3期。

在苏联解体和东欧剧变后,朝鲜不仅失去了重要的外部经济援助来源,而且也失去了苏联这个强大的军事后盾;同时,中国顺应冷战后的时代潮流,于1992年实现了中韩关系正常化。而美日、美韩的同盟关系不仅保留了下来,而且有所加强;而美、日、韩与朝鲜的关系却没有发生实质性的变化,冷战依然在半岛继续。半岛安全格局由此发生了巨大变化,原来的力量平衡出现严重倾斜,朝鲜安全感严重缺失。这种态势激发了朝鲜加速开发核武器的战略决心。朝核问题由此成为半岛安全问题的焦点,也成为冷战后中美两国接触、合作、摩擦的一个新领域。

朝核问题还关系到维护国际核不扩散体制。以《不扩散核武器条约》为主要内容的国际核不扩散体制是世界和平与安全的重要保障。条约自1970年生效以来,现在已经有180多个缔约国。该条约规定,有核武器的国家(美、英、苏、法、中)不直接或间接地把核武器转让给非核国家,不援助非核国家制造核武器;非核国家保证不制造核武器,不直接或间接地接受其他国家的核武器转让;停止核军备竞赛,推动核裁军;各国把和平核设施置于国际原子能机构(International Atomic Energy Agency,IAEA)的国际保障监督之下,并在和平使用核能方面进行技术合作。1995年在联合国审议该条约时,签字国以协商一致的方式同意无限期延长该条约。中国作为条约的签字国,作为联合国安理会"五常"之一,作为一个对国际体系负责任的大国有义务来维护这个条约,维护核不扩散机制。这是中国的利益所在,也是世界和平和安全的利益所在。

中国对于朝鲜发展核武器的立场是明确的、一贯的。无论是冷战时期还是后冷战时期,中国都主张朝鲜半岛无核化,坚决反对任何外国向半岛输入,在半岛部署、储藏核武器,坚决反对半岛任何一方开发核武器。但美国在不同总统任期内在朝核问题上的态度和政策却经历了反复调整,具有很大的不确定性和摇摆性。

老布什政府在冷战结束后从韩国撤出了核武器和发射装置。老布什政府对朝鲜宁边的石墨反应堆感到担心,并开始就此与朝鲜进行高层对话。1993年国际原子能机构提出要对朝鲜的核设施进行特别核查。朝鲜断然拒绝,并威胁退出《不扩散核武器条约》,此时克林顿执政刚刚六个星期。为了消除朝鲜的核计划,五角大楼曾考虑对位于宁边的核设施进行"外科手术式"的打击,但韩国首先表示反对,认为军事打击可能产生不可预料的后果。中国表示严重关切和坚决反对,明确主张美朝通过和平谈判解决问题。在克林顿政府作出正式决定前,1994年6月中旬卡特前总统以"普通公民"身份访问朝鲜,并同朝鲜最高领导人金日成进行了两次长谈。金日成权衡利弊决定采取务实政策,冻结核设施,接受联合国监督,使一触即发的危机得以化解。①随后,美朝经过三个多星期的紧张

---

① 仵胜奇:《美国卸任总统的政治和社会角色研究》,《美国研究》2015年第6期。

谈判于 1994 年 10 月 21 日达成《美朝框架协议》。协议不仅涉及核问题,而且是冻结、弃核换补偿,美朝关系实现正常化等一系列经济、政治安排的综合性协议。根据协议,朝鲜同意冻结并最终拆除其石墨反应堆以及相关的核设施,作为回报,美国牵头成立朝鲜半岛能源开发组织(Korean Peninsular Energy Development Organization, KEDO),在 2003 年前为朝鲜建造两座 1 000 兆瓦的轻水反应堆,以替代朝鲜正在建设的两座 50 兆瓦和 260 兆瓦的石墨反应堆;在反应堆建设期间美国每年向朝鲜无偿提供 50 万吨重油,以解决朝鲜的能源短缺;美国保证不对朝鲜使用核武器,朝鲜承诺采取措施,实行半岛无核化,并表示不退出《不扩散核武器条约》。①此后直到克林顿任期结束,美朝之间进行了 21 项谈判,内容广泛涉及援建轻水反应堆、互设联络处、美军在朝遗骸、朝鲜暂停导弹试验等,其中有 15 项达成协议。但关系的改善没有消除双方之间根深蒂固的疑虑,两国都留了一手:美国大大推迟了轻水反应堆的建设进度,朝鲜继续秘密进行核开发。②

1998 年起任韩国总统的金大中对朝鲜实行"阳光政策",努力缓和南北关系,并于 2000 年 6 月中旬访问平壤,会晤朝鲜最高领导人金正日。这是朝鲜半岛分裂半个多世纪以来首次南北首脑会晤,是具有重大意义的历史性事件。会晤取得圆满成功,双方就一些重大问题达成协议,并发表了共同宣言。双方一致同意实行民族和解,停止冷战,缓和紧张局势,结束对峙局面,解决离散家庭的团聚问题,加强经济和文化的交流与合作,建立相互信任,争取逐步实现自主的民族和平统一。

在半岛北南关系取得突破、安全环境整体改善的情况下,美朝关系也得到缓和。2000 年 10 月 9 日至 12 日朝鲜人民军次帅赵明录访问美国,向克林顿总统转交了金正日的亲笔信,与奥尔布赖特国务卿和科恩防长举行会谈。会谈取得成功,并发表《美朝联合公报》。双方郑重承诺,"决定采取步骤根本改善双边关系","作为紧要的第一步,双方表示对对方不抱有任何敌对意向,并确认两国政府在未来尽可能采取一切措施使新关系摆脱过去的敌对状态","双方并确认,两国关系应基于彼此尊重主权和互不干涉对方内部事务的原则之上"。③10 月 23 日至 24 日,奥尔布赖特对朝鲜进行回访,成为第一位访问朝鲜的美国国务卿。双方对朝鲜"导弹问题"、"核问题"以及将朝鲜从美国务院支持恐怖主义国家名单

① 参见王俊生:《朝核问题与中国角色——多元背景下的共同管理》,世界知识出版社 2012 年版,第 9 页。
② 陶炳蔚:《东北亚局势与朝核问题》,宋明江主编:《世界格局之争中的机遇和挑战》,中国国际问题研究所、中国国际问题研究和学术交流基金会 2003 年版,第 232 页。
③ U.S. Department of State, "U.S.—DPRK Joint Communique", October 12, 2000, http://www.armscontrol.org/Events/communique.asp.

中删除进行了讨论,甚至探讨了克林顿本人访问朝鲜的可能性。但由于美国国内的反对过于强烈、克林顿又遭遇性丑闻以及大选选情胶着,克林顿访朝未能实现。

2001年乔治·沃克·布什开始执政。大凡新政府开局,都要对前任的政策进行一番审议,作出一些调整,这是美国政治的常态。在布什政府内部,在朝鲜问题上明显地分为两派。以国防部副部长沃尔福威茨和负责军控和国际安全事务的副国务卿约翰·博尔顿为代表的强硬派认为,朝鲜领导人不会遵守协议,不会放弃核能力,他们反对美朝进行对话,反对在朝鲜完全放弃核计划之前对朝作任何妥协,博尔顿甚至公开对《纽约时报》记者说,"结束朝鲜"就是"我们的政策"。[1]以国务卿鲍威尔为首的国务院,包括负责东亚事务的助理国务卿詹姆斯·凯利和被提名为访朝特使的杰克·普里查德,主张继承克林顿时期与朝鲜的接触政策,支持金大中的"阳光政策",继续与朝就核和导弹问题进行谈判。2001年1月17日,鲍威尔在参议院确认其提名的听证会上说,只要朝鲜遵守《美朝框架协议》,美国愿坚守自己的承诺。[2]就任以后,3月6日,鲍威尔又在与来访的瑞典外长的记者会上表示,"美国准备在克林顿政府的基础上与朝鲜接触。在谈判桌上留下了一些很有希望的成分,我们准备检查这些成分"。[3]第二天的《华盛顿邮报》报道了鲍威尔的这个讲话。布什一早读到这则报道,马上感到这和他的政策有出入,便给国家安全事务助理赖斯打电话,要她示意鲍威尔加以纠正。[4]

3月7日至10日,韩国总统金大中访问美国,他希望布什政府继续克林顿的政策,支持他与朝鲜和解的"阳光政策",希望半岛局势的缓和能持续下去,并希望美朝早日重启关于导弹问题的谈判。他还保证,在他推进与朝鲜的对话时,他会把每一步骤告知美国,使南北对话进程服务于韩、美两国的利益。布什揶揄了"阳光政策",称他"厌恶金正日"。他在3月7日的记者招待会上既表示支持韩国与朝鲜和解,支持贸易和投资,支持离散亲属团聚,却又称,他不信任金正日,"与朝鲜打交道的一个问题是没有多少透明度,我们不知道,朝鲜是否会遵守所有协议的所有条款","当你与一个遮遮掩掩的国家打交道时,你怎么能知道它们遵守了协议的条款呢?因为那个国家没有自由,你不能进

---

① 参见朱锋:《国际关系理论与东亚安全》,中国人民大学出版社 2007 年版,第 210 页。

② "Confirmation Hearing by Secretary-Designate Colin L. Powell", Washington, D.C., January 17, 2001, https://2001-2009.state.gov/secretary/former/powell/remarks/2001/443.htm.

③ Arms Control Association, "Chronology of U.S.-North Korea Nuclear and Missile Diplomacy", May 2015, http://www.armscontrol.org.

④ 乔治·沃克·布什著、东西网译:《抉择时刻》,第 86 页。

行核查"。①表现出他对朝鲜的深深怀疑。有意思的是,就在布什的记者招待会前,鲍威尔修正了他自己头一天的说法,称:"有人以为[与朝鲜的]谈判立即就会开始,不是这样的。"②

经过五个多月的审议,布什政府于 6 月 6 日出台了对朝政策评估报告。布什宣布,美国将就广泛的议程与朝鲜进行"认真的讨论",包括改善《美朝框架协议》的执行,关于朝鲜导弹计划的核查,禁止其导弹出口,在常规军事态势方面减少威胁。当然,布什也提到,如果朝鲜给予肯定的回答并采取适当的行动,美国将放松制裁并采取其他政治步骤。③布什政府决定"在任何时间、任何地点、无条件地"与朝鲜对话。④

此后,6 月 13 日,普里查德特使在纽约会晤了朝鲜驻联合国代表,为双边谈判进行安排。但布什政府对朝鲜的怀疑是根深蒂固的,对与朝鲜恢复谈判没有多少热情。而金正日等待着与美国恢复谈判,一再表示,他将把暂停弹道导弹试验一直保持到 2003 年。⑤但朝鲜的态度没有得到美国方面及时回应。

"9·11"恐怖袭击发生后,朝鲜向美国发出了一系列友好的信息,⑥但美国却不予理会。10 月 28 日布什政府公布了 28 个恐怖集团和支持恐怖主义的国

---

① George W.Bush, "Remarks Prior to Discussions With President Kim Dae-jung of South Korea and an Exchange With Reporters", March 7, 2001. Online by Gerhard Peters and John T.Woolley, *The American Presidency Project*, http://www.presidency.ucsb.edu/ws/?pid=45757.此后,布什在多个场合表示过对朝鲜领导人的反感。在 2002 年 10 月在上海出席 APEC 峰会时,他会见了多位亚洲国家领导人,一再表示对朝鲜领导人的反感。在接受《华盛顿邮报》记者伍德沃德采访时,布什脱口而出:我真想"推翻"朝鲜政权! Bruce Cuming, "North Korea: The Sequel", *Current History*, April 2003, p.149;鲍勃·伍德沃德著、上海美国研究所、上海美国学会组译:《布什的战争》,上海译文出版社 2003 年版,第 364 页。

② Arms Control Association, "Chronology of U.S.-North Korea Nuclear and Missile Diplomacy", May 2015, http://www.armscontrol.org.

③ George W.Bush, "Statement on Completion of the North Korea Policy Review", June 6, 2001, Online by Gerhard Peters and John T.Woolley, *The American Presidency Project*, http://www.presidency.ucsb.edu/ws/?pid=45819.

④ James Kelly, "U.S.-East Asia Policy: Three Aspects", in Robert M.Hathaway and Wilson Lee, eds., *George W.Bush and Asia. A Midterm Assessment* (Woodrow Wilson International Center for Scholars, 2003), p.18.

⑤ 金正日在 2001 年 8 月 4 日会晤俄罗斯总统普京时就作了这样的表示。Arms Control Association, "Chronology of U.S.-North Korea Nuclear and Missile Diplomacy", May 2015, http://www.armscontrol.org.

⑥ 在"9·11"袭击发生的次日,朝鲜外务省发言人对这次恐怖袭击予以谴责。2001 年 10 月,朝鲜驻联合国代表再次表明了朝鲜政府反对恐怖主义的立场。11 月 3 日,朝鲜宣布它将签署冻结恐怖组织的资金和反绑架的国际公约。参见王晓波:《布什政府的朝鲜政策——进攻性现实主义的视角》,社会科学文献出版社 2011 年版,第 79 页。

家的名单，朝鲜榜上有名。这对朝鲜当然是一个刺激。但更强烈的刺激还在后头。

2002 年 1 月 8 日，国防部长拉姆斯菲尔德向国会提交了《核态势评估报告》，其中把朝鲜列为 7 个潜在的核打击目标之一。朝鲜中央通讯社 15 日宣布，如果美国试图对朝鲜进行核打击，那么朝鲜将被迫"重新审议[与美国签订的]所有条约"，"如果美国竟敢把核灾难加在[朝鲜身上]，那么美国大陆也不会是安全的"。①

接着，布什总统在 2002 年 1 月 29 日发表的《国情咨文》中把朝鲜与伊拉克、伊朗并列为"邪恶轴心"国家，他说："朝鲜是一个用导弹和大规模杀伤性武器武装起来的政权，但它却让自己的民众忍饥挨饿。"接着他谴责了伊朗、伊拉克，然后说："像这样的国家以及它们的恐怖主义盟友构成了邪恶轴心，它们武装起来威胁世界的和平。通过寻求大规模杀伤性武器，这些政权带来了严重的不断增长的危险"，清楚表现了对朝鲜的敌视态度。②这些说法与《美朝联合公报》的字面和精神都是背道而驰的，理所当然受到朝鲜方面的坚决反对。朝鲜外务省发言人 1 月 31 日称，布什的说法是对朝鲜宣战。③

布什的"邪恶轴心"论一出，舆论哗然，国内外批评之声骤起。美国朝鲜问题专家布鲁斯·柯明评论说："布什团队把一个本来可以解决的问题变成了一场重大的危机，使双方都没有多少后退的余地。"④

为了平息国内外的批评，国安会负责半岛事务的主任车维德撰文进行解释。他把布什政府的政策定义为"鹰派的接触"，并称这种政策与克林顿的政策有五大区别：(1)要求朝鲜改善对《美朝框架协议》的执行；(2)可核查地控制朝鲜的导弹生产和出口；(3)要求朝鲜削减常规军备；(4)在与朝鲜进行妥协时要求得到相应的回报；(5)与盟国紧密合作。他还直言不讳地说，"鹰派把接触看作为明天的惩罚构筑联盟的切实有效的途径"，即是说，接触是为了打击，为了惩罚。他认为

---

① Arms Control Association，"Chronology of U.S.-North Korea Nuclear and Missile Diplomacy"，May 2015，http://www.armscontrol.org.

② George W.Bush，"Address Before a Joint Session of the Congress on the State of the Union"，January 29，2002. Online by Gerhard Peters and John T.Woolley，*The American Presidency Project*，http://www.presidency.ucsb.edu/ws/?pid=29644. 美国副总统国家安全事务副助理叶望辉曾表示，虽然我们把朝鲜、伊朗、伊拉克都列入"邪恶轴心"，但我们对它们的政策是不同的。对于伊拉克，我们的政策是政权更迭，没有别的选择；对于伊朗，我们寄希望于伊朗内部的改革派和民主势力；对于朝鲜，我们准备与现政权打交道。对叶望辉的访谈，2002 年 7 月。10 月，国务院负责东亚事务的一位高官私下里对笔者说：我们自己也觉得"邪恶轴心"这个说法容易引起误解，最好不说，因此布什总统也就说了一次。但一次也是说了，影响已经产生了。

③ 王晓波：《布什政府的朝鲜政策——结构性现实主义的视角》，第 183 页。

④ Bruce Cuming，"North Korea：The Sequel"，*Current History*，April 2003，p.148.

布什比其前任处于更有利的地位：朝鲜已经从克林顿政府的接触和韩国的"阳光政策"中得到了很多好处，如粮食、能源、硬通货等，现在，布什政府可以用撤回这些好处来对朝鲜展示"强有力的大棒"。①

布什的"邪恶轴心"论显然是说了过头话，鲍威尔力图把它往回拉。2月1日，鲍威尔在纽约会见韩国外长韩升洙时表示，美对朝的强硬态度并不意味美对朝政策基调发生了变化。②几天后，2月5日，鲍威尔在参议院外交关系委员会作证时说，布什政府准备"在任何时候、任何地点、没有任何条件的情况下"与朝鲜恢复对话。鲍威尔还承认，朝鲜确实在继续遵守关于暂停导弹试验的承诺，并且继续留在朝鲜半岛能源开发组织之内。③但在国务院4月30日发布的《2002年全球恐怖主义形势报告》中继续将朝鲜列为支持恐怖主义的国家。④布什总统6月在西点军校的讲话中详细阐述了"先发制人"的战略，在9月出台的《国家安全战略》中又重复了这些论述，并对朝鲜进行了谴责。报告中一再谴责所谓"无赖国家和恐怖主义构成了新的威胁"，而朝鲜是其中之一，称"在过去十年中，北朝鲜成了世界上最主要的导弹供应者，试验了性能越来越高的导弹，并在继续扩充本国大规模杀伤性武器的武库。其他无赖国家也企图获得这类武器，致使这些武器的全球交易成了对所有国家日益逼近的威胁"。⑤

布什政府对朝鲜的政策，确实是有人唱白脸，有人唱红脸。6月1日，鲍威尔在亚洲协会年度晚餐会上的讲话中系统阐述了对亚洲的政策，讲到朝鲜时，他仍然表示不久将与朝鲜方面举行会晤，探讨美朝关系正常化的步骤，并为此提出四项条件：朝鲜停止扩散活动，消除远程导弹计划；改善国内的人道主义状况，包括粮食供应；缓和常规军备的威胁态势；接受国际原子能机构的保障监督。⑥7

---

① Victor D.Cha, "Korea's Place in the Axis", *Foreign Affairs*, vol.81, no.3(May/June, 2002), pp.79—92.

② 王晓波：《布什政府的朝鲜政策——结构性现实主义的视角》，第183页。

③ Arms Control Association, "Chronology of U.S.-North Korea Nuclear and Missile Diplomacy", May 2015, http://www.armscontrol.org.

④ 美国反恐怖主义协调员办公室：《2002年全球恐怖主义形势报告》，2003年4月30日，http://www. cetin. net. cn/cetin2/servlet/cetin/action/HtmlDocumentAction? baseid = 1&docno = 47077. 美国自1998年起将朝鲜列入支持恐怖主义国家名单，朝鲜因此难以从世界银行和国际货币基金组织等国际金融机构获得援助、贷款和投资。在2000年6月的《美朝联合公报》中，美朝同意就恐怖主义交换资料，被广泛认为是将朝鲜从支恐国家名单中删除的早期步骤。布什执政后，朝鲜一再要求新政府把朝鲜从支恐名单中除掉。参见张业亮：《布什政府对朝政策与朝核危机》，《美国研究》2004年第1期。

⑤ The White House, *The National Security Strategy of the United States of America*, September 2002. https://www.state.gov/documents/organization/63562.pdf.

⑥ Colin Powell, "Remarks at Asia Society Annual Dinner", New York City, June 10, 2002, *Backgrounder*, June 14, 2002, pp.7—8.

月 31 日,鲍威尔还在文莱首都斯里巴加湾出席东盟地区论坛期间与朝鲜外相白南舜进行了十五分钟的非正式会晤。这是自 2000 年奥尔布赖特访朝以来两国最高级别的接触,鲍威尔在会晤后说:"这是一次有益的会谈,双方应保持接触,寻求对话机会。"几小时后,白南舜宣布朝鲜和美国已经同意重开对话,美国助理国务卿凯利将访问朝鲜。①

9 月 17 日,日本首相小泉访问朝鲜,两国领导人进行会谈,并发表《朝日平壤宣言》,宣布两国将重启邦交正常化谈判,并称"为了一揽子解决朝鲜半岛核问题,双方确认遵守一切相关的国际决议。朝鲜表明了将冻结导弹试射的时限继续延长到 2003 年以后的意向"。②

2002 年夏,布什政府得到情报,朝鲜在进行浓缩铀项目以便制造核武器。③10 月 3 日至 5 日,助理国务卿凯利访问朝鲜。这是布什执政以来访朝最高级别的官员。在访问中,凯利表示,美国现在与朝鲜接触是有条件的:朝鲜要立即放弃浓缩铀项目。他拿出了美国所掌握的朝鲜开始建设浓缩铀设施的"证据",并在朝鲜的核和导弹计划、导弹部件出口、常规力量态势、违反人权等各方面对朝鲜施压,声称如果朝鲜全面解决这些问题,美可以改善与朝鲜关系。朝方起先否认进行浓缩铀,但在第一副外相姜锡柱与凯利的会见中,朝方坦率地承认了浓缩铀项目,因为它认为《美朝框架协议》已经无效。凯利访问结束后,美朝双方对访问的情况讳莫如深,沉默了一个多星期,引起国际社会纷纷猜测。10 月 16 日,美国宣布,在凯利访朝期间,朝鲜承认有一个秘密的浓缩铀计划。国务院发言人鲍润石称:这一计划"严重违反了朝鲜履行《美朝框架协议》、《不扩散核武器条约》、国际原子能机构的保障协定和《关于朝鲜半岛无核化共同宣言》的义务",他同时说,美国希望朝鲜遵守不扩散义务,并寻求"和平解决当前形势"。④朝核问题再次浮上水面。

朝核问题关系到东北亚的安全和稳定。东北亚地区一直没有一个集体安全机制,在这里决定安全形势的是多组双边关系以及美日、美韩同盟,加之半岛南

① 《朝鲜外相和美国国务卿在文莱进行两年以来首次简短会晤》,2002 年 8 月 1 日,http://news.sohu.com/27/31/news202413127.shtml/。

② 《朝日首脑发表〈朝日平壤宣言〉,达成一系列共识》,新华社 2002 年 9 月 18 日,http://www.china.com.cn/chinese/HIAW/205782.htm。

③ James Kelly,"U.S.-East Asia Policy:Three Aspects",in Robert M. Hathaway and Wilson Lee,eds.,*George W.Bush and Asia. A Midterm Assessment*,p.19.

④ Arms Control Association,"Chronology of U.S.-North Korea Nuclear and Missile Diplomacy",May 2015,http://www.armscontrol.org. 据称,克林顿卸任时曾向继任的布什政府通报了朝鲜从巴基斯坦进口浓缩铀技术的情报,但布什政府没有采取行动。2002 年 7 月,布什政府获得了朝鲜开始建设浓缩铀设施的情报。Bruce Cuming,"North Korea:The Sequel",*Current History*,April 2003,p.150.

北的对峙,安全态势相当脆弱。如果朝鲜成为一个有核国家,朝与有关国家的关系都会发生变化,尤其是它与日、韩的关系;这将刺激日、韩追求和竞相拥有实质性的战略力量,地区可能出现新的军备竞赛。日本历来都有一股希望推动日本背弃"无核三原则"、拥有核力量的势力;韩国的极端民族主义力量也会乘势抬头;美国在东北亚地区部署导弹防御的进程极可能进一步加速,东北亚地区的紧张局势将随之升级。所有这些都与地区的稳定和相关国家的利益背道而驰。

布什政府在朝鲜核问题上的基本立场是:第一,避免用军事手段解决朝核问题。美国已经发动了阿富汗战争,正在全力以赴地准备对伊拉克开战,在朝核问题上,布什政府除了通过外交方式解决,实际上没有别的选择。①2002 年 12 月 31 日,布什在一次记者招待会上反复表示,"我相信,这[朝核问题]可以和平地予以解决,通过外交来解决,我们将继续这样做","我相信,这不是军事摊牌,这是外交摊牌","我们将继续寻求以和平方式解决朝鲜半岛的局势"。②第二,朝核问题是一个地区问题,不是美朝双边的问题,因此应该通过多边的方式来解决,过去通过双边谈判的办法已经被证明是行不通的。第三,不能为了朝鲜回到谈判桌来就犒赏它,布什挂在口头上的一句话是:"我不能买一匹马付两回钱",意思是克林顿政府已经对朝鲜提供了补偿,他不能仅仅为了与朝鲜谈判就再给朝鲜什么好处,朝鲜必须在弃核方面采取实实在在的行动。凯利在 2002 年 12 月的一次公开演讲中也表示:"我们无意与朝鲜讨价还价,或者为说服朝鲜遵守它已经签了字的国际条约和协定提供诱饵。"③

中国在朝核问题上的立场是明确的、一贯的:中国主张朝鲜半岛实现无核化,中国致力于确保半岛局势的和平与稳定,认为朝核问题必须通过对话、协商,以和平的外交方式解决。④2002 年 10 月 18 日,美副国务卿博尔顿和凯利访华,

---

① 布鲁斯·柯明这样描述布什政府在处理朝核问题上的无奈和错乱:与朝鲜进行谈判吧,不行,那将是对"流氓国家""核讹诈"的犒赏;提交安理会吧,不行,中国不会赞成;派低级官员去朝鲜谈吧,也不行,朝鲜不会接受,朝鲜只接受在华盛顿决定政策的人;那就派高级官员去吧,也不行,那不是承认朝鲜了吗? 而美国从 1946 年以来就没有承认它;那就对它进行"外科手术式"的打击吧,同样不行,克林顿政府当年就动过这个念头,可是,驻韩美军司令盖里·乐克将军当时就警告,一场新的朝鲜战争将持续六个月,你还得准备好十万个装尸袋! Bruce Cuming, "North Korea: The Sequel", *Current History*, April 2003, p.148.
② "Bush Says N.Korea Situation Can Be Resolved Through Diplomacy", January 2, 2003, *Washington File*, January 3, 2003, pp.2—4.
③ Robert M.Hathaway and Wilson Lee, eds., *George W.Bush and Asia. A Midterm Assessment*, p.4.
④ 《章启月就美国副国务卿访华有关情况答记者问》,2002 年 10 月 18 日,http://news.xinhuanet.com/newscenter/2002-10/18/content_601411.htm。

中美就朝核问题交换了看法。

10 月 21 日,布什政府高官在华盛顿对外新闻中心表示,朝鲜已经废弃了1994 年的《美朝框架协议》,美国如何应对"是一个多边的问题",在作出决定前需要与其他国家磋商。他进一步说:"一个用核武器武装起来的朝鲜不符合任何国家的利益。因此,我们需要合作共事,尤其是与该地区的国家,如我们的盟国韩国和日本,以及中国、俄罗斯,下一步就是要使朝鲜去做它必须做的事情,那就是可核查的立即弃核","彻底的、可核查的立即弃核是一个不容谈判的问题"。①

10 月 25 日,江泽民主席在赴墨西哥参加亚太经合组织峰会途中访问了布什家乡得克萨斯州克劳福德牧场,朝核问题是两位领导人会谈的议题之一。在会晤后会见记者时,两国元首均表示,东北亚的和平与稳定必须予以维护,双方将继续合作共事,以寻求无核化的朝鲜半岛,并和平解决这一分歧。②

11 月 14 日,朝鲜半岛能源开发组织宣布暂停向朝鲜提供重油,以作为对朝鲜浓缩铀项目的回应。③29 日,国际原子能机构通过决议,要求朝鲜"澄清其浓缩铀计划"。朝鲜拒绝这一决议,认为国际原子能机构的立场是偏袒美国的。11月 17 日,朝鲜中央广播电台播出一篇评论称,朝鲜已经拥有对付美国越来越大的核威胁的"强有力的军事手段,包括核武器"。④19 日,凯利在记者招待会上表示:"美国对《美朝框架协议》的观点是,朝鲜说它已经无效了,我们感觉它是无效了。但是我们不急于对这个协议的各个方面作出决定","美国政府还没有作出最后的决定,没有作出最后的声明"。当被问到美国是否希望中国帮助解决朝鲜的局势时,凯利说:"中国还没有作出任何承诺,我也没有提出任何要求,但是我们非常希望,中国在解决这一严重问题上能有所帮助。"⑤

12 月,美国中止按照 1994 年的《美朝框架协议》向朝鲜提供重油,朝鲜半岛

---

① "Unofficial Transcript: Non-nuclear N. Korea in China's Interest", October 21, 2002, *Washington File*, October 22, 2002, pp.7—8.

② "Remarks by the President and President Jiang Zemin in Press Conference", October 25, 2002, *Washington File*, October 28, 2002, pp.8—9.

③ 截至当时,朝鲜的轻水反应堆建设已经投入 15.59 亿美元,其中韩国承担了大部分费用,约11.35 亿美元,日本 4.06 亿美元,欧盟 1 800 万美元,美国对朝鲜提供了 3.48 亿美元(365 万吨)的重油和宁边石墨反应堆燃料棒处理费用。轻水反应堆建设完成了全部工程的 34.5%。见张慧智:《六方会谈中的对朝能源与经济援助》,提交给中国朝鲜史研究会、国务院发展研究中心世界发展研究所主办的"六方会谈与东北亚安全学术讨论会"的论文,2005 年 12 月 16 日。

④ 李敦球:《朝鲜核问题与六方会谈:缘起、实质与走向》,国务院发展研究中心世界发展研究所,2005 年 11 月。

⑤ James Kelly, "Recent Developments in Asia Pacific Region", November 19, 2002, *Washington File*, November 21, 2002, pp.11—12.

能源开发组织暂停了轻水反应堆建设。12月12日，朝鲜致函国际原子能机构，表示朝鲜将重启按照《美朝框架协议》冻结的反应堆和其他核设施，要求国际原子能机构拆除封条和监视设施。22日至24日，朝鲜自己拆除了国际原子能机构的监视设备。12月23日，美国国务院发言人菲利普·里克在记者招待会上说："我们不会对[朝鲜的]讹诈让步，国际社会不会为了回应威胁或破坏承诺而进行对话，我们不会与[朝鲜]进行讨价还价，或提供任何诱惑使它履行过去它签了字的条约或协议。"①就在此次记者会前一天，凯利还与韩、日、中、俄、法、英等国的同僚通电话，磋商朝核问题。26日，国际原子能机构发言人称，朝鲜正向反应堆装入新的燃料棒。

12月31日，国际原子能机构检查人员应朝鲜要求离朝。2003年1月10日朝常驻联合国代表朴吉渊说，国际原子能机构和《不扩散核武器条约》已成为美国执行其反朝政策的工具，朝鲜被迫退出《不扩散核武器条约》。1月12日，朝鲜驻华大使表示，朝可能不再遵守暂停导弹试验的承诺。2月27日，美国官员证实，朝鲜已经重启了5兆瓦核反应堆。②

2003年1月10日，江泽民主席应约与布什总统通电话。布什介绍了美国在朝鲜核问题上的立场，强调美方绝不接受朝鲜所采取的行动，同时表示美方仍愿通过对话解决朝核问题。江泽民表示，中国不赞成朝鲜退出《不扩散核武器条约》，主张实现朝鲜半岛无核化。中国认为，维护国际核不扩散体制符合国际社会的共同利益。对话是解决朝核问题的最有效途径。中国将与各方共同努力，推动朝核问题早日和平解决。③明确表示了中方愿意在美朝之间劝和促谈，开启外交努力的立场。从那时以来，布什政府的一项基本政策是努力寻求中国合作解决朝核问题。

1月8日，白宫新闻发言人弗莱彻在记者招待会上表示，美国将与朝鲜就如何回到履行它终结核武器计划的承诺进行对话，"但我们无意就此讨价还价，无意提供什么诱惑"。9日，国务院发言人鲍润石表示："朝鲜问题与伊拉克问题不同。我们以不同的方式来处理。我们期待着和平解决这一问题。"他还一再保证：美国对朝鲜没有"敌对意向"，没有"侵略性意向"。10日，弗莱彻又表示，朝鲜退出《不扩散核武器条约》引起了世界各国的"严重关注"，但布

①　"Will Not Give In to North Korea 'Blackmail,' U.S. Says", December 23, 2002, *Washington File*, December 24, 2002, p.2.

②　王晓波:《布什政府的朝鲜政策——结构性现实主义的视角》，第184页；Arms Control Association, "Chronology of U.S.-North Korea Nuclear and Missile Diplomacy", May 2015, http://www.armscontrol.org。

③　《江泽民应约与布什通电话，双方均表示不赞成朝鲜的行为》，2003年1月10日，http://www.chinanews.com/n/2003-01-10/26/262426.html。

什政府"已经作出决定以和平的方式,以非常坚定和毫不动摇的方式处理这一问题"。①

国际原子能机构总干事巴拉迪警告说,如不有效阻止核技术扩散,"短期之内"将有 20 个到 30 个国家获得制造核武器的能力。②

1 月 10 日,朝鲜常驻联合国副代表韩成烈前往美国新墨西哥州,与州长比尔·理查森举行非正式会谈。理查森在会谈结束后称,韩成烈在会谈中表示朝鲜目前无意制造核武器,并且愿意与美国就这一问题进行对话。③理查森在克林顿政府中任能源部长(1998 年至 2001 年),曾与朝鲜打过交道,被认为是朝核问题上的鸽派,也是朝鲜可以接受的对话对象。朝驻联合国代表朴吉渊在 10 日举行的新闻发布会上也表示,朝鲜不会在"目前"发展核武器。朴吉渊对于朝鲜现在是否已经拥有一至两枚核武器的说法没有发表评论。他只是强调"未来的发展将完全取决于美国的态度"。朴吉渊重申了朝鲜希望通过与美国进行"和平谈判"的方式解决半岛核问题的立场。他同时表示,国际原子能机构已经沦为美国的"工具",朝鲜政府不会再与之打交道。④

1 月 22 日,布什发表《国情咨文》,关于朝核问题他说,朝鲜在利用其核计划"引起恐惧,谋求让步","但美国和全世界是不会被敲诈的"。他指出,"美国正与该地区的其他国家——韩、日、中、俄——一起工作,寻求朝鲜核威胁的和平解决"。⑤

2 月 4 日,副国务卿阿米蒂奇在参议院外交关系委员会作证时说,美国将与朝鲜进行直接对话,但是,"在此之前,我们需要确信……我们有一个强大的国际平台来进行这种对话,而且,这不简单是美朝两国之间的问题……有该地区的其他国家,我们的好朋友,我们的盟友,还有两个大国直接参与其中。我们要确信,事情并不仅仅取决于我们来寻求解决。我们是解决问题的一部分"。阿米蒂奇在这里强调的是,朝核问题不仅是美朝之间的问题,而且是一个地区问题,必须有相关国家的共同参与。美国竭力回避与朝鲜的双边会谈。阿米蒂奇在证言中

① "U.S. Will Talk to North Korea but Not Negotiate or Offer Inducements", January 8, 2003; "U.S. Department of Stated Daily Briefing", January 9, 2003; "White House: North Korea's Withdrawal from NPT of 'Serious Concern'", January 10, 2003, *Washington File*, January 9, pp.6—7; January 13, 2003, pp.2—8.

② 《巴拉迪警告,核武器问题面临失控》,《中国评论新闻网》http://www.chinareviewnews.com.。

③ 《美在朝核问题上又打能源牌》,http://www.syd.com.cn/syrb/2003-01/14/content_302884.htm。

④ 《朝鲜"退约"余波不断》,2003 年 1 月 12 日,http://enjoy.eastday.com/epublish/gb/paper264/11/class026400002/hwz967047.htm。

⑤ Office of the Press Secretary, "State of Union Address by President George W.Bush", January 28, 2003, *Washington File*, January 29, p.2.

还提出,朝鲜必须以可核查、不可逆转的方式放弃其核计划,包括宁边的钚设施和浓缩铀的计划。①13 日,助理国务卿凯利在众议院国际关系委员会作证时强调,尽管形势紧张,但"只要平壤以可核查、不可逆转的方式放弃其核计划,并以可核查的方式履行其国际义务,[美国]仍然准备与朝鲜建立一种不同的关系"。②对于美国强调朝核问题是地区问题、多边问题,朝鲜《劳动新闻》于 3 月 11 日发表评论,重申朝鲜半岛问题是美朝之间的问题,美朝直接会谈才是解决问题的途径。③

为了打破僵局,中国积极在美朝之间进行斡旋,与韩、日、俄协调立场。2003 年 2 月下旬国务卿鲍威尔去韩国出席卢武铉总统的就职典礼。23 日至 24 日,鲍威尔访问中国。他在 24 日会见江泽民主席后的记者招待会上说:"对于我们大家如何严肃看待朝鲜处理乏燃料棒和制造核武器我怎么强调都不过分。我们准备与朝鲜在多边的框架内来应对这一问题,中国与其他国家得以参加。"④鲍威尔向中国领导人请求,希望中国出面向朝鲜转达美国准备举行多方会谈的意愿:由中、日、韩三国出面,邀请美、朝双方来北京对话,也同意邀请俄罗斯参加。作为第一步,各方可以先谈起来,不急于讨论实质性问题。中方认为这是一个积极信号。经过认真研究,中方确定了邀请朝、美代表来华进行中、朝、美三方会谈的方案,并通过外交渠道向美方征询意见。3 月 8 日,中国派特使前往朝鲜,并在三池渊与金正日委员长就半岛局势以及举行多方会谈等问题交换了意见。在两天的秘密接触中,朝方接受了中方提出的在北京举行三方会谈的建设性意见,于是中方向美方转达了朝鲜的立场。美国得知这一最新消息后,3 月 28 日向正在美参加韩美外交部长会议的韩国外交通商部长官尹永宽进行通报,并征求韩方意见。4 月 10 日至 12 日,尹永宽访华,表示韩国赞成举行三方会谈。4 月 12 日,朝鲜外务省发表谈话正式表态,"如果美国有意为解决核问题而大胆转变对朝政策,朝鲜将不会受限于对话的形式"。这是朝鲜立场的一个转变。此前,朝鲜要求与美国进行一对一的谈判,而美国却一直要求举行多边会谈。美国曾主张十方会谈,即联合国安理会"五常"加朝、韩、日、澳、欧盟。朝鲜坚决反对这个

---

① "Weapons of Mass Destruction Development on the Korean Peninsula", Testimony by Richard L. Armitage, Deputy Secretary of State, before the Senate Foreign Relations Committee, February 4, 2003, *Washington File*, February 5, 2003, pp.2—5.

② James Kelly, "A Peaceful Resolution of the North Korea Nuclear Issue", Testimony before House International Relations Committee, February 13, 2003, *Washington File*, February 14, pp.12—15.

③ 王晓波:《布什政府的朝鲜政策——进攻性现实主义的视角》,第 185 页。

④ "Transcript from Secretary Powell's Press Conference at the St. Regis Hotel in Beijing", 24 February, 2003, www.state.gov/secretary/former/powell/remarks/2003/17892.htm.

多边方案。至此,三方会谈方案得到美朝认可。在三方会谈前夕,4月18日,朝鲜外务省发言人发表谈话称,朝鲜已成功对8 000多根乏燃料棒进行后处理,并到了最后阶段。①4月22日,中国外交部正式宣布,中国邀请朝鲜和美国派代表团来中国进行会谈。②

4月23日至25日,中、朝、美三方会谈在北京钓鱼台国宾馆芳菲苑举行,中国副外长王毅主持会议,外交部亚洲司司长傅莹、朝鲜外务省美国局副局长李根和美国助理国务卿凯利分别率团出席。在会谈中,朝方告知美方,朝鲜已经拥有核武器。这是朝方第一次作这样明确的表示。朝方还说,朝方已经完成5兆瓦反应堆乏燃料棒的后处理。朝方还提出了一个大胆的方案:美国与朝鲜建交,在美国支持下实现朝日关系正常化,尽快完成轻水反应堆的建设;朝鲜则拆除其核设施并停止导弹试验和出口。③第一次会谈是接触的开始,各方表示自己的主张。25日却出现了波折。美方认为,朝方有关对乏燃料棒进行后处理的表态越过了"红线",将其视为严重挑衅。布什总统禁止美国代表团同朝方进行任何形式的双边(bilateral)接触,不肯履行"三边框架下可有朝、美直接接触"的承诺。朝方则认为美方傲慢无礼,没有对话诚意,拒绝与美方继续会谈。经过中方反复劝说,朝方才放弃退出会谈的念头。④布什总统、卢武铉总统先后给胡锦涛主席打电话,高度评价中方为推动解决朝核问题、维护半岛和平稳定发挥的建设性作用。俄罗斯等国也纷纷对此次会谈表示支持。

三方会谈后,韩、日、俄都积极要求加入。韩国一向认为它应该在解决朝核问题上发挥"主导作用",但此次没有参加三方会谈,韩国政府受到极大刺激,不少韩国民众对"韩国被排除在决定朝鲜半岛命运的会谈之外"感到遗憾。但卢武铉对于来自各方的猜测和不满采取了理智和冷静的态度。4月17日,他在青瓦台召开的首席秘书官会议上说:"韩国作为当事者没有被列入'三方会谈',许多人对此感到惋惜,自尊心也受到伤害。对此,不要乱做解释和说长道短。"卢武铉还说:"重要的是要取得好结果,而不是形式。如果只顾形式和面子,形成的对话局面也许会破裂。"韩国外长17日说,韩国决定支持会谈是因为这一会谈是为和

---

① 王俊生:《朝核问题与中国角色——多元背景下的共同管理》,第25页;《朝美中三方会谈的促成,中国立下了头功》,http://enjoy. eastday. com/epublish/gb/paper464/1/class046400004/hwz1093305. htm。

② 韩洁、刘东凯:《中朝美三方会谈将在北京举行》,2003年4月22日,http://www.china.com. cn/chinese/kuaixun/318671. htm。

③ Arms Control Association, "Chronology of U.S.-North Korea Nuclear and Missile Diplomacy", May 2015,http://www.armscontrol.org;王晓波:《布什政府的朝鲜政策——进攻性现实主义的视角》,第85页。

④ 戴秉国:《战略对话》,第208页。

平解决朝鲜问题奠定基础的开端,这是极为重要的。但韩国显然十分希望参与谈判进程。韩国媒体引述一位官员的话说,华盛顿向韩国保证,如果韩国继续被排除在具体内容的讨论之外,就将停止三方会谈的进行。①

日本也对被排除在会谈之外感到不安。日本认为美朝一旦爆发战争,由于美日同盟的存在,日本也会自动卷入。况且日本曾为朝鲜半岛能源开发组织出过大力。俄罗斯则认为,朝鲜核项目的技术、人才以及研发都是从苏联学来的,俄罗斯最了解情况,俄罗斯可以在会谈中发挥特殊作用。最终经过各方的折冲和妥协形成了六方会谈。5月5日,美副国务卿博尔顿对俄罗斯进行工作访问,表示美国赞成就朝鲜核问题举行有俄罗斯参加的多边会谈。

而在华盛顿,对朝鲜政策的分歧在公开化。4月中旬,国防部长拉姆斯菲尔德向布什政府的核心成员散发了一份备忘录,要求美国联合中国等国对朝鲜施加压力,通过外交手段颠覆朝鲜现政权,并将此列为美对朝政策的首选,反对同平壤的一切对话。但布什总统拒绝了这一建议,他在4月21日公开表示:"中国愿意介入朝核谈判以及愿意与韩、日、美紧密合作来处理与朝鲜政府的关系,这意味着有良好的机会来说服朝鲜放弃发展核武器的野心。"②

5月14日至15日,卢武铉访问美国。布什与卢武铉在《联合声明》中表示欢迎中国在三方会谈中发挥的作用,同意韩、日是解决朝核问题的关键参与者,俄罗斯与别的国家也可以在多边外交中发挥建设性作用。③

6月1日,应邀出席在法国埃维昂举行的八国集团峰会的胡锦涛主席与布什总统举行会晤。布什重申了与相关国家一起,与中国以及美国在东北亚的盟国韩、日一起谋求朝核问题和平解决的强烈愿望,他特别感谢中国4月在北京做东举办三方会谈,并称,美国认为自己对朝鲜的行为没有足够的影响力,而且朝核问题不是美朝之间双边的问题,而是该地区各国的问题,因此美国仍然主张举行多边的谈判。中方向美方转达了朝方的要求:在多边会议中应该有美朝双边的接触。布什表示,如果在多边会议中,朝方在谈判桌的一角看着我们,直接对我们说些什么,我们会倾听他们,而且很显然,我们也会对他们这样做的。④

中国继续进行外交斡旋,各方之间也在进行频繁磋商,为即将举行的六方会

---

① 《"朝美中三方会谈"的促成,中国立下了头功》,http://enjoy.eastday.com/epublish/gb/paper464/1/class046400004/hwz1093305.htm。

② 转引自朱锋:《国际关系理论与东亚安全》,第223页。

③ The White House, "Joint Statement between the United States of America and the Republic of Korea", May 14, 2003, *Washington File*, May 16, 2003, pp.3—6.

④ The White House, "Background Press Briefing by a Senior Administration Official on the President's Meeting with Chinese President Hu", June 1, 2003, *Washington File*, June 3, 2003, pp.2—7.

谈进行准备。7 月 12 日至 20 日,外交部副部长戴秉国作为中国政府特使先后出访俄、朝、美,与相关各方进行沟通,并分别向金正日和布什转交胡锦涛的亲笔信。在朝鲜,戴秉国与外务省第一副相姜锡柱举行会谈。姜锡柱表示,朝鲜国家小,纵深浅,没有回旋的余地。朝方的基本目标还是要与美国和平共处。在会谈形式上,朝方主张举行完全的双边会谈。他希望中国帮助朝方推动朝美双边会谈。戴秉国强调,中方的判断是北京会谈进程如不尽快恢复,朝核问题存在脱离和平解决轨道的严重危险。朝核问题的发展无非是两种前景:经过各方努力继续和平进程,或者脱离对话轨道,美国施压、封锁,直至半岛发生冲突。戴秉国明确表示了中国政府的立场:发展核武器并不能保障朝鲜的安全,反而可能危及朝鲜自身安全。朝鲜希望拥有核武器之后再同美国谈判,这种想法不现实。中国认为,应以"弃核"换取安全保障,这是和平解决朝核问题的两大不可分割的要素。朝鲜弃核可以赢得广泛的国际同情和支持,生存和发展的空间将大为拓展,中方和国际社会也将更有理由要求美国提供安全保障和集体保障朝鲜的安全。

金正日会见了戴秉国,并表示:朝方对会谈的立场是,只要有实质内容,不管形式如何都可以接受,但问题是美国对朝鲜采取什么立场。半岛无核化旨在防止战争,捍卫朝自身安全,无核本身不是目的。金正日同意举行新一轮三方会谈。①

带着朝方的信息,戴秉国又越洋过海,奔赴美国。他会见了赖斯、鲍威尔和拉姆斯菲尔德,一再表示,中方认为制裁、封锁、冲突和战争等手段不应该成为解决朝核问题的选择。目前存在和平解决朝核问题的可能性,应尽最大努力谋求和平解决。中方在任何时候、任何情况下都反对战争。鲍威尔表示同意再举行一次三方会谈,但希望接着就搞五方会谈。戴秉国表示,如果韩、日都参加,希望能把俄罗斯吸收进来,搞成六方会谈。回到北京后,中方又以最快的速度告诉朝方,美方同意再举行一次三方会谈,但是紧接着要扩大至六方会谈。朝方认为,既然美国人愿意跟他们进行直接接触,那就无需再搞三方会谈,可以直接进入六方会谈。②

8 月 1 日,朝鲜外务省发言人发表谈话称,朝已向美国提出就解决核问题直接举行由中、朝、美、韩、日、俄六国参加的会谈,并在此框架内举行朝美双边会谈的方案。同日,布什总统在记者招待会上说,朝鲜同意举行六方会谈"是一个积极的事态发展",由于中国的帮助,"看来我们将有一个多边的论坛",韩、日、俄、中以及美国都将参加这个论坛。③同日,鲍威尔在接受记者采访时表示,任何关

---

① 戴秉国:《战略对话》,第 210—212 页。
② 同上书,第 212—217 页。
③ The White House, "Remarks by the President", August 1, 2003, *Washington File*, August 4, 2003, p.2.

于朝鲜核武器计划的实质性的讨论都必须是"六方之间公平的谈判"。①举行六方会谈的准备工作就绪了。

第二节　六方会谈取得重大阶段性成果

2003 年 8 月 27 日至 29 日,旨在解决朝核问题的六方会谈第一轮会谈在北京钓鱼台国宾馆芳菲苑举行。中国副外长王毅、朝鲜副外相金永日、日本外务省亚大局局长薮中三十二、韩国外交通商部长官助理李秀赫、俄罗斯副外长洛休科夫、美国助理国务卿凯利分别率领本国代表团与会。第一轮会谈主要是参会各方,尤其是朝、美各自阐明自己的立场。双方都强调一揽子解决问题,但双方立场相距甚远。朝鲜要求先解决能源危机和安全关切,恢复向朝鲜提供重油,帮助朝鲜建造轻水反应堆,后谈核计划与导弹问题;美方要求"先弃核",然后再谈提供援助、解除制裁和安全保障,并提出了"全面、可核查、不可逆转地废除朝鲜的核计划"(Complete, verifiable and irreversible dismantlement of nuclear pro-grams, CVID)的要求,反映了布什政府初期不对朝方"错误行为予以奖赏"的立场。朝鲜表示不能接受 CVID 方案。尽管如此,各方之间表现了若干共识。会谈结束后,王毅举行新闻发布会,阐述了各方在会谈中达成的重要共识:

——各方都愿致力于通过对话和平解决核问题,维护半岛的和平稳定,实现半岛的无核化,开创半岛的持久和平;

——朝鲜的安全关切应予解决;

——各方原则上赞成按照分阶段、同步或者并行实施的方式,探讨并确定公正、合理的整体计划;

——各方同意在和谈进程中不采取可能导致局势升级或激化的言行。②

在第一轮会谈中及会谈后,朝、美在朝核问题上的主要分歧就已经清楚。第一,是弃核还是冻结。10 月 8 日,朝鲜外务省发言人曾一度表示"以半岛无核化为终极目标"。但后来,他在提出"同步走一揽子解决方案第一阶段行动措施"时,使用的是"不试验和生产核武器,甚至停止用于和平目的的核能工业生产"。此后,朝鲜一再强调"以冻结换补偿"。朝鲜提出的方案是:第一步,美国恢复

---

① "Interview by Regional Syndicates, Secretary Colin L.Powell", August 1, 2003. http://www.state.gov/secretaqry/former/powell/remarks/2003/22986.htm.

② 晋林波:《朝核问题的症结与解决前景》,马振岗主编:《国际战略态势与中国和平发展》,世界知识出版社 2004 年版,第 247 页。

2002 年年底中断的石油供应,增加粮食援助,朝鲜表明"冻结意向";第二步,朝美签署互不侵犯条约,朝鲜"冻结"核计划;第三步,美、日与朝建交,朝不再试射和输出导弹;第四步,美国继续轻水反应堆建设工程,直至完成,朝鲜拆除其核设施。美国认为"冻结"必须是弃核的第一步,否则就没有意义。因为"冻结"后可以随时解冻,是可逆转的。朝鲜必须公开表示弃核意向,全部公开其核开发计划,逐步销毁核材料,拆除核设施,接受核查。在朝鲜没有表示完全弃核前,在"冻结"阶段不提供任何"补偿",但它不反对别的国家提供补偿。

第二,关于安全保证。朝鲜提出,朝发展核武器是为了自卫,因此朝停止其核计划的前提是美国必须提供安全保证,方式是朝美之间签订互不侵犯条约。美国表示它无意入侵朝鲜,甚至可以有一个文字材料,但绝不同意与朝鲜签署任何双边文件,而且要分阶段提供:朝鲜表示弃核意向后给以"临时安全保证",弃核完成后给以正式安全保证。

第三,美国认定,朝除钚项目外,还有浓缩铀项目,且后者更隐蔽、更危险、更难核查。美国提出的 CVID 方案包括了这两种计划,朝必须承认和公开其浓缩铀计划,并将其纳入弃核管理之中。朝鲜先是含混承认,后坚决否认有浓缩铀计划;朝鲜提出的冻结核计划,都仅仅是钚项目,不涉及浓缩铀项目。

第一轮六方会谈结束后,朝鲜感觉会谈对自己不利,外务省于 8 月 30 日表示,美国在六方会谈中的表现表明会谈"不仅毫无用处,而且在许多方面都是有百害而无一利",已经演变为一场强迫朝鲜解除武装的闹剧,这使朝鲜更加坚信有必要加强核武器项目。10 月朝中社还称,朝鲜已经对 8 000 根乏燃料棒进行了后处理,在把钚转换为军事用途的过程中"已经解决了所有技术问题"。10 月17 日,朝鲜副外相崔寿宪在联合国大会期间告诉记者,"我们已经拥有了核遏制力,并将继续加强这种遏制力"。①其实,朝鲜这种先声夺人的表态更多是为了加强自己在会谈中的筹码,提高要价,但它使启动第二轮会谈变得困难。

中国在六方会谈中起到了东道主、积极的参与者、美朝之间的调停人的三重作用。这是中国第一次在重大的地区安全问题上发挥这样的作用。美国一再对中国的外交努力表示赞赏。2003 年 10 月 14 日,美国家安全事务助理康多莉扎·赖斯就布什出访亚洲举行新闻发布会,谈到朝核问题时,她特别说:"在六方会谈中,我们的地位比在任何双边模式中都要牢固。我特别注意到了中国起了相当显著的作用……总统期待的活动之一就是与中国的胡锦涛主席会晤,对中国所起的作用向他致谢,并与他磋商我们可以怎样往前进展。"②19 日,

---

① 参见王俊生:《朝核问题与中国角色》,第 78—79 页。

② "Press Briefing by National Security Advisor, Dr. Condoleezza Rice, on the President's Trip to Asia and Australia", October 14, 2003, *Backgrounder*, October 14, 2003, pp.3—4.

鲍威尔国务卿在接受有线电视新闻网（CNN）记者采访时说："总统致力于这一问题的外交解决，政治解决……他向中国国家主席胡锦涛表示，'请你们继续发挥你们已在发挥的重要作用，作为我们的前导，担任六方会谈的召集人和参与者'。"①

中方在主持安排会谈方面可以说是煞费苦心，注意了各方面的细节。比如布什政府不同意与朝方进行"双边"接触，甚至禁止使用"bilateral"这个词。中方在芳菲苑的会场里特意安排了一些小桌子，以方便各代表团（主要是朝美代表团）进行双边接触。这种同在一个屋檐下的双边接触不算单独会谈，没有违反布什的规定，为朝美双方的接触提供了便利。在欢迎宴会上，外交部长李肇星是主人，主人的右边是朝鲜代表团团长，以显示中朝友邻关系，左边是俄罗斯代表团团长，美国代表团团长被安排在朝方团长的旁边，而在整个宴会期间，李肇星的多半时间在与俄罗斯代表团团长交谈，从而给朝美代表团团长交谈提供了方便。②

10月19日，胡锦涛在曼谷出席亚太经合组织峰会期间会见布什，关于朝核问题他说，国际社会普遍认为北京六方会谈对和平解决朝核问题是有益的，这一进程应继续下去。中方坚持维护朝鲜半岛的和平与稳定，支持半岛无核化，同时主张妥善解决朝鲜合理的安全关切。中方将继续为通过对话和平解决朝核问题而努力。有关各方应努力为推进这一进程创造条件。中方愿就朝核问题同有关各方加强磋商和合作。③布什在与胡锦涛会晤后的记者招待会上说："我要感谢胡主席在北京会谈中的领导作用。我们讨论了如何推进北京会谈。我们讨论了如何达到我们共同的目标，那就是无核化的半岛，同时在六方会谈的框架中照顾朝鲜的安全关切。所以我们进行了富有建设性的对话。我要谢谢胡主席。"④布什还说，美国可以向朝鲜提供一个书面的多边的安全担保，表明美国不会进攻朝鲜，但不是与朝鲜签订互不侵犯条约。⑤朝鲜对布什的表态给予了积极回应，表示如果美国是出于与朝鲜共存的意图，并有助于在同步实施基础上实现朝鲜提

---

① "Interview by John King of CNN", Bangkok, Thailand, October 19, 2003, http://www.state.gov/secretary/former/powell/remarks/2003/25346.htm.

② 李肇星：《说不尽的外交——我的快乐记忆》，第105—106页。

③ 《中国政府对朝鲜核问题的立场》，2003年11月27日，http://news.xinhuanet.com/ziliao/2003-11/07/content_1165179.htm。

④ George W.Bush, "Remarks Following Discussions With President Hu Jintao of China in Bangkok", October 19, 2003. Online by Gerhard Peters and John T.Woolley, *The American Presidency Project*, http://www.presidency.ucsb.edu/ws/?pid=612.

⑤ Arms Control Association, "Chronology of U.S.-North Korea Nuclear and Missile Diplomacy", May 2015, http://www.armscontrol.org.

出的一揽子解决方案,朝鲜将予以积极考虑。①10 月 29 日至 31 日,中国全国人大常委会委员长吴邦国率团对朝鲜进行正式访问。吴邦国与朝鲜最高领导人金正日举行会谈,双方宣布原则同意继续六方会谈进程,从而为第二轮会谈的举行铺平了道路。

11 月 6 日,朝鲜驻英国大使李勇浩对路透社记者说,朝鲜拥有可以使用的核装置。2004 年 1 月 8 日至 10 日,朝鲜邀请了美国斯坦福大学教授、曾任能源部下属洛斯·阿拉莫斯国家实验室主任(1985 年至 1997 年)的核科学家希格弗里德·赫克率领的代表团访问宁边核设施。代表团中还有两名曾经访问过平壤的美国参议院外交关系委员会助理,一名此前一直从事与朝鲜谈判工作的国务院前官员。1 月 10 日,朝鲜外务省发言人说,朝鲜向访问宁边核设施的美国非官方代表团展示了其"核遏制力"。他说,"众所周知,是美国迫使我们拥有'核遏制力',我们向美国代表团进行了展示","如果此次访问能有助于消除我们核活动的模糊性,它将被视为今后和平解决朝美之间核问题的实际基础"。赫克后来告知参议院外交关系委员会,他不能确定材料确实是钚,也不能确定是什么时候生产的。②

中国为尽快举行第二轮会谈积极进行外交斡旋,与朝、美等国进行了不同层次的多次协商。2003 年 11 月 6 日至 8 日,中国副外长王毅访美。22 日至 24 日,中方邀请朝鲜副外相金永日来华进行不公开的访问。中方向他介绍了筹备第二轮会谈的情况,强调和谈是解决核问题的唯一正确的选择,谈比不谈好,早谈比晚谈好,谈下去符合朝方利益,拥核不利于保障朝鲜的安全。③2004 年 2 月,朝副外相金桂冠访华。中方又向他强调,只要坚持谈下去,就可以推动形势朝着解决问题的方向进一步发展,最终为朝鲜自身的发展创造好的外部环境。希望朝方抓住机会,既坚持原则,又注意灵活,使美方有兴趣继续谈下去。金桂冠感谢中方所作的努力,朝方在继续进行和谈的态度上有了积极变化。④

2004 年 1 月 6 日,朝鲜中央通讯社称,作为一揽子解决方案的第一阶段措施,朝愿停止试验、制造核武器,甚至停止和平利用核能发电,这是朝方"一个更加大胆的让步",作为回应,美国应该采取"同步"行动,包括将朝鲜从支持恐怖主义国家名单中除名,解除对朝鲜的制裁,并恢复能源援助。⑤

---

① 晋林波:《朝核问题的症结与解决前景》,马振岗主编:《国际战略态势与中国和平发展》,第 248 页。

② Arms Control Association, "Chronology of U.S.-North Korea Nuclear and Missile Diplomacy", May 2015,http://www.armscontrol.org;《美国两个非官方代表团访问朝鲜宁边核设施》, 2004 年 1 月 11 日,http://www.chinaqw.com/node2/node116/node1090/node1091/userobject6ai145692.html。

③④ 戴秉国:《战略对话》,第 218—219 页。

⑤ 王晓波:《布什政府的朝鲜政策——进攻性现实主义的视角》,第 187 页。

第二轮六方会谈前夕,各国继续进行密集的外交磋商:1月13日,中国外交部亚洲司司长傅莹、朝鲜半岛事务大使宁赋魁访美;2月中旬,王毅副外长访问韩国;20日,美国国务院朝鲜半岛特使狄长礼访华,各方之间就第二轮会谈深入交换意见,努力为会谈创造良好气氛。

2月25日至28日,第二轮六方会谈在北京举行。朝鲜代表团团长改由副外相金桂冠出任,其他各国团长不变。本轮会谈的重点是讨论解决核问题的目标和弃核第一阶段措施。朝方强调,只有美国放弃对朝敌视政策,朝方才能放弃核计划,提出"口头对口头"原则作为第一阶段行动措施,即朝鲜冻结核计划,美国相应放弃对朝敌视政策。美方重申,在关切的问题解决以后,美国最终愿意与朝鲜实现关系正常化。在弃核目标上,美方重申 CVID 的概念,各方就此进行了讨论。①

会谈结束后发表了六方会谈开始以来的第一份书面文件《第二轮六方会谈主席声明》。声明确认,第二轮会谈启动了实质问题的讨论,各方表示将致力于朝鲜半岛无核化,并愿本着相互尊重、平等协商的精神,通过对话和平解决核问题,维护朝鲜半岛和本地区的和平与稳定;各方表示愿和平共存,并同意采取协调一致的步骤解决核问题及其他关切。各方同意于2004年6月底之前在北京举行第三轮会谈,并成立工作组,为会谈做准备。②可以看出,声明没有提及具体措施,基本只是各方共同立场的一个再确认。会谈期间,韩国代表团团长李秀赫提出一项建议,向朝鲜提供能源援助,以换取朝鲜冻结核计划并承诺弃核。中、俄都支持这一建议。

第二轮会谈后,凯利于3月2日在参议院外交关系委员会作证时表示,会谈取得进展,为今后在导弹、常规军备、人权关切等诸多方面的讨论打开了可能性,最终可能导致美朝关系正常化。此外,六方会谈也可能超越核问题,演变成为东北亚常设的安全机制。3月4日,鲍威尔在会见韩国外长潘基文时又批驳了一些媒体关于布什政府对朝核问题"不耐烦了"的报道,表示美国致力于通过六方会谈解决朝核问题的承诺坚定不移。③

4月19日至21日,朝鲜最高领导人金正日应邀访华。胡锦涛会晤金正日。两国领导人对北京三方会谈和两轮六方会谈取得的积极成果给予充分肯定,一致同意继续共同推进六方会谈进程,为半岛核问题的最终和平解决作出贡献。

---

① 戴秉国:《战略对话》,第221页。

② 《第二轮六方会谈主席声明》,2004年2月28日,http://news.xinhuanet.com/newscenter/2004-02/28/content_1336687.htm。

③ James Kelly, "Opening Remarks to the Senate Foreign Relations Committee", March 2, 2004; Peggy B.Hu, "Powell Says U.S. Committed to Six-Party on North Korea", *Washington File*, March 3, 2004, pp.11—13, March 5, 2004, p.2.

金正日表示,朝方坚持最终无核化的目标,寻求通过对话和平解决的基本立场没有变化。朝方今后将继续本着耐心和灵活,积极参与六方会谈进程。①金正日访华以后,形势迅速好转。

第三轮会谈于 2004 年 6 月 23 日至 26 日在北京举行。在会谈中,各方都就实质性问题表明了自己的立场。首先,关于弃核换补偿的问题。朝方表示愿意以透明的方式放弃核武器计划,强调核冻结是弃核的第一阶段,愿意为此接受核查。朝方还提出了关于实施核冻结的具体方案。各方对朝方的承诺表示欢迎,并不同程度地作出积极反应。美方重申对朝鲜不持敌对政策,并首次提出了解决核问题的两阶段计划:如果朝方同意首先冻结、然后放弃核计划,就从中、韩、俄取得重油补偿;美、日将草拟多边的安全协议,并开始调查朝鲜的能源需求。同时,美将开始与朝进行关于取消对朝制裁的双边谈判。韩国首次提出了弃核第一阶段的具体实施方案。日本首次表示,在一定条件下对朝鲜的冻结提供能源帮助。中、俄都为推进会谈进程,解决面临的困难提出了重要建议和设想。

其次,关于弃核的范围和方式,美国继续强调 CVID 方式,朝鲜不接受;美国表示可以回避使用 CVID,但仍强调弃核必须是"永久的、可核查的和彻底的",实际上是 CVID 方案的另一种说法。美国还坚持,不管弃核还是冻结,都必须包括所有核项目,既包括钚,也包括浓缩铀;朝鲜仍不承认有浓缩铀计划。

第三,在核查方式上,美国要求由国际原子能机构进行全面核查,朝鲜强调冻结和核查要分两步走,即具体的核查方式应该在达成冻结换补偿的协议后讨论。②

各方达成的重要共识有:第一,各方均同意,实施核冻结并采取相应措施是弃核的第一阶段,授权工作组尽快举行会议,就核冻结的范围、期限、核查以及采取的措施等问题进行更加具体的讨论;第二,通过激烈的讨价还价,在会谈的最后时刻达成共识:"以循序渐进的方式,按照口头对口头、行动对行动的原则,寻求核问题的和平解决";第三,各方审议通过了工作组的概念文件,确定了工作组的职责和运作方式;第四,同意继续举行第四轮会谈。

会谈结束后两天,6 月 28 日,朝鲜外务省发表声明,朝鲜将在生产、试验与转让核武器和冻结"所有与核武器相关的设施以及由这些设施的运转所产生的结果"方面实行"克制",冻结的期限将取决于"补偿是否兑现"。③

---

① 《国家主席胡锦涛同朝鲜领导人金正日举行会谈》,2004 年 4 月 21 日,http://news.sina.com.cn/c/2004-04-21/16073152231.shtml。

② 参见朱锋:《国际关系理论与东亚安全》,第 256—257 页。

③ Arms Control Association, "Chronology of U.S.-North Korea Nuclear and Missile Diplomacy", May 2015, http://www.armscontrol.org。

　　这时,利比亚的核问题得到了解决,①这给布什政府一种希望,朝核问题是否也可以照"利比亚模式"解决。7月23日,博尔顿副国务卿访日期间在东京的记者招待会上说:"利比亚的例子说明,一旦作出销毁大规模杀伤性武器的战略决定,你不必予以冻结,你可以直接作出核查和彻底弃核的决定。""因此我们认为,利比亚模式是重要的。"②鲍威尔也频频接受记者采访,既是对朝鲜喊话,又是施加压力。8月13日,他在接受日本记者采访时说,"我们已经显示了灵活性",美国已经向朝鲜作了安全担保,其他几方也都承诺提供粮食和燃料援助,现在,"我们需要看到进展。我们需要看到一些事情确实发生了,以显示朝鲜绝对是认真的"。③10月19日,他在出访中、韩、日三国之前又接受《远东经济评论》记者采访,并表示:"我们是有耐心的,我们不会改变政策。我们不会进入与朝鲜的直接的双边谈判,因为其他各国有与美国同样的责任",双边谈判是"一个潜在的陷阱,美国可能被朝鲜逼到向朝鲜购买他们其实不会给的东西"。他还说,美国相当相信,朝鲜"是在朝着浓缩铀的方向前进"。④

　　第四轮会谈没有按计划于当年9月举行。2004年是美国的大选年,布什政府发动的两场战争,尤其是伊拉克战争,在美国国内造成社会分裂,尤其是没有找到伊拉克拥有大规模杀伤性武器的证据,更令许多原先支持对伊开战的美国选民感到受了误导。布什连选连任的可能性成了问题。在朝核问题上,虽然六方会谈已经开启,但美国仍然对朝鲜施加高压,立场缺少灵活性。8月23日,布什在威斯康星州发表的竞选演说中将朝鲜领导人称为"暴君",并公然要求朝鲜"解除武装"。朝外务省发言人认为美国没有改变对朝敌视的政策。8月23日至9月3日,美韩举行年度"乙支·焦点·透镜"联合军演,朝鲜提出抗议。9月初,新闻曝

①　利比亚的核计划始于20世纪70年代。长期以来,美国等西方国家对利比亚支持恐怖主义和开发大规模杀伤性武器深怀疑虑,对其实施制裁。2003年3月中旬,伊拉克战争开始前夕,利比亚主动提出与英国政府进行秘密谈判。后在多方斡旋下,利与美、英就大规模杀伤性武器问题进行了多次秘密会谈。同年12月,利正式宣布自愿放弃研制发展大规模杀伤性武器计划,接受国际社会的核查。12月28日,巴拉迪率领国际原子能机构专家组视察利首都的黎波里地区4处核设施。据国际原子能机构的初步调查,利比亚的核计划仍处于"低水平、小规模"的铀浓缩试验阶段。2004年1月,国际原子能机构开始正式对利设施进行核查,美英两国为核查工作提供后勤支援。同月,利比亚正式批准了《全面禁止核试验条约》,并正式申请加入《禁止化学武器公约》。利比亚先前就是《不扩散核武器条约》缔约国之一,3月,又签署《不扩散核武器条约》附加议定书,同意国际原子能机构对其核设施进行全面的突击式核查。

②　"Transcript: Speedy North Korean Nuclear Dismantlement Possible, Bolton Says", July 23, 2004, *Washington File*, July 26, 2004, pp.5—11.

③　U.S. Department of Stated, "Interview of Secretary Colin L. Powell by Japanese Journalists", August 12, 2004, *Washington File*, August 16, 2004, pp.2—8.

④　U.S. Department of Stated, "Interview of Secretary Colin L. Powell by Journalists of the Far Eastern Economic Review", October 21, 2004, *Washington File*, October 22, 2004, pp.2—9.

光了韩国曾经在实验室进行铀提炼。所有这些事件结合在一起,朝鲜决定暂不参加六方会谈,直到对韩国核项目有进一步了解后再作决定。11月27日,朝鲜半岛能源开发组织又宣布,将在朝鲜修建轻水反应堆计划再冻结一年。朝鲜作出强硬回应,表示不会重返六方会谈,除非美国政府澄清立场。六方会谈遭遇第一次挫折。

朝鲜此时采取强硬态度的原因之一是在观望美国大选。如果美国政府换届,民主党执政,美方政策可能有所调整,不至于像布什政府那样强硬,朝鲜的去核可能得到更好补偿。虽然第四轮会谈没有如期举行,但美朝双方通过纽约渠道的沟通没有停止。2004年8月、11月、12月,美国参加六方会谈的代表之一、国务院朝鲜半岛特使狄长礼大使与朝鲜驻联合国代表进行了三次会晤。

布什在2004年大选中以微弱多数胜出。2005年1月8日至14日,朝鲜先后接待了由众议员兰托斯和韦尔登率领的美国两党国会议员代表团。朝方向他们表示愿意通过对话和谈判和平解决朝核问题,将视布什第二任期对朝政策来决定是否恢复六方会谈;朝鲜再次强调改善双边关系,只要美国不诽谤朝体制,不干涉朝内政,朝鲜会视美国为朋友。①但布什在第二任期的就职演说中却大谈"民主"、"自由",竟称:"美国的政策是支持在每一个国家、每一种文化中的民主运动和机制的发展,以便达到在这个世界上最终结束暴政的目的。"②新任国务卿赖斯1月18日在参议院外交关系委员会的听证会上又把朝鲜和其他五个国家列为"暴政前哨",称"暴政和绝望孕育出极端主义,会产生威胁美国人和我们朋友的运动"。③布什政府也真够有创造性的,"邪恶轴心"声犹在耳,"暴政前哨"接踵而至,表明美国敌视朝鲜的政策没有根本改变,这对朝鲜当然又是一个刺激,不能不让朝鲜怀疑美国对六方会谈的诚意和真实目的。朝鲜作出强烈反应,于2月10日宣布:"我们已经采取了退出《不扩散核武器条约》的坚决行动,并且制造了用于自卫的核武器,以应付布什政府一贯公然孤立和打压朝鲜的政策",并决定"无限期退出六方会谈"。④

为重启六方会谈,中国政府再次展开了紧急的斡旋。2月5日,戴秉国副外

---

① 王晓波:《布什政府的朝鲜政策——进攻性现实主义的视角》,第87页。

② George W.Bush, "Inaugural Address", January 20, 2005. Online by Gerhard Peters and John T.Woolley, *The American Presidency Project*, http://www.presidency.ucsb.edu/ws/?pid= 58745.

③ "Opening Statement of Dr.Condoleezza Rice at Nominee Confirmation Hearing before Senate Foreign Relations Committee", January 18, 2005, http://www.age-of-the-sage.org/ sharansky/rice_confirmation_speech.html.

④ "White House Report, February 10: North Korea", February 10, 2005, *Washington File*, February 11, 2005, p.2;吴建华:《朝鲜的核意图与美国对朝强硬政策分析》,提交给中国朝鲜史研究会、国务院发展研究中心世界发展研究所主办的"六方会谈与东北亚安全"学术讨论会的论文,2005年12月16日。

长宴请朝鲜驻华大使崔镇洙共庆春节。戴秉国表示,目前可能是恢复六方会谈的合适时机,抓住时机复谈,对朝方有好处。中方相信,金正日总书记会再次作出决断,促成各方尽快回到六方会谈桌上来,使局势继续朝着朝鲜希望的方向发展。崔镇洙表示,朝鲜正在认真研究和分析布什新政府的对朝政策。[①]2 月 21 日,中共中央对外联络部部长王家瑞作为胡锦涛总书记的特使访朝。王家瑞向金正日转达了胡锦涛的口信,中方认为通过六方会谈解决核问题及朝方的合理关切符合中朝双方的根本利益,希望避免局势进一步复杂化并早日重开六方会谈。金正日积极评价中国党和政府为维护半岛和平与稳定所作出的努力,表示"朝鲜坚持半岛无核化,坚持通过对话和平解决问题的立场没有改变"。朝方从来没有反对六方会谈,更不是要退出六方会谈。如果经过各方的共同努力,第四轮六方会谈具备了条件,朝方愿意随时回到谈判桌前。为了向国际社会进一步表明态度,3 月 2 日,朝外务省发表声明,为回到六方会谈提出三个条件:第一,美国收回有关"邪恶轴心"和"暴政前哨"的说法,并就此向朝鲜道歉;第二,放弃旨在实行"政权更迭"的敌对政策;第三,澄清其与朝鲜"和平共存的政治愿望",并在"实践中表现出来"。[②]4 月 2 日,戴秉国又与来访的朝鲜第一副外相姜锡柱举行会谈。姜锡柱表示,第一,如果美国不改变对朝敌视政策,拥核就是朝鲜现阶段的战略选择;第二,六方会谈应该成为讨论全面实现半岛无核化"一揽子方案"的场所,即成为核裁军会谈。戴秉国表示,中方理解朝鲜的安全关切,为了朝鲜的长远发展和根本利益,朝鲜弃核才有安全,才有发展;六方会谈的任务和目标很明确,是不能动摇的,尽快恢复六方会谈是紧迫和必要的。最后姜锡柱表示,朝鲜愿意在朝美秘密接触后尽快重返六方会谈;朝方重返会谈后,可与美国讨论双方关切的问题,寻求相互妥协;朝鲜不向外搞核扩散。[③]

美方尽管拒绝了朝鲜的三项条件,但还是作出了一些姿态。负责亚太事务的代理助理国务卿李维亚 3 月 11 日在布鲁金斯学会发表演讲,强调六方会谈的目的是要"一劳永逸地解决"朝核问题,如果朝鲜愿意完全、可核查地弃核,那么其他各方准备提供临时的多边的安全担保;开始研究朝鲜的能源需求,并确定如何以非核能项目来满足其需要;讨论采取必要的步骤来取消余下的经济制裁;讨论采取措施把朝鲜从支恐国家的名单中删除。[④]3 月 15 日,被提名为助理国务卿

---

① 戴秉国:《战略对话》,第 223 页。

② 参见时永明:《六方会谈与朝鲜半岛局势》,马振岗主编:《中国和平发展国际环境的新变化》,当代世界出版社 2006 年版,第 295 页;王晓波:《布什政府的朝鲜政策——进攻性现实主义的视角》,第 88 页。

③ 戴秉国:《战略对话》,第 224—225 页。

④ "Remarks by EAP Acting Assistant Secretary Evans J.Revere", March 11, 2005, *Washington File*, March 14, 2005, pp.2—6.

的克里斯托弗·希尔在参议院外交关系委员会的听证会上表示,朝鲜的核计划是一个多边的威胁,因此需要多边的解决办法。他表示,只要朝鲜完全地、可核查地、不可逆转地弃核,朝鲜就面临着一个历史性的机遇,可以加入东亚这个非常繁荣的地区的主流,并且使其与国际社会的关系实现积极转型,从发展贸易和投资机会以及援助中获益。①

同时,半岛南北关系趋向改善。卢武铉总统自2003年执政以来延续了其前任金大中的"阳光政策",实行"和平与繁荣的政策",他在2005年3月22日的一次演讲中表示:"我们要扮演'均衡者的角色'以保证东北亚和朝鲜半岛的和平与繁荣"。30日,外长潘基文在向总统提交的《2005年度工作计划》中提出韩国外交的目标,指出,韩国要在面向未来的韩美同盟的基础上,在东北亚扮演"均衡者"的角色,展开"均衡务实外交"。在对朝关系上,卢武铉政府几乎不理睬美国要求对朝鲜保持高压的政策,而将帮助朝鲜稳定经济作为其政策重点,积极恢复南北高层对话,促进经济交流和民间往来,增进双方互信,推动六方会谈。5月19日,韩朝双方决定恢复已中断一年多的部长级对话。6月17日,朝鲜最高领导人金正日接见了来访的韩国统一部长官郑东泳。22日至23日,韩朝第15次部长级会谈在首尔举行,双方达成12项协议,取得丰硕成果。②南北双方的和解为六方会谈的恢复创造了良好气氛。

---

① "Ambassador Christopher Hill's Confirmation Hearing Statement before Senate Foreign Relations Committee", March 15, 2005, *Washington File*, March 16, 2005, pp.2—5. 有的美国学者认为,在布什的第二任期,希尔本人在布什政府对华政策和对朝政策制定中的作用不可低估。希尔曾任驻韩国、波兰、马其顿大使,科索沃特使,在六方会谈的后半段,他是美方的关键角色。在中层官员中,像他这样可以直接向总统汇报和请示是鲜有先例的。Chi Wang, *George W.Bush and China* (Lexington Books, 2009), p.XIV. 但也有前政府官员对希尔颇有微词。如布什第一任期的助理国务卿帮办薛瑞福就说,希尔过于重视中国在朝核问题中的作用,因此也太看重了美中关系,而忽视了美日关系。他希望打开美国对朝关系,甚至为此打压美国的盟友日本,当日本代表提出绑架问题时他总是说,那与核问题无关,把参加六方会谈的日本代表边缘化。对薛瑞福的访谈,2014年11月20日。
　　"绑架日本人问题"是指朝鲜于1977年到1988年多次在日本本土以及欧洲绑架日本人的事件。2002年9月,金正日在日朝两国首脑平壤会晤时承认朝鲜曾在日本沿海地区绑架过多名日本人,并为此道歉。外务省表示将让受害者回国。随后一份20多人的受害者名单出台。以后日朝经过多次磋商,已有多人回日本。朝鲜说,绑架问题已经解决,日本表示,还有多人下落不明。朝鲜称,部分受害者已经死亡或者无法查证是否曾经进入朝鲜。这个问题一直是朝日关系中一个高度敏感的问题。

② 参见时永明:《六方会谈与朝鲜半岛局势》,马振岗主编:《中国和平发展国际环境的新变化》,第301—302页。根据韩国统一部介绍,2005年韩朝间贸易预计达到10亿美元,双方陆路交通已经开通,正在谈判空路交通。下一年将有300家韩国企业进入开城工业园区,此后三年将另有1000家企业进入。双方通过军事高层对话,建立了在西海防止偶发事件导致冲突的互信机制。

　　布什政府第二任期进行了人事调整，国务卿鲍威尔卸任，接替的康多莉扎·赖斯是布什圈子里的人，与布什家族关系年深月久，在外交事务中较之前任有更大的授权。2005 年 4 月接替凯利的克里斯托弗·希尔同样属于务实派；并由于一些保守派离任（沃尔福威茨转任世界银行行长，博尔顿改任驻联合国大使），切尼对外交政策的影响力明显下降，务实派开始重新规划对朝鲜的政策，接受朝鲜现政权为对话和接触的对象，并实行更加灵活、务实的谈判策略，愿意通过提供能源援助、政治交往，甚至开启正常化谈判来说服朝鲜作出让步，并最终弃核。新任助理国务卿、美方出席六方会谈的代表团团长希尔在其中起了关键作用。美国还加强了与中方的协调，给六方会谈带来一些新的积极因素。

　　赖斯于 3 月访问中、韩、日三国。3 月 20 日，在与韩国外长潘基文的记者招待会上双方表示强烈支持通过六方会谈来解决朝核问题。赖斯表示，六方会谈"是一个最好的场所，在这里朝鲜可以得到它希望得到的尊重，可以得到它需要的支持"。她还说，美朝之间的讨论将在六方会谈的框架下进行，因为朝鲜半岛的无核化是一个地区问题，与其他各方利害相关。同日，赖斯在接受韩国广播公司采访时又说："总统、前国务卿鲍威尔和我本人都对朝鲜人说，我们无意进攻朝鲜，或入侵朝鲜。六方准备在六方会谈的框架内给朝鲜以安全担保，六方会谈也准备评估朝鲜的能源需求。我们美国是对朝鲜最大的人道主义援助的提供者……我们并不把人道主义援助与六方会谈挂钩。"①

　　5 月 8 日，朝鲜外务省发表声明说，基于美国宣布尊重朝鲜主权，以及准备在六方会谈中进行美朝对话的报道，朝鲜希望与美国官员直接会面加以确认。13 日，国务院官员狄长礼与朝鲜常驻联合国副代表韩成烈进行了工作层面的接触。朝方表示，他们仍然承诺于六方会谈，但不同意在一个确定的时间回到谈判桌旁。②5 月 26 日，众议院国际关系委员会亚太小组举行听证会，主席李奇在致辞中表示，如果朝鲜政府改变其战略方向，那么它就可以为国际合作与友谊建立基础，从而为国家带来繁荣。平壤具有影响历史进程的力量，这将大大有利于朝鲜的国际形象及人民的福祉。6 月 6 日，上述美朝官员再次在联合国总部举行会晤，此次会晤被广泛视为朝鲜将重返会谈的"积极信号"。同日，赖斯在会见记者时表示，"布什总统和她自己没有为［解决朝核问题］设定最后期限，他们仍然相信六方会谈是有生命力的"，美国也无意在近期内寻求联合国

---

① Condoleezza Rice, "Remarks with South Korean Foreign Minister Ban Ki-Moon", March 20, 2005；"Rice Urge North Korea to Return to Six-Party Talks", March 20, 2005, *Washington File*, March 22, 2005, pp.13—17.

② "Dealing with North Korea's Nuclear Programs", Statement of Christopher Hill, June 14, 2005, *Washington File*, June 15, 2005, pp.2—4.

对朝鲜的制裁。6月17日,金正日在会见韩国统一部长官郑东泳时确认,"如果可以确定美国把朝鲜当成一个伙伴来尊重,那么朝鲜最早可能在7月重返六方会谈"。①

7月初,朝鲜外务省美洲局局长兼六方会谈朝方副代表李根应邀出席由美国外交政策全国委员会举办的"东北亚安全"学术讨论会,并与美方官员进行了多种形式的接触。9日,金桂冠与希尔在北京举行秘密会晤,双方同意在当月25日开始的那周内重开六方会谈。据朝中社报道,美方在会晤中向朝方澄清,美国承认朝鲜是一个主权国家,美国无意入侵朝鲜,并准备在六方会谈的框架内与朝方进行双边会谈。②7月13日,金正日在会见胡锦涛主席特使、国务委员唐家璇时表示,实现半岛无核化是朝方的努力目标,希望六方会谈机制成为实现半岛无核化的重要平台。朝方期待下一轮会谈如期举行并取得积极进展。③

7月中旬,赖斯出访东亚四国。7月10日,在北京与中国外长李肇星的联合记者会上,赖斯说:"我尤其要感谢中国政府,特别是李外长本人,感谢你们为恢复六方会谈所作的努力。我们同意,那只是第一步,真正的问题是要在会谈中取得进展。但中国确实非常努力,为此我感谢你们。"12日,在与日本外相町村信孝的联合记者会上,她又强调,"我们确实需要朝鲜作出一个他们真正准备放弃核武器的战略决定,否则会谈是不能取得成功的。"④

7月,韩国提出可以通过输电线直接向朝鲜提供200万千瓦的电力援助,解决其电力短缺问题,而不必耗费46亿美元巨资建造轻水反应堆。⑤

---

① "White House Report, May 19: North Korea", May 20, 2005; "Statement by Representative James A.Leach, Chairman, Subcommittee on Asia and the Pacific, Hearing on 'United States Interests in Northeast Asia", May 26, 2005; "Rice Says Decision To Seek Sanctions to North Korea Is Not Imminent", June 6; *Washington File*, May 20, p.12; May 27, pp.21—23; June 7, p.2. 时永明:《六方会谈与朝鲜半岛局势》,马振岗主编:《中国和平发展国际环境的新变化》,第295页。

② Arms Control Association, "Chronology of U.S.-North Korea Nuclear and Missile Diplomacy", May 2015, http://www.armscontrol.org.

③ 《金正日在平壤百花园迎宾馆会见唐家璇》,2005年7月13日,http://www.cctv.com/news/world/20050713/102833.shtml。

④ U.S. Department of State, "Remarks by Secretary of State Condoleezza Rice and Chinese Foreign Minster Li", July 10, 2005, *Washington File*, July 12, 2005, pp.10—11. "Joint Press Availability, Secretary of State Condoleezza Rice and Japanese Foreign Minister Nobutaka Machimura", July 12, 2005, *Washington File*, July 13, pp.2—6.

⑤ 见张慧智:《六方会谈中的对出能源与经济援助》,提交给中国朝鲜史研究会、国务院发展研究中心世界发展研究所主办的"六方会谈与东北亚安全"学术讨论会的论文,2005年12月16日。

　　7月26日，第四轮六方会谈第一阶段会议在北京举行。外交部副部长武大伟和美助理国务卿希尔分别任中美两国代表团团长，其他各国团长不变。此轮会谈与上轮会谈相隔了一年又一个月，而且已经是第四轮会谈，所以与会各方都认定，会议应该取得实质性成果，否则六方会谈将难以继续。各方都表现了极大的诚意和耐心，美朝之间举行了前几轮会谈中从未有过的多次双边接触。但是双方分歧仍然过大，尤其是美方坚持要朝鲜承认浓缩铀项目，朝方坚决否认，会谈一度陷入僵局。8月2日，希尔接受记者采访时说："中方确实做了很好的工作来满足各方的需要，中方确实努力试图让本轮会谈达成决议"，中方已经拟就一个草案，有关各方正在"非常仔细地审议"，总的说来，这是个很好的草案，问题是接下来怎么办？各方能达成一个协议吗？或者各方说，我们要回国进行更多的商议？还是干脆就不能达成协议？……他希望能把迄今为止取得的成果"锁定下来"。①4日，希尔再次在记者会上表示，虽然会谈进行了十一天还没有达成协议，但与会各方"愿意不折不挠地坚持下去"。他表示，在中断了一年多之后，第四轮会谈旨在达成一项原则协议，以便为最终的全面协议奠定基础。"只要有用，我们在这里该待多久就待多久。"②5日，希尔又对记者说，关于协议，"还存在着一些实质性的分歧，我们不能就把它们模糊过去"。分歧之一是朝鲜和平利用核能。希尔说，"过去朝鲜就把科研用的反应堆变成了制造武器的反应堆，所以谈到核技术，我们必须非常非常谨慎"。他还说，核查也是协议草案的一部分，现在要确定的是，一切都需要进行核查，至于如何核查是下一步要确定的事情。国际上有核查的通行做法。"我现在关注的不是核查本身，而是对什么进行核查。"他再次称赞中方做了很好的组织工作。③

　　会议直开到8月7日，因持续时间过长，不得不休会。各方同意，此为第一阶段。会议发表的主席声明称，为了使各方代表团回国向各自政府报告会谈进展，进一步研究各自立场，以解决尚存的分歧，会谈决定暂时休会，但各方将继续保持沟通与磋商。下一阶段会议拟于8月29日开始的一周举行，具体日期另定。④同日，希尔在记者会上说，过去十三天里有关各方已经取得了许多共识，但

①　"U.S. Lauds China's Efforts on North Korea Six-Party Talks", August 2, 2005, *Washington File*, August 4, 2005, pp.6—8.

②　"Transcript：Six Party Talks Making Progress, But No Final Agreement Yet", August 4, 2005, *Washington File*, August 5, 2005, pp.2—5.

③　"Transcript：Six Party Negotiations Seek To Hammer Out Remaining Differences", August 5, 2005, *Washington File*, August 6, 2005, pp.2—6.

④　《第四轮六方会谈第一阶段会议发表主席声明》，2005年8月8日，http://gb.cri.cn/3821/2005/08/07/1405@651040.htm。

未能弥合余下的分歧。他提到了一个分歧：朝鲜要求拥有用于发电的轻水反应堆，而美国不赞成，认为"这简直就不在讨论的议程之中"，美国不相信，朝鲜会仅仅把反应堆用于发电。韩国提出了一个解决朝鲜能源问题的一揽子建议。希尔说，他理解朝鲜弃核的难处，朝鲜已经为此努力了几十年，但对此的补偿也是非常慷慨的，包括与国际社会的关系正常化。①

8月17日，希尔在对亚洲协会的讲话中表示，六方会谈显示了各方之间的合作关系，尤其是美中之间在共同关注的问题上的合作。"我们确实找到了相互进行沟通和合作的方式"，中国在会谈中发挥了非常重要的作用，中国不仅是东道主，而且是一系列协议的起草者。"他们所做的基本上是，把各方的意见记录下来，然后把它融合成一个草案，这是一个使各方继续合作共事的很好的办法。"希尔还表示，六方会谈可以成为"东北亚的胚胎结构"，在此基础上建立起双边和多边的联系。②

就是在休会期间，布什于8月19日任命了前美国驻联合国人权委员会代表列夫科维茨为"朝鲜人权特使"。国务院发言人麦科马克说，这是根据美国法律作出的决定，与六方会谈无关。布什政府可以这样轻松地进行解释，但在这种十分敏感的时刻，美朝之间的任何事态都可能影响到六方会谈。无独有偶，22日，美韩又开始进行"乙支·焦点·透镜"大规模联合军事演习，1万名美国士兵，其中5 000名是驻韩美军，另外5 000名是从别处调来的，参加了演习。美国国务院发言人解释说，演习是防御性的，并不对朝鲜构成威胁。③他又说得很轻松，但这两起一文一武的事件接连发生，显然破坏了会谈的政治气氛。朝鲜对这两起行为进行了谴责，认为这破坏双方的信任，并将复会时间推迟到9月12日开始的一周。

9月13日，在纽约出席联合国一般性辩论的胡锦涛主席与布什总统进行正式会晤。两位领导人均表示要为通过对话和平解决朝核问题继续努力。

同日，第四轮会谈第二阶段会议在北京开幕。根据美国情报部门的消息，朝鲜拥有的核武器已经从原来的2枚增加到8枚，美国方面的紧迫感无疑大大加强了。美方采取了更务实的立场：不再坚持要求朝鲜承认浓缩铀项目，美国也愿意放弃在冻结阶段不提供能源补偿的态度，和其他国家一起参与对朝能源援助。但谈判在轻水反应堆问题上卡住了。朝方提出，这是问题的关键，

① "Transcript: Six Party Talks make Progress, But Gaps in Agreement Remain", August 8, 2005, *Washington File*, August 9, 2005, pp.3—7.

② Todd Bullock, "U.S. Hopes Six-Party Talks Can Be Model for Northeast Asia", August 18, 2005, *Washington File*, August 19, 2005, pp.5—6.

③ Todd Bullock, "U. S. Optimistic that North Korea Still Committed to Talks", August 29, 2005, *Washington File*, August 30, 2005, p.14.

"除非得到轻水反应堆,朝鲜不会放弃现在的核项目"。美方表示,除非朝鲜放弃现在的核项目,它不可能回到《不扩散核武器条约》;只要它还不是这个条约的成员国,它就没有资格拥有和平利用核能的权利,也没有国家会向它转让核材料。但希尔仍然表示,他对此"是有耐心的,只要能取得进展,我们在这里待多久都行"。①

又经过了数天艰难的反复讨论,中方在听取各方意见基础上对草案六易其稿,平衡各方关切,提出了折中方案,并且耐心做各方的工作,促使各方达成妥协。9 月 17 日晚,这天正是中国的中秋节前一天的晚上。外交部副部长戴秉国邀请六国代表团长出席中秋节赏月活动,晚宴从晚上 8 时持续到午夜,给代表团团长们最后的非正式协商提供了充分的时间。次日,六方终于就《共同声明》达成一致。鉴于这个声明是会谈开始以来第一个共同声明,为解决朝核问题确定了重要的指导原则,兹全文引录如下:

第四轮六方会谈共同声明

2005 年 9 月 19 日,北京

2005 年 7 月 26 日至 8 月 7 日和 9 月 13 日至 19 日,中华人民共和国、朝鲜民主主义人民共和国、日本国、大韩民国、俄罗斯联邦、美利坚合众国在中国北京举行了第四轮六方会谈。

中国外交部副部长武大伟、朝鲜外务省副相金桂冠、日本外务省亚洲大洋洲局局长佐佐江贤一郎、韩国外交通商部次官补宋旻淳、俄罗斯外交部副部长阿列克谢耶夫、美国负责东亚和太平洋事务助理国务卿克里斯托弗·希尔分别率团与会。

中国外交部副部长武大伟主持会谈。

六方从朝鲜半岛和东北亚地区和平与稳定出发,本着相互尊重、平等协商的精神,在前三轮六方会谈共识基础上,围绕实现朝鲜半岛无核化目标,进行了认真、务实的会谈,达成如下共识:

一、六方一致重申,以和平方式可核查地实现朝鲜半岛无核化是六方会谈的目标。

朝方承诺,放弃一切核武器及现有核计划,早日重返《不扩散核武器条约》,并回到国际原子能机构保障监督。

美方确认,美国在朝鲜半岛没有核武器,无意以核武器或常规武器攻击或入侵朝鲜。

韩方重申其依据 1992 年《朝鲜半岛无核化共同宣言》不运入、不部

---

① "Transcript: Six-Party Talks Stall over Issue of Light-Water Reactors", September 15, 2005, *Washington File*, September 16, 2005, p.10.

署核武器的承诺,并确认在韩国领土上没有核武器。

1992年《朝鲜半岛无核化共同宣言》应予遵守和落实。

朝方声明拥有和平利用核能的权利。其他各方对此表示尊重,并同意在适当时候讨论向朝提供轻水堆问题。

二、六方承诺,根据《联合国宪章》宗旨和原则以及公认的国际关系准则处理相互关系。

朝方和美方承诺,相互尊重主权,和平共存,根据各自双边政策,采取步骤实现关系正常化。

朝方和日方承诺,根据《日朝平壤宣言》,在清算不幸历史和妥善处理有关悬案基础上,采取步骤实现关系正常化。

三、六方承诺,通过双边和多边方式促进能源、贸易及投资领域的经济合作。

中、日、韩、俄、美表示,愿向朝提供能源援助。

韩方重申其2005年7月12日提出的有关向朝提供200万千瓦电力援助的方案。

四、六方承诺,共同致力于东北亚地区持久和平与稳定。

直接有关方将另行谈判建立朝鲜半岛永久和平机制。

六方同意探讨加强东北亚安全合作的途径。

五、六方同意,根据"承诺对承诺、行动对行动"原则,采取协调一致步骤,分阶段落实上述共识。

六、六方同意于2005年11月上旬在北京举行第五轮六方会谈,具体时间另行商定。①

这是一份全面、均衡的协议,既注重了国际社会维护核不扩散体系的关切,也关注了朝鲜的安全考虑及经济需求;朝鲜方面和其他五方都以向前看的态度承担了相应的义务,作出了相应的承诺:朝方第一次这样明确地作了弃核承诺,美方明确地对朝鲜作出了安全担保,并表示了改善美朝关系的愿望;有关各方尊重朝鲜和平利用核能的权利;各方确认了解决朝核问题的原则:"承诺对承诺、行动对行动";各方都表示致力于东北亚地区持久和平与稳定。声明中应朝方的坚持要求写入了轻水反应堆的问题,但用了比较模糊的措辞,表明在这个问题上尚有分歧;声明中没有提到的一个问题是朝鲜究竟有哪些核设施,也就是除了朝鲜已经承认的钚项目,美方从2003年以后一直怀疑的浓缩铀项目到底存在不存在;声明中也没有涉及如何进行核查的问题。不能要求一个声明就把所有问题

---

① 《第四轮六方会谈共同声明》,2005年9月19日,http://news.xinhuanet.com/world/2005-09/19/content_3511768.htm。

都讲清楚。声明是六方会谈的一个阶段性突破，是有关各方经过艰苦努力，求同存异，相互妥协，发挥集体智慧得出的一个可贵可喜的成果，自然离不开中国的外交智慧和不屈不挠的努力。这也表明，六方会谈是有用的、有效的，有关各方，尤其是美朝之间是可以作出理智的妥协达成共识的。六方还同意在 11 月复会，讨论履行《9·19 共同声明》和核查的问题。

10 月 28 日至 30 日，应金正日邀请，中共中央总书记、国家主席胡锦涛对朝鲜进行正式友好访问。金正日率党政军主要领导人到机场迎接。胡锦涛提出发展中朝关系的四点建议，双方领导人都表示坚持半岛无核化，坚持对话和平解决半岛核问题，充分肯定《9·19 共同声明》，承诺继续推进六方会谈，并本着互利合作、共同发展的原则，发展两国的经济关系。访问期间，两国还缔结了一系列经济技术合作协定。胡锦涛结束访问离开平壤时，金正日再次到机场送行，显示了对朝中关系的高度重视。

第三节　六方会谈进程中断

《9·19 共同声明》刚刚达成，朝美对其内容就作出了不同的解释。9 月 20 日，朝鲜外务省表示，美国及早向朝鲜提供轻水反应堆是"至关重要的"，美国"甚至不要梦想"朝鲜在得到轻水反应堆之前放弃"核威慑"。[1]美方针锋相对地表示，声明没有规定提供轻水反应堆。9 月 20 日，赖斯在纽约联合国总部会见记者时说：朝鲜不是《不扩散核武器条约》的成员，他们没有同意国际原子能机构（IAEA）的保障监督，他们正在采取的军事举措明显不符合该条约成员的国际义务，《9·19 共同声明》只是说，"在适当时候讨论向朝提供轻水堆的问题"。国务院副发言人艾瑞里也表示，只有在朝鲜放弃了核武器，回到《不扩散核武器条约》，并履行 IAEA 的保障监督措施时，才有可能考虑民用的轻水反应堆的问题。[2]

2005 年 11 月 9 日至 11 日举行了第五轮会谈，讨论如何落实《9·19 共同声明》中阐明的各项原则。朝鲜提出了一个五步走的方案：第一，朝鲜首先停止一切形式的核试验；第二，朝鲜将停止进一步的核武器生产活动，并同意在此期间

---

[1]　Arms Control Association, "Chronology of U.S.-North Korea Nuclear and Missile Diplomacy", May 2015, http://www.armscontrol.org.

[2]　Jane A. Morse, "U.S. Stance on North Korea Clear: No Compliance, No Nuclear Energy", September 20, 2005, *Washington File*, September 21, 2005, pp.5—6.

不向其他国家输送任何核技术和核原料;第三,朝鲜将先暂停核计划;第四,朝鲜最终放弃核计划,并允许外界对其核设施进行检查;第五,朝鲜将重返《不扩散核武器条约》。其他各方也提出了自己的方案。①

就在《9·19共同声明》达成前夕,9月15日,美国财政部对澳门汇业银行作为"主要的洗钱银行"提出指控。财政部的新闻通报称,该银行为朝鲜"政府机构和一些挂名公司提供服务",而"有证据表明,这些机构和公司从事了非法业务",如贩毒。澳门汇业银行冻结了朝鲜的账户,涉案金额为2 500万美元。财政部还指控朝鲜政府伪造、贩卖美元。10月21日,财政部宣布对8家朝鲜实体实行金融制裁,冻结其在美资产,禁止这些公司与美任何公司及个人之间的交易。②这给朝鲜的海外账户以沉重打击,许多国家的银行断绝了与朝鲜的往来。

对于美国提出的这一问题,朝鲜起先采取比较现实和克制的态度。在第五轮六方会谈第一阶段会议上,朝美双方商定,要就此问题举行双边团长级会议。但此后,美国却改口称只能派财政部官员向朝方解释金融制裁的问题,而不是商谈解决办法,而且希尔及其副手也不会出席。朝鲜对此作出回应,于11月30日正式通知美方,取消原计划12月中旬在纽约的会谈。12月6日,朝鲜以要求美国先行解除对这些企业的金融制裁为由,拒绝继续参加六方会谈。12月13日,朝鲜政府机关报《民主朝鲜》载文称,朝鲜不能一边受到美国的制裁,一边与美国讨论核问题,"金融制裁给朝鲜造成了极度的经济孤立和财政困难",如果不通过磋商解决金融制裁,朝鲜就不会参加六方会谈。③2006年1月3日,美国国务院发言人麦科马克、白宫发言人麦克莱兰分别在记者招待会上表示,财政部对8家朝鲜公司和澳门汇业银行的制裁"事关保卫我们的国家利益","不是一个可以谈判的议题",它与六方会谈无关。④朝核问题的形势再次

---

① 参见时永明:《六方会谈与朝鲜半岛局势》,马振岗主编:《中国和平发展国际环境的新变化——2005年国际形势研讨会文集》,第304页。

② Arms Control Association, "Chronology of U.S.-North Korea Nuclear and Missile Diplomacy", May 2015, http://www.armscontrol.org. 在此之前,布什于6月签署行政命令,对参与协助朝鲜获取生、化、核武的机构进行制裁,冻结了朝鲜、伊朗和叙利亚的8家涉嫌卷入大规模杀伤性武器扩散的公司资产。10月21日,美国再次宣布将8家朝鲜企业列入黑名单,冻结其在美资产。参见时永明:《东北亚面临选择》,马振岗主编:《建设和谐世界的战略环境与理论探索——2006年国际形势研讨会文集》,当代世界出版社2007年版,第301页。

③ 参见时永明:《东北亚面临选择》,马振岗主编:《建设和谐世界的战略环境与理论探索——2006年国际形势研讨会文集》,第302页。

④ "Sanctions on North Korea Companies Unrelated to Six-Party Talks", January 3 2006; "White House Report, January 3: Iran, North Korea", January 3, 2006, *Washington File*, January 4, p.2; January 5, 2006, pp.7—8.

出现逆转。

2006 年 1 月，朝鲜最高领导人金正日对中国进行了非正式访问，在湖北、广东、北京等地进行参观考察。访问给人们留下的印象似乎是，朝鲜把注意力转向经济改革和发展。金正日的这次访问也引起了美国的注意。当时正在中国访问的美副国务卿佐利克对记者表示，金正日对中国的访问将使他"很好地感受到［中国］令人震惊的经济发展"，他的访问"是一个令人非常感兴趣的里程碑，当然对各方来说都还不确定，这条路通向何方"。①

美朝僵持了两个多月后，3 月 7 日，美国助理财政部长帮办达纽尔·格雷泽以及国务院和国安会官员与朝鲜外务省美国局副局长李根等朝鲜官员在纽约会晤，就美国政府反对非法金融行为，尤其是对汇业银行实行的制裁进行了介绍。格雷泽强调说，对汇业银行的制裁的意图不是要制裁朝鲜，因此与六方会谈完全无关。会晤中朝方提出几种办法来消除美方担心，包括成立一个美朝专家委员会来讨论制造假币和洗钱等问题。3 月 17 日，国务院副发言人艾瑞里在记者会上表示，关于对朝金融制裁的问题可以作为六方会谈讨论的潜在问题。②双方态度出现转圜迹象。

4 月上旬，金桂冠在东京东北亚合作国际学术讨论会上发言说，朝鲜能源政策的基本方针是把现在的煤炭和水力发电转向核电。4 月 13 日，金桂冠向媒体表示，如果美国对汇业银行中朝鲜涉案的 2 500 万美元解冻，朝鲜就会立即回到六方会谈。③

美国务院于 4 月 28 日公布了新的《2005 年恐怖主义国别报告》，朝鲜再次名列其中。5 月 31 日，实际由美国掌控的朝鲜半岛能源开发组织执行董事会宣布，由于朝鲜长期没有履行 1994 年《美朝框架协议》的义务，正式决定终止在朝鲜的轻水反应堆项目。④

朝鲜一直希望与美国进行双边谈判，这时又再次邀请美国谈判代表希尔访问平壤，直接与朝鲜对话。白宫发言人托尼·斯诺在 6 月 1 日的记者会上对此予以明确拒绝，表示美国的政策没有变化，美国不会与朝鲜政府进行双边谈判，

---

① "Kim Jong Il's Visit to China a 'Milepost,' State's Zoellick Says", January 26, 2006, *Washington File*, January 27, 2006, pp.16—17.

② "Treasury Briefs North Korea on U.S. Financial System Protections", March 7, 2006, *Washington File*, March 8, 2006, pp.5—6; Arms Control Association, "Chronology of U.S.-North Korea Nuclear and Missile Diplomacy", May 2015, http://www.armscontrol.org.

③ 参见时永明：《东北亚面临选择》，马振岗主编：《建设和谐世界的战略环境与理论探索——2006 年国际形势研讨会文集》，第 302 页；Arms Control Association, "Chronology of U.S.-North Korea Nuclear and Missile Diplomacy", May 2015, http://www.armscontrol.org.

④ "Iran, N.Korea, Syria, Cuba Head State Sponsors of Terror List", *Washington File*, May 1, 2006, pp.4—5.

朝鲜必须回到六方会谈来。①

经过一段时间的僵持,朝鲜于 7 月 5 日试射包括"大浦洞二号"远程导弹和"劳动"中程导弹在内的七枚导弹。对于朝鲜的导弹发射中方事先并不知情。朝鲜试图以此引起国际社会注意,打破对其不利的僵持局面,突破困局。此举遭到国际社会普遍反对。

导弹试射引发相关国家频繁的外交活动。赖斯跟中、俄、韩、日各国外长通电话进行磋商,希于 7 月 6 日访问中、韩、日、俄四国协调立场。在美国政府内部,也明显出现了不同声音。虽然最初美国拒绝将恢复六方会谈与解除金融制裁挂钩,但随着僵局持续,国务院开始指责财政部妨碍会谈进程,而财政部则指责国务院不惜一切代价与朝鲜做交易。②布什也出面表态。7 月 6 日,布什在会见加拿大总理哈珀后的记者会上针对朝核问题说:"我们希望通过外交手段解决这一问题","外交需要一些时间,尤其是当我们与不同的伙伴打交道时。所以我们在外交上花费时间,以便确信有一致的声音"。副国务卿伯恩斯更明确地说,美国不会对朝鲜的导弹发射作出"过度反应"。③

中国再次展开紧张的斡旋。7 月 11 日下午,胡锦涛会见来华访问的朝鲜最高人民会议常任委员会副委员长杨亨燮,并请他带口信给金正日。当天晚上,戴秉国会见朝鲜驻华大使崔镇洙,介绍此次会见的情况,希望朝方以最快的速度将胡锦涛的口信如实报告金正日,希望朝方尽快作出积极回应。④中共中央政治局委员、国务院副总理回良玉又应邀于 7 月 10 日至 15 日率团访问朝鲜并出席《中朝友好合作互助条约》签订 45 周年纪念活动。金正日委托金永南等会见回良玉,并转达致胡锦涛的口信。口信重申朝鲜通过对话协商和平实现半岛无核化的意志未变,同时表示,半岛和东北亚地区出现复杂局势的责任在于美国对朝的敌视政策,是美国对朝鲜制裁压力和反朝阴谋不断升级的结果,朝鲜无法戴着"被制裁"的帽子参加六方会谈。⑤

7 月中旬,胡锦涛主席应邀出席在俄罗斯圣彼得堡举行的八国峰会。16 日晚,胡锦涛会晤布什,再次确认继续推进六方会谈,最终达到通过和平的方式,通过对话和谈判实现朝鲜半岛完全无核化。⑥

---

① "White House Rejects Bilateral Negotiations with North Korea", *Washington File*, June 2, 2006, p.5.

② 参见王晓波:《布什政府的朝鲜政策——进攻性现实主义的视角》,第 89 页。

③ "World Can Deal with North Korea's 'Brinkmanship,' Rice Says", *Washington File*, June 6, 2006, pp.2—3; "Bush Urges Diplomatic Solution to Korean Missile Situation", July 6, 2006, *Washington File*, June 7, 2006, pp.3—4.

④ 戴秉国:《战略对话》,第 224—225 页。

⑤ 同上书,第 230—231 页。

⑥ "U.N. Resolution on North Korea Result of Multilateral Effort", July 16, 2006, *Washington File*, July 17, 2006, pp.2—3.

朝鲜导弹试验遭到国际社会的普遍谴责。日本当即起草了一份安理会决议。在安理会中,美、日等赞成对朝鲜实行制裁,中、俄在制裁问题上有所保留,并于7月12日也提出一份草案。美、日既对中、俄草案表示欢迎,又认为其中有不足之处:没有提到朝鲜的导弹试验是对世界和平的威胁,没有引用《联合国宪章》第七章。①经过数日辩论,7月15日,安理会通过第1695号决议,对朝鲜导弹试射表示严重关切和谴责,认为朝鲜违背了自己先前(1999年、2002年和2005年9月)作出的暂停导弹发射的保证;且没有事先发布通告,因而危害民用航空和海运;危及东北亚地区和域外的和平、稳定与安全,尤其在朝鲜宣称已经研发了核武器的情况下。决议要求朝方重新作出暂停导弹试验的承诺,强烈敦促朝鲜立即无条件重返六方会谈,迅速实施《9·19共同声明》。决议提出"警惕并防止"向朝鲜转让或从朝鲜采购与导弹或大规模杀伤性武器计划相关的物项、材料、货物和技术以及有关金融资源。②在中方努力下,决议最终删除了草案中有关援引《联合国宪章》第七章的内容,避免将朝鲜发射导弹问题直接定性为威胁国际和平与安全,弱化了对朝鲜实施制裁的措施,增加了中方提出的支持六方会谈、各方保持克制、不要采取加剧紧张形势的行动、继续通过政治和外交努力解决问题等内容。③

9月上旬,希尔访问中、日、韩三国。9月7日,希尔在北京向记者表示,美中两国在通过外交途径解决朝核问题上意见一致。他说:"六方会谈一个真正的好处是它使美中两国关系更加接近。我们对中国所做的一切,尤其是在组织和说服各方回到谈判桌旁的工作深表感谢。"④

9月中旬,卢武铉访问美国,14日,在布什与卢武铉会谈后,布什在记者招待会上重申对六方会谈的承诺;卢武铉表示,为了重启六方会谈,韩朝部长级和事务级官员准备密切磋商。⑤

安理会1695号决议通过后,美、日等率先发起对朝鲜的制裁,其他国家也随之实行。9月16日,日、澳宣布对12家与朝鲜的核、化学、生物武器相关的公司实行制裁,此外,日本还制裁了3家公司。制裁的效应无疑是使僵局更难打破。

---

① Judy Aita, "New Draft Resolution on North Korea Not Strong Enough, U.S. Says", July 13, 2006, *Washington File*, June 14, 2006, pp.6—7.

② 《联合国安全理事会1695号决议》,2006年7月15日,http://wenku.baidu.com/view/167b86a1a1c7aa00b52acb76.html。

③ 戴秉国:《战略对话》,第231页。

④ Jane Morse, "U.S. China United in Seeking Diplomatic Solution on North Korea", September 7, 2006, *Washington File*, September 8, 2006, p.6.

⑤ Jane Morse, "Bush, South Korea's Roh Call for Resumption of Six-Party Talks", September 14, 2006, *Washington File*, September 15, 2006, p.6.

随着更多的外国银行停止与朝鲜的业务,朝鲜感觉到经济上的"窒息",10月3日,朝鲜外务省受权发表声明,表示朝鲜将"在安全条件得到充分保证的情况下"在科学研究领域进行核试验,声明还说,朝鲜将不首先使用核武器,"将严格禁止任何……核转让",并将尽其所能实现半岛的无核化。韩、日、俄、美、新加坡等国政府当天表态,对朝鲜的这一声明表示高度关注。白宫副发言人帕里诺3日发表声明说,美国"严重关注"朝鲜外务省的声明,朝鲜如进行核试验将是"不计后果"的行为。正在中东访问的赖斯同日在开罗表示,"这将是非常挑衅性的行为",朝鲜果真进行核试验,将是"与朝鲜在本地区的邻国以及亚太地区的和平与安全利益背道而驰的","本地区国家将重新评估它们对朝鲜的政策"。①联合国安理会6日发表主席声明,要求朝鲜不要进行核试验,避免任何可能导致局势紧张的行动,并且立即无条件重返六方会谈,否则将受到国际社会的"普遍谴责",安理会将根据《联合国宪章》的精神采取行动。②

朝鲜不顾国际社会的警告,于10月9日在咸镜北道吉州郡丰溪里一座360米高的山的地下水平坑道内进行了一次当量约4 000吨TNT炸药的地下核试验。朝鲜官方媒体称,核试验是"百分之百"依靠朝鲜自己的技术进行的,整个过程中没有发生泄漏。

中国政府外交部9日发表声明,对朝鲜悍然实施核试验表示坚决反对。同时表示,实现半岛无核化,反对核扩散,是中国政府坚定不移的一贯立场。中方强烈要求朝方信守无核化承诺,停止一切可能导致局势进一步恶化的行动,重新回到六方会谈的轨道上来。③布什9日在白宫发表简短电视讲话,谴责朝鲜的核试验"违反了国际社会的意愿,国际社会将作出反应",他同时表示,美国仍然承诺通过六方会谈解决朝核问题,并保证美国将对本地区的盟国,尤其是韩、日,完全履行安全承诺。④11日,布什在白宫的记者会上再次表示,为保卫东亚的盟国和朋友的利益,美国保留"各种选择",但美国"继续致力于外交","我们无意进攻朝鲜"。⑤

---

① Stephen Kaufman, "North Korea Nuclear Test Would Be 'A Very Provocative Act'", October 3, 2006, *Washington File*, October 4, 2006, pp.2—3.

② 《联合国安理会发表声明,敦促朝鲜不要进行核试验》,2006年10月7日,http://news.sohu.com/20061007/n245656867.shtml。

③ 《外交部就朝鲜进行核试验发表声明》,2006年10月9日,http://www.jiemian.com/article/499396.html。

④ George W.Bush, "Remarks on the Situation in North Korea", October 9, 2006. Online by Gerhard Peters and John T.Woolley, *The American Presidency Project*, http://www.presidency.ucsb.edu/ws/?pid=24088。

⑤ George W.Bush, "The President's News Conference", October 11, 2006. Online by Gerhard Peters and John T.Woolley, *The American Presidency Project*, http://www.presidency.ucsb.edu/ws/?pid=24077.

有关各方为应对事态进行了紧张的外交活动。外交部长李肇星10月9日下午应约与国务卿赖斯通电话,9日晚应约与英国外交大臣贝克特通电话,10日晚先后同欧盟负责外交和安全政策的高级代表索拉纳和加拿大外长麦凯通电话,与他们就朝鲜半岛最新事态交换意见。

经过几天的紧张讨论,安理会于10月14日一致通过第1718号决议。决议表示"严重关切"朝鲜的核试验,这一试验对《不扩散核武器条约》和旨在加强防止核扩散全球机制的国际努力构成挑战,对区域内外的和平与稳定造成威胁;决议要求朝鲜不再进行任何核试验或发射弹道导弹,重返《不扩散核武器条约》和IAEA的保障监督,立即无条件重返六方会谈,迅速落实《9·19共同声明》,"以完全、可核查和不可逆的方式放弃现有的其他所有大规模杀伤性武器和弹道导弹计划";决议要求联合国成员国对朝鲜实行包括作战坦克、装甲战车、大口径火炮系统、作战飞机、攻击直升机、军舰、导弹或导弹系统,包括零部件在内的相关材料的禁运,并对奢侈品实行禁运,冻结与大规模杀伤性武器相关的个人、公司的资金。中国支持这项决议,同时表示,制裁本身不是目的,制裁必须恰当、谨慎,限制在与核、导弹等大规模杀伤性武器有关的领域,而不是对朝鲜实行全面的海空封锁。中国将继续推动通过六方会谈这一外交途径解决朝鲜核问题。①

10月18日,胡锦涛主席的特别代表、国务委员唐家璇在中央外办主任戴秉国和外交部副部长武大伟陪同下访问朝鲜。19日上午,金正日在平壤会见了唐家璇一行。唐家璇向金正日转达了胡锦涛的口信。双方就中朝关系和半岛局势深入交换了意见。唐家璇访朝之前,曾作为胡锦涛主席特别代表对美国和俄罗斯进行了工作访问。②

10月17日至22日,美国国务卿赖斯出访中、日、韩、俄四国,其目的有四:第一,重申美国对和平解决朝核问题的承诺,就如何落实安理会决议、争取早日重启六方会谈与四国进行磋商;第二,重申美国对保卫韩、日等盟国免遭朝鲜攻击——包括核打击——的承诺;第三,对卢武铉政府施加压力,要求韩在对朝制裁方面与美国保持步调一致;第四,遏制日本试图推翻"无核三原则"的企图。

在日本一直有一股政治势力,对日本"不制造、不拥有、不引进核武器"的原则心怀不满,但凡有机会就企图推翻这一保证。朝鲜核试验后,这股势力又蠢蠢欲动,一些政客煽动对此进行"公开讨论"。10月15日,日本自民党政调会长中

① 《联合国安理会1718号决议》,http://baike.baidu.com/view/cbcd3532ad51f01dc381f192.html。
② 《外交部发言人刘建超在例行记者会上答记者问》,2006年10月19日,http://blog.sina.com.cn/s/blog_4ac1d7080100zkxl.html。

川昭一在朝日电视台的节目中公开表示,有必要讨论日本持核问题,引起国内外舆论哗然。甚至麻生太郎外相本人也在 18 日日本众议院外交委员会听证会上扬言,讨论日本是否应该拥有核武"很重要",他还指责日本政界在第二次世界大战后长期把这一敏感话题视为禁区。日本的动态引起美国高度关注。赖斯在与麻生和安倍晋三首相的会谈中,重申了美国保卫日本的"坚定承诺",强调"美国既有能力,也有意愿满足保卫日本的一切需要,从威慑到对日本的安全承诺"。应加强美、日、韩三国合作,确保联合国安理会制裁朝鲜决议的实施。18 日麻生在会晤赖斯后立即改口,称"日本政府绝对不会考虑有必要核武装自己,在双边同盟将正确运作的情况下,我们没有必要拥有核武器"。安倍在与赖斯会谈后表示,"日本没有必要用核武器进行武装,日本政府完全不持考虑开发核武器的立场",日本继续奉行"不制造、不拥有、不引进核武器的无核三原则,关于日本核政策的争论已经结束"。此后他又多次作了类似的表示。防卫厅长官久间章生也对先前自己的言论作了修改,称了解政府不允许核武器进入领海的立场,不会要求修改"无核三原则"。①这样,美日之间协调了相关问题的立场。

20 日上午,赖斯在钓鱼台国宾馆与李肇星举行会谈,双方对中美关系的发展表示满意。双方介绍了各自在朝鲜半岛核问题上的立场和主张,李肇星强调处理半岛核问题必须着眼长远,中方希望各方保持冷静,以慎重、负责的态度,坚持对话,和平解决这一问题。中方愿同各方加强磋商合作,尽早打破僵局,重启六方会谈。赖斯重申,美方希望通过外交途径解决半岛核问题,必须切实执行安理会 1718 号决议,敦促朝方改弦更张,停止核计划和核活动。赖斯在会见记者时说,中国的行动是"非同一般的,非常重要的"。②赖斯对她的东亚之行显然很满意。10 月 25 日,她在传统基金会的演讲中说:"几年前,在东北亚地区为实现持久和平与稳定而共同努力的前景似乎还相当遥远。而在今天,我们和我们的伙伴在三年多之前开始建立的合作模式正在创造一种新的机遇,我们不仅可以展望将来更广阔的安全前景,而且要一起来实现这种

① "U.S.-Japanese Alliance Reaffirmed in Face of North Korea Threat", October 18, 2006, *Washington File*, October 19, 2006, pp.2—3;《赖斯施压,麻生改口,美国打消日本核武念头》,2006 年 10 月 20 日,http://www.cnnb.com.cn/gb/node2/newspaper/nbrb/2006/10/node68865/node68876/userobject7ai1322478.html;刘俊波《朝鲜核试验之后日本的核选择评估》,马振岗主编:《改革开放 30 年中国国际环境和对外关系的演变与展望》,世界知识出版社 2009 年版,第 441 页。

② 《李肇星与赖斯在钓鱼台国宾馆会谈》,2006 年 10 月 20 日,http://cache.baiducontent.com/c?m;李肇星:《中方希望和平解决朝鲜半岛核问题》,2006 年 10 月 20 日,http://news.ifeng.com/mainland/200610/1020_17_22129.shtml;"A Return to Diplomacy Is Key, Rice Says", October 21, 2006, *Washington File*, October 23, 2006, pp.3—4.

前景。"①

根据中方建议,10 月 31 日中、朝、美三国的六方会谈团长在北京举行非正式会晤,就继续推进六方会谈进程坦率、深入地交换意见,一致同意在近期举行六方会谈。其他各方对此表示欢迎。11 月中旬,希尔访问北京,就即将重启会谈的准备和会谈的策略与武大伟进行详尽讨论。

11 月 15 日,常务副国务卿伯恩斯在众议院国际关系委员会作证时说,"美国不承认朝鲜是一个核国家",与朝鲜周边的国家一起,通过多边的方式解决朝核问题"是本届政府的首要外交选项","在下一轮会谈中我们必须看到实实在在的进展"。②

11 月 28 日至 12 月 1 日,中、朝、韩、美四方代表就重启第五轮六方会谈在北京举行会商,朝方代表金桂冠表示,朝鲜已经准备好落实《9·19 共同声明》,并放弃核计划,但朝鲜不能"单方面"这样做。希尔感谢中国所给予的"史无前例的合作",使这次会晤能够举行,也使美朝双方得到一次直接对话的机会。希尔觉得,有迹象表明,朝方准备在即将举行的会谈中讨论具体问题。③

12 月 18 日,六方会谈第五轮会谈在停顿了 13 个月之后,第二阶段会议终于在北京重启。美国提出了朝鲜无核化分步走方案,即将弃核过程分为冻结、申报、核查、废除四个阶段,并根据这一过程安排相应措施。但此次朝鲜代表团得到的授权是只谈金融制裁问题,并坚持以美国解除金融制裁为弃核的前提,因而没有回应美方的提案。会谈期间,美朝就金融制裁进行了双边的接触,但美国尚未就解除制裁作出决断,会谈没有取得进展。尽管如此,各方都重申了通过对话和平实现朝鲜半岛无核化的目标和意志,重申将认真履行在《9·19 共同声明》中作出的承诺,同意根据"行动对行动"的原则,尽快采取协调一致步骤,分阶段落实共同声明。同时,美、朝金融专家在两国驻北京大使馆举行了两天讨论,并同意来年 1 月在纽约继续举行会谈。经过五天认真、坦率和紧张的会谈后,本阶段会谈于 12 月 22 日休会。

2007 年 1 月 16 日至 18 日,希尔和金桂冠在柏林再次进行直接接触。根据韩国媒体报道,双方在会谈后立场均发生一些变化。先前,朝方一直表示只有美国解除对朝金融制裁,朝才会考虑讨论弃核问题。在柏林,双方讨论了履行共同声明起步阶段的方案,朝方表示同意直接讨论弃核问题,可以暂时停止运转核设

---

① "'Unprecedented Cooperation' Growing in Northeast Asia, Rice Says", October 25, 2006, *Washington File*, October 26, 2006, pp.2—3.

② David McKeeby, "U.S. Outlines Strategy for Upcoming North Korea Talks", November 15, 2006, *Washington File*, November 16, 2006, pp.2—3.

③ "Six Party Process Entering New Phase, U.S. Envoy Says", December 13, 2006, *Washington File*, December 14, 2006, pp.2—3.

施,并接受国际原子能机构的核查,但作为交换条件,美方必须在金融制裁问题上"表现出诚意"。美方先前一直坚持金融制裁与核问题无关,现在美国表示正在考虑解冻朝鲜在汇业银行的合法资金。希尔称这次会晤是"积极的"、"非常实质性的、非常有用的",他还表示,如果朝鲜放弃核计划,美国愿意进入旨在建立美朝正常关系的"双边程序"。①此后,金桂冠和希尔分别访问了北京,向中方通报了美朝柏林会晤的情况。1月25日至27日,韩国外交通商部长官宋旻淳访问北京,中韩双方重申致力于通过对话解决半岛核问题。1月31日,以朝鲜贸易银行总裁吴光哲和美国助理财政部长帮办格拉泽为首的美朝金融问题磋商在朝鲜驻华使馆结束。格拉泽在会谈后表示,磋商富有成果。

此后相关各方又经过密集磋商,第五轮会谈第三阶段会议终于在2007年2月8日至13日举行,并通过了《落实共同声明起步行动》的共同文件。六方重申以和平方式早日实现朝鲜半岛无核化是各方的共同目标和意志,重申将认真履行在《9·19共同声明》中作出的承诺。六方同意根据"行动对行动"原则,采取协调一致步骤,分阶段落实共同声明,在起步阶段(在未来60天内)平行采取以下行动:

——以最终废弃为目标,朝方关闭并封存宁边核设施,包括后处理设施。朝方邀请国际原子能机构人员重返朝鲜,并进行国际原子能机构和朝方同意的一切必要的监督和验证;

——朝方与其他各方讨论共同声明所述其全部核计划清单,包括从乏燃料棒中提取出的钚,根据共同声明这些核计划应予放弃;

——朝方与美方将开始双边谈判,旨在解决悬而未决的双边问题并向全面外交关系迈进。美将启动不再将朝列为支恐国家的程序,并将推动终止对朝适用《敌国贸易法》的进程;

——朝方和日方将开始双边对话,旨在根据《日朝平壤宣言》在清算不幸历史和妥善处理有关悬案基础上采取步骤实现邦交正常化;

——各方同意合作向朝方提供经济、能源及人道主义援助。为此,各方同意在起步阶段向朝方提供紧急能源援助,首批援助相当于各方提供5万吨重油,有关援助将于60天内开始。

文件还规定,为实施起步行动,六方同意设立五个工作组,分别是:朝鲜半岛无核化、朝美关系正常化、朝日关系正常化、经济与能源合作、东北亚和平与安全

---

① 《美方可能解冻部分资金,朝鲜愿意暂停运转核设施,六方会谈复会在即》,http://old.jfdaily.com/gb/jfxww/xlbk/xwwb/node14753/node14763/userobject1ai1564394. html;" Meetings with North Korean Official 'Positive', Says U. S. Envoy", January 20, 2007, *Washington File*, January 22, 2007, p.2;中国国际问题研究所编:《国际风云录(2007—2008)》,世界知识出版社2008年版,第165页。

机制工作组。工作组的责任是讨论制定各自领域落实共同声明的具体方案。工作组须向六方会谈团长会报告工作进展。一个工作组的进展原则上不影响其他工作组的进展。五个工作组制订的方案应整体均衡落实。六方同意 30 天内启动所有工作组。

文件还要求,在起步行动阶段和下一阶段,朝对其所有核计划进行全面申报,将包括石墨慢化反应堆及后处理厂在内的一切现有核设施去功能化,其他五方将向朝方提供相当于 100 万吨重油的经济、能源及人道主义援助(首批每方提供的相当于 5 万吨重油的援助包括在内)。援助的具体方式将由经济与能源合作工作组通过合理评估商定。

文件并规定,上述起步行动落实后,六方将迅速召开外长会议,确认履行《9·19 共同声明》,探讨加强东北亚安全合作的途径,共同致力于东北亚地区持久和平与稳定;直接相关方将另行谈判建立朝鲜半岛永久和平机制。

六方同意于 2007 年 3 月 19 日举行第六轮会谈,听取工作组报告,研究下一阶段行动。①

上述文件是落实《9·19 共同声明》的第一个精心绘制的路线图,是朝着和平解决朝核问题迈出的重要一步。如果说,共同声明还比较原则、笼统,《起步行动》则规定得十分具体,有很强的可操作性。国际社会纷纷欢迎并高度评价这个文件。布什于 2 月 13 日发表声明称,"六方会谈是通过外交手段处理朝鲜核计划的最好机遇",这个文件是落实《9·19 共同声明》的"第一步"。赖斯在记者会上把对朝的能源援助换取朝决定弃核称作"一个突破性的步骤"。②联合国秘书长潘基文发表声明,呼吁各方努力保持目前的积极势头,确保文件得到切实执行。国际原子能机构总干事巴拉迪表示,朝鲜同意关闭并封存宁边核设施是"朝着正确方向迈出的一步"。欧盟负责安全与外交政策的高级代表索拉纳也发表声明,称文件是朝鲜半岛无核化的"良好开端"。各方对中国作为六方会谈东道主所发挥的积极作用予以高度评价。

在六方会谈取得进展的情况下,半岛形势进一步缓解。2 月 27 日至 3 月 2 日,第 20 次朝韩部长级会谈在平壤举行。朝鲜内阁责任参事权浩雄、韩国统一部长官李在桢分别率团与会。双方在离散家属团聚及韩方提供化肥、粮食援助等问题上达成协议。3 月 22 日,韩国政府决定从 28 日起恢复向朝鲜援助赈灾物资,包括因 2006 年朝鲜进行核试验而中止运送的一批救援物资,如大米、毛

---

① 《落实共同声明起步行动》,2007 年 2 月 13 日,http://www.fmprc.gov.cn/ce/cgfuk/chn/xnyfgk/t297631.htm。

② "North Korea Nuclear Deal a 'Breakthrough', Rice Says", February 14, 2007, *Washington File*, February 14, 2007, p.2.

毯、钢筋、水泥。此外还新增了防控口蹄疫的物资。27日至29日第五次南北离散家属视频会面活动在朝韩9个地点分三天举行,南北120个家庭的865人通过视频会面。5月17日上午,朝韩双方在京义线的文山站和东海线的金刚山站分别举行南北铁路连接区试运行纪念仪式,然后列车同时从该两站启动开往开城站(朝鲜)和猪津站(韩国)。这是时隔50多年列车第一次通过京义线和东海线的军事分界线。

3月5日至6日,以金桂冠和希尔为首的朝、美代表团举行朝美关系正常化工作组第一次会议,美方代表还有国安会负责半岛事务的主任车维德和国务院韩国/朝鲜科科长金成等。这是自2000年金正日特使赵明录访美后两国首次在美国本土举行高层对话。双方对会谈都给予了积极评价。希尔表示,"会谈是良好的、全面的、务实的","现在看来,我们是在正确的轨道上",他相信,朝鲜"准备履行所有的义务",朝鲜愿意向前看,不仅是着眼于这起步阶段的60天,而是前面更可能的核反应堆去功能化的阶段。他也说,这个过程可不是玩电子游戏,而是越往后越难,"但我们现在已经知道了如何进入第二阶段,这一点令人鼓舞"。①金桂冠在访美结束途经北京时声称,美方已承诺全面解除有关汇业银行对朝金融制裁,并表示,如果美方不能彻底解决这一问题,朝方也将只能履行部分措施。

3月7日至8日,朝日关系正常化工作组在朝鲜驻河内使馆举行会议。朝日关系是整个六方会谈中的薄弱环节。日本在六方会谈中念念不忘"绑架日本人问题",每会必提此事,与实现半岛无核化的主旨格格不入。日方表示,在"绑架日本人问题"解决之前不向朝鲜提供援助,在《起步行动》文件达成后,本该由日本承担的5万吨重油,美国自告奋勇来替它提供。日本也要求美国,在"绑架日本人问题"解决之前,不能把朝鲜从支恐国家名单中去掉。在这个问题上,朝鲜与日本的立场距离甚远。在工作组会议中,日方代表原口幸市再次强调解决"绑架日本人问题"是日朝关系正常化的前提,并要求确保所有绑架受害者及其家属的安全,尽快让他们回到日本,彻底查明真相,引渡实施绑架的罪犯。朝方代表宋日昊表示,这一问题"已经得到解决",朝方已经做了该做的一切。会谈未能取得具体成果。

3月13日至14日,IAEA总干事巴拉迪应邀访问朝鲜,这是他的前任汉斯·布里克斯1992年访朝之后总干事首次访朝。朝鲜最高人民会议常任委员会副委员长金英大会见了巴拉迪,巴拉迪与朝鲜原子能总局局长李日松举行了会晤。巴拉迪邀请朝鲜重返国际原子能机构,并讨论了国际原子能机构在落实

---

① "North Korea Talks on Track, U. S. Negotiator Says", March 7, 2007, *Washington File*, March 8, 2007, p.3.

《起步行动》中的监控和核查作用。14 日,巴拉迪在北京表示,他此次访问打开了双方关系正常化的大门,朝方表示愿意重返《不扩散核武器条约》。

3 月 19 日,美国助理财政部长帮办格莱泽宣布,美朝已经就冻结的 2 500 万美元资金达成协议,美国同意将其解冻,由汇业银行汇至朝鲜在北京的中国银行账户;朝方表示,这些款项"将完全用于改善朝鲜人民的生活,用于人道主义的目的"。①

3 月 19 至 22 日,第六轮六方会谈第一阶段会议在北京举行。会议听取了各工作组的报告,同意继续推动六方会谈进程,重申将认真履行《9·19 共同声明》和《起步行动》中所作的各项承诺。但关于汇业银行涉朝资金的转移问题遇到了意想不到的困难。各方同意暂时休会,尽快寻求该问题的解决,然后尽快复会。22 日会议结束时希尔在北京表示,六方会谈已经走上"正轨","会谈的总体节奏比 6 个月前好得多了"。各方同意履行《起步行动》中头 60 天的要求,包括朝方关闭并封存宁边核设施,并得到每方提供的各 5 万吨重油。②

4 月 8 日至 11 日,美国新墨西哥州州长理查森一行对朝鲜作私人访问。理查森会晤了金桂冠,双方讨论了朝鲜战争期间死亡的美军遗骸的挖掘和送还问题,理查森还转达了美方希望朝方切实履行《起步行动》文件的立场,并敦促朝方尽早重启六方会谈。金桂冠保证,在收到汇业银行解冻的账户资金一天内,朝鲜就将开始关闭宁边核设施的行动,并将邀请 IAEA 核查人员重返朝鲜。11 日,理查森一行携 6 名美军士兵遗骸,从朝鲜跨越三八线进入韩国,作短暂逗留后回国。14 日,这本来是朝鲜应该关闭宁边核设施的期限,但由于解冻朝鲜资金的转账困难,关闭宁边核设施被推迟了。③

6 月 21 日至 22 日,希尔访问平壤,会晤朝鲜外相朴义春,并与金桂冠举行会谈。双方再次讨论了如何落实解冻资金的问题,并就各方在下一阶段的行动措施深入交换了意见。希尔对访问十分满意,认为会谈是积极有益的,近几个月有密集的工作日程:朝鲜将于 6 月 26 日至 29 日邀请 IAEA 核查人员访朝,在朝鲜关闭宁边核设施后,即可于 7 月 10 日左右举行下一阶段会谈,朝鲜将对其核计划进行全面申报,并对这些设施实行去功能化,使其难以恢复。希尔还表示:"我们知道,他们为了浓缩铀项目进行了一些采购,仅有部分说明是不够的,我们需要彻底说明,我们需要知道,这些到底是什么,他们已经走多

① Arms Control Association, "Chronology of U.S.-North Korea Nuclear and Missile Diplomacy", May 2015, http://www.armscontrol.org.

② "Talks on North Korean Nuclear Program 'On Track', U.S. Says", March 22, 2007, *Washington File*, March 23, 2007, p.2.

③ 中国国际问题研究所编:《国际风云录(2007—2008)》,第 170 页。

远了。"①

6月25日，朝鲜外务省发言人宣布，汇业银行被冻结的资金已经按照朝方的要求转账，这个棘手问题最终妥善解决。②俄罗斯远东商业银行25日在其官网上发表声明说，该银行已于当天将朝鲜在汇业银行的解冻资金转入朝鲜贸易银行，在转汇过程中得到美国联邦储备委员会和俄中央银行的协助。冻结资金问题的解决消除了六方会谈的一大障碍。美国财政部冻结汇业银行朝鲜账户的问题是对六方会谈的一个很大的干扰，正是在六方会谈取得进展的关键时候，在《9·19共同声明》达成时，财政部提出了这一问题，使得本来就很脆弱的形势顿时发生逆转，甚至导致了朝鲜发射卫星和进行核试这样的极端事件，使六方会谈停滞了一年多，几乎面临破裂。为什么财政部不迟不早，偏偏在这个时候，在会谈可能取得突破的关键时刻提出这一问题，究竟这是布什政府内部强硬派与温和派斗争的产物，强硬派故意破坏会谈而节外生枝，还是不同官僚机构沟通不畅，疏于协调所造成的？布什政府又是怎样决定将其解冻的？汇业银行的问题留下了太多的谜团，现有的材料难以解答，只有留待后来的研究者在档案解密之后再来作深入的研究。③

6月26日至30日，国际原子能机构代表团一行4人对朝鲜进行访问。代表团与朝鲜原子能总局官员举行多次会谈，并视察宁边地区的核设施，双方就关闭和封存宁边核设施的验证程序达成共识。

7月13日，朝鲜人民军板门店代表部发言人发表谈话提议，朝美在双方同意的任何时间、地点举行有联合国代表参加的军事会谈，讨论与朝鲜半岛的和平和安全保障相关的问题。美国务院发言人当日回应说，双方迄今未就该问题交换过任何意见，如果朝方在六方会谈中提出此事，美国将在六方会谈框架内或通过个别接触进行讨论。④

7月14日，装载首批援朝6 200吨重油的韩国油轮抵达朝鲜先锋港。根据《起步行动》文件，韩国首先向朝鲜提供5万吨重油。同日，IAEA核查人员时隔5年后重返朝鲜，前往宁边地区监督和验证关闭程序。15日，朝鲜外务省正式宣

① Stephen Kaufman, "North Korea Nuclear Facility Could Be Disabled Before 2008", June 25, 2007, *Washington File*, June 26, 2008, pp.2—3.这里所说的为浓缩铀项目进行了采购，是指朝鲜进口了高强度铝合金管。

② 中国国际问题研究所编：《国际风云录(2007—2008)》，第172页。

③ 时任助理国务卿帮办的柯庆生在其著作中谈到了六方会谈，但也没有披露此事的内幕，或者对此事进行分析。See *The China Challenge*, pp.224—227.有一种看法认为，解冻资金表明以副总统切尼、驻联合国大使博尔顿、主管军控的副国务卿约瑟夫为代表的对朝鹰派立场在布什政府中暂时被边缘化了。见朱锋：《国际关系理论与东北亚安全》，第274页。

④ 中国国际问题研究所编：《国际风云录(2007—2008)》，第174页。

布停止运转宁边核设施。外务省发言人要求其他各方根据"行动对行动"的原则履行各自义务,尤其是美国和日本应采取实质性措施来消除对朝敌意。同日,朝常驻联合国副代表金明吉接受美联社记者采访时表示,朝实行核设施去功能化第二阶段行动的前提是,美国将朝鲜从支持恐怖主义国家名单中除名,并停止对朝适用《敌国贸易法》。①

7月16日,IAEA总干事巴拉迪确认,宁边核设施已被封闭。17日,联合国秘书长潘基文在记者招待会上表示,重新关闭宁边核设施是一个令人鼓舞且意义非凡的举措,希望有关当事国为实现半岛无核化尽快履行追加措施。

7月18日至20日,第六轮六方会谈团长会在北京举行,并达成"框架共识":各方重申将认真履行在《9·19共同声明》和《起步行动》文件中所作出的承诺;朝方重申将全面申报核计划和现有核设施去功能化的承诺;五方将向朝方提供经济、能源及人道主义援助。会议决定在8月底以前分别召开五个工作组会议讨论落实"框架共识",9月上旬在北京举行第六轮六方会谈第二阶段会议,听取工作组汇报,制定落实"框架共识"的路线图。②

8月7日,由韩国牵头的经济与能源合作工作组会议在板门店举行。16日,由中国牵头的朝鲜半岛无核化工作组会议在沈阳举行。20日,由俄罗斯牵头的东北亚和平与安全机制工作组第二次会议在莫斯科举行。28日,蒙古外交部宣布,朝日关系正常化工作组第二次会议将于9月5日至6日在蒙古首都乌兰巴托举行。9月1日至2日,美朝双边工作组第二次会议在日内瓦举行,双方就朝鲜核设施去功能化和申报核计划、美国将朝鲜从支恐国家名单中除名及美朝关系正常化举行了协商。希尔会后对记者表示,朝鲜已同意在2007年年底前完成核设施去功能化和申报核计划的工作,金桂冠则称,美国再次承诺将对朝鲜落实政治和经济补偿措施,因此"朝美将不再是敌对国家"。③

9月7日,出席亚太经合组织峰会(悉尼)的布什与卢武铉举行会晤,布什表示,如果朝鲜全面申报核计划并可核查地全面弃核,美国准备正式结束朝鲜战争,以和平机制取代现在的停战协定。④

9月20日,IAEA大会以全票赞成的方式通过一项对朝决议,对朝鲜关闭和

---

① 中国国际问题研究所编:《国际风云录(2007—2008)》,第174页。

② 《第六轮六方会谈团长会新闻公报》,2007年7月20日,http://blog.sina.com.cn/s/blog_4ac1d7080100zl7q.html。

③ 中国国际问题研究所编:《国际风云录(2007—2008)》,第176页。

④ George W.Bush, "Remarks Following a Meeting With President Roh Moo-hyun of South Korea in Sydney", September 7, 2007. Online by Gerhard Peters and John T.Woolley, *The American Presidency Project*, http://www.presidency.ucsb.edu/ws/?pid=75755.

封存宁边核设施表示欢迎,希望朝鲜采取进一步措施,对核设施去功能化并全面申报核计划。

9月28日,中国外交部发言人姜瑜宣布,中国向朝鲜提供的5万吨重油已全部运抵朝鲜。

9月27日至10月3日,第六轮六方会谈第二阶段会议在北京举行。会议听取并肯定了五个工作组的报告,确认《起步行动》文件的落实情况,同意在此基础上进一步推进六方会谈进程,并就落实《9·19共同声明》第二阶段行动达成共识,即《10·3共同文件》,其中规定:①

——朝方同意对一切现有核设施进行以废弃为目标的去功能化,2007年12月31日以前完成对宁边5兆瓦实验性反应堆、后处理厂(放射化学实验室)及核燃料元件制造厂去功能化;美方将牵头实施去功能化,并为此提供起步资金。作为第一步,美方将于两周内率专家组赴朝为去功能化做准备;

——朝方同意于2007年12月31日前对其全部核计划进行完整、准确的申报;

——朝方重申其不转移核材料、核技术或核相关知识的承诺;

——朝美继续致力于改善双边关系,美将按照朝美关系正常化工作组会议的共识,根据朝行动并行履行将朝从支恐国家名单中除名及推动终止对朝适用《敌国贸易法》的承诺;

——朝日将根据《朝日平壤宣言》②在清算不幸历史和妥善处理有关悬案基础上迅速实现邦交正常化;

——五方将向朝方提供相当于100万吨重油的经济、能源与人道主义援助(包括已向朝提供的在内);

——各方重申将适时在北京召开六方外长会。

《10·3共同文件》强调,申报应该是"完整、准确的",也就是说,它应该包括以下几个方面:第一,全部核设施;第二,全部核装置。2006年10月朝鲜试爆了一个核装置,此外还有多少? 第三,朝鲜提取了多少钚? 第四,到底有没有浓缩铀及相关设备? 从六方会谈一开始美国就怀疑朝鲜既有钚,又有浓缩铀项目,朝鲜则拒不承认。美国及有关各方显然会要求朝鲜作出进一步解释,因为巴基斯

---

① 《第六轮六方会谈第二阶段共同文件(全文)》,2007年10月3日,http://news.xinhuanet.com/newscenter/2007-10/03/content_6829064.htm。

② 2002年9月,日本首相小泉纯一郎应邀访问朝鲜,于17日与朝鲜国防委员会委员长金正日举行会谈,双方一致确认,清算朝日两国间不幸的过去,解决悬而未决的问题,建立富有成效的朝日政治、经济、文化关系符合两国的根本利益,并且有助于地区和平与稳定。双方同意尽快重启两国关系正常化谈判。会谈后签署了《朝日平壤宣言》。

坦原子弹之父卡迪尔汗已经承认,曾向朝鲜走私了用于浓缩铀处理的离心机,并向朝鲜提供过制造铀弹的技术帮助。①美方还提出朝鲜进口了高强度铝合金管用于浓缩铀项目。第五,朝鲜有没有向利比亚、叙利亚进行核扩散。几年前在利比亚发现了一些核材料,美国怀疑它来自朝鲜。以色列于 9 月 6 日对叙利亚进行了一次空袭,称空袭目标是一座在朝鲜帮助下建设的藏匿有反应堆的建筑。②对于这些问题,美国显然不会轻易放过。关于上述离心机,美国官员怀疑,它们可能被出口到了第三国,尤其是叙利亚。所有这些都应该是申报的内容。

10 月 3 日文件受到国际社会的广泛欢迎。联合国秘书长潘基文于次日发表声明,希望保持目前的进展势头,鼓励有关各方加强互信,加快无核化进程,促进地区的和平与安全。

在六方会谈取得进展的同时,北南和解也在继续。10 月 2 日至 4 日,第二次朝韩首脑会议在平壤举行,金正日与卢武铉签署了《北南关系发展与和平繁荣宣言》,表示要为实现半岛无核化、构筑永久和平体制、实现北南经济的均衡发展而共同努力,并确定了开设"西海和平合作特区"、开放并共同利用开城至新义州铁路和开城至平壤高速公路等具体措施。11 月 14 日至 16 日,朝韩总理会谈在首尔举行,双方为落实上述宣言签署了三项协议。

在被冻结的资金解冻之后,朝鲜在落实《起步行动》方面采取了积极的步骤:除了 IAEA 核查小组外,9 月又邀请中、美、俄三国的专家进行核查,10 月 11 日至 18 日又有一个美国的技术小组前往朝鲜,对宁边核设施的关闭和封存情况再次进行核查。11 月 5 日,美国专家小组抵达朝鲜,开始领导宁边核设施的去功能化工作。根据 10 月 3 日达成的文件,去功能化将包括 11 个步骤,须在 12 月 31 日前完成,费用由美国务院不扩散和裁军基金提供。

11 月 19 日至 20 日,朝美经济关系正常化问题朝美金融工作会议(这是两国在解决汇业银行资金问题时成立的机制)在美国驻联合国代表处举行。会议讨论了抵制违法金融活动和朝鲜融入国际金融体系等问题。朝财务省对外金融局局长奇光浩和美助理财政部长帮办格雷泽分别率团与会。

11 月 27 日至 29 日,由六方会谈参与国官员组成的朝核设施去功能化调查

---

① 朱锋:《国际关系理论与东亚安全》,第 264、280 页。

② 美国高级情报官员 2008 年 4 月 24 日就此事向国会作了详细报告,其中称,叙利亚和朝鲜从 1997 年就开始讨论这个反应堆的事宜,朝鲜帮助了叙利亚这个隐蔽的反应堆的建设,这个反应堆既不是用于发电,也不是为了进行科学研究。参与宁边反应堆建设的朝鲜核科学家周志部(Chou Chibu,音)就在现场。叙利亚和朝鲜均未对此事表态。Merle D. Kellehals, Jr., "Syria Did Not Disclose Building Nuclear Reactor", April 25, 2008, *Washington File*, April 25, 2008, pp.4—5.

团访问朝鲜,对宁边5兆瓦核反应堆等的去功能化情况进行实地考察。访问后美国代表、国务院朝鲜/韩国科科长金成表示,朝鲜核设施去功能化过程有望在年内全部结束。

12月3日至5日,希尔访问朝鲜,并向朝外相朴义春转交了布什致金正日的亲笔信。布什在信中提出,朝鲜方面需要解释说明三大疑点:第一,朝鲜到底有多少武器级的核材料;第二,朝鲜到底有多少核弹头;第三,朝鲜有没有把核武器技术或核材料传授给别的国家,如果有,是通过什么方式或途径传授的。布什称,如果朝鲜完全公开并拆除其核设施,朝鲜半岛实现了无核化,美国就将考虑两国建立正常关系,并解除对朝实施的制裁。①此前,希尔还分别转交了布什致胡锦涛、普京、卢武铉、福田康夫的信。朝鲜最高人民会议常任委员会副委员长杨亨燮会见了希尔,金桂冠与希尔举行了会谈。13日,朝鲜通过驻联合国代表处向美方转达对布什致金正日信的口头复信。金正日表示,感谢布什总统亲笔来函。朝方将完全履行自己的义务,也期待美方能履行自己的义务。②

12月18日,朝鲜启动核反应堆燃料棒分离工作。该程序一旦完成,技术上将很难重启反应堆,因而是去功能化过程的关键步骤。但去功能化过程未能在2007年12月底完成。更重要的问题是申报。11月,朝鲜制作了申报书,并将其内容通报了美国;美国对申报内容提出异议。双方的分歧在于是否有浓缩铀项目以及是否曾进行了核扩散。2008年1月2日,国务院发言人麦科马克表示,未能如期完成去功能化的主要原因是"使乏燃料棒冷却的技术原因",并称,美将继续在申报问题上对朝施压。③

2007年美朝之间的直接接触比以往各年都多,从1月的柏林谈判、3月的纽约谈判、6月希尔访问平壤(这是自凯利2002年10月以来5年中的第一次)、9月的日内瓦谈判,美朝之间进行了频繁的双边接触,对推动六方会谈的进程起了积极作用。

2007年年底本该完成的去功能化和申报并未按时实现。2008年1月4日,朝鲜外务省发表声明,阐述其履行2007年《10·3共同文件》的立场。声明指出,早在2007年11月朝鲜就制定了申报书,并将其内容告知了美方;关于浓缩铀项目,朝鲜已经向美方展示了用于非核目的的进口的高强度铝合金管,还提供了样品。但美方迟迟不启动将朝从支恐国家名单中删除、终止对朝适用《敌国贸

---

① 《〈抉择时刻〉:小布什曾考虑对朝鲜军事打击》,2011年12月19日,http://news.qq.com/a/20111219/001111_1.htm。

② 中国国际问题研究所编:《国际风云录(2007—2008)》,第180—181页。

③ Arms Control Association, "Chronology of U.S.-North Korea Nuclear and Missile Diplomacy", May 2015,http://www.armscontrol.org。

易法》的程序；有关各方并未按 2007 年 10 月协议规定履行义务，包括向朝鲜提供重油，为此，朝鲜将放缓去功能化进程作为应对。随后美方表示，朝鲜并未提交正式的核计划申报书，并多次强调，在朝鲜进行完整、准确的申报之前，美国不会启动将朝鲜从支恐国家名单中删除并对朝鲜停止适用《敌国贸易法》的程序。①六方会谈又出现了短暂的僵持。

2008 年 1 月底 2 月初，以国务院韩国/朝鲜科科长金成为首的朝核问题工作小组访问平壤，与朝方就履行共同文件的具体事项进行讨论，包括朝鲜核计划申报内容等。但金成未能从朝方得到核清单目录。2 月 19 日，希尔和金桂冠在朝鲜驻华使馆内举行会谈，讨论核计划清单内容和举行下一轮六方会谈的方案。当天，朝鲜政府机关报《民主朝鲜》首次载文提出，日方既然拒绝履行对朝经济补偿义务，就应自行退出六方会谈。②

2 月下旬，赖斯国务卿访问东亚三国。26 日，她与中国外长杨洁篪进行了深入的讨论。随后，她在记者招待会上表示："美中两国将继续共同工作，并与六方会谈的其他各方一起，以便完成本阶段的工作，并进入无核化的下一阶段。"杨洁篪表示，中方与朝方保持着密切接触，并就如何履行第二阶段协议，对朝鲜的核计划进行彻底申报问题进行深入和全面的讨论。③

3 月 13 日至 14 日，希尔与金桂冠在日内瓦会晤，讨论申报问题，双方未达成协议。4 月 8 日，希尔与金桂冠就申报问题再次在新加坡举行会晤，并就核计划清单与政治补偿问题基本达成一致。17 日，赖斯在记者会上乐观地表示，六方会谈已经显示出巨大的价值。④

5 月 8 日，美国朝核问题工作组再次访朝，朝方交给美方从 1986 年以来的长达 18882 页的核设施运行日志，包括宁边 5 兆瓦反应堆和后处理设施的材料。这是落实第二阶段行动的重要进展。国务院发言人麦科马克在记者招待会上说："我

---

① Arms Control Association, "Chronology of U.S.-North Korea Nuclear and Missile Diplomacy", May 2015，http://www.armscontrol.org；王晓波：《布什政府的朝鲜政策——进攻性现实主义的视角》，第 194 页。赖斯在回忆录中提到，布什政府召开了多次会议来讨论这个问题上，但内部分歧严重，争论激烈。切尼持强烈的反对立场，认为朝鲜没有履行义务，把朝鲜从支恐名单中除去只能助长他们的恶劣行径。赖斯问切尼，他有没有什么实际可行的办法。他自然没有。日本也反对把朝鲜从支恐名单中删除，担心一旦降低了对朝压力，就无法再解决"绑架日本人问题"。康多莉扎·赖斯著、刘勇军译：《无上荣耀》，湖南人民出版社 2014 年版，第 602—605 页。

② 朴键一：《中国周边安全环境与朝鲜半岛问题》，中央民族大学出版社 2013 年版，第 41—42 页。

③ "Rice Pleased with Chinese Support on North Korea Nuclear Programs", February 26, 2008, *Washington File*, February 27, 2008, pp.3—4.

④ Merle D.Kellerhals, Jr., "U.S. Wants Full Accounting of North Korea's Nuclear Programs", April 17, 2008, *Washington File*, April 18, 2008, pp.2—3.

们的三项首选就是核查、核查、核查。"①金成表示,朝鲜交出的这些材料是朝鲜履行申报要求的"第一个重大的进展",但光有材料还是不够的,"我们将进行全面的核查,包括实地查看,对参与这些项目的人员进行访谈"。②6月10日,该小组三访平壤,与朝方讨论了核设施去功能化的技术性和事务性问题,以及相关各方对朝的政治和经济补偿问题。朝方称磋商"取得了成果"。11日,六方会谈经济及能源合作工作组在板门店举行会议,与会各方就此问题深入交换了意见。

6月下旬,赖斯出访中、日、韩三国。出访前,她在接见有线电视新闻网(CNN)和《华尔街日报》记者采访时表示,如果朝鲜就钚项目进行申报,并且申报是可核查、准确和全面的,国务院会将朝鲜从支恐国家名单中除名,并且解除禁止外国企业与朝鲜做生意的一些制裁措施。至于核项目中的其他两个部分,浓缩铀和扩散问题,先采取妥协的办法,由朝鲜表示"认知"在后续会谈中美国对该两问题的关切。这种办法是"不完美的","但你是在同一个非常困难的政权打交道,我先把钚项目搞清楚,然后再挖掘其他两个项目"。③

6月26日,朝鲜驻华大使崔镇洙向六方会谈主席国代表武大伟提交长达60页的核申报清单,内容涉及核计划、核设施和核材料,未包括核武器。同日,六方会谈发表主席声明,肯定六方会谈落实共同声明第二阶段行动取得积极进展。④

同日,布什总统发表声明并举行记者招待会阐述对朝政策。他对朝鲜提交申报书表示欢迎,称"这使我们向朝鲜半岛无核化的目标前进了一步",他同时宣布,按照"行动对行动"的原则,决定:第一,颁布公告,解除对朝鲜适用《敌国贸易法》的条款;第二,将把朝鲜从支恐国家名单中除名的意图知照国会。在此后45天中,六方会谈将对朝鲜去功能化进程进行全面和严格的核查,美国国会将进行审议。但布什同时表示,对朝鲜的制裁并未解除,包括对违反人权、2006年核试验、对武器扩散的制裁仍然保持,联合国安理会的制裁也仍然有

---

① David I.McKeeby, "North Korea Discloses New Nuclear Details", May 12, 2008, *Washington File*, May 12, 2008, p.3.

② David I.McKeeby, "North Korea Nuclear Documents a Step Forward, United States Says", May 14, 2008, *Washington File*, May 15, 2008, p.6.

③ David I.McKeeby, "North Korea Moving Toward Nuclear Declaration, Says Rice", June 23, 2008, *Washington File*, June 24, 2008, p.2.

④ 《六方会谈主席声明》,2008年6月26日,http://news.xinhuanet.com/newscenter/2008-06/26/content_8444687.htm。朝鲜的申报书中说,朝鲜分离了30公斤钚,2006年的核爆炸使用了2公斤。

效。他要求朝鲜对国际社会的种种关切给予回答：放弃一切核设施，放弃提炼的钚，解决关于浓缩铀和扩散的突出问题，并以可核查的方式解决所有这些问题，最终结束孤立状态。①同日，国家安全事务助理哈德利又举行记者会就相关具体情况进行说明。他说，美国关注的首先是朝鲜到底分离了多少钚，为了实现无核化，这些钚都是需要运出朝鲜的；其次是浓缩铀项目，朝鲜过去承认过，后来否认了，这个情况需要证实；第三是关于扩散的情况，尤其是对叙利亚扩散的情况。因此验证与监督机制非常重要。②

赖斯国务卿还于 6 月 26 日在《华尔街日报》发表文章，题为《外交对朝鲜是可行的》，其中说，在评价六方会谈时要注意两点，第一，通过会谈，我们对朝鲜的核努力比以往任何时候都了解更多；第二，这是我们为实现朝鲜核武器和核计划可核查的销毁这一战略目标的最好的政策选择。常务副国务卿内格罗蓬特在 5 月的一次讲话中说："在中国领导下建立起来的六方会谈过程中紧密的工作关系最终将能导致这样一个阶段，为东北亚和平与安全打造一个新的架构。"③

6 月 27 日，朝鲜于当地时间 17 时 5 分炸毁了宁边核设施的冷却塔，朝外务省和原子能总局官员、到访的美国国务院韩国/朝鲜科科长金成以及参与宁边核设施去功能化的美国技术人员在现场目睹了爆破过程。金成在冷却塔爆破前对记者表示，他是代表朝核问题六方会谈各方代表来观看爆破的。冷却塔被炸毁后，金成表示，此次爆破"非常彻底、干净"，将对六方会谈产生有益的推动作用。④被炸毁的冷却塔为混凝土结构，高 30 米，底部直径 22 米，上部直径 13 米。各相关国家主流媒体人员都目睹和报道了这一具有标志性意义的事件。这一举措是六方会谈取得实质性成果的重要证明。

朝外务省发言人同日在平壤发表谈话说，朝鲜欢迎美国启动将朝从"支持恐怖主义国家"名单中除名的程序和终止对朝适用《敌国贸易法》，认为这是一个

---

① "Statement by the President on North Korea", June 26, 2008, *Washington File*, June 27, 2008, pp.17—18.

② 哈德利讲道，终止对朝鲜适用《敌国贸易法》将解除对朝鲜的部分制裁，如从朝鲜进口物资的许可证制度，对美国公民从事第三国与朝鲜之间的航运的限制，朝鲜政府的某些金融交易的限制。但其他一些制裁根据总统行政命令仍然有效，如美国公民不能在悬挂朝鲜国旗的船上工作，2000 年冻结的朝鲜资金也未予解冻。The White House, Office of Press Secretary, "Press Briefing by National Security Advisor Stephen Hadley", June 26, 2008, *Washington File*, June 27, 2008, p.6.

③ David McKeeby, "Anniversary of U. S.-China Ties Highlights Complex Relationship", December 19, 2008, *Washington File*, December 19, 2008, p.1.

④ 《朝鲜炸毁宁边核设施冷却塔》，2008 年 6 月 27 日，http://epaper.timedg.com/html/2008-06/28/content_169222.htm。

"积极的措施"。这位发言人还说,今后的重要问题是美国从根本上完全放弃敌视朝鲜的政策。他说,正是由于美国的敌视朝鲜政策,"才导致朝鲜拥有了核遏制力"。只有美国全面放弃敌对政策,朝鲜半岛无核化的进程才能沿着自己的轨道顺利发展。发言人要求,参加六方会谈的其他国家也应按照自己的承诺及时、完整地履行经济补偿义务,六方都必须在履行义务方面接受核查和监督。发言人还说,朝鲜提交的核计划申报书是"完整的、准确的",是对美国启动"除名"程序的回应。朝鲜今后将继续根据"行动对行动"的原则,忠实履行共同声明,并密切注视各方履行义务的情况。①

6月下旬,朝日举行关系正常化工作组会议,达成朝方重新调查"绑架"问题、日方部分解除对朝制裁的协议。但因日国内不断炒作"绑架"问题,双方未能兑现协议,且关系更趋恶化。②

7月10日至12日,六方会谈团长会议在北京举行,会后发表的新闻公报就验证机制、监督机制、宁边核设施去功能化和经济能源援助同步全面落实的时间表作了具体规定:第一,在六方会谈框架内建立朝鲜半岛无核化验证机制,该机制由六方专家组成,对无核化工作组负责;验证措施包括视察设施、提供查阅文件、技术人员面谈,以及六方一致同意的其他措施。该机制在有必要时可以欢迎IAEA提供咨询和协助。验证的具体方案和实施,由无核化工作组根据协商一致原则决定。第二,在六方会谈框架内建立监督机制,该机制由六方团长组成。该机制的职责是确保各方信守并履行各自在六方会谈框架内作出的承诺,包括不扩散和对朝经济与能源援助。第三,宁边核设施去功能化争取于2008年10月底前完成;各方对朝重油和替代物资援助亦争取于同期完成,其中,美、俄争取于10月底前完成剩余对朝重油援助,中、韩争取于8月底前与朝就提供剩余替代物资签署有约束力的协议,日本仍然不愿立即参与援助,只表示愿在环境具备时尽快参与对朝援助。③

在朝鲜提交了申报书后,对申报书的验证就成了当务之急。美国提出了验证方案。8月初,美朝代表为此在北京举行会晤。22日,双方代表再次在纽约举行特别会晤,但均未达成协议。从美国宣布启动把朝鲜从支恐国家名单中除名的程序,到45天的观察期结束,8月11日美国就应当履行这一决定。但由于双方在验证申报书问题上的分歧,美国决定暂不把朝鲜除名。国安会亚洲事务高级主任韦德宁8月10日表示,在除名之前,美国必须有一个扎实的验证计划。

① 《朝鲜炸毁宁边核设施冷却塔》,2008年6月27日,http://epaper.timedg.com/html/2008-06/28/content_169222.htm。
② 朴键一:《中国周边安全环境与朝鲜半岛问题》,第43页。
③ 《六方会谈团长会新闻公报》,2008年7月14日,http://www.fmprc.gov.cn/ce/cekor/chn/xwxx/t474316.htm。

而朝鲜一直没有提出这样的计划。①朝鲜方面感到"愤怒",于 8 月 14 日中断了宁边核设施去功能化工作。26 日,朝外务省发表声明,指责美国未能履行承诺,表示,它已停止核反应堆去功能化工作,并正在考虑采取步骤将其恢复到"原来的状态",它是被迫"在美国违反协议的情况下采取反措施"的。②美朝在验证问题上的分歧集中在两点:第一,朝鲜认为核查应该是对整个半岛的核查。也就是说,在对朝鲜履行义务进行验证的同时,要对韩国有无美国核武器、是否有美国核武器运入和通过进行验证。第二,美国提出要对朝鲜的核申报按照"国际标准"进行验证,朝鲜认为这实际上是对朝鲜进行"特别核查",认为这不仅违反"行动对行动"的原则,而且是企图单方面解除朝鲜武装的"强盗要求",也是企图侵犯朝鲜主权的行为。③9 月 19 日,在《9·19 共同声明》发表三周年当天,朝外务省发言人发表谈话称,朝鲜已经启动将宁边核设施"恢复到原来状态"的工作,朝已经不期待美将朝从支恐名单中删除,而是要走自己的路。④24 日,IAEA 在维也纳发表声明称,应朝鲜的要求,IAEA 拆除了设在宁边核设施上的封条和监控设备,朝方还告知,朝鲜将"在一周之内"向该设施注入核材料,核查人员将不得再进入该设施。⑤朝鲜无核化进程面临严重倒退,甚至前功尽弃的危险,六方会谈再次出现挫折。

为防止六方会谈成果付诸东流,中方利用各种场合反复做朝、美双方的工作,重点推动他们尽快举行会晤。为打破僵局,希尔于 9 月底 10 月初访问东亚。9 月 30 日,希尔与前韩国驻美大使和北美局局长、新任韩国六方会谈代表团团长金塾举行会谈。金塾在会谈后说,他与希尔主要就对朝鲜的核申报进行验证的具体方案进行了磋商。他希望朝鲜尽早同意这一方案,为美国将其从支恐名单中删除创造条件。⑥10 月 1 日上午,希尔从韩国首尔出发,经板门店由陆路访问朝鲜,与朝方讨论验证问题。3 日,希尔结束访朝回到首尔时说,他与朝鲜官员举行了"实质性的、长时间的和具体的讨论"。10 月 10 日,布什总统批准将朝鲜从支恐国家名单中除名;11 日,赖斯在国务院相关文件上签字,文件即日起生效。同日,国务院发言人麦科马克公布了美朝之间达

① Merle D. Kellerhals, Jr., "North Korea Must Provide a Verification Plan, U.S. Officials Say", August 12, 2008, *Washington File*, August 13, 2008, p.3.

② 《报复美未履行相关承诺,朝鲜宣布停止核设施去功能化》,2008 年 8 月 26 日,http://www.cetin.net.cn/cetin2/servlet/cetin/action/HtmlDocumentAction?baseid=1&docno=355035。

③ 参见时永明:《六方会谈与美朝博弈分析》,《和平与发展》2008 年第 4 期。

④ 朴键一:《中国周边安全环境与朝鲜半岛问题》,第 46 页。

⑤ Arms Control Association, "Chronology of U.S.-North Korea Nuclear and Missile Diplomacy", http://www.armscontrol.org.

⑥ 《希尔 10 月 1 日访问朝鲜,称六方会谈正处艰难阶段》,2008 年 10 月 1 日,http://news.163.com/08/1001/10/4N5P8PSU0001121M.html。

成的初步协议,包括书面协议和口头协议。协议还有待六方会谈各方批准。根据协议,所有六国专家,包括无核国家的专家都允许参加核查;IAEA 将发挥重要的资讯作用;核查人员"在彼此同意的情况下"得以进入 15 处与生产钚相关的设施,包括已经申报的,以及"在彼此同意的情况下"进入尚未申报的设施;核查中将使用包括提取样本在内的"科学过程";所有核查措施将适用于钚项目和任何铀项目以及扩散行为,六方同意的监督机制也将适用于所有这些项目。10 月 13 日,朝外务省发表声明,既然美国务院已经把朝鲜从支恐国家名单中除名,朝将恢复宁边关键的核设施去功能化的工作。次日,IAEA 表示,朝鲜当天重启了宁边核设施去功能化作业。①11 月 12 日,国务院副发言人罗伯特·伍德说,根据"行动对行动"的原则,美国已经开始向朝鲜运送 5 万吨重油。同日,朝鲜外务省公布美朝达成的有关朝鲜核设施验证的协议内容。

但在验证对象、方法和时间等关键问题上,美朝之间的分歧没有消除。11 月 13 日,朝外务省发表声明阐述了朝鲜的立场:验证对象是六方会谈协议所规定的最终将废弃的宁边核设施;验证方法限定为考察现场、确认文件以及与技术人员交谈,朝鲜没有同意核查人员从其核设施中提取样本;验证时间是在经济补偿完整无缺地结束之后。声明还说,由于未能及时得到能源援助,朝方从 5 兆瓦反应堆取出乏燃料棒的速度降低了一半。②

12 月 8 日至 11 日,六方会谈团长会议在北京举行,讨论验证、去功能化和对朝能源援助等问题。这是时隔 5 个月后,六方团长再次齐聚北京。为尽早就朝鲜核计划申报验证达成一致,各方进行了频繁的双边和多边磋商,以期消弭分歧。主席方中方轮番与其他五方沟通商谈,提出了一个验证书草稿,但朝方没有接受。韩方则提出,对去功能化的每一步骤进行验证,否则不再向朝方提供已经承诺的经济补偿。③12 月 11 日晚,在经历了 4 天的密集磋商后,朝核问题六方会谈团长会在北京落下帷幕。中方团长、外交部副部长武大伟在会后发布主席声明。其中说,六方充分肯定在实施《9·19 共同声明》第二阶段行动方面取得的

① Arms Control Association, "Chronology of U.S.-North Korea Nuclear and Missile Diplomacy", http://www.armscontrol.org.; Merle D. Kellerhals, Jr., "U. S. Removes North Korea from State Sponsor of Terrorism List", October 14, 2008; U. S. Department of State, Office of Spokesman, "U.S.-North Korea Understandings on Verification", October 11, 2008, *Washington File*, October 15, 2008, pp.2, 6.

② Arms Control Association, "Chronology of U.S.-North Korea Nuclear and Missile Diplomacy", http://www.armscontrol.org;《美希望六方会谈就朝核计划申报验证达成协议》,2008 年 11 月 25 日,http://news.cnwest.com/content/2008-11/25/content_1576015.htm。

③ 朴键一:《中国周边安全环境与朝鲜半岛问题》,第 66 页。

积极进展:朝鲜宁边相关核设施的去功能化;朝鲜关于核设施和核计划的申报;经济和能源援助。各方同意根据《10·3 共同文件》,同步执行朝鲜宁边核设施去功能化和向朝提供相当于 100 万吨重油的经济能源援助,并欢迎国际社会参与对朝援助。韩方作为牵头方将在适当时候召开经济与能源合作工作组会议,协调对朝援助有关事宜。各方同意早日举行下一次会议。11 日上午,杨洁篪外长会见了六方团长。他呼吁各方保持信心和耐心,发挥智慧,显示最大灵活,为六方会谈进一步向前迈进奠定良好基础。①

12 月 12 日,国务院发言人麦科马克称,在未就验证达成协议的情况下,美国将中止运输重油。

2009 年 1 月 13 日,朝鲜外务省发表声明称,对弃核的验证需要在朝鲜和韩国之间全面实施,对于美国在韩国引入、部署和撤出核武器同样需要进行实地核查,并且要经常化,以防止重新引入。声明还说,只有在美国消除对朝鲜的核威胁以及不再对韩国提供核保护伞的时候,朝鲜才会放弃核遏制力。17日,朝鲜又宣布对韩国进行"全面对抗"。②关于朝核问题的六方会谈陷入真正的僵局。

关于朝核问题的六方会谈是 20 世纪 90 年代美朝《框架协议》在新时期的继续和发展,是一个复杂的外交过程,之所以由两方变成了六方,是因为布什政府坚决拒绝与朝方进行双边谈判。"双边谈判"(bilateral talks)这个词一度成了美国的禁忌。进行多边谈判自然有其道理,因为朝核问题确实关系到东北亚地区的安全。但它的主要当事方仍然是朝鲜和美国。朝核问题是美朝之间、北南之间半个世纪敌对的结果,会谈遭受挫折的根本原因也是美朝之间、北南之间缺乏基本的互信。但如果"不以成败论英雄",那么也要肯定,双方在会谈过程中也都作出了政策的调整,在某个特定时期、在一些具体问题上的政策变得比较理性,符合东北亚安全和相关国家的共同利益。可惜,美国对朝鲜的疑虑根深蒂固。首先是布什政府内部强硬派与温和派意见相左;其次是美国政界和舆论常常对六方会谈的进展给予消极的解读,多数美国分析家认为,《9·19 共同声明》没有超出 1994 年的《美朝框架协议》,取消金融制裁换取朝鲜宁边核设施的去功能化在国内受到种种质疑和批评。③

朝鲜是在美国拒绝进行双边会谈后勉强进入六方会谈的。但在会谈过程

---

① 《六方会谈团长会结束,同意早日召开下次会议》,2008 年 12 月 12 日,http://www.fmprc.gov.cn/ce/cekor/chn/xwxx/t525906.htm。

② Arms Control Association, "Chronology of U.S.-North Korea Nuclear and Missile Diplomacy", http://www.armscontrol.org。

③ 朱锋:《国际关系理论与东北亚安全》,第 345 页。

中,朝鲜也感觉到自己是平等的一方,是受尊重的;而且也有意摆脱国际孤立状态,因此在许多时候表现了冷静、务实的态度,在无核化方面作出了一定的努力。美国希望在朝鲜实行政权更迭的想法从未彻底打消,布什政府对朝鲜的政策又反反复复,美国的强硬派时常给六方会谈泼冷水,美国舆论对六方会谈也是鼓励少,怀疑多;促进少,促退多。再加上日本的一贯态度,韩国立场的变化,都给六方会谈增加了难度。朝鲜对所有这些因素都极度敏感,甚至过于敏感,并作出强烈反应,六方会谈一直是一个曲曲折折、起起伏伏的过程,并最终导致真正的僵局。

在六方会谈这个机制中,中美之间的战略协调与政策配合也是重要因素。中国在朝核问题上的立场是明确的、坚定的、一贯的。中国主张朝鲜半岛无核化,坚持维护半岛的和平与稳定,在实现无核化的过程中均衡地照顾各方的关切和利益。正是中国的积极斡旋与劝和促谈,使布什政府重新建立起以外交实现半岛无核化的希望,同意通过六方会谈来应对朝核问题。半岛的无核化、东北亚的稳定符合中美两国的共同利益,这是两国在朝核问题上进行合作的基础。布什在解读《9·19 共同声明》时就曾说,该文件与《美朝框架协议》的最大区别是"中国因素"的介入。①中国在六方会谈中发挥的作用是独特的,它与其他五方的关系都比较好,这使它能在各方之间积极沟通,劝和促谈。在重大的地区和国际问题中担当这样的角色是中国的一个新尝试。中国能够这样做,一方面是因为中国长期以来与朝鲜保持着正常的良好的关系,真心实意地希望朝鲜经济发展,社会进步,人民幸福;希望朝鲜结束孤立状态,逐步融入国际社会;另一方面是中美两国之间在反恐、防扩散领域及其他方面的合作培植了两国之间的良好关系,在布什政府拒绝与朝鲜进行双边接触的时候,中国的斡旋提供了一个不可多得的选择。而在会谈的进程中,中国秉持公正立场,不偏袒,不护短,出以公心;殚精竭虑,充分发挥政治智慧,又采取非常务实、灵活的做法,努力实现各国利益的共赢,得到各方的认同和支持。中美两国在朝核问题上的协调与合作成为那几年中美关系的一大亮点。

半岛北南关系与六方会谈息息相关。金大中、卢武铉两届政府对会谈是一个促进因素,南北关系的改善为会谈提供了良好的氛围。卢武铉认为南北关系与无核化是并行的两个过程,他按照《北南关系发展与和平繁荣宣言》,积极谋求发展与朝鲜的全面关系,尤其是经济合作,包括金刚山旅游、开城工业区等,并积极主张以半岛的和平机制来取代停战机制,认为在朝鲜实现无核化之前就可以做到。韩国由原来与美步调一致对朝,发展到具有相对独立性地看待和处理对朝关系,这是一个积极的变化,它也促使朝鲜立场发生了积极的转变,增加了对

---

① 朱锋:《国际关系理论与东北亚安全》,第 345 页。

韩国的信任,对弃核的态度变得比较积极。六方会谈所取得的进展与韩朝关系的改善是相互促进的。但卢武铉的政策受到反对党大国家党的攻击。反对党指责他给予朝鲜的太多,从朝鲜得到的太少;朝鲜成了有核武器的国家,对韩国的安全威胁有增无已。2007年12月韩国举行大选,大国家党候选人李明博胜出。李明博与卢武铉的对朝政策理念不同,从他2008年2月就任总统后,改变了对朝鲜的政策,南北之间的各项经济合作都要与无核化挂钩,在过去两位总统任内辛辛苦苦培育起来的本来就很脆弱的南北关系开始逆转。7月中旬还发生了一名韩国游客在金刚山观光时因擅离旅游团出游被朝军哨兵击毙的事件。9月以后,韩国媒体又大肆炒作"金正日健康异常说",韩国从过去促进朝美关系改善的积极因素,变为起消极作用的因素;从促进无核化的因素,变为制造麻烦的因素,对六方会谈起了促退作用。

日朝长期交恶,一直缺乏互信,朝鲜对日本参加六方会谈从一开始就抱有抵触情绪。小泉首相2002年和2004年两次访朝,对两国关系的改善不能说没有作用。但日方在会谈中念念不忘绑架问题,与会谈其他各方的诉求、与整个会谈的宗旨和气氛格格不入。为此,日方也经常受到美方首席代表希尔的批评。日本民众关注"绑架"问题,日本代表受制于内政,在会谈中提出这个问题,也可以理解。但日方把一切问题都与"绑架"相联系,这就做得过分了。在2007年2月13日文件(《起步行动》)达成后,日本本该向朝鲜提供5万吨重油,但它借口国内的反对,不愿提供。2007年11月,福田康夫首相访问美国,要求布什总统在绑架问题未取得进展的情况下,推迟将朝鲜从支恐国家名单中除名,布什反应冷淡。12月5日,日本众议院"被朝鲜绑架人质特别委员会"通过了一项对美国说"不"的决议,反对美国将朝鲜从支恐名单中删除。决议要求日本政府尽最大努力,使美国放弃这一计划。2008年9月麻生出任首相后,又第四次将对朝制裁延长6个月。日本牵头的朝日关系正常化工作组谈判毫无进展。日本在六方会谈中的立场是被国内政治绑架的,它在会谈中的作用基本是负面的。以至于朝鲜外务省发言人2008年12月6日表示,鉴于日本至今拒绝履行其义务,朝鲜不会再把日本当作六方会谈的参与国,不会再与日本打交道。①

冷战结束后,俄罗斯采取"亲韩远朝"的政策,减少对朝贸易,于1993年放弃1961年签署的《苏朝友好合作条约》中承诺的对朝鲜安全的无条件保障义务,俄罗斯在朝鲜半岛事务中也日益被边缘化。20世纪90年代,俄罗斯一直被排除在美、朝、中、韩四方会谈之外。朝核问题出现第二次危机后,俄罗斯给予高度关

---

① 《朝表示在六方会谈中不与日接触》,2008年12月7日,人民网,http://paper.people.com.cn/rmrb/html/2008-12/07/content_152831.htm。

注,并表现了很大的外交热情。①在六方会谈中俄罗斯是一个建设性因素。俄罗斯牵头东北亚安全小组,积极思考把六方会谈发展成东北亚常设性安全机制的问题,并提出了初步方案,得到各方的好评。2007 年 3 月到 6 月朝鲜在澳门汇业银行被冻结的 2 500 万美元的解冻遇到困难,僵持了 3 个月之久,最后资金被解冻到俄罗斯远东商业银行,这也是俄罗斯为六方会谈作出的一个贡献。2005 年 11 月 19 日,普京总统与卢武铉总统在釜山举行会谈后在记者会上暗示,如果朝鲜弃核,俄罗斯可以考虑在六方会谈框架内向朝鲜提供天然气,表示了俄为促朝尽早弃核而提供单独能源援助的意向,②也是一个积极的表态。

　　六方会谈的态势逆转了。此后一个时期,朝鲜的导弹和核问题一再引发了危机。

---

① 2003 年 1 月 20 日,俄罗斯特使、副外长洛修科夫访问平壤时曾向金正日提出俄罗斯的一揽子解决朝核问题的方案,其中就包括向朝鲜提供安全保障。这是国际社会第一次提出向朝鲜提供安全保障。2003 年 6 月,普京也提到,要对朝鲜提供安全担保。见罗英杰:《俄罗斯对朝鲜半岛政策的演变及其在朝核问题上的立场》,提交给中国朝鲜史研究会、国务院发展研究中心世界发展研究所主办的"六方会谈与东北亚安全学术讨论会"的论文,2005 年 12 月 16 日。

② 《普京暗示若朝鲜弃核俄可向朝鲜提供天然气援助》,2005 年 11 月 20 日,http://gb.cri.cn/8606/2005/11/20/1425@788185.htm。

第五章　中美关系的
机制化建设

第一节　高层互访机制化

频繁的首脑外交是进入新世纪以来中美关系走向成熟的一个重要标志。由于中国的不断发展壮大,中国在地区和国际事务中的影响力不断增强,世界上的重大事务不能没有中国的参与;中美合作共事对于应对人类社会面临的挑战的重要性不断增长,两国关系越来越成为 21 世纪最重要的双边关系,因此两国首脑接触的频密化是一种必然趋势。除了正式的工作访问和国事访问,中美两国首脑还利用国际会议的场合举行双边会晤,就重大的双边和国际问题进行沟通磋商。中美首脑还通过电话热线进行磋商、交换函件。从 20 世纪 90 年代以来,两国首脑外交的频率呈现不断上升的趋势。据有的学者统计,1993 年至 2000 年,中美首脑会晤 13 次,年均 1.6 次,而在 2001 年至 2008 年间,中美首脑会晤达 21 次,年均 2.5 次。1998 年至 2000 年,中美首脑通话 5 次,年均 1.6 次,而2001 年至 2008 年间中美首脑通话 30 次,年均 3.7 次。①

2005 年 11 月下旬,布什总统进行了他任内对中国的首次国事访问。行前,11 月 8 日,布什在接受凤凰卫视独家采访时说:中美关系"是一种混合的关系。其中有许多正面的东西,我们在合作共事。但也有许多方面我们[美中]并非总能取得完全的一致。尽管如此,我们可以以非常真诚的方式讨论这些分歧"。布什表示:"访问的首要目的是给我一个机会更好地了解[中国]领导人。我喜欢跟

---

① 吴心伯:《世事如棋局局新——二十一世纪初中美关系的新格局》,第 149—150 页。

胡主席相处。他是个聪明人。你对一个人了解越多,你就越容易制定好的政策。"他还对朝核问题表示了乐观态度,说:"我想我们有极好的机会与中国和其他国家一起,确保朝鲜半岛无核化,为地区和这个半球的和平打下基础,这当然是重要的。"①

布什于 11 月 19 日抵达北京。20 日上午,胡锦涛与布什先举行了一个小时的小范围会谈,然后又举行大范围会谈,就中美关系和重大国际及地区问题深入交换意见。两国元首一致同意增进了解,扩大共识,加深互信,全面推进 21 世纪中美建设性合作关系。胡锦涛积极评价近年来中美关系取得的进展,并就进一步发展中美关系提出五点建议,包括:保持两国高层交往的积极势头;开创中美经贸合作的新局面,不断拓展合作领域,实现互利共赢,通过对话和协商妥善处理摩擦和问题;加强在能源领域的互利合作,妥善应对能源和环境挑战;加强两国在反恐、防扩散、防控禽流感问题上的合作;扩大两国在人文领域的交流与合作。布什表示赞同胡锦涛的建议,认为美中两国应不断扩大交往,加强对话。布什赞赏中国在反恐问题上的坚定立场,赞同双方开展能源对话,支持中国在防控禽流感问题上发挥的作用。关于经贸合作,布什表示欢迎中国的经济发展,欢迎中国经济对促进世界经济发展发挥更大作用,中国政府在市场开放和知识产权保护方面的措施十分重要,美方亦将继续努力,保持两国贸易的平稳发展。

在谈到台湾问题时,胡锦涛强调,保持台海地区和平稳定,致力于实现和平统一,是中国对台政策的主旨。中方高度赞赏美方多次重申坚持一个中国政策、遵守中美三个联合公报、反对"台独"。中美共同反对和遏制"台独"分裂势力及其活动,维护台海地区和平稳定,符合双方的共同利益。布什表示,美方坚持一个中国政策,反对"台独",反对单方面改变台海现状。会谈自然也涉及朝核问题。布什总统再次对中国为六方会谈所做的工作表示感谢。双方都肯定了《9·19 共同声明》,并商讨了如何将共同声明变成具体行动的问题。②

温家宝总理与布什总统举行了会晤,温家宝引用宋代王安石《登飞来峰》一诗中的句子来比喻中美关系应该高瞻远瞩,妥善处理分歧。温家宝还设午宴招待布什总统。

---

① The White House, Office of the Press Secretary, "Interview of the President by Phoenix Television", November 8, 2005, *Washington File*, November 10, 2005, pp.19—20.

② 钱彤、常爱玲、廖雷:《胡锦涛与布什会谈,就发展中美关系提五点建议》,2005 年 11 月 20 日,http://www.gov.cn/jrzg/2005-11/20/content_104603.htm; George W.Bush, "Remarks Following Discussions With President Hu in Beijing", November 20, 2005. Online by Gerhard Peters and John T.Woolley, *The American Presidency Project*, http://www.presidency.ucsb.edu/ws/?pid=73751.

当天下午,赖斯国务卿举行记者会,介绍两国元首会谈的情况。她表示,两位领导人的讨论"是广泛的,开放的,深入的,坦率的",中国正在负责任地融入国际体系,以负责任的行为融入国际体系。有记者问到知识产权的问题,她回答说,她参加两国领导人的会晤已经四五年了,现在对知识产权的讨论越来越详尽、越来越具体地商讨中国可能采取的措施,与几年前的讨论确实不一样了。她还讲到,两位领导人关注的一个重要问题是促进两国的人员往来,尤其是学生交流。她兴致勃勃地谈起她在斯坦福大学任教时与中国学生的接触。被问到朝核问题时,她说"我的一个印象,一个强烈的印象是,中国政府非常希望看到这个问题得到解决;我们懂得,首先,一个核武装的朝鲜对于地区是一个非常坏的不稳定因素。""胡主席今天重申了中国要看到一个无核的朝鲜半岛的愿望。"六方会谈的一个好处是,这不仅仅是朝鲜对美国的承诺,而且是对所有其他五国的承诺。我们现在所有这些国家在一起以非常清晰的语言告诉朝鲜,废弃他们的核武器;否则他们不可能融入国际体系。布什总统在他第一次访问韩国的时候已经表明了,美国无意进攻朝鲜,或入侵朝鲜,他们用不着怕美国这样做。①

当晚6时许,布什在他下榻的瑞吉饭店举行记者会。他在会上表示,"与中国的关系是好的、非常充满活力的、强固的","美中关系是重要的关系。中国是一个正在发展的经济体,它是亚洲的一个非常重要的存在。这对美国是一个至关重要的关系"。讲到朝核问题,他说:"中国和美国可以作为平等的伙伴在朝核问题上共事这一事实对于地区和世界的稳定是重要的。"②

布什访华巩固了两国在一系列问题上的共识,尤其在维护台湾海峡和平和继续推进六方会谈方面的共识,扩大了两国在经贸方面的合作,并对正在酝酿的两国战略对话机制的创建起了推动作用。

2006年4月18日至21日,胡锦涛应布什邀请,对美国进行国事访问。这是胡锦涛就任国家主席后首次访美。从西部波音公司和微软所在地西雅图,到首都华盛顿,再到东部耶鲁大学所在地纽黑文,胡锦涛共参加32场活动,会见布什等美国领导人,接触美国国会议员、州市官员、工商、学术、工人、学生等各界人士,发表6次重要讲话。访问取得丰硕的成果,为全面推进中美建设性合作关系注入了新的活力。

---

① The White House, Office of the Press, "Press Briefing by Secretary of State Condoleezza Rice on the President's Visit to China", November 20, 2005. Online by Gerhard Peter an John T. Woolley, *The American Presidency Project*, http://www.presidency.ucsb.edu/ws/?=73429.

② "Remarks and an Exchanges with Reporters in Beijing", November 20, 2005, On line by Gerhard Peter an John T. Woolley, *The American Presidency Project*, http://www.presidency.ucsb.edu/ws/?pid=73758.

4月18日，胡锦涛抵达西雅图。西雅图是美国通向中国和亚洲的重要门户，与中国的经贸关系历来密切。19日上午，胡锦涛访问波音公司。波音公司是中国的重要贸易伙伴，中国是波音的海外大客户。胡锦涛参观波音公司埃弗里特总装厂，出席了为他举行的盛大集会，并发表讲话。胡锦涛首先在波音民用飞机集团总裁穆拉利陪同下参观生产波音747、767、777等型号飞机的总装线，并登上正在进行总装的一架波音777型飞机参观。他还听取关于波音公司正在研发的787型飞机特点的介绍。参观总装线后，胡锦涛来到波音公司在厂房中举行的员工欢迎大会会场，对5 000名波音员工发表了热情洋溢的讲话。他说，波音公司同中国保持着良好的合作，堪称中美贸易合作互利双赢的真实写照。他希望波音公司同中国的合作越搞越好，规模越来越大，祝愿中美两国的经贸合作像波音飞机一样迎风展翅，飞向更加美好的明天。讲话结束后，波音公司员工代表保罗·德尼尔上台向胡锦涛主席赠送了一顶带有波音公司标记的棒球帽。胡锦涛主席高兴地接过棒球帽戴在头上，亲切地同德尼尔握手、拥抱，并合影留念。德尼尔激动得热泪盈眶，现场数千名波音员工热烈地鼓掌、欢呼。①

同日，胡锦涛出席了华盛顿州州长葛瑞格尔女士的欢迎午宴，并发表了题为《深化互利合作，促进共同发展》的重要讲话，强调了经贸合作对两国关系的重要性，对其中的问题进行了深入分析，提出了解决的办法。胡锦涛还提出双方要创新思路，拓展双边合作，尤其是在能源、服务业和环保产业的对话与合作。

同日17时许，胡锦涛参观位于西雅图附近雷德蒙德的美国微软公司总部。董事长兼首席软件设计师比尔·盖茨致辞盛赞微软同中国非常好的合作关系，对胡锦涛来访表示热烈欢迎。胡锦涛来到微软"未来之家"参观。"未来之家"是微软产品的展示区，其内部家电等系统均用无线网络连接，所有室内用品均进行信息存储，同时配备了先进的声控、掌纹识别等人工智能技术。胡锦涛高度评价微软公司在信息技术的创新和发展上取得的业绩，对微软公司同中方的合作感到满意，希望双方继续努力，不断扩大交流合作。他还同8名学习中文的美国小学生进行了亲切交谈，同他们一起在电脑上进行手写汉字输入，欣然写下"中美友好万古长青"八个大字。胡锦涛在和盖茨等人的交谈中表示欢迎微软增加在中国的投资，中国将履行诺言，保护知识产权，坚决打击软件盗版活动。

美国媒体对胡锦涛参观微软总部总结了三点意义：第一，表达中国政府维护公平贸易、打击盗版的决心；第二，体现中国领导人对科学技术、对知识分子的尊

---

① 《波音员工拥抱胡锦涛主席，员工激动落泪》，2006年4月21日，http://news.sohu.com/20060421/n242916793.shtml；毛磊：《通讯：波音公司员工难忘胡锦涛主席的亲切拥抱》，2011年1月14日，http://news.xinhuanet.com/world/2011-01/14/c_12981683.htm。

重;第三,表达中国努力建设创新型国家的雄心。①

在西雅图,胡锦涛还会见了出席中国和平发展道路与中美关系的未来研讨会的中美两国专家学者。胡锦涛表示,中国坚定不移走和平发展道路,这是基于中国国情和历史文化传统的必然选择,也是基于时代发展潮流的必然选择。一个和平发展的中国是促进亚太地区和世界和平、稳定、繁荣的重要力量,也将给中美合作带来更大的空间,给中美关系的发展带来历史性机遇。②

访问的重头戏自然是在华盛顿。4月20日上午,布什总统在白宫南草坪为胡锦涛主席举行欢迎仪式。布什在欢迎辞中说:"美国欢迎一个和平的、繁荣的、支持国际体系的中国的出现。我们两国作为国际体系的利益攸关方,有许多共同的战略利益","繁荣取决于安全,美国和中国在增进我们两国人民的安全方面有共同利益"。布什提到了一系列安全问题,尤其是朝核问题,他说:"我赞赏中国作为六方会谈主人的作用","我将继续寻求胡主席的建议和合作,敦促中国运用其对朝鲜的相当巨大的影响力,在实现朝鲜半岛无核化方面取得卓有成效的进展"。最后他说:"美国与中国将继续在我们的共同利益基础上建设我们的关系,我们也会以相互尊重的精神对待我们的分歧。我们已经在建设坦率的合作关系方面取得了进展,胡主席的访问将推动这种进展。"③

胡锦涛主席致辞希望中美建设性合作关系不断取得新的发展,更好地造福两国人民和世界各国人民。他特别提到了台湾问题,说:"我们赞赏布什总统和美国政府多次表示坚持一个中国政策、遵守中美三个联合公报、反对'台独'。台湾是中国领土不可分割的一部分。我们将继续以最大的诚意、尽最大的努力争取两岸和平统一的前景,同台湾同胞一道,促进两岸关系和平发展,但绝不允许任何人以任何方式把台湾从中国分割出去。"④

欢迎仪式之后,两位领导人进行了务实的、建设性的会谈。双方积极评价两国关系的发展势头。两国合作的领域日益宽广,超越了双边的范畴,越来越具有全球的战略意义。布什赞赏中国国际地位的显著上升,成为维护世界和平的关键伙伴,对世界和平发挥着日益重要的影响。胡锦涛强调了中美在反对和遏制

---

① 王恬、邹德浩等:《胡锦涛做客盖茨豪宅》,http://paper.people.com.cn/hqrw/html/2012-02/26/content_1027624.htm?div=-1。
② 钟育和:《全面推进21世纪中美建设性合作关系——胡锦涛主席对美国进行国事访问》,第100—101页。
③ The White House, Office of the Press Secretary, "Remarks by President Bush and President Hu of People's Republic of China in Arrival Ceremony", April 20, 2006, *Washington File*, April 21, 2006, pp.3—4.
④ 钟育和:《全面推进21世纪中美建设性合作关系——胡锦涛主席对美国进行国事访问》,第6—7页。

"台独"、维护台海和平稳定方面的共同战略利益,布什表示美国在台湾问题上的立场没有变化,美国坚持一个中国政策,理解中方在台湾问题上的关切,不希望看到台湾当局单方面改变台海现状的行动损害美中关系。

双方同意从战略高度和长远角度看待和处理两国关系,全面推进 21 世纪中美建设性合作关系,加强两国在军事、执法、科技、教育、文化、青年等领域的交流合作,并就反恐、防扩散、禽流感防治、能源、环保、抗灾救灾继续开展对话与合作。双方将继续致力于维护亚太地区的稳定,继续为推进朝核六方会谈而努力。①布什还再次表示要来观看 2008 年北京夏季奥运会。

会谈后,两国领导人共同会见了记者。

在华盛顿,胡锦涛还会见了副总统切尼、临时参议长史蒂文斯。史蒂文斯参加过反法西斯战争,作为第十四航空队成员在中国参加过抗击日本军国主义的战争。他回顾中美两国人民共同战斗的历程,看到今天中国的进步和两国关系的发展,感到由衷的高兴。在会见总统国家安全事务助理哈德利时,胡锦涛表示,"中美不仅是利益攸关方,而且应该是建设性合作者。两国加强互利合作,不仅给两国人民带来实实在在的利益,而且对亚太地区和世界和平、稳定、繁荣具有重要意义。"②

20 日晚,胡锦涛出席美国 12 个友好团体举办的晚宴并发表题为《全面推进中美建设性合作关系》的讲话。他指出,从这次访问中他得到的"最深切的感受是,中美都有进一步发展两国关系的强烈愿望,都认识到中美关系已远远超出双边范畴,越来越具有全球意义"。他强烈表示:"中国坚定不移地走和平发展道路,对内聚精会神搞建设、一心一意谋发展,对外致力于维护世界和平、促进共同发展。"胡锦涛并对推进建设性合作关系提出建议。③

4 月 21 日,胡锦涛访问国际知名的耶鲁大学,并对师生发表演讲。胡主席着重阐述了以人为本、全面协调可持续发展的科学发展观,并从中华文明的历史流变和现实发展的角度,阐述了当代中国的发展战略和前进方向,指出,中华文明历来注重以民为本,尊重人的尊严和价值;历来注重自强不息,不断革故鼎新;历来注重社会和谐,强调团结互助;历来注重亲仁善邻,讲求和睦相处。他最后强调:"文明多样性是人类社会的客观现实……在人类文明的交流过程中,不仅

---

① 钟建和:《全面推进 21 世纪中美建设性合作关系——胡锦涛主席对美国进行国事访问》,第 110—111 页;The White House, Office of the Press Secretary, "Remarks by President Bush and People's Republic of China President Hu after Meeting", April 20, 2006, *Washington File*, April 21, 2006, pp.6—9。

② 钟建和:《全面推进 21 世纪中美建设性合作关系——胡锦涛主席对美国进行国事访问》,第 112 页。

③ 同上书,第 20—24 页。

需要克服自然的屏障和隔阂,而且需要超越思想的障碍和束缚,更需要克服形形色色的偏见和误解。意识形态、社会制度、发展模式的差异不应成为人类文明交流的障碍,更不能成为相互对抗的理由。"最后他宣布邀请 100 名耶鲁大学师生 2006 年夏天访问中国。①

胡锦涛主席对美国的国事访问取得圆满成功,达到加强对话,扩大共识,增进互信,深化合作的目的,对于推动中美关系健康稳定发展,对于两国共同促进亚太地区和世界和平、稳定、繁荣,产生了重要而深远的影响。

第二节 "利益攸关方"概念的提出

从 2001 年布什执政以来,美国对华政策是有变化的。正如本书第一章所述,在竞选时期和执政之初,布什团队的主流是新老保守派,他们对于中国的崛起对美国究竟意味着什么抱有严重疑虑,对于克林顿时期中美两国领导人同意的"致力于建立中美建设性战略伙伴关系"非常反感,在 2000 年大选中,他们把中国称作"战略竞争者"。布什团队还认为克林顿政府第二任期对中国和中美关系过于重视,对盟国,尤其是日本过于忽视和轻慢,他们要降低中国和中美关系在美国外交、美国与东亚地区关系中的地位,提升美国的盟国,尤其是日本的地位。布什政府第一任期的人事安排正是体现了这一趋向。

"9·11"恐怖袭击对中美关系产生了重大影响。第一,布什政府对国际形势和大国关系的认识发生了重大变化,包括对中美关系的看法。布什政府和美国全国倾全力于国土安全和反对国际恐怖主义的战争,关于"中国威胁"的辩论一时沉寂下来。②为了集中力量反恐,布什政府需要一个稳定的东亚,稳定的台海,因此当着台湾民进党当局铤而走险要搞"法理台独"时,布什政府毫不含混地加以强烈反对。一个一开始同情台湾当局,支持提升美台关系的政府后来成为自中美建交以来最坚决反对台湾当局鲁莽行为的政府,这也是历史的戏剧性发展。

第二,它拓展了中美两国的合作领域,尤其是在安全方面。美国著名中国问题专家何汉理所说:"除了名称,布什政府回到了先前克林顿政府的与北京建立'建设性战略关系'的理念。反恐战争是回复这种理念的正当理由。两国之间的

---

① 钟建和:《全面推进 21 世纪中美建设性合作关系——胡锦涛主席对美国进行国事访问》,第 52—57 页。

② Robert M. Hathaway and Wilson Lee, eds., *George W. Bush and Asia. A Midterm Assessment*, p.6.

其他共同利益也在促进这种合作关系。"①

　　第三，在美国对华政策中，不同领域的排序也发生了变化，一个明显的改变是人权领域重要性的下降，安全合作重要性的凸显。安全合作成为两国关系的试金石。②在反恐问题上，在阿富汗打击"基地组织"和塔利班的战争中，在维护台湾海峡的稳定等安全问题上，总体上说中美两国都是合作的。对于伊拉克战争，中国有自己的原则立场，中国不主张干涉别国内政，更反对在国际关系中动辄使用武力，因此中国当然不赞成这场战争。但中国也没有因此与美国迎头相撞。

　　在"9·11"事件以后的几年中，美国国内对于中美关系出现了更多的共识，反对改善中美关系的利益集团的声音比20世纪90年代小了许多，完全掀不起大浪；即使发表一些言论，也引不起公众注意。美国主流媒体对中国的报道虽然还有欠公正、全面，但已经不再像90年代那样"妖魔化中国"，对中国正面和客观的报道增加了，与90年代的情况很不一样。③美国公众对中国的看法也发生了改变。根据2003年9月的一项民调，9％的人认为中国是盟国，44％的人认为中国是友好国家，对中国持正面看法的人达到53％，而对中国持负面看法的人占42％，2001年4月时却达69％。④

---

① Harry Harding，"Asia in American Grand Strategy"，Robert M. Hathaway and Wilson Lee，eds.，*George W. Bush and Asia. A Midterm Assessment*，p.51.

② David M. Lampton and Richard D. Ewing，*U. S.-China Relations in a Post-September 11th World*，pp.ii—iii.

③ 2002年夏，笔者在美国威尔逊国际学者中心做学术访问，对6月、7月、8月三个月的《纽约时报》《华尔街日报》《华盛顿邮报》和《华盛顿时报》有关中国的报道和评论作了连续关注。《华盛顿时报》不是主流媒体，但它是所谓"蓝队"的喉舌。经过三个月的调研，笔者认为，不能说当时美国媒体对中国的报道基本是负面的。《华尔街日报》更多关注中国经济的增长和中美经贸关系，关于中国经济改革和发展以及在华外资企业的报道正面的居多，编辑部的评论有负面的，但数量不多。《纽约时报》和《华盛顿邮报》的报道有正面的，有负面的，但没有出现1999年那种炒作的现象。这三个月里，7月12日美国国防部公布了关于中国军力的报告，16日国会的美中经济安全评估委员会公布了一个报告，8月3日陈水扁发表了"一边一国"论。要是在过去，这些很可能成为"蓝队"再次炒作的借口，但这几个月里情况大不相同。对于国防部的报告，《纽约时报》和《华盛顿邮报》都只以很小的篇幅作了报道，言辞比较客观，还指出，布什政府内部对报告存在激烈争论，报道从标题到内容都比较中性，没有故意挑唆煽动。关于美中经济安全评估委员会的报告，《华盛顿邮报》只以很小的篇幅介绍了报告的内容，几乎未加评论；而《华尔街日报》发布了《将对华投资置于显微镜下》的文章，对报告提出质疑说，报告建议建立一种监督对华投资和技术转让的体制，这不符合国际惯例，迄今还没有哪个国家实行这样的监督。（"Investment in China is under Microscope?"，*Wall Street Journal*，July 12，2013）陈水扁发表"一边一国"论后，三份大报的文章总的说来比较客观地报道了美国和海峡两岸的情况，没有明显歪曲事实和攻击中国政府的说法，虽有倾向陈水扁的文章，但没有更多的炒作。就连《华盛顿时报》这家保守的媒体有时也发表比较客观的文章，这种情况在"9·11"事件以前是难得一见的。

④ CNN/USA Today/Gallop Poll，September 19—21，2003.

到了 2005 年,中美关系中又出现新的情况。"9·11"事件过去三年多了,类似的新攻击没有发生。一方面,美国仍然提防恐怖主义的再次袭击;另一方面,像过去几年那样压倒性地关注反恐也是不可能长久继续下去的。美国人仍然关心阿富汗、伊拉克,以及伊朗和朝鲜的核问题,除此之外,世界上一个明显的变化就是中国经济的持续快速增长。由于中国的幅员、人口和经济规模,经济和综合国力的超常增长,以及中国在东亚和国际事务中影响力的扩大,20 世纪 90 年代一度甚嚣尘上的"中国威胁"论是很容易沉渣泛起的。美国是不允许有一个国家挑战美国在全球和世界任一地区的"最高地位"(supremacy)的。于是,在过去三年多中比较沉寂的利益集团对中国的指责又多了起来,对中国各种各样的疑虑又公开表达出来。中美关系进入了后"9·11"时期。美国国会一些人竭力反对中国海洋石油公司(中海油)收购加州石油公司(尤尼科公司),把这项商业交易政治化,认为这是中国用主动出击的策略锁定全球石油供应,中海油的投标明显是对美国国家安全的威胁,①在国会山掀起新的"中国威胁"的风波;人民币汇率成为一些政界人士炒作的对象,一些国会议员还威胁要对从中国进口的商品征收高额关税;关于美国把就业岗位流失给中国的说法遍及报章;美国对中国的国防现代化表现了前所未有的关切,不但竭力阻止欧盟对华军售解禁,而且反对以色列向中国出售无人驾驶飞机,反对乌克兰对华售武。

与此相应的是,布什政府对中美关系的定位也发生了微妙的变化。布什在 2005 年 5 月 31 日接受记者采访时,有记者问:如何看待中国,是盟友? 是竞争者? 是朋友? 布什强调了与中国的关系是"复杂的",他说:

> 与中国的关系是非常复杂的关系,美国民众也应该这样来看待这种关系。中国是一个正在崛起的国家,看到它的崛起令人赞叹。我是说它消费了越来越多的自然资源,它创造就业岗位,并输出许多商品,它是个非常广阔的市场。因此,一方面我们要把中国看作一个经济机会,与中国打交道的最好办法是对它说:有一些规则,我们期待你遵守贸易规则。随着它的增长,贸易变得复杂了,你会看到在越来越多的情况下,美国坚持公平贸易。我们期待中国以公平的方式与世界进行贸易。

> 在安全方面,我们刚才谈了很多朝鲜的事情。中国可以成为非常好的伙伴帮助维护世界的安全。说服金正日放弃他的核武器的最好办法是不止一个声音说同样的话。在此事上,帮助世界的这一部分免于核武器方面,中国是个伙伴。中国在反恐方面同样可以提供很多帮助。

---

① 战略与国际研究中心、彼得森国际经济研究所著、隆国强等译:《账簿中国——美国智库透视中国崛起》,第 91 页。

他们跟我们一样关注反恐战争。

布什还说:"只要我还是总统,我就要来帮助处理这个十分复杂的关系。"①

赖斯8月19日接受《纽约时报》记者采访时也肯定中美关系是良好的,同样强调中美关系是"复杂的",或者"非常复杂的"。这样,对中美关系的修饰语就由原先的三个C(candid, constructive, cooperative,坦率的、建设性的、合作的)变成了四个C(加一个complicated,复杂的)。美国对华政策需要有新的导引,新的框架。

2003年年底,商务部前副部长杰弗里·加藤在一篇文章中写道:"尽管美国拥有强大的军事、政治和经济实力,但在世界上也许最具活力的亚洲地区,它的影响力可能正在减弱。亚洲正在发生巨变,而美国的政策越来越难以跟上它的步调。……当布什展望未来时,他看到的是一个以曲折的反恐战争为主线的美国世纪。当亚洲人展望未来时,他们看到的是一个亚洲世纪,其主线是经济的蓬勃发展和中国作为超级大国的崛起,而反恐战争只是细枝末节。……亚洲的全球利益在于帮助支撑其经济繁荣的国际经济政策。而在这一方面,美国的领导远不如亚洲人期待的那样有力。"②这是对亚洲形势的一个冷静的观察,它指出了美国的战略与世界形势,尤其是亚洲局势和亚洲国家的期待之间的落差。对美国来说,反恐是重中之重,是国家核心利益。虽然许多亚洲国家,包括中国也都受到恐怖主义的威胁,但反恐在它们国家利益的重要性的排序中与美国是大不相同的。反恐不是它们国家的头等大事,甚至不是它们国家安全中的头等大事。对于多数亚洲国家来说,发展是第一位的,发展是硬道理。如何弥合这两者之间的差异?经过二十多年的发展,中国已经今非昔比,它在许多方面已经崛起。如果中国以传统的大国争霸的方式来挑战美国在全球的地位,美国应对起来会得心应手,但现在不是。中国在现存的国际体系里崛起了,而且承诺和平发展,不颠覆现有的体系;但客观上,中国与美国确实已经开始了竞争:不仅经济上形成了竞争,而且在国际关系的理念上也是如此。中国自从1995年在东盟地区论坛上提出新安全观以后,在一系列的国际场合不断阐发这个理念,2002年7月,参加东盟地区论坛的中国代表团向大会提交了《中方关于新安全观的立场文件》,提出新安全观的核心内容是:互信、互利、平等、协作,在后来的实践中又继续加以完善,并且在国际上产生越来越大的影响。美国如何应对中国的这种竞

---

① George W.Bush, "The President's News Conference", May 31, 2005. Online by Gerhard Peters and John T.Woolley, *The American Presidency Project*, http://www.presidency.ucsb.edu/ws/?pid=73921.

② Jeffrey Garten, "Bush Behind the Smiles", *Newsweek*, October 27, 2003, p.32.

争？美国对华关系要有什么样的新思维？构建什么样的美中关系才是最符合美国利益的？①

　　这次美国国内对华政策的辩论的两位领军人物是大名鼎鼎的前国家安全事务助理布热津斯基和芝加哥大学政治学教授、《大国政治的悲剧》一书的作者米尔斯海默。布热津斯基代表对华接触派的观点，这一派认为，中国在经济上、政治上的崛起是不可避免的，它可以被纳入帮助美国利益的轨道；中国外交政策的动机是要维护一个对中国经济增长有利的稳定的全球环境，其目的不是要损害美国的战略影响力。②米尔斯海默代表的所谓"进攻性现实主义"认为，在国际体系的无政府状态下，一个国家永远无法把握其他国家的意图。大国彼此畏惧，相互猜疑，担心安全受到威胁或者战争迫在眉睫。恐惧越深，越有可能出现战争。所以，为了生存和安全，大国会不断扩张自己的战略目标，追求权力的最大化，直至实现霸权。因此，中美之间的安全困境是无法化解的。③

　　在《外交政策》2005年1/2月号刊登了布热津斯基和米尔斯海默的辩论文章，十分精要地表明了二人的观点。④布热津斯基在题为《要挣钱，不要制造战争》的短文中指出，中国的民族主义情绪是可以理解的，"但这并不表明战争不可避免，或者非常可能。中国领导层不倾向于从军事上挑战美国，而仍然聚焦于经济增长和取得大国地位"，"中国领导层不仅清楚意识到中国的崛起，而且意识到中国的弱项"。"中国在台湾问题上是很谨慎的。""自然今天的稳定不能说明明天的和平……中国清楚地同化进了国际体系之中。其领导层似乎意识到，试图把美国赶出去是徒劳无益的，谨慎地拓展中国的影响力是通向全球卓越地位的最可靠途径。"米尔斯海默的答文题为《宁为哥斯拉，不做小鹿斑比》。他针锋相对地断言，"中国不能和平崛起，如果中国在今后几十年中继续其快速经济增长，美中两国很可能会卷入激烈的安全竞争，发生战争的潜在可能性不容小觑"。中国将试图如同美国主导西半球那样主导亚洲，取得地区霸权也可能是中国收回台湾的唯一途径。而美国不会允许出现一个旗鼓相当的竞争者，在这个无政府

①　普林斯顿大学教授弗里德伯格写道：到2005年年中，关于美中关系未来方向的一些根本性问题又提了出来：在接下来的二三十年内美中关系有什么特点？两国关系会越来越走向深化的合作、稳定与和平，还是会由于两国不断增长的公开竞争而恶化甚至走向战争？Aaron Fried-berg, "The Future of U.S.-China Relations: Is Conflict Inevitable?" http://www.jstor.org/stable/4137594.

②　Thomas Lum, *U.S.-China Relations: Policy Issues* (CRS Report for Congress), March 12, 2010, p.3.

③　John Mearsheimer, "The Rise of China Will Not Peaceful at All," *The Australian*, November 18, 2005.

④　Zbigniew Bzrezinski and John Mearsheimer, "Clash of the Titans", *Foreign Policy*, No.146 (January/February 2005), pp.46—50.

主义的国际政治世界中宁为哥斯拉,不做小鹿斑比。①

布热津斯基再作答文,题为《核武器改变了一切》,他强调,我们现在生活的世界与以往的世界非常不同,过去霸权国家的战争不可能相互把对方整个除掉。大国采取何种行为不是事先确定的,中国领导层在展示自己走向大国地位的雄心方面比过去那些大国要灵活和老到得多。米尔斯海默在《向美国展示大门》的答文中说,关键问题是中国领导和人民如何思考 2025 年,这一点我们并不知道。今天中国在军事实力方面确实不如美国,但到了 2025 年、2030 年中国有了军事肌肉后会怎么样呢? 中国将会把美国赶出亚洲,自己来统治这个地区。

布热津斯基在题为《美国保留的权力》的回文中写道:中国如何能把美国赶出亚洲呢? 即便它能这样,我也不相信中国喜欢这样做的后果:一个强大的、民族主义的和拥有核武器的日本。米尔斯海默也不示弱,他在题为《这可不是什么好的景象》的辩文中称,我绘制的确实不是什么好的景象,但是国际政治是丑陋和威胁性的。有了好的意愿不能排除激烈的安全竞争,当着一个野心勃勃的霸权国家出现在亚洲时这样的竞争在劫难逃。

为了回答这些问题,布什政府第二任期对华政策的主要设计师、常务副国务卿佐利克于 2005 年 9 月 21 日对美中关系全国委员会发表关于对华政策演讲。这是布什政府执政以来第一篇关于对华政策的系统阐述,并且是从一个新的角度、从中国与国际体系的角度来进行阐述的。他指出,过去 27 年,中国改变了对外部世界的态度,决定接受全球化,融入国际社会,从联合国到世界贸易组织,到诸多的国际条约和协定,中国都是一名参与者;中国取得了飞速的经济增长,无论是在商品市场、服装市场、电脑市场还是资本市场,人们每天都感受到中国的存在。中国是一个大国,中国在发展,"中国将影响未来的世界,对美国和全世界来说,一个根本的问题是:中国将如何运用自己的影响力?"他指出,"很多美国人担心中国这条龙变成喷火的龙。人们对中国存在着强烈的担忧"。

他强调,冷战时期和 19 世纪欧洲均势政治的模式已不再适用于看待 21 世纪初的中国及处理对华关系,中国不是 20 世纪 40 年代后期的苏联,不寻求意识形态的扩张,不传播激进的反美意识。中国不认为自己正与全球民主制度进行最后搏斗,正与资本主义进行殊死斗争,"最重要的是,中国不认为自己的前途取决于推翻国际体系的基本秩序。其实,恰恰相反,中国领导人确认,他们的成功依赖于与现代世界的联网。"

---

① 哥斯拉是美国科幻电影《哥斯拉》中的进攻性怪兽,小鹿斑比是迪斯尼电影《小鹿斑比》中的主角,一个经历了欢喜与忧伤,失去了亲人和家园,依然以善良之心看待天下的形象。

他接着指出,从美国的角度来说,"我们与中国有着许多共同利益","我们确实希望加强与中国的合作",与中国进行合作比相互不和更有利于应对美国所面临的种种挑战——恐怖主义、大规模杀伤性武器的扩散等全球性挑战。而从中国角度来说,要努力解决国内问题,显然需要一个良好的国际环境,中国不想与美国发生冲突。他指出:"国际体系帮助中国获得了成功,中国也有责任来加强这个体系。"

他认为,现在已经是使美中关系实现"转型"的时候了,美国应该采取相应措施,调整我们30年来促进融合的政策,即从促进中国融入国际体系到鼓励中国成为国际体系负责任的利益攸关方。"希望中国不仅能适应上个世纪里逐步形成的国际规则,而且与我们和其他国家共同迎接新世纪的挑战","从中国的角度来看,今后与我们共同发展国际体系,看来更有利于维护中国的国家利益"。为了实现这种政策转型,美国要在国内建立起支持基础。这正是他发表这篇演讲的目的。

佐利克没有掩饰中美两国之间的分歧,实际上他几乎提到了两国之间的所有分歧,从国内政治(人权、宗教自由)到经贸(贸易逆差、知识产权等),到安全(中国军事现代化的快速发展),从双边问题到国际问题(伊核、达尔富尔等),他指出:"像利益攸关方那样进行合作并不表示没有分歧……但可以在更大的框架之内来处理分歧,即有关各方都承认,这个政治、经济和安全体系给各方带来了共同利益,维护这个体系符合各方的共同利益。"[1]

佐利克的讲话至少表明四点:第一,美国决策者认为,中国的发展是不可遏制的,中国不是苏联,美国也不能再用过去的老办法来处理对华关系;经过二十多年的发展,中国已经成为国际体系的完全成员。第二,美中关系已经远远超出双边关系的范畴,这是新世纪以来两国关系的一个新特点,在两国关系中有着越来越多的地区和国际的问题,所有这些问题都要求中美两国进行合作;亚洲和世界的和平、稳定与繁荣在很大程度上取决于两国的信任与合作,包括必要时的相互调适,而不是首先通过加强和扩展现存的美国同盟体系。[2]第三,这种合作是有可能的,因为美中两国有着足够广泛的共同利益,维护现存国际体系是美中两国最主要的共同利益之所在,两国应该联手并与其他国家一起,来加强这个国

① "Whither China: From Membership to Responsibility?" Remarks of Robert B. Zoellick, Deputy Secretary of State at the National Committee on U.S.-China Relations, September 21, 2005, *Backgrounder*, September 27, 2005.

② Michael Swaine, *America's Challenge. Engaging a Rising China in the Twenty-First Century*, p.59. 史文还认为,佐利克的讲话把美国对华政策公开地加以宣布,但其实在布什第一任期,甚至在克林顿政府第二任期基本上就是这样一种政策,只是没有这样明确地加以阐述而已。见同上书,第195页。

际体系,共同应对新世纪的挑战。这是美国决策者对两国共同利益的新解读、新概括。第四,美中两国间存在不少分歧,中国的发展具有不确定性,因此美国仍然要对中国进行防范,美国仍然要采取两面下注的政策。①但从整体说来,中国不是一种需要进行遏制的危险,而是合作伙伴或潜在的合作伙伴。中国的发展得益于这个国际体系,中国也应当与别的国家一起来维护、完善这个体系,这样,中国也就可能避免与美国之间的冲突与对抗了。佐利克的演讲表明,美国政界的主流对美中关系的认识提升到了一个新的境界。基辛格评论道:"佐利克的讲话相当于邀请中国成为国际体系的特权成员和塑造者。"②中国外交部门的负责人也认为,佐利克的这篇演讲发出了重要信号,标志着美方开始从新的视角来看待新世纪的中美关系,表明美方承认中国是当今国际体系的重要成员,不再把中方视为与国际体系相对立的"异端国家",这对于双方后来进一步探讨构建中美新型大国关系是一个积极贡献。③讲话为中方所接受不是偶然的。

佐利克讲话的言外之意是,承认在诸多国际问题上美国不能单干,美国的国际领导力在减弱,尤其在发动了阿富汗和伊拉克战争之后,为了弥补这个缺陷,美国需要伙伴。如果中国能与美国一起,致力于维护和加强现存的国际体系,那就使中美关系有了新的基础。

佐利克的讲话还表明,维护现存的国际体系对美国利益至关重要。正如有的美国学者所言,在应对新兴经济体的挑战时,美国手中"最强大的战略武器是各种国际机制组成的以美国为中心的国际体系和国际秩序"。④美国在承认新兴经济体崛起的同时,与之俱来的是担心新兴经济体挑战现存的国际秩序。中国作为最大的新兴经济体,如果中国同意成为"负责任的利益攸关方",那么现存国际秩序的合法性就大大增加,美国作为这个秩序的领导者的合法性就大大增加。

佐利克的讲话不是他个人的意见,在 2006 年 1 月美国的《四年防务评估报告》中,在 3 月发表的《国家安全战略》中都使用了"利益攸关方"的提法。可见讲话是布什政府对华政策的一个新阐述。

---

① 稍后,在 2006 年美国的《国家安全战略报告》中提出,美国鼓励中国采取正确的战略,而对其他的可能性进行对冲(hedging),也是这个意思。有的美国学者认为,在这一时期美国对华政策与中国对美政策实际上是相同的,都是合作加防范。见 Michael Swaine, *America's Challenge. Engaging a Rising China in the Twenty-First Century*, p.8。

② Henry Kissinger, *On China*(New York: The Penguin Press, 2011), p.499.

③ 戴秉国:《战略对话》,第 125、128 页。

④ John Ikenberry, "The Future of the Liberal Order", *Foreign Affairs*, Vol. 90, No. 3(May/June, 2011), pp.56—58.

佐利克的讲话几乎列举了两国之间的种种分歧，有的说法显然与中方的看法不同。但他的讲话传达的总的信息是正面的、积极的。实际上中国方面对中美两国是利益攸关方的说法给予了正面回应。[1]

佐利克的讲话还有一层意义。有的美国学者认为，布什政府的第一任期的亚洲政策是以美国的同盟体系为主导的，尤其是美日同盟，与此相应的是日本问题专家主导了亚洲政策，对华政策处于从属的地位。这一派的代表是副国务卿阿米蒂奇，这个团队关于中国的知识和处理对华关系的经验显然是不足的。布什第二任期发生了人事变化，中国问题专家取代日本问题专家主导了亚洲政策，这一派的代表就是佐利克，以及后来任财政部长的亨利·保尔森。他们的主张是，亚洲以及国际体制的稳定在很大程度上取决于中美两国的信任和合作，中美两国应该在一切必要和可能的地方进行相互调适，"负责任的利益攸关方"这一概念就是这种主张的经典归纳。[2]

也是在 2005 年，中美两国发起了战略对话。

第三节　中美战略对话和战略经济对话的建立

21 世纪中美关系的又一个特点是，两国关系的机制化越来越加强。从 1979 年建交以来，两国之间就逐渐建立起一些定期的磋商机制和合作平台，比如在中美建交的头两年，两国政府部门之间达成的条约和协定就有 27 项之多（中国政府部门与美国公司或两国公司达成的协议、合同不计在内），其中有的协定就转换成了固定的机制。而《中美科技合作协定》是邓小平在 1979 年 1 月底 2 月初访美时和卡特亲自签订的，同时建立了中美科技合作联合委员会（China-U.S. Joint Commission on Science and Technology Cooperation），以规划和协调两国政府间科技合作活动，每两年在两国首都举行会议。这是中美两国政府间的第一个正式机制。邓小平与卡特还商定成立中美经济联合委员会（China-U.S. Joint Economic Committee, JEC），以协调和监督两国经济关

---

[1]　如见本书第 194 页。

[2]　Michael Swaine, *America's Challenge. Engaging a Rising China in the Twenty-First Century*, p.58. 日本朝野对美国亚洲政策团队的调整十分敏感。2005 年笔者参加一次国际学术讨论会，有的与会的日本学者竟说，随着知日派离开美国政府，布什第二任期抛弃了日本。笔者心头一惊：日本对美国的依赖有多深啊！

佐利克没有明说现在中国是或者还不是"负责任的利益攸关方"，于是又在美国触发了新的辩论。参见陶文钊主编：《美国思想库与冷战后美国对华政策》，第 6 章第 3 节。

系有序发展，成为两国在经济问题上相互沟通和磋商的平台。该委员会的第一次会议于 1980 年 9 月 16 日至 18 日在华盛顿举行。随着两国贸易关系的发展，又于 1983 年成立中美商贸联合委员会（China-U.S. Joint Committee of Commerce and Trade，JCCT），为推动和加强双边经贸领域的互利合作，解决贸易争端发挥了重要作用。2003 年年底，温家宝总理访美时，两国领导人商定提高中美商贸联委会的级别，由中国副总理担任中方主席，美方由商务部长和贸易代表任共同主席，联委会升级成为两国间最高层次的双边经贸磋商机制。这些机制是随着中美关系的不断发展出现了实际需要而逐步建立起来的，而一旦建立，就对两国各方面合作的深化起到了实实在在的推动作用。到 2008 年，两国之间的这种双边合作机制和平台已经达到 40 多个。①在乔治·沃克·布什政府时期又新增加了不少机制，其中最重要的无疑是中美战略对话和中美战略经济对话。

在布什政府时期，中美关系中最重要的两个问题是台湾问题和朝核问题。这既是两个非常棘手的问题，两国在管控这些问题上又存在着共同利益，具有很大的合作空间。这就使中方想到，如果两国能建立起战略对话机制，有可能在新的历史时期探索出中美两个大国合作共赢的一条新路，对两国和维护世界的和平和稳定都具有重大的战略意义。②2004 年 11 月，胡锦涛主席在智利圣地亚哥出席亚太经合组织第 12 次峰会期间会晤布什总统，提出定期举行双边战略对话的建议，以加强两国之间在重大的全局性战略性问题上的沟通、磋商和合作，得到布什总统的积极回应。11 月底 12 月初，中国外交部副部长戴秉国作为中国特使访美，具体落实两国元首达成的共识，双方确定对话每半年举行一次。2005 年 3 月，新任国务卿赖斯来华访问。温家宝会见了她。赖斯表示，美国"把中国视为可靠的好伙伴，我们可以一起应对许多问题"，强调了中美关系对于地区和国际事务的重要意义。③在访问中双方敲定了第一次对话的议题。但是在对话名称上，美方不赞成使用"战略对话"的名称，提出把对话称为"全球对话"、"全面对话"、"定期高级别对话"。中方采取务实态度，没有在非实质性问题上计较，双方商定各自表述，中方仍坚持使用"战略对话"，美国则称它为"高层对话"（senior dialogue）。中方提出，战略对话不搞文件，不搞公报，也不涉及过于具体的问题。要搞战略对话，必须注重思想层面和心灵情感的沟通，力争把两国的大政方针谈深谈透。如果双方通过沟通交流能够达成一些共识，然后再把这些共

① 如见吴心伯的统计，《世事如棋局局新——二十一世纪初中美关系的新格局》，第 156—169 页。
② 戴秉国：《战略对话》，第 115 页。
③ "Secretary Condoleezza Rice' Remarks with Chinese Premier Wen Jiabao", March 20, 2005, *Washington File*, March 21, 2005, pp.3—4.

识体现到各自的政策中去,目的就算达到了。①

　2005 年 8 月 1 日至 2 日,中美首次战略对话在北京举行。戴秉国与美国常务副国务卿佐利克主持了对话。中方重点介绍了中国坚持走和平发展道路的总体思想,以大量事实反驳了"中国威胁"论,促请美国用客观理性的态度来看待今天的中国,同时也用相当长的时间来阐述中国对美国的基本看法以及中国对美政策的基本考虑。戴秉国强调,中国发展中美关系的长期方针是要友好,不要敌视;要合作,不要对抗;要互相信任,不要互相猜疑;要平等相待,不要强加于人;要共同发展,不要损人利己。中国是适合当今时代要求的国际秩序的建设性塑造者,而非破坏者。佐利克表示,美国充分尊重中国的世界影响和利益,关注中国在亚洲的特殊地位。同时认为,美国在安全上、经济上属于亚太合作机制的一部分。美中两国在国际体系中具有共同利益,应该探讨双方如何共同承担责任、分担责任。②双方重申,中美关系长期健康稳定发展符合两国和两国人民的根本利益,中美保持和扩大合作,对促进当前和今后亚太地区和世界的和平、稳定与发展具有重大意义。双方还达成共识,将共同作出努力,阻止日本、德国、印度和巴西"四国联盟"提出的扩大安理会的决议草案,以免引起联合国的分裂。③

　对话以后,佐利克在美国驻华使馆举行记者招待会。他对对话表示非常满意,说:这不是照本宣科的会议,而是自由讨论。讨论非常开放,双方既有机会阐述自己的看法,也有机会向对方提出问题,相互倾听和学习,这是两国合作共事的重要部分。他表示,美国对于与中国构建更深入的合作关系极感兴趣,双方要找到更有效地一起工作的领域,同时在有分歧的领域来管控分歧。当时,关于朝核问题的六方会谈第四轮会谈第一阶段会议正在北京紧张进行,当被问到会谈情况时,佐利克说:"中国方面做了非常好的工作来满足各方的要求……中方确

① 戴秉国:《战略对话》,第 118—119 页。美方不赞成用"战略对话",理由是政府中有人认为美国与盟国日本、韩国的对话才是战略对话,如果与中国的对话也称为 strategic dialogue,那就与美日、美韩的对话没有区别了。对国安会亚洲事务高级主任韦德宁的访谈,2006 年 3 月 16 日。
② 戴秉国:《战略对话》,第 121—123 页。
③ 当时在安理会改革问题上,尤其是在扩大安理会常任理事国问题上出现了一场尖锐的斗争。日本、德国、印度和巴西组成了所谓"四国联盟",企图在 2005 年联合国大会上获取常任理事国地位。尤其是日本,一方面对于第二次世界大战期间侵略邻国的战争责任和所犯下的战争罪行不加深刻反省,采取"恶邻态度";另一方面依仗其雄厚的财力,在世界各地尤其是在一些欠发达国家抛金撒银,收买拉拢,企图购买支持其"入常"的选票。意大利、巴基斯坦、韩国等数十国参与的"团结谋共识"运动也极力反对"四国联盟",在"扩常"问题上形成了分歧的局面。在这种情形下,支持日本"申常",既违背《联合国宪章》的精神,也会造成联合国的分裂。《国际时评:欣见中美战略对话第一成果》,2005 年 8 月 5 日,http://news.xinhuanet.com/world/2005-08/05/content_3312809.htm。

实在努力使本轮会谈达成一项决议。"①由于双方都感到对话有益,决定本年晚些时候举行第二次战略对话。

第二次战略对话于2005年12月7日至8日在华盛顿举行,双方仍由戴秉国和佐立克领衔。在对话前夕,戴秉国会晤了基辛格和斯考克罗夫特。基辛格说,中美关系关键是解决美国如何看待中国的问题。即美方是把中国看成一个潜在的合作伙伴还是一个潜在的对手。如果美中两国陷入冷战,那么谁也不会成为赢家,而且对整个世界来说将是很不幸的一件事。斯考克罗夫特则表示,从美中各自的利益和抱负看,美中双方没有任何不能合作的理由。苏联怀有的政治雄心和军事抱负只能在损害美国和其他国家利益的情况下才可能实现,但是美中之间不是这样。②

在第二次战略对话中,中方主要结合国际形势的特点和中共十六届五中全会的精神,进一步阐释了和平发展道路的外交理念,强调了应该继续扩大两国利益汇合点,妥善管控分歧,全面推进中美建设性合作关系,成为不同制度大国间长期和平相处、平等合作的典范。戴秉国请佐利克详细说明"利益攸关方"的含义。佐利克表示,这个提法不仅指中美两国存在着共同利益,而且指中美关系应该超越双边关系的范畴,能够站在全球战略的高度,为维护和完善今天的国际体系作出贡献。他说,"利益攸关方"的反义词是"搭便车者"。他之所以提出"利益攸关方"这个概念,是试图给美国人民观察今日中国提供一个新的视角,促使他们去思考,美中能不能在当今国际体系的大框架内开展合作,应该怎样合作。戴秉国阐述了中国既是现存体系受益者,也是塑造者、建设者和贡献者的思想,希望美国做中国和平发展的合作者、促进者、支持者,而不是旁观者、批评者、阻挠者。③

在对话的大框架下,中国国家发改委副主任朱之鑫与美国国务院主管经济、商业、农业事务的副国务卿夏娜就经济政策问题展开对话,包括了能源、投资、部门改革、宏观经济政策等内容。对话也涉及了广泛的国际问题,包括中美两国如何在朝核、伊朗核、伊拉克、阿富汗问题上进行合作。美国国务院发言人艾瑞里

---

① "Deputy Secretary Robert Zoellick's Remarks at U.S. Embassy, Beijing", August 2, 2005, *Washington File*, August 4, 2005, pp.2—6. 戴秉国在回忆录中说,这次对话谈得很好,出乎双方原先的预料。谈到中午,该用午餐了,美方说还有好多问题没谈,一边吃饭一边继续谈。下午接着谈,一直谈到晚上7点。佐利克意犹未尽,对戴秉国说:"这次没谈完,你还得赶紧来一趟华盛顿,我们继续谈。"可见战略对话的开局非常顺利,也说明双方对对话的态度都是认真的、积极的。戴秉国:《战略对话》,第119页。对话一个多月以后,佐利克就发表了"负责任的利益攸关方"的讲话。

② 戴秉国:《战略对话》,第125—126页。

③ 同上书,第127—129页。

当天下午谈到此次对话时说,双方的观点不会完全一致,但"对话的目的就是使双方对相互间在国际体系中所起的作用有最新的了解"。佐利克在对话后的记者会上说,战略对话的目的是放眼全球,讨论美中关系的战略框架。①

对话之后,美方作了意味深长的安排。10日,佐利克亲自陪同戴秉国前往纽约州罗斯福总统故居海德庄园参访。那天天降鹅毛大雪,美国东部地区的民航机场全部关闭。佐利克找来一架小型军用飞机冒雪前往。走进罗斯福图书馆,佐利克特意领着戴秉国看了罗斯福参加雅尔塔会议时亲手绘制的"四警察图"。罗斯福是战后国际体系的缔造者之一。根据罗斯福当时的设计,联合国在战后国际体系中占据核心的位置,联合国安理会将负责世界的和平与安全,其常任理事国由美、英、苏、中"四大警察"组成。佐利克是想强调中美两国在反法西斯战争中并肩战斗的历史,强调中美都是战后国际体系的创始成员,应该共同承担起维护现存国际体系的重大责任,并联手来建构新的国际秩序。②

第三次对话于2006年11月8日至9日在北京举行。本次对话原定于6月举行,由于佐立克6月去职,而美国务院一直未任命常务副国务卿,导致对话推迟。美方首席代表是美国负责政治事务的副国务卿尼古拉斯·伯恩斯,中方首席代表是杨洁篪副外长。负责军控与国际安全事务的副国务卿罗伯特·约瑟夫也参加了对话,强调了朝核和伊核问题的重要性。2006年六方会谈处于停滞,朝鲜还进行了导弹试射(7月)和第一次地下核试验(10月),引起国际社会高度关注;伊核问题升温,中美在安全战略事务上进行沟通的需求更为迫切。赖斯在伯恩斯行前于11月3日接受布隆伯格通讯社采访时表示,伯恩斯的东亚之行的议题之一是讨论如何落实联合国安理会的第1718号决议,以及朝鲜重返六方会谈的前景。③双方就相关问题坦诚、深入地交换了意见,一致认为,中美战略对话有助于增进互信、扩大共识、拓展合作,推进建设性合作关系向前发展。

第四次对话于2007年6月20日至21日在美国华盛顿和马里兰州怀河会议中心举行。由外交部副部长戴秉国与美常务副国务卿约翰·内格罗蓬特共同主持。内格罗蓬特是资深职业外交官,曾陪同基辛格访华,两次出任美国驻联合国代表,八次出任大使,伊拉克权力交接后任驻伊拉克大使,后又任国家情报总监和总统首席情报顾问。对话一开始,中方把他当年随基辛格访华时周恩来总理与他握手的照片赠送给他,令他喜出望外。对话的主要议题包括东北亚安全、

---

① "Senior Dialogue Examines Framework of US-China Relatonship", December 8, 2005, *Washington File*, December 9, 2005, pp.8—10.

② 《第二次中美战略对话》,http://news.cctv.com/china/20080117/105666.shtml;戴秉国:《战略对话》,第130—131页。

③ Howard Cincotta, "U. S. Conducting Strategic Consultation in Asia", November 4, 2006, *Washington File*, November 6, 2006, p.3.

能源和环保、伊朗和达尔富尔及其他国际热点。5月1日,内格罗蓬特在美众议院外事委员会作证时说:"中国作为一个全球经济力量崛起,是这个时代的一个主要事件。随着中国经济实力的增强,中国在亚太地区及更广泛范围的政治和外交影响也不断扩大。美国意识到并且接受这种事态的发展。美国必须鼓励中国在国际事务中发挥负责任的稳定的作用。"他高度评价战略对话说,"战略经济对话和战略对话是我们庞大的不断发展的双边关系的核心部分"。①

当时台湾的民进党当局正在全力推动所谓"入联公投",防止"台独"重大事变的发生成为本次对话的一个主要议题。中方强调中美双方必须防患于未然,采取更坚决、更果断、更有效的措施,彻底阻断陈水扁的"台独"冒险之路。内格罗蓬特重申了美方在这一问题上的立场,表示注意到了中方的关切和担忧,美方将密切关注台海局势发展,不愿看到事情发展到不可收拾的地步。②

第五次对话于2008年1月17日至18日在戴秉国的家乡贵州省贵阳市举行,仍由戴秉国与内格罗蓬特主持。对话之前,内格罗蓬特在与温家宝总理的会晤中表示,中国的发展符合美国利益,美方希望同中国加强全面对话与合作。美国多次表明的反对台湾当局搞"入联公投"的立场是明确的。③

在对话中,中方介绍了不久前举行的中共十七大的情况,特别谈到,世界发生了并在继续发生着巨大、深刻的变化,各国都要解放思想,与时俱进,适应世界的变化。双方对于在2008年继续推动中美关系稳定发展达成共识。国防部外事办公室副主任丁进攻少将、美国助理国防部长詹姆斯·辛恩参加了此次对话。这是两国防务部门首次派人参加对话。双方就增进中美战略互信,包括军事互信等坦诚、深入地交换意见。

第六次对话于2008年12月15日至16日在华盛顿举行,仍由戴秉国与内格罗蓬特共同主持。此次对话适逢中美建交30周年,美国又正处于两届政府交接的时刻,双方强调了两国关系要顺利过渡。内格罗蓬特表示,布什总统本人对美中关系在他任内取得这么好的发展深感骄傲,将其视为他作为第43任美国总统最重要的外交遗产之一。双方同意,在国际形势发生深刻变化的背景下加强

① 《中美战略对话今开幕,戴秉国和内格罗蓬特率团出席,主要讨论全球性议题》,http://old. jfdaily.com/gb/jfxww/xlbk/xwwb/node24342/node24351/userobject1ai1702293.html; John D. Negroponte, "The Future of Political, Economic and Security Relations with China", Testimony Before the House Committee on Foreign Affairs, May 1, 2007. https://2001-2009. state.gov/s/d/2007/84118.htm。

② 戴秉国:《战略对话》,第136—137页。稍后,8月28日,内格罗蓬特对民进党当局的"入联公投"给予了严厉批评,见本书第118页。

③ 《美副国务卿:美反对台当局搞"入联公投"立场明确》,2008年1月16日,http://www.huaxia. com/xw/dl/2008/00747163.html。

合作,共同应对国际金融危机、气候变化、反恐、防扩散、能源安全等方面的挑战,促进世界和平、稳定和发展。双方高度评价 3 年多来中美战略对话机制发挥的积极作用,表示应努力维护好、发展好这一机制。对话结束后,内格罗蓬特特地给戴秉国发来感谢信,其中说:"我们两人通过对话机制的接触十分有价值,而且令人振奋。我一定会建议将这个对话机制延续下去。"①

对话前夕,12 月 11 日,戴秉国在布鲁金斯学会纪念中美建交 30 周年晚宴上发表演讲,指出,中美建交以来两国关系发展的事实表明,中美关系是互利共赢的关系;在新的历史时期,双方有理由、有责任共同推动两国关系获得更大发展,使之成为两个有着不同社会制度和文明,不同发展水平的大国之间和谐相处、共同发展的新型关系。②

中美六次战略对话的举行对于两国就战略性、全局性、长期性的问题及双方共同关心的紧迫问题进行深入沟通,协调政策具有重要意义。在外交关系的实践中,双方每天都会面对着许多具体问题,③如果不从这些具体问题中跳出来,从全局从长远来看待两国关系,就容易陷入"只见树木,不见森林"的状况。战略对话正是给了双方一个极好机会,摆脱具体问题的束缚,就各自的总体战略构想、外交政策、各自的战略利益和战略意图、对地区和国际形势的看法无拘无束地交换意见,这对双方减少相互猜疑,增强战略互信无疑具有极大价值。战略对话又是务虚和务实相结合的。那几年中,中美关系中的两个突出问题是,台湾民进党当局的"台独"分裂活动和朝核问题,战略对话对于巩固和发展中美在维护台海稳定的共识、对于双方协调在朝核问题上的立场具有很大帮助。

中美战略对话机制的建立还大大拓展了两国在国际事务中的合作。2005年以后,两国负责非洲、南亚、中亚、拉美、中东地区事务的官员开始经常进行直接交流和对话。时任助理国务卿帮办的柯庆生说,十年前,两国负责这些地区事务的官员也许互不相识,连名字都不知道,而现在他们经常坐在一起讨论。由于两国对许多问题的看法和处理常有差别,这种交流和沟通,以及中方提供的丰富

① 《中美举行第六次战略对话》,2008 年 12 月 16 日,http://news.xinhuanet.com/world/2008-12/16/content_10512402.htm;戴秉国:《战略对话》,第 143—147 页。
② 《戴秉国在布鲁金斯学会纪念中美建交 30 周年晚宴上的演讲》,2008 年 12 月 11 日,http://wcm.fmprc.gov.cn/pub/chn/gxh/tyb/zwbd/dszlsjt/t526065.htm。
③ 曾任国安会亚洲事务高级主任(1998—2000)的李侃如曾对笔者说,他在国安会工作的大部分时间是花在处理许多具体事务上,比如印度尼西亚总统要来美国治疗眼疾,同意不同意他来?如果不同意,什么理由?如果同意,什么时候让他来?总统要不要去看望他?如果不去,有什么说辞或借口?如果去看望他,什么时候?多长时间?总统说些什么?所有这些具体的细节,局外人是想象不到的。笔者对李侃如的访谈,2002 年 7 月。

经验是非常有益的。[1]

　　在布什政府第二任期建立起来的另一个重要的机制是中美战略经济对话。发起对话的最初动议来自 2006 年 7 月出任布什政府财政部长的亨利·保尔森。保尔森在高盛集团任职 32 年,曾任董事长兼首席执行官,来过中国 70 次之多,在中国有广泛的业务关系,也积累了极为丰富的人脉资源。布什总统延揽保尔森入阁,着实下了不少功夫。保尔森起初婉言谢绝了布什的邀请。布什政府的前两任财长保罗·奥尼尔和约翰·斯诺都不是总统核心决策圈的。保尔森担心自己加入了政府也只是做"传声筒"而已,不能真正主政。布什与他作了长谈,答应给他比斯诺及奥尼尔更大的国内和国际经济政策的决策权,他的实际权力会与国防部长、国务卿不相上下。保尔森这才答应了。[2]布什于 2006 年 5 月 30 日正式提名保尔森出任财长,接替当天早些时候宣布辞职的约翰·斯诺。

　　保尔森入阁与佐利克辞去副国务卿的时间(2006 年 6 月)几乎吻合。举行战略经济对话是佐利克向保尔森提出的一个建议,也是佐利克从自己主持战略对话中得出的经验之谈。[3]当时布什政府对华决策班子基本上是"三驾马车":保尔森主管对华经济政策,国安会亚洲事务高级主任韦德宁着重台湾问题,助理国务卿希尔则专注于朝核问题。[4]保尔森深知两国经济关系的重要性,并向布什强调这一点,建议两国建立固定的机制,就各自的经济财政政策、就世界经济形势进行定期沟通,促使中美经济关系中突出问题的解决。布什接受了这个建议。2006 年 8 月 21 日,胡锦涛应约同布什通电话,双方均希望加强在经济领域的对话与合作,就建立对话机制达成共识。[5]

---

[1]　Thomas Christensen, *China Challenge. Shaping the Choices of a Rising Power* (New York: W.W. Norton Company, 2015), p.218.

[2]　《盘点华尔街六大人物:有人欢喜有人忧》,2018 年 12 月 24 日,finance.cctv.com/20181224/105160.shtml.

[3]　戴秉国:《战略对话》,第 135 页。

[4]　有的美国学者认为,保尔森之所以能在布什政府对华政策中起到主导作用,有三个原因:第一,他强调经济关系在中美整体关系中的重要性;第二,他与布什关系密切;第三,他在中国享有较高威望,与中国高官互动频繁。对卡内基国际和平基金会研究员史文的访谈,2014 年 11 月 17 日。

[5]　保尔森在回忆录中写道:布什总统和胡锦涛主席决定在两国之间启动我们称之为 SED(战略经济对话,Strategic Economic Dialogue)的机制。总统在此事上给予我"超内阁"的地位,让我领导和协调其他内阁部长。我认为这个对话机制是管理我们和中国经济关系的最好办法,因为在我看来,中美关系是我们国家最重要的双边关系。我们和中国的交往被淹没在大约上百个分散的、低层次的交流上,急需协调和优化……我试图创建一个自上而下的机制,用以解决长期的关切,并且能带来近期成果。Henry M. Paulson Jr., *Dealing with China. An Insider Unmasks the New Economic Superpower* (New York, Boston: Twelve, 2015), p.178.

　　为落实两国元首达成的共识,9 月 19 日至 22 日,保尔森作为总统特别代表访问中国。行前,保尔森在财政部的一次会上发表讲话,阐述美中经贸关系的重要性。他指出,中国的改革开放是"世界经济史上最激动人心的转型",中国的繁荣和稳定,中国作为一个"既有能力又有意愿"维护当今全球经济和财政系统健康的利益攸关方是美国的重大利益之所在,美中关系必须被看作对两国都具有巨大潜在利益的一种长远的战略机会,而不应被看作一种威胁,"我们不惧怕中国的竞争,我们欢迎这种竞争","我们面临的最大风险不是中国会超过美国,而是中国不再继续进行维持其增长所必需的改革"。他强调,两国关系要求"在两国具有共同利益的领域进行长期的战略接触",并对保护主义提出了警告。这正是他倡导战略经济对话的目的。①

　　20 日下午,吴仪副总理与保尔森财长就建立中美战略经济对话事宜进行深入讨论。吴仪赞同保尔森的说法,中美两国已在全球经济中密不可分,息息相关,认为中美经贸合作优势互补,互利共赢,发展迅速,给两国人民带来实实在在的好处,也成为亚太地区和世界经济增长的重要促进因素。两国经贸合作快速增长中出现一些分歧和摩擦在所难免,双方应按照平等互利、共同发展的原则,通过对话和协商妥善处理,避免将经贸问题政治化。保尔森表示,中国经济发展对美国非常重要,两国经济联系已十分密切;布什总统高度重视加强两国经贸关系,对华合作是美国政府对外关系的优先目标之一,为此美中应建立战略经济对话与合作,以更好地定位两国经济关系,并促进全球经济的持续增长与繁荣。双方决定建立中美战略经济对话机制。②会谈结束后,中美双方发表《关于启动两国战略经济对话机制的共同声明》。对话将每年举行两次,轮流在两国首都举行,吴仪和保尔森分别作为双方领导人的特别代表共同主持对话。这个对话并不取代两国之间现有的其他磋商机制,如商贸联委会、经济联委会、科技联委会。布什并在 9 月 20 日发表声明,强调两国经济关系的重要性,指出:"美中两国的经济是全球增长的引擎。我们必须确保两国人民从我们的经济关系中得到同样的好处,确保我们两国合作共事来应对经济挑战和机会。"③在布什政府任内一共举行了 5 次对话。

　　首次对话于 2006 年 12 月 14 日至 15 日在北京举行。双方阵容庞大:美方代表团包括了 5 位内阁部长和美联储主任,中方包括经济、财政和金融相关部门

---

① Andrzej Zwaniecki, "U. S. Treasure Secretary Casts U. S.-China Relations as Opportunity", September 13, 2006, *Washington File*, September 14, 2006, pp.5—6.

② 《吴仪与美国财政部长保尔森会谈》,2006 年 9 月 21 日,http://www.asdj.cn/view.asp?id=24798。

③ "United States, China Create Strategic Economic Dialogue", September 20, 2006, *Washington File*, September 21, 2006, p.5.

的部长和中国人民银行行长。双方围绕着"中国的发展道路和中国经济发展战略"的主题,就城乡均衡发展、中国经济的可持续增长、促进贸易和投资、能源、环境与可持续发展等5个专题、11个分议题进行了深入讨论。对话坦率而富有成果,既加深了相互了解,也为加强双方合作提供了新契机,达成一系列实质性协定,包括在中国设立纽约证券交易所和纳斯达克代表处;美国支持中国加入泛美银行;缔结了促进美国对华出口的融资便利协定;同意于2007年1月重新启动双边航空服务谈判等。

第二次对话于2007年5月22日至23日在华盛顿举行,吴仪副总理率领的中方代表团包括了中国人民银行行长周小川等十多位高官,整个代表团人数多达一百六十七人。出席对话的美方官员占到布什政府15名内阁成员的近一半。除财长保尔森外,还包括农业部长迈克尔·约翰斯、商务部长古铁雷斯、劳工部长赵小兰、卫生与公众服务部长莱维特、运输部长马里·彼得斯、能源部长萨姆·博德曼,以及美国贸易代表施瓦布、环境保护署署长斯蒂芬·约翰逊等。美联储主席伯南克和常务副国务卿内格罗蓬特也参加会议讨论,美国前国务卿基辛格致了开幕词。双方重点就影响中美经济关系的若干热点问题进行了讨论,集中在服务业、能源与环境、经济平衡增长和创新四个议题。对话取得的实质性成果包括:中国进一步开放金融服务业;①两国达成新的航空协定,在2012年前将两国间的直飞航班增加一倍,客机航班由当时的每天11个增加到23个,到2011年取消货运航班的绝大多数限制;宣布启动中国旅游团队赴美旅游的联合声明;中美争取在中国合作开发15个大型煤层气项目,以推进清洁煤技术;以及两国在养老金、失业保险、知识产权等领域达成的协议或备忘录。保尔森在对话结束后表示:"这些成果是在漫长战略道路上的路标,使我们建立起信心,并且鼓励我们继续一起前进。"运输部长彼得斯会后说:"我们日积月累地使两国之间的人员往来和货物运输越来越容易、便宜和简便。"②

2007年12月12日至13日在河北省香河举行的第三次对话主题是"抓住经济全球化的机遇和应对经济全球化的挑战"。中美双方超越对短期经贸热点问题的简单关注,从战略高度对今后一段时间内两国经贸关系的发展进行综合思考。双方就在金融服务业、产品质量和食品安全、能源和环保、透明度、投资、

① 包括逐渐拓展合资公司可以从事的业务范围,其中有证券经纪、自营交易和资产管理。所谓合格外国机构投资者(Qualified Foreign Institutional Investors)的定额增加了3倍,从100亿美元增加到300亿美元,配额的增加,使世界上十多家大型投资机构受益。它们现在可以在深圳和上海证券交易所买卖更大份额的人民币股票了。Henry M.Paulson Jr., *Dealing with China. An Insider Unmasks the New Economic Superpower*, p.212.

② "U.S., China to Extend Air Travel, Cooperate on Clean Energy", May 23, 2007, *Washington File*, May 23, 2007, pp.12—13.

中国的市场经济地位、经济平衡增长、创新等 8 个领域开展合作达成了 31 项共识,签署了多项协议。对话在金融服务业开放问题上取得突破,包括中方允许符合条件的外商投资公司包括银行发行人民币计价的股票,允许符合条件的上市公司发行人民币计价的公司债券,允许符合条件的外资法人银行发行人民币计价的金融债券等;在食品、药品、医疗产品等多个项目上签署了促进出口安全的备忘录;在环保方面签署了加强发展生物资源转化燃料的合作谅解备忘录;同意建立工作组,研究两国能源和环境领域的 10 年合作规划。对话结束后,吴仪和保尔森共同会见记者。吴仪表示,本次对话充分体现了中美双方平等互利、强化战略互信、切实照顾彼此关切的基本精神,不论是在对中美经贸关系未来发展的认识和战略定位方面,还是在战略对话与其他经济机制之间的关系方面,都取得了丰硕成果。①

　　第四次对话于 2008 年 6 月 17 日至 18 日在美国马里兰州安纳波利斯举行,主题是“经济可持续增长”。由于吴仪副总理退休,此次中方主持人为副总理王岐山。对话着重讨论了双方在能源和环境方面的机遇、金融和宏观经济周期的管理、人力资源投资、贸易与竞争力、扩大投资。对话取得两个具有里程碑意义的成果。一是两国正式签署了《中美能源环境十年合作框架》。早在 2005 年 6 月 30 日,两国政府就在华盛顿举行首次能源政策对话。8 月,中美战略对话机制形成,能源安全问题正式纳入对话范围。在历次对话中,能源和环境都是双方讨论的重要领域。在此次对话中,双方正式签署《十年合作框架》这一两国能源环境合作方面具有重要指导性意义的文件,意味着双方的合作将超越美国总统换届。《十年合作框架》确立了五个目标,建立了五个相应的工作小组,启动了每个目标下开展实质性合作的行动计划:清洁、高效有保障的电力生产和传输;清洁、高效的交通运输;清洁的水;清洁的大气;森林和湿地生态系统保护等。文件既明确了两国合作的方向,又设定了具体的议程,有利于两国长期稳定的合作,也为全球可持续发展作出贡献。布什积极评价这一文件,指出:“它表明两国在该领域有着广泛的共同利益,在环境保护问题上的态度是认真的。双方应确定长期目标,共享环保技术。”②保尔森表示:“通过《十年合作框架》,我们两国政府将把两国实业界、学术界、主要的研究机构都组织起来共

---

①　"Third U.S.-China Economic Dialogue Ends with Multiple Agreements", December 1, 2007, *Washington File*, December 1, 2007, p.3;吴仪:《第三次中美战略经济对话取得“圆满成功”》,2007 年 12 月 14 日,http://www.huaxia.com/xw/rdsmwz/2007/00730889.html;《第三次中美战略经济对话联合情况说明(全文)》,2007 年 12 月 14 日,http://www.huaxia.com/xw/dl/2007/00730228.html。

②　《〈中美能源环境十年合作框架〉签署,布什会见王岐山》,2008 年 6 月 20 日,http://finance.people.com.cn/GB/1038/7405907.html。

同探索新的理念,分享知识,使新技术商业化。这种以多学科的方式进行的工作将促进我们两国的有效合作。"①他认为《十年合作框架》是"中美对话最重要的成果之一"。②

与此相关的是,两国在应对气候变化方面不断开拓合作的具体领域。1995年中国气象局与美国能源部就已经开始了在气候变化方面的合作。2003年起,中美召开气候变化工作组会议,2006年5月,中美首届气候变化论坛在加州大学(伯克利)成功举行。2007年10月24日,副国务卿内格罗蓬特在美中关系全国委员会的晚宴上发表演讲,将气候变化列入美中两国需要加强合作共同应对的五大全球性挑战之一,并强调,中国必须在全球性的会商中占有一席之地。③

另一重要成果是正式宣布启动中美双边投资保护协定(Bilateral Investment Treaty, BIT)的谈判。保尔森表示,"这个协定一旦达成将发出清晰的信号,我们两国欢迎投资,并将以公正和透明的方式对待彼此的投资者"。④

此外,双方还就宏观经济政策交流及金融服务业、产品质量与食品安全、贸易和竞争力、投资等领域签署了一系列备忘录及协议。双方还深入探讨了美国次贷危机、全球粮食安全等重大问题。

第五次对话于2008年12月4日至5日在北京钓鱼台国宾馆举行。其时金融危机已经爆发、世界经济面临着自20世纪30年代以来最严峻的考验和挑战。11月,二十国集团(G20)首次峰会在华盛顿举行。11月5日,保尔森的特别助理、美国财政部主管对话的特使艾伦·霍尔默在约翰斯·霍普金斯大学—南京大学中美文化中心发表演讲,阐述中美经济关系。他说,在当前世界金融动荡的时刻,美中两国经济上的相互依存变得更加明显了。两国现正享受着从未有过的最富有成果的关系,这部分地归功于战略经济对话这个两国之间最深入的对话。他肯定地说:"我们必须承认,中国的发展对美国公司和消费者、对我们的生产商、出口商和投资者都是机遇","我们相互从贸易、投资和深化的交流中获益"。他呼吁下任总统为建立"正确"的美中经济关系而

① "Closing Statement by Secretary Paulson at the Fourth Meeting of the U.S.-China Strategic Economic Dialogue", June 18, 2008, *Washington File*, June 20, 2008, p.24.

② Henry M.Paulson Jr., *Dealing with China. An Insider Unmasks the New Economic Superpower*, p.234.

③ National Committee on U.S.-China Relations, Gala Dinner, October 24, 2007, John Negroponte, Deputy Secretary of State, U.S. Department of State, Rush Transcript, http://www.ncuscr.org/files/2007Gala_ John Negroponte.pdf.

④ Merle D.Kellerhals. Jr., "United States, China Sign Accord on Energy, Environmental Issues", June 19, 2008, *Washington File*, June 20, 2008, p.4.

努力。①12月2日，保尔森在来北京之前的记者会上表示，"我们已经发展出双方交流的建设性的富有成果的节奏。美国内阁的半个班子和中国同行每年见面两次，进行对话，建立互信，在有误解和危机的地方共同工作，在一切可能的领域拓展合作。我们建立起了对我们合作共事的能力的信心。而在每两次内阁级对话之间，我们有数百次的会议、视频对话、电话会议来推动问题的解决。"②

第五次对话围绕"奠定长久的中美经济合作伙伴关系的基石"这一主题，就管理宏观经济风险和促进经济平衡增长的战略、加强能源和环境合作、应对贸易挑战、促进开放的投资环境、国际经济合作等议题进行了深入讨论。中国人民银行行长周小川在对话中表示，当前中国着力增强宏观调控的灵活性和针对性，已经将稳健的财政政策转变为积极的财政政策，将紧缩的货币政策转变为适度宽松的货币政策，出台了一系列有力的政策措施。商务部长陈德铭表示，人民币兑换美元的汇率最近的波动"完全正常"，中国不依靠贬值来推动出口。财政部长助理朱光耀表示，中方希望世界主要国家货币汇率保持基本稳定，这对于稳定的国际金融环境极为重要。在全球金融危机背景下，一个非常重要的行动是要提高新兴市场国家在重要国际金融组织中的话语权。③双方还签署了《中美能源环境十年合作框架下的绿色合作伙伴计划框架》。保尔森表示，框架协议和一系列绿色合作伙伴关系意向书的签署标志着两国在能源和环境领域的合作取得新进展。通过在混合动力汽车、农村地区的可持续经济振兴、清洁与节能的港口以及其他领域的合作，中美双方将携手应对两国面临的能源紧张和环境问题。④

在对话结束时，王岐山表示，中美战略经济对话机制确立两年来，累计取得189项成果，双方还就中美一系列双边领域以及国际经济金融问题、反对投资和贸易保护主义、积极推动世贸组织多哈回合谈判进程，包括落实二十国集团峰会达成的共识等长期性、战略性、全局性问题进行了深入讨论和交流，为促进两国经贸合作以及世界经济金融繁荣稳定发挥了重要作用。保尔森表示，对话使双方找到了一种最为直接有效的解决复杂问题的途径。两年来，双方团队做了

① Kelly Daniel, "Financial Crisis Underscores U.S.-Chinese Relations", November 10, 2008, *Washington File*, November 10, 2008, p.3.

② U.S. Department of the Treasury, Secretary Henry M.Paulson, Jr., "Remarks on U.S.-China Economic Relations", December 2, 2008, *Washington File*, December 2, 2008, pp.12—13.

③ 《第五次中美战略经济对话，2008年12月4—5日》，http://news.xinhuanet.com/fortune/2008-12/04/content_10449114.htm。

④ 《中美签署了〈中美能源环境十年合作框架下的绿色合作伙伴计划框架〉》，2008年12月4日，http://gb.cri.cn/18824/2008/12/04/145s2349768.htm。

大量工作,取得了丰硕成果,确立了许多重要的原则。他表示相信,这些原则的精神和对话取得的成功经验将会继续下去。①美国助理国务卿布莱克在作为第五次对话一部分的中美创新与产业化大会的新闻发布会上表示,布什政府已经向奥巴马团队充分说明中美战略经济对话的重要性,这个机制也在美国社会各界得到广泛认同。但新政府上任后,对话以何种形式延续,还要由奥巴马政府来决定。②

2009年1月是中美建交三十周年。1日,胡锦涛主席和布什总统互致贺电庆祝。胡锦涛在贺电中说,30年来,中美关系取得了历史性的发展,中美关系的战略意义和全球影响更加突出。事实证明,中美建交和发展正常的国家关系,符合两国人民的根本利益,顺应了时代潮流,不仅给两国人民带来了巨大的福祉,也为亚洲和世界的和平、稳定与发展作出了重要的贡献。布什在贺电中说,30年来,双方在商贸、教育、科学、体育、艺术等各个领域共同架起了交流与合作的桥梁。过去8年来,两国政府间的关系变得更加具有建设性和合作性。双方在应对恐怖主义、传染性疾病、核武器扩散等全球性挑战方面取得了进展。在推动市场开发并使其成为培育经济活力与发展的最有效方式方面,美中两国也发挥了全球性领导作用。③

1月12日至13日,中国人民外交学会与美国威尔逊国际学者中心基辛格中美研究所在北京隆重举办了纪念中美建交三十周年研讨会。美国前总统卡特、前国务卿基辛格、前国家安全事务助理布热津斯基、斯考克罗夫特、美国大使雷德以及历任驻华大使来华出席了讨论会。

卡特前总统在开幕词中充满信心地表示,"我相信在未来三十年甚至更长的岁月中,我们将看到美中两国之间的这种合作关系为我们的人民和世界其他各国的人民带来更大的成就"。布热津斯基阐述了两国关系正常化的战略意义,他说:"考虑到两国在全球的重要性,我们两国之间这种建设性的相互依存关系是

---

① 《第五次中美战略经济对话在北京闭幕》,2008年12月5日,http://news. xinhuanet. com/fortune/2008-12/04/content_10449114. htm。保尔森在回忆录中写道:对于那些批评 SED 的人,一些成就——从增加访美中国游客的数量和方便他们的行程,到同意共同打击非法砍伐——似乎显得不那么引人注目。但是类似这样的成就数以百计,它们加起来就构成了很大的进步,而且如果没有 SED,这些成就是不可能取得的。我把每一项成就看作我们在建的一座结实的建筑上的一块砖,这座建筑将能够经受未来紧张局势和危机的风暴。Henry M. Paulson Jr., *Dealing with China. An Insider Unmasks the New Economic Superpower*, p.261.

② 《美国助理国务卿:布什政府已向奥巴马团队充分说明中美战略经济对话重要性》,2008年12月2日,http://news. xinhuanet. com/newscenter/2008-12/02/content_10446360. htm。

③ 《中美两国领导人互致贺电庆祝两国建交 30 周年》,2009年1月1日,新华网,http://world. huanqiu. com/roll/2009-01/331531. html。

全球政治和经济稳定的关键因素"。基辛格表示："过去三十年,我们共同为世界的稳定作出了贡献。在未来的三十年,中国和美国之间的关系将帮助世界重新确立一个全新的架构。"①中国国务院前副总理钱其琛说,他在任期间见证了中美建交以来两国关系出现的一段困难时期,"但在困难情况下,中美两国最高领导人高瞻远瞩,着眼两国人民的长远根本利益,着眼地区与世界和平、稳定与繁荣,共同引导两国关系走出了困局,重新回到了健康发展的正确方向"。前国务委员唐家璇说,他担任外交部长和国务委员的十年是"中美关系跨世纪发展的十年,是不平凡的十年。在双方共同努力下,两国关系沿着建设性合作的轨道不断前进,取得了丰硕的成果"。②

讨论会前,胡锦涛主席会见与会的美方贵宾。卡特对胡锦涛说,在他访华之前,与当选总统奥巴马进行了单独会晤,还会见了老布什、小布什以及克林顿等历任美国总统。他向奥巴马解释了他此次访华的目的。奥巴马要他转达对胡锦涛主席的问候,并称,他将致力于继续发展保持了三十年的中美双边关系。③

1月12日晚,中国人民对外友好协会和中国人民外交学会在北京人民大会堂金色大厅举行"纪念中美建交三十周年宴会",习近平副主席出席并发表题为《携手共创中美关系更加美好的明天》的讲话。习近平表示,三十年来,中国改革开放的历史性成就同中美关系的长足发展并行不悖不是偶然的,这充分表明:中国是维护世界和平的坚定力量,中美关系对于我们双方来说都是最重要的双边关系,中美两国是合作伙伴而不是战略对手,中美关系是互利共赢关系而不是零和竞争关系。中美合作有利于两国,有利于亚太,有利于世界。习近平指出,中美两国都应该以更广阔的全球视野和与时俱进的思维方式,审视和处理两国关系。卡特前总统在致辞中愉快地回忆起30年前他任总统时中美建交及邓小平访美的情景。他说,美国政府即将换届,美中两国应继续坚持相互尊重的原则以及30年来两国培育起来的相互理解、耐心和坚持不懈的精神,携手应对全球性挑战。美中加强合作对两国、对世界都非常重要。④

中国人民对外友好协会还举办了纪念中美建交三十周年图片展,1月12日至17日在北京民族文化宫展出,1月下旬在美国加利福尼亚州约巴林达市尼克松图书馆展出,此后在华盛顿、纽约、休斯敦和亚特兰大进行了巡展。

① 《美中建交三十周年学术大会上的讲话》,美国大使馆新闻文化处编:《新交流》2009年夏季刊。
② 《纪念中美建交三十周年研讨会开幕式侧记》,2009年1月13日,http://www.china-embassy.org/chn/zt/t531958.htm。
③ 《胡锦涛会见美国前总统卡特一行,奥巴马带来问候》,2009年1月12日,http://china.huanqiu.com/roll/2009-01/342955.html。
④ 《中美建交30周年纪念晚宴在人民大会堂举行》,中国人民对外友好协会主办:《友声》第154期。

第六章 顺 利 过 渡

第一节 积极、合作、全面的
中美关系的确立

2009 年 1 月 21 日,巴拉克·侯赛因·奥巴马发表就职演说,正式就任美国第 44 任总统。布什留给奥巴马的遗产是两场战争,一场危机。尤其是正在肆虐的金融危机,被普遍认为是 20 世纪 30 年代以来最严重的金融危机,美国是危机的始作俑者,对危机的恐慌情绪在全世界漫延。奥巴马清楚了解他所面临的严酷现实,发表了低调的就职演说,与布什两届任期就职演说的趾高气扬形成鲜明对照。他说:"我们所面对的挑战是实实在在的,它们是严重的,而且有许多","从今天开始我们必须振作起来,掸掉身上的尘土,开始重建美国的工作",很容易让人想起 20 世纪 30 年代罗斯福总统对美国人民的号召。在演说结尾,他还用在独立战争最艰苦的时刻北美十三州统帅华盛顿鼓舞将士的话来激励民众,"充满希望、凭借美德"去应对共同的挑战。①从某种程度上说,奥巴马的处境、他的政府所面对的挑战决定了他的对华政策。奥巴马政府确认,为了解决地区和全球的紧迫问题——应对金融危机、伊朗、朝鲜的核问题、应对气候变化、在阿富汗和巴基斯坦反对恐怖主义、结束苏丹的内战,等等,他需要建立"全球的伙伴关系",这种关系甚至不排除被他的前任称为"邪恶轴心"的国家,美中两国的伙伴关系就是不言而喻的了。更何况中国是美国国债券的最大海外持有者,是美国

---

① The White House, "President Barack Obama's Inaugural Address", https://www.whitehouse.gov/blog/2009/01/21/president-barack-obamas-inaugural-address.

的"银行家"。①2009 年 1 月 13 日,希拉里·克林顿在确认对她的国务卿提名的参议院外交关系委员会的听证会上说:"奥巴马总统和我都认为,外交政策必须基于现实与原则的结合;而不是僵硬的意识形态;必须基于事实和证据,而不是情绪或偏见。我们的安全,我们的活力,我们在当今世界的领导能力都要求我们承认相互依赖这个压倒一切的事实。"②

乔治·沃克·布什总统留给奥巴马的正面的外交遗产不是很多,对华关系恰恰是其中之一。正如前面所述,从 2001 年下半年起,中美关系有连续七年半比较顺利发展的时期,没有大起大落和剧烈颠簸,这是从中美建交以来最长的一个稳定时期。从 20 世纪 40 年代以来,中美关系常常是美国国内政治中的"足球"。每逢大选,在野党总拿在任总统的对华政策说事,加以攻击、丑化,以此来博取眼球,赢得选票。但 2008 年的美国大选打破了这个惯例。奥巴马和他的对手、共和党候选人参议员麦凯恩都公开发表讲话或文章,承认中美两国的共同利益,表示将与中国合作共事。③奥巴马也没有在对华政策上攻击布什总统。奥巴马竞选团队中两位负责对华政策的官员是后来就任常务副国务卿的詹姆斯·斯坦伯格和国安会亚洲事务高级主任贝德,他们都曾多次在政府任职。前者曾经是克林顿政府(1996—2001)的国家安全事务副助理,后者曾是国安会中国事务主任。他们都是中国通,了解中美关系的历史和现状,观点比较温和。他们感到,以往经过大选,凡是白宫的主人发生了党派更迭,新政府上任的初期中美关系常常要经历一个磨合期,甚至受到一些伤害。及至过了一段时间,两国关系才又回到主渠道来。他们决心打破这个循环,让两国关系实现顺利过渡。他们的主张得到总统的支持。④

1 月 27 日,希拉里·克林顿作为国务卿第一次在媒体面前作了十五分钟的

---

① 据美国财政部的报告,2008 年 9 月金融危机爆发时中国持有的美国国债券为 5 850 亿美元。而日本当月的持有量从 8 月的 5 860 亿美元减少到 5 732 亿美元。自此,中国取代日本成为美国国债最大海外持有者。在此后数年中有时日本持有的债券稍多,有时候中国稍多。到 2014 年 10 月,中国持有的债券是 1.25 万亿美元。

② "Statement of Senator Hillary Rodhman Clinton, Nominee for Secretary of State", Senate Foreign Relations Committee, January 13, 2009, http://foreign. senate. gov/testimony/2009/ClintonTestimony0911a.pdf.

③ Barack Obama, "U.S.-China Relations Under an Obama Administration", *China Brief* exclusive, http://web. resource. amchamchina. org/wysiwyg/ObamaENArticle. pdf; John MaCaine and Joseph Lieberman, "Renewing American's Asia Policy", *Wall Street Journal*, May 27, 2008, https://www.wsj.com/articles/SB121183670827020887.

④ Jeffrey A.Bader, *Obama and China's Rise. An Insider's Account of America's Asia Strategy* (Washington, D. C.: Brookings Institute Press, 2012), pp.10—11; Martin Indyk, Kenneth Lieberthal, Michael O'Hanlon, *Bending History. Barack Obama's Foreign Policy*(Washington, D.C.: Brookings Institute Press, 2012), p.30.

亮相。谈到中国,她说:我们将在政府内进行跨部门的合作设计出一种更加全面的方式[来与中国交往],以便与中国作为地区和全球事务的重要角色在许多问题上发挥的重要作用相称。我期待着与政府内的同仁,白宫的、财政部的以及其他部门的同仁合作共事。我也非常期待着与我在中国政府里的对应官员共同工作,我感觉我们有许多合作机会。①

2009年2月,希拉里·克林顿首次出访就选定亚洲四国,包括中国,这对于国务卿来说是罕见的。国务院副发言人罗伯特·伍德在新闻发布会上说:"国务卿觉得,出访亚洲将向亚洲和世界其他部分发出一个极其巨大的信号:亚洲对于我们的外交政策议程是特别重要的。她首次出访选择亚洲这一事实本身是非常重要的。"②出访之前,希拉里·克林顿在亚洲协会发表演讲说,她首访选择亚洲是因为它的战略重要性和不断增长的作用。"我希望以此发出信息,除了跨大西洋的强大的伙伴关系,我们同样需要跨太平洋的强大伙伴关系。我们与我要访问的每个国家以及与所有亚太地区的盟友和伙伴的关系对我们的安全和繁荣都是不可或缺的。"她的亚洲之旅是倾听之旅,是构建伙伴关系之旅。关于中国,她说道:

> 作为亚洲协会的成员,你们知道得非常清楚,中国有多么重要,我们与中国的积极的合作关系是多么不可或缺。这不仅对亚太地区,而且对整个世界的和平与繁荣都是至关重要的。在过去二十年中我们与中国经济上的相互接触支撑了我们的经济增长,现在,在经济发生困难的时候,当我们面对从核安全到气候变化到传染性疾病等一系列全球性挑战时,这种重要性就更显而易见了。

> 现在有一些人认为,既然中国处在上升之中,顾名思义它就是对手。不是的,我们相信,美国与中国可以为彼此的成功作出贡献,也可以从彼此的成功中获益。在我们共同关心和具有共同机会的领域更加努力地工作是符合我们利益的……甚至在双方有分歧的领域,我们也继续寻求与中国的积极关系。我们相信,这对美国未来的和平、进步与繁荣是至关重要的。

> 一个古老的中国成语讲述了一个故事:在封建时代两个交战国家的士兵乘同一条船过河,他们没有继续打斗,而是进行合作,结果活了下来。从这个故事中产生了一个中国成语:同舟共济。今天,我们必须

---

① "Transcript: Secretary Clinton's Remarks with Reporters on U.S. Foreign Policy", January 27, 2009, *Washington File*, January 28, 2009, pp.7—10.

② Merle David Kellerhals, Jr., "Clinton to Make First Mission to East Asia", *Washington File*, February 6, 2009, p.2.

用这个成语的智慧来指导我们。①

希拉里·克林顿的这个讲话很集中地表明了奥巴马政府对中国的看法,对中美关系的看法,是对"中国威胁论"的一个有力批驳。它也表明,面对金融危机和其他一系列困难,奥巴马政府采取了务实的态度。

2月16日,希拉里·克林顿开启她的亚洲四国(日、印尼、韩、中)之行。在来中国的途中,希拉里·克林顿在专机上回答记者提问时说,在中美两国领导人的会晤中,美国总会提出关于人权问题的看法,中国总会阐述关于台湾问题的主张,这是可以预见的……但是这不会干扰双方就一系列全球性问题进行认真讨论,如安全、世界经济以及气候变化,在这些问题上中美两国需要合作共事来取得进步。②在别的场合,希拉里·克林顿还把奥巴马政府对中国的人权政策称作"有原则的务实主义"。③

2月21日上午,外交部长杨洁篪与希拉里·克林顿举行会谈。杨洁篪表示,形势要求中美双方加强对话和交流,增进互信和合作,把两国关系提升到更高的水平,并期待着与克林顿建立良好的工作关系,共同推进两国交往与合作。克林顿说:美国新一届政府希望加强美中关系。美中关系已有了牢固基础,但是还有很多事情可做。相信美中两国在经济、全球气候变化等一系列问题上都可开展广泛合作。④

胡锦涛主席会见了希拉里·克林顿。胡锦涛对她的来访表示高度赞赏,并相信在她任职期间能为中美关系的发展作出积极贡献。克林顿向胡锦涛转达了奥巴马的个人问候,并说,奥巴马期待着与胡锦涛在伦敦二十国集团峰会期间进行会晤。她说,现在是两国"积极合作"的"新时代"的开始,双方已就建立战略与经济对话达成原则协议,并将为此而努力,希望两国元首在伦敦会晤时能正式予以宣布。⑤

同日,希拉里·克林顿和美国气候变化特别代表托德·斯特恩来到太阳宫热电厂参观。作为北京奥运会期间奥运场馆及其周边地区的供热单位,太阳宫

① Hillary Rodham Clinton, "U.S.-Asia Relations: Indispensable to Our Future", Remarks at the Asia Society, New York, New York, February 13, 2009, http://www.state.gov/secretary/20092013clinton/rm/2009a/02/117333.htm.

② Jeffrey A.Bader, *Obama and China's Rise. An Insider's Account of America's Asia Strategy*, p.15.

③ Thomas Lum, *U.S.-China Relations: Policy Issues* (CRS Report for Congress), March 12, 2010, p.2.

④ 《杨洁篪说中美应把两国关系提升到更高水平》,2009年2月21日,http://news.xinhuanet.com/world/2009-02/21/content_10861415.htm.

⑤ 《胡锦涛会见美国国务卿希拉里·克林顿》,2009年2月21日,http://news.xinhuanet.com/world/2009-02/21/content_10863280.htm.

热电厂拥有国际上第一套 9F 级燃气热电冷联供机组,①通用电气公司大中华区总裁兼首席执行官罗邦民表示:"这是中美合作的一个成功范例,体现了双方对清洁能源、节能环保领域合作的高度重视。"在电厂办公楼大厅,希拉里·克林顿还与 50 名清华师生和中外记者进行了交流。她引用中国古语"毋临渴而掘井"来强调两国加强清洁能源和气候变化领域合作的重要性,并对两国在该领域已开展的合作表示赞赏。②

2 月 22 日,克林顿在接受记者采访时说:"我们今天需要展示的是,美中两国可以卓有成效地合作共事,不仅在我们双边关注的领域,而且向全世界显示领导作用","就拿当前世界面临的两个主要问题来说,没有美中两国的合作和领导,我认为要期待全球经济的复苏是不现实的。我也知道,没有美中两国的合作要期待应对全球气候变化是不现实的。所有我们谈论的是非常具体、非常实在的问题"。③

杨洁篪外长随后访问美国,为胡锦涛与奥巴马的会晤做准备。3 月 11 日,杨洁篪与希拉里·克林顿进行会谈,会见了财政部长盖特纳、国家安全事务助理琼斯。克林顿在会谈后的联合记者会上表示:"美中关系有一个极其庞大的议程","这对我们两国都是十分重要的关系,美国有意与中国建立积极的、合作的和全面的关系"。她表示双方要努力确保 4 月两国领导人的首次会晤取得成功。④

12 日,奥巴马会见杨洁篪,这是新总统当政后会见的第一位中国高官。双方讨论了中美双边关系的整体状况,并强调希望加强合作,建立一个更加积极和有建设性的中美关系。双方都同意,中美两国作为世界重要的经济体,必须立即紧密合作,强化经济振兴方案,稳定国际经济秩序。奥巴马感谢中国在朝核六方会谈中起到的重要作用,双方还就阿富汗和巴基斯坦局势,以及苏丹达尔富尔问题等国际热点交换了意见。

3 月 9 日,发生美国"无瑕"号侦察船在南海与中国海监执法船只相对峙的事件。此事的性质与 2001 年 4 月 1 日的"撞机"事件类似,自然没有那次严重。

---

① 这是世界上单套燃机供热量最大的联合循环机组。先用燃气轮机发电,然后回收余热通过蒸汽轮机发电,最后利用余热供暖,最大限度地实现能源的梯级利用,从而大大降低了能耗。

② 《克林顿参观北京热电厂,强调美中加强清洁能源与气候变化合作》,2009 年 2 月 21 日,http://news.xinhuanet.com/newscenter/2009-02/21/content_10864900.htm;"Transcript:Remarks by Secretary Clinton, Special Envoy at Chinese Power Plant", February 22, 2009, *Washington File*, February 26, 2009, pp.9—14。

③ "Transcript:Secretary Clinton's Interview with Dragon TV in Beijing", February 22, 2009, *Washington File*, February 24, 2009, pp.16—19.

④ David McKeeby, "U.S.-China Partnership Faces Formidable Agenda, Says Clinton", March 11, 2009, *Washington File*, March 12, 2009, p.2.

此次中美双方都采取低调,在杨洁篪与希拉里·克林顿及奥巴马的会晤中,双方都同意"确保这类事件不再发生",①表示了双方都愿意避免纷争,不让这一事件搅乱了两国关系的大局。奥巴马和克林顿还表示,双方提升两军对话非常重要,以避免未来发生意外事件。

4月1日,在伦敦二十国集团峰会期间,胡锦涛主席与奥巴马总统举行首次会晤,会晤取得了十分积极的成果。双方领导人为两国关系确立了定位,即21世纪积极、合作、全面的关系。双方都确认,两国应当继续拓展在双边、地区和全球重大问题上的合作,不断充实两国关系的战略内涵。胡锦涛指出,尊重和照顾彼此核心利益,是确保中美关系健康稳定发展的关键。并具体提到,台湾问题是中美关系中最重要、最敏感的问题,西藏自古以来就是中国领土不可分割的一部分,希望奥巴马政府在这些事关中国核心利益的问题上充分理解并尊重中方立场。奥巴马表示,美国政府坚定承诺奉行一个中国政策,坚持美中三个联合公报,这一立场不会变化。美方欢迎并支持两岸改善关系,并希望取得更大进展。西藏是中国领土的一部分,美国不支持西藏"独立"。②在2009年新疆"7·5"事件中,奥巴马政府谨慎地避免卷入。③胡锦涛邀请奥巴马在2009年晚些时候访问中国,奥巴马愉快地接受了邀请。

两国领导人决定把先前的中美战略对话与中美战略经济对话整合成一个对话:中美战略与经济对话,下辖两个"轨道":由戴秉国国务委员和希拉里·克林顿国务卿负责"战略轨道",由王岐山副总理和盖特纳财长主持"经济轨道",他们四人都是两国元首的特别代表,对话每年举行一次。这是对以往建立起来的两国合作机制的继承与发展。布什政府时期的战略对话,美方称作"高层对话"(senior dialogue);过去的战略对话在美方只是副国务卿一级,现在提升到了国务卿一级,而且同样作为总统的特别代表,可见现在的对话较之过去提高了层级。这样的机制在美国与各国的双边关系中是独一无二的,显示了奥巴马政府对中美关系的重视。④这个机制不取代别的机制,如商贸联委会(JCCT)。双方还同意尽早恢复人权对话。两国元首重申对改善两军关系的承诺。海军作战部长盖里·拉夫黑德将出席4月中国海军建军60周年的纪念活动。

---

① 《奥巴马会见杨洁篪,希望中美船遭遇事件不再发生》,2009年3月13日,http://blog.sina.com.cn/s/blog_4546124f0100ctor.html。双方虽然表达了这样的愿望,但由于美国对中国的抵近侦察没有停止,这类事件以后仍然不时发生。详见本章第四节。
② 《国家主席胡锦涛会见美国总统奥巴马》,2009年4月1日,http://news.xinhuanet.com/news-center/2009-04/02/content_11116261.htm。
③ 参见顾国良、刘卫东、李栩:《美国对华政策中的涉疆问题》,第299—301页。
④ Jeffrey A.Bader, *Obama and China's Rise. An Insider's Account of America's Asia Strategy*, p.15.

为落实两国元首达成的共识,美国财长盖特纳于 5 月 31 日至 6 月 2 日正式访华,这是奥巴马政府主管经济财政事务的高官首次访问,盖特纳 5 月 26 日在华盛顿外国记者中心(FPC)接受中国媒体联合采访时说,此次访华将推进两国之间"积极、协同、全面的"合作,为全球经济复苏作出努力。胡锦涛主席、温家宝总理都会见了他。双方都强调要在金融、贸易等领域加强合作,推动国际金融体系改革,促进全球经济稳定和可持续发展,并确保 7 月下旬在美国举行的首轮战略与经济对话取得成功。盖特纳曾于 20 世纪 80 年代在北京大学学习,6 月 1日,他回到北京大学发表演讲。针对中国民众的担心,他在与中国领导人会晤中和公开的场合都一再保证,中国拥有的美元资产是安全的。①

7 月下旬在华盛顿举行了第一轮中美战略与经济对话。这几乎是两国整个内阁的会晤,双方阵容之强大史无前例。7 月 27 日,对话开幕的当天,《华尔街日报》上发表了希拉里·克林顿和盖特纳联袂撰写的题为《与中国的新一轮战略与经济对话》的文章。文章强调,中美两国仅凭两国之力难以解决全球性问题,但没有两国的合作也难以解决任何全球性问题。本轮两天的对话将为双方把对经济和外交政策的讨论结合在一起开辟新的领域,双方将在以往七届政府努力的基础之上,在两国政府之间现存的数十个不同领域的交流和合作平台的良好基础之上继续建构。文章列举了三个主要的议题:确保全球经济复苏,在应对气候变化、能源与环境三个相关的问题上取得进展,就地区和全球一系列安全和发展挑战找到互补的方法。②

王岐山在对话开幕式上宣读了胡锦涛主席的致辞。其中说,作为世界上有重要影响的国家,中美两国在事关人类和平与发展的一系列重大问题上肩负着重要责任,拥有广泛的共同利益和广阔的合作空间。在当前复杂多变的国际经济政治形势下,中美双方通过战略与经济对话,扩大共识,减少分歧,加深互信,促进合作,符合双方共同利益,有利于推动中美关系的发展,对世界和平、稳定、发展与繁荣也具有重要意义。③

奥巴马总统亲临对话开幕式并致辞,他强调了美中关系的重要性,并阐述了两国间的四个主要合作领域:促进经济复苏和稳定;发展清洁能源;防止核扩散;反对极端主义。他说:

---

① 《美国财长盖特纳在北大演讲,称中国崛起惠及世界》,2009 年 6 月 1 日,http://finance.sina.com.cn/g/20090601/13116288289.shtml; Merle David Kellerhals, Jr., "U.S. Cooperation to Help Shape Global Economic Recovery", June 1, 2016, *Washington File*, June 2 2009, pp.2—3.

② Hillary Clinton And Timothy Geithner, "A New Strategic and Economic Dialogue with China", https://www.wsj.com/articles/SB10001424052970204886304574308753825396372.

③ 《王岐山宣读胡锦涛致辞》,2009 年 7 月 28 日,http://news.sina.com.cn/w/2009-07-28/085216025365s.shtml。

让我们开诚布公：我们知道有人担心未来。在中国有些人认为美国要遏制中国的雄心，在美国也有些人认为，中国的崛起让人担心。我的看法不同。而且我相信，胡主席也持不同看法。我相信未来，到那时中国是国际社会一个强大、繁荣和成功的成员，到那时我们两国是伙伴，这既是出于需要，也是出于机遇。这个未来还是不确定的，但这个目标……是可以达到的。

奥巴马还特别引用了《孟子》中的一段话，以中国古代哲人的智慧来昭示今人，表示"我们的任务是要开辟出一条造福子孙后代的通向未来的道路，防止缺乏信任或不可避免的一时分歧使这条道路被杂草堵塞，要随时想到我们正在共同完成的旅程"。①

戴秉国在主持战略轨道对话时指出，21世纪虽然才有9年，但是与20世纪已经有了很大不同。人们就像生活在一个地球村里，要共同应对各种各样越来越多的全球性挑战，就有赖于中美两国进行密切合作。他强调，中国无论发展到什么程度，都将坚定不移地走和平发展的道路。中国的根本战略目标是全面建设惠及13亿中国人民的小康社会，今后几代人甚至十几代人都将对内求和谐、求发展，对外求和平、求繁荣，这是中国长期不变的政策。②希拉里·克林顿强调，新一届美国政府高度重视美中关系，"我们正在一砖一瓦地奠定两国更强大关系的基础，改善彼此联系，增进相互了解，确定优先议程并拟订工作计划"。③她重申，美国尊重中国的主权和领土完整，不支持任何对中国领土的无理主张，不支持任何旨在分裂中国的活动，不愿看到任何挑战中国政府权威的内部矛盾和冲突。在对话结束后举行的联合记者会上，希拉里对此次对话给予高度评价，称这是"美中关系史上前所未有"的。④

盖特纳在主持经济轨道的对话时指出："此次对话是在一个至关重要的时刻举行的，中国和美国作为全球经济的领导国家既有可能也有责任不仅为本国人民的福利，而且为全球经济而工作。我们需要设计新的框架，以便为未来更加可

① The White House, Office of the Press Secretary, "Remarks by the President at the U.S.-China Strategic and Economic Dialogue", July 27, 2009, http://www.america.gov/st/testtrans-english/2009/july/20090727111325bpuh0.250696.

② 戴秉国：《战略对话》，第155—158页。

③ Merle David Kellerhals, Jr., "United States, China Laying the Foundation for the Future", *Washington File*, July 28, 2009, pp.2—3.

④ 戴秉国：《战略对话》，第155—158页。戴秉国回忆说，美方对对话非常重视，出动了空中巡逻机和海上巡逻艇实行海陆空立体保卫。奥巴马开玩笑地说，双方在演讲中用了许多中国成语，感觉就像讲中国成语的比赛。希拉里为筹备对话下了很大功夫，她得知戴秉国鼻子过敏，在宴会上摆了美丽精致的干花代替鲜花；在欢迎中方代表时还出动了仪仗队，礼宾和招待都是超规格的。

持续和更加平衡的全球经济,以及为向着更加绿色的全球经济的转型奠定基础。"世界经济从建立布雷顿森林体系以来已经发生了根本改变,我们现在面临着重建全球经济体系以应对挑战的重大机遇。①

　　本轮对话取得圆满成功。首先,双方的内阁成员相互结识,使今后数年的工作关系有了一个良好的开端。其次,双方承诺将各自采取措施促进国内经济平衡和可持续的增长,以确保经济有力复苏;双方同意了一个广泛的经济政策和改革的框架,美方承诺增加储蓄,削减财赤;中方承诺进行经济结构改革,建立以国内消费拉动、而非出口拉动的经济,继续实行金融创新、金融发展和金融开放。双方将致力于更加开放的贸易和投资,反对保护主义。②第三,双方就改革国际金融体系、机构进行了深入讨论,并就增加包括中国在内的新兴经济体的发言权和代表性等问题达成一系列重要共识,使中国和新兴经济体能在国际金融机构中起到与它们的分量相应的作用。美方表示将在促使中国加入《政府采购协定》方面进行合作;中方表示在中国的政府采购中将在华外资企业的产品视同中资企业的产品。③第四,双方承诺实施《中美能源环境十年合作框架》下所有行动计划,以帮助两国实现环境可持续和低碳经济增长。④第五,双方重申在一系列国际问题上保持密切沟通和协调,进行合作,包括六方会谈和实现朝鲜半岛无核化,伊朗核问题、共同推动阿富汗和巴基斯坦的稳定和发展,在苏丹问题上加强协调和磋商,在反恐和防止大规模杀伤性武器扩散、打击跨国犯罪、非法毒品交易、海盗等方面加强对话和合作。⑤也就是说,本轮对话在一定程度上确定了两国关系的议程,对话所提出的问题和建议,将在今后的实践中逐渐予以解决和应对。这样,在奥巴马政府上任的头半年,双方避免了以往两届政府在开始时的磨合,两国关系迅速全面地展开了。

①　Merle David Kellerhals, Jr., "United States, China Laying the Foundation for the Future", *Washington File*, July 28, 2009, pp.2—3.

②　"Transcript: Briefing Previewing U.S. China Strategic and Economic Dialogue", July 23, 2009, *Washington File*, July 27, 2009, pp.7—15; "U.S. and Chinese Officials Describe Dialogue as 'Unprecedented'", *Washington File*, July 30, 2009, pp.2—3.

③　"The First U.S.-China Strategic and Economic Dialogue Economic Track Joint Fact Sheet", July 28, 2009, http://www.ustreas.gov/press/release/tg240/htm.

④　参见本书第 213 页。

⑤　Press Room, U.S. Department of Treasure, "Joint Press Release on the First Round of the U.S.-China Strategic and Economic Dialogue", July 28, 2009, http://www.ustreas.gov/press/release/tg242/htm; "The First U.S.-China Strategic and Economic Dialogue Economic Track Joint Fact Sheet", July 28, 2009, http://www.ustreas.gov/press/release/tg240/htm;《首轮中美战略与经济对话联合新闻稿》,2009 年 7 月 29 日,http://new.xinhuanet.com/world/2009-07/29/content_11789054.htm;《首轮中美战略与经济对话框架下经济对话联合成果情况说明》,2009 年 7 月 28 日,http://www.china-embassy.org/chn/gyzg/t577118.htm.

第二节　密集的互访

随着中美"积极、合作、全面的关系"的确立,两国议会交往也活跃起来。作为美国政治体制的重要组成部分,国会不仅是立法机构,而且掌控着政府的钱袋,对行政机构实行监督。国会又是美国诸多利益集团进行游说的地方,是反映美国多元化特色最典型的场所。加上台湾当局在美国经营年深月久,因此国会对中美关系常常表现得比行政当局消极,在台湾、人权、贸易和汇率等诸多问题上形成对两国关系的牵制。①国会议员及其助手对中国的疑虑甚深,对中国持正面态度的比例小于公众的比例。20 世纪 90 年代初中美关系短暂的危机后,两国议会交往缓慢恢复。1997 年 10 月江泽民主席访美。一年半后,即 1999 年 4月,全国人大与美国众议院建立了正式交流机制。全国人大相应成立了中美议会交流小组。4 年后,2003 年 7 月,美国参议院通过关于成立参议院与中国全国人大交流小组的修正案。2004 年 1 月,全国人大与美参议院共同签署《谅解备忘录》。这意味着中国全国人大成为少数几个与美国众参两院建立正式交流机制的外国议会之一。随着美中两国的相互依存度日益加深,一些国会议员越来越意识到美中关系对美国、对国际事务的重要性,意识到国会应该为促进两国关系发挥更大作用,2005 年 6 月由共和党众议员马克·柯克和民主党众议员里克·拉森共同发起成立了众议院"美中工作小组",该小组帮助议员加深在贸易、能源、军事交流等多个领域对中国和美中关系的认识。2011 年参议院也成立了类似组织。

国会的整体态度也在发生微妙变化,许多议员开始重新审视他们的对华态度。《国会季刊》在线新闻 6 月 20 日发表题为《与龙二重奏:美中关系下一步是什么?》的评论,其中指出:"基于经济上彼此深深的相互依赖,美中关系已逐渐发展为一种'特殊关系',令美国与任何其他国家的关系相形见绌。在华盛顿和北京能找到共识的领域,世界其他国家可能不得不认同。"新罕布什尔州共和党参议员贾德·格雷格说:"过去十年里,我们与中国的关系彻底改变了,需要一些时间才能把握这对我们、中国和世界的影响。"②为了促进两国关系,众议院"美中

---

① 这只是一个非常笼统的说法,也不表示国会对中美关系没有起过好作用。实际上,美国对华永久性正常贸易关系立法(PNTR)的实现是两国关系中具有实质性意义的突破,也是国会对中美关系所做的一件大好事。见陶文钊:《中美关系史》第 3 卷(修订本),第 9 章第 3 节。

② 约瑟夫·沙莎:《美国国会重新琢磨对华态度》,《环球时报》2009 年 6 月 23 日,http://oversea. huanqiu.com/political/2009-06/495184_2.html。

工作小组"还于5月中旬在国会提出四项议案：要求联邦政府帮助各州在中国设立办事处，以推动出口，尤其是帮助中小企业从事对华贸易；增加美国在华外交官数量，增强美国对亚太经合组织贡献；为能源及气候变化的教育提供资金；通过地方性项目增加美国的中国文化和语言教育等。①

2009年5月下旬是美国国会议员对中国的"访问季"：参议院外交关系委员会主席约翰·克里访华；众议院"美中工作小组"两主席里克·拉森和马克·柯克率团访华；众议院议长南希·佩洛西访问中国。佩洛西曾经是国会中对中国人权状况的最激烈批评者。但她此次访问的态度却与以往大不相同。无论从代表团的构成（温和派人士），或是行前对媒体的低调处理（不接受采访），都能感觉到她在刻意营造宽松的气氛。5月27日，吴邦国委员长会见佩洛西。吴邦国就中美议会交往提出三项建议：继续保持高层交往势头；进一步巩固和完善双方定期交流机制；加强有关专门委员会的交流与合作，深化合作内涵。关于能源与气候变化问题，吴邦国表示中方愿与美方加强政策、立法交流，联合建设示范工程，开展科研、开发、技术合作。佩洛西对中方在应对国际金融危机、加强节能减排、发展可再生能源等方面所作的努力表示赞赏，认为美中在这些领域应继续合作，这对双方都有利。②

5月26日，美国大使雷德为佩洛西访华举行招待会。佩洛西发表了简短讲话，阐述了美方在能源和应对气候变化问题上的立场，以及她与中国发改委进行磋商的情况。最后她说，这些都是与人权有关的。她说的没有错，但却表明，她在人权问题上的立场变得比较现实了，不再像以前那样高度意识形态化了。③

8月19日至20日，美国众议院外委会主席霍华德·伯曼率领的美国议员代表团访华，与吴邦国委员长、王岐山副总理和杨洁篪外长分别举行会谈。伯曼表示，美众议院外委会十分重视美中关系，对中国近年来所取得的成就表示钦佩，希望加强两国在各领域的交流与合作。双方还就转变经济增长方式、知识产权保护等问题交换了意见。9月4日，美国参议员坎特韦尔一行访问了中国，坎特韦尔是参议院能源委员会、商务委员会等的成员，王岐山会见了议员。

作为对佩洛西议长访问的回访，吴邦国委员长于9月上旬访问美国。这是中国全国人大常委会委员长20年来对美国的第一次访问。吴邦国于当地时间6日抵达亚利桑那州菲尼克斯（凤凰城）开始进行为期一周的访问。8日，他出席中美经贸合作论坛开幕式，并发表讲话。他强调，在当前情况下，中美经贸合作

---

①　《美国众议院提案，鼓励学生学习中文和中国文化》，2009年5月16日，http://www.chinanews.com/gj/gj-ywdd/news/2009/05-16/1694735.shtml。

②　《吴邦国会见佩洛西谈台湾涉藏等问题》，2009年5月27日，http://news.sina.com.cn/c/2009-05-27/213217902716.shtml。

③　笔者与其他一些学者应邀出席了招待会。

尤其要坚持自由贸易原则,防止各种形式的贸易保护主义。在开幕式上,两国政府、企业及有关方面签署了 41 项投资和经济技术合作协议,总金额达 123.8 亿美元,涉及新能源及原材料、通信、电子、机械、旅游等多个领域。其中最引人瞩目的是美国第一太阳能公司将在中国内蒙古鄂尔多斯市建设一座 2 000 兆瓦发电能力的太阳能光伏发电厂,这将是世界上最大的光伏电厂。

9 月 9 日,吴邦国与佩洛西举行会谈,就中美经贸关系、能源环境、气候变化、朝核、伊朗核等广泛议题坦诚交换了意见。10 日下午,吴邦国分别会晤副总统兼参议院议长拜登、总统奥巴马。奥巴马表示,在过去几个月里,美中在一系列全球性问题上进行战略性的互动与合作,这种战略伙伴关系不仅造福两国,也造福全世界。美方愿与中方共同努力,推动美中关系取得更大更好的发展。①拜登表示,美中关系是世界上最重要的双边关系,美中之间不是零和的关系,美国希望中国取得成功。双方拥有广阔的合作空间,应进一步加强协调与合作。②吴邦国还会见美国前政要基辛格和奥尔布赖特,并与工商界人士进行了广泛的接触。

9 月 22 日,在纽约出席第 64 届联大一般性辩论的胡锦涛主席与奥巴马总统再次举行正式会晤,会晤持续一个半小时。两位领导人对今年以来中美关系的进展表示满意。胡锦涛强调,双方应该尊重和照顾彼此利益和关切。中方重视美方多次重申坚持一个中国政策、遵守中美三个联合公报,希望美方以实际行动支持两岸关系和平发展。中方赞赏美方承认西藏是中国一部分、反对"西藏独立"的立场,希望美方理解和尊重中方在涉藏问题上的关切。乌鲁木齐"7·5"事件是一起由境内外"三股势力"策划组织的打砸抢烧严重暴力犯罪事件。希望美方理解和支持中方为打击暴力恐怖犯罪、维护国家统一、维护社会稳定所采取的措施,不允许"东突"分裂势力利用美国领土从事反华分裂活动。胡锦涛还对美方实施的对从中国进口轮胎的"特保案"提出批评。③奥巴马表示,在台湾问题上,美方坚持一个中国政策没有改变。美方对两岸关系缓和表示赞赏,认为这有利于亚洲和平稳定。美国不支持"西藏独立"。在涉藏、涉疆问题上,美国尊重中国主权和领土完整。奥巴马强调,伊朗核问题对美国的国家安全利益至关重要,希望中国能与美国进行合作,如同在朝核问题上那样。奥巴马也强调了重启六方会谈的必要性,朝鲜必须遵守它在《9·19 共同声明》中作出的承

---

① 《吴邦国会见美国总统奥巴马》,2009 年 9 月 11 日,http://news.xinhuanet.com/world/2009-09/11/content_12035539.htm。

② 《吴邦国分别会见美国副总统兼参议长和美国前政要》,2009 年 9 月 11 日,http://news.xin-huanet.com/world/2009-09/11/content_12034972.htm。

③ 关于轮胎特保案,见本书第 388—389 页。

诺。两国领导人也讨论了即将在匹兹堡举行的二十国集团峰会,以及世界经济复苏问题。①

本书前面讲到,2005 年 9 月副国务卿佐利克发表了对华政策演讲,在美中两国都引起巨大反响。当时是共和党执政。现在是民主党当政,国际形势和中美两国关系又有了新发展,副国务卿斯坦伯格认为有必要再发表一个演讲,系统阐述奥巴马政府的对华政策。2009 年 9 月 24 日,斯坦伯格在新美国安全中心作了题为《中国的到来:走向全球大国的长征》的演讲。他讲道,在当今世界,国际合作的逻辑是压倒性的。各国之间如果合作共事可以得到许多,如果不合作就会失去很多。涉及中国,有一个基本的困境:鉴于中国不断增长的能力和影响,美国特别需要与中国合作来应对全球挑战;"但中国的规模及其重要性同样产生了一种竞争的风险,从而可能使合作失败"。如何来破解这种风险呢? 斯坦伯格指出,"在适应如同中国、印度和巴西这样大国崛起的同时保卫我们自己的国家利益,这是我们时代的关键战略挑战。而解决这个问题的关键,我把它称作战略再保证","中国必须向世界保证,它的发展和全球影响力的增长不会以其他国家的安全和福祉作为代价"。"战略再保证"的一种方式是持久的对话。但仅有对话还不够,更要有行动。接着,斯坦伯格列举了两国在共同应对金融危机、气候变化、朝核问题、伊朗核问题、维护国际公域的安全、两军交流、南海问题、核安全、能源安全、贸易、人权问题等方方面面的合作与分歧,并总结说,美国在保护本国利益的同时,也要适应中国的崛起。他说:"我们已经准备好接受中国在国际舞台上不断增长的作用,而且许多领域我们已经在拥抱中国。中国也应该……向美国、它的亚洲邻国和世界其他国家进行再保证,向我们表明,一个更有影响力的国家没有什么让我们担心的,北京与我们有共同的新的地缘政治的愿景,它不是零和游戏,而是互利双赢。"他同时表示,既然还存在着不确定性,任何政府的决策者都会倾向于从最坏的角度对未来潜在的威胁做好准备,"但我们不会事先关闭通向取得正面结果的大门。我们会打开这扇大门,并避免自我实现的恐惧的陷阱"。②

---

① 《胡锦涛在纽约同美国总统奥巴马会晤》,2009 年 9 月 23 日,http://politics.people.com.cn/GB/1024/10098944.html; Merle David Kellerhals, Jr.,"Obama and China's Hu Talks on U.S.-China Relations", September 23, 2009, *Washington File*, September 24, 2009, pp.5—6;"Background Briefing by a Senior Administration Official on the President's Meeting with President Hu of China", *Washington File*, September 24, 2009, pp.39—40;并见杨文静:《奥巴马政府第一任期对华政策析论——寻求应对中国崛起的非零和关系模式》,中央编译出版社 2014 年版,第 79 页。

② James B. Steinberg, "Administration's Vision of the US-China Relationship: Keynote Address at the Center for a New American Security", September 24, 2009, https://www.state.gov/s/d/former/steinberg/remarks/2009/169332.htm.

　　这个演讲与佐利克2005年的演讲大同小异,强调了两国的共同利益,也指出了两国在诸多方面的分歧,也都指出了中国前途和两国关系未来的不确定性,实际上都主张实行两面下注的战略:争取好的结果,同时防范坏的可能。由于"利益攸关方"的说法揭示了中美关系的实质,而这个讲话缺少这样的深意,"战略再保证"只是两国相处中的一种做法,一种方式,讲话的影响力也就不如前者了。①

　　11月15日至18日,奥巴马对中国进行了成功的国事访问。出访前,奥巴马在9日接受路透社记者采访时说:"我把中国既看作重要的伙伴,也是竞争者。关键是我们要确保这种竞争是友好的,是为了顾客和市场,是在……国际规则之内的,同时,我们也一起鼓励世界范围的负责任的行为。在紧要的问题上,如气候变化、经济复苏、核不扩散等方面,如果我们两国不合作,就很难想象我们怎么能获得成功,或者中国怎么能成功地实现自己的目标。我想这就是战略伙伴关系的目的,也是此次中国之行为什么重要的原因所在。"②

　　奥巴马访问的第一站是上海。11月16日,奥巴马在上海与学生进行对话。他在开场白中回顾了过去30年的中美关系,说:"中国有句谚语,叫温故知新。是的,我们过去30年中也遇到了挫折和挑战,我们的关系并不是没有分歧,没有困难的。但是我们不是命中注定要成为对手。当我们回顾以往,由于双方的合作,美中两国都变得更加繁荣、更加安全。我们看到了,当我们基于相互的利益、在相互尊重的基础上可以取得什么样的成就。"奥巴马还回答了在场的复旦大学、同济大学、上海交通大学等校学生的问题,以及网上提出的问题,阐述了对海峡两岸关系、两国人文交流、互联网自由、人权、诺贝尔和平奖等问题的见解。③新华网直播了此次"市政厅会议"的实况。

　　随同奥巴马访华的希拉里·克林顿11月16日来到正在建造中的上海世博会美国馆参观并讲话。奥巴马政府和希拉里·克林顿本人对上海世博给予了高度重视和关注,任命负责全球伙伴关系的国务卿特别助理伊丽莎白·巴格利主管此事。巴格利在11月上旬接受记者采访时表示,截至当时,已经有40家美国大公司为美国馆提供了资助,包括通用电器、沃尔玛、百事可乐、雪佛龙等,但离6 500万美元的建筑费用还有1 500万美元的缺口。希拉里·克林顿会见了

---

① 有的学者提出,这个构想更多是斯坦伯格的个人想法,并不代表奥巴马政府对华政策的共识,奥巴马政府高官或政府文件没有再使用这个说法。见樊吉社:《奥巴马政府对华外交、安全政策回顾与评估》,中国社会科学院美国研究所:《美国战略研究简报》2012年特刊。

② "President Obama Gave Reuters an Interview", November 9, 2009, http://www.reuters.com/article/2009/11/10/us-0bama-textidUSTRE5A902Q20091110.

③ The White House, Office of the Press Secretary, "Remarks by President Barack Obama at Town Hall Meeting with Future Chinese Leaders", November 16, 2009, *Washington File*, November 17, 2009, pp.13—25.

美国馆的资助者、支持者和伙伴,并发表讲话称,世博会在上海这样一个最富有活力和最全球化的城市举办是非常合适的,美国馆必将加强美中两国人民之间的合作和伙伴关系。她表示"要尽可能组织起一个最强大的团队"来支持展馆,希望各大公司继续积极赞助。她表示来年夏天要来参观世博会,参观美国馆。①

11月17日,胡锦涛主席与奥巴马总统举行正式会谈。两位领导人就广泛的双边、地区和国际问题进行了深入、坦诚、富有成果的讨论,取得了广泛的共识。双方的《联合声明》既从战略高度和长远角度阐述了两国关系,也对两国关系中的许多具体问题进行了规划,内容极其丰富,其中有几点特别值得注意。第一,两国相互之间进行了"战略再保证":美方重申欢迎一个强大、繁荣、成功、在国际事务中发挥更大作用的中国;中方表示欢迎美国作为一个亚太国家为本地区和平、稳定与繁荣作出努力。双方重申致力于建设21世纪积极合作全面的中美关系,并将采取切实行动稳步建立应对共同挑战的伙伴关系。对中美关系定位的这种重申对两国关系的发展具有重要意义。第二,"双方一致认为,尊重彼此核心利益对确保中美关系稳定发展极端重要"。这是三十年中美关系发展的一条重要经验,什么时候双方做到了这一点,两国关系就稳定,就改善;否则,两国关系就遭到伤害。中方的立场是很明确的,台湾问题、涉藏问题、涉疆问题等涉及中国的主权和领土完整,是中国的核心国家利益所在。所以这段文字可以看作美方的一个承诺,即美国对"台独"、"藏独"和"东突伊斯兰运动"等分裂主义势力都不予支持。第三,在台湾问题上,"美方欢迎台湾海峡两岸关系和平发展,期待两岸加强经济、政治及其他领域的对话与互动,建立更加积极、稳定的关系"。这是在国民党重新在台湾"执政"、海峡两岸关系实行历史性转变、走上和平发展道路后的新形势下美国政策的新调整,反映了与时俱进的精神。第四,双方积极评价了今年以来两军交流的进展,表示"将采取具体措施推进两军关系未来持续、可靠向前发展……积极落实两军已商定的各项交流与合作计划,包括提高两军交流的级别和频率",以"增进对彼此意图和国际环境的理解"。两军关系是中美关系中的短板,两国关系欠缺互信,两军关系尤甚。现在两国领导人都强调要补上这块短板,这对两国增信释疑至关重要。第五,声明阐述了两国在诸多全球性问题上的合作,包括共同应对金融危机、气候变化、恐怖主义、大规模杀伤性武器的扩散、维护南亚和平稳定等,生动反映了新时期中美关系的特点:两国关系远远超越了双边的范畴,具有越来越多的全球性问题,或者说是两国关系的

---

① Stephen Kaufman, "United States Unveils Plans for Pavilion at Shanghai Expo", November 10, 2009, *Washington File*, November 12, 2009, pp.5—6; "Transcript:Remarks by Secretary Clinton at Shanghai Expo's USA Pavilion", November 16, 2009, *Washington File*, November 17, 2009, pp.10—11.

全球化,也说明了两国合作对于全球治理的重要性。①

　　温家宝总理会见了奥巴马总统。奥巴马表示,他与胡锦涛都同意"深化美中两国之间的战略伙伴关系。过去我们的关系仅仅聚焦于经济和贸易,现在它已经拓展到应对所有全球的问题,美中两国的合作是至关重要的"。温家宝强调,中国高度重视中美关系。一个稳定、合作、向上的中美关系不仅有利于两国,也有利于世界。但中方不赞成关于"两国集团"的提法,主要原因是:第一,中国是一个人口众多的发展中国家,要建成一个现代化国家还有很长的路要走,对此我们始终保持清醒。第二,中国奉行独立自主的和平外交政策,不与任何国家或国家集团结盟。第三,中国主张世界上的事情应该由各国共同决定,不能由一两个国家说了算。同时中方认为,中美合作可以发挥独特作用,推动建立国际政治、经济新秩序,促进世界和平、稳定和繁荣。②

　　奥巴马还参观了故宫和长城,接触了中国源远流长的传统文化。

---

①　《中美联合声明》(2009 年 11 月 17 日),《新华每日电讯》,2009 年 11 月 18 日。一些美国学者指出,《联合声明》中个别地方中英文版本文字稍有出入。中文版作:"中方表示,欢迎美国作为一个亚太国家为本地区和平、稳定与繁荣作出努力";英文版相应句子为:"China welcomes the efforts of the United States as an Asia-Pacific nation to *contribute* to peace, stability and prosperity in the region". 中文版中少了"贡献"的意思。见 Bonnie Glaser, "Obama-Hu Summit: Success or Disappointment?" *Comparative Connections*, January, 2010。一些美国学者还对把"尊重彼此核心利益"写进声明表示不满,他们说,中国没有清楚地界定哪些是核心利益,核心利益的单子可能越来越长;再者,台湾是中国的核心利益,不是美国的核心利益,但不能因此美国就不向台湾售武。在 2010 年 1 月 21—22 日由国台办和美国外交政策全国委员会组织的"新时期的中美关系与两岸关系"学术讨论会上有的美国学者就此对《联合声明》提出了批评。柯庆生认为把"核心利益"包括进《联合声明》是一个"错误",对于中国核心利益的三个方面——维护基本制度和国家安全、国家主权和领土完整、经济社会发展——美国真正同意的只有第三方面,头两方面中美两国之间都是有争议的。他进而认为,美国之所以同意把核心利益写入声明,是急于想与中国进行副国务卿斯坦伯格提出的"战略再保证"。这种批评明显带有两党斗争的影子。Thomas Christensen, *The China Challenge*, pp.254—255.

②　《温家宝会见美国总统奥巴马》,2009 年 11 月 18 日,http://news.xinhuanet.com/world/2009-11/18/content_12485607.htm; "Transcript: Obama's Remarks in a Meeting with Chinese Premier Wen Jiabao", November 18, 2009, *Washington File*, November 19, 2009, p.10.

　　关于"两国集团"或"中美共治"的说法最早缘于一个新造的词"Chimerica(中美国)",这是美国经济史学家哈佛大学教授尼尔·弗格森 2007 年 3 月 4 日在英国《星期日电讯报》上提出的。2009 年 7 月美国彼得森国际经济研究所所长弗雷德·博格斯滕在《外交》双月刊上的文章《平等伙伴关系:华盛顿应如何应对中国的经济挑战》中进一步论述了 G2 的概念。他们都是从经济上来阐述中美利益共同体对世界经济的影响的。2009 年 1 月在纪念中美建交三十周年的讨论会上,布热津斯基提出"需要建立非正式的 G2 体系,美中两国之间的关系应真正成为一种全面的全球性伙伴关系"。(见《新交流——美中建交三十周年》第 11 页)这一说法在美中两国以及世界上引起了许多讨论和争议。这里温家宝正式阐述了中国政府对这一问题的看法,回应了国际上的议论。

奥巴马访华的另一成果是,两国元首决定扩大两国人文交流,建立中美人文交流高层磋商机制,双方在联合声明中就此作了阐述:

> 双方认为,人文交流对促进更加紧密的中美关系具有重要作用。为促进人文交流,双方原则同意建立一个新的双边机制。双方高兴地看到近年来在彼此国家留学的人数不断增加。目前在美国的中国留学人员已接近十万人,美方将接受更多中国留学人员赴美学习并为中国留学人员赴美提供签证便利。美国在华留学人员约有两万名。美方将启动一个鼓励更多美国人来华留学的新倡议,今后四年向中国派遣十万名留学人员。①

经过一段时间的准备,2010 年 5 月 25 日,中美人文交流高层磋商机制举行首次会议。②

奥巴马政府在 2009 年总体上寻求与中国战略关系的稳定,这从美方发表的几个战略文件中也可以看出。2009 年 2 月开始起草、2010 年 2 月发表的《四年防务评估报告》中透露的信息是,中国在美国全球地缘战略中的关注程度上升,担心中国成为挑战美国军事霸权的潜在对手,但美国对中国在战略上是防范型,而不是进攻型的。③在 2010 年 2 月 1 日国防部向国会提交的《弹道导弹防御评估报告》和 4 月的《核态势评估报告》中一再表示,"对本届政府而言,维持中美关系的战略稳定与维持和其他主要国家的战略稳定一样重要",美国致力于同中国展开"实质性的、持续的对话",以增强信心、提高透明度,并减少在战略安全问题上的不信任。④这两份文件表明,奥巴马政府在安全领域也在尝试稳定对华关系。

在两国关系总体继续保持稳定并有一定程度的改善的情况下,因为 2008 年 10 月布什政府对台售武而受到影响的两军关系交流逐步得到恢复。⑤

第三节　同舟共济应对金融危机

2008 年 9 月世界金融危机爆发以后,遏制金融危机的蔓延、防止金融危机

---

① 《中美联合声明》(2009 年 11 月 17 日),《新华每日电讯》2009 年 11 月 18 日。
② 详见本书第七章第一节。
③ 杨毅:《浅析美国 2010 年〈四年防务评估报告〉》,复旦大学美国研究中心编:《美国问题研究》2010 年第 1 期。
④ 樊吉社:《奥巴马政府对华外交、安全政策回顾与评估》,中国社会科学院美国研究所:《美国战略研究简报》2012 年特刊。
⑤ 详见本书第十章第三节。

演变成 20 世纪 30 年代那样的经济大萧条、促进世界经济的复苏成为世界各国共同面临的紧迫挑战。中国对抗击金融危机中作出了多方面的贡献：首先，中国采取适当宽松的财政政策刺激经济，保持了一个较高的经济增长速度，由于中国的经济体量大，中国成为世界经济增长的主要引擎。2009 年中国对世界经济增长的贡献率达到 50％，此后数年也一直保持在 20％—30％之间。其次，中国是贸易大国，2001 年至 2010 年中国货物贸易进出口额分别以年均17.6％和 18.3％的速度增长，2013 年更成为第一货物贸易大国，中国是日本的最大、美国的第二大、欧盟的第三大出口市场，中国的进口为世界各国创造了数千万个就业机会；中国出口的物美价廉的产品提高了进口国居民的实际生活水平，尤其提高了中低收入阶层的购买力，增加了各国消费者的福利；中国对原材料需求的快速增长振兴了国际原材料市场，提高了出口国收益，而这些国家 60％是发展中国家。第三，中国带动了周边地区和国家的经济发展，2010 年中国的前十大贸易伙伴中亚洲国家和地区占了 6 个；中国与东盟建立了自贸区，实现了全面零关税，是东盟最大的出口目的地。第四，中国的海外投资强势增长，2001 年至 2010 年年均增速为 49.9％，2010 年占全球当年流量的 5.2％，居全球第五。第五，中国与美国及各主要经济体密切合作，与各国联手抗击金融危机。

经济全球化加强了各国之间的相互依存，金融危机爆发了，其影响也是全球性的，没有一个国家可以单独应对，也没有一个国家可以置身事外。法国总统萨科齐建议举行二十国集团首脑会议应对危机，布什总统表示赞成，并表示愿意承办此次峰会。

二十国集团包括：阿根廷、澳大利亚、巴西、加拿大、中国、法国、德国、印度、印度尼西亚、意大利、日本、墨西哥、俄罗斯、沙特阿拉伯、南非、韩国、土耳其、英国、美国以及欧盟。1999 年在东亚金融危机之后，为了促进国际经济合作，建立了二十国集团的财长和央行行长会议机制，但这个机制当时没有在国际上引起太多关注，世界经济的主导权仍然在七国集团手里。到了 21 世纪，随着发展中国家的群体崛起，尤其是中国的崛起，七国集团越来越感到要主导世界经济力不从心，因此从 2005 年开始邀请金砖国家作为七/八国集团的对话国，但主导权仍然在七国集团手中。2008 年 9 月金融危机爆发后，发达国家感觉难以应对严重形势，二十国集团的重要性凸显，于是由财长会议升格为元首会议，成为国际经济金融合作的主要平台。二十国集团占世界人口的 2/3，国土面积的 60％，全球GDP 的 85％以上，国际贸易的 80％。它的组成有广泛代表性：既包括主要的发达国家，也包括主要的新兴经济体；既有南方，也有北方，每个大洲都有自己的代表。这个组织既大到有足够的代表性，又不是太大，以免影响效率。它是有资格有能力对世界经济发挥主导作用的。

美方从一开始就与中方进行沟通。10 月 11 日,美国财政部执行秘书泰娅·史密斯给中国驻美大使周文重打电话商量此事。她表示,布什总统提议在华盛顿举行金融峰会,没有中国的参与,无法解决当前的问题。美方希望胡锦涛主席能出席峰会,并希望中方尽快答复。金融危机是由美国的次贷危机引发的,欧洲国家对美国多有抱怨,认为美国对金融衍生产品自由放任,疏于监管,导致欧美金融市场几乎同时陷入危机,严重损害欧洲经济,欧洲小国,如冰岛、匈牙利已经处于政府破产边缘。在此情况下,美国邀请中国参加金融峰会,既是为了"救火",也是为了应付欧洲的压力。中方立即对召开这一峰会表示支持,并同意胡锦涛主席亲自赴会。事后美方对此多次表示感谢。①

中国领导人对形势有着客观、冷静的估计,并强调各国之间,尤其是主要经济体之间合作的重要性。2008 年 9 月下旬温家宝在纽约出席联合国一般性辩论,24 日会见了美国金融界人士,他恳切表示:"中方愿与美方加强协调与配合,也希望世界各国团结一致,克服困难,共同维护国际金融市场的稳定。这对美国有利,对中国有利,对世界也有利。"②在 10 月下旬第七届亚欧首脑会议上,温家宝就以《同舟共济,互利共赢》为题发表演讲,强调"这场金融危机是历史上罕见的……全面化解和战胜危机还需要全球行动,合力应对"。③

第一次二十国集团峰会于 2008 年 11 月 15 日在华盛顿举行,一天的会议十分紧张。通过会上会下、会内会外的沟通、对话、协调达成了不少共识,主要是:加强国际合作共同应对金融危机,联手反对贸易保护主义,应对金融和经济问题的近期和长期措施,包括提高金融市场透明度和完善问责制、加强监管、促进金融市场完整性、强化国际合作以及改革国际金融机构。峰会发表的声明承诺加强合作,努力恢复全球增长,实现国际金融体系的改革,防止类似危机再次发生;反对为投资或商品和服务贸易设置新壁垒,反对采取新的出口限制措施或不符合世贸组织规定的新的刺激出口措施。各国领导人之间也存在分歧,主要是:第一,导致危机的原因。欧洲国家强烈指责美国"制造"了金融危机,法国总统萨科齐强烈要求对肇事者"追究责任,绳之以法",美方则极力淡化自己的责任。第二,在金融监管改革上,欧洲强调要"严厉",加速改革,美方态度比较消极。④

胡锦涛主席出席了此次峰会。鉴于当时中国已经是世界第三大经济体,经

---

① 周文重:《斗而不破——中美博弈与世界再平衡》,第 124 页。

② 《中美将携手应对金融危机》,2008 年 9 月 24 日,http://www.southmoney.com/gupiao/shichangcw/82511.html。

③ 温家宝:《同舟共济,互利共赢——在第七届亚欧首脑会议上的讲话》,2008 年 10 月 25 日,http://news.xinhuanet.com/newscenter/2008-10/25/content_10252192_1.htm。

④ 周文重:《斗而不破——中美博弈与世界再平衡》,第 127—128 页。

济增长势头强劲,拥有近 2 万亿美元的外汇储备,胡锦涛的出席格外令人瞩目。胡锦涛作了《通力合作,共度时艰》的演讲,强调国际社会的当务之急是继续采取一切必要措施,尽快恢复市场信心,遏制金融危机扩散和蔓延;主要发达经济体应该承担责任,实施有利于经济金融稳定和发展的宏观经济政策;各国应加强宏观经济政策协调,通过必要的财政、货币手段,积极促进经济增长,避免发生全球性经济衰退;国际社会尤其应该防止各种形式的贸易和投资保护主义。胡锦涛还强调,国际社会应该认真总结这场危机的教训,在所有利益攸关方充分协商的基础上,对国际金融体系进行必要的改革。改革应该坚持建立公平、公正、包容、有序的国际金融新秩序的方向,努力营造有利于全球经济健康发展的制度环境。胡锦涛表示,中国愿继续本着负责任的态度,参与国际合作,支持国际金融组织增加融资能力,加大对受危机影响的发展中国家的支持。①胡锦涛的讲话有的放矢,切中要害,在国际上引起良好反响,凸显中国作为负责任大国的形象。

二十国集团华盛顿峰会是一次成功的国际会议,在全球治理中具有里程碑意义。首先,峰会确定的应对金融危机的方针被实践证明是正确的,正因为世界各主要经济体协调了宏观经济政策,一致决定尽其所能实现复苏,并联手抵制贸易和投资保护主义,世界经济才没有成为死水一潭,金融危机也没有演变成全球经济大萧条。其次,从全球治理的角度看,这是一次重要的转折。发展中国家正式地参与到全球治理中来,参与到国际金融和经济决策中来,而不再是"对话国",这在战后世界秩序中是第一次。美国财长保尔森也承认,发达国家与发展中国家的"相互依存已是不争的事实"。自然对于发展中国家来说,在全球治理中还有许多东西需要学习,还有许多障碍需要克服,但重要的是,道路已经开启。②会议结束两天后,德国"明星国际在线"在《G20 峰会敲响了转折之钟》一文中说:"昨天在华盛顿出现了新的同盟,新的权力安排。这个金融峰会意味着大工业国的内部俱乐部 G8 峰会的终结……同时意味着,欧洲作为美国外交利益中心的结构将不会持续多久了。"③中国和新兴经济体得到一个很好的契机推动国际秩序向着更加公正合理的方向发展,从而也为国家的发展创造更为有利的国际环境。第三,对于中国来说,参与二十国集团峰会意义重大。它使中国正式参与到世界金融经济事务的决策之中,为中国在国际舞台上更大的施展提供了一个良好的平台。中国全球经济治理的话语权不断增大。第四,对于中

---

① 《二十国集团领导人金融峰会举行,胡锦涛出席并讲话》,2008 年 11 月 16 日,http://www.gov.cn/2008-11-16/content_1150357.htm.

② 约翰·柯顿著、郭树勇、徐谙律等译:《二十国集团与全球治理》,上海人民出版社 2013 年版,第 339—340 页。

③ 转引自周文重:《斗而不破——中美博弈与世界再平衡》,第 130 页。

美关系来说,两国的合作又开辟了一个新的具有重要实质性内容的领域。由于美中两国是世界第一、第三大经济体(从 2010 年起中国成为第二大经济体),两国的合作对于二十国集团的成败无疑至关重要,而这种合作又推动了两国关系,使之越来越趋向平等、平衡。

第二次二十国集团峰会于 2009 年 4 月 3 日在伦敦举行。4 月 1 日,胡锦涛主席会晤奥巴马总统。两国元首都肯定,两国所采取的刺激经济的政策对于全球经济的稳定发挥了作用,希望二十国集团成员国都能采取经济刺激措施,促使世界经济恢复增长。两国元首还认为,强有力的金融体系对于恢复经济增长至关重要,同意增加国际金融机构资源,以帮助新兴市场国家和发展中国家应对资金短缺,两国将同有关各方为此作出努力;同时,国际金融机构治理需要进行深刻改革,以适应新兴经济体在全球体系中快速增长的分量。双方一致表示坚定支持惠及各方的全球贸易和投资流动,抵制保护主义,维护健康稳定的中美贸易关系。可见,一些即将在峰会上讨论的问题,如为世界银行和国际货币基金组织(IMF)增资问题,金融监管问题等,已经在两国首脑之间进行沟通,达成共识,这就为峰会的成功奠定了基础。奥巴马还表示,一旦经济开始复苏,他将把美国的财政赤字削减一半,使财政赤字保持在可维持的范围内。①

胡锦涛在伦敦峰会上发表了题为《携手合作,同舟共济》的重要讲话,强调"作为具有广泛代表性的二十国集团,是国际社会共同应对国际经济金融危机的重要有效平台",当前最紧迫的任务是全力恢复世界经济增长,防止其陷入严重衰退;反对各种形式的保护主义,维护开放自由的贸易投资环境;加快推进相关改革,重建国际金融秩序,并就坚定信心、加强合作、推进改革、反对保护主义、进一步支持发展中国家提出了切实可行的建议。②峰会同意向 IMF 和世界银行提供总额 1.1 万亿美元的资金,其中 IMF 的规模将由原来的 2 500 亿美元增加到 7 500 亿美元,以帮助陷入困境的国家,中国将出资 400 亿美元。③

在当年 7 月下旬举行的首轮中美战略与经济对话上,"中美合作应对金融危

---

① 《国家主席胡锦涛会见美国总统奥巴马》,2009 年 4 月 2 日,http://news.xinhuanet.com/news-center/2009-04/02/content_11116261_1.htm. Merle David Kellerhals, Jr., "United States, China Agree to Enhanced Strategic, Economic Talks", *Washington File*, April2 2009, pp.5—7.

② 胡锦涛:《携手合作,同舟共济——在二十国集团领导人第二次金融峰会上的讲话》,2009 年 4 月 2 日,http://politics.people.com.cn/GB/1024/9073737.html.

③ 中国向 IMF 增资 400 亿美元,并非无偿捐资,而是对于外汇储备的合理投资运用。首先,这是以购买 IMF 票据形式参与 IMF 增资,400 亿美元承诺的是需要资金时的借款规模,而不是实际使用资金,这笔钱也仍然由中国管理。其次,由于 IMF 是最高地位的贷款人,其发行的票据信用可得到保证,也就保证了收益安全性。从这个角度说,增资是一举两得的事情,可以视作中国外汇储备管理的优化。

机"是一个重要话题。经济轨道的第一场专题讨论会题为"应对金融危机,恢复经济增长",两国各自介绍了本国的经济形势,中方表示将继续实行积极的财政政策和适度宽松的货币政策;美方表示要极为谨慎地对待宏观经济的调整。第二场专题讨论会题为"确保经济的可持续性和平衡增长",双方一致认为,中美加强合作对国际社会共同应对危机至关重要。①

2009 年 9 月在匹兹堡举行第三次二十国集团峰会。这是奥巴马第一次主持的峰会,他要通过峰会向全世界展现其新政。选择匹兹堡有他的良苦用心。这里是美国的老工业基地,是经济向 21 世纪转型的成功范例:传统工业衰落了,但新的工业崛起了,创造了新的就业。

由于国际社会通力协作,匹兹堡峰会认定,金融危机最严重的时刻已经过去。"全球经济急剧的危险下滑已经停止,金融市场企稳,几乎所有经济体的工业产出都实现了增长,全球贸易开始恢复,金融机构正在筹集所需资本,金融市场显现出明显的借贷欲望,信心不断增强。"②此次峰会决定对 IMF 和世界银行进行份额改革:将两个机构的份额向发展中国家至少转移 5% 和 3%,以提高发展中国家的代表性和发言权。在 2010 年 10 月的首尔峰会上最终决定,发达国家向新兴市场经济体转让 6% 的 IMF 份额,中国的份额将从原来的 3.72%升至 6.39%,投票权也将从 3.65%升至 6.07%。世界银行将向发展中国家转移 3.13%投票权,使发展中国家整体投票权从 44.06%提高到 47.19%;中国在世界银行的投票权则从 2.77%提高到 4.42%,仅次于美、日位列第三。③反映了中国在世界经济中比重的增长。这是这两个国际金融组织成立六十年来最重要的一次改革。峰会还决定,以后二十国集团将取代八国集团成为永久性的国际经济合作的首要论坛,二十国集团峰会正式机制化。这是对发展中国家群体崛起的一种承认,对新兴经济体参与世界经济重大问题决策的认可,也有利于中美两

---

① 《中美必须合作应对金融危机》,2009 年 7 月 29 日,http://www.sona.com.cn。

② "Leaders' Statement, The Pittsburgh Summit", September 24—25 2009," "Preamble," http://www.cfr.org/economics/g20-leaders-final-statement-pittsburgh-summit-framework-strong-sustainable-balanced-growth/p20299。一位参会的拉丁美洲国家官员表示:"美国似乎不知道自己想要什么。我们想敲定公报时,美国犹豫不决,最后是中国主导了讨论,带领我们达成一致。"一位国务院官员也表示:中国人在指挥我们,他们在那些问题上处理得很好,我们有点走神,也没有那种深度。David J. Rothkopf, *National Insecurity. American Leadership in an Age of Fear*, p.199.

③ IMF 官方网站的信息显示,截至 2014 年 9 月 5 日,总计有 163 个成员国通过了 IMF 有关份额的一揽子改革方案,在 IMF 配额占比为 79.64%。但美国不在其中。美国占到 IMF 全部配额的 17.69%,对应的投票权为 16.75%,是唯一具有否决权的国家。美国国会对改革方案一再阻挠,直到 2015 年 12 月才勉强同意。IMF 份额改革中,发达国家向新兴经济体让渡的份额主要来自欧洲国家,其中德国、英国、法国和意大利分别减少 0.52%、0.28%、0.28%及 0.15%,而且还让出两个执行董事席位。而美国的份额则基本没有变化,仍保有否决权。

国进一步深化合作。

匹兹堡峰会也暴露了与会国的一些分歧。有的发达国家认为,中国等新兴经济体的"出口导向型"经济政策、汇率制度以及高额外汇储备等因素是导致全球经济失衡的主要原因。中国等新兴经济体则认为,全球经济失衡既表现为部分国家储蓄消费失衡、贸易收支失衡,更表现为世界财富分配失衡、资源拥有和消耗失衡、国际货币体系失衡。从根本上说,是南北发展严重不平衡。只有广大发展中国家实现有效发展,世界经济才能持久增长。①胡锦涛主席在峰会上发表了题为《全力促进增长,推动平衡发展》的重要讲话,强调当前的首要任务仍然是应对危机、推动世界经济健康复苏,同时要坚定不移推进国际金融体系改革,在解决全球发展不平衡进程中实现世界经济全面持续平衡发展。胡锦涛宣布,中国将继续本着负责任的态度,认真落实各项对外援助承诺和举措,在力所能及的范围内向发展中国家尤其是非洲最不发达国家提供更多帮助。②

与会国家求同存异,在一系列重要问题上达成共识:坚持市场原则;坚持开放的贸易和投资体系,反对保护主义;对金融市场实行有效监管;继续采取经济刺激政策,确保经济和就业增长,避免使各国陷入更为严重的危机。峰会还增加了对贫困国家的关注度。

中美两国的合作为峰会的成功作出了贡献,峰会的成功也顺理成章地增强了两国的纽带。

2009年11月中旬在奥巴马访华期间发表的《中美联合声明》中把"经济合作和全球经济复苏"单独列出标题予以强调,指出:

> 双方重申将继续在宏观经济政策领域加强对话与合作。双方承诺履行在首轮中美战略与经济对话、二十国集团峰会和在新加坡举行的亚太经合组织会议中作出的所有承诺。双方积极评价二十国集团三次金融峰会在应对国际金融危机方面所发挥的重要作用……欢迎二十国集团近期达成的共识,即确保国际金融机构享有充分资源,改革其治理机制以提高国际金融机构的可信性、合法性和有效性。双方强调应及早落实国际金融机构份额和投票权量化改革目标……双方同意共同加强这些国际金融机构的能力,以防范和应对未来的危机。③

这里所说的既是两国各自的政策,也是共同的政策;既是两国双边的合作,更是在二十国集团大框架内多边的合作;既是对国际合作的支持,也是对国际社

---

① 参见周文重:《斗而不破——中美博弈与世界再平衡》,第133页。

② 胡锦涛:《全力促进增长,推动平衡发展——在二十国集团领导人第三次金融峰会上的讲话》(2009年9月25日,美国匹兹堡),http://news.xinhuanet.com/politics/2009-09/26/content_12112502.htm。

③ 《中美联合声明》(2009年11月17日),《新华每日电讯》2009年11月18日。

会的庄严承诺,是一种大国担当。这种承诺与合作充分体现了在全球化背景下各国之间相互依存,成为利益共同体的客观现实。

第四节 分 歧 犹 存

2009 年的中美关系总体说来是平稳过渡、健康发展的,避免了以往美国大选后政党轮替带来的对两国关系的干扰。但两国之间固有的分歧没有消失,主要表现在三个问题上:美国对中国的抵近侦察、朝核问题,以及气候变化问题。

一、美舰、机对中国的抵近侦察

2009 年 3 月 9 日发生了美国"无瑕"号侦察船在南海与中国海监执法船只相对峙的事件。据五角大楼披露,事发地点在海南岛以南 125 公里,五艘中国船只接近美国"无瑕"号侦察船,试图"威胁"冲撞"无瑕"号,投掷木头阻其前进,并试图利用拖网拖住其声呐。当时中国海军正在南海演习,美国侦察船开来似乎主要是为了侦察中国潜艇的部署和能力。①虽然当时美方表态很好,表示不想看到这样的事情一再发生,②但由于美国对中国军力发展、中国的战略意图都抱有疑虑,美方没有改变对中国抵近侦察的意向。美国军方认为,中国国防经费不断增加,解放军在西太平洋的战力投送能力随之增强,其目的是要在今后几十年中加强全球影响。解放军拥有了反航母导弹、隐性战斗机和航空母舰,这就不可避免地威胁、限制美军在西太平洋的灵活性,威胁美国及其盟国的利益,其最终目的是要拒绝美国军队进入西太平洋,剥夺美军在该海域自由航行的能力,即所谓"反介入"和"区域拒止"的战略,一旦发生冲突,将美国军队阻挡在远离中国边界的区域。③既然如此,美国自然不会停止对中国的抵近侦察。

类似事件还在发生。美方称,5 月 1 日,两艘中国渔船在黄海距离中国海岸线 170 海里处多次"靠近"美国"胜利"号监测船,双方船只距离最近时只有 20 多米。"胜利"号拉响警报并使用消防水龙对中国渔船进行驱赶,但没有起到作用。此后,"胜利"号通过无线电请求附近的一艘中国军用船只提供帮助。在这艘无线电呼号为"WAGOR17"的中方船只协调下,两艘渔船驶离现场。中国外交部

---

① 参见杨文静:《奥巴马政府第一任期对华政策析论——寻求应对中国崛起的非零和关系模式》,第 82 页。

② 见本书第 223 页。

③ 王缉思、李侃如:《中美战略互疑:解析与应对》,社会科学文献出版社 2013 年版,第 12—13 页。

发言人表示,美国海军监测船"胜利"号违反有关国际法和中国法律法规规定,在未经中方许可情况下进入黄海中国专属经济区活动。中方对此表示关切,已要求美方采取有效措施避免再次发生类似事件。①这是两个月内发生的第五起中美船只"对峙"事件。

6月11日,一艘中国潜艇在南海与美舰"约翰·麦凯恩"号拖拽的声呐相撞。包括"约翰·麦凯恩"号在内的4艘宙斯盾级驱逐舰此前在东南亚海域演习,"约翰·麦凯恩"号正在搜集中国潜艇的声纹等信息。②

对于一再发生的此类事件,双方也进行了沟通。海军作战部长拉夫黑德来华参加中国海军建军六十周年活动时在与吴胜利海军司令的会晤中有所提及,6月下旬美国国防部副部长米歇尔·弗卢努瓦与解放军副总参谋长马晓天在第十次副部长级防务磋商上也谈到了此类事件。在8月举行的两国"海上军事安全磋商机制"会议中,中方指出,美方在中国专属经济区海域及其上空频繁的海空侦察测量活动是造成中美海空军事安全问题的根源。美方调整舰机侦察政策,减少直至停止舰机侦察活动,是解决中美海空军事安全问题的根本方法。美方表示,愿通过中美海上军事安全磋商机制,与中方继续探讨确保双方舰机安全的有效方法。③主要由于双方的互不信任,也由于对《联合国海洋法公约》的不同解释,抵近侦察问题一直是两国关系中悬而未决的问题。

二、朝核问题僵局延续

2008年2月,李明博就任韩国总统,放弃了前任执行了十年的对朝"包容政策",提出"无核、开放、3 000"的政策,即以朝鲜弃核、对外开放为条件,承诺协助朝鲜在10年内实现人均GDP 3 000美元的目标,俨然摆出了居高临下的施舍者的姿态,遭到朝鲜的严厉批评。同时,韩加强与美、日的协调,营造联合对朝施压氛围,南北关系急剧恶化。2009年1月30日,朝鲜祖国和平统一委员会发表声明,宣布废除朝韩之间停止政治、军事对抗的所有协议,稍后,朝鲜又宣布"进入对韩国全面对决状态"。④

在无核化问题上,朝鲜发出的信息是混乱的、矛盾的。2009年1月13日,朝鲜外务省发表声明,重申对无核化的承诺,但只有在美国改变对朝"敌对政策"并消除对朝核威胁、不再对韩进行核保护的情况下朝鲜才会弃核。希拉里·克

---

① 《中美黄海对峙 要求避免同类事件重演》,2009年5月7日,http://info.water.hc360.com/2009/05/071403133775.shtml。

② 《中国潜艇与美国驱逐舰声纳相撞》,http://news.ifeng.com/mil/special/shengna/。

③ 《中美海上军事安全磋商机制专门会议在北京举行》,2009年8月27日,http://www.gov.cn/jrzg/2009-08/27/content_1403068.htm。

④ 时永明:《朝核问题考验奥巴马亚洲外交》,《和平与发展》2009年第3期。

林顿在参议院听证会上表示,朝鲜若不彻底、不可逆转地弃核,美朝关系正常化是不可能的。17日,朝官员又发表声明称,朝弃核与对美关系正常化是两回事,"只要朝鲜还受到一丁点美国的核威胁,朝鲜拥有核武器国家的地位就不会改变",并透露,朝已将31公斤钚制成4—5枚核弹,①显然是希望乘美国政府换届之际,向民主党政府提高要价。奥巴马政府此时面临一大堆紧迫的棘手问题,朝核问题既然已经在2008年12月陷入僵局,如何走出僵局、能否走出僵局都未可知,在奥巴马政府看来显然不是当务之急,因此没有成为施政的重点。但美方表示继续支持六方会谈。2月13日,希拉里·克林顿在出访东亚之前对亚洲协会的讲话中就说:"如果朝鲜真正准备彻底、可核查地放弃其核计划,奥巴马政府愿意实现对朝关系正常化,以永久和平条约替代半岛历时已久的停战机制,对朝鲜人民的能源和其他经济需求进行援助。"她也表示,如果朝鲜从它先前的承诺开倒车,美在对朝实施制裁方面不会畏缩不前。②2月17日,正在东亚访问的希拉里·克林顿在与日本外相的记者会上谈到了据传朝鲜将发射导弹的问题。她说:"如果朝鲜履行它已经承担的义务,可核查和彻底放弃核计划,从美国方面自然会有相应的回报。"美国愿意继续改善与朝鲜的外交关系,与朝鲜缔结和平条约取代停战机制,以正式结束1950年到1953年的战争,并为朝鲜人民提供人道主义援助和经济援助。"但是朝鲜必须致力于无核化和不扩散。"③2月20日,希拉里·克林顿在访韩期间任命前美国驻韩大使、现塔夫茨大学弗莱彻法律与外交学院院长博思沃斯为美国朝鲜政策特别代表。但博思沃斯在学校的任职不变,新任命只是他的一个兼职。希拉里·克林顿还说,博思沃斯将与美国六方会谈代表金成密切合作,并与相关各国合作,使朝鲜重回谈判。日常事务由金成操作。④博思沃斯负有广泛的责任,既包括应对朝鲜的核武器的发展和扩散,也包括朝鲜的人权状况和人道主义事务。

　　3月上旬,博思沃斯出访日本、韩国和中国,向各方阐述奥巴马政府的政策,

---

① 林晓光:《朝核问题研究:从六方会谈到地区安全机制》,《和平与发展》2009年第3期;Insook Kim, "The Six-Party Talks and President Obama's North Korea Policy", http://www.nti.org/analysis/articles/obamas-north-korea-policy/。

② Hillary Rodham Clinton, "U.S.-Asia Relations: Indispensable to Our Future", Remarks at the Asia Society, New York, February 13, 2009, http://www.state.gov/secretary/20092013clinton/rm/2009a/02/117333.htm.

③ Merle D.Kellerhals, Jr., "North Korean Missile Launch Would Be Unhelpful, Clinton Says", February 17, 2009, *Washington File*, February 18, 2009, p.3.

④ Merle D.Kellerhals, Jr., "Clinton Names Special Representative for North Korea Policy", February 20, 2009, *Washington File*, February 23, 2009, pp.2—3. 博思沃斯在1995年至1997年间任朝鲜半岛能源开发组织(KEDO)执行主任,1997年至2000年间任美国驻韩大使,他也曾任美国驻菲律宾和突尼斯的大使,是一个了解半岛事务的老资格外交官。

与各方进行初次沟通和协调。博思沃斯也想访问朝鲜,但遭到拒绝。

美韩继续进行联合军演。虽然"关键决心"的联合军演是每年都举行的,但2009年3月的军演规模超常,美国派遣了航空母舰和2.6万名军人参加。朝鲜《劳动新闻》评论员文章称:"联合军演……是为从军事上消灭朝鲜、实现侵朝野心的主子与走狗的危险合作品……进一步激化朝美、北南之间的军事对立与互不信任。"①在半岛南北力量悬殊的情况下,拥有核武器、实现核武装成为朝鲜应对美国军事威胁、保障国家生存和体制安全的一个选项。朝鲜宣布"将加强自己的核遏制力,保卫国家和民族的自主权和生存权"。尤其是在奥巴马提出"无核世界"理念后,朝鲜更加明确表示:"只有实现整个朝鲜半岛和世界无核化的时候,才能真正解决核问题"。②3月,希拉里·克林顿还指示贝德,美国对于恢复六方会谈要表现得矜持一些,如果美国经常重申恢复会谈的重要性,就会显得别无他法,从而削弱美国的杠杆。美国表现得矜持一些,把六方会谈看作主要外交成就的中国就会更加迫切感觉需要说服朝鲜采取无核化的行动。总之,奥巴马政府表示,谈判不是目的,只是达到目的的手段,不能"为谈判而谈判"。③朝鲜再次采取"边缘外交"策略,4月5日,朝鲜宣布在咸镜北道花台郡舞水端里的卫星发射基地使用"银河2号"运载火箭发射了"光明星2号"实验通讯卫星。④4月5日,奥巴马在布拉格的演说中提出了无核武器世界的理念,其中对朝鲜的发射进行了谴责。

联合国安理会经过一周协商,于4月13日通过了谴责朝鲜但不具有约束力的主席声明,其中说,朝鲜于4月5日进行的发射活动违背安理会2006年通过的第1718号决议,安理会对此表示"谴责",并要求朝鲜不再进行进一步的发射活动。声明说,安理会支持并呼吁尽早恢复六方会谈,敦促六方努力全面执行2005年9月19日达成的《共同声明》及其后达成的共识文件,维护半岛和东北亚地区的和平与稳定。中国常驻联合国代表张业遂在安理会通过主席声明后对记者说,中方始终认为,安理会的反应应着眼于维护朝鲜半岛和东北亚地区和平稳定大局。⑤朝鲜外务省于14日发表声明反对安理会主席声明,表示朝鲜将继续根据国际法行使自主的宇宙利用权,不再参加六方会谈,不再受六方会谈达成的任何协议的约束,自此退出六方会谈;并将千方百计加强自卫性核威慑力

·

---

① 王在邦、李军:《朝鲜二次核试探源与外交思考》,《现代国际关系》2009年第7期。
② 张慧智:《朝鲜国家战略调整探析》,《现代国际关系》2010年第2期。
③ Jeffrey Bader, *Obama and China's Rise*, p.33.
④ 西方称其为"大浦洞二号"导弹,但美、韩、日、俄等认为,此次发射是不成功的。
⑤ 《联合国安理会通过主席声明谴责朝鲜发射活动》,2009年4月14日,新华网,http://news.qq.com/a/20090414/000501.htm。

量。①朝鲜还得出结论："奥巴马政府对朝敌视政策与前任无丝毫差别。欲消灭我们人民选择的思想与制度是持续至今的美对朝敌视政策的本质……我们将像我们阐明的那样,进一步加强我们的核遏制力。"②朝鲜驱逐了 IAEA 驻宁边人员,停止了与该组织的一切合作。

5 月 7 日至 14 日,博思沃斯和金成访问了中、韩、日、俄四国。5 月 12 日,代表团在从韩国前往日本前举行记者招待会,博思沃斯表示,美国与朝鲜进行直接对话的可能性是开放的,但必须在六方会谈的大框架之内进行,在这个框架之内,所有参与方之间的直接接触是经常的事情。③

5 月 25 日,朝鲜在舞水端里进行了第二次核试验,进一步表明了朝鲜"拥核保安全"的战略意图。5 月 27 日,朝鲜人民军发表声明,宣布不再受《朝鲜停战协定》的约束。

朝鲜核试验遭到国际社会一致谴责,6 月 12 日联合国安理会通过第 1784 号决议,全面禁止朝鲜的武器出口,禁止朝鲜进口除小武器和轻武器以外的武器;加强对朝鲜与核及弹道导弹等大规模杀伤性武器相关的货物的检查;呼吁各国和国际金融机构防止资金流入朝鲜用于核及导弹活动;并将确定受制裁的货物、实体和个人。与第 1718 号决议相比,第 1784 号决议不仅扩大了制裁范围、加大了制裁力度,而且设立了七人组成的专家委员会,加强制裁的监督与执行。④朝鲜的回应是宣布"永久退出六方会谈",并宣布了三项对抗措施:将新近提取的钚全部实现武器化,开始进行浓缩铀实验,将对其封锁视为战争并采取坚决军事对应措施。⑤

5 月 25 日,奥巴马发表声明对朝鲜核试验进行谴责,表示美国将继续与盟友及六方会谈的伙伴国一起工作以应对这种挑衅。⑥26 日,希拉里·克林顿在记者会上一再说,朝鲜的行为是会有后果的,并称,美国将履行其保卫韩国和日本的义务。⑦6 月 1 日,国防部长盖茨在亚太安全对话(香格里拉会议)上又表示,

---

①　林晓光:《朝核问题研究:从六方会谈到地区安全机制》,《和平与发展》2009 年第 3 期。

②　王在邦、李军:《朝鲜二次核试探源与外交思考》,《现代国际关系》2009 年第 7 期。

③　"Transcript: Remarks to Media by U.S. Representative for North Korea", May 13, 2009, *Washington File*, May 14, 2009, p.11.

④　《联合国安理会通过决议,最强烈谴责朝鲜核试验》,http://china.cnr.cn/tt/200906/t20090613_505365709.html.

⑤　参见虞少华:《危机下的朝核问题走向》,《国际问题研究》2009 年第 5 期。

⑥　Barack Obama, "Statement on the Situation in North Korea", May 25, 2009. Online by Gerhard Peters and John T.Woolley, *The American Presidency Project*, http://www.presidency.ucsb.edu/ws/?pid=86201.

⑦　Merle D.Kellerhals, Jr., "Clinton Says North Korea Actions Will Bring Consequences", May 27, 2009, *Washington File*, May 28, 2009, pp.3—4.

奥巴马政府"永远不会承认朝鲜有核国家地位","在朝鲜建设摧毁亚洲的任何目标的力量,或摧毁我们的力量的时候,我们不会袖手旁观"。①6月16日,奥巴马又在与到访的李明博总统的会晤中重申,"在任何情况下都不会允许朝鲜拥有核武器","我们将继续强劲地寻求朝鲜半岛的无核化,我们没有得出结论,朝鲜将或者应该成为一个核国家"。②

2009年8月以后,朝对内大力宣传卫星发射的成功和第二次核试验,以增强凝聚力,提升自豪感,对抗外部压力。

8月4日,通过美朝之间纽约渠道数个月来的沟通,美国前总统比尔·克林顿访问朝鲜,此行的目的是把朝鲜下令特赦的当年3月以非法入境为由遭扣留的两名美国女记者带回美国。美方强调此行的私人性质,既不代表奥巴马政府,也没有为政府带去任何口信。朝方则大做文章,朝鲜中央电视台报道说,克林顿转达了奥巴马总统致金正日的口信,金正日出席了欢迎克林顿的晚宴,双方进行了"认真的谈话",并"就共同关心的问题广泛交换了意见"。白宫立即否认克林顿带去奥巴马的口信。不管怎样,克林顿能够成行对于降低局势的紧张仍然是有帮助的。8月9日,国家安全事务助理琼斯在福克斯、哥伦比亚广播公司、全国广播公司等几个电视频道的新闻采访节目中一再表示,如果朝鲜恢复参加至今停滞的六方会谈,美国愿意与朝鲜官员就朝鲜核武器的开发及相关问题进行一对一的对话。③

有报道称,朝鲜邀请美国特使博思沃斯和金成与朝方举行双边会谈。在8月底9月初,朝鲜还致函联合国安理会,告知朝的钚武器化已经到了最后阶段,浓缩铀项目也接近完成。9月上旬,博思沃斯再次出访东亚。9月8日在东京会见记者时他说,美国正在考虑如何答复朝鲜进行美朝双边会谈的邀请,但是双边的接触"在任何意义上"都不是对多边接触的替代,不是对重启六方会谈的替代。④

为了防止局势进一步恶化,中方利用各种时机,多层次、多角度地做各方工作,敦促各方保持冷静克制,妥善应对,切实维护地区和平与稳定。9月16日至18日,戴秉国国务委员作为胡锦涛主席的特使访问朝鲜。戴秉国首先会晤朝鲜

① Merle D.Kellerhals, Jr., "U.S. Will Not Accept North Korea as Nuclear Weapons State", June 1, 2009, *Washington File*, June 2, 2009, pp.4—5.

② Merle D.Kellerhals, Jr., "Obama, South Korea President Discuss North Korea, Trade Issues", June 16, 2009, *Washington File*, June 17, 2009, p.3.

③ Merle D.Kellerhals, Jr., "United States Calls for North Korea to Resume Six-Party Talks", August 10, 2009, *Washington File*, August 11, 2009, pp.4—6.

④ Steph Kaufman, "United States Weighing Korea Offer of Bilateral Talks", September 8, 2009, *Washington File*, September 9, 2009, pp.2, 36.

第一副外相姜恩柱。姜恩柱强调三点:第一,在朝美关系持续紧张的情况下,朝鲜必须有自己的生存方式,拥核是唯一有效的途径;第二,半岛无核化是金日成主席的遗训,朝鲜从未放弃这个目标,但不会在美国完全销毁核武器之前弃核;第三,联合国安理会应先取消对朝制裁,朝才可考虑是否重返六方会谈。戴秉国强调,半岛无核化是金日成主席的遗训,当前半岛局势并未发生根本变化,没有理由改变和放弃这一战略,拥核与当今时代潮流相悖,不能保证朝鲜安全,还会严重制约朝鲜发展;六方会谈是对朝鲜有利的路,是能走通的路,朝鲜是六方会谈的受益者,决不是受害者。

9月18日,金正日在会晤戴秉国时说,半岛核问题的元凶是美国,所以朝鲜自始至终主张同美国解决这个问题。谈到六方会谈时,金正日说,朝鲜打算先与美国讨论,听听美方立场,了解美方意图,然后再跟中方讨论。如果有继续谈的价值,就进行朝、中、美三方会谈。根据三方会谈的情况,可以考虑吸收南方参加,变成四方会谈。戴秉国表示,双边对话、三方会谈、四方会谈各有各的功能,都可以放在六方会谈的框架下。朝方没有拒绝,但表示还要先跟美国谈,然后才能考虑别的。①

9月22日,胡锦涛与奥巴马在联大一般性辩论期间进行会晤,奥巴马说,美朝之间的双边会谈可能是有用的,如果它对于恢复六方会谈的机制能有所帮助的话。他强调必须切实执行联合国的决议,以显示美中两国在此问题上的一致性。②

2009年10月4日至6日,温家宝总理应邀对朝鲜进行访问,参加中朝建交六十周年纪念活动。这是中国总理时隔十八年再次访朝。温家宝就推进半岛无核化问题与朝方领导人坦诚、深入地交换意见。温家宝强调,坚持朝鲜半岛无核化目标、维护半岛和东北亚和平稳定,符合包括朝方在内的有关各方的利益。六方会谈是实现上述目标的有效机制,应予坚持,中方愿与朝方及其他有关各方共同努力。朝方表示,实现半岛无核化是金日成主席的遗训,朝方致力于实现半岛无核化的目标没有改变。通过朝美双边会谈,朝美之间的敌对关系必须转变为和平关系。朝方愿视朝美会谈情况,进行包括六方会谈在内的多边会谈。③访问期间,两国政府签订了经济技术合作协定等双边合作文件,并就新建中朝鸭绿江界河公路大桥达成一致,决定正式启动大桥建设相关工作。此后中国增加了对朝鲜的经济援助,包括短期的必需品和中长期发展援助。美、韩认为这违反安理

---

① 戴秉国:《战略对话》,第241—244页。

② "Background Briefing by a Senior Administration Official on the President's Meeting with President Hu of China", *Washington File*, September 24, 2009, p.40.

③ 《外交部:温家宝访朝推动半岛无核化取得进展》,2009年10月6日,http://news.china.com/zh_cn/wjbfc/11078376/20091007/15659909.html.

会第 1784 号决议,韩国外长柳明桓在温家宝访朝当天对韩媒体表示:"我们正在期望中国说明它与朝鲜的经济合作计划的详情,说明它是否违背了安理会决议。"①

11 月中旬,奥巴马访问韩国。19 日,奥巴马在与李明博联合举行的记者会上表示,和平解决朝核问题及把朝鲜融入国际社会的大门是打开的,但平壤必须采取具体措施与六方会谈的各方共同工作,在讨论的核心问题上取得进展。他强调"必须打破朝鲜以往在六方会谈中挑衅性行为的模式:朝鲜忽然愿意回到会谈中来,谈了一阵子它又离开了,寻求新的让步,而在核心问题上从未取得进展"。结果是开了许许多多的会,但没有具体的行动。他强调,必须打破这种模式。如果朝鲜希望国际社会减少制裁,更大程度融入国际社会,它必须在核问题上采取"认真步骤"。②

12 月 9 日,博思沃斯访问朝鲜,此行的目的是要弄清,朝鲜是否继续遵守《9·19 共同声明》的承诺,并准备回到六方会谈中来。10 日,在结束访朝到达首尔时,博思沃斯表示,美朝两国官员的会晤是"非常有益的",双方找到了一些共同之处,如六方会谈的必要性和作用,实施《9·19 共同声明》的必要性和重要性。但负责公共事务的助理国务卿菲利普·克劳利表示,美方仍然不认为"朝方已经跨过了我们希望他们跨过的门槛"。美方仍然要等待朝方就回到会谈作出"基本的决定",并采取"去核化的正面举措"。③希拉里·克林顿在评述博思沃斯此行时称,奥巴马政府的对朝政策是"战略忍耐,同时与六方会谈其他各方保持密切协商"。"战略忍耐"随即成为奥巴马政府对朝政策的基本表述。④

总之,在整个 2009 年,朝核问题依然处于僵局之中。朝鲜仍然认为解决核问题主要是朝美之间的事情,希望与美国单独谈;美国则坚持认为,双边接触不能替代六方会谈。奥巴马政府在口头上表示要继续会谈,但对恢复六方会谈缺乏紧迫感;中方仍然在劝和促谈,希望通过与朝鲜保持正常国家关系,正常经贸关系,降低半岛紧张,避免加剧朝鲜人民的生活困难,不要因为制裁把朝鲜逼到墙角;但这种做法引起美韩的不满。

① 时殷弘:《非传统安全与中美反扩散博弈》,《现代国际关系》2010 年第 3 期。

② Barack Obama, "The President's News Conference With President Lee Myung-bak of South Korea in South Korea", November 19, 2009. Online by Gerhard Peters and John T.Woolley, *The American Presidency Project*, http://www.presidency.ucsb.edu/ws/?pid=86947.

③ Stephen Kaufman, "Ambassador Bosworth Reports 'Very Useful' Meetings in North Korea", *Washington File*, December 11, 2009, p.2.

④ 参见杨悦:《奥巴马政府对朝"战略忍耐"政策探析》,《外交评论》2015 年第 4 期。

三、在应对气候变化问题上的共识与分歧

从 1972 年的联合国环境会议以来,联合国努力推动应对气候变化方面的国际合作,并于 1992 年达成《联合国气候变化框架公约》(United Nations Framework for Climate Change Convention, UNFCCC),1997 年达成《京都议定书》,规定了到 2012 年的发达国家温室气体排放指标。定于 2009 年 12 月举行的哥本哈根气候峰会旨在讨论《京都议定书》的第一承诺期到期后国际社会合作的新安排。但是,这涉及经济发展水平、经济结构、能源消费习惯、社会公平等种种复杂的问题,本质上是创建一种新的国际机制,其难度可想而知。

中国政府一贯高度重视气候变化问题,把积极应对气候变化作为关系经济社会发展全局的重大议题,纳入经济社会发展中长期规划。2006 年,中国提出了 2010 年单位国内生产总值(GDP)能耗比 2005 年下降 20％左右的约束性指标,2007 年在发展中国家中第一个制定并实施了应对气候变化国家方案。国务院新闻办公室于 2008 年 10 月 29 日发表《中国应对气候变化的政策与行动》白皮书,全面介绍了气候变化对中国的影响、中国减缓和适应气候变化的政策与行动,以及中国进行的体制机制建设。2009 年确定了到 2020 年单位 GDP 温室气体排放比 2005 年下降 40％—45％的行动目标。

2009 年,各国都在为哥本哈根气候峰会进行准备。中美两国是能源消费大国,温室气体排放大国。两国在能源和应对气候变化方面已经进行数年的合作,达成一些共识,设立了一些合作项目,但两国的立场又不完全一致。这在 2009 年奥巴马政府应对气候变化特使托德·斯特恩对中国的几次访问中就可以看出。

斯特恩对中国的第一次访问是 2 月随同希拉里·克林顿来华。他在参观位于北京太阳宫的中美示范清洁热电厂的讲话中就开始对中国施压,称"除非中国与美国一起发挥十分重要的作用,就没有办法维持一个安全的可居住的星球"。他提到了 2008 年 10 月中国发表的白皮书,承认中国已经采取了许多措施,但强调"需要做更多的事情,而美国与中国在一起可以做许多事情"。[1]6 月上旬,斯特恩、总统科学顾问霍尔德伦、助理能源部长桑达罗再次访华,与副总理李克强、国务委员刘延东、国家发改委副主任解振华等中方领导人和官员举行了会晤,促使中方加大减排温室气体的力度,作出更高的承诺。斯特恩 12 日在华盛顿的记者会上称:气候变化的一个"赤裸裸的事实"是,"除非中国采取非常有意义的行动,世界将不可避免地出现温室气体堆积到危险水平"的

---

[1] U.S. Department of State, Office of Spokesman, "Transcript: Remarks by Secretary Clinton, Special Envoy at Chinese Power Plant", February 22, 2009, *Washington File*, February 26, 2009, pp.9—10.

现象。①这样一种夸张的说法显然是把全球温室气候排放增加的责任一股脑儿推到中国身上,不是客观的看法。

在 7 月底举行的中美首轮战略与经济对话中,应对气候变化是一个重要议题。中美双方仍然是既有共识,又有分歧。7 月 28 日,在两国草签《加强气候变化、能源和环境合作的谅解备忘录》仪式上,戴秉国在致辞中强调,气候变化、能源和环境问题是中美两国共同面临的挑战,中方高度重视与美方的对话与合作。但两国在基本国情、发展阶段、历史责任和能力等方面存在较大差异,双方应坚持"共同但有区别的责任"原则,在对话和合作过程中处理好共同点和差异性的关系,积极扩大共赢和合作。②斯特恩对中方态度显然不满。他在会后表示,一些主要的发展中国家,如中国和印度的看法"与美国相当不同","在这个问题上有许多根深蒂固的过时的观点,那是十五年前的看法",中国和印度也主张减排,但不是绝对值的减排,而是继续增长的减缓。③斯特恩的说法代表了国际上要求中国承担绝对减排义务的主张,这种呼声在国际上是不小的。

9 月 22 日,联合国气候变化峰会在纽约联合国总部举行,胡锦涛主席出席峰会开幕式,并作了题为《携手应对气候变化挑战》的重要讲话。胡锦涛强调了"共同但有区别的责任",发达国家应该完成《京都议定书》确定的减排任务,继续承担中期大幅量化减排指标,并为发展中国家应对气候变化提供支持;发展中国家应该根据本国国情,在发展经济、消除贫困、改善民生的同时,在发达国家资金和技术转让的支持下,努力适应气候变化,尽可能减缓温室气体排放。胡锦涛提出,中国将争取到 2020 年非化石能源占一次性能源消费比重达到 15% 左右,争取到 2020 年森林面积比 2005 年增加 4 000 万公顷,森林蓄积量比 2005 年增加13 亿立方米。④

10 月 22 日至 11 月 3 日,由中国战略与管理研究会与美国布鲁金斯学会联合发起并得到中美两国政府支持的首届中美清洁能源务实合作战略论坛在北京举行。美国国务卿希拉里·克林顿和能源部长朱棣文通过视频向会议发表了主旨演讲。国务院副总理李克强出席论坛,并作了题为《加强务实合作,促进可持续发展》的演讲。他指出,过去三年,中国单位 GDP 能耗累计下降了 10.1%,今

① Bridget Hunter, "China, United States Can Cooperate to Reduce CO_2 Emissions", June 12, *Washington File*, June 15, 2009, pp,9—10.

② 《中美草签〈加强气候变化、能源和环境合作的谅解备忘录〉》,2009 年 7 月 29 日,http://www.chinanews.com/cj/news/2009/07-29/1794583.shtml。

③ Stephen Kaufman, "U.S. Tells China Climate Change Is National Security Priority", July 28, 2009, *Washington File*, July 29, 2009, pp.2—3.

④ 《胡锦涛在联合国气候变化峰会开幕式上的讲话》,2009 年 9 月 22 日,http://news.xinhuanet.com/world/2009-09/23/content_12098887.htm。

年上半年又下降了 3.4％。中国新能源、可再生能源迅速发展。风电装机连续三年翻番,太阳能光伏发电装置成为世界最大的生产国,太阳能热水器应用规模居全球首位。李克强建议中美两国明确合作重点,建立合作机制,积极发挥政府、社团以及智库等多种机构的作用,造福两国人民。①

哥本哈根气候峰会之前,各国都出台了相关的措施。11 月 25 日,奥巴马政府宣布美国的减排目标:到 2020 年比 2005 年减排 17％,2025 年减排 25％,2030 年减排 30％,2050 年减排 83％。②26 日,中国正式宣布控制温室气体排放的行动目标:到 2020 年单位 GDP 二氧化碳排放比 2005 年下降 40％—45％。③继美国和中国之后,12 月 3 日,印度也公布减排目标:到 2020 年,单位 GDP 排放量在 2005 年的基础上降低 20％—25％,到 2030 年,降低 37％。但印环境部长拉梅什称,印度不会设定在哪一年达到排放峰值,也不会接受任何绝对量的减排目标。④

11 月 27 日、28 日,中国、印度、巴西和南非(“基础四国”)与七十七国集团主席国苏丹代表在北京举行磋商,就相关问题交换意见、协调立场。会议讨论了哥本哈根会议成果文件草案,强调成果文件应反映《联合国气候变化框架公约》和《京都议定书》双轨谈判所取得的进展,应涵盖长期合作共同愿景、减缓、适应、资金和技术转让等内容,并应考虑最不发达国家、小岛屿发展中国家和非洲国家在应对气候变化方面的特殊需求。会议声明称,将以现有的《京都议定书》为基础,呼吁发达国家承担具有法律约束力的减排义务,而发展中国家将负责采取与国家实力相适应的减排行动。⑤

11 月 30 日,第 12 次中欧领导人会晤在南京举行。温家宝与欧洲理事会主席瑞典首相赖因费尔特和欧盟委员会主席巴罗佐等出席了会晤。会后的联合声明强调,发达国家承担具有雄心的、透明的温室气体减排指标,发展中国家在发达国家资金、技术和能力建设支持下采取适当国内减缓行动,以促进向低碳经济转型,对进一步应对气候变化至关重要。⑥从 12 月 8 日起,温家宝分别与联合国

---

① 《首届“中美清洁能源务实合作战略论坛”在京举行》,2009 年 10 月 23 日,http://www.fmcoprc.gov.hk/chn/szyw/t622070.htm。

② The White House, Office of Press Secretary, "President Obama to Attend Copenhagen Climate Talks", November 25, 2009, *Washington File*, November 27, 2009, pp.20—21.

③ 《国新办举行中国应对气候变化政策与行动情况发布会》,2009 年 11 月 26 日,http://www.china.com.cn/zhibo/zhuanti/ch-xinwen/node_7082375.htm。

④ 《印度宣布到 2020 年降低排放强度 20％到 25％》,http://news.xinhuanet.com/world/2009-12/04/content_12587718.htm。

⑤ 何英、白晶:《哥本哈根会前最后冲刺》,《中国能源报》,2009 年 12 月 7 日,http://paper.people.com.cn/zgnyb/html/2009-12/07/content_398794.htm。

⑥ 《第十二次中国—欧盟领导人会晤联合声明》,2009 年 11 月 30 日,www.gov.cn/jrzg/2009-11/30/content_1476644.htm。

秘书长和英国、德国、印度、巴西、南非、丹麦、埃塞俄比亚等国领导人通电话,就会议可能涉及的一些重大问题坦诚、深入地交换意见。

尽管联合国及有关国家为哥本哈根气候峰会做了一些准备,但国际社会在相关问题上远未达成共识。其实不仅在国际社会,即使在一国之内要凝聚共识也是困难的事情,比如美国民主、共和两党之间在应对气候变化方面就存在很大分歧。国际社会对创建一种节能减排的国际新机制的难度和复杂性估计不足。欧盟在节能减排方面走在世界前头,当时欧盟的经济状况不错,债务危机的严重性还没有充分显现出来,欧盟希望以自己的标准来要求世界各国,包括主要的发展中国家,急切希望通过一次国际会议建立起新秩序,对哥本哈根气候峰会抱有不切实际的期望。自 12 月 7 日会议开始以后,哥本哈根成为各国政府、各种利益集团及一些非政府组织和科研机构博弈的舞台。发达国家与发展中国家立场对立,分歧严重;发达国家之间、发展中国家之间意见也不一致。①各国代表互相指责,争吵不已,各种观点混战一场,无休止的谈判和磋商难以弥合巨大的歧见。随着大会临近闭幕,一种悲观失望的情绪在会上蔓延。一些国家的领导人已经打算接受会议失败的事实,准备回国。

12 月 16 日,温家宝总理抵达哥本哈根后,立即向丹麦首相拉斯穆森提出,按照"共同但有区别的责任"原则,把共识部分锁定下来,分歧部分留待以后讨论,也许是会议取得成果的唯一可行的办法。温家宝向小岛国代表表示对一些小岛国脆弱的生存环境深表同情,理解他们在全球温控方面的特殊诉求,详细介绍了中国的减排努力和对哥本哈根谈判的考虑,并愿意在 2050 年全球升温不超过 2 摄氏度问题上照顾小岛国的关切。温家宝还先后会见了英国首相布朗、德国总理默克尔和日本首相鸠山由纪夫,就有关问题做了耐心细致的工作。18 日,温家宝在全体大会上宣布:"中国政府确定减缓温室气体排放的目标是中国根据国情采取的自主行动,是对中国人民和全人类负责的,不附加任何条件,不与任何国家的减排目标挂钩。我们言必信、行必果,无论本次会议达成什么成果,都将坚定不移地为实现、甚至超过这个目标而努力。"

在会议即将结束仍无法达成成果文件的情况下,温家宝召集"基础四国"磋商为会议的成功作最后努力。磋商进行过程中,美国总统奥巴马闻讯赶来。五国领导人继续进行严肃认真的讨论,并就几个重要问题达成一致。中方提出的是"自主减排",美国代表斯特恩要求中国接受"国际考察和评估"(international

① 如主席国丹麦提出,全球都必须遵守到 2050 年在 1990 年的排放基础上减排 50%,到 2020 年排放量达到峰值的建议,受到发展中国家的普遍抵制。何英、白晶:《哥本哈根会前最后冲刺》,《中国能源报》,2009 年 12 月 7 日,http://paper.people.com.cn/zgnyb/html/2009-12/07/content_398794.htm。

examination and assessment)，遭中国拒绝，认为这有损中国的主权。奥巴马同意把"国际考察和评估"改为"国际磋商与分析"（international consultation and analysis）。美方表示愿意出面征求欧盟方面的意见。①最后，会议终于以这一文件为基础通过协议（A Copenhagen Climate Agreement），协议的要点是：确保全球平均温度的升温不超过 2 摄氏度；到 2050 年温室气体排放至少减少 50%；发达国家要提出明确的绝对的减排目标，发展中国家要提出量化的减缓排放的目标（包括提高能效、可再生能源、可持续森林覆盖面积等）；发达国家同意向发展中国家提供资金援助，并建立相应机制；对各国的承诺建立切实可行的核查机制。②

关于哥本哈根会议和中国所起的作用，在美国媒体和学者中存在明显分歧。对中国有指责的，也有赞许的。③这次会议对中美关系的影响超过了一事、一时。第一，中美双方的与会代表曾经在会议期间激烈争辩，相互指责，使中美关系的气氛陡然紧张，以致引起人们怀疑，在这一重要的全球性问题上两国究竟是共识多，还是分歧多；是合作多，还是竞争多。美国指责中国是温室气体排放"大幅增加"的国家，称中国 2020 年的二氧化碳排放量将比美国多六成，在 2030 年更比美国多出八成，中国作出的减排承诺"远远不够"；并认为没有中国作出"真正"的承诺，哥本哈根大会无法达成任何协议；还要求中国在减少排放的具体做法上保持透明，"应该把它们纳入国际协议"。中国坚持自主减排，还抨击美国没有向发展中国家提供资金援助，并称这不是"福利工作"，而是履行发达国家在当前的国际协议下应当遵循的"法律义务"。④从乔治·沃克·布什政府后期以来，中美两国都把在清洁能源、绿色能源方面的合作视为中美关系的新增长点。双方也意识到在这一方面有分歧，但分歧从来没有现在这么突出。第二，更主要的是，此次会议使西方，包括美国看到了中国不断增长的国际影响力。以中国为主要代

① 赵承、田帆、韦冬泽：《青山遮不住，毕竟东流去——温家宝总理出席哥本哈根气候变化会议纪实》，新华网，2009 年 12 月 24 日，http://news.xinhuanet.com/world/2009-12/24/content_12700839.htm。

② "Copenhagen Climate Conference, 2009", http://www.chinadaily.com.cn/china/2009copenhagenclimate/index.html; Bonnie Glaser, "Obama-Hu Summit: Success or Disappointment?" *Comparative Connections*, January, 2010.

③ 如李侃如就认为，温家宝与奥巴马联手挽救了哥本哈根会议，否则会议可能达不成任何协议。对李侃如的访谈，2011 年 5 月 18 日。《纽约时报》专栏作家托马斯·弗里德曼认为哥本哈根会议的结果是实际上的中美两国集团的证明，是中美两国的权力之争，见 Bonnie Glaser, "Obama-Hu Summit: Success or Disappointment?" *Comparative Connections*, January 2010.

④ Jeffrey Bader, *Obama and China's Rise. An Insider's Account of America's Asia Strategy*, p.66;《哥本哈根气候会议上中美激烈交锋》，2009 年 12 月 11 日，http://news.sohu.com/20091211/n268859418.shtml。

言人的"基础四国"及七十七国集团同以美国为首的发达国家利益有着深刻分歧,导致了正面的立场冲突。这种情况已经多年没有过了。双方最后达成了一些妥协,但分歧没有消除,以后一定场合仍可能爆发。西方被中国的巨大影响力所深深震撼,并看到了在国际场合中国不认可美国,甚至与美国对立的可能性。这自然引发了美国在对华心态方面的微妙变化,并在以后的对华政策中表现出来。

第七章 多 事 之 年

进入 2010 年,两国关系的天空似乎突然"晴转阴"了。从 1979 年两国关系正常化以来,中美关系从来都不是一帆风顺的,每年都会有些麻烦,甚至起伏。但是像 2010 年这样,在双边、地区和全球层面两国关系都出现一些问题,确实还是不多见的。

第一节 双边关系中的问题

双边层面的问题主要有三个:美国售台武器,奥巴马、希拉里·克林顿会见达赖喇嘛,奥巴马政府在互联网问题上指责中国。

一、美对台售武

2008 年 10 月,布什政府宣布售台武器 64.63 亿美元。实际上当时美方通过审查的武器按金额是其两倍。由于数额太大,布什政府卖了一半,留了一半。奥巴马政府第一年里忙于各种紧迫事务,台湾没有在他的荧光屏上;马英九"当政"后,两岸关系实现了历史性转折,走上了和平发展的道路,两岸忙于商签各种经贸协定;奥巴马又要在 2009 年 11 月访华,美方不希望由于售台武器问题给两国关系蒙上阴影。因此奥巴马当政后没有立即考虑对台售武。①

及至奥巴马访华之后,售台武器问题提上日程。奥巴马的安全团队认为,对

---

① Jeffrey A. Bader, *Obama and China's Rise. An Insider's Account of America's Asia Strategy*, p.71.

台售武不宜久拖,因为美方对台湾有提供防御性武器的义务,况且美方"永远找不到一个适当时机",越等可能越不好办。①在奥巴马访华之后,国家安全事务副助理托马斯·多尼隆召集了一次副部长级会议,讨论 2010 年对华政策。在会上,对于布什政府已经通过审议的那些武器没有提出不同意见。副国务卿斯坦伯格和助理国务卿坎贝尔表示同意对布什政府提出的柴油动力潜艇项目进行可行性研究。台湾方面仍在坚持求购 F-16C/D 战斗机,但会上无人表示赞同。②

接着又举行部长级会议(Principals Committee meeting),由国家安全事务助理琼斯将军主持,国务卿、国防部长、参联会主席、国家情报总监、中情局长、驻联合国大使等都参加了,再次讨论售台武器问题。会上对一揽子武器交易没有不同意见。但国防部代表不同意对柴油动力潜艇进行可行性研究,因为潜艇交易无论如何都是做不到的,而且与一揽子武器其他项目的"防御"性质不符。③

2010 年 1 月 30 日,奥巴马政府知照国会将向台湾出售包括黑鹰直升机、"爱国者"-3 反导系统、扫雷艇、鱼叉反舰导弹等总额为 63.92 亿美元的武器,理所当然遭到中国方面的强烈反对。美方辩解说,上述项目中没有特别先进的技术含量很高的武器,如台湾一直求购的 F-16C/D 战斗机,为什么中方的反应如此强烈? 中方说,2009 年 11 月《中美联合声明》刚刚说欢迎海峡两岸关系的和平发展,中方正等着美方把这个表态落实到具体行动,等来的却是继续售台武器,美方的言行也太不一致了;美方说:过去三十年我们一直是这样做的,中方说:你们三十年前就表示不寻求长期向台湾出售武器的政策,已经过了三十年,算不算长期? 如果三十年不算长期,要多少时间才算长期? 美方总是说要遵守对台湾的承诺,但美方对大陆的信用赤字也实在太大了。④

美方一些学者还挖空心思论证,对台售武不仅对美国、对台湾是必要的,对大陆也有"好处"。他们列举了售台武器的一大堆"好处":"可以避免两岸军事力量的平衡过分向大陆方面倾斜,从而使北京不至于对台湾使用高压手段,迫使台湾同意本来不支持的解决方案";增强台湾在谈判桌上的自信心,来与大陆商谈敏感的政治和军事问题,一个在大陆面前感觉不安全和脆弱的台湾当局多半不

---

① 对国安会负责中国事务的主任麦艾文的访谈,2010 年 1 月 25 日。并见 Jeffrey A. Bader, *Obama and China's Rise. An Insider's Account of America's Asia Strategy*, pp.71—72。

② Jeffrey A. Bader, *Obama and China's Rise. An Insider's Account of America's Asia Strategy*, p.72. 贝德在回忆录中坦率地说,美国的中国安全问题专家都明白,不论是否进行可行性研究,美国反正是不会售台柴油动力潜艇的。

③ Jeffrey A. Bader, *Obama and China's Rise. An Insider's Account of America's Asia Strategy*, p.73.

④ 2010 年 1 月 21 日至 22 日,由国台办组织的中国学者代表团在纽约美国对外关系全国委员会与美国学者就此进行了激烈辩论,笔者参加了此次会议。两国的媒体上也发表了许多相互争辩的文章。在奥巴马正式通知国会之前,消息早已传出。

会与大陆进行谈判;对台售武的决定还向本地区美国的盟友和伙伴发出信息,美国是遵守承诺的,是可以信赖的,如此等等。①总之,在对台售武的问题上,中美双方从官方到智库到媒体发生了激烈争辩,中美关系的气氛与两个月前大不一样了。美国媒体还认为,中国宣布完成陆基中段反导拦截技术试验是对美售台武器的一个直接反应。②

二、会见达赖喇嘛

从 1991 年乔治·布什总统第一次会见达赖喇嘛后,布什、克林顿、乔治·沃克·布什曾多次会见过达赖。奥巴马当政后,达赖曾提出于 2009 年 10 月到访华盛顿,但奥巴马政府知道此事的敏感性,恐怕激起中国方面的强烈反对,决定推迟达赖访问。③在上述国安会副部长级会议上,奥巴马的安全团队认为,总统应该尽快见他,一则是履行美国先前对达赖的承诺,二则是作为对中国人权问题的表态。但会上也有人担心,售台武器与总统见达赖这两件事情凑在一起,恰恰又都关系到中方所称的“核心利益”,其短期的负面效应可能使中国国家主席拒绝来华盛顿出席核安全峰会,也可能给两国关系投下长期的阴影。④会后,多尼隆和贝德去向总统汇报会议情况。奥巴马认为有理由会见达赖喇嘛,再拖延不见将在美国国内造成政治上的损害。美国应该接受此次会见对中美关系的负面影响。⑤白宫在总统会见达赖的时间问题上颇费斟酌。经过再三考虑,决定奥巴马在 2 月 18 日(中国农历正月初五)接见达赖,地点在白宫地图室,会见后不举行共同记者招待会,总统见完达赖就去外地,只在白宫网站上发表一张照片。⑥

---

① Bonnie S.Glaser, "Myths and U.S. Arms Sales to Taiwan", February 19, 2010. www.articles.com/atimes/china/CB19A101.html.

② David J.Rothkopf, *National Insecurity. American Leadership in an Age of Fear*, p.201. 2010 年 1 月 11 日和 27 日,中国在境内先后进行了两次陆基中段反导拦截试验,试验达到了预期目的。

③ Martin Indyk, Kenneth Lieberthal, Michael O'Hanlon, *Bending History*, p.292.

④ Jeffrey A.Bader, *Obama and China's Rise. An Insider's Account of America's Asia Strategy*, p.72.核安全峰会是旨在倡导核安全和打击防范核恐怖主义的全球主要国家和国际组织的领导人会议,由美国发起,第一次峰会于 2010 年 4 月 13 日在华盛顿举行。

⑤ Jeffrey A.Bader, *Obama and China's Rise. An Insider's Account of America's Asia Strategy*, p.73.

⑥ 国安会负责中国事务的主任麦艾文说,中国的传统节日春节(2010 年 2 月 14 日)将至。如果在春节前会见达赖,一则时间仓促,二则中方反应可能非常强烈,因为这破坏了中国人的传统节日。如果春节后见,则对两国合作共同处理全球性问题影响太大,尤其是 4 月中旬奥巴马要在华盛顿主持核安全峰会,美国担心胡锦涛主席可能拒绝出席峰会。2 月 18 日是中国春节假期的最后一天,节后正常工作还没有开始,人们还都沉浸在节日气氛中,不会太注意外界发生的事情。对麦艾文的访谈,2010 年 1 月 25 日。

奥巴马与达赖的会见持续了 70 分钟,他还把 1943 年罗斯福总统给当时 8 岁的达赖的信的复印件作为礼物送给达赖。同日,希拉里·克林顿也在国务院会见了达赖。但美方没有过于张扬,希望尽量控制此事对中美关系的负面影响。

此外,中美两国在互联网问题上也发生了争议,详见本书第十章第一节。

总之,上述问题出现在金融危机的大背景下,加上在美中两国都有关于中国崛起、美国衰落、"权力转移"等的讨论,使 2009 年热络的中美关系的气氛一下子就变得严峻起来,美国主流学者如兰普顿、李侃如、沈大伟等纷纷撰文表示他们的担忧,一向不看好中美关系的学者则更强化了他们的看法,如孟捷慕认为通过接触改造中国的幻想已经破灭,需要改弦更张对付更加强大的中国。①一些中国学者也认为中美是"积极竞争的对手,消极合作的伙伴",两国关系的性质是"敌大于友"。有的学者和媒体提出了"中美战略摊牌难以避免"、"中美进入新冷战"、"中美已经陷入修昔底德陷阱"之类的话题。②

三、修补关系

1 月 30 日,在奥巴马政府通知国会关于售台武器决定的第二天,国安会亚洲事务高级主任贝德与中国驻美大使周文重共进早餐,讨论了胡锦涛主席 4 月来华盛顿参加核安全峰会的可能性。周文重表达了对美国售台武器的强烈不满,并提出美方应采取主动修复遭到损坏的两国关系。第一步是副国务卿斯坦伯格和贝德访华;第二步是中国新任驻美大使张业遂即将到任,奥巴马总统在接受他递交国书时可以就美国对华政策作出权威性的阐释;第三步,美方就对台湾政策作出公开的表态,以便使因售台武器引起的紧张降温。奥巴马政府接受了这一建议。③

2 月 28 日,即将离任的周文重大使接受新华社记者专访时说,近来由于美方售台武器,美国领导人会见达赖喇嘛等问题,中美关系受到严重干扰。对此,美方应该采取切实措施加以纠正,尽量消除消极影响。"在事关主权和领土完整的问题上,我们没有任何退让余地。"④

---

① James Mann,"Behold China",https://chinadigitaltimes.net/2010/03/james-mann-behold-chi-na/;*The China Fantasy. Why Capitalism Will Not Bring Democracy to China*(Penguin Books,2007),pp.X—XIII.

② 参见袁鹏、王鸿刚:《震荡、调整、再平衡——2010 年的中美关系》,黄平、倪峰主编:《美国问题研究报告(2011)》,社会科学文献出版社 2011 年版,第 249 页。

③ Jeffrey A.Bader,*Obama and China's Rise. An Insider's Account of America's Asia Strategy*,p.74.

④ 《中国驻美大使呼吁美方尊重中方核心利益和重大关切》,2010 年 3 月 1 日,http://news.xin-huanet.com/world/2010-03/01/content_13075057.htm.

3月2日至4日,斯坦伯格和贝德访问北京,会见了国务委员戴秉国、外交部长杨洁篪和其他负责官员。中方提出,美国在台湾和西藏问题上损害了中国的核心利益,也必须在这两个问题上改正错误。

3月30日,奥巴马在接受新任中国驻美大使张业遂递交国书后,又专门进行了会晤。奥巴马欢迎张业遂履新,表示,美中关系既全面又重要,反映出两国人民之间长期、深入的联系。31年来,美中两国均从彼此关系的良好、稳定发展中获益,双方开展建设性合作的能力持续增长。美国欢迎一个作为国际社会强大、繁荣、成功一员的中国。美方一再重申的一个中国政策不会改变。奥巴马说,今天,美中关系具有塑造21世纪的能力,其重要性堪比世界上任何双边关系。两个伟大国家应该携起手来,为子孙后代创造繁荣的未来。美方将采取切实行动稳步建立应对共同挑战的伙伴关系。张业遂表示,中方愿与美方共同努力,认真落实两国领导人达成的重要共识,加强对话、互信与合作,尊重彼此核心利益和重大关切,不断推进21世纪积极合作全面的中美关系。①

同日,斯坦伯格举行媒体吹风会,介绍了奥巴马政府的对华政策以及他与贝德最近对中国的访问。他表示,美方发出的信息是:美国寻求与中国建立以积极的务实合作为特征的关系,并通过合作来扩大具有共同利益的领域,同时坦率冷静地处理两国之间的分歧。他重申历届政府30年来一直坚持的一个中国政策,不支持台湾"独立",反对单方面改变现状,尤其欢迎近来两岸关系的改善和发展,大陆和台湾的对话是对和平解决台湾问题的贡献,而和平解决是美国立场的核心。他重申西藏是中国的一部分,不支持"西藏独立",支持中国政府与达赖的代表进行谈判以解决分歧。他还提到,中美两国要共同工作,使朝鲜重回六方会谈,并努力推进伊朗核问题的谈判。②由于美方主动采取了这些措施,中美关系的气氛得到改善,也为胡锦涛主席赴华盛顿出席核安全峰会并会晤奥巴马创造了条件。

4月1日,奥巴马与胡锦涛通话,欢迎胡锦涛参加即将举行的首届核安全峰会,双方主要就伊朗核问题,以及落实二十国集团峰会的承诺,实现全球经济均衡可持续的发展问题交换了意见。③12日,胡锦涛在华盛顿会晤奥巴马,就发展中美关系提出重要建议,并表示期待美方在上海世博会上有精彩的展示。④奥巴

① 《美国总统奥巴马接受张业遂大使递交国书》,2010年3月30日,http://news.xinhuanet.com/world/2010-03/30/c_127080.htm.

② "Transcript: State's Steinberg on Recent Trip to Asia", March 29, 2010, *Washington File*, April 5, 2010, pp.15—16.

③ Merle David Kellerhals, Jr., "Obama, Hu Discuss U.S.-China Relations", April 2, 2010, *Washington File*, April 5, 2010, p.3.

④ 刘东凯、陈贽、陈鹤高:《胡锦涛会见奥巴马,称人民币升值不能解决贸易失衡》,2010年4月13日,http://finance.people.com.cn/GB/11351031.html.

马热烈欢迎胡锦涛出席核安全峰会,表示愿同中方一道,通过战略与经济对话以及二十国集团等双边和多边机制,建立更加强有力的双边关系,并在气候变化、反恐、防扩散等多边问题上加强合作,共同应对。奥巴马再次重申,一个繁荣的中国不仅对中国有好处,对美国有好处,对整个世界也有好处。在人民币汇率问题上,美方尊重中国主权,希望双方通过对话和合作寻求有关问题的解决。①这样,中美关系渡过了一次小的危机。

第二节 黄海、南海迭起波澜

一、半岛局势紧张升级

如上所述,2009 年朝核问题依然处于僵局。奥巴马政府无暇顾及半岛问题,对朝鲜采取了所谓"战略忍耐"政策,按朝鲜的说法是"恶意搁置";同时依旧在半岛及附近水域进行大规模军事演习。11 月 10 日,朝韩海军舰艇在半岛西南海域还发生了交火,朝鲜警备艇被击伤退回朝鲜水域。半岛局势一直没有缓和下来。

进入 2010 年,局势依然紧张。1 月 11 日,朝外务省发表声明,表示愿意在六方会谈框架内与《朝鲜停战协定》当事国举行会谈,讨论签订和平条约问题。提议遭美方拒绝。负责公共事务的助理国务卿菲利普·克劳利同日称,奥巴马政府愿意与朝鲜讨论和平条约,正式结束 1950 年至 1953 年的朝鲜战争,但朝鲜必须回到讨论朝核问题的六方会谈,并采取弃核的"肯定性行动"。如果这样,就可以开辟广泛的可能性,包括和平机制、相关各方关系正常化、经济与能源合作。但美国不会在朝鲜回到六方会谈之前与朝举行双边会谈。把程序颠倒过来先谈和平条约就是"对朝鲜仅仅回到六方会谈来进行奖赏,这是不可能的"。克劳利还称,朝鲜的人权问题"骇人听闻","人权问题将是美国与朝鲜进行的任何谈判中的重要部分"。美国关于朝鲜人权问题的特使罗伯特·金正在日、韩访问,以协调与盟国的政策。②1 月 12 日,朝驻华大使崔镇洙再次强调首先必须建立互信,与美方签订和平条约,才能实现无核化。美朝之间的分歧明显。

---

① 刘东凯、陈贽、陈鹤高:《胡锦涛会见美国总统奥巴马》,2010 年 4 月 13 日,http://news.xinhuanet.com/world/2010-04/13/c_1229261.htm.

② Stephen Kaufman, "Resumption of Six-Party Talks Must Precede Korean Peace Treaty", *Washington File*, January 12, 2010, p.2;焦世新:《从封锁到接触:奥巴马政府对朝"新政"》,《现代国际关系》2010 年第 3 期。

　　3 月 26 日晚 9 时 45 分,韩国排水量 1 200 吨的反潜护卫舰"天安"号在朝鲜半岛以西白翎岛西南方 1.8 公里海域巡逻时遭到疑似鱼雷袭击,舰体断成两截,46 名韩国海军人员丧生。在和平时期发生这样的事件是十分罕见、十分严重的,自然引起国际社会极大关注,韩、美认为这是自朝鲜战争结束以来最严重的事件。朝方于 4 月 17 日公开否认与"天安"号沉没有关。此后,中国外交部公开表态,强调"天安"号沉没是一起不幸事件,相信有关方面能够妥善处理。4 月底,李明博总统来上海出席世博会开幕式,胡锦涛主席会见他时开门见山就对"天安"号事件表示了哀悼和慰问,希望有关问题能在查明情况的基础上得到妥善处理,避免影响半岛和平稳定大局。李明博表示韩国政府对事件处理十分慎重,正在对事件原因进行科学客观的调查,如有新进展即会向中方通报,并同中方协商。韩国媒体对这次会见作了大量报道。①

　　韩国于 4 月中旬组成了由美、英、澳、瑞典四国组成的国际联合调查组。5 月 20 日,韩国正式公布了调查结果,认定"天安"号是被朝鲜潜水艇发射的鱼雷炸沉的,并在双边层面宣布了多项对朝制裁措施。李明博对"天安"号遭袭表示强烈谴责,认为这是"军事挑衅",韩方"将采取所有措施,不得有半点失误,且需慎重行事";同时表示韩将不会进行军事报复。②朝方坚决否认韩方指控。美方支持韩国立场,5 月 24 日,白宫发表声明称,奥巴马完全支持李明博对事件的处理,朝鲜应立即道歉,处罚肇事者,停止好战的威胁性行为;韩方可以继续信赖美方的完全支持,美国保卫韩国的承诺是毫不含糊的。③5 月 24 日,韩国宣布断绝与朝鲜的几乎所有贸易交往;次日,朝鲜作出回应,宣布停止与韩国的一切往来。

　　中美在第二轮战略与经济对话上就此问题进行了沟通。5 月 23 日,戴秉国在会见希拉里·克林顿时表示,无论如何都要维护半岛和平稳定,中国决不允许在自己家门口出乱子,只要做破坏和平稳定的事,中方都坚决反对;目前半岛双方情绪都很激动,应该降温,而不是火上浇油;要让半岛真正结束敌对状态,走出战争阴霾,必须构建半岛和平机制。中方也积极与俄罗斯进行沟通。6 月 4 日,戴秉国在北京会见俄罗斯外长拉夫罗夫时说,朝鲜半岛局势事关中俄战略安全环境,两国应加强协调。拉夫罗夫表示愿同中方在对美关系和半岛局势等共同关心的重大国际和地区问题上保持密切沟通和协调。④

　　6 月 4 日,韩国致函安理会主席,要求安理会对"天安"号事件进行审议,并

---

① 戴秉国:《战略对话》,第 245—246 页。
② 《李明博:"天安"号事件是军事挑衅》,《新华每日电讯》2010 年 5 月 22 日。
③ The White House, Office of the Press Secretary, "Statement by the Press Secretary on the Republic of Korea", May 24, 2010, *Washington File*, May 25, 2010, p.13.
④ 戴秉国:《战略对话》,第 247—248 页。

向安理会提出了谴责朝鲜的决议草案。中、俄认为"没有找到冒烟的枪"能证明，"天安"号的沉没是遭到朝鲜发射的鱼雷攻击所致。在 6 月下旬二十国集团多伦多峰会期间，胡锦涛会晤了韩、美、俄领导人，强调要低调、稳妥处理好这一事件，避免处理不当激化矛盾，尤其要避免发生冲突。安理会处理结果以软着陆为好。①在 6 月 26 日胡锦涛与奥巴马的会晤中，双方在许多问题上取得重要共识，但在"天安"号问题上意见相左。胡锦涛表示中国对半岛南北不偏不倚。奥巴马尖刻地回应说，如果中国容忍朝鲜的侵略行为，这对于地区和平将产生潜在影响。奥巴马在当天晚些时候举行的记者会上公然指责中国"故意视而不见"和"被误导的不偏不倚"。②

中方与朝方保持沟通与协调，及时通报相关情况，敦促朝方保持冷静克制。朝方总体上保持了克制，并向安理会递交了信函进行申诉。安理会进行了一个多月的辩论，最后于 7 月 10 日发表《主席声明》，对导致"天安"舰沉没的攻击行为予以强烈谴责，认为这"是威胁区内和区外和平与安全的挑衅"，对由此产生的人员伤亡表示惋惜，并对遇难者遗属、韩国国民和政府表示深深的慰问和哀悼。但声明未认可韩、美等联合调查的结论，未点名谴责朝鲜，未对朝鲜实施新制裁，声明的第五点引述韩国观点说："由韩国等 5 国组成的民军联合调查团将朝鲜指定为'天安'舰的肇事方，安理会尊重联合调查团的调查结果，并对此表示深切的忧虑。"但第六点称："朝鲜和部分有关国家主张朝鲜与此事无关，安理会也在关注这些国家的反应。"③

美方对中方在此问题上的立场十分不满。④此后，美、韩以持续的军事演习作为回应，进一步升高了东北亚地区的紧张局势。美方一度表示"华盛顿"号航母要参与半岛西部海域的军演，要开进黄海，消息激起中方媒体和网民的强烈反应。7 月 8 日、15 日，外交部发言人在记者招待会上一再表示，中方已就此向有关方面表明严重关切。我们坚决反对外国军用舰机到黄海及其他中国近海从事影响中国安全利益的活动。我们敦促有关各方保持冷静克制，不做加剧地区局势紧张的事。7 月 23 日杨洁篪在河内东盟地区论坛期间会晤希拉里·克林顿

① 戴秉国：《战略对话》，第 248 页。
② Jeffrey A.Bader, *Obama and China's Rise. An Insider's Account of America's Asia Strategy*, p.87.
③ 《联合国安理会通过关于天安舰事件的主席声明》，2010 年 7 月 9 日《环球时报》，http://news.sina.com.cn/w/2010-07-09/222420647842.shtml。
④ 麦艾文表示，美国对这个声明是不满意的，声明不痛不痒，没有谴责肇事者，意思不大，但由于中国坚持，也只能这样了。他一再说：没完，这件事情不能就这样算了。笔者问：还能怎么样？李明博自己说了不进行军事报复。麦艾文说：我们走着瞧吧！结果是，那一年中，美韩在半岛附近水域连续不断地进行联合军演，这大概就是他说的"没完"的意思。对麦艾文的访谈，2010 年 7 月 15 日。

时再次当面作了这种表态。①

在 7 月下旬的国安会副部长级会议上作出决定,航母编队将被部署在韩国的东南海域,而不是黄海。贝德解释说,这一决定的主要理由是,美国应该发出毫不含糊的遏制朝鲜的信息,而不要与别的可能的信息混淆起来。②

同时,美方对中朝两国保持经济贸易关系十分不满。应美国参议院外交关系委员会要求撰写的一份报告指出:"朝鲜继续在没有多少核查风险的情况下使用或穿越中国的空中和陆地通道,来自中国及取道中国的奢侈品继续流入平壤,几乎丝毫没有减少。"委员会资深共和党成员理查德·卢格表示,该报告提供了"鲜明的警示:美国和中国在朝鲜问题上的利益基本不一致"。③

朝鲜对美韩联合军演作出反应。11 月 23 日,朝鲜发射的炮弹落到了半岛西部海域韩国控制的延坪岛上,造成韩国军人 2 死 15 伤,平民 2 死 3 伤。延坪岛是西海(黄海)五岛(白翎岛、大青岛、小青岛、延坪岛、隅岛)之一。朝鲜战争期间,美韩凭借海上军事优势占领了西海五岛。这五个岛屿远离韩国一侧海岸,而离朝方海岸很近。1953 年 7 月签署的《朝鲜停战协定》仅划定了朝韩陆地军事分界线,同时规定上述五岛置于"联合国军"控制之下,但未划定海上分界线。8 月,"联合国军总司令"克拉克单方面宣布划定"北方限界线"作为临时海上分界线,把上述五岛划入韩国范围;但朝方拒绝承认这条界线。朝韩双方多次在此区域发生冲突,造成人员伤亡。

事件在韩国国内激起强烈的民族主义情绪,民众对政府和军队应对不力十分不满,对李明博政府的压力大增,半岛局势又一次被推到了战争边缘。朝韩双方都作出高调表态:韩方撤换了国防部长,释放强硬声音,继续进行军事演习;朝方也不示弱,警告称,如果韩国继续挑衅,朝鲜将予以无情打击,并在"北方限界线"以北海域进行多次炮击训练。而就在上述炮击事件以前,11 月中旬,朝鲜邀

① 《外交部:反对外军到黄海从事影响中国安全活动》,2010 年 7 月 9 日,人民网,http://news. ifeng.com/mainland/detail_2010_07/09/1743552_0.shtml;《杨洁篪会见希拉里强调反对外军到黄海军演》,2010 年 7 月 23 日,人民网,http://world.people.com.cn/GB/1029/42354/12238342. html。
② 据贝德说,当时实际上还没有作出把"华盛顿"号部署到黄海的决定,相关报道所依据的是太平洋司令部应急计划部门泄漏的不实消息。只是在延坪岛事件后美国才把航母部署到了黄海。Jeffrey A.Bader, *Obama and China's Rise. An Insider's Account of America's Asia Strategy*, pp.87—89. 麦艾文说:美国在过去十年中在黄海进行过 12 次军演,最近一次是 2009 年 10 月,每次都有航母。那里是公海,不是中国的领海,甚至不是中国的专属经济区,以前中国也没有什么反应,现在为什么会有这么大的反应?是不是现在中国强大了,可以对美国提出更多的要求了?对麦艾文的访谈,2010 年 7 月 15 日。
③ 《美称中国是制裁朝鲜的缺口》,2010 年 10 月 25 日,http://junshi.xilu.com/2010/1025/news_ 343_117072.html。

请美国核科学家、斯坦福大学教授希格弗里德·赫克前去访问,并向他展示了一座新建的巨大浓缩铀工厂,厂内 2 000 多台离心机正在运转之中。①11 月 30 日,朝鲜官方媒体《劳动新闻》称,朝鲜正在积极建设轻水反应堆,为保障轻水反应堆的燃料供应,拥有数千台离心机的现代化铀浓缩工厂正在运转。②炮击和浓缩铀事件叠加在一起,使得形势变得更加复杂、危险。

11 月 27 日至 28 日,戴秉国国务委员紧急访问韩国,与韩方进行了一场坦诚深入的外交沟通。戴秉国劝韩国外长金星焕说,南北兄弟之间的事情归根到底要靠两兄弟自己解决,中方一直在提供建设性的、善意的协助,中方对朝鲜做的工作,一是劝和促谈,劝朝方与韩方对话,改善和发展关系;二是劝朝方集中精力发展经济,改善民生。在会晤李明博总统时,戴秉国强调,各方要保持高度冷静、克制和理性,南北双方都要消消气,尽快坐下来谈;中韩关系一定要更好发展,不要让它受到任何折腾;一定要下大功夫推动解决影响半岛和平环境的问题,包括无核化、有关各方关系正常化、半岛停和机制转换。李明博称:“朝鲜在公开铀浓缩项目之后,紧接着对我国平民进行攻击,是一项非常重大的事态变化……希望中国以公正负责任的态度处理半岛问题”,并称,他本人愿意超越交火事件,同北方进行对话,包括最高层对话,希望中方向北方领导人传话。③

12 月 6 日,胡锦涛与奥巴马通电话。胡锦涛强调,中方高度关注朝鲜半岛局势,当务之急是要冷静理性应对,坚决防止局势进一步恶化。双方都表示愿就半岛局势保持密切沟通和合作,共同维护半岛和东北亚和平稳定。④

12 月 8 日至 9 日,戴秉国再赴朝鲜访问,与朝鲜领导人金正日等就半岛局势进行了推心置腹的谈话。戴秉国强调,当务之急是保持高度冷静克制,防止擦枪走火,避免事态扩大升级甚至失控。金正日表示朝方也希望半岛和平稳定,无意激化半岛紧张,不会使局势升级。⑤在有关各方都担心半岛事态可能进一步恶

---

① 《朝鲜启动新建浓缩铀厂,核弹药制造能力或将翻倍》,2014 年 11 月 5 日中国日报网站,news.sina.com.cn/w/2014-11-05/110331097935.shtml.西格弗里德·赫克在返回美国后接受《纽约时报》采访时说,朝鲜方面告诉他,他们已经有 2 000 台离心机投入运行,虽然他无法验证具体数量,但他的确看到了“数百台离心机”。他对朝鲜的那些“超级先进”的离心机装置深感“震惊”。在此之前,朝鲜不承认有浓缩铀项目。《朝核问题因朝鲜公开浓缩铀离心机再起波澜》,2010 年 11 月 23 日,http://news.qq.com/1/20101123/000341/htm.
② 《朝鲜公开宣称拥有浓缩铀设施对西方刺激强烈》,2010 年 12 月 4 日,http://roll.sohu.com/20101204/n300876109.shtml.
③ 戴秉国:《战略对话》,第 252—253 页;《李明博会见戴秉国引关注》,http://www.unjs.com/cankaoxiaoxi/Cankaoxiaoxibao/guojicankao/20101130063126_34566.html.
④ 《胡锦涛应约与奥巴马通电话》,《新华每日电讯》2010 年 12 月 7 日.
⑤ 戴秉国:《战略对话》,第 254—255 页.

化甚至爆发战争的时候朝方的这一表态是有意义的。

韩国军队联合参谋本部 12 月 16 日宣布,韩国海军将在 18 日至 21 日之间的某一天在延坪岛海域进行海上实弹炮击训练。朝韩将军级军事会谈朝方代表团团长 17 日发出通知书,要求韩方立即取消这一计划,警告说,否则,朝鲜将为保卫自己的神圣领海而进行第二次、第三次"难以预测的自卫反击",其强度和范围将超过上次。18 日,中方向韩方恳切表示,打炮与战争之间并无明显界限,希望韩方以半岛 7 000 多万同胞的安危和福祉为重,以切实维护地区和平稳定为重,防止上演"一失足成千古恨"的历史悲剧。同一天,中方又向朝方表示,中方已经做了韩方的工作,希望朝方不要给对方采取进一步行动提供口实,避免半岛人民遭殃。韩方最终决定于 12 月 20 日进行实弹炮击训练,并在训练前一天向中方作了通报,表示将在训练的方位上显示灵活,尽可能不刺激朝方。12 月 16 日,戴秉国还在北京会见了美常务副国务卿斯坦伯格,与之进行了一对一的沟通,反复强调中美两国的共同任务是确保半岛不发生战争,并敦促美方对韩方施加影响。①

12 月 20 日下午,韩方在延坪岛海域进行炮击训练,但对弹着点进行了调整,朝方也相应表现了克制。朝鲜人民军最高司令部当晚的新闻公报既谴责韩美的军事挑衅,同时表示,不值得对这些挑衅逐一应对。②此时已届年终岁末,由延坪岛炮击事件引发的半岛紧张局势终于出现拐点,形势逐渐趋于缓和。

12 月底,中国外交部部长助理程国平访问俄罗斯,与俄副外长博罗达夫就半岛问题进行磋商,双方指出,朝鲜半岛事件频发,局势不断升级,不符合包括中、俄、美、日在内的各方利益,朝、韩两国则首当其冲。中俄坚决主张要缓和不要紧张,要对话不要对抗,要和平不要战争,决不允许半岛战火重燃,也不愿看到半岛局势持续紧张。中俄将继续加强在半岛问题上的协调配合,推动朝、韩直接对话,呼吁有关各方多做有利于半岛和平稳定的事,而不是损害半岛的和平、安全与稳定。双方强调了六方会谈的紧迫性,呼吁尽快举行六方团长紧急磋商。③

总之,这一年中美两国在朝核问题、在维护半岛和平稳定上继续保持了沟通与合作,但同时也暴露出深刻分歧:美国力主保持对朝鲜的持续高压,反对中国

---

① 戴秉国:《战略对话》,第 257—258 页。

② 同上书,第 258 页。

③ 《中俄坚决主张:决不允许半岛战火重燃》,2010 年 12 月 30 日,http://news.ifeng.com/world/special/chaoxianpaojihanguo/content-2/detail_2010_12/30/3773829_0.shtml。

与朝鲜维持正常的经济和贸易关系;在"天安"号问题上、在美韩联合军演问题上,双方都有分歧。美国一些人甚至说,"中国已经从解决问题的一部分,变成了问题的一部分"。①

二、南海问题分歧初现

南海是世界上最繁忙、具有重要战略意义的海域。世界上一半以上的贸易和资源的运输是通过南海的。南海还有丰富的自然资源。中国对南海诸岛发现最早、命名最早、利用最早,并对其长期有效行使主权和管辖权,对这些岛礁及附近海域拥有无可争辩的主权。从 20 世纪 70 年代以来,越南、菲律宾和个别其他国家也对其中部分岛礁提出了领土要求,并强行予以占领。为了维护南海的和平与稳定,2002 年中国与东盟国家签署《南海各方行为宣言》,确认致力于加强睦邻互信伙伴关系,承诺根据公认的国际法原则,包括 1982 年《联合国海洋法公约》,"由直接有关的主权国家通过友好磋商和谈判,以和平方式解决它们的领土和管辖权争议",而不诉诸武力或以武力相威胁;在争议解决之前,各方承诺保持克制,不采取使争议复杂化和扩大化的行动,并本着合作与谅解的精神,寻求建立相互信任,探讨和开展合作。②

美国对南海的政策有一个变化过程。直到 2010 年,美国对南海的领土和海洋权益争议基本采取一种中立、不介入的立场。③2009 年 5 月,各国掀起了提交"外大陆界划界案"的热潮,越南、菲律宾、印度尼西亚、马来西亚等相关国家先后修改了本国的大陆架法,并陆续向大陆架界限委员会提交了七个划界案。在这种情况下,中国向联合国秘书长提交了附有南海断续线地图的外交照会,严正声明中国对南海诸岛及其附近海域拥有无可争辩的主权的立场。美国政界和学界普遍认为,断续线构成对历届美国政府最为关注的南海航行自由与安全的挑战。④2009 年 3 月发生"无瑕"号事件,6 月发生中国潜艇与美"约翰·麦凯恩"号驱逐舰拖拽的海底声呐装置相撞事件,⑤从此,南海问题进入美国关注范围。6 月奥巴马政府成立部际海洋工作小组。美政府发言人、高官的讲话、国会

① 美国前助理国务卿、前驻华大使温斯顿·洛德在 2011 年 11 月 16 日在韩国首尔举行的一次讨论会上如是说。但在洛德发言之后,前助理国务卿、六方会谈美方代表团团长凯利当即予以驳斥。
② 《南海各方行为宣言》,2010 年 10 月 30 日,http://www.360doc.com/content/10/1030/12/1086806_65211413.shtml。
③ 见周琪:《冷战后美国南海政策的演变及其根源》,《世界经济与政治》2014 年第 6 期。
④ 张景全、潘玉:《美国"航行自由计划"与中美在南海的博弈》,《国际观察》2016 年第 2 期。
⑤ 见本书第 241—242 页。

听证会关于南海的话题数量急剧增加,南海问题成了美国外交政策热点之一。负责东亚事务的助理国务卿帮办斯科特·马西尔和助理国防部长帮办罗伯特·谢尔 2009 年 7 月 15 日在参议院外交关系委员会的证词是奥巴马政府对南海问题立场的第一次正式表述。马西尔继续强调美国"对于南海相互竞争的领土主权归属的争议不选边,美国对南海岛屿及其他陆地地貌以及由这些陆地地貌决定的海域的主权要求不选边。但是美国对并非由陆地地貌产生的'领海'或任何海洋区域表示关注"。他还表示,中国对南海的主权要求存在着很大的模糊性,以至于已经影响到了美国的利益。第一,关于航行自由。美国侦察船在南海"执行日常行动"时遭到中国渔船的骚扰并发生对峙的事件。美国不能同意中国对专属经济区"航行自由"的解释。第二,马西尔要求:中方要把自己的要求说清楚;有关声索方应按照国际法和《联合国海洋法公约》来和平解决争议。①

美国的一个基本主张是,按照国际法与《联合国海洋法公约》,任何对南海的海洋权益的要求都要以陆地地貌特征为基础,而中国的断续线不是以陆地地貌特征为基础的,中国不能依据历史的状况来提出自己的要求。②这种立场是不顾历史事实的片面主张。1982 年《联合国海洋法公约》的通过及 1994 年的生效对人类和平开发、利用海洋,建立公正、合理的国际海洋秩序起到了重要作用,目前已经有 160 多个国家批准并加入了《公约》。但它本身存在不少模糊之处,留下了一些灰色地带,《公约》的许多条款和机制仍然有待作出准确的解释。南海的核心问题是围绕着南沙群岛的主权争议,以及某些海洋区域的划界问题。这些争议涉及历史、外交、政治、经济、军事和法律等诸多问题,《公约》不能作为解决争端的唯一依据。在南海问题上,体现在断续线的中国的历史性权利是有充分历史依据的。1947 年 12 月,中华民国政府内政部重新审定了南海诸岛地名,并广而告之,同时出版了标明了断续线的《南海诸岛位置图》。1948 年 2 月,国民政府将此图收入《中华民国行政区域图》公开发行,向国际社会宣布了中国政府对南海诸岛及其邻近海域的主权和管辖范围。这就是说,断续线早于《公约》好

---

① Scot Marciel, "Maritime Issues and Sovereign Disputes in East Asia", Testimony before the Subcommittee on East Asian and Pacific Affairs, Senate Foreign Relations Committee, July 15, 2009, http://www.state.gov/p/eap/rls/rm/2009/07/126076.htm。副国务卿内格罗蓬特 2008 年 9 月在访问越南期间表示,美国公司有权在南海从事经营活动,任何关于主权的争议必须和平地解决而不使用武力。美国还直接向中国政府提出,国家之间的主权争议不应该通过对并非争议方的公司施加压力的方式来解决。

② "Maritime Disputes in East Asia", Testimony by Daniel R. Russel, Assistant Secretary of State, Washington, D.C. February 5, 2014, http://www.state.gov/p/eap/rls/rm/2014/02/2211293.htm.

几十年,甚至还早于 1958 年《日内瓦海洋法公约》。中国对南海诸岛及其相关海域的权益是基于最先发现、命名、管辖和纳入版图而形成的一种合法权利,完全符合国际法并受其保护。中国的大量行使有效司法管辖的历史记录足以支持这种主张。包括南海沿岸国在内的国际社会在很长时期并未提出任何异议。自从 20 世纪 70 年代以来,随着南海油气资源的大规模发现,《公约》的签署生效,一些国家出于各自利益的考量对断续线的立场逐渐发生了变化,从最初的肯定、默认向质疑甚至否定转变,断续线也成为中美南海问题上矛盾的焦点。

在上述 2010 年 3 月斯坦伯格和贝德访华时,中国外交部高官就中国对南海问题的立场进行了阐述。①中美在南海问题上分歧的公开化发生在 2010 年 7 月在河内举行的东盟地区论坛上。当时美国正在酝酿将战略重心东移,南海对于美国的地缘战略意义大大上升,中国与越南、菲律宾等一些东南亚国家的领土和海洋权益争端正好成为美国可以利用的抓手。一些东南亚国家也希望美国公开介入它们与中国的争端,借助美国的支持来实现它们蚕食、侵吞中国领土的目的。23 日,希拉里·克林顿作了一个突然袭击式的发言。她主要讲了三点。第一,“航行自由和亚洲公共海域的开放是美国的国家利益”。这个说法似是而非。南海是国际重要的商业航行区域,从来没有哪个国家对这种商业航行自由进行干扰。这个地区的稳定和繁荣就是一个明证。希拉里·克林顿所说的“航行自由”实际是指美国军用舰、机在南海中国的周边海域进行军事侦察活动的“自由”。中国明确拒绝这种侦察活动,认为这样的军事情报活动有碍中国的国家安全利益。第二,“美国支持通过合作的外交进程来解决各种主权争议”。这里的问题在于,中国主张中国与有争议的国家通过双边谈判来解决分歧,在《南海各方行为宣言》中也明确规定“由直接有关的主权国家通过友好磋商和谈判”来解决争端。越南和菲律宾等主张有争议的各方在一起进行集体的谈判,或者东盟十国先谈出一个立场来,再与中国进行谈判。希拉里·克林顿显然支持了争议中的一方,实际上是一种“选边”。第三,声索国要遵循《联合国海洋法公约》来寻求各自的权益。这一说法貌似公正,其实是片面的。《联合国海洋法公约》是 20 世纪 80 年代才有的,而南沙群岛自古以来就是中国的领土,中国的历史性权利远远早于《公约》。不讲历史,只讲《公约》显然是片面的。何况,美国自己还不是《公约》的成员国。美方事先向出席会议的各方代表团打了招呼,要求他们在克林顿发言后予以呼应。在她讲话后,出席会议的

---

① Jeffrey A.Bader, *Obama and China's Rise. An Insider's Account of America's Asia Strategy*, p.77.

27方中有11方代表发言附和,柬埔寨、老挝、缅甸和泰国等四个东盟国家代表没有表态。

出席会议的中国外长杨洁篪当即义正词严地予以反驳。他提出了七点:第一,南海的形势是和平、稳定的,现在没有任何威胁地区和平稳定的事态。第二,南海问题不是中国与东盟之间的问题,而只是中国与东盟部分国家的领土和海洋权益争议;东盟中的非声索国不是争议方,不愿站队选边。第三,《南海各方行为宣言》的精神是要保持克制,不将南海问题国际化、多边化;目前当事国讨论这个问题的磋商渠道已经存在,而且是畅通的。第四,《南海各方行为宣言》的作用是增进有关国家之间的互信,为最终解决争议创造有利条件和良好气氛。中国和东盟国家发表了宣言并已经有了联合工作组会议磋商,条件成熟的时候也可以举行高官会。第五,南海地区的国际航行一直是自由、安全的,该地区国际贸易迅速发展就是见证,中国已成为本地区许多国家最大的贸易伙伴国。第六,中国有自己的合理关切,不能把中国表达关切称作"胁迫",本地区一些非声索国对有人胁迫他们在南海问题上站队抱有反感。第七,将南海问题国际化、多边化只能使事情更糟,解决难度更大。国际实践表明,这类争议的最佳解决途径是争端当事国之间的直接双边谈判。亚洲在崛起,有了自己的尊严,亚洲国家能够平等相待,相互尊重,解决好彼此的关切。①希拉里·克林顿在河内讲话后,中美两国在南海问题上的分歧公开化。

从2009年到2010年中美关系发生这样大的变化,原因是多方面的。首先,2009年奥巴马是在全球金融危机的大背景下上任的,美国政界和学界普遍对危机估计得比较严重,中国是美国的"银行家",美国寻求中国合作的意愿比较强烈,因此在对华政策方面顺应、妥协的一面比较突出;中方一贯重视中美关系,对于新政府也努力予以配合,双方都强调了两国关系中的合作面。其次,一些问题是中美关系中固有的,如对台军售、美与达赖喇嘛的关系、两国在意识形态和人权方面的差异,这些问题可以一时被搁置或拖延,但总是会发生,对中美关系造成冲击,不过时间早晚而已。第三,由于从布什政府到奥巴马政府两国关系的过渡顺利,双方对对方的期望都有些过高,与中美关系的现实有一定落差,一旦分歧暴露出来,就给双方带来挫折感。美国对台军售及奥巴马会见达赖给中方带来挫折感,中方在气候变化、朝鲜半岛等问题上与美国立场的差异给美方带来挫折感。当然更主要的原因是,这时奥巴马政府对中国的认识正在经历变化,亚太

① 《希拉里就南海问题发难,杨洁篪外长驳斥歪论》,2010年7月26日,http://www.chinanews. com.2010.07-26/243966.shtml.李侃如称,希拉里·克林顿原本打算在前一天向杨洁篪简要介绍自己讲话的内容,但由于其他事务而未能与杨会晤。Martin Indyk, Kenneth Lieberthal, Michael O'Hanlon, *Bending History. Barack Obama's Foreign Policy*, p.295.

"再平衡"战略正在酝酿之中。

但毕竟中美双方高度相互依存,双方对对方虽然都有不满,还是谁也离不开谁。而且虽然 2010 年两国关系一再起伏,但震荡的幅度不是很大,不是中美关系中曾经有过的那种大起大落,因此修复和调整仍然比较容易。

第三节 高层互访与机制运行

一、高层互访
(一)胡锦涛访美

2010 年 6 月在多伦多二十国峰会期间两国元首会晤时,奥巴马就向胡锦涛发出了访问邀请,并确定 9 月美国家经济委员会主任劳伦斯·萨默斯、国家安全事务副助理多尼隆访问北京,为胡锦涛的国事访问作准备。9 月 5 日,两位白宫高官以及坎贝尔、贝德、麦艾文到达北京进行为期三天的访问。奥巴马希望通过此次访问表明,他十分重视对华关系,并不以零和博弈的观点来看待两国关系,两国之间虽有种种问题,但他不想让这些问题超过了临界点,而使双方滋生敌意。[1]胡锦涛、温家宝、王岐山、戴秉国、杨洁篪以及中组部部长李源潮都会晤了美国客人。萨默斯还单独会晤了中国人民银行行长周小川、财政部长谢旭人,多尼隆也与中央军委领导人会见。胡锦涛在会晤中表示,中美双方应从全球视野和战略高度来看待和推进两国关系发展,坚持不懈推进各领域的对话、交流与合作。温家宝在会见中指出,中美双方要珍惜来之不易的成果,把握大局,抓住机遇,排除干扰,坚定不移地向前迈进。王岐山强调,中国将坚定不移地推进改革开放,为外资企业创造良好的投资环境,中美双方应当加强在经贸、投资、金融、新能源和基础设施改造等领域的合作。戴秉国表示,战略互信是中美合作的基础。双方要从大处着眼,加强战略对话与沟通,努力增进战略互信。[2]多尼隆在会晤中也多次说到,对于总统而言,在所有国际倡议中与中国的合作都至关重要。萨默

---

① Jeffrey A.Bader, *Obama and China's Rise. An Insider's Account of America's Asia Strategy*, pp.115—117.

② 《胡锦涛会见多尼隆和萨默斯:中美应坚持对话交流》,中国新闻网,2010 年 9 月 8 日,http://www.chinanews.com/gn/2010/09-08/2519845.shtml;《温家宝会见萨默斯和多尼隆》,2010 年 9 月 7 日,http://news.ifeng.com/mainland/detail_2010_09/07/2455741_0.shtml;《戴秉国会见美国总统国家安全事务副助理多尼隆、白宫国家经济委员会主任萨默斯》,2010 年 9 月 7 日,http://politics.people.com.cn/GB/1026/12660832.html;《王岐山会见萨默斯》,2010 年 9 月 7 日,http://news.cntv.cn/china/20100907/101561.shtml。

斯强调了人民币升值的必要性。①总之,双方进行了良好的沟通与交流。

10月24日,刚刚在韩国庆州参加了二十国集团财长和央行行长会议的美国财长盖特纳在青岛机场与王岐山举行会晤。尽管财长会议仍然无法在具体目标上达成一致,但与会官员承诺将使本国经常账户保持在可持续水平,并极力避免竞争性货币贬值而导致"货币战争"。盖特纳在财长会上重申,全球依然面临着相当大的经济挑战,新兴市场国家的货币需要持续渐进地升值,希望中国能够加速汇率改革步伐,使之更加市场化。盖特纳在会晤中对此予以强调。②

2010年中美关系中的摩擦、争端在美国产生了一种普遍的印象:全球金融危机使中国人普遍认为,中国强大了,美国衰落了,中国在国际事务中变得越来越咄咄逼人了,对美国也越来越强硬了。③贝德在书中写道,这不是突如其来的新现象,但是现在的中国确实与美国打了几十年交道的中国不同。④有的美国学者甚至认为,中国把奥巴马当作一位弱势总统,他面临的棘手问题太多,处境困难,迫切需要中国合作,因此中国就对他施加压力。⑤为了消除美国和国际上种种对于中国外交政策的疑虑和猜测,12月7日戴秉国发表了题为《坚持走和平发展道路》的长篇文章。文章坦率地说,中国没有什么不可告人的目的和野心,中国的战略意图就是四个字:和平发展,即对内求和谐、求发展,对外求和平、求合作。这是今后很长时间里要做的一件事,是不会动摇的。互利共赢、共同发展,是中国改革开放三十多年来对外关系中最大最深的体会,也是取得成功的一大法宝,绝不会丢弃。中国的和平发展道路是符合时代潮流的,这条路会越走越宽广、越走越有希望。文章还对中国的台湾政策、军费增长、中国的国际义务等国际社会普遍关心的问题进行了阐述。⑥文章平心静气,摆事实讲道理,为胡锦涛主席2011年1月对美国的国事访问做了一个很好的舆论准备。

---

① Jeffrey A. Bader, *Obama and China's Rise. An Insider's Account of America's Asia Strategy*, pp.115—117; David Rothkopf, *National Insecurity. American Leadership in An Age of Fear*, pp.203—204.贝德在书中说,中方领导人和高官在会晤中一再强调中美两国的"合作",以致不懂中文的多尼隆通过访问也学会了"合作"这个词。

② 《美国财长紧急访华,与王岐山在青岛机场会谈》,2010年10月25日,中国新闻网,http://news.163.com/10/1025/01/6JQ8LLTN0001124J.html.

③ 2010年1月、6月、7月笔者三次访美,广泛接触了智库,与诸多学者交换看法,不管是鹰派还是鸽派、温和派还是保守派,对中国对美政策普遍有这种抱怨。

④ Jeffrey A. Bader, *Obama and China's Rise. An Insider's Account of America's Asia Strategy*, pp.79—82; Martin Indyk, Kenneth Lieberthal, Michael O'Hanlon, *Bending History. Barack Obama's Foreign Policy*, pp.28—29.

⑤ 对美国学者唐耐心的访谈,2010年7月17日。

⑥ 戴秉国:《坚持走和平发展道路》,2010年12月7日,http://www.chinanews.com/gn/2010/12-07/2704984.shtml.文章在国际上产生了广泛的良好的影响,Jeffrey A. Bader, *Obama and China's Rise. An Insider's Account of America's Asia Strategy*, p.123.

2011年1月18日至21日,胡锦涛再次对美国进行国事访问,访问廓清了中美关系的天空。正如希拉里·克林顿所说,美方对访问"十分期待",也做了多项"精心准备":盖茨防长1月9日至12日对中国进行访问,盖特纳、克林顿、商务部长骆家辉分别作了三场主题报告。1月12日盖特纳在约翰斯·霍普金斯大学国际关系高级研究院发表讲话,比较全面地阐述了中美经贸关系,指出中国的发展对美国既是机遇,也是挑战;强调美国的成功主要靠自己,不要总是把眼光盯着中国、聚焦于施压中国让人民币升值。①1月14日克林顿在国务院发表讲话,强调不能用19世纪零和博弈的理论来看待21世纪美中关系,"当前的美中关系是积极的,我们也有机会来缔造未来非常积极的两国关系",并阐述了两国关系中的主要合作领域和问题。②同日,骆家辉在美中贸易全国委员会发表讲话指出,美中经济关系正处在一个转折点上,2010年中国已经成为世界第二大经济体,过去几十年中塑造两国关系的政策和做法对今后几十年来说已经不够用了。他探讨了如何最大限度地释放两国合作潜力的途径。③这些举措表明了美方对胡锦涛访问的重视,为访问营造了良好气氛,也使美国媒体和公众对访问有一个现实的期待,是一个很好的预热。

胡锦涛主席访美日程紧凑、活动丰富多彩。1月18日,胡锦涛抵达华盛顿的当天,奥巴马总统打破惯例,在白宫举行了家庭式的小型欢迎晚宴,就双方关心的主要问题,尤其是朝核问题,交换了意见。19日,奥巴马为胡锦涛到访举行欢迎仪式,仪式进行得完美无缺。随后,两国领导人举行正式会谈,达成《联合声明》,共同会晤两国商界领袖,举行联合记者会,胡锦涛还出席了国务院举行的午宴,在白宫举行的国宴。20日,胡锦涛赴国会山会见美国两党领袖,参加友好团体举行的午餐会并发表演讲,飞赴奥巴马的故乡芝加哥,并出席芝加哥市长举行的晚宴;21日,胡锦涛参观芝加哥孔子学院,参观中国民营企业家鲁冠球创办的万向集团下属的一家汽车零件厂,会见芝加哥华侨华人领袖。胡锦涛的国事访问巩固了中美两国的广泛共识,拓展了两国合作领域,推动了两国间的人文交流。访问再次表明,中美两国虽然难免会有分歧,但共同利益大于分歧,合作是两国关系的主流。访问成果具体体现在双方的《联合声明》上。

《联合声明》强调,两国是全面合作伙伴,不仅在双边关系上,而且在应对地

① U.S. Treasury Department, Office of Public Affairs, "Secretary of the Treasury F.Geithner: The Path Ahead for the U.S.-China Economic Relationship", January 12, 2011, *Washington File*, January 13, 2011, pp.9—14.

② U.S. Department of States, Office of Spokesman, "Secretary Clinton on U.S.-China Relations in the 21st Century", January 14, 2011, *Washington File*, January 18, 2011, pp.12—20.

③ U.S. Department of Commerce, "Commerce Secretary Gary Locke on U.S.-China Commercial Relationship", January 14, 2011, *Washington File*, January 14, 2011, pp.20—26.

区和全球挑战方面；不仅在经济方面，而且在安全方面，以及其他问题上。在安全方面，给人印象深刻的是两国领导人在朝核问题上达成的共识。2010 年半岛局势持续紧张，中美关系也备受牵累。现在，两国领导人就维护半岛和平与稳定、实现无核化目标、改善南北关系的重要性再次达成共识，并"对朝鲜宣称的浓缩铀计划表示关切"，还特别强调要全面落实六方会谈《9·19 共同声明》，尽早重启六方会谈。

经贸关系是两国共同利益的杰出体现，是两国关系的"压仓石"。《联合声明》继续强调了两国经贸关系的重要性，同意推进全面经济合作，并且提出了"建设全面互利的经济伙伴关系"的目标。《联合声明》也提到了经贸关系中的各种具体问题，如实现贸易平衡、加强知识产权保护、培育开放、公平和透明的投资环境、深化金融部门的合作、加强全球金融体系和改革国际金融框架等。在胡锦涛访美期间，中国商务部同时组织两个投资贸易促进团在美国东、西海岸和南部活动，随后，400 多名中国企业家与他们的美国同行在芝加哥进行交流。双方签订了总额 450 亿美元的经贸协议，包括购买 200 架波音飞机。[1]

两国领导人还讨论了今后一个时期中美关系的重要议程，包括拜登副总统访华、习近平副主席访美、第三轮中美战略与经济对话、第二轮中美人文交流高层磋商、第 22 届中美商贸联委会等，并再次承诺加强两军交流的机制建设，如国防部防务磋商、国防部工作会晤、海上安全磋商机制等，为此后一个时期中美关系进行了谋篇布局。双方对两国间的人文交流非常重视，并宣布建立中美省州长论坛，以支持两国地方之间开展广泛的交流合作，包括增强友好省州和友好城市关系。双方重申了对"十万人留学中国计划"的支持，并同意讨论扩大文化交流的途径。总之，访问取得了圆满成功，使 2010 年一再颠簸的两国关系重新回到合作发展的主渠道。

（二）拜登访华

2011 年 8 月 17 日至 21 日，拜登副总统对中国进行了 4 天成功的访问。访问主题明确：致力于建设强有力、持续、积极的双边关系，并突出双边经济关系的重要性。胡锦涛、温家宝会见拜登，习近平副主席与拜登举行会谈，并一起会见中美两国的商界领袖，习近平还陪同拜登访问成都，参观中国古代伟大的水利工程都江堰。拜登和中方领导人都一再表示要同舟共济，加强合作，推动世界经济的复苏和增长。[2]

---

[1] 《中美签 450 亿美元采购合同》，2011 年 1 月 21 日，http://finance.sina.com.cn/j/20110121/14359292017.shtml.

[2] 《崔天凯谈美国副总统拜登访华》，2011 年 8 月 19 日，http://news.xinhuanet.com/2011-08/19/c_121885497.htm；Merle Kellerhals, Jr., "Biden to Meet with High-Raking Chinese Officials in Beijing", August 17, 2011, *Washington File*, August 17, 2011, pp.2—3.

拜登结束访华后,在 9 月 7 日《纽约时报》网站上发表题为《中国的崛起不是美国的覆灭》的文章,他写道:"我深信,一个成功的中国能够使我们的国家更加繁荣,而不是不如现在繁荣","美中两国在合作的同时,也在竞争。我强烈地相信,美国能够而且必将因这种竞争而繁荣发展",从而驳斥了那种认为中美关系是"零和博弈"的观点。①

(三)习近平访美

2012 年 2 月 13 日至 17 日,国家副主席习近平对美国进行正式访问。这次访问基调积极,内容丰富,对于保持和加强两国关系的发展势头起到重要作用。在华盛顿,习近平会晤奥巴马和其他美国政要,与拜登进行深入会谈,并会晤国会两院两党领袖。习近平强调,中美拥有广泛而重要的共同利益,中美合则两利,斗则俱伤;两国要排除干扰,坚持做朋友、做伙伴;要携手走出一条大国之间和谐相处、良性竞争、合作共赢的新型道路。美方表示,坚定地致力于推进相互尊重、互利共赢的美中合作伙伴关系,美方欢迎中国和平发展,认为一个强大、繁荣、稳定的中国有利于亚太地区和世界的繁荣与稳定。②

经贸合作是本次访问的一个重要主题。习近平与美国领导人进行了坦诚、深入的讨论,出席了两国企业家的圆桌会议和经贸论坛。习近平在不同场合指出,经贸合作已成为中美两国关系的最大亮点,互利共赢是这种合作的最大特点,中美双方都是赢家。他强调,对于两国间存在的贸易争端,要用建设性的办法来解决,而不能用保护主义的办法。他呼吁美国放宽对中国高科技出口的限制,为美国创造就业岗位。从 2001 年到 2011 年,中国从美国进口的高技术产品,由中国高技术进口总额的 16.7% 降到了 6.3%,如果美国能保持 2001 年的比重,对华出口即可增加 500 亿美元。③

习近平还故地重游,访问了艾奥瓦州马斯卡廷市,与 27 年前相识的老朋友重叙友情。在洛杉矶,习近平观看了洛杉矶湖人队与凤凰城太阳队的篮球比赛。在访问全程中,他的自信、坚定和轻松、平易近人给美国民众留下了深刻的印象。

---

① Joseph Biden, "China's Rise Isn't Our Demise", September 7, 2011, http://www.nytimes.com/2011/09/08/opinion/chinas-rise-isnt-our-demise.html?_r=0.

② 《习近平会见美国总统奥巴马》,2012 年 2 月 15 日,http://news.xinhuanet.com/world/2012-02/15/c_122701742.htm;《国家副主席习近平同美国副总统拜登在白宫会谈》,2012 年 2 月 15 日,http://www.gov.cn/ldhd/2012-02/15/content_2066913.htm; Barack Obama, "Remarks Prior to a Meeting With Vice President Xi Jinping of China," February 14, 2012. Online by Gerhard Peters and John T. Woolley, *The American Presidency Project*, http://www.presidency.ucsb.edu/ws/?pid=99401。

③ 习近平:《在中美经贸合作论坛开幕式上的演讲》,2012 年 2 月 17 日,洛杉矶,http://news.xinhuanet.com/world/2012-02/18/c_111540134.htm。

二、机制运行

（一）战略与经济对话

中美第二轮战略与经济对话于 2010 年 5 月 24 日至 25 日在北京举行。美方派出 200 多人的庞大代表团来华，其中内阁级官员就有 18 位。胡锦涛主席出席对话开幕式并致辞。胡锦涛强调，虽然中国的面貌发生了举世瞩目的变化，但中国仍然是世界上最大的发展中国家，要全面建成惠及十几亿人口的更高水平的小康社会，进而基本实现现代化、实现全体人民共同富裕，还有很长的路要走。中国将继续坚持改革开放，继续奉行互利共赢的开放战略，继续按照主动性、可控性、渐进性原则，稳步推进人民币汇率形成机制改革；继续走和平发展道路，同世界各国一道努力，推动建设持久和平、共同繁荣的和谐世界。①

奥巴马在他的书面致辞中说："美中关系将塑造 21 世纪，其重要性不亚于世界上其他双边关系"，"我们都生活在同一个相互联系的世界上，正是这种认识指导着我们的关系……一个国家的成功不必损害另一个国家，我们两国的成就是可以共享的。实际上，美国欢迎中国作为一个强大、繁荣和成功的国际大家庭的成员"。②

王岐山副总理和戴秉国国务委员、希拉里·克林顿国务卿和盖特纳财长共同主持对话。戴秉国在讲话中强调，中国的发展对美国是机遇而不是威胁。中国是现行国际体系的受益者，无意挑战和颠覆这个体系。他还说道，建设中美新型伙伴关系是一项史无前例的开创性任务，前进的道路不会是一帆风顺、没有困难的，但已有的实践证明，这条路是必须走也走得通的。③希拉里·克林顿在讲话中再次强调了中美两国合作的重要性，她引用中国的成语"殊途同归"，表示美中两国虽有不同的历史，但是却拥有共同的目标和责任，对话的意义即在于此。④

王岐山在开幕式上表示，希望在此轮对话中详细了解美方关于逐步消除对华高技术出口障碍、平等对待赴美投资的中国企业、承认中国市场经济地位等的时间表和路线图。盖特纳表示，我们的做法体现了中国成语"风雨同

① 胡锦涛：《努力推动建设 21 世纪积极合作全面的中美关系——在第二轮中美战略与经济对话开幕式上的致辞》，2010 年 5 月 24 日，http://politics.people.com.cn/GB/1024/11683365.html。
② The White House, Office of the Press Secretary, "Statement of President Barack Obama to the U.S.-China Strategic and Economic Dialogue", May 24, 2010, *Washington File*, May 25, 2010, pp.9—10.
③ 《第二轮中美战略与经济对话》，http://world.people.com.cn/GB/8212/191426/。
④ U.S. Department of State, Office of the Spokesman, "Remarks of the State Hillary Rodman Clinton at Strategic and Economic Dialogue Opening Session", May 23, 2010, *Washington File*, May 25, 2010, pp.13—14.

舟"的内涵,如果我们在危难之际携手合作,我们的人民将受益,整个世界将更美好。①

战略轨道的对话取得 26 项具体成果,包括签署了 6 项文件,双方同意加强在气候变化、能源、环境等领域的务实合作,②同意在平等和相互尊重的基础上继续就人权问题进行对话。

在经济轨道的对话中,双方承诺进一步加快转变经济发展方式、调整经济结构。美国将减少中期联邦政府财政赤字,保证长期财政可持续性,采取"量入为出"的预算方案,使债务占 GDP 比例在经济复苏后稳定在可接受的水平,走出一条负责任财政的道路;中方将继续进行结构改革,保障消费在经济增长中发挥不断扩大的拉动作用,并将继续加强社会保障体系建设。美方欢迎外国资本投资于美金融业,承诺对中资银行、证券和基金管理公司适用与其他国家相同的监管标准。双方同意加强在国际金融体系改革方面的合作,鼓励通过两国部门间的对话机制深化合作与交流。③

2011 年 5 月 9 日至 10 日,中美第三轮战略与经济对话在华盛顿举行。对话之前,戴秉国在《华尔街日报》上发表题为《中国和平发展对美国有利》的文章,以平实的语言简明扼要地阐述了中国和平发展的道路。5 月 5 日,盖特纳在美中贸易全国委员会发表讲话,强调两国经济关系对美国的重要性,以及两年来战略与经济对话取得的成果。同日,助理国务卿坎贝尔和财政部对华政策高级协调员洛文格在国务院举行记者招待会,为即将举行的对话预热。坎贝尔讲道,美方这次想来点小创新:几位主官和最关键的官员会举行"会中会",在一起讨论最重要、最关键的问题;双方都有军方高层代表参加对话。④

拜登副总统出席了对话开幕式并致辞。他强调,对话要讨论那些决定我们时代特性的问题,"我们两国的合作情况将在很大程度上决定在 21 世纪初整个世界能如何应对挑战"。⑤战略轨道取得了 48 项成果,涉及能源、环境、科技、交通、林业、气候变化等多个领域,并就广泛的国际问题,包括朝核、伊朗核、苏丹、

① U.S. Department of the Treasury, "Treasury Secretary at Strategic and Economic Dialogue Ceremony", May 24, 2010, *Washington File*, May 25, 2010, p.12.

② 见本书第 423 页。

③ 《第二轮中美战略与经济对话》,http://world.people.com.cn/GB/8212/191426/。第 9 章第 3 节二"经济方面"。

④ U.S. Department of The Treasury, "Remarks by Secretary Tim Geitner at a Discussion on the Upcoming U.S.-China Strategic and Economic Dialogue"; U.S. Department of State, Office of the Spokesman, "U.S. Officials' Preview of Upcoming U.S.-China Dialogue", May 5, 2011, *Washington File*, May 6, 2011, pp.5—6; May 9, 2011, pp.12—20.

⑤ Stephen Kaufman, "Biden: U.S., China Relationship Will Shape 21st Century", *Washington File*, May 10, 2011, pp.2—3.

中东局势进行了讨论,还首次举行了由双方文职和军方高官参加的中美战略安全对话。经济轨道达成 64 项成果,王岐山和盖特纳共同签署了《中美关于促进经济强劲、可持续、平衡增长和经济合作的全面框架》,明确两国将开展更大规模、更加紧密、更为广泛的经济合作,包括促进两国之间相互投资、推动中美经贸关系良性发展,在铁路、电网等基础设施以及清洁能源、绿色经济、科技创新等领域加强合作,扩大两国地方政府、企业等各层面的交流合作。①必须指出,虽然美方在对话中承诺在出口管制体系改革中公平对待中国,放宽对华高技术产品出口限制,并将通过中美商贸联委会以合作的方式迅速、全面承认中国市场经济地位,但两项承诺从未兑现。

为了落实两国元首的共识,2 月 26 日,中国人民对外友好协会副会长李小林与美国全国州长协会主席、华盛顿州州长克里斯汀·葛瑞格尔在华盛顿签署了建立省州长论坛的协议,并决定于 7 月在美国犹他州举行第一届论坛。7 月 15 日至 17 日,中国浙江、安徽、云南、青海四个省的领导以及美国 24 位州长聚会犹他州盐湖城。论坛议题广泛涉及贸易与投资、能源与环境、人文交流、旅游、教育、文化等方方面面,双方签订了 20 多项合作协议。美国务院在 7 月 15 日发布的声明中说,论坛不仅表示两国鼓励省州之间的交往,而且是"把最了解他们本省/州在经济、教育、环境等各方面需求的领导人们的关系正式确定下来"。②作为本届论坛的重要后续活动,10 月 19 日,在北京举行了中美省州长对话,8 位中国各省领导和 6 位美国州长出席。省州长们举行了 23 场对口交流,就加强实质性合作进行了深入探讨,达成多项合作意向。

就在第四轮战略与经济对话举行之前,一桩意外的事情突然出来搅局。中国公民陈光诚是山东省沂南县的一个盲人律师,他在反对所谓"强制计划生育"方面的"维权"行为与中国地方当局发生冲突。2012 年 4 月下旬,美国大使馆人员以非法手段将其带入使馆,使一件小事成了两国间的一个外交事件。这时离预定举行对话的 5 月 3 日就剩几天了。双方经过紧急磋商,希拉里·克林顿还特地派了助理国务卿坎贝尔到北京,最后双方达成妥协:美方同意陈光诚离开使馆,去医院检查身体;中方同意他去美国留学。5 月 2 日,陈自行离开美国使馆,去北京朝阳医院检查身体。当天,中国外交部发言人在记者招待会上对美使馆人员以非正常方式将陈带入使馆表示强烈不满,谴责美方做法是干涉中国内政,中方绝不接受。中方要求美方反思自己的政策和做法,就此事道

---

① 《2011 年第三轮中美战略与经济对话成果清单》,2011 年 5 月 11 日,http://www.china.com.cn/international/txt/2011-05/11/content_22544594_4.htm。

② MacKenzie Babb, "U.S. Governors, Chinese Provincial Leaders Discuss Crucial Issues", *Washington File*, July 20, 2011, pp.3—4.

歉,进行彻底调查,处理相关责任人,并保证不再发生类似事件,以实际行动维护中美关系大局。①坎贝尔5月2日在北京接受CNN记者采访时表示,这是他处理过的最紧迫的事件,是没有先例的,"你在和时间赛跑"(指战略与经济对话即将举行)。②5月4日,外交部发言人表示,陈光诚目前正在医院接受治疗。他如果想出国留学,作为一个中国公民,可以像其他中国公民一样,依法通过正常途径到有关部门办理有关手续。③西方媒体和美国的一些国会议员和人权组织借此大做文章,一时间炒得沸沸扬扬,以此抹黑中国的人权状况。但由于处理及时得当,此事没有影响中美战略与经济对话的举行。

2012年5月3日,中美第四轮战略与经济对话在北京举行,胡锦涛主席出席开幕式并致辞,指出,40年来,中美关系发展的广度和深度远远超过了当年人们的想象。中美关系持续健康向前发展,不仅能给两国人民带来实实在在的利益,而且将为促进世界和平、稳定、繁荣作出宝贵贡献。④

在战略轨道,双方商定了下一阶段多个领域的对话磋商,包括夏天在华盛顿举行人权对话,下半年举行第四次中美亚太事务磋商,2013年举行下一轮法律专家交流,以及中东事务磋商、非洲、拉美、南亚、中亚问题对口磋商等。双方支持中国海事局与美国海岸警卫队建立"中美海事安全对话机制"。⑤经济轨道的对话主题为"深化战略沟通与务实合作,推进持久互利的中美经济关系",讨论的议题包括:(1)促进强劲、可持续和平衡增长,主要讨论全球经济挑战、中美财政和货币政策、两国经济再平衡及经济结构调整等;(2)拓展贸易和投资机遇,改革国际规则和全球经济治理、促进投资便利化、鼓励创新和竞争等;(3)金融市场的稳定和改革,加强金融监管和跨境监管合作、跨境资本流动和金融市场准入、石油价格市场监管和全球大宗商品市场监管等。双方一致认为,中美首先应该把

---

① 《外交部发言人就陈光诚进入美国驻华使馆事答问》,2012年5月2日,http://www.gov.cn/jrzg/2012-05/02/content_2128085.htm。

② U.S. Department of State, Office of Spokesman, "Assistant Secretary Campbell's Interview in China with CNN", May 2, 2012. *Washington File*, May 3, 2012, pp.23—30. 坎贝尔后来承认,处理陈光诚事件在美国是国务院主导的,国安会不赞成希拉里·克林顿及其团队这样简单的咄咄逼人的处理方式,双方存在着相当分歧,关系"明显紧张"。国安会高官对国务院的批评通过《纽约时报》记者的报道见诸报端。Kurt Campbell, *The Pivot. The Future of American Statecraft in Asia*(New York: Twelve, 2016), p.31.

③ 《外交部发言人就陈光诚希望出国留学事答记者问》,2012年5月4日,http://www.sinoca.com/news/china/2012-05-04/201346.html。

④ 胡锦涛:《推进互利共赢合作,发展新型大国关系——在第四轮中美战略与经济对话开幕式上的致辞》,2012年5月3日,http://www.gov.cn/ldhd/2012-05/03/content_2129121.htm。

⑤ 《中美商定下一阶段多轮磋商》,2012年5月4日,http://news.xinhuanet.com/2012-05/04/c_111891684.htm。

各自的事情办好。①经济轨道共取得 67 项成果,并发表联合声明,表示双方决定进一步强化双边关系,包括加强在一系列紧迫的全球和地区问题上的协调与合作,构建 21 世纪新型国家关系模式。②

（二）人文交流

2010 年 5 月 25 日上午,中美人文交流高层磋商机制成立仪式暨首轮会议在北京举行。刘延东国务委员和希拉里·克林顿国务卿出席并主持会议。刘延东致辞说,建设 21 世纪积极合作全面的中美关系,需要不断开拓两国人文交流的广度和深度,夯实中美友好的社会基础和民意基础。希拉里·克林顿致辞说:"我们必须[把两国关系]从政府大厦拓展到我们民众的家里,拓展到商界和学校……我们需要不同年龄、不同职业和各个阶层的中国人和美国人彼此了解,更好地相互理解,相互联系并相互合作",因为"我们两国人民是我们两国最伟大的资源"。③

两国人文交流机制的建立极大地促进了两国在教育、科技、文化、体育、旅游等各领域的交流合作,两国互派留学生是其中突出事例。2009 年 11 月奥巴马访华时宣布,未来 4 年将派 10 万美国学生到中国学习,次年美国启动了"10 万美国人留学中国"的计划,国务院成立了非营利性的"十万强基金会",落户于美利坚大学国际关系学院,目标是在 2010 年至 2014 年间,向中国派送 10 万名来自各地的高中生、本科生、研究生赴华学习。截至 2012 年 5 月,基金会已收到来自中国银行、可口可乐、万向集团等公司以及一些基金会共计 1 500 多万美元的捐款承诺。④中国政府承诺公派 1 万人去美国攻读博士学位,新设 1 万个中美人

① 《王岐山对话盖特纳:中美应首先把自己事情办好》,2012 年 5 月 3 日,http://www.chinanews. com/gn/2012/05-03/3863475.shtml;The Treasury Department,"The Treasury's Geithner at Economic Dialogue in Beijing",May 3,2012,*Washington File*,May 4,2012,pp.5—6.

② 《第四轮中美战略与经济对话联合新闻稿》,2012 年 5 月 6 日,http://www.chinaacc.com/new/ 184_186_201205/06lv117496224.shtml;U.S. Department of State,Office of the Spokesman, "Joint Statement on U.S.-China Strategic, Economic Dialogue",May 4,2012,*Washington File*,May 7,2012,p.27. 对话结束时中国商务部举行发布会介绍情况,陈德铭部长说,在放宽对华高技术出口方面,美方已多次表态将有实质变化,却迟迟不见具体行动,甚至在某些方面还加强了管制。他呼吁美方一诺千金,尽快采取具体行动。《陈德铭:美迟迟不放宽对华高技术出口,甚至加强管制》,2012 年 5 月 3 日,http://news.ifeng.com/mainland/special/zhongmei-duihua4/content-3/detail_2012_05/03/14301484_0.shtml。

③ 《中美人文交流高层磋商机制成立并召开第一次会议》,2010 年 5 月 25 日,http://www.gov. cn/ldhd/2010-05/25/content_1613568.htm;Merle David Kellerhals,Jr.,"Clinton, Liu Launch U.S.-China People-to-People Initiative," May 25,2010,*Washington File*,May 26,2010, pp.3—4.

④ 《美国成立"十万强基金会"力推十万人留学中国》,《光明日报》2013 年 2 月 6 日,http://educa-tion.news.cn/2013-02/06/c_124329887.htm。

文交流专项奖学金名额,在四年中通过"汉语桥"培训 1 万名中学和大学教师、学生以及学校的行政人员。2013 年 1 月 24 日,希拉里·克林顿在国务院宣布,"十万强基金会"将成为一个常设的独立的基金会,其目的不仅是实现 10 万美国学生留学中国计划,而且将长期支持和加强美中两国之间的学生交流。她强调指出,国家关系要超越外交官、记者和商人,我们希望看到更多的中国学生来美国,也看到更多的美国学生去中国,即使现在有了很先进的通信手段,我们还是希望人们有面对面交流的机会。张业遂大使称这一基金是"对未来的聪明的投资",并表示,中国政府支持的 1 万名留学名额已基本发放。坎贝尔表示,迄今为止,美国学生只去中国少数几个地方,以后要拓展区域,让美国学生去到那些与美国交流很少的地区。①

4 月 30 日,希拉里·克林顿抵上海,与美驻华大使洪博培一起出席上海世博会美国馆的开馆典礼并致贺辞。她强调,人民之间的联系是国家关系的持久基础,奥巴马政府正致力于加强这种联系。②有 50 多家在华经营的美国公司为修建美国馆捐了款。

2011 年 4 月 11 日至 12 日,第二轮人文交流高层磋商在华盛顿举行。刘延东与希拉里·克林顿共同主持会议。刘延东就加强新时期中美人文交流与合作提出三点倡议:(1)面向人民:通过构建官民并举、多方参与的人文交流格局,让两国民众成为人文交流的主体;(2)面向世界:本着相互尊重、开放包容的精神,在交流中相互学习,求同存异,文明互鉴,促进世界和平与发展;(3)面向未来:增进两国青年一代的了解与友谊,让中美友好事业薪火相传。希拉里·克林顿表示,美中在人文领域开展广泛合作符合两国和两国人民的根本利益。美方愿与中方共同努力,创新形式,充实内涵,将两国人文交流与合作提升到新水平。会议全面总结了一年来两国人文交流与合作取得的进展和成果,规划了今后一个时期交流的总体框架、阶段重点和工作原则,并确定了数十个合作项目。③

2012 年 5 月 4 日,第三轮人文交流高层磋商在北京举行。刘延东指出,在两国元首的大力支持下,经过双方共同努力,人文交流形成宽领域、多层次、广覆盖的新格局,实践表明,人文交流对于促进民众相识相知、推动中美关系健康发展具有独特作用,与政治互信、经贸合作一道,构成中美关系的重要支柱。希拉

---

① Jane Morse,"100,000 Strong Foundation Seeks to Strengthen U.S.-China Ties",*Washington File*,January 28,2013,pp.4—5.

② U.S. Department of State,Office of the Spokesman,"Remarks by Secretary of State Hillary Rodman Clinton at Reception for the Opening of the USA Pavilion at the 2010 Shanghai Expo",*Washington File*,May 3,2010,pp.11—12.

③ 《第二轮中美人文交流高层磋商在美国华盛顿举行》,2011 年 4 月 13 日,http://www.gov.cn/ldhd/2011-04/13/content_1843400.htm。

里·克林顿在致辞中表示,国与国之间关系归根结底根植于人民。人文交流是两国关系中富有热情、最有意义的一部分,对建设合作伙伴关系非常关键,是面向未来的事业,没有一项投资能有如此好的回报。双方就加强各领域合作达成一系列重要共识。①

---

① 《第三轮中美人文交流高层磋商 4 日在北京举行》,2012 年 5 月 4 日,http://www.gov.cn/ldhd/2012-05/04/content_2130318.htm。

第八章 美国的亚太 "再平衡"战略

第一节 亚太"再平衡"战略的出台

2011 年 10 月,希拉里·克林顿发表题为《美国的太平洋世纪》的文章。她开宗明义地说:"随着伊拉克战争偃旗息鼓和美军开始从阿富汗撤出,美国正处在一个转折点上……在下一个十年,美国要锁定在外交、经济、战略和其他方面持续不断地增加在亚太地区的投入,并把它当作是美国治国理政的最重要任务之一。亚太地区已经成为全球政治的关键驱动者。从印度次大陆到美国西海岸,这一地区横跨两洋,印度洋和太平洋越来越紧密地为航运和战略所联系。""未来的政治是在亚洲决定的,而不是在阿富汗或伊拉克","这是奥巴马总统从执政一开始就确定的战略进程,它已经在产生效益"。①11 月 17 日,希拉里·克林顿在夏威夷东西方中心发表同名演讲。②同一天,奥巴马在访问澳大利亚时在

---

① Hillary Clinton, "America's Pacific Century", October 11, 2011, http://foreignpolicy.com/2011/10/11/americas-pacific-century/.

② Hillary Clinton, "America's Pacific Century", http://www.state.gov/secretary/rm/2011/11/176999htmUS/2012/06/08/obama-aquino-to-sustain-countries-bond/UPI-87831339140600/助理国务卿坎贝尔在回忆录中写道,关于奥巴马的新战略,国务院常用的词是"转向"(Pivot),而国安会则多用"再平衡"(Rebalance)。奥巴马两个词都用。他指出,国务院和国安会对亚太地区的看法是有分歧的。虽然双方都认为要推进美国在亚洲的战略,但国安会更多地考虑对华关系,考虑与中国领导人和高层官员的会晤,希望这些会晤可以产生重大的结果和影响,如在朝鲜半岛和阿富汗重建问题上。把对华关系搞对了,政府其他部门就可以去处理与(转下页)

议会发表演讲说：

在这里我们看到未来。亚太地区是世界上增长最快的地区，全球一半以上的经济来源于此，这个地区对于达到我最高的目的是至关重要的，那就是为美国人民创造就业和机会。世界上多数核大国和近一半人口都在这里，亚洲将在很大程度上决定，我们面对的这个世纪是以冲突还是合作作为标志，是以人类的苦难还是进步作为标志。

因此，我作为总统作出了一个深思熟虑的战略决定：美国作为一个太平洋国家将坚持核心原则，并与我们的盟友和朋友结成紧密的伙伴关系，在塑造本地区及其未来中发挥更大、更久远的作用。

奥巴马表示，他已经指示他的安全团队把亚太作为首要重点，美国将保证把足够的资源用于本地区以便保持在这里强大的军事存在，而不受削减防务预算的影响，美国将信守对盟国的条约义务，包括对澳大利亚的义务，总之，"美国作为一个太平洋国家留在这里不走"。①

（接上页）这个地区其他国家的关系。国务院则更多地从中国意图的改变及在这个大地区如何回应中国雄心的角度来考虑问题。在希拉里·克林顿的上述文章发表前曾征求国安会意见，国安会个别关键的官员提出，也许这篇文章"面太宽了"，真正需要的是"东南亚多边主义的谨慎的历史"。这个意见遭到希拉里·克林顿团队的嘲笑。所以，这个战略的创意来自国务院是显而易见的。Kurt Campbell, *The Pivot. The Future of American Statecraft in Asia* (New York, Boston: Twelve, 2016), pp.29—31.

"转向"的说法受到许多批评。如柯庆生就说，这种说法"给美国外交带来的一个深层次的战略问题是，美国不是前后一贯的，不能同时处理好两个问题。欧洲，尤其是中东的那些友好的政府都不会欢迎美国从他们那个地区撤走。据称，许多人担心这个战略对当地的影响"。而且许多亚洲观察家也担心，美国有朝一日会不会也从本地区撤走。他认为"再平衡"这个说法比较温和，比较确切地描述了美国政策的重点变化及多届政府加强在亚洲影响的长期过程。Thomas Christensen, *China Challenge*, p.251.在本书中基本用"再平衡"，偶尔用"转向"，两者意思一样。

2011年奥巴马政府对华政策团队出现人事变动。3月底，国务院主管对华政策的副国务卿斯坦伯格辞职，由负责中东、南亚和俄罗斯问题的专家威廉·伯恩斯取而代之。从此，坎贝尔在国务院对华政策方面的影响大增。国安会亚洲事务高级主任巴德也离开了，取代他的是日本和韩国问题专家丹尼尔·拉塞尔。坎贝尔和拉塞尔都更加强调美国亚洲政策中的同盟体系。国家安全事务助理多尼隆对发展中美关系满怀热情，但对两国关系不够熟悉。这种状况对中美关系产生了微妙影响。李侃如指出，在斯坦伯格和贝德离开政府后，国务院、国安会和国防部中已经没有任何一位中国问题专家担任局长或局长以上级别的职务了。Martin Indyk, Kenneth Lieberthal, Michael O'Hanlon, *Bending History. Barack Obama's Foreign Policy*, p.57.

① Barack Obama, "Remarks to the Parliament in Canberra," November 17, 2011. Online by Gerhard Peters and John T.Woolley, *The American Presidency Project*, http://www.presidency.ucsb.edu/ws/?pid=97064.在美国整体预算吃紧的情况下，要保持对亚太地区的投入还是很困难的。比如2013财年对亚太地区的双边援助支出较2012财年削减了5%，自然，对别的地区削减更多，为18%。Mark Manyin and others, *Pivot to the Pacific? The Obama Administration's "Rebalance" Toward Asia* (CRS Report for Congress), March 28, 2012, p.10.

2012年1月5日,奥巴马和防长帕内塔在五角大楼发表讲话,宣布美国实行新的国防战略,把战略重心转移到亚太地区。国防部发布题为《维护美国的全球领导地位:21世纪防卫的优先选项》的报告。奥巴马在报告前言中说:美国正处在一个转折时刻,我们要结束今天的战争,聚焦于更广泛的挑战和机遇,为此美国要加强美国力量的各种工具,包括外交和发展、情报、国内安全,使美国成为更强大的国家,并维护美国的领导地位。国防部长帕内塔在报告的序言中表示,美国要拥有一支规模较小、但更精干、更灵活、准备充分和技术先进的军队。它要维持全球的存在,其重点是亚太和中东,同时确保美国有力量保持对防卫欧洲的承诺,并加强在世界各地的同盟关系和伙伴关系。①这样,奥巴马政府通过精心安排的一系列讲话和文件出台了新的国家安全战略。

布什政府时期的国家安全战略是全球反恐战争。在反恐的名义下,美国在取得联合国安理会授权后于2001年11月发起了阿富汗战争;然后又不顾国际社会的普遍反对,一意孤行,于2003年3月发动了伊拉克战争,并为两场战争投入了大量资源,包括牺牲了6 000多美国年轻人的生命。战争旷日持久地进行,损耗着美国的硬实力和软实力,几年后美国民众开始反思这两场战争的必要性,对战争的支持率越来越低。在2008年大选中,奥巴马就作出了尽快从伊拉克撤军的承诺,并于2010年完成了撤军。2010年5月1日,美国击毙了本·拉登。这对美国是重要的。冤有头,债有主,击毙了本·拉登,奥巴马政府为在"9·11"恐怖袭击中蒙难的3 000名美国人报了仇,奥巴马也部分兑现了竞选中的承诺。布什政府一直想做而没有做到的事情他做成了。这也为奥巴马出台新的国家安全战略提供了一个机会。新战略的出台表明以反恐为主要特征和内容的美国全球战略正式结束,冷战后美国的全球战略揭开了新的一页,奥巴马政府与布什的战略划清了界限。

由于两场战争的耗费,布什政府的减税政策,以及金融危机的打击,2010年美国联邦政府的债务高达15万亿美元,估计到奥巴马任期结束时可能超过美国的国内生产总值。奥巴马政府每花费1美元,就有43美分是借来的。2011年国会通过《预算控制法》,要求政府各部门包括国防部缩减预算。正如帕内塔所说,"严重的债务问题和财政赤字本身就是国家安全危险,它使国防和国内的预算都受到挤压","财政危机迫使我们面对现在的战略转变"。②当然,奥巴马和帕内塔都保证,美国的军事机器"瘦身"之后,美国仍将保持世界上最强大的军队,

---

① U.S. Department of Defense, "Sustaining U.S. Global Leadership: Priorities for 21st Century Defense", January 2012, http://www.defense.gov/news/Defense_strategoc_Guidance.pdf.

② U.S Department of Defense, "Defense Secretary Panetta's Remarks on Defense Strategic Guidance", January 5, 2012, *Washington File*, January 6, 2012, pp.8—10.

国防预算仍然会比美国之后十个国家军费的总和还多。①美国原先的战略是要同时打赢两场战争,新战略规定打赢一场主要的战争,同时有能力扰乱第二个攻击者的行动。美国的全球存在也必须确定新的重点。美国现在把亚太地区作为重点,至于欧洲,美国将回到所谓"离岸平衡"(Off-shore balance)的战略。也就是说,美国必须借助地区盟友,来维持力量的平衡,不是让它们来搭乘美国的便车,反过来,美国要尽可能地搭乘它们的便车。北约的欧洲盟国要承担更大的责任;在拉美和非洲,美国将"继续加强关键的同盟,建设伙伴关系,用创新的方法保持存在,寻求新伙伴关系"。可见,新战略是在全球进行收缩,而在重点地区,即亚太地区进行扩张的战略。

美国之所以把亚太地区作为战略重点,原因是多方面的。21世纪以来在美国政界和学界逐渐形成了一种共识:在21世纪,国际政治和世界经济的重心正在越来越向亚太地区转移,美国的外交政策、国家安全和经济利益也越来越紧密地与这一地区联系在一起。为了适应这种发展,美国需要调整外交战略,更加重视这一地区,确保对该地区有更多的关注和资源的投入。奥巴马和希拉里·克林顿的上述讲话、文章都强调了这一点。②

亚太地区的安全形势是考虑之一。冷战结束后,美国一直认为,亚太地区的安全形势不如欧洲。在欧洲有北约、欧安会,在亚洲没有这样的地区性安全组织。在东亚有美国的五个盟国,但美国与这些盟国的关系有亲有疏,这些盟国相互之间的关系未必很好,如日本和韩国之间。东亚地区又长期有两个热点问题:台湾问题和朝鲜的核问题,局势时而紧张,尤其是朝鲜半岛,是世界上唯一冷战仍在继续的地方,在2010年战争更是一触即发。

亚太地区的经济活力是另一原因。从20世纪90年代起,美国对亚太地区的贸易就超过了对欧洲的贸易。这里有世界前三大经济体,有最具活力的新兴经济体中国和印度,有在20世纪崛起、至今活力仍存的"四小龙",还有富有潜力的印度尼西亚和越南。这里人口众多,是全球最生气勃勃、发展前景最好的地区。2010年美国对整个亚太地区的商品出口总额为7 750亿美元,比2009年增加25.5%,占美国出口总额的61%。该年,美国对该地区的农产品出口约830亿美元,占美国农产品出口的72%。奥巴马在2010年的国情咨文中提出了五年"出口倍增"计划,要实现这个计划有赖于该地区的国家向美国敞开大门。奥巴马在2011年11月APEC工商领导人峰会上也表示:"我们认为没有一个地

① The White House, Office of the Press Secretary, "President Obama's Remarks on New Defense Strategy Review", January 5, 2012, *Washington File*, January 6, 2012, pp.11—13.

② Mark Manyin and others, *Pivot to the Pacific? The Obama Administration's "Rebalance" Toward Asia* (CRS Report for Congress), March 28, 2012, p.1.

区比亚太地区更为重要。我们希望与环太地区伙伴国家在多个方面合作,促进我们所有国家的就业、经济增长、繁荣和安全。"①

以上考虑都是出台新战略的原因,但不是主要目的。亚太"再平衡"战略的一个主要用意是为了平衡中国的崛起。奥巴马政府感到一个蒸蒸日上的中国正在挑战美国在亚太地区的主导地位,要用这个新战略来维护、重建美国的主导地位。

在美国,但凡新政府上任,总要对前任的内外政策作一番评估。奥巴马政府也不例外。评估的结论是,布什政府对中东的投入过多,而对亚太的投入不足,导致中国力量的迅速崛起,美国影响力的下降,亚太地区,尤其是东亚的力量对比失衡了。②东北亚有朝核问题,布什政府还予以相当关注;东南亚则受到忽视,美国长期拒绝签署《东南亚友好合作条约》,第一任期的副国务卿阿米蒂奇曾称东盟地区论坛是"一盘散沙的异类,是一事无成的",③第二任期的国务卿康多莉扎·赖斯曾两次缺席东盟地区论坛,美国对东盟的投资和贸易整体呈现下降趋势。④在布什政府的第二任期就有美国学者批评政府忽视了东南亚。而中国加入世贸组织后的十年恰恰是发展的黄金十年。⑤无论在东北亚还是东南亚,力量的平衡都向着中国一边倾斜。奥巴马政府不能允许这种现象继续下去。

大概 2010 年、2011 年前后,美国战略界(包括两党的战略界人士)大致形成一个共识:现在和今后相当长时期内,中国是对美国全球主导地位的主要挑战,是美国的主要战略对手。前副国务卿斯坦博格及著名学者奥汉隆写道:"近来,由于中国经济的引人注目的增长以及中国军费和作战能力的急剧提升,中国成了有关美国战略主导地位辩论的焦点。从 70 年代末两国关系正常化最初阶段起,美国两党总统的一个规范的政策表述都是,美国欢迎一个强大

---

① Barack Obama: "Remarks at an Asia-Pacific Economic Cooperation CEO Summit Question-and-Answer Session in Honolulu", November 12, 2011. Online by Gerhard Peters and John T.Woolley, *The American Presidency Project*. http://www.presidency.ucsb.edu/ws/?pid=97036.

② 这个战略的设计者之一坎贝尔写道:"9·11"以后,美国全副精力地投入了中东和南亚的冲突,亚洲[对美国来说]再次成了二等舞台。中国乘着美国注意力从亚洲挪开的机会,取得了军事上的迅猛发展,扩展了地区贸易,加强了与地区的外交关系,参与地区机制,灵巧地运用其软实力发起所谓"魅力攻势"。Kurt Campbell, *The Pivot. The Future of American Statecraft in Asia*, p.145.

③ Diance K.Mauzy and Brian L.Job, "U.S. Policy in Southeast Asia. Limited Reengagement after Years of Benign Neglect", http://www/hks.harvard.edu/fs/pnorris/Acrobat/Burma_Mauzy.Job.pdf.

④ 唐笑虹:《奥巴马政府的东南亚政策与美国——东盟关系的发展》,《和平与发展》2013 年第 3 期。

⑤ 见陶文钊:《破解大国冲突的宿命——中美新型大国关系研究》,中国社会科学出版社 2017 年版,第一章第一节。

的繁荣的中国,中美关系不是零和博弈……但是这种观点现在受到了政界领导人和学者的挑战,他们认为,从苏联解体以来现在第一次有可能具体地来设想对美国主导地位的挑战。随着中国国力的增长,出现了一个更为清晰的思想派别:中国的崛起对美国的主导地位以及美国的安全形成了直接的挑战,因而美国必须牵制中国的能力。"①美国一个权威的智库外交学会2015年发布的一个署名的报告也说,"现在和未来几十年中,中国都将是对美国最具实质意义的挑战者。"②

美国战略界认为,中国的崛起是全面的,对美国的挑战也是全面的。

首先是经济上的挑战。1979年至2007年,中国国民经济年均增长9.8%,比世界经济同期发展水平高出6.8个百分点,超过了日本、韩国、新加坡经济起飞时的记录。2008年世界金融危机爆发后,在世界各大经济体遭受不同程度的打击、一些新兴经济体也连连受挫的大形势下,中国经济逆势上扬。2010年GDP超过日本,成为世界第二大经济体。2014年GDP达到9.88万亿美元,占美国17.1万亿的57%,占世界的12%,继续保持第二位。中国是世界贸易大国,2009年因金融危机影响有所下降,然后就强势反弹,2013年中国首次超越美国成为世界第一货物贸易大国。中国也是世界上外汇储备最多的国家。在过去三十多年中,中国使三亿多人口脱离贫困。如中国这样大的幅员、这样多的人口、这样大的经济规模,以如此之快的速度持续发展,这在世界历史上确实是没有先例的。到了2010年前后,一些国际组织纷纷预言,中国经济总量可能在今后二三十年内超过美国。

美国人对这一点非常看重,因为经济实力是美国全球霸权的基础。奥巴马政府在2015年《国家安全战略》中强调,"美国不断增长的经济实力是我们国家安全的基础,也是我们在国外影响力的重要来源"。③曾几何时,美国是世界最大的债权人,而如今这个地位由中国取而代之,美国却成了最大的负债人。2008年9月中国持有的美国国债近6 000亿美元,2013年年底增加到1.3万亿美元。这种情况与美国民众根深蒂固的"世界老大"心理是格格不入的,美国人对中美两国实力对比的变化、两国综合国力差距的缩小是十分敏感的。过去二十多年曾经一再冒头的"中国威胁论"现在比以往变得更现实、更突出。美国民众支持发展中美关系的比例下降了,支持对华采取强硬立场的

① James Steinberg, Michael E. O'Hanlon, *Strategic Reassurance and Resolve. U.S.-China Relations in the Twenty-First Century* (Princeton University Press, 2014), p.65.

② Robert Blackwill and Ashley Tellis, "Revising US Grand Strategy Toward China", March 2015, https://www.cfr.org/report/revising-us-grand-strategy-toward-china.

③ White House, *National Security Strategy of the United States of America*, 2015, https://www.whitehouse.gov/sites/default/files/docs/2015_national_security_strategy.pdf.

比例上升了。如皮尤公司的民调显示,对中国总体好感的比例从 2009 年到 2011 年间的约 50％下降到了 2012 年的 40％,2013 年的 37％。①2011 年 3 月 53％的受访者主张与中国建立强固的经济关系,40％的受访者主张对华强硬,过了一年多,到 2012 年 10 月,前者的比例减少到 42％,而后者的比例增加到 49％。②唯其如此,2012 年大选中两党候选人的三场辩论中最后一场突出了对华政策,题目是"中国的崛起和明日的世界",两党候选人比着表示要对中国实行严厉的经济政策,以对中国秀强硬来赢得选票,与 2008 年大选中的情况大不一样。③

其次,20 世纪以来中国军事力量的发展是许多美国人改变对中国看法的一个重要原因。国防部每年向国会提交的中国军力报告以及一些智库不定期发表的关于中国军力发展的报告和文章,有的夸大其辞,有的甚至进行臆测和想象,其效果无疑是炒作了"中国威胁论"。中国军费的高速增长是它们一再加以渲染的。其实中国军费的增长很大程度上是补偿性的,而且中国军费占 GDP 的比例一直很低,2014 年不过 1.5％。许多国家的军费在 GDP 中占比都在 2％—3％之间,美国是 4％。

中国的军事实力,先进的武器系统、合成作战的能力也是美国防务部门和智库所十分关注的。如在国防部 2014 年关于中国军力的报告中强调,中国在核威慑、空间作战、陆基中程和远程导弹、反舰导弹、战区反导、太空武器、远洋作战能力、网络进攻能力等方面都取得了令人瞩目的进展,并认为中国会打击美国的弱点,诸如网络联系、卫星通信、侦察、瞄准系统,以此来降低美国进行军事行动的能力。④

美国战略界还普遍认为,中国发展了所谓"反介入"和"区域拒止"的战略,其目的就是要把美国赶出西太平洋。坎贝尔在回忆录中写道:"从华盛顿的角度看,中国危险的军事现代化正在改变亚洲的战略平衡,它威胁销蚀地区的稳定,

---

① See James Steinberg and Michael E.O'Hanlon, *Strategic Reassurance and Resolve. U.S.-China Relations in the Twenty-First Century*, p.72.

② "Independents, Republicans Increasingly Support Tougher Economic Policy Toward China", www.democraticunderground.com/10021629790.

③ 在竞选中,候选人和民众的主要关注是经济、金融,共和党候选人罗姆尼竟称,他入主白宫的第一天就要宣布中国是"汇率操纵国"。Bruce Stokes, "U.S.-China Economic Relations in the Wage of the U.S. Election", Stockholm China Forum, Paper Series, November 2012.

④ Office of the Secretary of Defense, "*Annual Report to Congress on Military and Security Developments Involving the People's Republic of China*, 2014", http://www.defense.gov/pubs/2014_DoD_China_Report.pdf.美国国会研究部的报告承认,对中国不断增长的军力的担心成了美国军力发展计划的首要关注。Mark Manyin and others, *Pivot to the Pacific? The Obama Administration's "Rebalance" Toward Asia* (CRS Report for Congress), March 28, 2012, p.16.

恶化战略竞争。中国人民解放军发展'反介入'和'区域拒止'的能力看来是蓄意针对美军的,旨在削弱美军向东亚投放力量并在该地区有效行动。"①国防部2011年给国会的报告中就说:"中国作为主要国际角色的崛起很可能成为21世纪战略图景的决定性特征",现在中国军力"正在进入全球的大洋水域,那里长期以来是美国的范围"。②

第三,中国沿着有中国特色的社会主义道路的崛起使许多美国人感到"中国模式"的挑战。中国现代化建设的成功向广大发展中国家昭示,除了西方所提倡的民主化和自由市场经济的模式之外,还可以有别的选择。时任《时代》杂志高级编辑的乔舒亚·库伯·雷默于2004年提出了"北京共识"的概念。他认为,中国经济的成功证明了中国经济发展模式的优势。一些美国学者认为,"北京共识"对西方自由市场经济的发展模式,也就是"华盛顿共识",提出了挑战,构成了威胁,在美国学界引发了辩论。③

从第二次世界大战结束以来,美国领导人不论是民主党还是共和党,都一再重申美国领导世界,这已经成为美国的政治文化,美国也执意要在21世纪继续维护其全球领导地位。奥巴马2014年在西点军校的一次讲话中称:"美国是并仍将是一个不可或缺的国家。上个世纪是这样,下一个世纪也是这样……我们现在面对的问题不是美国是否将领导世界,而是我们将如何领导。"④但2013年的民调显示,大多数美国人认为美国作为世界领导者的地位现在比十年前削弱了。美国国家情报委员会2012年年底的报告也预测,到2030年,美国可能结束超级大国的地位,而面临"同等大国中的首位"(first among equals)这样的前景。⑤这就使美国人产生了一种危机感。奥巴马在2010年的《国情咨文》中就已经坚决表示:"我不接受美国世界第二的地位。"⑥他在2011年的《国情咨文》中又一再提到中国的竞争:最近中国具有了世界上最大的民营的太阳能研究设施,

① Kurt Campbell, *Pivot. The Future of American Statecraft in Asia*, p.237.
② U.S. Department of Defense, *Annual Report to Congress on The Military and Security Developments Involving the People's Republic of China 2011*, Executive Summary and p.1. https://www.defense.gov/Portals/1/Documents/pubs/2011_CMPR_Final.pdf.
③ 参见陶文钊主编:《美国思想库与冷战后美国对华政策》,第390—391页。
④ Barack Obama, "Commencement Address at the United States Military Academy in West Point, New York", May 28, 2014. Online by Gerhard Peters and John T. Woolley, *The American Presidency Project*, http://www.presidency.ucsb.edu/ws/?pid=105220.
⑤ Matt Smith, "U.S. to Face 2030 a 'First Among Equals,' Report Projects", December 11, 2012, http://edition.cnn.com/2012/12/10/us/intelligence-2030/index.html.
⑥ Barack Obama, "Address Before a Joint Session of the Congress on the State of the Union", January 27, 2010. Online by Gerhard Peters and John T. Woolley, *The American Presidency Project*, http://www.presidency.ucsb.edu/ws/?pid=87433.

世界上运算最快的电子计算机,中国正在建造世界上跑得最快的火车,建造新的机场,而我们的工程师给我们的基础设施打的分是 D。他甚至把这称作"我们这一代人的斯普特尼克时刻",①足见其焦虑感了。美国要牵制、平衡中国的崛起就不奇怪了。

奥巴马的新战略出台后,美国官方和学界都极力向中方解释,亚太"再平衡"不是针对中国的。②笔者也不认为它仅仅是为了平衡中国。但往后数年的实践表明,平衡中国无疑是亚太"再平衡"战略最主要的目的,而且这确实是奥巴马政府经过深思熟虑精心打造的一个战略。③坎贝尔在谈到布什时期的中美关系时写道:"在历史上,极少有一个新崛起的大国在国际体系中取得了如此之多的收获却没有受到现存大国的反应。政府当中聚焦亚洲的人,如副国务卿佐利克谈的是如何'管理'(manage)中国作为占主导地位的大国的崛起……但实际情况却是,中国在'管理'这个美国从亚洲分心的时期,而使它自己得到了许多成功和收益。""美国历史上保卫其利益的办法,防止在亚洲出现一个霸权国家,仍然是美国战略的核心组成部分。"④这段话也把"再平衡"战略设计者的想法说得很清楚了。布什政府忙于反恐,使中国得到了空前的发展机遇,现在新政府要来对此进行"再平衡",进行纠偏,要对中国的崛起作出回应。

为了实施这个战略,奥巴马政府采取了一系列重大举措,包括重新部署美国的海空军力量,加强同盟体系;支持新兴大国的崛起,加强美国的伙伴关系;重视东亚多边机制的作用;插手中国与周边国家在领土、海洋权益上的分歧;打造跨

---

① Barack Obama, "Address Before a Joint Session of the Congress on the State of the Union", January 25, 2011. Online by Gerhard Peters and John T. Woolley, *The American Presidency Project*, http://www.presidency.ucsb.edu/ws/?pid=88928."斯普特尼克时刻"指 1957 年苏联发射了人造地球卫星,苏联在空间技术方面超过美国,让美国人感到震惊。

② 在 2012 年 6 月 2 日的新加坡香格里拉亚太安全对话会上,美国防长帕内塔还斩钉截铁地表示拒绝"再平衡"战略针对中国的说法,称,"美国在亚洲更深度地介入与中国的发展和增长是完全互补的,实际上美国在这一地区的介入只会使中国获益"。U.S. Department of Defense, "Remarks by Secretary Panetta at the Shangri-La Dialogue", June 2, 2012, *Washington File*, June 4, 2012, p.20.国会研究部的报告坦承,尽管奥巴马政府一再表示"再平衡"战略不是针对某个特定国家的,但大多数观察家相信,它是,至少部分是对中国影响增长的回应。Mark Manyin and others, *Pivot to the Pacific? The Obama Administration's "Rebalance" Toward Asia* (CRS Report for Congress), March 28, 2012, p.8.

③ 《大西洋月刊》记者戈德伯格在对奥巴马作了详细采访后撰写的《奥巴马主义——美国总统关于美国在世界上的作用的艰难决定》的长篇报道中说:"这些年来,转向亚洲是总统的首要抉择。他相信……对中国的崛起所带来的挑战需要加以经常不断的关注……甚至在叙利亚和其他中东的冲突高涨的时候,他仍然聚焦于亚洲。"Jeffrey Goldberg, "The Obama Doctrine. The U.S. President Talks through His Hardest Decisions about America's Role in the World", *Atlantic*, April 2016 Issue.

④ Kurt Campbell, *The Pivot. The Future of American Statecraft in Asia*, pp.121, 145—146.

太平洋伙伴关系,书写 21 世纪的贸易规则等。关于这些问题将在以下各节渐次展开。①

第二节　调整军事部署　强化同盟体系

一、增兵亚太

对于军事力量在"再平衡"战略中的突出作用,美国三任国防部长都直言不讳。2012 年 5 月帕内塔在海军学院毕业典礼上的讲话中就说:美国是一个海洋大国,我们正在回复到我们的海洋根基。你们这一代人要面对的一项关键的工作是维持和增进在整个太平洋地区的美国力量。美国未来的繁荣和安全与我们能否从西太平洋到东亚到印度洋到南亚的整个区域促进和平与安全息息相关。这是我们国家和军队不可推卸的责任,我们已经开始拓展和深化我们在亚太地区的接触。②

6 月 2 日,帕内塔在新加坡香格里拉亚太安全对话会上讲话,解释美国的新战略,尤其是美国军事力量的作用。他强调,美国的前沿军事部署是美国对本地区承诺的核心,国防部已经拟订了今后五年的预算规划和蓝图,包括更新 40 多艘舰艇,加强在太平洋军演的数量并扩大其规模,将有更多的舰艇访问本地区的港口,包括印度洋地区的港口。到 2020 年美国海军的部署将从今天的太平洋、大西洋各占 50%调整为太平洋部署 60%,大西洋部署 40%。在本地区将会有 6 艘航母、多数的驱逐舰、濒海战斗舰以及潜艇。他强调,美国将提升军队的技

---

① 美国也有一种看法,认为到奥巴马第二任期,"再平衡"战略已经失去势头,主要原因是"'再平衡'的日常引擎、设计师和真正的信徒都已经离开",约翰·克里国务卿更关心中东,国家安全事务助理苏珊·赖斯则几乎没有亚洲经验,主要关注白宫的危机管理。一些亚洲国家高官也有反映:我们应该给谁打电话? 谁在管事? 之前我们可以找国务卿希拉里·克林顿、多尼隆、坎贝尔或者霍尔迈茨。但我们不觉得克里或者苏珊·赖斯会像之前那样关心这些问题。David J.Rothkopf, *National Insecurity. American Leadership in An Age of Fear*, p.215.罗伯特·霍尔迈茨是奥巴马第一任期任负责经济事务的副国务卿。

② U.S. Department of Defense, "Excerpts: Panetta at U.S. Naval Academy Graduation", May 29, 2012, *Washington File*, May 31, 2012, pp.11—12. 2012 年 1 月 5 日当天,除了奥巴马和帕内塔发表讲话外,希拉里·克林顿也发表了一份声明,其中说:"正如新战略所指出的,单靠我们的军事力量的工作不可能应对我们面临的挑战。在以我们的巧实力促进我们在海外的利益和价值观、建设我们的经济繁荣以及保卫我们国家的安全方面,外交和发展是军事的对等的伙伴。"话虽如此,军事在这个新战略中仍然占有首要地位。U.S Department of State, Office of the Spokesman, "Statement by Secretary Clinton", January 5, 2012, *Washington File*, January 6, 2012, pp.4—5.

术水准,并且以迅速的投放力量来加以支撑。为此,美国将在能力建设上加大投入,如先进的五代战机,改进型的弗吉尼亚级潜艇,电子战和通信能力,精确制导武器,等等。美国还在发展新的作战理念,包括"空海一体战"以应对新的挑战。他总结说:"美国将以坚定不移的、深思熟虑的、可持续的方式实现军力再平衡,并为这个广阔的地区带来不断增长的能力。"①为此,美国将在澳大利亚达尔文港驻扎海军陆战队,澳大利亚还允许美国空军更广泛地使用澳空军设施,允许美国海军使用澳西南角珀斯附近的一处在印度洋的海军基地。美国还在新加坡驻有四艘濒海战斗舰,从菲律宾获得新的军事基地。②

在 2013 年的亚太安全对话中,美国新任防长哈格尔继续阐述美国的新战略。他强调,在美国削减军费最极端的情况下,美国的国防费用仍将占到全世界的近 40%。美国正在进行军力调整,在结束伊拉克战争及削减驻阿富汗军队的情况下,美国在增强太平洋地区的地面部队和海军兵力。除了将 60% 的海军力量部署到本地区,到 2020 年,美国海外空军力量的 60% 也将部署到本地区,包括战术空军和从美国大陆起飞的战略轰炸机力量。空军还将把 60% 的外空和网络力量聚焦于该地区,从而确保美国空军的速度、范围和灵活性。未来将有更多先进的战机部署在这里,如将 F-22 猛禽战斗机和 F-35 联合打击战机部署在日本,将弗吉尼亚级快速进攻潜艇部署在关岛。美国还将在一系列军事技术上取得突破。他同时指出,美国将以新的方式运用其在太平洋地区的力量,比如创造性的轮换部署计划。在澳大利亚,最终每年将有 2 500 名美国海军陆战队在那里驻扎。③

美国还致力于在亚太地区构筑导弹防御系统。美国不仅通过宙斯盾级驱逐舰在海上进行部署,而且通过"爱国者"反导系统在陆上加以部署。这是美国多年来努力的目标,在战略重心转移之后更加大了力度。2006 年美国在日本部署了第一部 X 波段雷达,2014 年 10 月又部署了第二部 X 波段雷达,雷达覆盖范围可达上千公里。美国一直希望在韩国部署防御系统,成为半岛以及中美之间、俄美之间的一个重大争议。

美国还在东亚地区频繁进行军事演习,这些军演有几个特点。第一,越来

① U.S. Department of Defense, "Remarks by Secretary Panetta at the Shangri-La Dialogue", June 2, 2012, *Washington File*, June 4, 2012, pp.20—21.
② 详见本书 310 页。柯庆生指出,加强在亚太地区兵力的举措实际上布什政府在 2006 年增兵伊拉克之前已经开始策划和运作了,如在关岛增派潜艇和其他海军力量,向日本派出 F-22 战机,在新加坡部署濒海战斗舰,在达尔文港增派海军陆战队。但一般的军事举措总得过几年才能完全到位。Thomas J.Christensen, *The China Challenge*, p.248.
③ U.S. Department of Defense, "Remarks by Secretary Chuck Hagel at the Shangri-La Dialogue", June 1, 2013, http://archive.defense.gov/transcripts/transcript.aspx?transcriptid=5251.

越趋向多边化,即由美国独家军演转向以美日为主轴的多边联合军演:美日韩、美日印(度)、美日澳以及美日澳韩联合军演。2012 年美日韩在朝鲜半岛南部海域举行联合军演,这是日本海上自卫队首次深度参与。2014 年起,美日印三国"马拉巴尔"军演机制化。从 2012 年起,美日将澳大利亚纳入美日双边"对抗北方"空中军演,2014 年韩国首次加入美日澳军演,形成四国参与的联合军演。

第二,军演常常在敏感区域如南海反复进行。如 2011 年 6 月,美国联合菲律宾、印尼、马来西亚、新加坡、泰国和文莱六个东盟国家,在马六甲海峡、西里伯斯海和苏禄海举行名为"东南亚合作与训练"的联合军演,为期 10 天。演习主要内容包括实时情报交换、协同监视行动、追踪、登舰搜捕等。2014 年 9 月美菲在距离黄岩岛约 200 公里的菲律宾巴拉望岛以及吕宋岛附近举行军演。①

第三,加大了"夺岛"演习的力度。先前美日联合军演主要是以"防御"为主要构想进行的。从 2012 年起,日本大力推动美日联合军演从"防御"向"进攻"方向转变,积极促成"夺岛"联合演习。2013 年 6 月美日于加利福尼亚圣地亚哥举行的代号为"黎明闪电战"的军演是日本海陆空自卫队首次派出部队在美国本土参加"夺岛"演习,明显具有针对中日钓鱼岛纷争的指向。美国还大力支持日本搞"夺岛"演习,怂恿日本在与中国的争议中保持高调,也恶化了亚太地区的安全形势。②

在美国的安全体系中,尤其是在"再平衡"战略中,美国的同盟体系具有首要的意义。这个体系是美国霸权的基础,尤其是美国军事霸权的基础。在亚太的同盟体系是美国在亚太霸权的基础。由于这个体系,美国可以把军事力量部署在东亚,从而使这个非亚洲国家(美国强调"太平洋国家",但两者是有区别的)能把它的军力部署在这里,显示它在亚洲切切实实的军事存在,这对美国至关重要。③提出"再平衡"战略既是为了消除盟友和伙伴的疑虑,向它们表明,美国并未衰落,美国对本地区的安全承诺一如既往地可靠;同时,美国也要借助同盟体

① 参见李尉华:《奥巴马政府东亚军事演习的新特点》,《国际研究参考》2015 年第 3 期。
② 韩旭东:《美国亚太"再平衡"正进行"新平衡"》,上海美国问题研究所编:《研究与参考》2014 年第 9 期。
③ 在美国与盟国的一些文件中就强调了美国在亚洲驻军的重要性,如在美日 2+2 会议出台的《美日同盟:面向未来的变革和改组》(2005 年 10 月 29 日)中就说:"美国在亚太地区的驻军是地区和平和安全不可或缺的一个核心力量,对美日两国都是至关重要的。" Security Consultative Committee, "U.S.-Japan Alliance: Transformation and Realignment for the Future," October 29, 2005. http://www.mofa.go.jp/region/n-america/us/security/scc/doc0510. html.同盟对美国的重要性在美国是没有异议的。柯庆生写道,美国与中国相比有许多优势,但没有一种优势比美国在亚洲的同盟体系和安全伙伴更强大。Thomas Christensen, *The China Challenge*, p.290.

系,借助这些盟国的力量来更有效地维护美国的主导地位,应对来自中国的挑战。

美国在本地区有五个盟国:日本、韩国、菲律宾、澳大利亚和泰国,这个同盟体系是美国在本地区最大的地缘战略资产,美国在亚太的军事基地基本在这些国家。而在这个同盟体系中,日本无疑居于首要地位。坎贝尔写道:"表明'转向'战略的特质的一个成分是我们在亚洲的盟国……美国的盟国体系是美国在本地区架构的脚手架,它不仅可以对亚洲的力量平衡作出贡献,而且能对亚洲的运作体系提供共同的努力,那是过去四十年亚洲的繁荣和安全赖以维系的基础。尤其是在美国面临国内资源紧缺、外交上在其他地区面临诸多挑战的情况下,在亚洲取得持续的成功有赖于本地区盟友的紧密合作。"[1]尽管在美国对"转向"战略有不少批评,但看来它的主要发明人对这个战略还是颇为得意的。

二、美日同盟

日本在二战后 40 多年中曾是世界第二大经济体,2010 年后也还是第三大经济体,而且其国内部分保守政治势力渴望摆脱和平宪法的束缚,提升地区影响力。冷战结束后历届美国政府都把美日同盟看作美国在亚太安全架构中的"基轴"(linchpin),"亚太地区和平、稳定和繁荣的基石"。[2]美日双方互有需要,利益重合。为了强化同盟关系,在克林顿、小布什政府时期同盟已经经历了两次调整。[3]

奥巴马政府的亚太"再平衡"战略把美日同盟的新调整提上日程。美国要让日本在地区安全中发挥更大的作用,与日本成为一个政治大国、军事大国的意图高度契合。2011 年 9 月上任的民主党首相野田佳彦认为"日美同盟对日本的安全和外交而言是最大资产",[4]他吸取了前任鸠山由纪夫和菅直人等试图在美国和亚洲、美国和中国之间推行某种"平衡外交",寻求"对等的日美关系",导致两国关系冷淡的教训,借助奥巴马政府的"再平衡"战略,着力修复对美关系。2012年 4 月,野田佳彦访美,与奥巴马发表《面向未来的共同愿景》,确认"美日同盟对日本的安全,对亚太地区的和平、安全以及经济繁荣是不可或缺的",双方承诺将履行各自的义务,提高同盟应对和处理突发事件的能力,为保护和开发公海、太

---

[1] Kurt Campbell, *The Pivot. The Future of American Statecraft in Asia*, p.198.

[2] "Remarks by Secretary of State John Kerry with Secretary of Defense Chuck Hagel, Japanese Foreign Minister Fumio Kishida and Japanese Defense Minister Itsunori Onodera", October 3, 2013, http://www.state.gov/secretary/remarks/2013/10/215073.htm; Michael Swaine, *America's Challenge. Engaging a Rising China in the Twenty-First Century*, p.62.

[3] 见本书第 61—63 页。

[4] 参见吕耀东:《深化同盟机制:日美双边互动的战略愿景》,《日本学刊》2012 年第 3 期。

空和网空的巨大潜力而共同努力。①两国着手修复五年多来处于"漂流"状态的同盟关系。

2012年12月，自民党重新夺回政权，安倍晋三复出再次就任首相，成为美日关系的转折点。安倍吸取了他第一任期和民主党首相任内的教训，深知日本要成为"正常国家"离不开美国的支持，美日同盟关系是提升日本地位的"捷径"，竭力表现出亲美的姿态。2013年3月安倍宣布加入《跨太平洋伙伴关系协定》（Trans Pacific Partnership Agreement, TPP）谈判，美国要求日本加入已经好几年了。另一方面，2010年中国GDP超过日本，日本产生失落感、危机感。安倍再度出任首相后，试图淡化、否定日本在第二次世界大战中的战争罪行和侵略历史的言行不时出现，致使中日之间的历史问题再度升温。中日之间钓鱼岛的主权争议又由隐性变成显性，美日同盟的再次调整时机成熟。

从2012年9月野田佳彦政府实现钓鱼岛（日本称"尖阁诸岛"）"国有化"以来，中日之间关于钓鱼岛的主权之争凸显。②从美国方面来说，争端既是加强在亚洲军事部署的着力点，减少了美国向日本基地部署尖端武器的阻力；又可以用作操控日本的重要杠杆。从日本方面来说，争端调动了日本的民族主义情绪，增强了"中国威胁"的感受，使强化日美同盟容易得到国内支持。美日把同盟关系与中日钓鱼岛争议纠缠在一起，弱化了原先美国持有的在领土归属问题上的中立立场，强化了对日本的支持，把原先美国在这一问题上的战略模糊变成了战略清晰。综合国务院、白宫发言人到美国高官、总统的历次表态，美国的立场可以概括为这样几点：

第一，对岛屿的领土主权不持立场。这是从20世纪70年代初以来美国的一贯表态，美国至今仍然这样表示，这里暂且接受其"票面价值"。

第二，日本享有对该岛屿的"施政权"，美国反对任何改变、削弱和破坏日本"行政管治"的单方面行动。

第三，由于该岛屿在日本的管治之下，《美日安保条约》第五条共同防卫条款适用于该岛屿，美国"非常非常认真地"对待对日本的条约义务。

---

① The White House, Office of the Press Secretary, "United States-Japan Joint Statement: A Shared Vision for the Future", April 30, 2012. http://www.whitehouse.gov/the-press-office/2012/04/30/united-states-japan-joint-statement-shared-vision-future.

② 钓鱼岛历来是中国的领土，是台湾宜兰县的附属岛屿。清末甲午战争后为日本所占，第二次世界大战后理应归还中国。但美国在战后处理琉球群岛过程中错误地将钓鱼岛包含在其中。1972年尼克松政府明知钓鱼岛属于中国而不属于日本，却私相授受，将钓鱼岛的"施政权"作为政治礼物送给了日本，从而严重损害了中国主权。但历届美国政府从未承认过日本对钓鱼岛的主权。见胡德坤、黄祥云：《美国在中日钓鱼岛争端上"中立政策"的由来与实质》，《现代国际关系》2014年第6期。

第四，中日两国应通过外交途径解决领土争端，反对单方面改变现状。

第五，美方一直使用日本的名称"尖阁诸岛"（Senkaku Islands）来称呼该群岛，而不是如称呼韩日之间的争议岛屿那样同时使用"独岛"/"竹岛"的名称。①

从以上五点看来，第一、四两点至少从字面上是中立的，第二、三、五三点明显是偏袒日本的。所以总的说来，美国在中日钓鱼岛争议中的立场是"拉偏架"。当然，美国也不希望中日关系过于恶化，也担心争端失控。中国方面的立场是明确的、一贯的。2013年9月9日，在中美国防部第14次副部长级防务磋商中，中国人民解放军时任副总参谋长王冠中坦诚地说，钓鱼岛及南海问题"不应成为中美之间的问题，中方也不希望美国成为这些问题的第三方。美国应保持立场和政策的连贯性，不应释放错误信号，支持和纵容有关国家为所欲为。希望美方从中美两国关系的大局出发，妥善处理问题，避免影响两国战略互信"。②对美国进行好言规劝。

2014年4月奥巴马访问日、韩、澳、马来西亚四国。他在访日前接受《朝日新闻》记者书面采访时、在与安倍的会谈中、在会谈以后的联合记者会上一再表示，《美日安保条约》第五条适用于所有日本管辖下的地区，"包括尖阁诸岛"，美方反对"任何单方面试图削弱日本对这些岛屿施政权的行动"。在奥巴马与安倍的联合声明中也写进了这一点。③从而确定无误地向国际社会表明了奥巴马政府在中日钓鱼岛争端中偏袒日本的立场。

美日之间还进一步加强了军事合作。2013年10月初美日2+2会议决定，美国将在日本部署诸多先进武器，包括2—3架RQ4"全球鹰"无人侦察机，P-8海上巡逻机，2个MV-22"鱼鹰"运输机中队，新型X波段雷达，从2017年起部

---

① 2013年间美国高官对钓鱼岛问题作了多次表态，如见：

——1月18日希拉里·克林顿在会晤日本外相岸田文雄后的记者招待会上的讲话，"Hillary Rodham Clinton's Remarks with Japanese Foreign Minister Fumio Kishida after Their Meeting", January 18, 2013, www.state.gov/secretary/20092013clinton/rm/2013/01/203050.htm；

——9月28日助理国务卿拉塞尔和国安会亚洲事务高级主任麦艾文在记者招待会上的讲话，Daniel Russel, "Briefing on U.S. Policy in Asia-Pacific Region", September 27, 2013, http://translation.state.gov/st/enlish/texttrans/2013/09/20130928283759.htmll♯ixzz2hlx34jKP；

——10月美日2+2安保磋商后共同会见记者时，国务卿克里和国防部长哈格尔的讲话，"Remarks by Secretary of State John Kerry with Secretary of Defense Chuck Hagel, Japanese Foreign Minister Fumio Kishida and Japanese Defense Minister Itsunori Onodera", October 3, 2013, http://www.state.gov/secretary/remarks/2013/10/215073.htm。

② 《国防部：望美勿成钓鱼岛及南海问题第三方》，2013年9月13日，http://news.0898.net/n/2013/0913/c231187-19521973.html。

③ Barack Obama, "The President's News Conference With Prime Minister Shinzo Abe of Japan in Tokyo, Japan", April 24, 2014. Online by Gerhard Peters and John T. Woolley, *The American Presidency Project*, http://www.presidency.ucsb.edu/ws/?pid=105128.

署 F-35B 战斗机,进一步加强导弹防御体系的合作,等等,使同盟具有"新的技术和新的能力"。其中 P-8 海上巡逻机是美国第一次在国外部署,将大大增强同盟在海上的侦察和获取情报的能力。①

在冷战结束后这二十多年中,美国以阿米蒂奇和约瑟夫·奈为首的"知日派"不遗余力地推动美日同盟的调整,核心的问题是解禁集体自卫权。在2013 年 10 月初美日 2+2 会议上,双方"正式"决定重新评估防卫合作指针,并在 2014 年底前完成对指针的再次修改,使同盟"现代化"。美方表示支持日本解禁集体自卫权。2014 年 4 月上旬,美防长哈格尔访日。他在接受《日本经济新闻》书面采访时表示,美国支持安倍"为解禁集体自卫权而对宪法作重新解释","美国支持扩大自卫队的作用","再平衡战略的目的就是要加强美军与自卫队的能力与合作"。②4 月下旬奥巴马访日时也表示,"非常欢迎日本在国际安全保障方面发挥更大的作用",并对安倍政府解禁集体自卫权表示"赞赏"。在日美联合声明中,美方对日本为此所作的努力表示"欢迎并支持"。③安倍政府于是有恃无恐,不顾国际社会尤其是日本的亚洲邻国的反对,不顾日本民众的抗议,通过内阁会议决议的方式强行解禁集体自卫权,对战后六十多年的《和平宪法》釜底抽薪,使美日同盟"专属防卫"的性质烟消云散,增加了发生战争的风险。内阁会议 7 月 1 日作出决议后,防相小野寺五典立即飞赴华盛顿向哈格尔报告。

2015 年 4 月 27 日,在安倍访美期间,两国正式公布了新的《防卫合作指针》。与 1997 年的指针相比,新指针在两国合作的内涵、范围和方式上都有显著的变化。第一,合作的空间与领域大大拓展,新指针不再区分不同事态,强调美日间的安全与防卫合作的全球属性,同盟"对日本安全和维护国际和平与安全的义务",对集体自卫权解禁予以确认;④第二,进一步明确和拓展加强双边合作的方式和途径,包括同盟的协调机制、新的战略合作、人道主义救援等,提出要构建"无缝、强力、灵活、高效"的同盟协调和联合应对机制;第三,扩大美日安全和防

---

① "Remarks by Secretary of State John Kerry with Secretary of Defense Chuck Hagel, Japanese Foreign Minister Fumio Kishida and Japanese Defense Minister Itsunori Onodera", October 3, 2013, http://www.state.gov/secretary/remarks/2013/10/215073.htm.

② "Hagel Discusses U.S.-Japan Defense Relations in Interview," April 5, 2014, http://www.defense.gov/news/newsarticle.aspx?id=121990.

③ "Joint Press Conference with President Obama and Prime Minister Abe of Japan," April 24, 2014, http://www.whitehouse.gov/the-press-office/2014/04/24/joint-press-conference-president-obama-and-prime-minister-abe-japan.

④ 布什第一任期任国安会亚洲事务高级主任的迈克尔·格林说,美国一直希望,在美日同盟中美国是矛头,冲在前面,日本给予后勤支援。但以往要这样做受到种种限制,新指针颁布后,随着集体自卫权的解禁,同盟的潜力才能完全释放出来。对格林的访谈,2015 年 4 月 29 日。

务合作的范围,包括美国的延伸威慑(常规武器威慑和核威慑)、太空安全、网空安全、情报和侦察、后勤和军事装备的合作,为两国军事一体化勾画了蓝图;第四,新指针还要求拓展地区双边和多边的合作,尤其是与韩国、澳大利亚、东盟的合作,加强伙伴能力建设,以实现日本在美国亚太同盟体系中的中坚和核心作用;第五,新指针再次明确提到钓鱼岛,并称"反对任何单方面行动寻求损害日本管理这些岛屿的现状",①从而把新指针针对中国的性质暴露无遗。

美日新《防务合作指针》出台后,安倍政府乘热打铁,提出了以解禁集体自卫权为核心的新的国内安保立法,包括1项新立法和10项修正案,统一打包为《和平安全法制整备法案》。法案遭到在野党、宪法学者和广大民众的强烈反对,在日本国内激起一场大辩论。但安倍政府凭借其在国会的优势,强行通过立法,完成第三次美日同盟调整的国内立法程序。日本将在美国的亚太战略中发挥更大的作用。②

2016年12月上旬,美防长阿什顿·卡特在任内最后一次访日。6日在会晤安倍时,卡特给日本送上一份大礼:美方承诺将在12月下旬归还驻日美军在日本冲绳县占据的近4 000公顷土地。这些土地的部分区域长期被用作美军丛林战战术训练场,此举是美国从1972年以来归还日本土地最多的一次。事实上,围绕这片土地的谈判始自20世纪90年代,已持续了20年。但在日本收回土地后,美军仍对土地享有相当程度的使用权:日方同意在该区域建造6个直升机停机坪,铺设道路,允许美军继续在此训练。在会晤日本防卫相稻田朋美时,卡特强调,美日关系从未像现在这样牢固,并称,"美国在这一地区的利益是持久的"。③

三、美韩同盟

韩国是美国在本地区的另一重要盟国。韩国所处的地缘战略环境复杂,韩朝对峙了近七十年。虽然在金大中、卢武铉总统任内南北关系有所改善,但没有发生根本变化。从2008年年底关于朝核问题的六方会谈陷入僵局以来,半岛局势持续紧张,屡屡到了战争边缘。这也为美国加强与韩同盟关系提供了口实。奥巴马当政后成功促使国会批准了美韩自由贸易协定,对加强两国关系是一个推动。

---

① US Department of State, "Statement on New Guidelines for U.S.-Japan Defense Cooperation", 27 April 2015. http://iipdigital.usembassy.gov/st/English/testtrans/2015/04/20150427314846. html?CP.rss=true#xzz3cX5bQCOe.

② 有学者也研究了美日在地缘政治、经济利益乃至政策目标方面的分歧,认为安倍晋三执着于修改宪法、解禁集体自卫权,根本目的是为了赢得更平等的地位和更大的自主权,这与美国强化同盟体系的初衷不符。见张薇薇:《美日同盟的新一轮强化:内容、动因及前景》,《美国研究》2015年第2期。

③ 丁磊:《美军"慷慨"归还所占用日本土地》,《环球时报》2016年12月8日。

　　美韩关系中的突出问题是如何应对朝核问题。奥巴马政府的基本估计是：要朝鲜放弃核武器是极其困难的，核和导弹是朝鲜进行讹诈的一种手段；朝鲜目前没有能力发射可携带核弹头的弹道导弹，对美国本土不构成威胁；朝鲜的行为方式是：挑衅—谈判—达成协议—获利，然后开始下一个"挑衅"周期。①奥巴马政府决心打破这一循环，总体上采取了"战略忍耐"政策，即：不关闭谈判大门，但以朝鲜承诺在无核化方面采取"不可逆转的措施"作为恢复六方会谈的前提；与韩、日保持密切沟通，协同行动；寻求逐步改变中国对朝鲜的战略评估和态度，谋求中国对朝鲜施加更大压力；对朝鲜的核试和发射导弹实行更严厉的制裁，并保持军事高压，对其常规武器保持"量身定作的威慑"(tailored deterrence)，并进行大规模系列军演。②

　　2010 年 8 月 27 日，前总统吉米·卡特应邀访朝，带回了因非法入境被判刑的美国公民戈梅斯。卡特还与朝外相朴义春和有关官员举行了会谈，就朝美关系、重开六方会谈以及实现半岛无核化等的问题进行了"开诚布公的讨论"。朝方《新闻公报》称卡特此访是"有益的"，访问"加深了朝美之间的理解，有助于建立双方的信任"，并称，朝鲜最高人民会议常任委员会委员长金永南在与卡特的会谈中强调，实现半岛无核化是已故国家主席金日成的遗训。但美方强调访问的"私人的、人道主义的目的，纯粹是为了把戈梅斯带回家"。③不论怎样，考虑到卡特在 20 世纪 90 年代初达成美朝《框架协议》中的作用，以及朝方所重申的立场，这起码表明朝鲜是愿意与美国进行接触的。

　　2011 年上半年，有关各方为重启六方会谈继续进行各种接触和商谈，但鲜有实质性进展。2011 年 7 月至 2012 年 2 月美朝之间进行了三次双边的接触。7 月 28 日至 29 日，美国邀请朝鲜第一副外相金桂冠访美，博思沃斯率领的美国代表团与之在纽约举行了会晤。这是奥巴马执政后美朝高级官员的首次接触。

①　"Press Briefing by Press Secretary Jay Carney", April 12, 2013, http://www.whitehouse.gov/the-press-office/2013/04/12, press-briefinf-press-secretary-jay-carney-4122013; Scott Snyder, "U.S. Policy Toward North Korea", *SERI Quarterly*, January 2013, http://www.cfr.org/north-korea/us-policy-toward-morth-korea/p29962.

②　Mark E.Manyin and others, *U.S.-South Korea Relations*(CRS Report for Congress), April 26, 2016, p.18; Stephen Kaufman "North Korea's Activities at 'Center' of U.S.-China Relationship", *Washington File*, March 2, 2011, p.2.奥巴马政府根据过去的经验认为，美朝对话不仅不会带来政治收益，还会有政治风险，正如国防部长盖茨所言，美国"不要为一匹马付三回钱"。Jeffrey Bader, *Obama and China's Rise. An Insider's Account of America's Asia Strategy*, p.31.布什曾说，他不会为一匹马付两回钱。意即克林顿政府已经为朝鲜弃核付出了代价，他不能再付一次代价。现在盖茨说这话，表示美国不会为了吸引朝鲜回到谈判桌旁来提供什么好处。

③　高浩荣、赵展：《卡特携遭押美国人从朝鲜回国》，2010 年 8 月 28 日，http://news.sohu.com/20100828/n274532103.shtml; Merle Kellerhals, Jr. "North Korea Release Imprisoned American", *Washington File*, August 30, 2010, p.4.

国务院表示,这是一次探索性的会晤,以确认朝鲜是否愿意在无核化方面采取具体的不可逆转的措施,如果朝方作出肯定回应,那么恢复会谈、改善美朝关系的大门是敞开的。①

10月24日至25日,博思沃斯与朝代表在瑞士日内瓦再次举行会晤,博思沃斯称会晤是"积极的、建设性的",双方在一些问题上"缩小了分歧",在另一些问题上对分歧作了探讨,并认为需要更多时间和更多讨论来取得一致。②

2011年12月17日朝鲜国防委员会委员长金正日病逝,其子金正恩接任最高领导人。

12月中旬,美国新任朝鲜问题特别代表格林·戴维斯首次访问首尔、东京和北京,与各方就朝核问题交换意见。美国发起了向朝提供营养品的计划。2012年2月23日至24日,朝美在北京举行第三次会晤,讨论的主要议题是:(1)采取一系列建立信任措施,包括美国不再敌视朝鲜,并向朝鲜提供24万吨营养食品援助,扩大与朝鲜在文化、教育、体育等领域的交流;作为回报,朝鲜决定"在进行有效的会谈期间",暂停核试验、远程导弹试射、宁边铀浓缩活动,并允许国际原子能机构对暂停铀浓缩活动进行监督。(2)承认"在和平协定签订之前,停战协定是维护朝鲜半岛和平稳定的基石",确认"用对话和协商的方法维护朝鲜半岛和平稳定,改善朝美关系,实现无核化,符合各方的利益"。29日,双方再次举行会谈,并达成《闰日协议》(Leap Day Agreement)。这是在金正恩继任之后美朝之间进行的直接接触和达成的协议。③但没过多久,4月13日朝鲜从西海卫星发射场发射了首颗应用卫星"光明星3号"(未进入预定轨道),受到联合国安理会谴责。17日,朝外务省发表声明,坚决反对安理会16日通过的涉朝卫星主席声明。同时表示,将"脱离"与美国达成的"2·29"协议,并将继续发射卫星。④美朝《闰日协议》不了了之。12月12日,朝鲜再次发射"光明星3号",并获得成功。2013年1月22日,联合国安理会通过第2087号决议,扩大了对朝制裁。决议同时希望寻求以和平、外交和政治方式解决有关问题,呼吁重启六方会谈。

---

① U.S. Department of State, "State Department on Conclusion of Meetings with North Korea", *Washington File*, August 1, 2011, p.9.

② U.S. Department of State, "Ambassador Bosworth's Remarks on Talks with DPRK Delegation", *Washington File*, October 27, 2011, pp.17—18.

③ U.S. Department of State, "Briefing by Administration Officials on North Korea", *Washington File*, February 29, 2012, pp.13—20; "Statement by Victoria Nuland", February 29, 2012, *Washington File*, March 1, 2012, pp.27;由于2月29日这一天是四年一次的闰日,故有此称呼。

④ 《朝鲜指责美国蹂躏朝卫星发射权利》,2012年4月29日,http://news.sina.com.cn/w/2012-04-29/083724348091.shtml。

在朴槿惠就任韩国总统(2013年2月25日)前夕,2月12日,朝鲜进行了第三次核试验。安理会于3月7日通过第2094号决议,再次加大对朝制裁,首次将从事非法活动的朝鲜外交人员、银行业实体以及非法现金转账列入制裁范围,并进一步增加了旅行限制。中国支持该决议。9月,中国商务部、工业和信息化部、海关总署、国家原子能机构联合发布公告,禁止向朝鲜出口与大规模杀伤性武器及其运载工具相关的两用物项和技术,清单共列出236项物品和技术,[1]表明中国执行安理会决议是严肃认真的。

2013年4月朝鲜宣布计划重启宁边重水反应堆建设。2014年朝鲜进行了多次短程、中程导弹发射,其中3月26日朝鲜向日本海试射两枚中程导弹,是朝鲜五年来首次试射中程导弹。

《闰日协议》流产后,奥巴马政府强化了对朝施压,还进一步动员国际社会孤立朝鲜。美方称有超过60个国家和国际组织谴责2012年4月朝鲜的"光明星3号"卫星发射,超过80个国家和国际组织谴责朝鲜的第三次核试验。在美国的推动下,2013年3月21日,联合国人权理事会通过了成立朝鲜人权调查委员会的决议案。[2]

2014年4月奥巴马访问韩国。他在出访前一天接受韩国《中央日报》独家书面采访中对朝鲜放出狠话:"如果朝鲜再次犯下核试验的错误,国际社会必将进行严厉制裁","除了进一步被国际社会孤立,朝鲜不会得到任何好处"。美韩双方商定重新考虑作战指挥权移交时间(原定日期为2015年12月1日),还决定进一步加强联合防卫力量,并表示,为了有效应对来自朝鲜的威胁,韩、美、日三国情报当局将开展更紧密的交流与合作。[3]

奥巴马政府特别注重加强美、日、韩三边的安全合作。美国一直希望建立亚洲版小北约,但主要由于慰安妇和独岛(竹岛)问题牵涉到深层次的民族感情,美国在东亚的两个盟国日、韩之间的争议难以消解。奥巴马政府力促两国改善关系,国会也予以配合,为此出台了若干决议。由于半岛局势的持续紧张,韩方对三边合作逐渐变得积极起来。2014年12月,三方签署《韩、美、日关于朝鲜核与导弹威胁的情报交流协议》,韩国防部与日防卫省之间通过美国防部共享军事机密。[4]

---

① 《中华人民共和国商务部、工业和信息化部、海关总署、国家原子能机构公告2013年第59号》,http://www.mofcom.gov.cn/article/b/c/201309/20130900317772.shtml。

② 参见杨悦:《奥巴马政府对朝"战略忍耐"政策探析》,《外交评论》2015年第4期。

③ Barack Obama, "The President's News Conference with President Park Geun-hye of South Korea in Seoul, South Korea", April 25, 2014. Online by Gerhard Peters and John T. Woolley, *The American Presidency Project*, http://www.presidency.ucsb.edu/ws/?pid=105136.

④ 《韩美日签署关于朝鲜核与导弹威胁的情报交流协议》,2014年12月29日,http://world.huanqiu.com/hot/2014-12/5309807.html。

2015年11月,韩、日领导人在首尔举行双边会晤。在美方的敦促下,12月28日两国外相在首尔就日军"慰安妇"问题举行会谈并达成一致。韩方表示,若日方能切实履行承诺,韩方将确认"慰安妇"问题终结。日本外相岸田文雄承认了日本政府在"慰安妇"问题上负有责任,并称,安倍晋三以内阁总理大臣的名义"向慰安妇受害人表示诚挚道歉和反省"。日本还表示提供10亿日元(约合830万美元)的赔偿金。①这就为朴槿惠2016年3月在华盛顿出席核安全峰会期间与奥巴马、安倍举行三边会晤扫清了道路,三方对于加强对朝政策的协调取得共识:要共同确保半岛无核化;使地区恢复"稳定与和平的意识";并强化对朝鲜人权问题的关注。②

多年来,数届美国政府一直在努力寻求建立覆盖全球的导弹防御系统。东北亚的导弹防御是亚太"再平衡"战略的重要环节。2012年9月,美助理防长凯瑟琳·希克斯表示,韩国有多种方式协助美国在东北亚的导弹防御部署,除了积极加强自身防御或直接参与美国防御体系外,韩国也可以通过雷达为美国反导系统作出贡献。③参谋长联席会议副主席麦克雷利在2014年5月也表示,地区导弹防御系统的建立将能更有效地对付朝鲜的导弹发射,并在盟国之间分摊防御负担。但韩国出于种种考虑,在这一问题上与美国的立场并非完全一致。韩国希望保持战略上的自主,不因为导弹防御系统刺激中国;也不愿与日本合作。④韩国希望部署自行研制的防御系统。

从2014年年中以来,美方一直在推动在韩国部署"末段高空区域防御系统"(THAAD,"萨德")。5月28日,美参联会副主席、海军上将詹姆斯·温尼菲尔德在大西洋理事会演讲时表示,美国有意在韩国部署"萨德",并表示继续推进地区反导系统、强化美、日、韩反导合作对美国至关重要。⑤2014年5月27日,《华

① 《韩日就"慰安妇"问题达成一致》,2015年12月28日,http://news.ifeng.com/a/20151228/46865832_0.shtml。但实际上,韩日匆忙达成的协议没有真正解决慰安妇这个涉及韩国民众深层次民族感情的问题,在协议中并没有出现"强征慰安妇是日本政府和军队犯下的罪行"等相关内容。2016年8月10日,在全球慰安妇纪念日到来之际,2 300多名韩国民众在日本驻韩大使馆前举行抗议示威,要求日本正视历史,为强征慰安妇罪行真诚道歉,对政府与日本草率达成的协议表示抗议。《环球时报》2016年8月11日第2版。

② Barack Obama, "Remarks Following a Meeting With President Park Geun-hye of South Korea and Prime Minister Shinzo Abe of Japan", March 31, 2016. Online by Gerhard Peters and John T.Woolley, *The American Presidency Project*, http://www.presidency.ucsb.edu/ws/?pid=117313.

③ 祁昊天:《萨德入韩与美国亚太反导布局的战术与战略考量》,《现代国际关系》2016年第7期。

④ Mark E.Manyin and others, *U.S.-South Korea Relations* (CRS Report for Congress), April 26, 2016, pp.17—18.

⑤ "Transcript: Admiral James A. Winnefeld at 2014 Missile Defense Conference", May 28, 2014, http://www.atlanticcouncil.org/news/transcripts/admiral-winnefeld-at-2014-missile-defense-conference.

尔街日报》曝光美国防部已在韩国进行过"萨德"部署选址调研,但尚未作出决定。①2015 年 3 月,助理国务卿拉塞尔访韩时表示,韩美面临着来自朝鲜的弹道导弹威胁,美军有责任维护两国安全,并称第三方的强硬表态令人诧异。②

中方对美国在韩部署"萨德"系统的企图表示了严重关切。2014 年 7 月初习近平主席访问韩国,在与朴槿惠的会谈中,习近平呼吁韩方"慎重处理"这一问题。③国防部长常万全在 2015 年 2 月访韩时就美国在韩部署"萨德"系统的可能性表示担忧。3 月 16 日,外交部长助理刘建超访韩时接受记者采访表示,希望美方和韩方能就部署"萨德"系统一事作出合适的决定。中韩双方在会谈中就此事进行了坦诚交流。④俄罗斯也多次表示,"萨德"系统在韩国部署将给地区的战略稳定和国际安全带来严重影响。⑤顾忌到中国及其他周边国家的立场,韩国在此问题上一直采取模糊态度。

进入 2016 年半岛局势更加恶化。1 月 6 日,朝鲜进行了第四次核试验,并自称这是一次成功的氢弹试验,美国等也认为此次试验标志朝鲜的核武器技术取得了重要进展。⑥韩国恢复了三八线上对北广播,并全面中断韩朝开城工业区运营。1 月下旬,克里国务卿访华,与王毅外长举行了长达 5 个小时的会谈,使用了过去从未使用的强硬措辞要求对朝实行全面禁运。王毅则表示:"制裁不是目的,关键是要重启对话谈判","中国作为大国,在朝鲜半岛核问题上的立场光明磊落,坚定不移,不会受一时一事影响,不会因喜怒哀乐而改变"。⑦2 月 7 日,朝鲜又利用远程导弹技术发射了"光明星 4 号"卫星。3 月 2 日,联合国安理会通过第 2270 号决议,对朝鲜施加新的制裁,包括要求各国收紧对朝武器禁运措施,冻结可能与核、导弹计划有关的金融资产等。但决议也强调,有关措施无意对朝鲜平民造成不利的人道主

① "US Mulls Missile Defense System in South Korea-Report", May 28 2014, http://en.ria.ru/world/20140528/190186566/US-Mulls-Missile-Defense-System-in-South-Korea--Report.html.
② 《美助理国务卿:第三方就韩美未部署的安全系统表态令人诧异》,2015 年 3 月 17 日,http://www.liuxuekorea.com/Board/view.aspx?BoardID=32&NowPage=19&m1=6&m2=1&sTab=2&cID=19166。
③ 《韩媒曝习近平曾呼吁韩方慎重对待与美反导合作》,2014 年 8 月 27 日,http://mil.news.sina.com.cn/2014-08-27/0917797764.html?eol3d。
④ 《中国外长助理:望韩方在萨德问题上重视中方关切》,2015 年 3 月 16 日,http://world.huanqiu.com/exclusive/2015-03/5922721.html。
⑤ 《中俄对在韩部署萨德表担忧:将严重损害地区战略安全》,2016 年 7 月 29 日,http://world.huanqiu.com/exclusive/2016-07/9241191.html。
⑥ 参见林利民、郑雨:《朝鲜第四次核试与东北亚新变局》,《现代国际关系》2016 年第 5 期。
⑦ 《克里公开对华提一要求:王毅当场表明态度》,2016 年 2 月 10 日,http://mt.sohu.com/20160210/n437179621.shtml; Elise Labott and Stephen Collinson, "John Kerry's Beijing Reality Check", http://www.cnn.com/2016/01/26/politics/john-kerry-north-korea-china-visit/。

义后果。①这与美、日、韩最初的要求有距离,三国都实行了单方面的更加严厉和全面的制裁。7月6日,美财政部宣布对16名"严重侵犯人权"的朝鲜官员和实体进行制裁,其中包括最高领导人金正恩本人。②这是一个具有标志性的事件,它表明,奥巴马政府已经放弃两个任期来的"战略忍耐"政策,不再谋求以中美合作、多边合作作为解决朝核问题的主要途径,而是更依仗美日同盟、美韩同盟,对朝全面施压,包括经济封锁和军事、政治压力,来达到历届美国政府一直寻求的"朝鲜崩溃"的目的。③

除了经济制裁,美国还采取军事上的高压态势。1月10日即派出B-52轰炸机到半岛上空巡航示威;3月7日,美韩举行历来最大规模的联合军演,美韩分别有1.7万人和30万人参加,美"约翰·斯坦尼斯"号航母和B-2隐形轰炸机也参加了军演。

朝鲜2016年1月6日进行第四次核试验后,美国趁机加紧鼓吹在韩国部署"萨德"。美国参众两院军事委员会分别敦促朴槿惠在"萨德"问题上"下定决心",美高官也多次提及部署"萨德"的必要性和重要性。朴槿惠政府遂采取了与美步调一致的行动。1月13日朴槿惠终于放弃了所谓"三无"政策["(美国)无请求、(韩美)无协商、(韩国)无决定"],表示"将从国家安全和利益出发,考虑有关引进'萨德'事宜"。总统开了绿灯,早有此意的军方更加起劲,纷纷从军事和安全角度阐述部署"萨德"的必要性,并指责中国的反对是"干涉内政"、"庇护朝鲜"。2月26日,美韩双方宣布,两国将研究在韩部署"萨德"系统的问题。3月4日,美韩签署成立联合工作组协议,开始正式协商部署事宜。4个月之后,7月8日美韩军方发表联合声明,决定在韩部署"萨德"系统,并称最晚将于2017年末正式投入使用。7月13日,朴槿惠政府宣布将"萨德"部署在首尔东南方向约200公里的庆尚北道星州郡。④

中国坚决反对美韩这一决定。7月24日,王毅外长在老挝万象会见韩外长尹炳世。王毅严正指出,中韩是近邻又是战略合作伙伴,近年来两国开展全方位合作,给两国人民带来实际利益。在韩部署"萨德"系统,必将损害中韩互信。"萨德"决不是单纯的技术问题,而是不折不扣的战略问题。如"萨德"最终在韩落地部署,将对半岛形势、地区稳定及中韩关系造成负面影响。他奉劝韩方认真对待中方的正当合理关切,权衡利弊,慎之又慎,三思后行,珍惜并维护好中韩关

① 《安理会一致通过制裁朝鲜决议》,2016年3月12日,http://news.163.com/16/0303/11/BH7U355H00014AED.html。

② 《金正恩首次被美国列入制裁名单》,2016年7月7日,http://news.ifeng.com/a/20160707/49310292_0.shtml。

③ Editorial:"Losing Patience on North Korea",*Washington Post*,February 9,2016,http://www.watertowndailytimes.com/opinion/washington-post-losing-patience-on-north-korea-20160211。

④ 高浩荣:《韩国决定部署"萨德"的背后》,2016年8月12日,http://www.ldgb.com.cn/admin/pub_newsshow.asp?id=29067764&chid=100183。

系来之不易的良好局面。①但韩方没有改弦更张。7月末8月初,美陆军部长埃利克·范宁访问韩国,走访了第35防空炮旅团并检查导弹防御系统。8月10日至11日,美国导弹防御局局长詹姆斯·叙林访韩,与联合参谋本部及韩军高层人士会晤,磋商"萨德"系统部署具体事宜。叙林辩称,"萨德"不针对中国,该系统"从来没有、今后也不会"被用于针对中国的活动。②8月9日至10日美军太平洋司令部陆军司令罗伯特·布朗对韩国进行访问并视察驻韩美军。

部署"萨德"系统的决定分裂了韩国社会,它不但遭到民众和反对党共同民主党的强烈反对,甚至执政党新国家党也有1 000多人为此要求退党。星州郡的民众举行了持续的抗议活动,在8月15日光复节有900多人,包括许多妇女,断发明志,以示抗议。

2016年5月,朝鲜劳动党第七次全国代表大会在平壤举行。金正恩被推选为劳动党委员长,朝鲜拥核国家地位被正式化,并视为"胜利的源泉"。在金正日时代朝鲜仍然把无核化作为基本原则,但劳动党七大正式确认了经济建设与开发核武器并进的路线,表明朝鲜不会选择弃核。③6月22日,朝鲜发射了"舞水端"中程导弹,第一枚飞行150—160公里后爆炸,第二枚飞行约400公里坠毁。据悉,"舞水端"导弹最小射程为500公里,最大达4 000公里,打击范围覆盖日本全境和关岛。2016年内,朝鲜先后6次试射疑似"舞水端"中程弹道导弹,但均以失败告终。

---

① 《王毅会见韩国外长尹炳世》,2016年7月26日,http://news.xinhuanet.com/2016-07/26/c_129176925.htm。

② 《美导弹局长抗议声中访韩》,2016年8月13日,http://eeeeoiui.zhongxi-m.com/164droc620160813c6n464005826.shtml。"萨德"的用途是在末段拦截短程、中程和中远程弹道导弹,拦截高度为40公里到150公里。由于首尔离朝鲜很近,朝鲜打击首尔的弹道导弹射程很短,其弹道最高点不超过40公里,所以"萨德"系统不能用来有效保卫首尔。其实,朝鲜要打击首尔,使用常规火炮已经足够。而"萨德"所用TPY-2雷达探测范围可能达到两三千公里,如果指向中国,它可以比部署在阿拉斯加的雷达提前10分钟探测到从中国南部和中部发射、打击美国中部和西部的洲际导弹,这就为美国进行拦截提供了更长的预警时间;它还有助于观测释放弹头和诱饵的拖车,有助于识别真假弹头,从而大大提高拦截成功率。吴日强:《换一下雷达,"萨德"僵局或可解》,《环球时报》8月11日第14版。在韩国部署的"萨德"实际保护的是位于京畿道平泽和全罗北道群山的驻韩美军基地、冲绳和关岛的美军基地。

在2016年8月25日中国国防部的例行记者招待会上,国防部发言人吴谦表示,美在韩部署"萨德"反导系统,不仅是一个战役战术问题,更是一个战略问题。这种做法打破了地区的战略平衡,损害了中国的战略利益,破坏了中美、中韩之间的战略互信。虽然美军方多次表示"萨德"反导系统的雷达探测距离只有几百公里,但据韩国媒体报道,美国防部导弹防御局局长叙林最近在访韩时表示,"萨德"反导系统可以在短时间内由"末端模式"转为"前沿模式",而"前沿模式"下,雷达探测距离为1 000公里以上。《2016年8月国防部例行记者会文字实录》,2016年8月26日,http://eeuoeuau.boota.com.cn/1976nec620160826c6n466058852.shtml。

③ 参见郑继永:《朝鲜劳动党七大的几个看点》,《世界知识》2016年第12期。

9月6日，奥巴马与朴槿惠在老挝东盟峰会期间会晤，双方就"采取一切措施应对朝鲜挑衅"达成共识，坚持在韩国部署"萨德"系统，认为这是"通过增强联合防卫力量及延伸威慑维持对朝威慑力"。①

9月9日，朝鲜进行了第五次核试验。9日是朝鲜国庆节。此次在咸镜北道丰溪里附近进行的试验估计当量为1万吨TNT（1945年广岛原子弹当量为1.5万吨），是朝鲜历来进行的最大当量的核试验，且离第四次核试不过8个月时间，是历来间隔时间最短的。核试验遭到国际社会的强烈谴责。联合国安理会经过82天的反复磋商、讨论，于11月30日一致通过第2321号决议，对朝鲜实行新制裁。新决议将朝煤炭年出口额度限制在4亿美元左右，或每年不超过750万吨，比此前缩减了约60%；禁止朝出口铜、镍、银、锌等金属，这将使朝鲜每年减少1亿美元的收入。新决议还在制裁黑名单上增添了11名个人和10个单位，包括朝鲜驻埃及和缅甸大使，禁止其进行国际旅行，冻结其财产。中国外交部发言人在12月1日记者会上表示，第2321号决议既出台了新的措施，体现了安理会的决心，也指出要避免对朝鲜民生和人道需求造成不利后果，无意对正常经贸活动产生负面影响。中方主张全面、平衡执行第2321号决议。中方认为当务之急是有关各方尽快恢复对话谈判，尽快重启六方会谈。发言人并敦促有关方面立即停止在半岛部署"萨德"系统的进程。②

在半岛部署"萨德"系统直接威胁中、俄两国的战略安全，两国就此进行了沟通，保持着战略协作。6月26日，两国元首发表《关于加强战略稳定的联合声明》，批评了美国单方面打破战略平衡，谋求军事优势，尤其是在亚太地区部署或计划在东北亚部署"萨德"系统。③中俄还在俄罗斯举行了首次反导联合计算机演习，并商定在2017年再次举行此类演习，对美韩实行一定程度的反制。

① Barack Obama, "Remarks Following a Meeting With President Park Geun-hye of South Korea in Vientiane, Laos", September 6, 2016. Online by Gerhard Peters and John T. Woolley, *The American Presidency Project*, http://www.presidency.ucsb.edu/ws/?pid=118925.

② 《安理会更严厉制裁朝鲜》，《环球时报》2016年12月1日；《外交部：第2321号决议应得到全面、平衡的执行》，2016年12月2日，http://news.cncnews.cn/2016-12-02/124490239.html。韩国文在寅就任后总统，中韩双方继续就"萨德"问题进行沟通，韩方表示，韩方不加入美国反导体系，不将韩美日安全合作发展成三方军事同盟，也不追加部署"萨德"系统，目前在韩部署的"萨德"系统不损害中方战略安全利益。《韩方在"萨德"问题上作公开表态，中方回应》，2017年11月2日，http://www.sohu.com/a/201945933_783742。

③ 《中华人民共和国主席和俄罗斯联邦共和国总统关于加强全球战略稳定的联合声明》，2016年6月25日，http://news.xinhuanet.com/politics/2016-06/26/c_1119111895.htm?from=timeline&isappinstalled=0。

四、美菲同盟

1951 年美菲就签署了《共同防御条约》。①老布什政府在冷战结束后收缩在海外的军事存在；菲律宾民族主义高涨，并由于苏比克湾附近的火山喷发，1992 年美军关闭苏比克湾海军基地和克拉克空军基地。但不久，1998 年 2 月，美菲达成《访问部队协议》，菲方允许美国在菲轮岗部署 600 名美军士兵，并为美军舰艇提供"有限期"靠岸补给。美菲"肩并肩"年度联合军演继续进行。小布什政府时期，菲律宾积极支持美国反恐，美国强势回归，2002 年美菲签署《后勤支援互助协定》，允许美军使用菲港口、机场和其他后勤设施及服务，同时可用装备换取菲的燃料、淡水和其他必需品；菲也增加了从美购买、租借现代化装备的可能性。2003 年美国宣布向菲律宾提供 1 亿美元新军事援助，并将其确认为"重要的非北约盟国"。②

在阿罗约总统任内（2001 年至 2010 年），菲律宾采取在中美之间奉行"大国平衡"的政策。菲继续与美保持同盟关系，美继续对菲进行军事援助、包括人员培训、军事改革、情报共享、联合军演等，美在菲的安全议程和安全结构中的嵌入越来越深，但菲美军事关系主要是为了反恐和国内安全。③与此同时，菲律宾发展与中国的经济贸易关系，享受了中国迅速崛起带来的好处，中菲关系有了长足改善，两国在南海问题上的争端波澜不惊，菲没有将中国视为威胁，其防务计划主要着眼于国内安全，极少注意到外部因素，没有把中国视为威胁。④

2010 年 6 月阿基诺三世当政，情况开始发生变化。2011 年 3 月，中菲发生礼乐滩事件。⑤3 月 14 日，希拉里·克林顿给前菲驻美大使、外长德尔·罗萨里奥打电话，表示群岛周边水域的航行自由对美国家利益至关重要，显然是支持菲对中国秀强硬。此后不久，罗萨里奥明确表示，美国仍然是菲"唯一"的战略伙伴。⑥菲参议院议长胡安·庞塞·恩里莱 17 日再次呼吁增强军力，更新装备，以保卫包括南沙群岛在内的"国家领土"。还妄称："在国与国的较量之中，说到底

---

① 关于这个条约与南海问题的关系见何维保：《〈美菲共同防御条约〉与南海问题》，黄平、郑秉文主编：《美国蓝皮书（2014）》，社会科学文献出版社 2014 年版。

② 《美菲联合军演：第二梯队盟友的机会？》，2011 年 7 月 8 日，http://news.sina.com.cn/w/sd/2011-07-08/141822780461.shtml。

③ 代帆：《国家安全与对外政策：阿基诺三世的对华政策及其启示》，《国际关系研究》2016 年第 3 期。

④ Evan S. Medeiros an others, *Pacific Currents. The Response of U.S. Allies and Security Partners in East Asia to China's Rise*, RAND, 2008, p.116.

⑤ 2011 年 3 月 2 日，两艘中国巡逻船驱离在南沙群岛礼乐滩附近水域进行勘测的菲律宾船只，菲随后派出两架军用飞机予以拦阻。为了避免冲突，并鉴于当年阿基诺三世即将访华，中国巡逻船驶离。

⑥ 《美国力挺菲律宾闹南海》，2011 年 4 月 27 日，http://news.cntv.cn/20110427/106768.shtml。

是实力的问题。"随后还用菲律宾语说:"谁的枪多、刀多,谁就是胜利者。"①4月,菲律宾发布《2011—2016 年国家安全政策》,明确提出需要发展防御能力以抗击来自外部的安全威胁。在当月举行的菲美共同防御委员会会议决定采取一系列活动来增强武装部队的海洋/领土防御能力,包括临时派遣美国海空军到菲律宾领土,建立海洋安全联合支持设施,增加南海的联合安全活动,改善菲美海军的信息共享等。7 月,菲国防部正式推出"国防转型计划",其实现军事现代化的方案指向南海争端。②但菲本身的军事能力十分有限,阿基诺三世政府需要借助外力,尤其是美、日。2011 年 9 月阿基诺三世访问日本,菲日宣布将两国关系提升为"战略伙伴关系"。11 月 6 日,希拉里·克林顿与罗萨里奥在纪念美菲同盟六十周年之际发布了《马尼拉宣言》和《菲美关于增长伙伴原则的联合声明》,菲美双方重申同盟条约,承诺加强双边的和在地区组织中的合作,来应对挑战,包括海上安全、核扩散、恐怖主义和跨国犯罪等威胁;将利用两国政府的技术和资源,使菲经济发展摆脱束缚,美国则要求 15 个政府机构与菲政府积极合作。③这样,美、日遂成为菲律宾的密切战略伙伴,中菲关系迅速趋冷。

2012 年 4 月发生黄岩岛事件。④为了进一步强化同盟关系,美菲决定照美日同盟的例子举行 2+2 战略对话。5 月 3 日,第一次对话在华盛顿举行。希拉里·克林顿在记者会上提到黄岩岛事件,并强调,虽然美国对南中国海领土主权的争议不持立场,但作为一个太平洋国家,航行自由、维护和平与稳定、尊重国际法、不受阻拦的合法的商业航行是美国的国家利益所在。美国反对任何一方使用或威胁使用武力来推进自己的要求。"我们将与我们的盟友菲律宾保持密切接触。"帕内塔与菲国防部长加斯明具体讨论了拓展军事合作的问题。⑤

2012 年 6 月 7 日至 8 日,阿基诺三世访问美国。奥巴马在与他会谈后的讲

---

① 《南海危急关头:中国这一重大表态令美军知难而退》,2011 年 7 月 5 日,http://blog.sina.com. cn/s/blog_5f5675a301017ovo.html。

② 代帆:《国家安全与对外政策:阿基诺三世的对华政策及其启示》,《国际关系研究》2016 年第 3 期。

③ "Manila Declaration on U. S.-Philippine Alliance", 16 November 2011, http://translations. state.gov/st/english/texttrans/2011/11/20111116141458su0.2878338.html#ixzz4HeM3RguZ.

④ 黄岩岛属于中国中沙群岛的组成部分,是中国海南渔民的传统渔场。1992 年菲律宾开始对黄岩岛提出领土要求,菲军舰还多次驱赶、撞沉中国渔船。1997 年,菲海军炸毁黄岩岛上的中国主权界碑,随后派兵驻守。2012 年 4 月 8 日,菲海军非法进入黄岩岛,持枪抓捕中国渔民并扣押渔船。4 月 10 日,中国国家海洋局派出两艘海监船赶赴黄岩岛海域,对我渔船和渔民实施现场保护,自此中菲展开船舰海上对峙。其间,中方一再向菲方提出严正交涉。6 月 16 日凌晨菲方公务船撤离黄岩岛。

⑤ U. S. Department of State, "Clinton, Panetta with Philippine Counterparts after Their Meetings", April 30, 2012, *Washington File*, May 3, 2012, pp.6—10.

话中说,美菲将继续密切合作,这与美国所宣布的返回亚洲的政策是一致的,它提醒人们,美国把自己看作是、而且它确实是一个太平洋国家。奥巴马强调了"要依照一整套国际规范和法则来处理海洋权益方面的争议"。鉴于中菲之间刚刚发生黄岩岛事件,他对菲律宾的支持是显而易见的。阿基诺在讲话中大谈与美国共享的历史、共享的价值观,与美国的战略伙伴关系,希望五角大楼给予更多的援助,帮助菲改善海洋监控能力,欢迎美国在菲部署 P-3C 反潜飞机和全球鹰无人机,并称菲特别有兴趣获得美国的陆基雷达。①

为了帮助菲律宾建立"可信的安全存在和海上领地意识",美国加大了对菲援助。援助额从 2009 年的近 1.24 亿美元增长到 2014 年的近 1.9 亿美元,其中军援(包括直接的军援、国际军事教育与培训、防扩散、反恐等项)从 2009 年的 3 390.5 万美元增长到 2014 年的 6 080 万美元。②国会预算署在论证 2014 财年对菲军援时说,美援将帮助菲律宾成为促进地区安全的更得力的伙伴,从而对美国的亚太"再平衡"战略提供支持。③2013 年 12 月,克里国务卿在访菲时宣布,根据"全球安全应急基金"的安排,为菲实施一项为期 3 年、额度为 4 000 万美元的海上安全追加援助,用于改善海上安全和海域意识,并为提高反恐执法能力提供协助。④美国还向菲提供比较先进的军事装备和武器,2011 年菲从美国得到一艘"汉米尔顿"级巡洋舰,替换了菲第二次世界大战时期的驱逐舰而成为菲的海军旗舰。2012 年下半年美再向菲提供一艘"汉米尔顿"级巡洋舰。2016 年菲从美国得到第三艘同类舰艇。⑤美军舰频繁造访菲律宾,2010 年至 2013 年美舰访菲次数分别为 51 次、54 次、88 次、140 次。美菲每年举行多场"肩并肩"、"菲布莱克斯"、"卡拉特"双边和多边联合军演,课目的设置偏重实战,如两栖登陆、反潜等,旨在提升菲的作战准备和美菲联动。在菲律宾的军事制度、军队建设方面,美方也多有参与,使双方的合作具有很多实质性内容。⑥

---

① Barack Obama, "Remarks Following a Meeting With President Benigno Aquino III of the Philippines and an Exchange With Reporters," June 8, 2012. Online by Gerhard Peters and John T. Woolley, *The American Presidency Project*, http://www. presidency. ucsb. edu/ws/? pid = 100996.

② 援助额见 Thomas Lum, Ben Dolven, *The Republic of the Philippines and U.S. Interests—2014*(CRS Report for Congress), April 23, 2014, p.9.

③ Thomas Lum, Ben Dolven, *The Republic of the Philippines and U.S. Interests—2014*(CRS Report for Congress), April 23, 2014, p.9.

④ John Kerry, "Remarks with Philippines Foreign Secretary Albert Del Rosario", Manila, Philippines, December 17, 2013, http://www.state.gov/secretary/remarks/2013/12/218835.htm.

⑤ 《外媒称菲水兵赴美培训,接收二手"老爷舰"》,2016 年 8 月 16 日,http://k.cankaoxiaoxi.com/weizhan/article/101399985/31284642526/236492。

⑥ 刘琳:《美菲防务关系的演变与发展前景》,《当代美国评论》2017 年第 1 期。

在美国鼓励下，菲律宾还与别的国家，尤其是同样与中国存在领土争议的日本和越南发展军事合作关系。2013年7月安倍首相访问马尼拉，日本承诺通过官方发展援助（ODA）资金渠道，向菲提供10艘巡逻船，其中5艘在菲建造，5艘在日建造，以强化菲领海权意识、保卫领海的能力，日本也将继续为菲海岸巡逻队提供人员培训。①2016年杜特尔特新政府当政后，日本外相岸田文雄即于8月访问菲律宾，防止菲向中国靠拢。岸田文雄在与菲外长佩菲克托·亚赛会晤后的记者会上表示，日本将继续为菲提供安保支持，交付10艘海警船中的第一艘。日本还将租给菲4架TD-90侦察机。佩菲克托·亚赛则表示，菲在南海与日本在东海"有同样的遭遇"。双方强调海牙仲裁法庭的仲裁"具有法律约束力"，对中国施加压力。②

奥巴马政府为实施"再平衡"战略需要扩大美国在亚太的军事存在，而菲律宾也希望以此来为自己壮胆，狐假虎威。2014年4月末美菲签署了为期十年（可延长）的《加强防卫合作协议》，根据协议，美军今后可"在菲方邀请下"以临时和轮换的方式来菲，使用菲军事基地并在菲兴建军事设施；在两国军队举行联合军演期间，美军舰、战机和部队可在菲轮换驻扎超过两个星期。菲军方消息人士透露，美国预计将增派更多战舰、F-18型、F-16型战机和一架海事侦察机到菲。菲律宾向美国提出8处地点作为美国新军事基地的备选地，包括5座军用机场、2个海军基地和1个丛林训练营，美国最后选中了5处，包括克拉克空军基地，都是面对南海一侧的。在美菲第六次战略对话中对此予以确认，这将使美军在菲律宾有更多的"轻脚印"。③

上述协议签订后，奥巴马于4月28日访问菲律宾，他多次向菲方表示美国对《美菲共同防御条约》的承诺"坚定不移"，重申通过和平的方式，在没有威吓与施压的情况下解决领土争端的重要性，并表示支持菲通过国际仲裁来解决与中国的领土争端。当有记者问到，如果中菲的争议演变成武装冲突，美国是否会保卫菲律宾时，奥巴马却拒绝作出直截了当的回答。他表示美国欢迎中国的和平崛起，美中有着建设性的关系；又说，美国的目的是使国际规则和准则得到尊重，包括在海洋权益争端方面，美菲新条约的目的非常广泛，是为了使两国的同盟关系得到更新，增强菲在各个方面的能力，应对新的需求和挑

① 《菲媒：日本将为菲律宾提供10艘巡逻艇》，2014年6月23日，http://world.huanqiu.com/article/2014-06/5031709.html。
② 《日外相称要帮菲"强化南海安保"，首艘海警船将交付》，2016年8月12日，http://www.cankaoxiaoxi.com/world/20160812/1265704.shtml。
③ 《美将扩大在菲驻军，两国今签十年国防合作协议》，http://news.eastday.com/eastday/13news/auto/news/world/u7ai1342496_k4.html；《菲律宾对美国开放8大军事基地，"盯紧"南海》，http://news.xinhuanet.com/world/2016-01/15/c_128631341.htm。

战，包括应对自然灾害。①之所以如此，是因为对于菲律宾的领土是有明确的条约规定的，正如贝德所说，"美菲之间的军事条约存在的目的从来都不是为了保卫南海上的争议岛屿"。②

尽管如此，美国在南海争端中支持菲律宾的立场是十分明显的，而且美菲联合在南海对抗中国正是美菲同盟的一个主要支柱。在美菲的历次战略对话中都否定中国的断续线，否定中国对南海的历史性权利，都以片面解释《联合国海洋法公约》的规定来对中国施加压力，并支持菲律宾向海牙仲裁法庭提出的仲裁案。③

由于殖民历史的烙印，菲律宾国内始终存在着亲美和反美两种情绪。2016年7月杜特尔特总统上任以来摒弃了前任一边倒亲美的立场，抨击美国对菲律宾内政的干涉，表示不愿意继续做美国的"棕色小伙伴"，要与中、俄加强关系。10月中旬，杜特尔特对中国进行国事访问，使中菲关系重回健康稳定发展的轨道。由于菲律宾在南海的地位，菲律宾的这种政策转变对美国的"再平衡"战略是一个打击。

五、美澳同盟

早在1951年美国就与澳大利亚缔结了同盟关系。冷战结束后，美澳同盟进行了调整，完成了从"冷战型"向"后冷战型"的转变。"9·11"事件后，澳大利亚追随美国参加阿富汗战争、伊拉克战争，同盟关系进行了再调整。④在美国的"再平衡"战略中，美澳同盟占有重要地位。奥巴马选在访问澳大利亚之时宣布这一战略调整不是偶然的。在美国决策者的构想中，西太平洋、南太平洋和印度洋是连成一片的，是一个大的区域，澳大利亚是美国在南太平洋的安全之锚，它扩大了美国的战略纵深，使"再平衡"战略投射范围更广，也提升了东南亚与印度洋的战略重要性，而通过海运航线与安全战略设计来连接太平洋与印度洋正是"再平衡"战略的一个重点。⑤奥巴马在2011年11月访澳时双方同意，美国将从2012

---

① "Remarks by President Obama and President Benigno Aquino III of the Philippines in Joint Press Conference，April 28，2014，http://www.whitehouse.gov/the-press-office/2014/04/28/remarks-president-obama-and-president-benigno-aquino-iii-philippines-joi.

② 《美专家：美菲条约不涵盖南海争议岛屿》，2012年5月15日，http://news.xinhuanet.com/mil/2012-05/15/c_123130048.htm。

③ 详见本书第437—439页。

④ 参见李凡：《冷战后的美国与澳大利亚同盟关系》，中国社会科学出版社2009年。

⑤ 陈洪桥：《美国亚太再平衡战略下的美澳合作》，《当代亚太》2014年第1期。Hillary Clinton，"America's Pacific Century"，October 11，2011，http://foreignpolicy.com/2011/10/11/americas-pacific-century.坎贝尔甚至把印度洋与太平洋连接起来作为对美国战略思维的"下一个挑战"。Mark Manyin and others，*Pivot to the Pacific? The Obama Administration's Rebalance Toward Asia*（CRS Report for Congress），March 28，2012，p.5.

年开始在澳北部的达尔文港部署一个连的海军陆战队,到 2017 年,最终建立一个规模为 2 500 人的海军陆战队指挥中心。①

2014 年 6 月中旬澳大利亚总理托尼·阿博特访问美国,双方宣布了有效期为 25 年的《兵力态势协议》,重申美国在实行"再平衡"战略中对亚太、印太和澳大利亚的坚定承诺,美澳将增强在网络安全、太空,尤其是在亚太地区反导系统方面的合作。白宫发表的《情况介绍》涉及全球的诸多热点问题,但讲得最多的是南海问题。除了重申美国一贯主张外,《情况介绍》还强调:"美国与澳大利亚呼吁声索方澄清它们的声索,按照国际法,包括《联合国海洋法公约》来寻求它们的声索,并支持声索方通过合法的机制,包括仲裁,来寻求和平解决其争端。"②鉴于当时菲律宾已经向所谓仲裁庭提出了仲裁申诉,美澳结伴支持菲律宾的态度非常明确。

2015 年 10 月美澳举行例行的 2+2 会议。会后发表的联合声明继续在南海问题上对中国施加压力,其中说:"双方对中国近来在南海的陆地拓展、建设行动深表关切,呼吁相关各方终止陆地拓展、建设和军事化,敦促各声索方表现出克制,采取缓和紧张的措施,不采取任何可能导致紧张升级的挑衅行为。"美澳在声明中还强调了对增进美澳日三边合作的承诺,并强调了印度在战略和经济上的重要性。③

美国还是澳大利亚军火的传统提供者。澳近 50%的武器采购自美国,近年购进的武器性能更加先进。2014 年澳宣布将购进价值 115 亿美元的 58 架 F-35 战斗机,而先前,澳已经决定购买 14 架 F-35 战斗机。这 72 架最先进的战机将取代 F/A-18A/B 战机。2015 年澳大利亚又购得价值 7.13 亿美元的两架 C-17 运输机。④

在美澳同盟关系中一个值得注意的倾向是日澳关系的发展。日本急切希望在地区事务中发挥更大作用;美国要打造亚洲版小北约,自然鼓励其盟国之间的接近;澳大利亚也要发展对日关系,以防美国实力和战略的任何变化。2014 年 7 月,安倍访澳并在议会发表演讲,宣称日澳两国在防务等领域展开

① 在达尔文港建立完整的 2 500 人的海上地面特遣部队的计划已推迟到 2020 年左右。《美国海军陆战队到达澳大利亚:准备与朝鲜战斗》,https://bajiaobaidu.com/s?id=1565026215096041&wfr=。

② The White House, Office of the Press, "The United States and Australia: An Alliance for the Future", June 12, 2014, https://www.whitehouse.gov/the-press-office/2014/06/12/fact-sheet-united-states-and-australia-alliance-future.

③ U.S. Department of State, "2015 Australia-United States Ministerial(AUSMIN) Joint Statement", Washington, DC, October 13, 2015, http://www.state.gov/r/pa/prs/ps/2015/10/248170.htm.

④ Bruce Vaughn, Thomas Lum, *Australia: Background and U.S. Relations*(CRS Report for Congress), December 14, 2015, p.8.

"特殊关系"合作。①

奥巴马任期临近结束,军方尤其是太平洋司令部却更加热心地实行"再平衡"战略。2016 年 11 月至 12 月,美军与印度、巴布亚新几内亚、印度尼西亚和日本举行了联合军事演习。太平洋司令部总司令哈里·哈里斯访问了越、菲、斯里兰卡、巴布亚新几内亚与澳大利亚。12 月 12 日他在澳大利亚著名智库洛伊研究所的讲话中保证,美国在印—亚—太地区的利益是"持久的",美国对该地区的承诺不会改变,来年 1 月 20 日新总统当政后也不会变,美国加强该地区同盟关系的政策也不会变,这是他要向新总统提出的建议。他要"大声而明确地说:美国不会允许共享的公域遭到单方面关闭,不管在人造陆地上建起了多少军事基地","保证所有公域的开放,是一个恒久不变的原则,也是我们准备今晚就开战的理由之一"。②向澳大利亚表决心,向中国示威。

六、美泰同盟

泰国是东南亚第二大经济体,是本地区比较发达的国家,是最主要的外资目的地之一。美泰于 1962 年缔结同盟关系,此后泰国即成为美国与本地区关系的一个传统支柱。美国政府部门有 50 多个从事各种地区活动的机构,从执法培训到疾病预防,将总部设在泰国。在朝鲜战争、越南战争、阿富汗和伊拉克战争中,泰国都追随美国,或者直接出兵,或者提供后勤给养;美国则利用在泰国的基地进行部队、装备和给养的调遣。"9·11"事件以后,泰国积极支持美国在东南亚反恐,加强了与美国的情报合作,协助美国抓捕恐怖主义头目,并允许美国在泰国设立可以在美国之外关押恐怖嫌犯的"黑地点"。③布什政府在 2003 年把泰国指定为"非北约主要盟国"。奥巴马政府同样重视与泰国的同盟关系,2012 年 11 月大选以后,防长帕内塔和奥巴马接连访问泰国,美泰签署《2012 年美泰防务联盟共同愿景声明》,旨在加强军事合作,提升两国军队共同行动能力。在 2014 年 5 月军事政变以前,美泰每年举行 50 多次联合军演,包括"金色眼镜蛇"演习,这是亚太地区规模最大的年度军演,自 1982 年以来每年举行一次,到 2016 年已经是第 35 次。数以千计的泰国军官,包括相当高层的军官在美国作为"国际军事教育与培训项目"的参与者接受军事和非军事方面的训练。2013 年就有上百

---

① 《安倍访问澳大利亚,宣告两国"特殊关系"》,2014 年 7 月 8 日,http://finance. sina. com. cn/money/forex/20140708/155219641740.shtml。

② Adm. Harry Harris, "Address to the Lowy Institute for International Policy", Sydney, Australia, December 14, 2016, http://www. pacom. mil/Media/Speeches-Testimony/Article/1029173/address-to-the-lowy-institute-for-international-policy/.

③ Emma Chanlett-Avery, Den Dolven and Wil Mackey, *Thailand: Background and U.S. Relations* (CRS Report for Congress), December 14, 2015, p.8.

人。2014年政变后该项目中断了。

2014年5月泰国由于国内政治原因发生军事政变,军政府执政。奥巴马政府作出反应,冻结了470多万美元的对泰军事援助,一些安全领域的合作被取消。克里国务卿发表声明,对政变进行谴责,呼吁"立即恢复民选政府,恢复民主,尊重人权和基本自由权利",并称美正在重新评估对泰国的军事和其他各项援助与合作项目。2015年1月底,美助理国务卿拉塞尔访问泰国,单独会晤了被推翻的前总理英拉,在公开演讲时要求军政府停止戒严,恢复民主秩序,令双方关系更加微妙。加之泰国国王普密蓬(时任)已经年迈,继承问题也带来不确定因素。美国对泰国,尤其是对泰国军方的期望值降低。自然,泰国的一些军事硬件对美国仍然是十分重要的,如位于曼谷以南的乌塔堡国际机场,在阿富汗和伊拉克战争中美国都利用了该机场进行加油和补给,它也是东南亚人道主义援助和救灾的永久性中心。①

与美国在亚太地区别的盟国不同,泰国对地区问题一直采取比较温和的立场,长期以来与中国保持着良好关系。

美国在亚洲建立的同盟体系与北约不同。这些双边同盟关系之间互不隶属,美国在双边同盟中一直承担着大部分义务和责任,处于主导地位,是美国地区主导权的重要支柱。对于这些盟国来说,与美国的同盟不仅是它们基本的安全依托,弥补了自身军力的不足,满足了它们的安全需要;同时,它们也可以借助美国的存在平衡外部大国的影响。美国鼓励这些盟国之间加强军事合作,尤其鼓励日本在其中发挥积极作用,加强盟国相互之间的关系,进行多边军事演习,使同盟体系呈现"网络化"趋势,②即由原来的美国+盟国的双边互动模式,转变成美国+盟国+各盟国这样的多边互动模式,美日印、美日澳、美日菲、美日澳印等三边和四边合作开始升温。③在这里日本的作用突出了。如果美国把自己当作亚太地区的"警察",那么日本就是"协警"。2014年8月,克里在与澳大利亚2+2会议后举行的记者招待会上表示,美澳双方同意加强并拓展同日本的三边关系。④

① Emma Chanlett-Avery, Den Dolven and Wil Mackey, *Thailand: Background and U.S. Relations*(CRS Report for Congress), July 29, 2015, pp.1—2.

② 参见周方银:《美国的亚太同盟体系与中国的应对》,《世界经济与政治》2013年第11期。

③ 陈积敏:《2015年美国〈国家安全战略〉报告评析》,《现代国际关系》2015年第3期;张文宗、程宏亮:《中美关系:避免向"临界点"滑动》,中国现代国际关系研究院美国所编:《美国大势·2015》,时事出版社2016年版,第63页。

④ Department of State, "Remarks With Secretary of Defense Chuck Hagel, Australian Minister of Foreign Affairs Julie Bishop, and Australian Minister of Defense David Johnston", August 12, 2014, http://www.state.gov/secretary/remarks/2014/08/230525.htm.

美国也经常敦促韩日处理好历史问题,密切两者的关系。日本正指望提升自己在本地区的作用,介入南海问题成为日本的一个契机。2016 年 9 月中旬,日本就任不久的防相稻田朋美访问美国,15 日,她在美国智库国际与战略研究中心发表的演讲中就积极地表示了这样一种意向,日本将采取积极介入的姿态,与该地区其他国家海军举行双边和多边军事演习,来增加其在有争议地区的活动。①坎贝尔在回忆录中称,这种相互融合的努力是成功的,不仅在于管理地区的紧张和不确定性,而且为编织一个尚未成熟的地区安全共同体提供了基础。②

第三节　构建伙伴关系

在这一层次,美国最重视三个国家:印度、印度尼西亚和越南。正如有的美国学者所说的,从小布什政府开始实行并为奥巴马政府所继承的战略是在中国周边地区培育其他国家的发展,"以这种织网的方式产生一种使中国的行为温和化的效应",实际上就是对中国进行牵制。③同时,美国还在其他一些国家,尤其是缅甸推行价值观外交。

一、与印度的关系

在伙伴关系中,美国特别看重与印度的关系。印度的重要性是不言而喻的。首先,印度体量大,无论从领土、人口还是经济规模、发展速度来说,以它来制衡中国是再合适不过了;其次,从地缘战略考虑,奥巴马政府把西太平洋、南太平洋和印度洋当作一整个板块,从而大大提高了印度的战略重要性;第三,按照西方标准,印度是最大的民主国家,与美国具有共同的价值观,美国常常称印度是"天然盟友"。但在冷战的长时期中,印度坚持不结盟政策,加之美国与巴基斯坦关系密切,印度与苏联的关系比与美国的关系更为亲近,印度的武器装备也主要购自苏联。④

---

① Tomomi Inada, "The Evolving Japan-U.S. Alliance—Keeping Asia and the Pacific Peaceful and Prosperous", September 15, 2016, https://www.csis.org/events/evolving-japan-us-alliance-keeping-asia-and-pacific-peaceful-and-prosperous.

② Kurt Campbell, *Pivot. The Future of American Statecraft in Asia*, p.207.

③ Ashely Tellis, "Balancing without Containment: A U.S. Strategy for Confronting China's Rise", *The Washington Quarterly*, *Fall*, 2013, p.112.

④ 长期以来,印度的武器装备严重依赖进口。在 20 世纪 90 年代,印度国产的军火只能满足印度军队需要的 1/3,印度是世界上最大的武器进口国,在 2007 年到 2010 年间,印度进口的武器占到世界军火市场交易额的 10%。K. Alan Kronstadt, Sonia Pinto, *U.S.-India Security Relations: Strategic Issues* (CRS Report for Congress), January 24, 2013, p.17.

冷战结束后印度逐渐向着西方的"自由秩序"靠拢。克林顿政府时期,印度的核问题是两国关系中的大障碍。尽管如此,克林顿仍然看到了印度的重要性,并于 2000 年访问了印度,成为 22 年中访问印度的首位美国总统。但美印关系的提升有限。小布什政府在推动对印政策的转变方面继续发力,副国务卿尼科拉斯·伯恩斯 2007 年在《外交》季刊上发表文章,盛赞印度的崛起为"推进美国的全球利益"、"为全球的力量均衡提供了独一无二的正面机会","建设紧密的美印关系应该成为美国未来首要选择之一"。①2001 年美印恢复防务合作,2004 年起双方开始发展"战略伙伴关系",两国的经济、安全和在全球议题上的合作得到提升。2005 年双方又宣布建立"全球伙伴关系",布什政府甚至不顾国内军控团体的坚决反对,于 2008 年与印度达成《民用核能合作协议》。②

奥巴马政府继承了布什政府对印政策。在"再平衡"战略的制定者看来,印度是"正在改变地区架构的有影响力的大国"。③2009 年 11 月奥巴马访华之后,立即邀请印度总理辛格访美,这是奥巴马任内外国领导人对美国的首次国事访问。奥巴马对辛格说:美印是"天然盟友",美国"欢迎和鼓励印度在塑造一个稳定的、和平的和繁荣的亚洲中发挥领导作用"。④奥巴马承诺要充分实施美印民用核合作协议。两国还签署了一系列经济、教育、卫生合作协定。美国防部 2010 年的《四年防务评估报告》中强调:"印度军力的发展将使该国在印度洋及更广阔的地区成为安全的纯提供者",印度权威媒体解读说,"这是美国给了印度在印度洋的警察权"。⑤

2010 年 11 月奥巴马访印,给印度送去一份大礼:美国首次公开表态支持印度成为联合国安理会的常任理事国,美印建立了全球战略伙伴关系,双方再次表示要完全实施民用核合作协议。11 月 8 日奥巴马在印度国会发表长篇演讲,强调"美印关系是独一无二的。两国是强大的民主体……我坚定地相信,美印关系是由我们的共同利益和共同价值观连接起来的,它将是定义 21 世纪性质的那种

① Nicholas Burns, "America's Strategic Opportunity With India: The New U.S.-India Partnership", https://www.foreignaffairs.com/articles/asia/2007-11-01/americas-strategic-opportunity-india.

② Ted Galen Carpenter, "Fading Hopes for India as a Strategic Counterweight to China", October 4, 2013. http://www.china-usfocus.com/foreign-policy/fading-hopes-for-india-as-a-strategic-counterweight-to-china; K.Alan Kronstadt, Sonia Pinto, U.S.-India Security Relations: Strategic Issues (CRS Report for Congress), January 24, 2013, pp.1—3.

③ Kurt Campbell, Pivot. The Future of American Statecraft in Asia, p.158.

④ John Pomfret, "Obama hails Manmohan Singh, hails India's regional role", November 25, 2009, http://www.washingtonpost.com/wp-dyn/content/article/2009/11/24/AR2009112403522.html.

⑤ K.Alan Kronstadt, Sonia Pinto, U.S.-India Security Relations: Strategic Issues (CRS Report for Congress), January 24, 2013, p.7.

伙伴关系之一"。他还鼓励印度"不仅要'向东看'(Look East),而且要'向东干'(Engage East)"。①在白宫关于奥巴马此次访问的新闻稿中将对印度的军售放在显著位置。美国非常希望通过扩大对印军售,拓展美国的影响力,提升印度的军事实力,同时又为美国创造就业机会。2011年7月希拉里·克林顿访印期间,20日在南部港口城市金奈发表演说说:"我们鼓励你们不仅要向东看,还要继续向东干,并在东面发挥作用。"她表示,随着印度成为更加繁荣和强大的国家,它应该成为整个亚洲地区一个更强势的领导者。②

奥巴马政府正式提出"再平衡"战略后,美国更看重与印度的关系。希拉里·克林顿在《美国的太平洋世纪》中坦率地说:"美国在印度的未来上投下了战略赌注。"③在国防部2012年1月出台的报告中也特别提到,美国将对长期的战略伙伴印度进行投入,支持印度作为地区经济和泛印度洋安全之锚的能力。④奥巴马政府把印度迅速增长的经济和军事实力看作至少可以部分应对中国崛起的力量。虽然印度官员谨慎对待美国增加在亚太地区的军事部署,没有公开对此表示欢迎,但美国认为印度自己与中国的争端、它与中国在经济和军事上的差距本身就创造了它默认美国军事存在的条件。⑤

2012年6月帕内塔防长在香格里拉会议上阐述了"再平衡"战略后,访问了两个国家:越南和印度。5日至6日帕内塔会晤印度总理辛格,并与印防长、国家安全顾问等进行会谈。帕内塔表示,在美国亚太"再平衡"战略中"与印度的军事合作是关键一环",他阐述了美国"以印度不断增强的实力为基石的和平的印度洋地区"的憧憬,承诺将继续在该地区的存在,并寻求印度发挥更加积极主动的作用。他鼓励印度更多地参与亚洲地区论坛,与东盟国家加强合作,帮助它们抵抗来自中国的压力,并为亚太地区建立起行为规范。⑥在防务合作方面,为了

---

① Barack Obama, "Remarks to the Indian Parliament in New Delhi", November 8, 2010. Online by Gerhard Peters and John T.Woolley, *The American Presidency Project*, http://www.presidency.ucsb.edu/ws/?pid=88695.印度"向东看"的政策早在1991年就提出来了,但实际作用很小,美国显然不满意这种状况。

② 《希拉里鼓励印度"向东看",在亚洲发挥领导作用》,2011年7月22日,http://news.china.com/international/1000/20110722/16662684.html。

③ Hillary Clinton, "America's Pacific Century", October 11, 2011, http://foreignpolicy.com/2011/10/11americas-pacific-century.

④ Department of Defense, United States of America, "Sustaining US Global Leadership: Priorities for 21st Century Defense", http://www.defense.gov.news/Defense_Strategic_Guidance.pdf.

⑤ K.Alan Kronstadt, Sonia Pinto, *U.S.-India Security Relations: Strategic Issues* (CRS Report for Congress), January 24, 2013), p.39.

⑥ "Ten big things Washington is still waiting on from New Delhi", http://www.ltaaa.com/wtfy/4710.html.

克服印度的"国防补偿政策"①和美国复杂而多层次的军售监管和审查制度的障碍，美国于 2012 年启动了为印度量身打造的《防务技术和贸易倡议》(Defense Technology and Trade Initiative)。

2013 年 6 月克里访印，他盛赞印度是"再平衡"战略的"关键部分"，"美印伙伴关系现在比过去任何时候都重要"，尤其在安全问题上，印度是一个"异乎寻常的伙伴"，并表示，美印要实现"防卫系统的共同制造、共同发展"，印度将比美国以外的任何国家拥有更多的 C-17 战略运输机。他也支持印度"向东看"和"向东干"，并称，在使从高加索到日本海这一整个大陆变得更加和平和繁荣的事业中印度是美国的伙伴，"这是一个伟大的责任，美国欢迎有机会与印度这样一个伟大的国家分享负担和责任"。②

在华盛顿对美国发展与印度关系的努力也有不同意见。政界和学界都有一种看法，认为美国投入太多，从印度得到的回报太少，双边关系是不对称、不公平的。但主流的意见，包括奥巴马政府的主张是，不错，印度对美国意图的猜忌、印度的官僚程序和效率低下等因素是美印关系的障碍，但鉴于印度的重要性，发展与印度的关系要着眼于长远的回报，而不是斤斤计较短期的狭隘的立竿见影的效益。③

2013 年 12 月，由于印度驻纽约副总领事柯布拉加德涉嫌伪造签证而被逮捕，并受到屈辱对待，印度政府采取报复措施，美印关系一度跌入低谷。2014 年 5 月，人民党候选人莫迪在大选中胜出。奥巴马政府立即向他示好，邀请他对美进行国事访问。克里在 7 月底去印度参加战略对话前在美国进步中心发表讲话，重申美印关系是 21 世纪最重要的双边关系，是美国关键的双边关系之一，是定义 21 世纪性质的伙伴关系，美国决心与印度新政府一起来创造新的战略和历史机遇，印度应该成为"全球领导"，美国支持印度成为安理会的常任理事国，并提出了发展美印关系的多项建议。④美印战略对话后，哈

① 印度国防部在《国防采购计划 2005》(DPP)中首次引入国防贸易补偿政策，目标是将本国国防工业提升到更高的自给自足水平，减少对国外军事装备的过分依赖。自国防贸易补偿政策颁布以来，虽经多次修订但效果不彰，到 2012 年，印度再次修订相关政策并设立补偿管理机构，允许通过技术转让履行补偿义务、延长银行贷款期限、允许多方合作开发，并加大对未实现的补偿的处罚力度及采取延长补偿期限等措施。吴思亮、张巍、陈宇：《印度国防贸易补偿政策调整》，《国际航空》2015 年第 6 期。
② John Kerry, "Remarks on U.S.-India Strategic Partnership," New Delhi, India, June 23, 2013, http://www.state.gov/secretary/remarks/2013/06/211013.htm.
③ Ashley J.Tellis, "Opportunities Unbound: Sustaining the Transformation in U.S.-India Relations", Carnegie Endowment Report, January 2013, http://carnegieendowment.org/2013/01/07/opportunities-unbound-sustaining-transformation-in-u.s.-indian-relations-pub-50506.
④ Remarks by Secretary of State John Kerry at the Center for American Progress, July 28, 2014, http://translations.stated.gov/st/English/texttrans/2014/07/20140729304574.html#axzz3AQYL9Ut5.

格尔防长接着去印度访问，为莫迪访美做准备。8月9日，哈格尔在印度观察家研究基金会发表演讲，指出"一个更强固的美印关系不仅对于亚太地区，而且对于全球的和平和繁荣都是至关重要的"，印度的"向东看"与美国的"再平衡"是异曲同工，表明两国在整个太平洋—印度洋地区的共同利益比以往任何时候结合得更加紧密。他强调两国军事技术合作的重要性，称美印《防务技术与贸易倡议》正把双方的军事合作从简单的买卖关系转变为共同生产、共同开发和技术的自由交流，将帮助印度建立一个强大的自给自足的国防工业的基础，并具体提出了双方可以合作推进的几十个项目，这是美国与外国关系中绝无仅有的。①据《印度时报》网站2014年8月13日报道，在2011年到2013年中，印度军购总花费8 345亿卢比，其中购买美国军火3 261亿卢比，高于从俄罗斯军购的2 536亿卢比。②

2014年10月，莫迪访问美国。奥巴马和莫迪异乎寻常地在《华盛顿邮报》上联袂发表题为《复兴的美印21世纪伙伴关系》的文章，盛赞两国关系是"天然盟友"，是"全球伙伴"，"战略伙伴关系"，是"被相同的价值观和共同利益联系在一起的"，这种关系"欣欣向荣、牢不可破、经久不衰，而且还在不断拓展"云云，③毫不吝啬溢美之词。深化防务合作关系成为此次访问的一个重点。两国同意从2015年起延长《美印防务合作框架协议》十年，并在印度共同发展和制造先进的美国武器系统，包括新一代"轻标枪"便携式反坦克导弹、MH-60R直升机和无人机等。④

奥巴马于2015年1月下旬访问印度，成为唯一两次访印的美国总统。莫迪打破惯例，亲自到机场迎接。26日，奥巴马获邀参加印度国庆节阅兵。25日，两国领导人在会晤后的记者会上宣布，"在签署（关于民用核合作）双边协议六年后，（协议）正朝商业合作的方向迈进。这项合作符合印度法律，也遵守国际法律义务"。奥巴马并表示支持印度加入核供应国集团。他认为："我们今天取得的突破……是重要的一步，显示我们能够合作，把两国关系提升到新的层次。"他强调两国要加强军事合作，并重申支持印度成为联合国安理会

① "Chuck Hagel's Remarks to the Observer Research Foundation," August 9, 2014, http://www.defense.gov/transcripts.aspx?transcriptid=5478.

② 《美取代俄成印最大武器供应国》，http://www.cetin.net.cn/cetin2/servlet/cetin/action/HtmlDocumentAction?baseid=1&docno=577569。

③ "A renewed U.S.-India partnership for the 21st century", September 29, 2014, http://www.washingtonpost.com/opinions/narendra-modi-and-barack-obama-a-us-india-partnership-for-the-21st-century/2014/09/29/dac66812-4824-11e4-891d-713f052086a0_story.html.

④ The White House, Office of the Press Secretary, "U.S.-India Joint Statement, 'Shared Effort; Progress for All'", January 25, 2015, http://www.whitehouse.gov/the-press-office/2014/09/30/us-india-joint-statement.

常任理事国。①

为了进一步扩大两国首脑会晤的效应,美印于 25 日发表了三份联合声明:《美印德里友谊宣言》、《美印关于亚太和印度洋地区战略愿景的联合声明》以及《共同的努力,共同的进步》。第一个宣言强调两国关系的"天然性质"和全球意义,称"我们所采取的加强两国关系的每一项举措都是塑造国际安全、地区和全球和平、繁荣和稳定的步骤"。②第二个声明的中心内容是关于南海问题,其中说:双方确认保障海上尤其是南海安全和航行及飞越自由的重要性,呼吁各方避免威胁和使用武力,主张通过一切和平的手段,根据普遍承认的国际法,包括《联合国海洋法公约》来解决领土和海洋权益的争端。③

第三个声明长达 59 点,是对两国关系的全面、系统的阐述,涉及双边、地区和全球的诸多问题。其中第 4 点强调了美印两国的战略契合,强调印度的"向东行动政策"(Act East Policy)和美国的亚太"再平衡"为印、美及其他亚太国家提供了紧密合作增强地区纽带的机会。第 5 点列举了美印之间多个合作项目,包括成立工作组探索航母技术共享和设计、探索喷气机引擎技术发展的可能合作。第 36 点又强调了两国的军事合作,印方表示欢迎美国防部成立专门致力于为《防务技术与贸易倡议》作出快速反应的团队,双方表示,在这一倡议之下将会不断增加新的项目。第 48 点强调了印—日—美三方合作的重要性。在第 51 点中,美方表示印度已经达到《导弹技术控制机制》的各项要求,具备加入核供应国集团的各项条件,支持印度早日提出申请加入与防扩散相关的四个国际组织。④

---

① Barack Obama, "Remarks With Prime Minister Narendra Modi of India in New Delhi, India, and an Exchange With Reporters", January 25, 2015. Online by Gerhard Peters and John T. Woolley, *The American Presidency Project*, http://www.presidency.ucsb.edu/ws/?pid= 109293. 2008 年,印度和美国签署标志性的民用核能协议后,由于印度国内法律规定,一旦发生核事故,不是由国内的营运商,而要由国际的供应商承担赔偿责任,导致该协议一直难以落实。印度多次建议设立共保机制,一旦负责在印度建造核反应堆的公司发生事故,就通过该机制来处理理赔事宜。总体上奥巴马支持这个建议,但细节仍待协商。

② Barack Obama, "Joint Statement by President Obama and Prime Minister Narendra Modi of India—India-U.S. Delhi Declaration of Friendship", January 25, 2015. Online by Gerhard Peters and John T. Woolley, *The American Presidency Project*, http://www.presidency.ucsb.edu/ws/?pid=109294.

③ Barack Obama, "Joint Statement by President Obama and Prime Minister Narendra Modi of India—U.S.-India Joint Strategic Vision for the Asia-Pacific and Indian Ocean Region", January 25, 2015. Online by Gerhard Peters and John T. Woolley, *The American Presidency Project*, http://www.presidency.ucsb.edu/ws/?pid=109295.

④ Barack Obama, "Joint Statement by President Obama and Prime Minister Narendra Modi of India—Shared Effort, Progress for All", January 25, 2015. Online by Gerhard Peters and John T. Woolley, *The American Presidency Project*, http://www.presidency.ucsb.edu/ws/?pid= 109325.除了文中所述的两个外,另两个机制是瓦森纳安排和澳大利亚集团,参见本书第 46 页。

这个联合声明不啻为两国关系的行动纲领和路线图。

2015年6月阿什顿·卡特防长访印期间,与印度防长马诺哈·帕里卡尔正式签署新版《防务合作框架协议》,这是继1995年、2003年、2013年后第四次签署类似协议,双方承诺在联演联训、多边行动、军事教育与交流、反恐、防扩散、防务转让等15个领域实行合作,基本上做到防务领域的全覆盖。卡特2016年4月再访印度,双方原则性达成《后勤支援协议》,该协议允许两军在港口互访、联演联训、人道主义救援和减灾行动四种情况下,进行后勤补给、维修和调整等,美国期盼与印度签署类似协议为时已久。

2016年6月中旬,莫迪再次访美,这是他上任两年来的第四次访美,大国领导人出访另一国家频率如此之高是国际关系中罕见的。奥巴马任期只剩半年了。此次访美就奥巴马而言,有助于充实其"外交遗产";就莫迪而言,则是为了巩固和敲实印美关系转型的成果。美国对印度申请加入核供应国集团表示欢迎;强调通过和平方式解决领土争端的重要性;美方在技术交流和技术准入方面将印度视为亲密盟友、合作伙伴,双方决定在《防务技术与贸易倡议》之下成立五个专门的工作小组来推进倡议的落实:海军系统、空军系统、情报、侦察、化学和生物武器防护等。①莫迪此行不仅受到奥巴马所谓"美国最密切国际盟友的礼遇",美国还提供了莫迪在国会发表演讲的"殊荣"。8日,莫迪在演讲中向美国作出了承担更大责任的保证。他说:"印度已经准备好了,要承担印度洋地区安全的责任";"强大的印美伙伴关系将带来亚洲到非洲、印度洋到太平洋的和平、繁荣和稳定,可以确保海上通道的安全和海上航行自由"。两国还将进一步提升安全合作,着手研究《通信互用性与安全备忘录协定》和《交换地形和航空数据协定》,随着这些协定的签订,美印将开启两国防务合作的新阶段。②

印度防长帕里卡尔趁热打铁,于8月29日至31日访美,这是他8个月之内再次访美。双方讨论的主题是美国把印度作为"防务合作的主要伙伴","美国同意把两国之间的军事贸易和技术分享提升到与这种最亲密的盟友和伙伴关系相称的水平",签订了谈判多年的《后勤交换协议备忘录》。根据协议,双方将在必要时刻共享彼此的军事基地进行后勤补给、保障和维修。美国可以使用印度的

---

① 《莫迪执政两年4次访美,美印关系缘何"着急"升温》,2016年6月14日,http://www.chinanews.com/gj/2016/06-14/7903209.shtml。

② "Full Transcript: PM Modi's Address at the Joint Meeting of U.S. Congress in Washington DC", June 8, 2016, https://singjupost.com/full-transcript-pm-modis-address-at-the-joint-meeting-of-u-s-congress-in-washington-dc/。印度国内对莫迪的政策不乏批评和质疑之声,认为莫迪政府过于"亲美",背离了印度外交的传统,印度需要着力发展与美在经济、技术上的合作,而不是防务关系。见林民旺:《莫迪访美开启印美防务合作新阶段》,《世界知识》2016年第13期。

基地,加强它在印度洋的军事存在和对印度洋的控制,更有效地实施印—太"再平衡"战略;印度可以使用美国在日、菲、澳、新加坡等国的基地,从而明显增强印度在亚太地区的影响力。①两国防长的《联合声明》称美国同意把美印的军事技术交流与国防贸易提升到"亲密盟友与伙伴"的等级。卡特还当面告知帕里卡尔,美国国防部已经同意波音和洛克希德—马丁公司在印度设立 F-16 战斗机和 F-18 战斗机生产线。在记者会上,卡特称,今天的协议把"印度作为美国主要防务伙伴的关系又向前推进了",两国防务技术的紧密合作,并与该地区其他军队进行网络式的合作,给地区带来了安全,并推进了一些原则的实施,如航行和飞越自由。卡特表示欢迎印度加入导弹及其技术控制机制,支持印度加入核供应国集团。双方也特别表明,上述后勤协定并不允许美国在印度驻军。②

但是,印度是不结盟运动的发起国,历来有独立自主的外交传统;而且印度领导人对国家利益有着现实的认识。虽然中印之间有历史遗留的边界问题尚待解决,印度对中国的迅速崛起存有戒心,中国在南亚次大陆、印度洋—阿拉伯湾影响力的拓展引起印度警觉和猜忌;印度也希望得到美国更多的援助,但印度与中国有着广泛的共同利益和诉求,中国的崛起与印度的发展并不是相互排斥的,两国在许多地区和国际问题上有着类似和相近的立场,双方是金砖伙伴关系国家。印度与美国的安全利益也并不总是一致的,印度领导人不会轻易被美国忽悠,成为美国的小伙伴。③

二、与印度尼西亚的关系

印度尼西亚对美国是一个重要的国家。第一,印尼是世界上第四人口大国,

---

① 参见赵毅:《美印军事合作开启新模式》,《世界知识》2016 年第 19 期。

② "U.S.-India Joint Statement on the visit of Minister of Defense Manohar Parrikar to the United States", August. 29, 2016, http://www. defense. gov/News/News-Releases/News-Release-View/Article/929270/us-india-joint-statement-on-the-visit-of-minister-of-defence-manohar-parrikar-t; "Joint Press Conference by Secretary Carter and Minister Parrikar in the Pentagon Briefing Room", Aug.29, 2016, http://www.defense.gov/News/Transcripts/Transcript-View/Article/929778/joint-press-conference-by-secretary-carter-and-minister-parrikar-in-the-pentago.

③ K.Alan Kronstadt, Sonia Pinto, *U.S.-India Security Relations: Strategic Issues* (CRS Report for Congress), January 24, 2013, p.21.有印度学者这样评价印—中—美三国关系:"美国将中国在亚洲地区政治经济影响力的提升视为对其在亚洲事务中主导权的潜在挑战。美国和印度的关系却不存在这样的问题。印度既不支持也不反对美国的亚洲战略。同样的,美国政策制定者也不认为印度在国际关系中的地位攀升会损害美国的利益。"中国从美国经济、军事和科技成就中获得灵感,印度也借鉴了中国的成功经验。但"正如中国拒绝复制美国的政治体系,印度也不会照搬中国的经济发展模式。无论是中美还是中印都在许多涉及共同利益的领域开展合作"。这位印度学者的分析是有道理的。贾瓦哈拉尔:《印度—美国—中国的战略平衡:时代的呼唤》,复旦大学美国研究中心编:《美国问题研究》2015 年第 1 期。

国土面积、人口和 GDP 都位居东盟第一。印尼是东盟的创始国，东盟秘书处就设在印尼首都雅加达，它在东盟的影响力是不容置疑的，国际社会普遍把印尼看作东盟的领导者。奥巴马 2011 年 11 月 18 日在会晤印尼总统苏西洛后的讲话中称："我们感激印尼的地区领导作用，它帮助我们在灾难救援、海上安全以及不扩散等问题上取得实实在在的进展。"①第二，印尼是最大的穆斯林国家，2.5 亿多人口中 87％ 以上是穆斯林。奥巴马政府第一任期强调改善与穆斯林世界的关系，希望美国与穆斯林世界建立以共同利益和相互尊重为基础的新的伙伴关系，希望双方关系"有一个新的开始"，②与印尼的关系也就至关重要了。第三，印尼是一个从威权政体向西方民主政体转型过程中的国家。1998 年苏哈托辞职后，印尼走上民主化道路。希拉里·克林顿曾说，"如果你想知道，伊斯兰、民主、现代化与妇女的权利是否可以共生，就到印尼去看看吧"。③足见美国决策者对印尼的看重了。第四，印尼还是应对国际恐怖主义的前沿国家，美国反恐需要印尼的大力支持。此外，由于奥巴马童年曾在印尼生活了四年，他的当选给印尼带来了"奥巴马热"。苏西洛总统抓住这一机会，在奥巴马就任之前，在他 2008 年 11 月中旬访问美国时就提出了建立两国"战略伙伴关系"的倡议。④

2009 年 2 月希拉里·克林顿首次出访，选择了亚洲四国，其中就包括印尼。希拉里·克林顿 2 月 17 日表示，奥巴马政府将"尽力"重塑美国在伊斯兰世界的形象，并"寻求全世界穆斯林的帮助，对抗极端分子"。18 日她在与印尼外长哈桑·维拉尤达举行会谈后的记者会上称赞印尼取得的进步，称对于美国开展"巧实力"外交来说，"与印尼建立广泛的合作伙伴关系是关键一步"。希拉里当天前往东盟在雅加达的总部访问，并表示，美国正在考虑加入《东南亚友好合作条约》。印尼外长维拉尤达提及奥巴马与印尼的"特殊"关系，说印尼分享奥巴马当选的快乐，并请希拉里回国后转告奥巴马，印尼期望他来访，"不能让我们等太长时间"。⑤

奥巴马面临的棘手问题太多，他对印尼的访问到 2010 年 11 月才成行。11 月 9 日奥巴马同苏西洛发表了《全面伙伴关系的联合声明》，指出，"通过这种

① The White House, Office of the Press Secretary, "Obama's Statement After Meeting with Indonesian President Yudhono", http://iipdigital. usembassy. gov/st/english/texttrans/2011/11/20111118095010su0.5895153.html?distid=ucs#axzz1dsIOEKLP.

② Barack Obama, "Remarks in Cairo", June 4, 2009. Online by Gerhard Peters and John T. Woolley, *The American Presidency Project*, http://www.presidency.ucsb.edu/ws/?pid=86221.

③ Andreas Harsono, "No Model for Muslim Democracy", *New York Times*, May 21, 2012.

④ 仇朝兵：《美国与印度尼西亚"全面伙伴关系"评析》，《美国研究》2015 年第 2 期。

⑤ 《希拉里访印尼大谈"巧实力"》，2009 年 2 月 20 日，http://news. sina. com. cn/w/2009-02-20/021415189580s. shtml；王妮娜：《希拉里今日访问印尼首都雅加达》，2009 年 2 月 18 日，中国日报网站，http://news. sina. com. cn/w/2009-02-18/153615182608s. shtml。

伙伴关系,两位总统开启了基于相互尊重、共同利益和共享价值观的两国关系的新时代","把双方的战略关系提升到新水平",奥巴马对印尼成功的民主化转型和范围广泛的改革表示赞赏,苏西洛对奥巴马参加东亚峰会表示欢迎,认为这将"更进一步使美国融入转变中的地区机制架构,并开辟了多边合作的新途径",双方同意要进一步加强两国的经贸关系和人文交流。①两位领导人在会谈后的记者会上强调,美国将全力加强与印尼的经贸合作,尽快把美国在印尼贸易伙伴中的排名从第三位提升到第一位。奥巴马还承诺将鼓励美国商人和投资者在印尼寻找商机。苏西洛表示,印尼是一个正在快速发展的经济体,两国之间的经济合作前景广阔。②10日,奥巴马在印度尼西亚大学发表演讲,对印尼的社会转型、在铲除极端主义和恐怖暴力方面的努力大加褒扬,并说:"我曾经明确指出,美国从未也永远不会与伊斯兰世界为敌,我们大家都必须一起努力打败'基地组织'及其追随者……不过,对于那些企图从事破坏活动的恐怖分子,我们任何一方都不应妥协。"③

奥巴马政府重视发展与印尼的军事关系,2010年6月,双方签订了《关于防务领域合作活动的框架安排》,实现了两国军事关系完全正常化和两军交流的制度化,主要内容包括安全对话、教育和培训、海上安全及军火采购等。两国还举行年度双边军演,如"2012年的海上预备与训练合作",以提高印尼海军的能力,深化两国海军的关系。美历任防长多次访问印尼。帕内塔2011年就任后首访亚洲,除了日、韩,还包括印尼。他承诺,美国会维持在亚洲的军事存在,并打算加强在东南亚以及印度洋的军事部署。他在10月24日会晤苏西洛总统,讨论两国军事合作,承诺帮助印尼升级老化的军事硬件,帮助印尼建立一套监控"黄金水道"马六甲海峡的雷达系统,而且答应"赠送"印尼30架型号较旧的F-16战斗机。④

① Barack Obama, "Joint Declaration on the Comprehensive Partnership Between the United States of America and the Republic of Indonesia", November 9, 2010. Online by Gerhard Peters and John T.Woolley, *The American Presidency Project*, http://www.presidency.ucsb.edu/ws/?pid=88692.

② Barack Obama, "The President's News Conference With President Susilo Bambang Yudhoyono of Indonesia in Jakarta", November 9, 2010. Online by Gerhard Peters and John T.Woolley, *The American Presidency Project*, http://www.presidency.ucsb.edu/ws/?pid=88696.关于美国—印尼全面伙伴关系的内涵及其取得的进展,详见仇朝兵:《美国与印度尼西亚"全面伙伴关系"评析》,《美国研究》2015年第2期。

③ Barack Obama, "Remarks at the University of Indonesia in Jakarta", November 10, 2010. Online by Gerhard Peters and John T.Woolley, *The American Presidency Project*, http://www.presidency.ucsb.edu/ws/?pid=88698.

④ 《美将帮助印尼建雷达监控马六甲海峡并赠送战机》,2011年10月25日,http://mil.news.sina.com.cn/2011-10-25/1019670714.html。

2011 年 11 月 18 日，奥巴马乘去印尼巴厘岛参加东亚峰会的机会，再次会晤苏西洛，并发表联合声明重申两国的全面伙伴关系，承诺美国准备再向印尼转让 24 架 F-16 战斗机，并予以升级。①

2014 年印尼举行大选，新总统佐科·维多多于 10 月上任。2015 年 10 月佐科访问美国，奥巴马与佐科发表联合声明，确认 2010 年发起的全面伙伴关系扩大和深化了两国关系，承诺建设两国的战略关系。两国决定加强海上合作，并签署《海上合作备忘录》；加强双边防务合作，并签署《全面防务合作联合声明》；确认将在研发和生产防务设备、后勤和海上安全等方面加强合作的意向。关于南海问题《联合声明》说，"两国领导人对近来南海抬高紧张、销蚀信任、威胁破坏和平、安全和本地区人民的经济福祉的事态表示担忧。两国相信，有关各方克制抬高紧张的行动至关重要……确认保障海上安全、确保国际公认的在南海的航行和飞越自由至关重要。"②总之，奥巴马政府不放过任何机会来拉拢东盟国家。印尼与中国没有领土和海洋权益的争议，又是东盟的实际领导者，印尼的表态对美国就显得格外重要了。

但美国和印尼关系的发展是有限的。首先，印尼担心如果看起来太像美国的盟友，会引起其他伊斯兰国家的不满，甚至激起愤怒。③其次，印尼与美关系、印尼对华关系对印尼来说都是重要的，印尼推行的是"大国平衡"的外交，在中美两国之间谁也不得罪，这样最符合印尼的国家利益。印尼外长马蒂·纳塔莱加瓦 2011 年 11 月在一次记者招待会上说："东盟不会让这个地区变成自认为是大国的国家争夺的舞台，不论是谁，不论什么时候。"④马蒂·纳塔莱加瓦 2014 年 10 月 9 日在雅加达举行的中—印尼未来关系发展研讨会上还表示，当前印尼和中国的双边关系比历史上任何一个时期都要稳固和密切。⑤

三、与越南的关系

美越关系有其特殊性。在越南战争以后，两国关系又经历了长达二十余年

---

① Barack Obama, "Joint Statement by President Obama and President Susilo Bambang Yudhoyono of Indonesia", November 18, 2011. Online by Gerhard Peters and John T. Woolley, *The American Presidency Project*, http://www.presidency.ucsb.edu/ws/?pid＝97082.

② Barack Obama, "Joint Statement by President Obama and President Joko 'Jokowi' Widodo of Indonesia", October 26, 2015. Online by Gerhard Peters and John T. Woolley, *The American Presidency Project*, http://www.presidency.ucsb.edu/ws/?pid＝110993.

③ 罗伯特·卡普兰著，涵朴译：《即将到来的地缘战争》，广东人民出版社 2013 年版，第 213 页。

④ Mark Manyin and others, *Pivot to the Pacific? The Obama Administration's "Rebalance" Toward Asia* (CRS Report for Congress), March 28, 2012, p.9.

⑤ 《印尼外长：印尼和中国双边关系处于历史最好时期》，2014 年 10 月 10 日，http://world.huanqiu.com/article/2014-10/5161378.html。

的冷淡,才于 1995 年正式建交。2006 年年底,美国国会通过决议,给予越南永久性贸易最惠国待遇,越南正式成为世贸组织成员。越南对美国的战略重要性在于,第一,它是一个新兴经济体,有 9 000 万人口,是中南半岛的第一人口大国;第二,越南地理位置十分重要,濒临海洋,海岸线长达 3 200 公里,是连接太平洋和印度洋的交通要道,有金兰湾、岘港、海防等优良港湾;第三,中越之间有岛屿和海洋权益争议,越南希望借助美国的支持增强自身能力,以便与中国讨价还价;美国则要利用越南来制约中国,双方互有需要。①美国国会研究部的报告坦承,使美越走近的"关键因素"是中越在南海的争议。②2010 年 7 月希拉里·克林顿在河内东盟地区论坛上的讲话就是受到东道国越南邀请后才发表的。近几年,越南还通过与美国石油公司开展南海石油开发的合作,试图拖美国下水,并在军事上获得美国援助。

主要由于越南的"人权问题",直到 2013 年美越领导人都没有进行互访。2013 年 7 月下旬越南国家主席张晋创访美是两国关系的一个突破,开启了两国最高层交往。在双方的《联合声明》和两国领导人的讲话中宣布,美越建立"全面伙伴关系",在 9 个领域建立新的合作机制,从而把两国关系提升到一个新阶段。③在《联合声明》中关于南海(越南称"东海")表示:双方重申支持以国际法包括反映在《联合国海洋法公约》中的规定为依据,以和平的方式来解决争端;双方重申支持不使用武力和不以武力相威胁来解决领土和海洋权益的争端;强调完全执行《南海各方行为宣言》的价值,以及发起关于"南海各方行为准则"谈判的重要性。④

奥巴马政府明确把越南当作实现"再平衡"战略的一个新伙伴。⑤军事合作是两国关系的一个重点领域。2010 年 8 月 17 日在河内举行美越第一次"防务政策对话",标志着两军关系的正常化。这个副部长级年度会晤机制旨在加强两军政策的磋商,促进防务合作,增进互信互谅,协调地区安保政策。⑥第二次对话于 2011 年 9 月中旬在华盛顿举行,双方签署《促进双边防务合作谅解备忘录》,一致同意发展越美两国国防关系的方向,致力于 5 个重点领域的合作:坚持高层

---

① 见宋清润:《当前美越军事关系的发展与局限》,《和平与发展》2015 年第 1 期。

② Mark E.Manyin, *U.S.-Vietnam Relations in 2014*: *Current Issues and Implications for U.S. Policy*(CRS Report for Congress), June 24, 2014, p.1.

③ Mark Manyin, *U.S.-Vietnam Relations in 2014*: *Current Issues and Implications for U.S. Policy*(CRS Report for Congress), June 24, 2014, p.9.

④ Barack Obama, "Remarks Following a Meeting With President Truong Tan Sang of Vietnam", July 25, 2013. Online by Gerhard Peters and John T.Woolley, *The American Presidency Project*, http://www.presidency.ucsb.edu/ws/?pid=103930.

⑤ Mark E.Manyin and others, *Pivot to Asia and Pacific? The Obama Administration's "Rebalancing" Toward Asia*(CRS Report for Congress), March 28, 2012, p.2012.

⑥ 蔡鹏鸿:《美越军事合作关系析论》,复旦大学美国研究中心编:《美国问题研究》2014 年第 2 辑。

定期对话、加强海上安全合作、开展海上搜救、联合国维和行动研究与经验分享、人道协助与自然灾害救助等,明确规定越南每年接待一定数量的美国海军舰只到访。这是两国间首次签署的军事合作协议,具有重要意义。①

在此之前,美国军舰就频繁造访越南港口,2010 年 8 月 8 日,越南干部考察团还登上在岘港附近海域停泊的美国"乔治·华盛顿"号核动力航母参观。2011 年 7 月 15 日,第七舰队的"钟云"号、"普雷贝尔"号和"哨兵"号军舰访问岘港。2011 年 8 月 14 日,"乔治·华盛顿"号航母再次来访,标志着两国军事关系升温。2012 年 4 月 23 日,美第七舰队旗舰"蓝岭"号、"查菲"号和"哨兵"号 3 艘军舰访问岘港。

2012 年 6 月帕内塔在香格里拉对话后访问越南,是越战结束 37 年美国防长首次访越。就在帕内塔到访金兰湾时,美"理查德·伯德"号补给舰正在这里进行维修和保养。6 月 3 日,帕内塔登上该舰并发表讲话称,此访旨在落实两国国防部于 2011 年签署的合作备忘录精神,"在国防领域,美越两国存在着复杂的关系,但我们不会被历史束缚。美国希望扩大同越南的防务关系"。在与越南防长冯光青的会晤中,帕内塔表示,美愿在多方面扩大与越合作,希望两军有更多的高层交流,在搜救、人道主义救援、减灾、维和行动等方面加强合作。他还建议两国建立协调军事合作的办公室,以利长期推进两军关系。②在 4 日举行的联合记者会上帕内塔公然声称,"只有越南和菲律宾变得强大,东南亚地区才会稳定",并表示美国愿意帮助开发金兰湾。③

2013 年 10 月 28 日,第四次美越防务政策对话会议在华盛顿举行。美副防长辛格表示,虽然美国预算有困难,但美国对本地区的承诺,包括在南海问题上的承诺没有改变。双方还达成了《越南海警和美国海岸警卫队合作谅解备忘录》,美承诺对越海警海岸巡逻、人员培训提供支持。④

1991 年美国恢复对越南的援助,该年的金额是 100 万美元,到 2000 年猛增到 2 000 万美元。到 21 世纪第一个十年结束时已经增加到 1 亿美元,使越南成为在东亚接受美援最多的国家之一。2011 财年的美援是 1.4 亿美元。⑤

---

① Vietnam embassy in the United States, "VN, US hold second defense policy dialogue", http://vietnamembassy-usa.org/news/2011/09/vn-us-hold-second-defense-policy-dialogue-3.

② 见宋清润:《当前美越军事关系的发展与局限》,《和平与发展》2015 年第 1 期。

③ 《只有越南菲律宾变强大,东南亚才稳定》,2012 年 6 月 7 日,http://blog.tianya.cn/post-4342599-42857445-1.shtml.

④ Vietnam embassy in the United States, "VN, US hold defense policy dialogue", October 30, 2013, http://vietnamembassy-usa.org/news/2013/10/vietnam-us-hold-defense-dialogue.

⑤ Mark Manyin, *U.S.-Vietnam Relations in 2014: Current Issues and Implications for U.S. Policy*(CRS Report for Congress), June 24, 2014, p.14.

　　加强越南海警建设是美国对越军援的重点。从 2011 年开始,美海岸警卫队与国务院、美驻越使馆协同,长期向越海警提供培训,提升其海上执法、危机处理、海上搜救等专业化能力。2013 年 9 月美海岸警卫队指挥官罗伯特·帕普访问越南。两国签署了有关海岸警卫队的《谅解备忘录》,双方合作更加常态化。在美国帮助下,越南正式成立了海岸警卫队,美国向其提供培训,从软件方面的课程设计、提供经验到硬件方面的训练设施。2013 年 12 月克里访问越南时宣布,为帮助东南亚国家增强海军力量,美国将向该地区国家提供 3 250 万美元的援助,其中提供给越南 1 800 万美元,以帮助越购买包括 5 艘巡逻快艇在内的装备,提高越海警快速反应、搜救和维护海上安全的能力。①在未来两年,美国对东南亚海上安全援助的总额将超过 1.56 亿美元。美国海军舰只频繁造访越南港口,到 2014 年上半年已经有 20 艘次美舰访问了越南,其中多数是攻击性战斗舰艇,这种访问除了“亲善”的意义外,军事威慑的成分是显而易见的。2014 年 5 月初,中国海洋石油 981 钻井平台在西沙群岛中建岛南边近海进行正常作业时,越南船只冲撞 981 警戒区,西沙海域形势顿形紧张。美国不但偏袒越南,指责中国,而且派遣“蓝岭”号及其率领的海上作战编队故意在附近海域出没,以示对越南的支持。②

　　美越军事关系中的突出问题是对越的武器禁运。美国从 2007 年开始向越出售非杀伤性武器,但并未予以解禁。越南不断呼吁美国解禁,但美国出于种种考虑,包括人权问题,采取了逐步实行的做法。③2014 年 8 月中旬,美军参联会主席邓普西访越,这是 43 年来美参联会主席首次访越,双方重点讨论海上安全、搜索和救援,以及克服越战的后遗症。邓普西还访问了当年曾是美军基地的岘港。邓普西表示,美方将于近期讨论是否解除对越武器禁运。④10 月 2 日,克里在华盛顿会见越副总理兼外长范平明时表示,美方已采取措施,以允许未来向越南转让与海上安全有关的防卫装备,从而部分解禁了武器禁令。国务院发言人称,此举主要是为了“回应该地区出现的一些特殊需求”,它将“提升我们朋友在该地区的军事存在,从而有助于解决南海的争端”,⑤可见是明显针对中国的。2015 年

①　Office of the Spokesperson, US Department of State, "US-Vietnam Comprehensive Partner-ship", December 16, 2013, http://www.stat.gov/r/pa/prs/ps/2013/218734.htm.

②　蔡鹏鸿:《美越军事合作关系析论》,复旦大学美国研究中心编:《美国问题研究》2014 年第 2 辑。并见本书第 440 页。

③　解禁过程详见蔡鹏鸿:《美越军事合作关系析论》,复旦大学美国研究中心编:《美国问题研究》2014 年第 2 辑。

④　《美军参联会主席越战后首次访越》,2014 年 8 月 14 日,http://photo.cankaoxiaoxi.com/mil/2014/0814/461876.shtml.

⑤　《美解除长达 40 年对越军售禁令　向中国发出警告》,2014 年 10 月 4 日,http://www.mzd888.cn/html/40/20141004093227.html.

6月1日,美防长卡特访问越南,落实了前述克里的承诺,向越南提供1 800万美元的援助,以购买美国的5艘巡逻艇。卡特还与越防长冯光青签署《国防关系联合愿景声明》。冯光青在随后举行的新闻发布会上表示,该声明将进一步指导两国发展国防关系,共同处理战后遗留问题,分享在搜救、应对自然灾害、维和等问题上的经验。卡特表示美将与越一道确保地区和平、安全和繁荣。①

2015年7月6日,越南共产党总书记阮富仲正式访问美国,成为首位访美的越共领导人。奥巴马与阮富仲发表《共同愿景声明》,其中说:"美国欢迎越南积极融入国际体系的政策,越南欢迎美国与亚太地区加强合作的政策",声明强调两国在南海问题上的共同立场。②

2016年5月22日,奥巴马抵达河内,开始对越南进行为期三天的访问和任内第十次亚洲之行。他的访问是越方盼望已久的。他没有辜负越方期望,带去了一份大礼:美国全面解除对越南的武器禁运。两国领导人发表的《联合声明》中突出了加强两国的安全和防务合作,重申了双方在南海问题上的共同立场,呼吁南海实行非军事化、争端各方自我克制。声明不啻是针对中国陆域吹填的一份抗议书。③

23日,奥巴马在会晤越南国家主席陈大光后的记者会上表示,使美国在亚太地区发挥更大的长远作用是他作为美国总统的最重要的外交选项之一,为了实现这一愿景,美国要更深地介入亚太,包括与越南的全面伙伴关系。奥巴马还强调美国完全解除对越武器禁运的意义,并称,"美国与越南现在联合起来支持地区秩序,包括南海的秩序,坚持国际准则和规范,使航行与飞越自由得到保障,合法的贸易不受阻碍,分歧能根据国际法采取合法的手段得到解决。我要重复,凡是国际法允许的地方,美国将继续实行飞越、航行,美国也将支持所有国家的类似权利"。④这就把他访问的目的说得一清二楚了。

但美越之间的关系是有局限的。两国的社会制度和意识形态不同,而不是基于价值观认同和战略互信的盟国。美国的"再平衡"战略与越南对南海权益的

---

① 《越美签署国防关系联合愿景声明》,2014年6月1日,http://news.ifeng.com/a/20150601/43883077_0.shtml。

② Barack Obama, "Joint Statement—United States-Vietnam Joint Vision Statement", July 7, 2015. Online by Gerhard Peters and John T. Woolley, *The American Presidency Project*, http://www.presidency.ucsb.edu/ws/?pid=110427.

③ Barack Obama, "Joint Statement by President Obama and President Tràn Dai Quang of Vietnam", May 23, 2016. Online by Gerhard Peters and John T. Woolley, *The American Presidency Project*, http://www.presidency.ucsb.edu/ws/?pid=117605.

④ Barack Obama, "The President's News Conference With President Tràn Dai Quang of Vietnam in Hanoi, Vietnam", May 23, 2016. Online by Gerhard Peters and John T. Woolley, *The American Presidency Project*, http://www.presidency.ucsb.edu/ws/?pid=117719.

要求契合,使两国走近,但双方对对方都有许多不满,美越之间军事合作的意图、目标也不一样。越南还在大国之间寻求平衡。美国对越南的武器解禁政治意义远大于实际的军事意义。①越南国家主席陈大光2016年8月30日在访问新加坡时表示,如果任由不安定因素发生,特别是发生武装冲突,没有赢家和输家,而是大家皆输。②中越之间虽然在南海存在领土和海洋权益的争议,但两国已经解决了陆地边界的划界问题,解决了北部湾的划界问题,这为两国处理南海问题提供了良好的先例和有益的经验。

四、与其他国家的关系

除了上述国家,其他一些东亚国家对奥巴马政府的"再平衡"战略也是重要的,如新加坡、新西兰、缅甸等。

新加坡地域不大,人口不多,但战略位置和在东盟中的作用十分重要。坎贝尔称它"为美国提供了异乎寻常的能力和支持,是为美国提供战略建议和军事进入的独一无二的坚强伙伴"。③美国与新加坡的密切关系历史悠久。1992年菲律宾把美军从克拉克空军基地和苏比克湾撵走以后,新加坡雪中送炭,为美国提供了轮流使用樟宜海军基地设施的便利,美军即把第七舰队后勤供应司令部迁到新加坡,此后,平均每年都有100多艘美国军舰到新加坡的军港停靠休整。樟宜因此成为美海军监控南海局势和进出印度洋的"桥头堡"、美海军的后勤基地和美军在东南亚的战略前沿。而美国则向新加坡提供包括F-15战斗机和F-16战斗机在内的先进武器,为新加坡培训军人,与之举行联合军演。2015年美国与新加坡正式签订加强防务合作协定,进一步拓展和深化两国防务关系,根据协定,两国将在五个关键的防务领域进行广泛合作:军事、政策、战略、科技以及非传统安全挑战,如海盗和跨境恐怖主义威胁。长期以来,新加坡一直希望美国更深介入亚洲事务,并为华盛顿的决策者出谋献策。④新美两国的经贸关系也十分紧密。正是新加坡敦促美国加入新加坡、新西兰、文莱、智利四国贸易谈判,最终演变成为《跨太平洋伙伴关系协定》。

新西兰是南太平洋最具影响力的国家之一。自从新西兰20世纪80年代中期退出《美澳新同盟》后,新美的防务关系削弱,但其他关系未受影响。"9·11"事件后,新西兰决定向阿富汗派兵,两国战略关系获得新的势头。2010年11月希拉里·克林顿访问新西兰,双方发表《惠灵顿宣言》,提升了两国间的战略伙伴

① 参见宋清润:《当前美越军事关系的发展与局限》,《和平与发展》2015年第1期。
② 白勉、张怡然、王盼盼:《越南主席:南海若有战事无赢家》,《环球时报》2016年8月31日。
③ Kurt Campbell, *Pivot. The Future of American Statecraft in Asia*. pp.220—221.
④ 陶文钊:《破解大国冲突的宿命》,第106—107页。

关系。2012 年 6 月,两国国防部签订《华盛顿宣言》,为加强双边防务关系提供了框架,开启了双方的防务对话和合作。新西兰重新对美舰开放港口,并加入了环太军演。新西兰也是《跨太平洋伙伴关系协定》的成员。美新之间各种交流都很活跃。

奥巴马政府也重视与缅甸的关系。1988 年 9 月,缅甸国内爆发严重的政治危机,国防军发动政变,全面接管国家政权。从此,缅甸进入新军人集团统治期,美缅关系急剧恶化,美国对缅甸实行了长期的制裁。2009 年以来,缅甸民主改革快速推进。2011 年年初缅组建民选政府后,美国积极寻求对缅改善关系。11 月底 12 月初,希拉里·克林顿访缅,鼓励缅民主化进程,并表示将随着这一进程逐步解除制裁。2012 年 6 月奥巴马政府任命德里克·米切尔为驻缅甸大使,是 22 年来美国首任驻缅大使。2012 年 11 月奥巴马成为首位访问缅甸的在任美国总统。2014 年 11 月奥巴马再次访缅,并于 14 日在仰光大学发表演讲,他认为缅甸的政治改革已经取得了进步,但是还不够快,在政治对话、议会以及公民社会方面还有很多工作要做,但他对缅的未来表示乐观,并鼓励年轻人参与政治转型过程,一再表示美国愿意帮助缅甸的转型。①2015 年 11 月,缅甸举行议会选举,奥巴马政府极为重视,事先多次发出警告,此次选举的过程和结果将决定 2016 年及以后美国与缅甸的关系。假如选举未达到民众和国际社会的期望,将会破坏民主改革的努力,降低缅国际声望,美国也难以与之发展积极关系。大选前夕,10 月中旬,美国家安全事务副助理本·罗兹专程访缅,与缅总统登盛、军方人士及昂山素季会面,承诺,如果选举顺利进行,结果得到尊重,并能达成共识组建新一届政府,美国将继续深化当前与缅接触的政策,包括重新评估对缅的制裁,扩大对缅投资等。美国还提供了 1 800 万美元,用于增强缅民主机构的能力。11 月 8 日选举那天,美国众多的非政府机构,包括卡特中心一直进行跟踪"监督",及时予以报道。②选举结果,以昂山素季为首的全国民主联盟取得压倒性胜利。

2016 年 4 月,缅甸新政府开始执政,奥巴马在 6 日与缅国务资政昂山素季通电话时表示,美国政府决心继续提供援助,帮助缅甸推进和平与繁荣,帮助缅甸推进国民和解和经济发展。③9 月中旬,昂山素季访问美国,14 日与奥巴马会晤。两国宣布构建美缅合作伙伴关系,奥巴马重申对缅民主过渡进程的支持,承

---

① Barack Obama, "Remarks at a Young Southeast Asian Leaders Initiative Town Hall and a Question-and-Answer Session at the University of Yangon in Rangoon, Burma," November 14, 2014. Online by Gerhard Peters and John T. Woolley, *The American Presidency Project*, http://www.presidency.ucsb.edu/ws/?pid=107911.

② 李枏:《奥巴马政府对缅甸政策的演变及走向》,《现代国际关系》2015 年第 12 期。

③ 《缅甸新政府上台运转,奥巴马打电话祝贺》,http://tieba.baidu.com/p/4467837463。

诺将"很快"解除对缅经济制裁,撤销所有基于行政命令的对缅金融和经济制裁,恢复给予缅贸易普惠制待遇。美国务院和缅外交部将举行年度对话,双方同意继续在打击人口贩运、反腐败、反洗钱、禁毒等领域开展合作,两国关系进入新时期。①

第四节　重视多边机制　主导 TPP 谈判

　　美国长期以来把东北亚作为在东亚的关注重点,而"再平衡"战略的重要方向恰恰是要加强美国与东南亚的关系。在美国有一种相当普遍的看法:布什政府忽视了亚太地区的一体化,甚至被排除在这一进程之外;在过去十年中,美国在涉华问题上基本上没有利用亚洲的多边机制。②越战结束以后,美国长期对东南亚提不起兴趣,也缺乏对东南亚的明确战略。东盟不是由美国主导的地区组织,东盟成员国的历史背景、社会文化、意识形态、经济发展水平等均不一样,甚至差别很大,美国对这些国家的兴趣和政策也大不相同。东盟的兴起本身就是对美国战略的挑战。在 1997 年至 1998 年东亚金融危机期间,克林顿政府反应迟钝,无所作为,此后也就只好任由东盟主导地区合作进程,东南亚几乎处在美国外交的边缘地位。"9·11"事件后,美国把这里视为反恐的第二战场,但美国的强硬政策与这里一些穆斯林大国如印尼发生分歧,印尼国防部长苏达索诺公开表达对美国的不满,称"美国不要把自己强硬的反恐手段强加给他国"。③除了反恐,美国对于东南亚似乎不再有多少别的兴趣,对由东盟主导的地区一体化进程的态度消极,长期拒绝签署《东南亚友好合作条约》,国务卿赖斯两度缺席东盟地区论坛。赖斯认为,"当着我们试图在中东谈判结束一场战争的时候却往东南亚跑是荒谬的"。④而中国与东盟的经贸合作却在快车道上奔驰,奥巴马政府对东南亚力量的"失衡"有着强烈的感觉,一些美国观察家担心,东亚尤其是东南亚正在构建中的地区外交和经济架构可能会排除美国。⑤在 2009 年前,东南亚国

---

① 《昂山素季访美,奥巴马承诺解除对缅制裁》,《光明日报》2016 年 9 月 16 日。
② Michael Swaine, *America's Challenge: Engaging a Rising China in the Twenty-First Century*, p.16.
③ 王缉思、倪峰、余万里主编:《美国在东亚的作用》,第 33 页。
④ Condoleezza Rice, *No Higher Honor: A Memoir of My Years in Washington*(Crown, 2011), p.485.
⑤ Mark E.Manyin and others, *Pivot to Asia and Pacific? The Obama Administration's "Rebalancing" Toward Asia*(CRS Report for Congress), March 28, 2012, p.17.

家普遍认为，中国和日本比美国更重视东盟的相关机制，在外交上给予更多的承诺。这就自然使它们怀疑，美国是不是在逐渐从这个地区撤出，或者因为美国实力的衰落，或者因为忙于世界上别的许多棘手问题，顾不上本地区的事务了。①

奥巴马当政后高调宣布"我们回来了"，虽然美国从来都没有离开过。奥巴马政府对于参与亚太地区尤其是东南亚的各种多边机制十分重视，一再强调，美国是一个太平洋国家，他更要通过参与这些机制显示美国没有衰落，不但要在亚太地区待下去，而且仍然要主导地区事务。奥巴马政府相信，参与这些机制可以帮助塑造地区的安全和经济秩序，维护美国的主导地位，从海上安全到防扩散，到地区的贸易和投资自由化。而许多东南亚国家的领导人希望美国的"再平衡"战略是以对地区多边机制的坚强承诺为依据的。②具体说来，参与这些机制，美国就可以在机制内影响各国对本地区一些分歧问题的态度，如东海和南海的争议、朝鲜半岛的紧张局势、缅甸的改革。③奥巴马在 2009 年 11 月第一次访问东亚时就声明："除了我们的双边关系，我们还认为，多边组织的成长可以推进本地区的安全和繁荣。我知道，近年来美国从许多地区组织中撤离了。让我清楚地表明，这种日子一去不复返了，美国作为一个太平洋国家将继续介入事关本地区未来的讨论，并完全参加适当的组织，这些组织的创建和演变。"④他在 2010 年11 月访问印度尼西亚与苏西洛共同主持的记者会上说："美国现在再次在亚洲领导。我们在强化我们的同盟体系。我们在深化伙伴关系……我们在重新接触东盟，并参与东亚峰会，我们在与新涌现的大国，如印尼缔造新的伙伴关系。"⑤

一、加入《东南亚友好合作条约》

东盟利用地区多边安全机制，主导地区安全议程和议题，管控地区安全形

---

① Mark E.Manyin and others, *Pivot to Asia and Pacific? The Obama Administration's "Rebalancing" Toward Asia* (CRS Report for Congress), March 28, 2012, p.19.

② Ibid., p.17.

③ Kurt Campbell, *Pivot. The Future of American Statecraft in Asia*, p.273.奥巴马政府显然把地区机制当作与中国博弈的舞台。坎贝尔写道，2013 年由于奥巴马忙于国内债务上限与共和党的纠缠，未能出席东亚峰会，中国趁此机会提出了自己在亚洲投资的计划。这可就有点"小人之心"了。李克强总理在会上提出深化经济合作，促进地区融合，以多种方式维护地区金融经济稳定，协调宏观经济政策，加快推进区域金融安全网建设的建议，可不是乘奥巴马缺席才提出的。奥巴马出席，中国就不敢提了吗？

④ Barack Obama, "Remarks in Tokyo", November 14, 2009. Online by Gerhard Peters and John T.Woolley, *The American Presidency Project*, http://www.presidency.ucsb.edu/ws/?pid=86889.

⑤ Barack Obama, "The President's News Conference With President Susilo Bambang Yudhoyono of Indonesia in Jakarta", November 9, 2010. Online by Gerhard Peters and John T.Woolley, *The American Presidency Project*, http://www.presidency.ucsb.edu/ws/?pid=88696.

势。虽然东盟的领导偏弱,在地区多边机制中实际处于"小马拉大车"的尴尬局面,①有东盟出面领导毕竟缓冲了大国的竞争,对维护地区安全和稳定发挥了积极作用。奥巴马政府对这种状况一清二楚,积极参与并试图主导地区多边机制,包括为多边机制设定议程。希拉里·克林顿说:"在该地区有一种要求:美国应该在这些机制的议程设置中发挥更积极的作用。使这些机制更有效益、反应更快也是我们的利益所在。"②

2009 年 7 月 23 日,希拉里·克林顿在泰国普吉岛出席东盟地区论坛并签署《东南亚友好合作条约》。在 22 日举行的新闻发布会上,希拉里说:"美国现在回到了东南亚。奥巴马总统和我相信,这一地区对世界的发展、和平与繁荣至关重要。"她当天在接受泰国电视台采访时表示,奥巴马政府对亚洲给予前所未有的关注。她此访的目的是致力于和东南亚国家建立面向未来的伙伴关系。希拉里还宣布,美国政府将于近期在东盟秘书处(雅加达)派驻常设外交机构。美国加入《东南亚友好合作条约》受到东盟各国的欢迎。东盟秘书长素林表示:这象征着美国新一届政府对东盟政策的战略性转变。新加坡外长杨荣文当天在泰国表示,无论从过去、现在,还是未来的发展看,美国都是东盟发展的重要部分。全球化使得东盟和美国走得更近。马来西亚媒体认为美国通过参加东盟地区论坛,正积极加强与东南亚国家接触。美国加入条约,标志着美国重新重视在该地区的利益。③稍后,奥巴马二十多年的朋友和支持者戴维·卡登出任美国首位常驻东盟的大使。

二、参与亚太经合组织

亚太经合组织(APEC)是本地区寻求经济一体化的对话合作平台,是一个区域性经济论坛和磋商机制,不同于其他经由条约确立的政府间组织,其运作是通过非约束性的承诺与成员的自愿,强调开放对话及平等尊重各成员意见,促进本地区各国经济发展、合作、贸易和投资。20 世纪 90 年代美国非常重视亚太经合组织,1993 年 11 月克林顿发起亚太经合组织领导人非正式会议,从此峰会每年举行,并提出了贸易、投资自由化的具体目标。但由于亚太经合组织所通过的决议、文件对于成员国来说没有法律约束力,它追求"大家庭"精神,寻求协商一

---

① 翟昆:《小马拉大车?——对东盟在东亚合作中地位作用的再认识》,《外交评论》2009 年第 2 期。

② Hillary Clinton, "America's Pacific Century", October 11, 2011, http://foreignpolicy.com/ 2011/10/11americas-pacific-century.

③ 《美国加入〈东南亚友好合作条约〉》,2009 年 7 月 23 日,http://world. people. com. cn/GB/ 9704088.html; Hillary Clinton, "Remarks at the ASEAN Regional Forum", July 23, 2009, https://2009-2017.state.gov/secretary/20092013clinton/rm/2009a/july/126373.htm.

致,难以突出美国的"领导地位",与美国所设想的一体化相距甚远。过了十几年,到布什政府的后期美国已经不再对它抱什么期望了。虽然奥巴马政府也不认为亚太经合组织能办成多少大事,但仍然积极参与,以保持美国在该论坛的声音和影响力,而且 2011 年美国还在夏威夷举办了一次峰会。在会后的记者会上,奥巴马再次强调说:没有一个地区比亚太地区对于塑造美国长远的经济未来能做更多,就像我曾经说过的,美国永远是一个太平洋国家,我们的许多最重要的贸易伙伴在这个地区;我们向这个地区出口最多,支撑着 500 万个美国的工作岗位;由于这是世界上发展最快的地区,亚太也是实现出口翻番目标的关键。①

三、参与东亚峰会

东亚峰会(East Asia Summit,EAS)是与东盟峰会同期举行的年会,由东盟轮值主席国主办。会议成员是东盟十国＋本地区其他国家(中、日、韩、美、澳、新西兰、俄、印度)。东亚峰会是一个开放、包容、透明的论坛,是地区领导人讨论战略、政治和经济议题的重要场所,东盟在其中发挥主导作用。第一届峰会于 2005 年 12 月在马来西亚吉隆坡举行。2010 年希拉里·克林顿作为观察员国代表出席峰会,峰会决定接纳美国加入,2011 年 11 月奥巴马首次出席峰会。奥巴马政府力图通过议程设置来左右峰会,突出南海问题,强化峰会的安全色彩,作为持续对中国施加压力的手段。11 月 15 日,随同奥巴马出访的国家安全事务副助理本·罗兹在专机上对记者说:"我们认为海上安全问题适合在东亚峰会上讨论","在谈论海上安全问题时,南中国海问题无疑将受到关注"。②中国此前已经明确表示,南海问题不应成为东亚峰会的议题。本·罗兹的说法实际是在唆使与会者在会上挑起这个问题。一些国家领导人心领神会,提出了南海问题。19 日,与会的温家宝总理重申中方立场,强调南海争议应由直接有关的主权国家通过友好协商和谈判、以和平方式解决,这是《南海各方行为宣言》的共识,希望各方都能从维护地区和平稳定的大局出发,多做增进互信、促进合作的事情;并警告外部势力不要把水搅浑。温家宝希望东亚峰会继续坚持团结、发展、合作的主题,不要偏离这个方向。③

① Barack Obama, "The President's News Conference in Kapolei", November 13, 2011. Online by Gerhard Peters and John T. Woolley, *The American Presidency Project*, http://www.presidency.ucsb.edu/ws/?pid=97048.

② 《美国称其有权在东亚峰会提出南海问题》,2011 年 11 月 17 日,新华网,http://news.sina.com.cn/c/2011-11-17/094323480700.shtml。

③ 《温家宝就南海问题阐明中方立场》,2011 年 11 月 19 日,http://news.xinhuanet.com/world/2011-11/19/c_111180192.htm。

2015 年的东亚峰会举行前夕，奥巴马在记者会上就赞扬"东盟在维护亚太地区以规则为基础的秩序方面发挥了关键作用"，包括航行和飞越自由。他要求，为了地区的稳定，各声索方应当停止岛礁扩建、建设工程和使地区军事化，矛头直指中国。①在奥巴马的唆使下，菲律宾等一些国家积极跟进，把会议变成了针对中国的闹剧。与会的李克强总理系统阐述了中国在南海问题上的立场，回击了美国及菲律宾等国的攻击。

2016 年 9 月，奥巴马最后一次出席在老挝万象举行的东亚峰会，并对老挝进行访问。他是访问老挝的第一位美国总统。6 日他刚到万象，就大谈美国的道义责任，承诺美国的"再平衡"战略将继续下去，美国军舰军机仍将在南海巡航，并表示：国家不论大小，都是重要的，大国不应该对小国发号施令，所有国家都应该遵守同样的规则。美国的盟国应该知道，美国对他们的防卫承诺是庄严的责任，永远不会放弃。在整个区域内，包括东海和南海，美国将继续在国际法允许的所有地区飞越和航行，也支持其他国家同样行事的权利。②在 9 月 7 日中国与东盟建立对话伙伴关系二十五周年纪念峰会上，李克强总理再次正面阐述了中国在南海问题上的立场，得到了东盟国家的理解和赞赏。没有国家在会上提起南海仲裁案，各国领导人一致通过《中国与东盟国家应对海上紧急事态外交高官热线平台指导方针》和《中国与东盟国家关于在南海适用〈海上意外相遇规则〉的联合声明》，在《联合声明》中各方承诺根据国际法，包括《联合国海洋法公约》所规定的南海航行及飞越自由，"由直接相关的主权国家通过友好磋商和谈判，以和平方式解决它们的领土和管辖权争议，而不诉诸武力或以武力相威胁"。③在次日的东亚峰会上，奥巴马在讲话中再次提起南海问题，并称"仲裁是有法律约束力的，它帮助阐明本地区的海洋权益"。④李克强针锋相对地驳斥了奥巴马的言论，指出，"昨天，中国—东盟领导人会议发表的主席声明……重申坚

① Barack Obama, "Remarks Prior to a Meeting With Association of Southeast Asian Nations Leaders in Kuala Lumpur, Malaysia", November 21, 2015. Online by Gerhard Peters and John T. Woolley, *The American Presidency Project*, http://www.presidency.ucsb.edu/ws/?pid=111259.

② Barack Obama, "Remarks in Vientiane, Laos", September 6, 2016. Online by Gerhard Peters and John T. Woolley, *The American Presidency Project*, http://www.presidency.ucsb.edu/ws/?pid=118924.

③ 《第 19 次中国—东盟领导人会议暨中国—东盟建立对话关系 25 周年纪念峰会联合声明》，2016 年 9 月 8 日，http://www.fmprc.gov.cn/web/ziliao_674904/zt_674979/dnzt_674981/lzlzt/lkqcxdyhzldrhy_687612/zxxx_687614/t1395707.shtml.

④ Barack Obama, "Remarks Prior to a Meeting With Association of Southeast Asian Nations Leaders in Vientiane, Laos", September 8, 2016. Online by Gerhard Peters and John T. Woolley, *The American Presidency Project*, http://www.presidency.ucsb.edu/ws/?pid=118930.

持通过《宣言》以及正在商谈的'准则'妥善处理分歧,维护南海稳定……这些都充分表明,中国和东盟已经找到了一条既体现国际法规则,又有效管用的办法,也表明中方和东盟国家完全有智慧、有能力处理好南海问题。域外国家应当理解支持地区国家所做的积极努力,而不是渲染分歧,扩大甚至制造矛盾"。李克强还说:"东亚地区仍然被视作远离战争冲突的'净土'和贸易投资较快发展的热土。我们正是在和平稳定的条件下才实现发展繁荣。这样的局面来之不易,值得各方倍加珍惜。"①反映了东亚各国人民的共同心声,有力地回击了奥巴马和安倍晋三的挑衅言论。结果,在峰会上没有国家提出南海仲裁案问题,所有讲话的东盟国家领导人都对前一天中国—东盟领导人峰会上通过的四个文件表示高度赞赏,认为中国和东盟国家正在为维护南海地区和平稳定、推动南海问题的解决找到一条正确道路,②使得奥巴马显得孤立、尴尬。东亚峰会上通过的文件也与南海问题毫不相干。主席国泰国政府发言人威拉冲·素空达巴蒂帕少将在会议间歇对记者说,"促进海洋和平与稳定对所有各方都至关重要,泰国支持中国在此方面的努力","希望看到持久的和平,这符合所有各方的利益"。③《华尔街日报》就峰会评论道,东南亚国家现在基本已经不再纠缠于初期仲裁庭裁决造成的紧张局面,而是把重心放在确保该地区稳定上。④

四、参与东盟地区论坛

东盟地区论坛(ASEAN Regional Forum,ARF)成立于1994年,现有27个成员,是本地区规模最大、影响最广的多边政治和安全对话与合作渠道,每年由东盟主席国轮流举办;与此配套的还有每年一次高官会、一次安全政策会、一次建立信任措施与预防性外交会间辅助会、五次会间会(分别关于救灾、反恐与打击跨国犯罪、海上安全、防扩散与裁军、使用信息和通信技术安全)和两次国防官员对话会。在布什政府第一任期,美国为寻求各国在反恐问题上的支持,一度对东盟地区论坛比较热心。及至第二任期,美国的这种需求已经不再迫切,对东盟的评价又很低,就不再积极参加此类会议。奥巴马政府利用这个平台积极宣扬美国的"再平衡"战略,在南海问题上拉拢东盟国家,其关于南海问题的第一次公开的正式表态就是希拉里·克林顿2010年7月在河内东盟地区论坛上的讲话。⑤希拉里·克林顿和克里两任国务卿都积极参加论坛,并在会上会下与相关国

① 李克强:《在第十一届东亚峰会上的讲话》,2016年9月8日,万象,http://www.xinhuanet.com/world/2016-09/09/c_1119535367.htm。
② 白天天等:《奥巴马亚洲行被指很失落》,《环球时报》2016年9月9日第1版。
③ 《外媒:中国东盟对话顺畅,外交热线将尽快开通》,2016年9月8日,http://k.cankaoxiaoxi.com/weizhan/article/101399967/31290539397/236492。
④ 《中国"外交胜利"是与东盟的共同选择》,《新华每日电讯》2016年9月10日第3版。
⑤ 见本书第268页。

家互通声气,在南海问题上推波助澜,使东盟地区论坛成为中美角力的重要舞台。

在 2012 年 7 月的东盟外长会起草联合公报时,菲律宾和越南突然发难,坚持将黄岩岛对峙事件写入公报,以造成东盟整体上对抗中国的局面,遭到主席国柬埔寨和其他与会国的坚决反对,造成东盟 45 年历史上首次出现外长会议不发表联合公报的尴尬局面。菲律宾代表团在闭幕大会大厅门口散发公报,认为联合公报难产是由于黄岩岛问题没有获得大会认真对待。①希拉里·克林顿在东盟地区论坛上力挺菲、越,称"在南海纠纷问题上,任何国家都不能通过施压、恐吓、威胁、武力来解决问题"。②2014 年 8 月的东盟地区论坛外长会上,克里在开幕式上的讲话中就咄咄逼人地向中国发难,称他要聚焦两个威胁地区安全形势的问题,一个是朝鲜,一个是南海。他指责中国海洋石油 981 钻井平台的行动,指责中国与菲律宾在黄岩岛、仁爱礁的争端,妄称这些都是"改变现状"的"挑衅行为",并指责中国在南海的岛礁建设,提出各方"冻结南海的行动","自愿停止可能恶化局势的行为"③。与会的王毅外长当面驳斥了克里的无端指责。

五、发起美国—东盟峰会

除了参与已有的多边机制,美国还发起了美国—东盟峰会。2009 年 11 月 15 日奥巴马与东盟十国领导人在新加坡举行首次峰会,双方宣称"为实现持久和平与繁荣增进伙伴关系"。奥巴马在会后的记者会上称此次会议是"历史性的",并重申美国将加强与东盟的关系,强化在东南亚地区的存在,与东盟成员中的盟友及伙伴、与东盟这个组织加强接触。④

2010 年 9 月 24 日美国与东盟十国领导人在联合国大会一般性辩论期间在纽约举行第二次峰会,双方会后发表《联合声明》,声明共 25 点,其中第 18 点谈到根据《联合国海洋法公约》的"海上安全、商业和航行自由"的重要性。⑤尽管声明未直接提及中国与东南亚一些国家的领海争端,但会后白宫发表的相关新闻

---

① 《东盟外长会闭幕,未发表联合声明》,2012 年 7 月 13 日,http://www.takungpao.com/sy/2012-07/13/content_712628.htm。

② 《东盟地区论坛,柬老泰站在中国一方》,2012 年 7 月 16 日,http://blog.sina.com.cn/s/blog_818b69f9010181z.html。

③ "Opening Remarks at ASEAN Regional Forum by John Kerry", Naypyitaw, Burma, August 10, 2014, http://www.state.gov/secretary/remarks/2014/08/230518.htm.

④ Barack Obama, "Remarks Following a Meeting With the Association of Southeast Asian Nations in Singapore", November 15, 2009. Online by Gerhard Peters and John T. Woolley, *The American Presidency Project*, http://www.presidency.ucsb.edu/ws/?pid=86901.

⑤ Barack Obama, "Joint Statement of the Second United States-Association of Southeast Asian Nations Leaders Meeting", September 24, 2010. Online by Gerhard Peters and John T. Woolley, *The American Presidency Project*, http://www.presidency.ucsb.edu/ws/?pid=88504.

简报明确指出上述声明内容适用于"南海"。这是在美国本土召开的首次美国—东盟峰会。

2016年2月15日至16日，奥巴马邀请东盟十国领导人在加州安纳伯格庄园举行非正式会议。鉴于这是奥巴马任内最后一次峰会，他在开幕式上意味深长地表示，本次会议既是他个人，也是美国加强与东盟十国以及东盟作为一个地区、一个共同体的伙伴关系的承诺的反映。他作为美国第一位与十国领导人聚会的总统感到骄傲。他对东盟访问了7次，比以往任何美国总统都多。他鼓励与会者讨论航行自由，以和平、合法的方式解决争端。①峰会发表《联合声明》，内容涵盖方方面面，其中关于南海问题说：与会各国共同承诺，以和平的方式解决争端，包括遵守普遍承认的国际法准则以及1982年《联合国海洋法公约》，完全尊重合法的外交程序，不采用威胁和使用武力，确保海洋安全，包括依据《联合国海洋法公约》的航行和飞越自由，以及不受干扰的海上商业活动，非军事化，以及行为的自我克制。②在峰会上奥巴马还提出"美国—东盟对接：可持续与创新型经济增长伙伴关系"的倡议，它由四个支柱构成：商业、能源、创新及政策。③但奥巴马余下任期不到一年，一些东盟国家已经三心二意，许多设想未能付诸实施。

六、主导 TPP 谈判

《跨太平洋伙伴关系协定》（Trans-Pacific Partnership Agreement，TPP）最早是由新加坡、新西兰、智利在2003年发起的自由贸易区谈判，文莱于2005年加入。2008年3月美国参加进来，接着，又有澳大利亚、秘鲁、越南、马来西亚、墨西哥、加拿大、日本先后加入，一共12个国家。2009年11月奥巴马首次访问东亚时就在东京宣布，美国将继续致力于同参加TPP谈判的国家一起"达成一个以广泛成员为基础的与21世纪相称的高标准的贸易协定"。④2011年11月在

---

① Barack Obama, "Remarks at the Opening Session of the United States-Association of Southeast Asian Nations Summit Meeting in Rancho Mirage, California", February 15, 2016. Online by Gerhard Peters and John T. Woolley, *The American Presidency Project*, http://www.presidency.ucsb.edu/ws/?pid=111740.

② Barack Obama, "Joint Statement of the United States-Association of Southeast Asian Nations Special Leaders Summit—Sunnylands Declaration", February 16, 2016. Online by Gerhard Peters and John T. Woolley, *The American Presidency Project*, http://www.presidency.ucsb.edu/ws/?pid=111739.

③ "U. S.-ASEAN Connexion: Partering for Sustainable and Innovative Economic Growth", https://asean.usmission.gov/our-relationship/policy-history/asean-connect/.

④ Barack Obama, "Remarks in Tokyo", November 14, 2009. Online by Gerhard Peters and John T. Woolley, *The American Presidency Project*, http://www.presidency.ucsb.edu/ws/?pid=86889.

夏威夷亚太经合组织峰会期间上述各国领导人（马、墨、加、日四国当时尚未加入）同意了协定的大框架，宣布 TPP 将是"一个全面的、下一代的贸易、投资自由化的地区协定，以应对新的和传统的贸易问题以及 21 世纪的挑战"。①这个协定是"再平衡"战略的重要组成部分，坎贝尔称，"难以对 TPP 的重要性估计过高，它对于'转向'确确实实是必不可少的"。②

2015 年 10 月 6 日，美国贸易代表弗罗曼在新一轮 TPP 部长级会议结束后的新闻发布会上说，经过 5 年多的密集谈判，有关各方已就 TPP 达成一致，实现了之前设定的目标。谈判官员将继续展开技术性工作，以准备公布完整的协定文本；同时，各国间还将就协定的一些具体议题继续进行沟通，并最终通过各国国内法定批准程序以保证协定得到实施。③11 月，奥巴马政府将 TPP 文本提交国会审议批准。但美国两党对 TPP 的看法远非一致。

奥巴马政府在动员国内对 TPP 的政治支持方面竭尽全力。在 2015 年 1 月 20 日的《国情咨文》中，奥巴马关于 TPP 说道："中国希望为世界上这一增长最快的地区书写规则。这将把我们的工人和业主置于不利地位。我们为什么要让这样事情发生呢？ 该由我们来书写这些规则。我们要使竞赛的场地处于同一水平。这就是我要求两党给我贸易促进权来保护美国工人，使我们从亚洲到欧洲有一个新的强有力的贸易协定，它们不仅是自由的，而且是公平的。"④

稍后，2 月 18 日，奥巴马又在白宫网站上写道：

> 作为总统，我的优先目标是使我们勤劳的美国人有机会走在前头。这就是为什么我们要确保由美国而不是别的国家，如中国来书写本世纪的世界经济规则。
>
> 但是我们也必须承认，我们潜在主顾的 95% 生活在国外。出口支持着 1 100 多万个美国的就业岗位……丢失新的机会不仅对于我们的实业，而且对于我们的工人都是灾难性的。
>
> 这就是本届政府正在谈判《跨太平洋伙伴关系协定》的原因。它将使我们能不仅从自由，而且是公平的贸易中获益。
>
> 现在中国想要制定亚洲的商业规则。如果他们得以这样做，我们

---

① Ian Fergusson, Mark McMinimy, Brock Williams, *The Trans-Pacific Partnership*(TPP) *Negotiations and Issues for Congress*(CRS Report for Congress), March 20, 2015, p.3.

② Kurt Campbell, *Pivot. The Future of American Statecraft in Asia*, p.266.

③ 《TPP 谈判历时五年达成协议，中国持开放态度》，http://www.cs.com.cn/app/cstop10/201510/t20151006_4810573.html。

④ Barack Obama, "Address Before a Joint Session of the Congress on the State of the Union", January 20, 2015. Online by Gerhard Peters and John T. Woolley, *The American Presidency Project*, http://www.presidency.ucsb.edu/ws/?pid=108031.

的竞争者将会忽视基本的环境和劳动标准,他们也将由此不公正地得到相对于美国工人的优势。我们不能任其发生。①

从奥巴马这两段说得相当直白的话中可以看出,美国主导和推动 TPP 谈判有三重目的:扩大美国出口,提振美国经济;强化美国对亚太地区乃至整个世界经济体系的主导权;制定国际贸易的新标准、新规范,以此来制约中国。②

第一点是奥巴马当政以来的首要任务。要遏制金融危机,促使经济复苏,创造就业岗位是关键。奥巴马于 2009 年 6 月签署《制造业促进法》,并相继启动《先进制造业伙伴计划》与《先进制造业国家战略计划》,将智能电网、清洁能源、先进汽车、航空与太空能力、生物与纳米技术、新一代机器人、先进材料等作为重点发展领域。③12 月又公布《重振美国制造业框架》,大致描绘了再工业化的方案。④2010 年 3 月发起“出口倍增计划”,要在 5 年内使美国出口翻一番。这是一个两手的计划:打开国外市场,鼓励美国的制造业回流。要实现这项计划在很大程度上有赖于亚太国家对美国敞开大门。美国的 10 个最主要的出口增长目的地有 4 个就在亚洲:中国、印度、印度尼西亚、越南。2013 年年初,奥巴马又向国会提交《2013 年总统贸易政策议程》,以继续推进五年出口翻番计划、TPP、《跨大西洋贸易与投资伙伴关系协定》(Trans-Atlantic Trade and Investment Partnership, TTIP)谈判为重点,进一步打开美国出口市场并维护美国在国际贸易领域的领导地位。奥巴马在 2015 年 2 月发表第二个《国家安全战略报告》时强调了这方面的成绩:从危机以来美国创造了 1 100 万个新的就业岗位,失业率下降到了最低的 6%。⑤在 TPP 谈判中美方要求成员国进一步消除贸易壁垒,开放市场(如日本的农产品市场、加拿大的牛奶市场),为美国经济的可持续增长提供动力。

关于第二点,亚太地区 21 世纪头十年经济一体化进展令人目眩。该地区的自贸协定从 2000 年的 3 个增加到 2010 年的 61 个,还有 79 个正在讨论和

---

① President Obama, "Writing the Rules for 21st Century Trade", February 18, 2015, https://obamawhitehouse. archives. gov/blog/2015/02/18/president-obama-writing-rules-21st-century-trade.

② 有学者认为,TPP 也有它自己的逻辑。从美国来说,就是通过推动参与者的市场开发和规则与政策的协调,重树竞争优势;从其他参与国来说,主要是利用美国的大市场,并借谈判推动本国经济的开放与提升。张蕴岭:《寻求中国与世界的良性互动》,第 160 页。

③ 参见华迎、张莉:《美国“出口倍增计划”的绩效评估及中国对策》,《国际贸易》2014 年第 9 期。

④ Executive Office of the President, *A Framework for Revitalizing American Manufacturing*, December 2009.

⑤ Barack Obama, "Statement on the 2015 National Security Strategy", February 6, 2015. Online by Gerhard Peters and John T. Woolley, *The American Presidency Project*, http://www.presidency.ucsb.edu/ws/?pid=109365.

谈判之中。①各国在试探各种模式，包括 10＋1（东盟＋中国）、10＋3（东盟＋中、日、韩）、东盟经济共同体以及区域全面经济伙伴关系（Regional Comprehensive Economic Partnership，RCEP，东盟＋与东盟已经签署自贸协定的六国，即中、日、韩、澳、新西兰、印度），等等。但在这一经济一体化的大潮中却没有美国的参与。奥巴马政府要改变这种状况。现在，它通过参与和主导 TPP 谈判要证明，美国仍然是本地区地缘经济的主要动力源。

第二次世界大战后，美国主导并有效运营了国际经济体系，促进了美国的经济繁荣和实力增长，为美国的霸权地位提供了坚实的经济基础。冷战结束后，尤其是 21 世纪以来，中国等新兴经济体崛起，美国在世界经济中的份额下降，美国对国际经济体系的操控能力也有所下降。美国试图阻止这种趋势。20 世纪 90 年代美国重视亚太经合组织，但正如前面所说，过了 20 年，美国对它失望了。世贸组织成立后启动了多哈回合谈判，议题众多，谈判旷日持久，各方分歧严重，难以取得进展。美国也逐渐失去了兴趣。为此，美国迫切需要一个新的抓手来重新体现它在世界经济格局中的主导地位，这就是 TPP 和 TTIP。2008 年起美国主导了 TPP 谈判，并为其制定了很高的标准，包括知识产权、环境、劳工等。把国内法律转变为区域贸易规则，再通过区域贸易规则撬动多边贸易谈判是美国的一贯做法。②正如希拉里·克林顿在《美国的太平洋世纪》的演讲中所说，美国的目标是要求新的伙伴们与美国一道塑造和参与"一个以规则为基础的地区和全球秩序"。她在另一次讲话中把 TPP 称作"开放、透明和公正贸易的金标准"。③她还提出："美国下一步将把 TPP、与欧洲的协定以及其他双边贸易协定等地区成果转化为真正的全球版本的协定；就像关贸总协定提供了第二次世界大战后的全球蓝图那样，美国必须构建新的规则体系以应对当今时代的贸易挑战。"贸易代表弗罗曼在 2014 年 6 月的一次讲话中也宣称，TPP 兼具经济和战略意义，他说："如同经济上一样，TPP 在战略上也是重要的。TPP 将把占全球 GDP 40％和全球贸易 1/3 的一个集团捆绑在一起。TPP 也是一个途径，通过它美国与十几个国家（还有五六个国家在等待加入）为世界上至关重要的地区书写［贸易］规则。"④

关于第三点，TPP 作为"再平衡"战略的一部分，"经济再平衡的中心环节"，

---

① Mark E. Manyin and others, *Pivot to Asia and Pacific? The Obama Administration's "Rebalancing" Toward Asia* (CRS Report for Congress), March 28, 2012, p.22.

② 樊勇明、沈陈：《TPP 与新一轮全球贸易规则制定》，《国际关系研究》2013 年第 5 期。

③ "Hillary Clinton Once Called TPP 'the Gold Standard'", *Los Angeles Times*, http://www.latimes.com/politics/la-na-pol-trade-tpp-20160926-snap-story.html.

④ Ian Fergusson, Mark McMinimy, Brock Williams, *The Trans-Pacific Partnership* (TPP) *Negotiations and Issues for Congress* (CRS Report for Congress), March 20, 2015, p.5.

其制约中国的意图是十分明显的。中国是近二三十年来世界上经济增长最迅速的国家，是经济全球化的积极参与者和推动者。截至 2015 年年底，中国已签署自贸协定 14 个，涉及 22 个国家和地区，分别是中国与东盟、新加坡、巴基斯坦、新西兰、智利、秘鲁、哥斯达黎加、冰岛、瑞士、韩国、澳大利亚的自贸协定，内地与香港、澳门的《关于建立更紧密经济关系的安排》（CEPA）。这些自贸协定大多在亚太地区。2015 年 6 月 1 日签署的中韩自贸协定是中国迄今对外签署的覆盖范围最广、涉及国别贸易额最大的自贸协定。中国还在积极推进其他的自贸协定谈判，尤其是 RCEP。美国对亚太经济一体化戒心重重，担心长此以往，中国倡导的规则会得到越来越多国家的拥护，从而使中国实际上成为地区经济贸易规则的制定者。规则的制定权就是领导权，这是美国绝对不能让的。2012 年 1 月出台的文件也强调，美国"将继续促进以规则为基础的国际秩序"。[1]在 2011 年 11 月夏威夷的亚太经合组织峰会上，奥巴马对胡锦涛说，中国必须遵守规则。[2]稍后，在东亚峰会上，他对温家宝重复了同样的话。[3]2012 年 2 月习近平访美时，奥巴马又强调了同样的意思。[4]2015 年 1 月 23 日，奥巴马在接受美国媒体采访时曾说："美国之所以担心中国崛起，是因为中国……在这个体系中并没有履行义务，或者遵守美国曾遵守的规则。"[5]2015 年 2 月的美国《国家安全战略报告》中又强调："任何保障美国人民安全、促进我们国家安全利益的战略都必须从一个不可否认的事实出发：美国必须领导。坚强、可持续的美国领导地位对于一个促进全球安全和繁荣、以规则为基础的国际秩序是至关重要的。"[6]也就是说，美国要确保规则的制定权，美国可以认可中国和平崛起，但这种崛起必须符合美国制定的规则，必须是在以这种规则为基础的秩序之内，在美国主导的架构之内的，那样，美国就无需担心中国挑战其地区主导权了。

---

[1] Department of Defense, United States of America, "Sustaining US Global Leadership: Priorities for 21st Century Defense," January 2012, http://www.defense.gov.news/Defense_Strategic_Guidance.pdf.

[2] Obama at APEC summit: China must "play by the rules", October 8, 2013, http://language.chinadaily.com.cn/article-139227-1.html.

[3] Damian Grammaticas, "Obama Stirs up China's Sea of Troubles", November 11, 2011, http://www.bbc.co.uk/news/mobile/world-asia-15795088.

[4] Susan Crabtree and Dave Boyer, "Obama says China must play by trade rules", February 14, 2012. http://www.washingtontimes.com/news/2012/feb/14/obama-says-china-must-play-trade-rules/?page=all.

[5] "The Vox Conversation: Obama", Part II, Foreign policy, January 23, 2015, http://www.vox.com/a/barack-obama-interview-vox-conversation/obama-foreign-policy-transcript.

[6] Barack Obama, "Statement on the 2015 National Security Strategy", February 6, 2015. Online by Gerhard Peters and John T. Woolley, *The American Presidency Project*, http://www.presidency.ucsb.edu/ws/?pid=109365.

2016 年 2 月 4 日,TPP 12 个成员国在新西兰奥克兰正式签署了协定,但协定尚需经各国议会批准。奥巴马力图推动本届国会批准该协定,并呼吁各成员国尽快批准。9 月上旬,奥巴马在他任内最后一次出席东盟峰会。他在致辞中就此向各国发出呼吁。但在美国大选中,两党候选人都对 TPP 提出质疑,甚至先头全力打造 TPP 的希拉里·克林顿为了选票也改了口。国会的气氛更加消极负面。共和党候选人特朗普大选中胜出。由于特朗普在竞选中一再表示反对 TPP,称之为"灾难",国会领袖决定在本届国会余下的两个多月中不予审议协定。奥巴马政府被迫放弃在任期内推动国会批准协定的努力。①

七、发起"湄公河下游倡议"

奥巴马政府还与湄公河下游国家建立了合作机制。湄公河在美国被普遍看作"南亚的亚马逊",湄公河下游国家占了东盟国家的一半,基本属于"新东盟"成员,在政治、经济、安全诸方面都有其重要性,其发展水平与其他东盟国家有一定差距。由于历史原因,它们与美国的关系也不如别的国家密切。奥巴马政府希望迅速提升与这些国家的关系,补上"短板"。2009 年 7 月下旬第 16 届东盟地区论坛期间,希拉里·克林顿与泰、越、柬、老四国外长举行会议,探讨美国与四国建立新型合作框架的设想,在环境、教育、卫生及防治传染病方面开展合作,即所谓"湄公河下游倡议"。仅 2010 年美国就为湄公河流域环境项目提供援助 2 200 多万美元,到 2011 年累计投入资金已超过 6 900 万美元,用于帮助湄公河下游国家应对干旱和盐碱地问题、促进可持续利用森林和水资源、改善安全用水,以及保护湄公河流域的生物多样性。在教育方面,美国着力帮助湄公河下游国家推广英语学习,建立多种公-私伙伴关系和技术合作,2011 年美国在该地区的教育投入超过 300 万美元。在医疗卫生领域,美国于 2010 年、2011 年累计投入超过 1.4 亿美元,重点支持预防艾滋病和其他传染病(流感、疟疾和肺结核)的培训和研究能力。美国也不忘把盟国拉进来帮忙,于 2011 年 7 月发起了"湄公河下游之友"外长会议,包括了日、澳、新、韩和欧盟。两个机制的外长会同时举行,起主导作用的自然是美国。2012 年 7 月,在第五届湄公河下游四国—美国外长会议暨第二届"湄公河下游之友"外长会议期间,希拉里·克林顿宣布在今后两年向本地区各国追加 5 000 万美元的援助,用于到 2020 年的"湄公河下游倡议"运作。日本也宣布在 2013 年至 2015 年向湄公河下游国家提供为期 3 年总额约 6 000 亿日元的援助。2015 年缅甸成为该倡议的新成员国。美国著名智

---

① 新总统特朗普上任伊始,即于 2017 年 1 月 23 日签署行政命令,正式宣布退出《跨太平洋伙伴关系协定》。《特朗普正式宣布美国退出 TPP》,2017 年 1 月 24 日,http://world.huanqiu.com/hot/2017-01/10010855.html。

库史汀生中心将湄公河下游倡议视为美国硬实力和软实力成功结合的范例。①

除了上述合作计划，美国也不放过利用这个机制对相关国家与中国的关系施加影响，一个具体话题就是湄公河/澜沧江的水源问题。美国一些智库学者认为，中国在澜沧江上建设的水坝已经开始对下游湄公河的水源造成了影响，如果再建，整条湄公河的自然生态都将受到破坏，并与湄公河下游国家发生水源争端。希拉里•克林顿在 2010 年 11 月访问柬埔寨时抓住这一问题对柬埔寨方面表示，湄公河上游的水坝是一个挑战。②

八、抵制亚洲基础设施投资银行

奥巴马政府在着力打造 TPP 的同时，还抵制中国发起的亚洲基础设施投资银行（亚投行，Asia Infrastructure Investment Bank，AIIB）。亚投行是一个政府间亚洲区域多边开发机构，重点支持基础设施建设，旨在促进亚洲区域建设互联互通和经济一体化进程，并加强中国与其他亚洲国家及地区的合作，总部设在北京，法定资本 1 000 亿美元，其中中国出资 500 亿美元。中国从自身的发展经验中深知基础设施对国家经济可持续增长至关重要，而绝大多数发展中国家都深受基础设施落后的困扰。为了与发展中国家共享经济增长的成果，推进"一带一路"建设，2013 年 10 月，习近平主席在访问印度尼西亚期间提出筹建亚投行的倡议，立刻得到广泛的响应。一年之后，2014 年 10 月 24 日，包括中国、印度、新加坡等在内 21 个首批意向创始成员国财长和授权代表在北京签约成立亚投行。2015 年 4 月 15 日，亚投行意向创始成员国确定为 57 个，其中域内国家 37 个、域外国家 20 个。6 月 29 日，《亚洲基础设施投资银行协定》在北京签署。12 月 25 日，银行正式成立。2016 年 1 月 16 日至 18 日，亚投行开业仪式暨理事会、董事会成立大会在北京举行。

中方从一开始就明确宣布，亚投行要按国际惯例办事，充分借鉴现有多边金融机构长期积累的理论和实践经验，制定和实施严格的规章制度，提高透明度和包容性。亚投行和丝路基金同其他全球和区域多边开发银行的关系是相互补充而不是相互替代的，将在现行国际经济金融秩序下运行。③习近平主席在 2015

---

① 任远喆：《奥巴马政府的湄公河政策及其对中国的影响》，《现代国际关系》2013 年第 2 期；尹君：《后冷战时期美国与湄公河流域国家的关系》，社会科学出版社 2017 年版，第 177—180 页。

② 《美国国务卿希拉里劝柬埔寨"别依赖中国"》，2010 年 11 月 5 日《环球时报》，http://blog.sina.com.cn/s/blog_6b2f7d610100luif.html。中国在澜沧江上建设的一些水坝不但可以蓄水发电，还具有调节水资源的能力，可实现防洪抗旱，但有的国家的媒体却把这些水坝妖魔化，制造负面舆论，美国也正好拿来利用。《澜沧江水坝背后的担忧》，2009 年 9 月 20 日《科技日报》，http://news.bjx.com.cn/html/20090220/201685.shtml。

③ 《中国发起建亚洲基础设施投资银行，助推一带一路》，2014 年 11 月 7 日，http://news.sohu.com/20141107/n405850683.shtml。

年3月亚洲博鳌论坛的主旨演讲中说,"我们要积极推动构建地区金融合作体系,探讨搭建亚洲金融机构交流合作平台,推动亚洲基础设施投资银行同亚洲开发银行、世界银行等多边金融机构互补共进、协调发展。"①亚投行行长由前财政部副部长金立群担任,副行长来自韩国、印度、英国、德国、印度尼西亚五个国家。中国也明确表示,中国不寻求在理事会的否决权。②

亚投行得到国际社会的广泛支持,世界银行和国际货币基金组织(IMF)都欢迎亚投行。2015年7月,世界银行行长金墉、IMF总干事拉加德都表示,亚投行不会对现有国际金融秩序构成冲击。10月24日,金墉再次表示,全球基础设施投资贷款需求接近1.5万亿美元,而全球多边发展银行及私人投资商能够提供的大约只有2 050亿美元,"就目前基础设施投资匮乏的现状而言,亚投行应该非常值得欢迎"。金墉还表示,在建立亚投行问题上中国与世界银行一直保持着良好的沟通,世界银行可以与中国进行合作。③

美国和日本对亚投行明确表示反对。美国认为这是中国在现行国际金融体系之外另搞一套;中国对外援助实行的不是国际标准,这会使由世界银行和IMF确立的标准发生动摇。美国还对盟国施加影响,力劝它们不要加入亚投行,要考虑该机构在避免腐败、保障工人权利和环保等方面是否能够坚持高标准。④美曾力劝韩国、澳大利亚等盟国不要急于加入亚投行,并对一些亚洲国家施压。日本与美一唱一和,麻生太郎财相2014年9月会晤印度总理莫迪时称,亚投行的审查体制从国际规则来看并不完善,游说印度不要参加。2015年3月17日日官房长官菅义伟在记者会上又表示,日本对加入由中国主导的亚投行持"慎重态度",并质疑亚投行是否能够成为"公正的治理结构"。日财务省高官也表示,日方一直希望通过财长会谈打消澳大利亚参加亚投行的想法。⑤日本更担心亚投行与日本主导的亚洲开发银行(亚开行)形成竞争之势。

美、日的反对并没有影响其他国家加入亚投行的热情,一些西方国家,如英、法、德、意都先后加入亚投行。到2016年8月底,随着加拿大的加入,在七国集团中只有美、日没有参加了。卢森堡、瑞士、澳大利亚、韩国也都加入了亚投行。美、日原本想孤立亚投行,结果却孤立了自己。

① 习近平:《迈向命运同体,开创亚洲新未来——在博鳌亚洲论坛2015年年会上的主旨演讲》,2015年3月28日,http://news.xinhuanet.com/politics/2015-03/29/c_127632707.htm。
② 韩国副行长洪起泽上任4个月后因个人原因于2016年7月突然休职。
③ 李大明、陶短房、陈宗伦:《世行行长支持中国筹建亚投行》,《环球时报》2015年10月28日。
④ 《堵不住的亚投行,美国反对的理由》,2015年3月23日,http://news.xinhuanet.com/fortune/2015-03/23/c_127609513.htm。
⑤ 《日本今日重申不加入亚投行,坚决与美国站队》,2015年3月17日,http://news.cnfol.com/guojicaijing/20150317/20334108.shtml。

奥巴马政府的态度受到美国商界、学界和政界的普遍批评。前副国务卿、世界银行行长佐利克在《金融时报》上撰文说，抵制亚投行是一个"战略错误"，"发展亚洲的基础设施是一个好目标"。①到了2015年年中，事实已经完全表明美国的反对是毫无效果的，奥巴马政府才开始转变态度。奥巴马在4月28日会晤安倍后的记者会上缓和了他反对亚投行的立场，辩解说：美国并不反对亚投行，美国只是担心，有些投资项目可能没有很好设计，它们对一些国家的领导人和承包商来说可能是好项目，但对实际生活在那里的人民可能不是。如果亚投行有高标准的保障措施，能领导一些好的基础设施项目，使借款的国家获利，我们就可以与它合作。②国务院负责东亚事务常务助理国务卿帮办唐伟康6月在华盛顿一家智库的讨论会上又表示，美国没有加入亚投行，并不表示对它不感兴趣，美国对亚投行展示的前景感到兴奋，乐于见到这个新机构对区域发展有所贡献。美国可以在共同融资、人员交流等方面协助亚投行；美国关心亚投行的组织结构、规章制定、能否透明及设立高标准等，并将随着亚投行的发展，与其成员讨论如何确保区域经济发展。③6月底，在中美第七轮战略与经济对话中，双方又就维护国际金融体系稳定的问题进行了深入交流。美方最终转变态度。在9月习近平主席对美国进行国事访问时，美方欢迎中方不断增加对亚洲及域外地区发展事业和基础设施的融资支持，中方则表示要加强对世界银行、亚洲开发银行、非洲发展银行、泛美开发银行的捐资支持。④中美在国际金融合作上达成了重要谅解。此后，美方支持人民币纳入国际货币基金组织一篮子货币，支持中国在国际金融体系中发挥更大作用。⑤

九、制约与影响

奥巴马政府的亚太"再平衡"战略受到多重制约。首先，美国的财政困难使

① Robert Zoellick, "Shunning Beijing's infrastructure bank was a mistake for the US", June 7, 2015, http://www.ft.com/cms/s/0/c870c090-0a0c-11e5-a6a8-00144feabdc0.html#axzz4JTHoTjxf.

② Barack Obama, "The President's News Conference With Prime Minister Shinzo Abe of Japan", April 28, 2015. Online by Gerhard Peters and John T.Woolley, *The American Presidency Project*, http://www.presidency.ucsb.edu/ws/?pid=110078.

③《美国高官首次明确对［亚投行］表态》，2015年6月17日，http://blog.sina.com.cn/s/blog_81124f180102vusi.html.

④《习近平主席对美国进行国事访问中方成果清单》，2015年9月26日，http://news.xinhuanet.com/politics/2015-09/26/c_1116685035.htm. 坎贝尔为美国与亚投行竞争开出的方子是，不要让它成为为亚洲国家基础设施投资的唯一来源，为此，美国要支持其他的金融机构为亚洲基础设施投资，如亚开行、世界银行、东盟基础设施基金，美国国际开发署（USAID）要聚焦于亚洲，并把对千年发展基金的承诺翻一番。Kurt Campbell, *Pivot. The Future of American Statecraft in Asia*, p.276.

⑤ 见本书第417页。

这一战略基础不牢。帕内塔在2012年6月香格里拉会议上刚刚讲完,参加此次会议的参议院军事委员会共和党资深成员麦凯恩就表示:"实际情况是,我们正在让一些军舰退役。我们正在把我们的军队规模缩小到第二次世界大战以来最小……我们的承诺与我们对承诺的财政预算并不匹配。"①著名中国问题专家李侃如对这一战略评论说:"最主要的是,美国没有足够的资源和能力来完全达到总统所宣布的承诺,除非美国能比现在更有效地处理国内的财政和相关的政治问题。把美国国内事务整理好是美国新的亚洲战略取得成功的必要条件。"他接着说,美国把TPP的门槛定得很高,规则写得很堂皇,"但现实状况是,中国,而不是美国,是本地区各国最大的贸易伙伴。中国并不根据这些标准办事。没有一个亚洲国家愿意在这种时候损害与迅速增长的中国经济的关系,尤其是美国经济复苏仍很艰难,欧洲的经济前景又难以确定的时候。"②其次,国际形势错综复杂,变化多端,外交上对"再平衡"战略的牵制不少。在阿富汗,虽然奥巴马早就宣布了撤军计划,但由于安全状况没有改善,塔利班的势力没有伤筋动骨,而且出现了恐怖组织"伊斯兰国"与塔利班联手对付政府军的新形势,奥巴马不得不一再宣布延缓从阿撤军。奥巴马在2016年7月宣布,在他结束任期时在阿仍将有8 400名美军。③俄罗斯和乌克兰交恶多年,2014年3月克里米亚通过了并入俄罗斯的公投,触发了俄罗斯与欧盟及美国的又一场外交危机。"伊斯兰国"在伊拉克、叙利亚疯狂扩张,美国和国际社会的打击难以迅速奏效,而恐怖事件却在欧洲各国频频发生。2011年叙利亚内战开始后,奥巴马进退失据,俄罗斯乘机强化与叙的关系,在中东重振雄风。2016年7月中旬土耳其发生未遂军事政变,俄罗斯事先向埃尔多安提供情报,促成了俄土和解,土耳其怀疑美国介入政变,美土关系出现裂痕,鉴于土耳其地缘战略的重要性,美中东战略受到新的挑战。此外,美国还必须继续为伊朗核问题、巴以冲突花费精力和资源。总之,奥巴马政府难以全力以赴地实施新的亚太战略。

奥巴马政府的亚太"再平衡"战略给中美关系造成多方面的负面影响。第

---

① "Panetta says new Pentagon strategy to pivot focus to Asia not designed to contain China", June 2, 2012, http://newspano.com/news/panetta-says-new-pivot-focus-to-asia-not-designed-to-contain-china.

② Kenneth Lieberthal, "The American Pivot to Asia. Why President Obama's Turn to the East Asia Is Easier Said Than Done", *Foreign Policy*, December 21, 2011, http://www.foreign.policy.com/article/2011/12/21/the_american_pivot_to_asia.

③ Barack Obama, "Remarks on United States Military Strategy in Afghanistan", July 6, 2016. Online by Gerhard Peters and John T. Woolley, *The American Presidency Project*, http://www.presidency.ucsb.edu/ws/?pid=117881.

一,它削弱、损害了中美两国的相互信任。中美关系中的一个大问题就是互信欠缺。从 2005 年起,中美两国开始举行战略对话,2009 年以后又把战略对话与战略经济对话整合成中美战略与经济对话,希望通过坦率、诚挚的对话,把两国的大政方针谈深谈透,以此来增信释疑。这个目的在一定程度上是达到了。但"再平衡"战略却与此背道而驰。中国学者绝大多数人认为这个战略是针对中国或部分地针对中国的,至于是 30% 还是 70% 针对中国,可以讨论。美国官方则列举了许多理由在各个场合一再解释说,这个战略并非针对中国,但他们的解释并不能令人信服。几年来的实践清楚证明,奥巴马政府通过实施这个战略加大了对中国牵制和平衡的力度,结果是,双方之间的互信降低了,互疑增加了。[1]

第二,"再平衡"战略中的军事因素突出,扰乱了东亚地区的和平与宁静,加剧了地区的局势紧张。虽然奥巴马政府一再宣称,"再平衡"不限于军事方面,而是政治、经济、文化全面的战略,但军事方面的举措最引人注目,产生的影响也最大。美国炒作中国的军事威胁,为美国加强在东亚和西太平洋地区的军力部署寻找理由。特别是在美国削减国防预算的同时,总统和几任国防部长都强调要增加在亚太地区的投入,而且美国确实在把最先进的武器和军事设备部署在关岛和东亚的军事基地。[2]美方减少了在东亚地区举行独家军演的数量,却大大增加了与其盟国的联合军演,频率更高、规模更大、参演人数更多、武器装备不断升级,许多军演带有明显针对中国的意图。过去美国与盟国较多进行人道主义救

[1] 参见王缉思:《中美关系进入一个"新常态"》,《环球时报》2016 年 8 月 19 日。
[2] 美国军方是推动"再平衡"战略的中坚力量,即使到了奥巴马任期最后两三个月,仍不放过任何机会强化"再平衡"战略。为了消除美国的盟友和伙伴对"再平衡"战略受美国大选影响的疑虑,2016 年 9 月 29 日,国防部长卡特在圣地亚哥母港的美国"卡尔·文森"号航母上发表讲话宣称,"奥巴马总统 5 年前宣布的'再平衡'战略是一项至关重要的国家承诺",美国将继续与盟友和伙伴在一起,将继续在国际法允许的地方飞越、航行与活动,"美国将继续是亚太地区安全的支柱",甚至说,"再平衡"战略已经进入了第三阶段,美国将巩固在前两阶段取得的成就,并继续发展,首先,继续提升美国军事存在的质量,并加大投入;其次,继续促进亚太地区一个有原则的开放的安全网络。美国将把最优秀的战斗人员和作战平台派到亚太地区,把刀刃磨锋利,使美国军队成为这一地区最强大的军事力量。Ashton Carter, "The Future of the Rebalance: Enabling Security in the Vital and Dynamic Asia-Pacific", Remarks Delivered at USS Carl Vinson, San Diego, California, Sept. 29, 2016, https://www.defense.gov/News/Speeches/Speech-View/Article/959937/remarks-on-the-future-of-the-rebalance-enabling-security-in-the-vital-dynamic-a/.卡特说的第一阶段是从 5 年前开始的在数量上加大美国在本地区的军事存在;第二阶段是从 2015 年开始从质量上提升美国的军事能力;第三阶段则是要建立一个安全网络。9 月 30 日,卡特又主持了美国与东盟十国防长会议,继续鼓吹"三阶段"论,兜售关于建立一个亚太地区安全网络的设想。卡特说得十分起劲,但东盟防长却反应冷淡。Lisa Ferdinando, "Carter, ASEAN Ministers Reaffirm Commitment to Regional Security", October 1, 2016, https://www.defense.gov/News/Article/Article/961370/carter-asean-ministers-reaffirm-commitment-to-regional-security/.

援一类的演习,现在更多的是夺岛、反潜、"防扩散"、反登陆等类更接近于实战的演习。尤其在南海,美国力图把更多的域外国家引入一起平衡中国,其结果是加剧了中美之间的对立,人为提升了地区的紧张局势。

第三,"再平衡"战略使中国的周边环境变得复杂,给中国的崛起增加了麻烦和羁绊。三十多年来,中国一直表示,中国外交的首要目标是为现代化建设营造有利的国际环境,尤其是周边环境。在新的历史时期,中国更倡导与周边国家共建利益共同体、命运共同体。而"再平衡"战略试图在总体向好的中国周边关系中打进楔子,增添麻烦,虽然美国不可能完全实现其意图,但也在实际上形成了美国与中国争夺东亚国家的态势。美国几乎对所有中国的周边国家发力。这不是说,只有中国可以改善与亚洲国家的关系,美国不能改善与这些国家的关系;也不是说,这些国家不能发展与中国之外的别的大国的关系。问题是,奥巴马政府在发展与这些国家关系时,常常带着让这些国家疏远中国的目的,如对于一直与中国友好的老挝、柬埔寨,美国也不放过任何机会,既进行援助又施加压力,让它们"别太依赖中国了"。希拉里·克林顿在 2010 年 11 月初访问柬埔寨时劝诫柬埔寨在整个亚太地区建立多元伙伴关系,"要寻求平衡,不要过分依赖任何国家"。有的美国学者认为,目前中美两国都在扩展在柬埔寨的影响力。①美国的所作所为确实挤压了中国周边的外交空间。

第四,"再平衡"战略改变了甚至中断了中国与一些亚洲国家之间在地区各领域互动的相互调适及相互塑造的过程,给中国与有关国家历史遗留下来的领土、领海和海洋权益争端的解决增添了难度。在奥巴马高调宣布实施"再平衡"战略之前,中国与周边国家在经贸、安全以及地区问题各领域的互动一直处于比较顺畅的过程,在基本没有外部干扰的情况下,地区内国家的相互调适和相互塑造也已经产生了积极的效果,各国的共同利益日益拓展,相互依赖不断深化,各方利用各种机制来提升互信,加强合作。中国与有关国家在南海的争端是存在的,但没有被炒作,《南海各方行为宣言》的签署是彼此良性互动的成果。在互动过程中,亚洲地区的其他国家并没有在中美之间作出非此即彼的选择,它们也并非完全处于被动地位,实际上它们也在积极地影响中国,塑造中国的安全理念和行为取向。②中国与十二个陆路接壤的国家解决了边界问题,仅与印度和不丹的边界尚存在争议。在黄海、东海和南海,中国还与邻国存在领土和由此衍生的领海及海洋权益争端。本来这些问题是历史遗留的,本着互谅互让互利的精神是可以通过平等协商逐渐得到解决的,中国政府也在不断作出这样的努力,如中越

---

① 《美国国务卿希拉里劝柬埔寨"别依赖中国"》,2010 年 11 月 5 日,http://blog.sina.com.cn/s/blog_6b2f7d610100luif.html.

② 马荣久:《中美权力转移与亚洲地区体系》,《当代亚太》2014 年第 1 期。

北部湾划界就是一例。美国的介入使这些问题变得紧张，各方之间的矛盾趋于激化。美国口口声声说，在领土主权问题上不持立场，但在实际上却支持一方，偏袒一方，不断挑战中国的主张；在有争议的区域，尤其是在南海组织大规模多国联合军演；在多个国际会议场合发声，不遗余力地使这个问题多边化、国际化，结果是使问题更加复杂化。

总之，亚太"再平衡"战略对中美关系形成了冲击。不少美国学者也意识到它对两国关系的负面影响，批评之声不少。如波士顿学院教授陆伯彬在《转向的问题：奥巴马的亚洲政策既无必要，又适得其反》中指出，"美国的新政策没有必要地增强了北京的不安全感……不利于地区的稳定，降低了北京与华盛顿之间合作的可能性"，"奥巴马政府的转向没有为亚洲的稳定作出贡献。相反，它使地区变得更加紧张，更容易发生冲突。军机和舰艇现在充满着这个地区。美国正在冒险卷入这些……岛屿的军事冲突之中"。①在奥巴马开始第二任期时，2013年1月，布鲁金斯学会向他提出了一份名为《大赌注与黑天鹅》的建议书，其中著名中国学家李侃如在"把北京拉回来"一节中写道，"'再平衡'战略不断地产生一种动力，威胁破坏这个战略要达到的主要目的"，"这个战略不是减少了，而是增加了糟糕的安全后果"，最突出的是，领土争议加剧了。他接着说，在亚洲没有人要在美国与中国之间选边。他建议奥巴马抓住中国领导人更换的时机，尽早与习近平会晤，建立起个人关系，并采取主动来改善中美关系，"把中国拉回来"。②

① Robert Ross，"The Problem With the Pivot：Obama's New Asia Policy Is Unnecessary and Counterproductive"，*Foreign Affairs*，November/December 2012，https://www.foreignaffairs.com/articles/asia/2012-11-01/problem-pivot.
② Kenneth Lieberthal，"Bring Beijing Back in"，in *Big Bets and Black Swans．Policy Recommendations for President Obama's Second Term*，edited by Martin Indyk，Tanvi Madan，and Thomas Wright，January 2013，https://www.brookings.edu/wp-content/uploads/2016/06/big-bets-and-black-swans-a-presidential-briefing-book.pdf.

第九章 构建新型大国关系

第一节 从"庄园会晤"到"西湖长谈"

一、"庄园会晤"

奥巴马政府的"再平衡"战略给中美关系带来了明显的负面影响，但它并没有改变中美关系的实质，即两国既有广泛的共同利益，在双边、地区和全球诸多问题上不断拓展合作，又在不少方面存在着分歧和竞争，也就是说，中美关系仍然是既合作又竞争的关系，由于美国的战略转向，竞争面可能扩大了，有时候突出了，但总体说来，合作仍然大于竞争。因此，中美关系的发展仍有空间。对于美国的战略"转向"，中国方面密切关注，冷静观察，从容应对。参加 2012 年 6 月香格里拉亚太安全对话的中国代表团团长、军事科学院副院长任海泉中将的说法代表了中国官方的态度：第一，不要看成不得了，这是美国基于它自己的国家利益，基于自己现在财政困难，也基于整个世界的安全形势作出的应对；第二，也不要看成"无所谓"。要看到我们现在面临的形势的复杂性，提高忧患意识，做好应对各种复杂严峻情况的准备。①中国领导人总结了三十多年两国关系发展的经验，登高望远，从全局、从长远来把握中美关系，从中国现代化建设需要长期稳定的外部环境出发，从中美两国利益高度相互依存的客观现实出发，提出了构建中美新型大国关系的倡议。

---

① 《中国军方：若国家根本利益受威胁，反击将令人恐惧》，http://news.ifeng.com/mainland/special/nanhaizhengduan/content-1/detail_2012_06/03/15004795_0.shtml.

2012 年 2 月，国家副主席习近平访问美国。他在与美国政要的会晤中提出，中美双方要推动中美合作伙伴关系不断取得新进展，努力把两国合作伙伴关系塑造成 21 世纪的新型大国关系。①5 月 3 日胡锦涛主席出席中美第四轮战略与经济对话开幕式，他在致辞中说："中美合作将给两国和世界带来巨大机遇，中美对抗将给两国和世界带来巨大损害。无论国际风云如何变幻，无论中美两国国内情况如何发展，双方都应该坚定推进合作伙伴关系建设，努力发展让两国人民放心、让各国人民安心的新型大国关系。"②7 月 7 日，习近平在世界和平论坛开幕式上致辞说："中美正在积极探索构建相互尊重、合作共赢的新型大国关系，这符合中美两国和世界的共同利益，也将是国际关系史上的一个创举。"③

对于中方的倡议，美国方面作出了积极回应。2012 年 3 月 7 日，希拉里·克林顿在和平研究所纪念尼克松访华四十周年的讨论会上发表讲话指出：

> 中美两国从几乎毫无关系，彼此几乎毫不相干，变成完全地、无法避免地相互依赖……我们一起正在构建一种模式，打造一个稳定的双方都接受的合作与竞争平衡的模式。这是没有探测过的领域。但我们必须把它做好，因为它事关重大。
>
> 我们目前正在寻找一个答案，一个新答案，以便回答一个古老的问题：当一个地位确立的强国和一个新兴强国相遇时会有何结果？我们需要一个新答案。我们没有选择。相互依存意味着一国的成功取决于另一国的成功。我们要谱写一个与过去全然不同的将来。④

希拉里·克林顿国务卿的讲话表明，奥巴马政府同样希望避免美中之间的冲突和对抗，试图为美中关系寻求一种新模式。2013 年 3 月 11 日，在奥巴马第二任期开始不到 2 个月、中国第十二届全国人民代表大会（习近平在会上当选为国家主席）结束前夕，新任总统国家安全事务助理托马斯·多尼隆在纽约亚洲协会发表讲话阐述对华政策：

> 正如奥巴马总统多次强调的，美国欢迎一个和平而繁荣的中国的崛起。我们不希望两国关系被定义为竞争和对抗。我不同意某些历史学家和理论家提出的这一论点，即出于某种原因崛起中的大国和老牌大国注定要发生冲突。这种结果并不具有必然性。这不是物理定律，

① 《中美新型大国关系的由来》，《新华每日电讯》2013 年 6 月 7 日第 1 版。

② 胡锦涛：《推进互利共赢合作，发展新型大国关系——在第四轮中美战略与经济对话开幕式上的致辞》，2012 年 5 月 3 日，cpc.people.com.cn/GB/64093/64094/17803882.html。

③ 习近平：《携手合作，共同维护世界和平与安全——在"世界和平论坛"开幕式上的致辞》，2012 年 7 月 7 日，http://news.cntv.cn/china/20120707/107079.shtml。

④ "Hillary Clinton's Remarks at the U.S. Institute of Peace China Conference", March 7, 2012, http://www.state.gov/secretary/rm/2012/03/185402.htm。

而是领导人的一系列抉择导致大国的对抗。还有一些人呼吁采取遏制手段，我们也拒绝这种做法。更好的结果是可能的。但是这有待双方——美国和中国——在现存大国和新兴大国之间构建一种新型关系。习近平主席和奥巴马总统都赞同这一目标。①

奥巴马开始第二任期、习近平接任国家主席职位后，两位领导人及早会见对于两国关系承上启下、稳定健康发展具有至关重要的意义。准备正式的国事访问需要时间，等待国际会议的场合要到下半年。2013年5月底6月初，习近平主席要作一次拉美之行。美方主动提出，邀请习近平在6月7日至8日与奥巴马在加利福尼亚州安纳伯格庄园举行一次不打领带的会晤，会晤将简化礼仪，集中精力和时间，使两国领导人在比较轻松的气氛中深入讨论两国关系和地区及全球问题，中方欣然同意。奥巴马在会晤前的记者会上表示："如今中美关系到了一个新的历史起点。我们两国有着广泛的共同利益，我们在各方面都需要加强交流和合作。而在新的环境下，我们需要认真地来审视我们的双边关系，我们到底需要一种什么样的中美关系？我们能进行什么样的合作以造福于两国？我们两国如何能携手促进世界的和平与发展？"②

这是两位国家元首的首次会晤。在两天中有两场会晤，一场晚宴，清晨还一起散步，会晤和交流时间加起来超过8小时。两国领导人集中探讨了构建新型大国关系的问题。习近平开宗明义地指出，此行的主要目的，就是为中美关系发展规划蓝图，开展"跨越太平洋的合作"。他强调："我和奥巴马总统都认为，面对经济全球化迅速发展和各国同舟共济的客观需求，中美应该也可以走出一条不同于历史上大国冲突对抗的新路。"习近平用三句话精辟地概括了新型大国关系的内涵：

> 一是不冲突、不对抗。就是要客观理性看待彼此战略意图，坚持做伙伴、不做对手；通过对话合作、而非对抗冲突的方式，妥善处理矛盾和分歧。二是相互尊重。就是要尊重各自选择的社会制度和发展道路，尊重彼此核心利益和重大关切，求同存异，包容互鉴，共同进步。三是合作共赢。就是要摒弃零和思维，在追求自身利益时兼顾对方利益，在寻求自身发展时促进共同发展，不断深化利益交融格局。③

---

① "The United States and the Asia-Pacific in 2013", remarks by Tom Donilon, National Security Advisor to the President, at the Asia Society, New York, March 11, 2013, http://www.whitehouse. gov/the-press-office/2013/03/11/remarks-tom-donilon-national-security-advisory-president-united-states-a.

② Barack Obama, "Remarks Prior to a Meeting With President Xi Jinping of China in Rancho Mirage, California", June 7, 2013. Online by Gerhard Peters and John T. Woolley, *The American Presidency Project*, http://www.presidency.ucsb.edu/ws/?pid=103757.

③ 《跨越太平洋的合作——国务委员杨洁篪谈习近平主席与奥巴马总统安纳伯格庄园会晤成果》，http://news.xinhuanet.com/world/2013-06/09/c_116102752.htm。

　　虽然此前两国领导人和其他高官也曾分别阐述过新型大国关系的理念,但双方面对面讨论尚属首次,会晤为两国关系的未来发展指明了方向,具有重要历史意义。奥巴马在会晤后的记者会上说:"我和习近平主席都认为,当前美中双方面临着把两国关系推向更高水平的独一无二的机遇。我绝对致力于不错失这一良机。"①多尼隆向媒体详细介绍了此次会晤的情况,他重申:在美国和中国都有一些人认为,上升的大国和现存大国注定会以某种方式发生冲突……我们拒绝这种说法,中国也拒绝这种说法。建设所谓新型关系,新型大国关系就是保证不让这种情况发生的一种努力。这是我们的一种自觉的行动,对各自人民最好的行动。②

　　2013 年 7 月举行的第五轮战略与经济对话是落实两国元首"庄园会晤"共识、推进新型大国关系建设的重要步骤。对话于 7 月 10 日至 11 日在华盛顿举行。习近平主席特别代表、国务院副总理汪洋和国务委员杨洁篪同奥巴马总统特别代表、国务卿克里和财长雅各布·卢共同主持了对话。拜登副总统在开幕式上致辞。在战略轨道的对话中双方讨论了极其广泛的双边、地区和全球问题,包括安全、反恐、执法、能源、环境、朝核、伊朗核等。在此之前,7 月 8 日,两国举行在战略安全对话框架下的第一次网络工作组会议,就网络工作组机制建设、两国网络关系、网络空间国际规则等问题进行深入交流。9 日举行第三次中美战略安全对话。外交部副部长张业遂和美常务副国务卿伯恩斯共同主持对话,两国军方代表出席本次对话。③在经济轨道的对话中,双方就事关两国和世界经济的全局性、长期性、战略性问题进行深入交流。(详见下节)

　　2013 年 11 月 21 日,第四轮中美人文交流高层磋商在华盛顿举行,刘延东国务委员和克里国务卿共同主持磋商。

　　11 月 21 日,国家安全事务助理苏珊·赖斯在题为《美国在亚洲的未来》的演讲中说:"讲到中国,我们寻求使新型大国关系可操作化。这意味着,在亚洲和超越亚洲的地方,在我们的利益相重合的问题上,我们缔造更深度的合作,同时管理不可避免的竞争。"④

①　Barack Obama, "Remarks Following a Meeting With President Xi Jinping of China and an Exchange With Reporters in Rancho Mirage, California", June 7, 2013. Online by Gerhard Peters and John T. Woolley, *The American Presidency Project*, http://www.presidency.ucsb.edu/ws/?pid=103760.

②　"Press Briefing by National Security Advisor Tom Donilon", June 8, 2013, http://beijing.usembassy-china.org.cn/20130608donilon-press-briefing.html.

③　《第三次中美战略安全对话在华盛顿举行》,《光明日报》2013 年 7 月 11 日。

④　"America's Future in Asia", remarks as prepared for delivery by National Security Advisor Susan E. Rice at Georgetown University, November 21, 2013, http://iipdigital.usembassy.gov/st/english/texttrans/2013/11/20131120287258.html♯axzz2tf2q04Kp.

构建新型大国关系是中美关系的一个大方向。这是对传统国际关系理论和实践的超越，需要有一系列的理念创新、政策创新、方法创新，需要中美双方的共同努力，进行新的探索。

然而，也应当看到，中美双方对新型大国关系的认识存在着落差。对于中方提出的三条，美方的接受程度是不同的。第一条"不冲突不对抗"，美方是接受的。中美两国曾在朝鲜战场上兵戎相见，此后是长达 20 年的对抗和隔绝，以后经历了 30 多年的和平共处。历史显示，两国合则两利，斗则俱伤，对此美国也很清楚。中美两国都是核国家，而核战争是没有赢家的。即使不使用核武器，由于两国都拥有先进的军事技术和装备，冲突和战争对任何一方的代价都极其高昂，不堪承受。对于第三条，"合作共赢"，美国也基本赞同。中美关系正常化以来两国关系虽然走过艰难曲折的道路，历经风雨，时有起落，但总体说来是合作共赢的。经贸关系最能说明问题：两国的双边贸易额从最初的几十亿美元增长到 2014 年的 5 500 多亿美元，增长速度之快令人目眩，如果不是互利双赢是不会有这样的发展的。在金融危机中，两国携手应对，同舟共济，并与二十国集团一起，为全球的经济复苏作出了贡献。在安全领域，在反恐、防止大规模杀伤性武器扩散方面，中美两国也是共同利益大于分歧。奥巴马政府一再表示："仅仅中美两国不能解决世界上的所有问题，但是没有中国和美国，任何全球性问题可能都得不到解决。"①

美国持保留态度的主要是第二条——"相互尊重"。在"尊重各自选择的社会制度和发展道路"方面，美国基于自己的价值观，至多能够容忍中国的社会制度和发展道路，但很难谈得上"尊重"。②在"核心利益和重大关切"方面，中国要得到美国的尊重也不容易。美国既承认新疆和西藏是中国的领土，又时常对中国打击分裂主义势力以及"藏独"、"东突厥斯坦伊斯兰运动"指手画脚，认为中国是借着打击恐怖主义压制宗教自由和人权，对于达赖喇嘛、热比娅等，双方的看法也大相径庭。在台湾问题上，美国的政策也有两面性，它既承认台湾是中国领土，又依据国内法"与台湾关系法"，继续对台售武，保持与台湾的某种军事关系，干涉中国内政。③在钓鱼岛主权归属问题上美国态度暧昧，偏袒日本；在南海问题上，美国不接受中国第二次世界大战以后确定的断续线，认为它不符合《联合国海洋法公约》，致使南海问题近年来成为中美激烈争执的焦点。这就是说，确定了构建中美新型大国关系的目标并不意味着两国关系从此会一帆风顺，摩擦、

① "Hillary Clinton's Remarks at the U.S. Institute of Peace China Conference," March 7, 2012, http://www.state.gov/secretary/rm/2012/03/185402.htm.

② 王缉思：《释疑：走出中美困局》，社会科学文献出版社 2014 年版，第 30 页。

③ 陶文钊：《美国的"一个中国"政策》，《探寻中美关系的奥秘》，中国社会科学出版社 2014 年版。

竞争、斗争仍然是不可避免的。

2014年7月9日至10日,第六轮中美战略与经济对话和第五轮中美人文交流高层磋商在北京举行。习近平主席在联合开幕式上致辞,强调构建新型大国关系是一种使命和责任,是双方在总结历史经验基础上,从两国国情和世界形势出发,共同作出的重大战略抉择,体现了双方决心打破大国冲突对抗的传统规律、开创大国关系发展新模式的政治担当。中美双方要坚持相互尊重、聚同化异,保持战略耐心,不为一事所惑,不为一言所扰;用积土成山的精神,一步一个脚印地去加以推进。①奥巴马总统在书面致辞中再次表示:"我们共同承诺随着时间的进展与中国一起建设共同的目标——以不断增进的实际合作和建设性地管控分歧为标志的'新型关系'。我们应当以战略与经济对话来向全世界展示,即使是对我们这样复杂的关系,我们仍然决心确保以合作来定义我们的整体关系。"②

此轮对话在战略轨道达成116项具体成果,包括能源与气候变化、环保、科技与农业、卫生、地方等诸多领域的合作。在经济轨道达成约300项成果。在对话结束后的联合记者招待会上,汪洋、杨洁篪、克里、雅各布·卢举行了联合新闻发布会。四位主持人还在钓鱼台共同会见中美企业家,听取企业界对发展中美经济关系的看法和意见。汪洋和杨洁篪表示,中美两国经济有很强的互补性,合作潜力巨大。构建中美新型大国关系需要两国企业界积极支持和参与,发挥生力军的重要作用。克里和雅各布·卢表示,美中是人类历史上最大的经济联盟与贸易伙伴。两国企业界为双边关系发展提供了强大的驱动力,也促进了全球经济增长。美方欢迎中国企业赴美投资,为他们的发展创造良好环境。③

第五轮中美人文交流高层磋商在各相关领域取得进展,成果达104项之多。

二、"瀛台夜话"

2014年11月10日至11日,亚太经合组织峰会在北京举行,这是自2001年上海举办峰会后时隔13年亚太经合组织峰会重回中国。奥巴马总统参加了峰会,并对中国进行国事访问。11月11日,两国元首在中南海瀛台开始正式会

---

① 习近平:《努力构建中美新型大国关系——在第六轮中美战略与经济对话和第五轮中美人文高层磋商联合开幕式上的致辞》,2014年7月9日,http://news.xinhuanet.com/world/2014-07/09/c_1111530987.htm.

② Barack Obama, "Statement on the United States-China Strategic and Economic Dialogue", July 8, 2014. Online by Gerhard Peters and John T. Woolley, *The American Presidency Project*, http://www.presidency.ucsb.edu/ws/?pid=105386.

③ 《汪洋　杨洁篪　克里　雅各布·卢共同会见中美企业家》,2014年7月10日,http://news.xinhuanet.com/world/2014-07/10/c_1111559304.htm?prolongation=1.

晤。习近平主席回顾了一年多来在推进中美新型大国关系建设方面取得的收获,指出双方要就一些根本性的问题坦诚深入交流,增进相互了解、加深彼此信任,才能做到相互尊重,避免战略误判。习近平强调中国已经找到一条符合国情的发展道路,这就是中国特色社会主义道路。中国将沿着这条道路坚定不移走下去。中国继续保持稳定和发展,将给两国合作带来更多机遇。奥巴马表示,美中是世界上两大经济体,两国人民都是充满活力、富有创造性的,两国利益深度融合,美中加强合作,可以造福两国和世界。[1]

12 日,两国元首继续举行正式会谈。习近平强调中国走和平发展道路的历史文化原因及国情,提出推进中美新型大国关系建设的重点方向。奥巴马重申,美国欢迎和支持一个和平、繁荣、稳定、在国际上发挥更大作用的中国,这符合美国的利益。美方没有围堵或损害中国统一的意图。美方在台湾问题上的立场没有变化,不支持"台独",坚定支持两岸关系改善;美方承认西藏是中华人民共和国的一部分,不支持"西藏独立";美方欢迎两军关系取得进展,希望两军在更广泛领域加强交流、对话、合作,避免误判,防止冲突。[2]在会谈结束后的记者会上,奥巴马表示,他和习近平都相信,在双方利益重合或一致的地方,双方可以拓展合作;在有分歧的地方,双方可以坦率地清晰地表示各自的意图,并尽可能缩小分歧。即使当两国在一些领域进行竞争,意见相左时,双方仍然可以推进两国人民和世界各国人民的安全和繁荣。[3]

此次会晤的一个重要成果是中美发表了关于应对气候变化的联合声明。详见本章第三节。

在奥巴马此次访华期间,中美双方达成共识,双方为前往对方国家从事商务、旅游活动的另一方公民颁发有效期最长为 10 年的多次入境签证,为从事留学活动的另一方公民颁发有效期 5 年的多次入境签证。中美签证互惠安排从 11 月 11 日开始执行。2013 年,中美人员往来超过 400 万人次。据初步统计,商务、旅游人员在其中占比高达 70%—80%。外交部领事司司长黄屏表示,这一安排将极大便利两国人员往来,两国数百万公民在办妥一次签证之后的 5 年或 10 年内,无需再为签证费时费钱费力,实现想走就走的美国之旅、中国之旅。若干年后,受益人群将达到上千万,甚至数千万,"中方会与美国继续磋商,希望双

---

① 《习近平同奥巴马在中南海会晤》,2014 年 11 月 12 日,http://politics.people.com.cn/n/2014/1112/c1024-26007907.html。

② 《习近平强调从六个重点方向推进中美新型大国关系建设》,2014 年 11 月 12 日,http://news.xinhuanet.com/politics/2014-11/12/c_1113220972.htm。

③ Barack Obama, "The President's News Conference With President Xi Jinping of China in Beijing, China", November 12, 2014. Online by Gerhard Peters and John T. Woolley, *The American Presidency Project*, http://www.presidency.ucsb.edu/ws/?pid=107903.

方的互惠安排能够惠及更多人群"。①

三、"白宫秋叙"

2015年6月23日至24日,第七轮中美战略与经济对话在华盛顿举行。鉴于习近平主席将于9月对美国进行国事访问,本轮对话的一个重要目的是为此次访问做好铺垫,在重要领域达成一系列共识,为元首会晤提炼成果,营造氛围。双方强调全面履行在历年战略与经济对话中作出的承诺至关重要。在战略轨道,双方围绕着推进新型大国关系建设、深化双边务实合作达成120多项成果。在经济轨道达成70多项重要成果。②

与此同时还举行了第六轮中美人文交流高层磋商,刘延东副总理和美常务副国务卿布林肯主持会议。双方在教育、科技、文化、卫生、体育、妇女、青年等领域举行工作磋商,其中卫生为新增领域,并在这7个领域达成119项合作共识。

2015年9月下旬,习近平主席应邀对美国进行首次国事访问。9月22日,习近平抵达西雅图。习近平出席以"清洁能源与经济发展"为主题的第三届中美省州长论坛,充分肯定地方合作对发展两国关系的重要性,鼓励双方发掘地方优势互补的潜能加强各方面的合作,并表示欢迎包括美国在内的各国积极参与"一带一路"。美国加利福尼亚等五个州的州长、中国四川省等六位省市领导出席论坛。同日,习近平出席华盛顿州当地政府和美国友好团体联合欢迎宴会并发表演讲。习近平从自己在陕北农村插队的经历讲起,深入浅出地向美国朋友解释中国梦,阐述中国的发展方向,讲得入情入理。他强调:中国"愿同各国一道,构建以合作共赢为核心的新型国际关系,以合作取代对抗,以共赢取代独占,树立建设伙伴关系新思路,开创共同发展新前景,营造共享安全新局面"。他说:

> 中国是现行国际体系的参与者、建设者、贡献者。我们坚决维护以联合国宪章宗旨和原则为核心的国际秩序和国际体系。世界上很多国家特别是广大发展中国家都希望国际体系朝着更加公正合理方向发展,但这并不是推倒重来,也不是另起炉灶,而是与时俱进、改革完善。这符合世界各国和全人类共同利益。
>
> 中国发展得益于国际社会,中国也要为全球发展作出贡献。③

---

① 《中美互发10年签证每次最多停留时间仍不变》,http://news.sina.com.cn/c/2014-11-15/025031147389.shtml。

② 详见本章第二节。

③ 习近平:《在中美省州长论坛上的讲话》,2015年9月22日,http://news.xinhuanet.com/finance/2015-09/23/c_1116653149.htm;《在华盛顿州当地政府和美国友好团体联合欢迎宴会上的演讲》,2015年9月23日,http://news.xinhuanet.com/world/2015-09/23/c_1116656143.htm。

9 月 23 日，习近平出席美国侨界欢迎招待会并讲话，出席中美企业家座谈会，参观波音公司商用飞机制造厂、微软公司总部、塔科马市林肯中学。出席中美企业家座谈会的美国前财长保尔森、美国商务部长普里茨克都表示，国际社会高度关注中国的发展，美方同样认为世界能从中国的发展中受益，愿同中方加强合作。①

在波音公司举行的欢迎仪式上，习近平致辞说，中国同波音的合作跨越了时代，实现了共赢。中国发展将给美国企业带来更多发展机遇，为双方开展更高水平、更高层次互利合作开辟新空间。在微软公司总部访问时，习近平强调，中国倡导建设和平、安全、开放、合作的网络空间，中美都是网络大国，双方理应在相互尊重、相互信任的基础上，就网络问题开展建设性对话，打造中美合作的亮点，让网络空间更好造福两国人民和世界人民。②

习近平主席在西雅图的多次演讲引用具体生动的事例和故事，包括本人的切身经历，集中传递了一个信息，就是无论中国的国力发展到什么水平，中国政府永远都要把中国的可持续发展放在第一位，永远都要把有限的能力和资源优先用于发展经济、改善民生。这就实际上反驳了一些美国人的所谓“能力变大，意图必然随之变大”的逻辑。习近平主席还有针对性地指出，中国 2000 多年前的智慧就揭示了“国虽大，好战必亡”的深刻道理。习近平主席的演讲在美国引起热烈的反响。白宫始终密切关注习主席在西雅图的活动，并给予高度评价。美国主流媒体也纷纷给予正面报道和评价。③

9 月 24 日，习近平飞赴美国首都华盛顿继续进行国事访问。24 日晚，奥巴马即邀请习近平来到白宫，两国元首进行了 3 个多小时的会晤，就治国理政、中美关系和共同关心的重大问题深入交换意见。习近平强调，改革开放是中国的基本国策，走和平发展道路是中国的战略选择，同时，中国也将坚定地维护自身的主权、安全、发展利益。改革和完善现行国际体系不意味着另起炉灶，而是要推动它朝着更加公正合理的方向发展。中国提出的“一带一路”、亚投行倡议都是开放、透明、包容的，欢迎包括美方在内的有关各方积极参与。太平洋足够大，容得下中美两国发展。奥巴马表示，他不认同守成大国和新兴大国必将发生冲突的“修昔底德陷阱”理论，美中两国有能力管控好分歧，美中之间的竞争应该是建设性的、具有积极意义的。④

---

① 《习近平出席中美企业家座谈会》，2015 年 9 月 23 日，http://news.xinhuanet.com/politics/2015-09/24/c_1116662637.htm。

② 《习近平参观波音公司商用飞机制造厂》，2015 年 9 月 24 日，http://news.xinhuanet.com/world/2015-09/24/c_1116661201.htm；《习近平参观美国微软公司总部》，2015 年 9 月 24 日，http://news.xinhuanet.com/politics/2015-09/24/c_1116667179.htm。

③ 周文重：《斗而不破——中美博弈与世界再平衡》，第 29 页。

④ 《习近平同美国总统奥巴马会晤》，2015 年 9 月 25 日，http://news.xinhuanet.com/2015-09/25/c_1116681366.htm。

　　25 日,在白宫南草坪举行的隆重欢迎仪式之后,两国元首继续进行会谈,并达成多项重要共识和成果。双方积极评价"庄园会晤"以来中美关系取得的重要进展,同意努力拓展务实合作,以建设性方式管控分歧和敏感问题。双方同意强力推进谈判,加快工作节奏,以达成一项互利共赢的高水平投资协定。同意加强宏观经济政策协调,共同促进全球经济增长和金融稳定,在二十国集团、世界银行、IMF 等多边机构中加强合作,美方支持人民币纳入特别提款权篮子,尽快落实 2010 年二十国峰会通过的 IMF 份额和治理结构改革方案;双方同意加强两军各级别交流和政策对话,举行更多联演联训,加强反恐、反海盗、人道主义救援等方面的合作;双方同意努力构建亚太地区积极互动、包容合作的关系,继续合作应对全球性挑战,为国际社会提供更多的公共产品。①

　　两国领导人在会谈后共同会见记者。习近平强调,同美方一道,努力构建新型大国关系,实现双方不冲突不对抗、相互尊重、合作共赢,是中国外交政策的优先方向。奥巴马提出了南海问题,对中国的岛礁建设提出质疑,并称美国将继续在国际法允许的地方自由航行和飞越。习近平指出,在南海问题上中美双方有着诸多共同利益。双方都支持维护南海和平稳定,支持直接当事国通过谈判协商和平解决争议,支持维护各国依据国际法享有航行和飞越自由,支持通过对话管控分歧,支持全面、有效落实《南海各方行为宣言》,并在协商一致基础上尽早完成"南海行为准则"磋商。②

　　25 日,习近平还前往国会山会见美国参众两院领导人。习近平表示,中美关系发展要防止跌入所谓大国冲突对抗的"修昔底德陷阱",中美共同利益只会扩大、不会减少,合作领域只会拓宽,不会变窄。要正确看待中美之间存在的分歧,并以建设性方式妥善处理。国会领导人表示愿为巩固和深化两国之间的友好和合作发挥积极作用。

　　9 月 25 日,两国元首再次发表气候变化联合声明,在 2014 年声明的基础上提出了减少温室气体排放的新措施。详见本章第三节。

　　习近平访美期间,商务部长高虎城与美国国际开发署负责人伦哈特在华盛顿签署《关于中美发展合作及建立交流沟通机制谅解备忘录》,提升了两国在国际发展领域的交流与合作水平,丰富了中美双边关系的内涵。双方同意

① 《习近平主席对美国进行国事访问中方成果清单》,2015 年 9 月 26 日,http://news.xinhuanet.com/politics/2015-09/26/c_1116685035.htm。

② Barack Obama:"The President's News Conference With President Xi Jinping of China", September 25, 2015. Online by Gerhard Peters and John T. Woolley, *The American Presidency Project*. http://www.presidency.ucsb.edu/ws/?pid=110838;《习近平同美国总统奥巴马共同会见记者》,2015 年 9 月 26 日,http://news.xinhuanet.com/politics/2015-09/26/c_1116685447.htm。关于南海问题见本书第十章第一节。

在"受援国提出、受援国同意、受援国主导"的前提下,在农业、卫生、人力资源培训等领域开展项目合作,推动国际发展合作,为消灭全球贫困和饥饿作出新贡献。①

习近平主席结束对美国的国事访问后前往纽约,出席联合国成立七十周年系列峰会,包括发展峰会、南南合作圆桌会、全球妇女峰会、联合国气候变化问题小范围领导人午餐会、维和峰会,在国际讲坛上发出了中国的庄严声音,作出了中国的郑重承诺。9月28日,习近平在联大一般性辩论中发表题为《携手构建合作共赢新伙伴,同心打造人类命运共同体》的重要讲话,强调:中国将始终做世界和平的建设者,坚定走和平发展道路,永不称霸,永不扩张,永不谋求势力范围;中国将始终做全球发展的贡献者,坚持走共同发展道路,欢迎各国搭乘中国发展的"顺风车";中国将始终做国际秩序的维护者,继续同广大发展中国家站在一起,坚定支持增加发展中国家特别是非洲国家在国际治理体系中的代表性和发言权。②

习近平在系列峰会上还宣布,中国将设立"南南合作援助基金",首期提供20亿美元,力争2030年达到120亿美元;免除最不发达国家、内陆发展中国家及小岛屿发展中国家年底到期未还的政府间无息贷款债务;设立为期10年、总额10亿美元的中国—联合国和平与发展基金;建设8 000人规模的维和待命部队,并将派更多工程、运输、医疗人员参加维和行动;今后5年为各国培训2 000名维和人员,开展10个扫雷援助项目;向非盟总部提供1亿美元的无偿军事援助等,这是中国为维护世界和平和促进全球发展提供的公共产品,彰显了中国的责任和担当。

2016年6月6日至7日,第八轮中美战略与经济对话、第七轮中美人文交流高层磋商在北京举行。习近平出席开幕式并致辞,他强调,只要双方坚定方向、锲而不舍,就一定能推动中美新型大国关系建设取得更大发展。③

对话和磋商取得丰硕成果。战略对话取得120项成果,涵盖气候变化和能源、环保、海洋、交通、科技、卫生和农业合作、地方合作等各个方面。双方同意推动两军关系取得新发展,加强政策对话、增加交流互动、增进互信,开展更多联演联训;加强在反恐、网络、司法执法、反腐追赃、能源、环保、卫生、航空、海洋保护

---

① 《中美签署发展合作谅解备忘录》,2015年9月26日 http://news.xinhuanet.com/world/2015-09/26/c_1116687395.htm。

② 习近平:《携手构建合作共赢新伙伴,同心打造人类命运共同体——在第七十届联合国大会一般性辩论时的讲话》,2015年9月28日,http://news.xinhuanet.com/world/2015-09/29/c_1116703645.htm。

③ 习近平:《为构建中美新型大国关系而不懈努力——在第八轮中美战略与经济对话和第七轮中美人文交流高层磋商联合开幕式上的讲话》,2016年6月6日,http://news.xinhuanet.com/world/2016-06/06/c_1118997076.htm。

等广泛领域的交流合作;继续就气候变化国际谈判加强沟通协调,推动《巴黎协定》的落实。双方同意深化在地区多边机制框架下的协调,就朝鲜半岛核、伊朗核、伊拉克、叙利亚、阿富汗等问题保持密切沟通。经济对话取得 60 多项成果,涵盖了经济政策、贸易和投资、金融稳定与改革、加强全球合作与经济治理四大方面。(详见本章第二节)人文交流高层磋商同样成果赫然。刘延东表示,深化两国人文交流是富有远见的民心工程,将增强两国民众的参与度和获得感;克里表示愿与中方一道挖掘潜力,扩大和深化两国人文交流与合作。本轮磋商中签署了 12 项合作协议,达成 158 项具体成果。①

四、"西湖长谈"

2016 年 9 月,二十国集团峰会在中国杭州举行。3 日,习近平主席在杭州西湖国宾馆会晤前来出席峰会的奥巴马总统,这是两位领导人的第八次会晤,奥巴马任内也只剩四个多月时间。习近平回顾了从 2013 年安纳伯格庄园会晤以来中美关系取得的进展,强调要牢牢把握两国关系正确方向,推动中美关系持续健康稳定发展。习近平谈到中国的经济形势,指出,中国经济发展长期向好的基本面没有变。中方将坚持稳中求进的宏观经济政策总基调,扎实推进供给侧结构性改革;希望中美双方共同努力,争取早日达成一个互利双赢的双边投资协定。习近平赞赏两国近年来在应对气候变化方面的合作成果,希望双方继续积极拓展两军、反腐败和执法、网络安全、人文、地方、联合国维和等领域的务实合作。奥巴马表示,美方欢迎中国对全球发展、维和事业所作的贡献,对两国能源、科学、教育等方面交流取得稳步进展感到高兴,愿同中方开展打击跨国犯罪等执法合作,探讨在经贸和投资方面同中方建立更强有力的关系,并在区域和全球安全等更广泛领域同中方加强合作。

两国元首坦率地就一些分歧的问题交换了意见。关于南海问题,习近平指出,中国将继续坚定维护自身在南海的领土主权和海洋权益,同时坚持通过与直接当事方协商谈判和平解决争议,同东盟国家一道维护南海和平稳定。希望美方为维护南海地区和平稳定发挥建设性作用。在朝鲜半岛核问题上,习近平强调,中方始终坚持半岛无核化、坚持维护半岛和平稳定、坚持通过对话协商解决问题。各方应避免采取加剧半岛局势紧张的行动,共同为推动形势转圜作出积极努力。中方反对美国在韩国部署"萨德"反导系统,要求美方切实尊重中方战略安全利益。奥巴马表示,美中关系应该确保在利益一致的领域开展富有成

---

① 《第七轮中美人文交流高层磋商在北京举行》,2016 年 6 月 7 日,http://news.xinhuanet.com/world/2016-06/07/c_1119007798.htm;《第七轮中美人文交流高层磋商成果清单》,2016 年 6 月 8 日,http://news.xinhuanet.com/world/2016-06/08/c_1119007835.htm。

的合作,同时在有分歧的领域管控好有关问题,避免影响两国关系。①会晤持续了5个多小时。会晤后,中方发表《中美元首杭州会晤中方成果清单》,共计35项,涵盖宏观经济政策、两国经贸合作、网络安全、加强两军关系、地方合作、在亚太地区的互动等广泛的内容,对四年来构建新型大国关系取得的进展作了一个总结。②

9月21日,在纽约出席联合国一般性辩论的李克强总理会见奥巴马。李克强指出,经济关系是两国关系的"压舱石"、"推进器",双方要共同推动中美投资协定谈判早日完成,相互扩大市场准入,并妥善处理经贸摩擦。他强调,中国经济拥有巨大回旋余地,人民币不存在持续贬值基础。奥巴马表示支持中国的改革进程,希望推动双边投资协定取得积极进展。双方还就朝鲜半岛形势、可持续发展、难民、维和等全球性问题交换了意见,同意开展密切合作。③

11月21日,在秘鲁首都利马出席亚太经合组织峰会的习近平与奥巴马举行两位领导人的第九次会晤。两国元首一致同意确保中美关系继续沿着正确轨道健康稳定向前发展。习近平积极评价奥巴马为发展中美关系所作的努力,并总结说,三年多来的经验可以归纳为:一是要把握好中美关系发展大方向,合作是双方唯一正确的选择;二是积极拓展务实合作,追求双赢、多赢,既造福两国,又惠及世界;三是坚持建设性管控敏感问题,相互尊重、避免误判、多作换位思考,防止矛盾升级。奥巴马表示,三年多来同习近平主席保持频繁交往,建立了坦诚、友好、建设性的关系,增进了彼此信任。他表示已向候任总统特朗普介绍美中关系的重要性,希望实现两国关系平稳过渡。④

第二节 拓展双边合作的领域

一、台湾问题

(一)欢迎两岸关系和平发展

随着2008年5月国民党领导人马英九开始在台湾地区"当政",海峡两岸关

---

① 《习近平会见美国总统奥巴马》,2016年9月3日,http://news.xinhuanet.com/world/2016-09/03/c_129268534.htm。

② 《中美元首杭州会晤中方成果清单》,2016年9月4日,http://www.fmprc.gov.cn/web/zyxw/t1394413.shtml。

③ 《李克强会见美国总统奥巴马》,2016年9月20日,http://news.xinhuanet.com/world/2016-09/20/c_1119590639.htm。

④ 《习近平会见奥巴马》,2016年11月21日,http://news.xinhuanet.com/mrdx/2016-11/21/c_135845201.htm。

系发生了历史性的转折,走出了"高危期",走上了良性互动的道路。

马英九在"当政"前后,尤其在他的第一任期的"就职演说"中反复强调,他的大陆政策是"不统,不独,不武",①其实这正是美国的政策。在民进党"当政"期间,由于陈水扁放肆进行"台独"分裂活动,两岸关系持续紧张,陈水扁的"不可预测性"使布什政府极为不满,台海局势的紧张威胁亚太和平,有可能把美国拖入它本不愿意卷入的战争,不符合美国的战略利益。因此布什政府和奥巴马政府都支持马英九当选,也欢迎两岸关系和平发展。奥巴马在竞选期间就表示,他强烈支持中国大陆和台湾"和平地通过对话解决双方之间的分歧"。及至奥巴马2009年1月当政,两岸关系的新局面已经开启。而美国则忙于应对金融危机、医保改革、结束两场战争等一系列棘手的内外挑战,台海问题不是新政府的关注点。奥巴马政府的国家情报总监戴尼斯·布莱尔认为台湾对大陆的新态度是"积极的"、"非常令人鼓舞的"。3月19日,"美国在台协会"理事主席薄瑞光概述美国立场时称,"我们确确实实对当前我们看到的这种稳定状况十分兴奋"。②9月副国务卿斯坦伯格在对华政策讲话中又重申,美国对两岸的积极对话感到鼓舞,并鼓励两岸"探寻建立互信措施,使双方关系更加紧密,台湾海峡更加稳定"。③

11月奥巴马总统对中国进行首次国事访问,在两国元首发表的《联合声明》中,美方表示"欢迎海峡两岸关系和平发展,期待两岸加强经济、政治及其他领域的对话与互动,建立更加积极、稳定的关系"。④美方的这一表态是与时俱进的。它反映了两岸关系的现实,对于两岸关系表示了肯定和积极的期许。在2010年5月出台的美国《国家安全战略报告》中也写入了"我们将继续鼓励中国大陆和台湾降低紧张"。⑤

奥巴马政府对两岸达成的一系列经贸协定是赞许的。2010年两岸达成《经济合作框架协议》(ECFA)。美国总体上表示欢迎,但也不是没有意见。两岸在半年之内就谈成了这个协议,台湾却没有以同样的热情和速度解决"美牛"问题,

---

① 《马英九就职演说》,2008年5月20日,http://blog.sina.com.cn/s/blog_484cf08701009h39.html。有的美国学者认为,他的"三不"是针对三个不同的听众群体说的,"不独"是说给大陆听的,"不统"是说给美国听的,"不战"是说给岛内听的。See Ralph Cossa, "Taiwan's Three No's", *Korea Times*, February 1, 2008.

② Dennis V.Hickey, "Parallel Progress: US-Taiwan Relations During an Era of Cross-Strait Rapprochement", *Journal of Chinese Political Sciences*(2015): 20, p.377.

③ James B.Steinberg, "Administration's Vision of the US-China Relationship: Keynote Address at the Center for a New American Security", September 24, 2009, https://www.state.gov/s/d/former/steinberg/remarks/2009/169332.htm.

④ 《中美发表联合声明,推进两国合作》,《新华每日电讯》2009年11月18日。

⑤ *National Security Strategy of the United States of America*, May 2010, http://nssarchive.us/NSSR/2010.pdf.

这使美国不满。美国商会则提醒台湾防止对大陆过分依赖，要在与大陆的经贸关系及与其他国家的关系之间保持一种平衡，尤其是与美国的关系，这涉及台湾的安全议程。①但当 2014 年台湾岛内出现抵制与大陆服务贸易协议的潮流并爆发"太阳花"运动后，美方人士也公开表示担忧。美国卡内基国际和平基金会副主席、"美国在台协会"前驻台北办事处主任包道格表示，不明白"为什么这个能帮助台湾在大陆市场做得更好的协议是不好的"，"台湾服务业如果不参与大陆市场，大陆服务业反而会变得更具竞争力、更具主导地位，会威胁台湾的利益。所以应当现实地以经济为基础，而不是以政治为基础讨论这个问题"。②

在 2011 年 1 月胡锦涛主席对美国进行国事访问时双方发表的《联合声明》中，美方再次表示"奉行一个中国政策，遵守中美三个联合公报的原则。美方赞扬两岸《经济合作框架协议》，欢迎两岸间新的沟通渠道。美方支持两岸关系和平发展，期待两岸加强经济、政治及其他领域的对话与互动，建立更加积极稳定的关系"。③奥巴马政府一再宣示欢迎海峡两岸关系和平发展，这一方面是对既成事实的认可，另一方面是因为这种发展也符合美国的利益。奥巴马政府在两个任期中也基本做到了《联合声明》中的承诺。

由于从 2008 年 5 月以后，两岸关系中没有以前那样多的麻烦和起伏，奥巴马政府对台湾问题公开的系统阐述远不如布什政府那么多。助理国务卿帮办施大伟 2010 年 3 月在国会美中经济安全评估委员会的证言《海峡两岸近来的经济、政治和军事发展以及对美国的影响》和助理国务卿坎贝尔 2011 年 10 月 4 日在众议院外事委员会的证言是对奥巴马政府对台政策的比较全面的阐述。施大伟首先回顾了近两年来两岸关系的发展，并表示，"我们不应该对大陆和台湾的和解感到吃惊，只要决定是在没有压力的情况下作出的。海峡未来的稳定取决于两岸的公开对话，这种对话是不使用武力的，不进行威吓的，而且与台湾民主的发展是相符合的"；"海峡两岸关系的继续进展对于整个地区的安全和繁荣都至关重要，因而也是美国的重要利益之所在"。④

---

① Shirley A. Kan, Wayne M. Morrison, *U. S.-Taiwan Relationship*: *Overview of Policy Issues* (CRS Report for Congress), December 11, 2014, p.10.

② 《美学者评台湾学运:美国不会欢迎对立法程序的破坏》,2014 年 4 月 18 日,http://news.ifeng. com/a/20140418/40003507_0.shtml。

③ 《中美发表联合声明》,《新华每日电讯》2011 年 1 月 20 日。

④ "China-Taiwan: Recent Economic, Political and Military Developments Across the Strait and Implications for the United States", Deputy Assistant Secretary David Shear's Testimony Before the U. S.-China Economic and Security Review Commission, March 18, 2010, www. state.gov/p/eap/rls/rm/2010/03/138547.htm.

　　2010 年 7 月 7 日,施大伟又在卡内基国际和平基金会发表题为《东亚与太平洋:新谈判时代的两岸关系》的讲话。他指出,在过去几十年中,"未来两岸关系的冲突"成了冷战研究中的一门学科;而现在有希望预见,近年来的事态已经开启了另一门新的学科:"未来两岸关系的机遇","两岸关系在过去两年中的进展是没有先例的。台湾和中国大陆为增加接触,寻求共识和降低紧张所采取的步骤值得赞许"。他表示欢迎 ECFA 的达成,并认为公开的、公平的贸易环境对美国企业、对美国和全球经济都有好处。美国和别国企业有可能将其地区运营中心设在台湾,并增加对中国大陆和台湾的出口。①

　　但美国欢迎两岸关系的和平发展是有条件的,这就是:

　　——两岸只谈经济问题,不谈政治和军事问题,不谈和平协定与统一问题。在 2009 年底到 2010 年上半年("两岸一甲子"讨论会之后),就有台湾学者去向美国学者抱怨大陆"强推政治议题"。一些美国学者又把这一信息反馈给大陆学者,并称,如果大陆坚持这样做,那就是在 2012 年选举中再次把"统独"问题提上日程,并作为选举的中心议题,但这回不是民进党而是大陆坚持这样做的。②

　　——两岸关系要有透明度,美国要知道大陆海协会和台湾海基会之间各种协商的进展情况。一些接近决策圈、代表主流观点的美国学者抱怨台湾没有及时地充分与美国进行沟通,美方并非对 ECFA 谈判进展每个阶段的情况都那么清楚。

　　——台湾要保持足够的防卫力量,包括向美国求购武器。美国国防部一份文件抱怨说,台湾当局为了实行募兵制,把对外军购和自制军备的费用挪到募兵预算上,但经费仍不足以冲销募兵制的高额成本;目前台湾实际兵员只有 23.5 万人,低于编制的 27.5 万人;防务经费只占 GDP 的 2%,低于马英九承诺的 3%。③

　　奥巴马政府对马英九第一任期的内政及两岸关系的处理基本是满意的,因此在 2012 年选举前,也通过一些渠道施加了影响。2011 年 9 月中旬,民进党候选人蔡英文访美,同美国各界进行沟通,与陈水扁进行区隔。在她会见国安会高官后,国安会官员立即向英国《金融时报》记者表示,台海稳定对美国"至关重要","她(蔡英文)让我们明确怀疑她是否有意愿且有能力,维持近年来区域所享

---

① David Shear, "East Asia and the Pacific: Cross-Strait Relations in a New Era of Negotiation", July 7, 2010, http://www.state.gov/p/eap/rls/rm/2010/07/144363.htm.

② 笔者对一位美国主流学者的访谈,2010 年 7 月 16 日。由中国台湾地区的民间团体太平洋文化基金会主办的"两岸一甲子"学术研讨会于 2009 年 11 月 13 日至 14 日在台北举行,28 名大陆学者应邀出席,探讨了政治、经济、文化、军事、涉外事务等领域的诸多敏感议题。

③ U.S. Department of Defense, "Military and Security Development Involving the People's Republic of China", May 7, 2013, http://www.360doc.com/content/13/0510/10/7607720_284333134.shtml.

有的两岸关系稳定"。①

就在 2012 年 1 月台湾地区选举前夕,包道格应台湾远景基金会邀请访台,出席研讨会并观察选举。1 月 12 日他在接受中天电视台专访时说,如果马英九连任,会让北京和华盛顿大大松一口气,"我假设对台湾也是"。他指出,"这代表一个相对繁荣且具有建设性的状态可以持续"。他表示,如果蔡英文当选,美国会立即与她接触,派出一个高层代表,要她维持现状,并协助她找到维持台海和平稳定的方式。他说,届时美方会试着传递一个极为强烈的讯息,那就是请蔡英文从当选的第二天起,不要做任何让情势恶化的事情;蔡英文对两岸关系所提出的保证过于空泛,让华盛顿无法安心。包道格还说,他这个圈子的人,包括官员,都不会认为"九二共识"是出卖台湾"主权"或被统一。他认为("九二共识")是两岸交往过程中必须作出的妥协,它也符合美国的利益。如果被干扰,可能产生无法预知的影响,区域的形势,乃至于美国自己的选举过程,都会受到台海紧张重现的影响。②此次采访引起舆论轩然大波,国务院发言人竭力撇清与采访的关系,说包道格不代表奥巴马政府,也不代表国务院,表态是他的个人行为。即便如此,包道格的说法无疑代表了美国对台政策的主流看法,在美国和台湾地区都没有人怀疑这一点。选举以后,包道格又向《华盛顿邮报》记者表示,"本届政府欢迎台湾海峡的紧张得到缓解的事实"。③

选举结果,民进党落败。民进党怪罪奥巴马政府。1 月底"美国在台协会"理事主席薄瑞光访台,针对美国介入台湾地区选举的说法,薄瑞光表示,美方在选举中一直保持中立,台湾人民是根据很多理由作出他们的决定的,他不认为任何美国人的个人谈话,会重要到影响选举结果。但民进党却不接受这种解释。蔡英文的亲信、新境界文教基金会副会长萧美琴表示,部分美国官员伤害了我们,未能让台湾人民在免于外在威胁的环境中享有民主选择的权利。主席(蔡英文)没有准备跟薄瑞光见面。④蔡英文以谢票为由离开台北,避而不见,萧美琴则当面向薄瑞光大发牢骚以示抗议。

一些国会议员也对上述国安会官员向英国《金融时报》的泄露极为不满,当

① Anna Fifield, Robin Kwong and Kathrin Hille, "US Concerned about Taiwan Candidate", *Financial Times*, September 15, 2011, https://www.ft.com/content/f926fd14-df93-11e0-845a-00144feabdc0.
② 《前美在台高官包道格:马英九若连任,美国松口气?》,2012 年 1 月 13 日。台海网,http://new.ifeng.com/taiwan/special/tw2012/content-3/detail_2012_01/13/11952653_0.shtml.
③ Andrew Higgins, "Taiwan's Pro-China Chief Reelected", *Washington Post*, January 15, 2012. See Shirley A. Kan and Wayne M. Morrison, *U.S.-Taiwan Relationship*: *Overview of Policy Issues* (CRS Report for Congress), June 15, 2012, p.17.
④ 颜嘉璐、吕汉威:《薄瑞光访台,蔡英文以谢票为由改由幕僚接见》,2012 年 1 月 30 日。http://news.ifeng.com/taiwan/1/detail_2012_01/30/12191977_0.shtml?_from_ralated.

助理国务卿坎贝尔在众议院外委会作证时,有议员就此对他追问不休。坎贝尔没有否认此事,而只是反复说:"美国不会以任何方式干涉台湾的选举过程。我们不挑候选人,我们不选边站。我们承诺与自由公正选举产生的任何人密切合作"。这还不算,一些议员,如参议员舍罗德·布朗、众议院外委会主席罗斯-莱蒂能等致函希拉里·克林顿,要求政府不偏不倚,不要支持某一位候选人。①

(二)台湾与"再平衡"战略

奥巴马政府在2011年年底提出了亚太"再平衡"战略。希拉里·克林顿在10月发表的《美国的太平洋世纪》一文中没有提到台湾。一个月后,她在夏威夷东西方中心的讲话中作了补充,说台湾是美国"重要的安全和经济伙伴"。②奥巴马在2011年11月在澳大利亚议会的讲话、2012年1月5日在国防部的讲话中都没有提及台湾。在2012年6月的亚太安全会议上,国防部长帕内塔关于台湾说道:"美国强烈支持海峡两岸近年来作出的试图改善两岸关系的努力,台湾海峡的和平与稳定是我们长远利益之所在。美国继续坚持基于三个公报和'与台湾关系法'的一个中国政策。"③

台湾方面期望利用奥巴马政府的"再平衡"战略来提升美台关系。2012年10月,台湾防务主管部门副负责人杨念祖表示,他曾于8月与美国官员、10月与美副防长卡特讨论台湾在美国"再平衡"战略中的作用,没有什么明显的结果。负责经贸事务的助理国务卿弗南德兹于2012年8月访问台北,商谈"再平衡"框架内双方的经贸关系,尤其是重启关于《贸易暨投资架构协定》(TIFA)的谈判。多年来台湾一直希望恢复关于TIFA的谈判,但美国要台湾首先放行美牛的进口。双方终于于2013年3月恢复了自2007年以来一直停顿的谈判。④

奥巴马政府采取了一系列措施来实行"再平衡"战略,对台政策方面却没有什么新的明显举措,引起国会不满。在2014年3月14日众议院外委会纪念"与台湾关系法"35周年的听证会上,委员会主席爱德华·罗伊斯批评行政当局在售台武器方面做得不够,不能符合"与台湾关系法"的精神。4月3日,参议院外委会亚太小组举行关于"与台湾关系法"的听证会,助理国务卿拉塞尔在回答参

---

① *Why Taiwan Matters*, Hearing Before the Committee of Foreign Affairs, House of Representatives, October 4, 2011, http://archives. republicans. foreignaffairs. house. gov/112/70584. pdf; Shirley A.Kan and Wayne M.Morrison, *U.S.-Taiwan Relationship: Overview of Policy Issues* (CRS Report for Congress), June 15, 2012, p.10.

② Hillary Rodman Clinton, "America's Pacific Century", East-West Center, Honolulu, Hawaii, November 10, 2011, https://2009—2017.state.gov/r/pa/prs/ps/2011/11/176853.htm.

③ Panetta's Speech at the Shangri-La Security Dialogue, June 2012, http://www. cfr. org/asia-and-pacific/panettas-speech-shangri-la-security-dialogue-june-2012/p28435.

④ Shirley A.Kan, Wayne M.Morrison, *U.S.-Taiwan Relationship: Overview of Policy Issues* (CRS Report for Congress), December 11, 2014, p.15.

议员鲁比奥的问题时没有明确肯定"六项保证"。听证会后,拉塞尔向记者解释说,政府继续承诺"六项保证",如同"与台湾关系法"和中美三个联合公报。4月7日,众议院又通过法案,同意向台湾出售4艘佩里级护卫舰。4月9日,由参议员梅南德斯和殷霍夫(参议院"台湾连线"共同主席)领衔,52名参议员以纪念"与台湾关系法"为由头致函奥巴马,要求总统关注台湾对"经济一体化"的期望,如参加TPP。2014年4月13日至15日,美国环保署署长麦卡锡访问了台湾,这是14年中美国内阁级官员对台湾的首次访问。①

随着海峡两岸关系的改善,2014年2月11日,国务院台湾事务办公室主任张志军在南京会晤应邀来访的台湾陆委会主任王郁琦,这是双方两岸事务主管部门负责人首次正式会晤,双方就国台办与陆委会建立常态化联系沟通机制、着力完成ECFA后续协议的商谈达成共识。6月25至28日,张志军抵达台湾进行四天访问,与王郁琦再次会晤。11月12日,王郁琦随台湾代表团来北京参加亚太经合组织峰会,在北京与张志军再次会晤。三次"张王会"使两岸互动进入更高层级的新时期。奥巴马政府对此表示肯定。国务院发言人普萨基在新闻发布会上说:"我们欢迎海峡两岸双方所采取的……降低紧张、改善关系的举措。我们鼓励北京和台北双方继续进行建设性的对话,以便导致海峡两岸关系大幅度改善。"②国安会亚洲事务高级主任麦艾文也对此表示赞许。

2015年11月7日,中共中央总书记习近平在新加坡会晤台湾地区领导人马英九。双方均认为应继续坚持"九二共识",巩固共同政治基础,推动两岸关系和平发展,共同致力于振兴中华。③这次两岸领导人的会晤是穿越66年时空的重大事件,是两岸关系史上的里程碑,在国际社会引起轰动。奥巴马政府对会晤的反应是积极的。国务院发言人约翰·柯比发表声明称:"美国欢迎台湾海峡两岸领导人的会晤以及近年来两岸关系的改善。美国对于台湾海峡的和平与稳定有着深刻的恒久的利益。我们鼓励双方朝着在尊严和尊重的基础上建立纽带、降低紧张、促进稳定继续前进。美国坚持基于三个联合公报和'与台湾关系法'的一个中国政策。"④

① Shirley A. Kan, Wayne M. Morrison, *U.S.-Taiwan Relationship*: *Overview of Policy Issues* (CRS Report for Congress), December 11, 2014, p.16.
② Jen Psaki, Daily Press Briefing, February 11, 2014, https://2009—2017.state.gov/r/pa/prs/dpb/2014/02/221584.htm.
③ 《习近平同马英九会面》,2015年11月8日,http://news.xinhuanet.com/mrdx/2015-11/08/c_134794144.htm. "United States welcomes Ma-Xi meeting", November 15, 2015, http://www.chinapost.com.tw/taiwan/foreign-affairs/2015/11/15/450984/United-States.htm.
④ John Kirby, "Meeting Between Cross-Strait Leaders", November 7, 2015, https://groups.google.com/forum/#!topic/wanabidii/p5aSfLnCao8.

（三）自由派、保守派对现行政策的挑战

在奥巴马执政时期,美国主流的对台湾政策受到来自自由派和保守派两个方面的挑战。自由派要求重新审议美国对台政策,放弃"与台湾关系法",放弃对台湾的"六项保证";保守派则要求进一步提升美台关系。

2010 年至 2011 年间,一些战略界人士,如参谋长联席会议前副主席比尔·欧文斯、美国太平洋司令部前司令、前驻华大使普里赫等、前外交官傅立民等,一些学者,如乔治·华盛顿大学教授查尔斯·格莱泽、波特兰俄勒冈州立大学助理教授布鲁斯·吉雷等发表了一批文章,提出,现行的美国对台湾政策是中美建交时确定的,时间过了三十多年,国际形势、中美关系、台海形势都发生了很大变化,"与台湾关系法"已经过时。中国的崛起是不可避免的,台湾问题现在是美中两国之间唯一可能触发战争的问题,美国应该对台湾政策进行适时调整,停止售台武器,鼓励两岸和平统一;或者将台湾"芬兰化"。这种意见被概括为"弃台论"。

但多数学者不赞同这种意见。葛莱仪、唐耐心阐述了"美国为什么不能放弃台湾",理由主要是:第一,越来越自信的中国会把美国放弃台湾,或者大幅度减少对台支持视为美国衰落的证据;第二,在台湾问题上实行"绥靖"风险太高,美军工企业损失太大,台湾是生气勃勃的"民主体",理应得到支持;第三,中国大陆在继续进行应对台湾海峡紧急事态的军事准备,在台湾问题上的"绥靖"只会助长中国的"军事民族主义";第四,美台之间的经贸关系对美十分重要;第五,美对台承诺"事关美国的信誉",等等。[①]

另一方面,2009 年 11 月和 2011 年 1 月两个《中美联合声明》中关于两岸关系的表述引起政界和学界保守势力的不满,海峡两岸关系的进展,两岸经济整合范围之广、速度之快,尤其是两岸关于 ECFA 的谈判使他们惴惴不安。他们认为奥巴马政府"似乎正在改变过去一直很好服务于美国利益的对台政策乃至对整个亚太地区的立场"。[②]国会内外的亲台势力原以为政府会在"再平衡"战略中大大加强美台关系,结果台湾却被边缘化。这使亲台势力非常失望。2010 年 3 月国会美中经济与安全评估委员会举行听证会,出席作证的多位学者担心,两岸经济的整合将增加台湾对大陆的依赖,增加大陆对台湾施加影响的杠杆;两岸关系越紧密,美国越可能被边缘化;两岸的军力对比正越来越偏向大陆一方,台湾的军备状况更趋恶化;如果大陆得以使用压力达成"违反台湾人民意愿"的解决,美国的利益及在本地区的态势将遭到沉重打击;美国应该升级对台售武,使台湾

---

① Nancy Tucker, Bonnie Glaser, "Should the United States Abandon Taiwan?" *Washington Quarterly*, Fall 2011, pp.23—37.关于这场辩论,详见陶文钊:《近来美国智库关于美对台政策的争论》,《现代国际关系》2012 年第 2 期。

② Randal Schriver, "Taiwan Faces Two Chinas", July 9, 2010, http://www. washingtontimes. com/news/2010/jul/9/taiwan-faces-two-chinas/.

面对大陆军力的提升具有足够的威慑力,使台湾能"有信心地"与大陆谈判。①传统基金会、2049项目、美国企业研究所等智库的一些学者连篇累牍发表报告和文章,要求奥巴马政府"将美台关系解冻","满足台湾的自卫需求",要求向台湾出售F-16C/D战斗机,取消对台湾外事部门和防务部门负责人访问华盛顿的禁令;如此等等。②

国会中的保守势力也在持续不断地推动提升美台关系,个别议员甚至荒诞不经地提出美国应该放弃一个中国政策,实行"一中一台"政策,"承认台湾的主权",与台湾"建立外交关系",并支持台湾"加入联合国"。③自然,这种主张始终只是个别人的歪门邪道。这几年来国会采取的比较重要的立法行动有:

——在第111届国会(2009—2010年),参议院在《2010财年国防授权法》中塞进一个条款,要求国防部以公开和秘密两种版本向国会提交关于台湾空军力量的报告。④

——在第112届国会(2011—2012年),众议院在《2012财年对外关系授权法》中塞进一个条款,要求总统向台湾出售F-16战斗机并将台湾原有战斗机升级,并向台湾出售潜艇;众院外委会主席罗斯-莱蒂能提出了《2011年台湾政策法》。⑤

---

① 如见 Randall G. Schriver, "Cross-Strait Trends and Implications"; Mark A. Stokes' Prepared Statement; Rupert Hammond-Chambers' Statement; David A. Shlapak, "Questions of Balance. The Shifting Cross-Strait Balance and Implications for the U. S.", Testimonies Before U. S.-China Economic and Security Commission, March 18, 2010, www. voanews. com/.../Taiwan/us-experts-20100325-89189937.html。

② Deng Cheng, "Meeting Taiwan's Self-Defense Needs", Heritage Foundation, *Backgrounder*, February 26, 2010; Walter Lohman, "Defrost the U.S.-Taiwan Relationship", Heritage Foundation, *WebMemo*, March 1, 2011; Dan Blumenthal, "Rethinking U.S. Foreign Policy towards Taiwan", http://shadow.foreignpolicy.com/posts/2011/03/02/rethinking_us_foreign_policy_towards_taiwan; Rupert Hammond-Chambers, "Time to Straighten Out America's Taiwan Policy", http://online. wsj. com/article/SB1000014240527487045044045761838310151722. html; Rupert Hammond-Chambers, "Make Taiwan Part of the Pivot", *The Wall Street Journal*, April 29, 2012; Abraham Denmark and Tiffany Ma, "Don't Abandon Taiwan for Better China Ties", http://globalpublicsquare. blogs. cnn. com/2013/09/12/d0nt-abandon-taiwan-for-better-china-ties/, etc.

③ 历届国会中都会有个别这种声音,在第111届国会,众议员约翰·林德提出过类似决议案,在第113届国会众议员迈克尔·麦克考尔也提出一项决议案,要求美国与台湾重建"外交关系"。Kerry Dumbaugh, *Taiwan-U. S. Relations: Developments and Policy Implications* (CRS Report for Congress), July 30, 2009, p.23; Shirley A. Kan, Wayne M. Morrison, *U.S.-Taiwan Relationship: Overview of Policy Issues* (CRS Report for Congress), September 11, 2013, p.42.

④ Kerry Dumbaugh, *Taiwan-U. S. Relations: Developments and Policy Implications* (CRS Report for Congress), July 30, 2009, p.22.

⑤ Shirley A. Kan, Wayne M. Morrison, *U.S.-Taiwan Relationship: Overview of Policy Issues* (CRS Report for Congress), June 15, 2012, pp.23—24.

——在第 113 届国会(2013—2014 年),众院外委会前主席罗斯-莱蒂能与现主席罗伊斯领衔提出了《2013 年台湾政策法》,它与先前的类似法案一样,内容十分广泛,要求从政治、经济、军售、安全各方面全面提升美台关系,支持扩大台湾的"国际空间",不啻是 1999 年"加强台湾安全法案"的花样翻新。1999 年的经验也证明,这类法案要成为法律的可能性微乎其微。2014 年众参两院都通过了"军舰转让法案",12 月 18 日,奥巴马签署该项立法,正式同意向台湾出售 4 艘佩里级护卫舰。①

——在第 114 届国会(2015—2016 年),参议员鲁比奥和众议员查博特都提出了《台湾旅行法案》,要求允许美台之间各类人员、各级官员,甚至台湾地区领导人可以自由访问美国;②参议院还提出议案,要求国务卿制定战略,帮助台湾以观察员身份参与国际刑警组织;③参议院通过决议,确认美国对台湾的"六项保证"是美台关系基石。而最主要的一项立法是在《2017 财年国防授权法》中塞进了取消从 1979 年以来一直保持的限制美台军事交流的规定。④中方理所当然表示反对。

(四)奥巴马对台政策的两面性

与前任一样,奥巴马政府的对台湾政策仍然是两面的政策。一方面,奥巴马政府基本遵循了一个中国政策,也有条件地欢迎两岸关系的和平发展;另一方面,仍然努力提升美台关系,包括对台售武,发展对台经贸关系,支持台湾拓展"国际空间"等。

1. 对台售武

奥巴马政府有三次重要的对台售武。2010 年 1 月 29 日,国防部通知国会将向台湾出售近 64 亿美元的武器,此次军售引起中美之间的激烈辩论。⑤

台湾继续向美求购先进武器,主要是 F-16C/D 战斗机。台方早在布什政府后期就提出了这一要求,因为 20 世纪 90 年代中期交付的 F-16A/B 各方面都已经落伍,购自法国的 60 架幻影 2000 中已有多架被封存,空军的战备状况大大降低。2010 年 1 月,台湾的"立委"给美国会写信,表达台湾两党求购 F-16C/D 的共同诉求。6 月 4 日,"美国在台协会"理事主席薄瑞光访台,马英九当面向他提出要求。⑥马英九在一次采访中表示,他就购买 F-16C/D 战斗机问题向美国

---

① Shirley A. Kan, Wayne M. Morrison, *U.S.-Taiwan Relationship*: *Overview of Policy Issues* (CRS Report for Congress), December 11, 2014, pp.50—51.详见下文。

② S.3397(114th): Taiwan Travel Act, https://www.govtrack.us/congress/bills/114/s3397; H. R. 6047(114th): Taiwan Travel Act, https://www.govtrack.us/congress/bills/114/hr6047.

③ S.2426—114th Congress, https://www.congress.gov/bill/114th-congress/senate-bill/2426.

④ 详见下文。

⑤ 见本书第 256 页。

⑥ 《台湾求购美制 F-16C/D 战斗机:久拖不决,欲罢不能》,中国网,http://www.china.com.cn/military/txt/2010-08/20/content_20755093_2.htm.

提出了 21 次请求。①

一些美国保守派学者也在敦促政府售台 F-16C/D,他们说:"台湾战斗机的年龄比飞行员都大了",有人还略带威胁地说:"如果现在不卖 F-16C/D,等到生产线关闭了,就只好向台湾出售 F-35 了,难道中方更愿意美国向台湾转让 F-35 吗?"②鼓吹得更厉害的是一些国会议员。2011 年 5 月 14 日,136 位众议员致函奥巴马,5 月 26 日,45 位参议员致函奥巴马,呼吁政府正视台湾的防务需求,立即售台 F-16C/D 战斗机。③6 月,众议院外委会在 7 年之中第一次举行关于台湾的听证会,题为:"台湾为什么是重要的?"继续敦促政府出售 F-16C/D 战斗机。8 月 1 日,181 位众议员向奥巴马政府再发公开信,强调此项军售的"紧迫性",指出,台湾未来十年将淘汰 70% 的战斗机,如果无法取得新战机并提升现有的 F-16A/B 型战机,台湾将处于十分危险的境地;何况此项军售可以为美国创造众多就业机会,而如果现在不批准,台湾不下订单,F-16C/D 战斗机生产线就要关闭了。④

美国的军工部门更是直接的利益攸关方。有资料统计,冷战后美对台军售经济利益凸显,美国国内生产总值每 100 美元中有 1.5 美元来自军火收益。⑤洛克希德-马丁公司称,对台出售 66 架 F-16C/D 战斗机将能使即将下线的生产线继续运营,从而有助于维持它在 43 个州的约 11 000 个直接就业机会。⑥

尽管如此,奥巴马政府经过再三考虑,没有批准出售 F-16C/D 战斗机,而在 9 月决定将台湾现有的 146 架 F-16A/B 战斗机升级。再加上延长五年飞行员培训项目和一些飞机配件,共计金额 58.5 亿美元。国会对此强烈不满,众议院外委会于 10 月举行"台湾为什么是重要的?"第二阶段听证会,以发泄对奥巴马政府的不满,并推动新的军售。委员会主席罗斯·莱蒂能等质问:政府的"决定是一个具有潜在重大影响的决定。我们为什么在北京面前如此胆怯? 在北京越来

---

① 参见郭建平:《美国亚太战略调整与台海和平稳定问题研究》,中共中央党校出版社 2014 年版,第 114 页。

② 2011 年 5 月笔者在纽约参加中美两国学者关于台湾问题的讨论会时,一些美国学者极力为售台 F-16C/D 进行鼓吹。

③ *Why Taiwan Matters*, Hearing before the Committee on Foreign Affairs, House of Representatives, October 4, 2011. http://archives. republicans. foreignaffairs. house. gov/112/70584. pdf; "Letter to President Obama", May 26, 2011, http:/www./menendez. senate. gov/newsroom/press-release/menendez-urges-president-obama-to-expedite-sale-of military-aircraft-to-taiwan.

④ 《美国 181 名众议员联署,促奥巴马售台 F-16C/D 战机》,台湾网,http://bbs. tiexue. net. bbs33-0-1. html.

⑤ 参见郭建平主编:《美国亚太战略调整与台海和平稳定问题研究》,第 121 页。

⑥ 《台湾求购美制 F-16C/D 战斗机:久拖不决,欲罢不能》,中国网,http://www. china. com. cn/military/txt/2010-08/20/content_20755093_2.htm,2013 年 9 月 10 日。

越好战的情况下,这种胆怯向我们在亚太地区的盟友,尤其是日、韩、菲、澳发出了什么信息?"①一些议员翻来覆去地质问出席作证的常务助理国防部长帮办彼得·拉弗伊,为什么不立即售台 F-16C/D? F-16A/B 升级以后真能达到 F-16C/D 的水平吗? 既然军火公司说了,升级 F-16A/B 要比制造 F-16C/D 多花两年时间,为什么不能让台湾早一点得到先进战机呢? 为什么奥巴马政府表现得如此怯懦? 这是不是表明美国在衰落? 等等,一顿狂轰滥炸。彼得·拉弗伊一再解释说,F-16A/B 升级后,它的动力系统、雷达系统、武器系统都可以比得上任何四代机;政府与台湾商议后把升级 F-16A/B 作为优先事项处理,但此次升级并不排斥以后出售别的战机,"我们理解台湾对 F-16C/D 的兴趣,此事尚在考虑之中"。②为了抚慰这些国会议员和保守派智库,薄瑞光在 9 月下旬美台国防工业会议后的记者招待会上特别表示,F-16A/B 升级和售台 F-16C/D 是两码事,此次升级并不是排除未来出售 F-16C/D 型战机的可能性。③但后来的事实表明,薄瑞光此言不过是敷衍议员和舆论罢了。

2014 年美国决定向台湾出售的 4 艘佩里级护卫舰都是 20 世纪 80 年代的技术,台湾买来后首先需要大修,这实际上是台湾再次向美国交保护费,美国和台湾都心知肚明。台湾防务主管部门负责人严明表示,对美国军舰不会来者不拒,目前需求量只有 2 艘。台湾当局只将 2 艘的预算编入 2015 年军购预算。④2015 年 12 月 16 日,奥巴马政府宣布再次对台出售总额约 18.3 亿美元的武器,包括这两艘佩里级护卫舰、"标枪"反坦克导弹、两栖突击车和毒刺防空导弹等武器装备。尽管这些装备远不足以改变台海两岸军力对比的状况,但继续对台售武对中美关系的负面影响是不容忽视的。

除了售台武器,美方还努力加强与台湾其他方面的军事联系,包括组织改革、军演指导、人员培训、军事情报交换等,尤其是帮助台湾转变战略指导思想。对此,彼得·拉弗伊在作证时向众议员解释说,海峡两岸的军力平衡继续向着对大陆有利的方向倾斜,台湾要转变战略思想,把计划和军购的重点放在非传统的、创造性的、非对称的方式上。国防部将继续帮助台湾实行这种转变,并与台

---

① ② *Why Taiwan Matters*? Hearing before the Committee on Foreign Affairs, House of Representatives, October 4, 2011, http://archives. republicans. foreignaffairs. house. gov/112/70584.pdf.

③ 《薄瑞光:F-16A/B 升级和 F-16C/D 军购是两件事》,2011 年 9 月 22 日,中国新闻网,http://news.china.com.cn/rollnews/2001-09/22/content_10309036.htm,2001 年 4 月,布什总统曾经宣布大笔售台武器,其中包括了 8 艘柴油动力潜艇。笔者与国安会中国事务主任麦艾文谈及此事,他说,潜艇是布什政府的承诺,与本届政府无关。2011 年 5 月 20 日对麦艾文的访谈。

④ 童立群:《2014 年台湾对外关系综述》,周志怀主编,杨幽燕、严峻副主编:《台湾·2014》,九州出版社 2015 年版,第 94—95 页。

湾一道来确定军购的重点。①

美国国会不断敦促政府加强美台之间的军事联系,包括高层官员互访。2016 年 12 月一些国会议员又在《2017 财年国防授权法》中塞进私货,最终通过两院协调后的法案在第 1284 节称,五角大楼应推动美、台间高阶军事将领及资深"国防官员"交流,以改进双方的军事关系与防务合作;相互交流的计划地点包括美、台两地,而"资深军事将领"是指现役将官与挂阶人员,"资深官员"指任职于五角大楼的助理部长及更高阶官员。《授权法》在众议院以 375 票对 4 票、参议院以 92 票对 7 票得以通过,23 日,奥巴马总统正式签署使之成为法律。但第 1284 节是"国会对美国与台湾军事交流的感觉"(Sense of Congress on military exchanges between the United States and Taiwan),因此对行政当局是没有法律约束力的。对于这一严重违反中美三个联合公报原则,干涉中国内政的条款,中国政府外交部和国防部发言人都表示"完全不能接受",并通过外交渠道进行了严正交涉。

台湾方面则乘机加码,提出了美台之间的诸多交流项目,如参与美国演习;台陆军观摩美国家训练中心及美军无人机战场运作等;观摩美军生化以及核威胁的防范应变行动;军医局组团考察美军伤救机制;与美国现役及退役领导阶层、工商及潜艇制造商代表共同召开潜艇联盟研讨会;美国佩里级护卫舰接装受训;F-16 战机性能提升及"爱国者"-3 导弹等采购案协调;F-16 飞行员持续接受专业训练等。②

2. 发展对台经贸关系

台湾自 2007 年开始进口美国牛肉,后因美国发现疯牛病、残留瘦肉精等问题,台湾停止进口。美国对台施加压力,并把重启进口美牛与美国重启《贸易暨投资架构协定》(TIFA)及签订自由贸易协定、赴美免签证挂钩。民进党利用民众对食品安全的关注,进行炒作,把反对进口美牛做成了一个声势浩大的群众运动,借此抹黑马英九。经过反复争斗,台当局终于同意有条件进口美国牛肉,"立法机构"于 2012 年 7 月 25 日表决通过《食品卫生管理法》,为进口美牛开了绿灯。马英九十分乐观地表示,此举释放出台湾愿意更大程度地融入区域经贸整合的讯息,不仅五年来停滞不前的台美 TIFA 谈判将率先启动,并为台湾地区参与 TPP 创造有利环境,与其他国家洽签自由贸易协定的条件也会更加成熟。③

---

① Why Taiwan Matters? Hearing before the Committee on Foreign Affairs, House of Representatives, October 4, 2011, http://archives.republicans.foreignaffairs.house.gov/112/70584.pdf.

② 《美方悍然升级美台军事交流,我国防部强硬表态》,2016 年 12 月 10 日,http://mil.huanqiu.com/observation/2016-12/9796508.html;《美台升级军事交流将台推到悬崖边》,《参考消息》2016 年 12 月 28 日。

③ 《瘦肉精美牛获准入岛,台美贸易协商料重启》,《大公报》(香港)2012 年 7 月 26 日 A-20。

2013 年 3 月,从 2007 年 7 月以来一直停滞的 TIFA 谈判得以重启。美国会众参两院的外委员会主席爱德·罗伊斯和罗伯特·梅南德斯及其他成员均表示支持。助理国务卿帮办梅健华在 10 月的一次讲话中也表示,台湾是美国的紧密伙伴,美台之间的实质性交往是全方位的,包括贸易谈判、科技合作、环境保护、学术文化交流、互访及安全合作。①2014 年 3 月,美台再次举行关于 TIFA 的谈判。助理国务卿拉塞尔重申,美国欢迎台湾争取加入 TPP,但应先从 TIFA 着手,解决美台之间的一些突出议题。美国商会也发表白皮书,敦促美台双方应把签署投资协定作为第一要务,把投资协定的谈判当作台湾进入 TPP 的"踏脚石"。②

奥巴马政府抛出 TPP 议题后,台湾当局表现出很高的热情和期望,并将其作为重要的对外战略目标加以推动。马英九 2012 年胜选后第一时间就表示,要用 10 年时间完成加入 TPP 谈判。同年 7 月 21 日又表示,"排除障碍,调整心态,8 年入 T,能快就快"。台湾涉外部门负责人也表示,"越快越好",力争 3 年内即 2016 年前加入 TPP。③2013 年 11 月,萧万长率领 20 位商界领袖和"副部长"级官员访美,与政府官员、国会议员及商界讨论 TPP 的问题,他在布鲁金斯学会的一次讲话中呼吁美国支持台湾加入 TPP。④

3. 支持台湾拓展"国际空间"

奥巴马政府抵制了一些国会议员和利益集团要求政府支持台湾成为世界卫生组织(WHO)、国际民航组织(ICAO)正式成员的主张,但支持台湾"有意义地参与"这些组织的活动。2009 年台湾与大陆协商,以观察员身份参加了当年的世界卫生大会之后,美方积极争取使台湾能够定期、经常以观察员身份参加WHO 的各项活动,而且不仅是在国民党"当政"期间。2013 年 4 月,美国国务院在给国会的一份报告中说,"台湾在 WHO 中的零星的间歇性的参与限制了台湾处理突发公共卫生事件的能力"。美国政府有责任协助台湾参加与台湾人民生命健康密切相关的国际组织,并增加台湾在 WHO 技术机构中的专家数量以扩大其参与范围。⑤

① Kin Moy, "Trends in the U.S.-Taiwan Relationship", Carnegie Endowment for International Peace, October 3, 2013, https://china.usc.edu/kin-moy-trends-us-taiwan-relationship-october-3-2013-0.

② 童立群:《2014 年台湾对外关系综述》,周志怀主编,杨幽燕、严峻副主编:《台湾·2014》,第 94—95 页。

③ 郭建平:《美国亚太战略调整与台海和平稳定问题研究》,第 73 页。

④ Shirley A. Kan, Wayne M. Morrison, U.S.-Taiwan Relationship: Overview of Policy Issues (CRS Report for Congress), December 11, 2014, p.15.

⑤ Ibid., September 11, 2013, p.22.并参见张新平、杨荣国:《奥巴马第二任期美国对台政策的调整及影响》,《美国研究》2014 年第 6 期。

从 2010 年起,国会就不断采取立法行动来推动台湾在国际民航组织中的参与。2013 年 6 月 18 日、19 日,众参两院分别通过法案,要求国务卿制定为台湾获取国际民航组织观察员身份的战略。在国会催促下,奥巴马于 7 月 12 日签署该法案使之成为法律。奥巴马辩解称,这与美国的一个中国政策是相符合的,政府将确定该采取哪些最恰当的措施来推动台湾参与国际民航组织。①国务院在 8 月 27 日给国会的报告中说,国务院支持台湾在国际民航组织所有会议中的"观察员身份",这与一个中国政策及"与台湾关系法"是相符合的。

在中国政府的支持下,9 月国际民航组织理事会主席邀请台湾民航官员作为他的"客人"列席国际民航组织大会。但是台湾并没有成为该组织理事会或大会的"观察员"。9 月 24 日至 10 月 4 日,台湾民航部门负责人沈启受邀作为"理事会主席客人"列席在加拿大蒙特利尔举行的第 38 届国际民航组织大会(每三年一届)。台湾当局视之为参与国际组织方面的重要"突破",岛内也普遍给予肯定。②9 月 24 日,美国务院发表声明,欢迎国际民航组织对台湾的邀请,并把这种事态发展归功于"国际合作"与国际民航组织及其成员的支持,对中国政府的作用闭口不提。在 2014 年 2 月 4 日参议院外委会的听证会上,被提名为美国驻国际民航组织大使的候选人重申支持台湾获得在国际民航组织的观察员身份。③

4. 台湾成为免签证地

2011 年 12 月 22 日,国务院提名台湾为美国免签证计划候选地;2012 年 10 月 2 日,国土安全部正式宣布,台湾为美国免签证计划参与地,从 11 月 1 日起生效。美商务部副部长桑切斯特地到台湾出席免签酒会,动员台湾居民赴美观光旅游,美商务部还与台外贸协会签署了"太平洋商贸桥梁协议"意向书。桑切斯甚至亲自走到台北双城街夜市散发宣传传单,推介美国旅游项目。"美国在台协会"驻台北办事处主任马启思 11 月 1 日随免签证首发团飞往美国。总之,作为对解决美牛问题的一种犒赏,美国把免签的戏份做足了;同时"免签"也可能使台湾居民更意识到与大陆同胞的区别,进而对两岸认同产生微妙影响。④

① Barack Obama, "Statement on Signing Legislation Concerning the Participation of Taiwan in the International Civil Aviation Organization", July 12, 2013. Online by Gerhard Peters and John T. Woolley, *The American Presidency Project*, http://www.presidency.ucsb.edu/ws/?pid=103907.

② 卢熙、修春萍:《2013 年台湾对外关系综述》,周志怀主编:《台湾·2013》,九州出版社 2014 年版,第 110 页。

③ Shirley A. Kan, Wayne M. Morrison, *U.S.-Taiwan Relationship: Overview of Policy Issues* (CRS Report for Congress), December 11, 2014, p.25.

④ 参见白晓雯、毕方圆:《台美免签成台当局炫耀资本》,《环球时报》2012 年 11 月 2 日第 10 版"港澳台传真"。

　　2016 年 11 月 8 日,美国大选落下帷幕,共和党候选人特朗普胜出。12 月 2 日,特朗普接听蔡英文打来的祝贺电话,这一举动打破了中美关系正常化 37 年来的惯例,受到美国舆论界的广泛质疑。曾任奥巴马政府国安会亚洲事务高级主任的贝德撰文说,从 1979 年中美关系正常化以来,没有一位美国总统或候任总统与台湾地区领导人见面或通电话,这是美国在承认中华人民共和国是代表全中国的唯一合法政府、与台湾的关系基于非官方的基础的安排时所同意的。特朗普与蔡英文通电话违反了中美两国长期以来的传统。蔡英文要与特朗普通电话是可以想象的,让人费解的是,美国的候任总统怎么能够这样草率地忽视从尼克松以来的八任总统都懂得的历史和战略因素,同意接这个电话。①中国方面理所当然予以谴责,12 月 3 日上午,王毅外长在记者会上表示:这只是台湾方面搞的一个小动作,根本不可能改变国际社会已经形成的一个中国格局,也不会改变美国政府多年来坚持的一个中国政策。②中方敦促美方信守一个中国政策、遵守中美三个联合公报原则的承诺,谨慎、妥善处理涉台问题,以免中美关系大局受到干扰。③中方并与美方就此进行紧急联系。美白宫和国务院发言人一再重申美国的一个中国政策,国务院发言人托纳表示,只有坚持贯彻这一政策,才有海峡两岸关系的稳定。白宫发言人欧内斯特表示,国安会与中方保持着密切联系,在那个周末就通了两次电话。他重申,美国以美中三个联合公报和“与台湾关系法”为基础的一个中国政策没有改变。而如果把这个问题炒作起来可能破坏美中关系中已经取得的成就,对有关各方都没有好处。④

　　但特朗普却继续对一个中国政策提出质疑。12 月 11 日,他在接受福克斯新闻采访时说,“我不明白为什么要受一个中国政策的束缚,除非我们跟中国就其他事情达成交易,包括贸易”。⑤

　　12 月 16 日,奥巴马总统在他 2016 年最后一次记者招待会上也讲到了中美

①　Jeffrey Bader, “Trump, Taiwan, and a Break in a Long Tradition”, https://www.brookings.edu/blog/order-fro-chaos/2016/12/03/trump-taiwan-and-a-break-in-a-long-tradition/?

②　《外交部:王毅就特朗普同蔡英文通电话回答记者提问》,http://tieba.baidu.com/p/4886190018。

③　《外交部发言人耿爽就美国当选总统特朗普同台湾地区领导人蔡英文通电话答记者问》,2016 年 12 月 3 日,http://www.fmprc.gov.cn/web/fyrbt_673021/t1421084.shtml。

④　The White House, Office of the Press Secretary, “Press Briefing by Press Secretary Josh Earnest”, December 5, 2016, https://www.whitehouse.gov/the-press-office/2016/12/05/press-briefing-press-secretary-josh-earnest-12516.

⑤　“Exclusive: Donald Trump on Cabinet picks, transition process”, December 11, 2016, http://www.foxnews.com/transcript/2016/12/11/exclusive-donald-trump-on-cabinet-picks-transition-process.html.

关系和台湾问题。他指出:"对中国来说,台湾问题是他们议程中最重要的问题。一个中国的观念是他们国家观念的中心环节。如果你要结束这种观念,你就得考虑一下它的后果,因为中国对这个问题的态度与对待其他问题的态度是不一样的……他们可能作出非常严重的反应。"[1]奥巴马说的是他执政 8 年后对台湾问题的体会,而刚刚当选的特朗普还得学习。[2]

二、经贸关系

（一）利益交融格局不断深化

在奥巴马政府任内,中美经贸关系以其内生的动力克服了金融危机的负面影响,持续发展,两国经济上的相互依存关系继续深化。

首先,双边贸易持续增长。中美双边贸易除 2009 年有所下降外,其他各年依旧保持迅速上升势头。[3]据美方统计,到 2011 年,中国成为美国第一大货物进口来源地、第二大贸易伙伴、第四大货物出口市场,双边贸易额达到 5 390 亿美元。[4]据中国海关统计,2012 年的双边贸易额是 4 847 亿美元,2015 年达到 5 584 亿美元,增长 11% 多。而且两国货物贸易的融合度越来越高。2012 年美国对华贸易占美国外贸比重的 14%,中国对美贸易占中国外贸比重 12.5%。2015 年的比重分别上升到 16% 和 14.1%。[5]2015 年全球货物贸易萎缩 13.5%,但中美贸易逆势增长,不降反升。奥巴马总统在 2010 年国情咨文中提出五年内出口规模翻一番的目标,即从当时的 1.57 万亿美元,增加到 2014 年的 3.14 万亿美元,年均增长 15% 左右,但目标并未达到。2014 年美国出口总额达 2.376 6 万亿美元,虽为过去五年最高水平,但较 2009 年仅增长 49%。[6]而中国是美国出口增长最快的市场,对华出口在美国出口中的占比增长显著(见表 3)。中美服务贸易同样迅速发展。2012 年 4 月盖特纳财长称,"自 2009 年年初以来,美国对华服务贸易出口额几乎翻番,增速是美国对其他市场平均出口增速的约两倍,并支撑了美国国内超过 60 万个就业岗位"。[7]

---

[1] The White House, Office of the Press Secretary, "Press Conference by the President", December 16, 2016. https://www.whitehouse.gov/the-press-office/2016/12/16/press-conference-president.

[2] 特朗普就任后,国务卿蒂勒森和特朗普本人都对一个中国政策予以确认。

[3] 见第 70 页的表格。

[4] "U.S. Trade Facts", http://www.ustr.gov/countries-regions/china-mogolia-taiwan/peoples-republic-china.

[5] 参见宋国友:《融合、竞争与中美经贸关系的再锚定》,吴心伯主编:《中美战略关系报告·2015》,时事出版社 2016 年版,第 24 页。

[6] 《奥巴马出口倍增计划梦碎?》,2015 年 2 月 6 日,http://www.chinadaily.com.cn/hqcj/zxqxb/2015-02-26/content_13278574.html。

[7] 《美方认为更紧密中美关系惠及两国》,http://news.xinhuanet.com/2012-05/02/c_11871044/htm。

表2　中美货物贸易融合度

年份	对华贸易占美国外贸比重	对美贸易占中国外贸比重
2012	14％	12.5％
2013	14.6％	12.5％
2014	14.9％	12.9％
2015	16％	14.1％

表3　美国对华出口额

（单位：百万美元）

年份	美国对华出口额	美国出口总额	对华出口占比（％）
2008	87 192	1 841 612	4.73
2009	87 697	1 583 053	5.54
2010	115 559	1 853 606	6.23
2011	133 880	2 127 021	6.29
2012	144 894	2 218 989	6.53
2013	160 375	2 293 457	6.99
2014	169 182	2 376 577	7.12
2015	165 145	2 261 163	7.30

数据来源：The United States Bureau of Economic Analysis。参见李巍、张玉环：《"特朗普经济学"与中美经贸关系》,《现代国际关系》2017 年第 2 期。

第二,双边投资增长出现新势头,中国企业赴美投资猛增。据中国商务部统计,2012 年开始,中国对美直接投资超过美国对华直接投资,此后一直保持这个记录,且增长势头迅猛。(见表 4)自然,由于 2012 年前中国对美投资很少,所以总体说来,截至 2016 年 11 月美国对华累计投资(796.8 亿美元)仍大于中国对美投资(491.2 美元)。

联合国贸易与发展会议《2017 年世界投资指数报告》称,2015 年中国成为对外净投资国,2016 年跃升为全球第二大投资国。①美国是中国的主要投资

---

① United Nations Conference on Trade and Investment,*World Investment Report.2017*, June 7, 2017. http://unctad.org/en/PublicationsLibrary/wir2017_en.pdf.

目的地。美国拥有健全和透明的法治环境、先进的技术、训练有素的工人、充足而廉价的能源供应、完善的基础设施和一流的研发能力,最重要的是美国拥有庞大的消费市场,对中资企业有很强的吸引力。据美中关系全国委员会和荣鼎公司联合发布的数据,截至 2007 年年末,中国对美投资总额为 30 亿美元,但到 2015 年年末,中国在美累计投资已达到 629 亿美元,较 2007 年增长 20 倍。2016 年两国双向投资达约 600 亿美元,创历史新高。其中中企在美投资近 460 亿美元,较 2015 年猛增 2 倍多。在全美 435 个国会选区中,98％的选区都有中企投资,为美国创造了 14 万个就业岗位。[1]中国对美投资还出现了结构性变化。截至 2007 年,政府主导的投资是中方投资的主体,政府和私人投资的比例为 2.5：1,但到 2015 年年末,私人投资已经超过政府主导的投资,两者的比例是 1.9：1。[2]

但在中美双向投资方面仍然存在壁垒,早在 2008 年就启动的双边投资协定(BIT)的谈判的迫切性显而易见。一旦中美投资协定达成,中国 100 多个行业都会进一步向美企开放投资,包括现在存在限制的汽车制造、银行、化学和能源等行业,美国企业在华获得的投资规模将显著扩大,美国通过资本项目顺差修正经常性贸易逆差的能力将大大增强。不仅如此,美国正加速推进“再工业化”战略,并借机重组全球产业链,而中美投资协定为中国资本打开进入美国的通道,不仅将夯实“美国制造”强势回归的底气,还有助于复兴美国制造业在全球的地位。BIT 也将为中国在美投资护航,排除对中资企业不公平的政治障碍,降低乃至削平中企进入美国市场的门槛。显然这是对两国互利双赢的协定。但是美方仍然顾虑重重:担心中国企业投资行为受政府控制,而非由市场主导;担心中国利用投资来获取美国重要的军事和技术情报,从而危及美国安全,[3]近年来中企对美投资屡屡受挫原因皆在于此。[4]美方把投资行为政治化成为中企在美投资一大障碍。

[1] Daniel H. Rosen and Thilo Hanemann, “New Neighbors 2017 Updated: Chinese FDI in the United States by Congressional District, April 24, 2017”, http://rhg.com/reports/new-neighbors-2017-update-chinese-fdi-in-the-united-states-by-congressional-district.

[2] 参见余翔:《奥巴马任内中美经贸关系评述》,《现代国际关系》2016 年第 11 期。

[3] 宋国友:《从购买国债到直接投资:中国对美金融战略的新方向》,上海市美国问题研究所编:《研究与参考》2014 年第 7 期。

[4] 如 2010 年华为收购美国三叶公司,华为兼并 2wire 和摩托罗拉旗下子公司,以及 2012 年三一重工美国子公司在美投建风电场等。关于三一重工案件详见刘辉:《三一集团诉外资投资委员会与奥巴马案析》,郑秉文、黄平主编:《美国研究报告(2015)》,社会科学文献出版社 2015 年版。

表 4　2012—2016 年中美直接投资净额①

(单位:亿美元)

年份	中国对美直接投资净额 (不含第三地)	中国实际利用美国 直接投资净额
2012	43.48	31.3
2013	40.1	33.5
2014	52.4	23.7
2015	83.9	20.9
2016(1—11 月)	186.3	22.1

中美经贸关系对双方的利好是显而易见的。据美中贸易全国委员会发布的题为《理解美中贸易关系》的报告统计,2015 年美国对华出口直接或间接地支撑了 180 万个新就业机会和 1 650 亿美元的 GDP。如果美国对中国的投资和中国对美投资的经济收益相结合,则共计给美国带来 260 万个工作岗位和 2 160 亿美元的 GDP。②

第三,金融危机爆发以来,中美在金融方面的相互依存得到凸显,中国持有巨额美国国债是这种依存的主要表现。中美债务关系是基于两国相互间的巨大经济失衡、贸易-金融循环而形成的规模空前的国家间借贷关系,已经成为两国间重要的利益汇合点,对其他双边议题领域产生了重要影响。中国官方外汇储备至 2013 年年底已累积增至 3.82 万亿美元。由于大规模、多样化的投资渠道不足,安全性较高、收益稳定、市场容量大、交易方便的美国国债成为中国外储投资的主要对象。③在 2003 年至 2013 年这 11 年间,中国持有的美债从 1 590 亿美元增长至 1.27 万亿美元,增长 7 倍。2008 年 9 月金融危机爆发时,中国持有美国国债的总额已经接近 6 000 亿美元,中国取代日本成了美债的海外最大持有者。金融危机发生后,中国不但没有减持美债,反而大幅

①　周世俭:《美国经济温和复苏,中美经贸将步入多事之秋》,刘古昌主编、沈国放执行主编、吴祖荣副主编:《国际问题纵论文集(2016—2017)》,世界知识出版社 2017 年版,第 206—207 页。这是中国商务部的统计。荣鼎公司关于中国对美投资统计数字远高于中国商务部,主要是包括通过第三地的投资。

②　*Understanding the US-China Trade Relationship*, prepared for the US-China Business Council by Oxford Economics, January 2017, https://www.uschina.org/reports/understanding-us-china-trade-relationship.

③　孙海泳:《中美债务关系的相互依赖及影响》,上海市美国问题研究所编:《上海美国评论》第 1 辑,中西书局 2015 年版,第 240 页。

度地加以增持,中国以超过三成的外汇储备购买美国债券,一直是美债最大的或第二(有时日本超过中国)海外持有者。自然,在美债问题上,中国也有稳定中美关系的政治考量。2009 年 2 月希拉里·克林顿首访中国时,请求中国政府继续购买美国国债。在 4 月伦敦二十国峰会上,美方也要求以中国为代表的新兴经济体增持美国国债。而中方则几次表示,美国有责任保证中国的美元资产的安全。①除了美国国债,中国国家外汇储备余额的 70% 是美元资产。同期,美国持有的中国有价证券总额为 1 330 亿美元,较 2007 年同期增长 37.1%。②正如有的学者所说,人们一直说经贸关系是中美关系的"压舱石",时至今日,中美关系这条巨轮中又多了一块"石头",这就是两国金融市场的密切联动性或高相关度。③

(二)对话促进合作

中美战略与经济对话以及中美经济联委会、中美商贸联委会等两国之间的各种对话合作机制对于促进两国经贸领域的合作起了重要作用。在 2013 年 7 月举行的第五轮战略与经济对话前夕,国务院副总理汪洋在《华尔街日报》上发表题为《加强对话 促进合作》的文章,其中指出:"扩大开放是中国的基本国策。我们在发展的过程中,借鉴了包括美国在内的世界各国的成功经验,13 亿人口的巨大市场潜力不断释放。过去 5 年,中国消费对经济增长的贡献率由 39.6% 增至 51.8%;服务业占 GDP 的比重由 41.9% 升至 44.6%;经常项目顺差占 GDP 的比例由 10.1% 降至 2.3%。未来 5 年,中国的发展将为美国也为全世界创造更多的商机,中美两国经贸合作拥有光明的前景。"④此次对话经济轨道取得的成果极为丰硕,包括:美方承诺考虑有关政策对国际金融市场的影响,减少联邦财政赤字,以客观、公开和透明的方式实施反倾销反补贴调查等;中方承诺推进市场决定的汇率制度改革,推进行政审批制度改革,扩大服务业开放,建立中国(上海)自由贸易试验区,国有企业使用正版软件,加大打击假冒和盗版的力度等;双方同意实质性启动 BIT 谈判。⑤

《中美投资协定》并非一般意义上的投资协定,而是具有里程碑意义的战略性举措。中美是全球吸引外资与对外投资最大的国家,但两国间至今没有制度

① 如见《2009 年两会温家宝答中外记者问》,2009 年 3 月 13 日,http://news.ifeng.com/mainland/special/wenjiabao10nian/detail_2012_03/13/13165924_0.shtml.

② 参见余翔:《奥巴马任内中美经贸关系评述》,《现代国际关系》2016 年第 11 期。

③ 张宇燕:《中美关系中的经济因素》,《美国研究》2015 年第 6 期。

④ 《汪洋在〈华尔街日报〉发表文章〈加强对话 促进合作〉》,http://www.fmprc.gov.cn/ce/cohk/chn/xwdt/jzzh/t1057705.htm.

⑤ 《第五轮中美战略与经济对话框架下经济对话联合成果情况说明》,2013 年 7 月 13 日,http://news.xinhuanet.com/politics/2013-07/13/c_116523398_2.htm.

性的双边协定来规范投资关系。因此这次谈判实际上是对中美经济关系的一次重大调试。美国试图通过 TPP、TTIP 和国际服务贸易协定(Trade in Service Agreement，TISA)的谈判来构建新一代高标准的全球贸易投资新规范,中国不在其内。但美国要在别的谈判中提出的新标准,也是在 BIT 谈判中对中国的出价,因此中国可以通过 BIT 谈判,直接与美国对话,来弥补可能处于国际经贸新规则构建之外的不利状况,参与游戏规则的制定。①从国内情况看,同意以"准入前国民待遇加负面清单"模式为基础进行 BIT 谈判,是对中国长期以来形成的以项目审批为核心的外资管理体制的重大改革。

2013 年 9 月底,中国(上海)自由贸易试验区正式挂牌成立,这是中方深化改革开放的重要举措。通过上海自贸区,美方的服务行业,例如金融、保险、教育、培训、文化和专业服务等,能够以更为公平的方式进入中国市场。

在 2014 年的第六轮中美战略与经济对话中,双方同意争取 2014 年就 BIT 文本的核心问题和主要条款达成一致,并承诺在 2015 年早期启动关于负面清单的谈判;双方同意加强金融合作,包括在影子银行、场外衍生品改革、审计跨境监管、会计准则等领域的合作。在 11 月奥巴马总统访华期间,两国领导人又把 BIT 谈判作为双边经贸关系中的最重要事项,同意为谈判投入必要资源,以达成一个全面、高水平且体现非歧视、公平、开放和透明等原则的双边投资协定,并在 2015 年早期提出负面清单出价。正如汪洋副总理所说,协定谈判的成功将为两国深度的相互依存和经济融合开辟新的前景。②

2015 年 6 月下旬举行的第七轮战略与经济对话环绕着宏观经济政策和结构改革、深化贸易与投资合作、金融业稳定与改革等三大议题展开。双方承诺进一步推动经济结构改革和可持续、平衡发展。美方关注货币政策对国际金融体系的影响,承诺提高储蓄率,削减赤字,改革税制,致力于实现中期财政可持续性;双方重申 BIT 谈判是当前两国经贸关系最重要的事项,认为在第十九轮谈判(2015 年 6 月)中交换负面清单是谈判的重要里程碑,承诺积极推进谈判,改进负面清单出价,以期达成一个互利双赢、高水平的协定;双方同意加强金融合作,欢迎中国外汇交易中心与芝加哥商业交易所集团开展合作,推动中美金融基础设施互联。汪洋指出,本轮经济对话的成功,使中美关系持续健康稳定发展的"压舱石"更加稳定,"推进器"更有动力。③

① 郝洁:《中美 BIT 负面清单谈判的核心问题、美方关注及对策》,《国际贸易》2015 年第 7 期。
② 《第六轮中美战略与经济对话达成四方面成果》,2014 年 7 月 11 日,http://finance.21cn.com/news/macro/a/2014/07/11/21/27793588.shtml。
③ 《第七轮中美战略与经济对话在美国华盛顿举行汪洋与雅各布·卢共同主持经济对话》,2015 年 6 月 25 日。http://www.fmprc.gov.cn/ce/ceat/chn/zgyw/t1275905.htm。

在 2016 年 7 月第八轮战略与经济对话中,双方承诺将采取进一步具体措施支持强劲的国内和全球经济增长,促进开放的贸易与投资,强化和支持金融市场稳定与改革。中方将继续推动汇率市场化改革,允许汇率双向浮动弹性;继续深化供给侧结构性改革,通过增加居民消费、提高服务业占 GDP 的比例、确保高质量并由私人部门驱动的投资以扩大本国需求;完善地方税体系;建立一个更加公平和可持续的社会保障体系;完善覆盖所有城乡居民的全国基本医疗保险体系;建立覆盖包括国家、省级和地方各层级的全部国有企业、公开透明的国有资本经营预算体系。美方继续致力于推动以更高的国内投资和国民储蓄为特点的强劲、可持续和更平衡的增长模式;研究和完善公共事业监管框架;中美支持现行的旨在解决全球产能过剩和结构调整问题的有效政府政策,美方认同中方在今后 5 年压减约 1 亿—1.5 亿吨钢铁产能、严禁新增粗钢产能的计划;双方承诺将于 6 月中旬交换负面清单改进出价。美方欢迎中方初步给予美方 2 500 亿元人民币合格境外机构投资者(RQFII)额度,并期待 2016 年年底前美国机构获得牌照。中国将根据市场发展和需求提高美国的 RQFII 额度。①

地方层面合作的发展是近年来两国经贸关系的一个新趋势。美国地方更加注重对中国的出口及从中国引进投资。中国的万向集团在美国 13 个州投资,雇用当地工人 12 000 多人。在 2013 年有超过 10 个州的对华出口占这些州出口总额的 10% 以上。年度中美省州长论坛继续推动两国地方合作。2013 年初,中国商务部与芝加哥就开展全面经济合作达成共识。12 月,商务部组织北京、上海、杭州等八个城市与芝加哥市签署《关于建立"中国市与美国芝加哥市贸易投资合作联合工作组"的谅解备忘录》,为进一步深化两国地方间的合作开辟新的路径。②

(三)分歧与摩擦

中美两国在经贸关系中仍然存在分歧,而且随着中国制造业越做越强,在国际产业链中的地位从下游提升到中上游,两国在经贸方面的竞争也比以前突出了。在奥巴马任期内,这些问题主要是:美方对中方发起的反补贴、反倾销案件增加,人民币汇率问题,自主创新与政府采购问题,美国继续对华实施高技术出口严格管制等。

1. 美国对华贸易救济问题

所谓贸易救济,是指进口国家或者地区为了保护本国或本地区的产业或相

---

① 《第八轮中美战略与经济对话联合成果情况说明》,2016 年 6 月 9 日,http://international.caixin.com/2016-06-09/100952979_3.html.

② 宋国友:第三章《中美经贸关系》,吴心伯主编:《中美关系战略报告·2013》,时事出版社 2014 年版,第 52—53 页。

关团体的利益,对进口产品采取限制措施,甚至禁止进口,其主要手段就是实行反倾销、反补贴税("双反"行动)和保障措施。从理论上说,"双反"行动仅限于抵制他国企业在本国市场上的不公平贸易行为,但由于美国长期不恰当地将中国视为非市场经济国家,使"双反"成为一些美国企业排除中国竞争对手的主要工具。中国是美国发起反倾销、反补贴调查最多的对象国。从中国加入世贸组织到 2010 年美国对中国发起了 71 起反倾销诉讼,涉及 83 个产品领域,其中最终裁定征收反倾销税的比例达 86%。① 布什政府时期年均立案 7.63 起,奥巴马任内美对华贸易救济调查比布什时期增加了一倍,但各年情况也不一样。2009 年对华立案增至 12 次,2016 年更达 20 起,但 2010 年和 2011 年却为 3 起、4 起。② 在这些调查和诉讼中,由于美国政府不承认中国的市场经济地位,不公平地使用替代国来计算倾销和补贴幅度,使中国企业常常处于非常不利地位。据中国商务部统计,从 2000 年到 2016 年,美国对华发起"双反"调查共 193 起,中国无损害结案的只有 35 起。③

奥巴马时期不仅立案次数多,而且范围更广,中国是美国发起 377 条款调查的最大目标国,占了美国总调查案件的 40%,调查对象从以前的劳动密集型产业扩展到新能源和高科技产业,如联想、海尔、华为、中兴、三一重工等颇具国际竞争力的大企业。④

美国对贸易救济措施的滥用,究其原因,第一,中美两国贸易不平衡,中国成为美国最大的贸易逆差来源国,而且美对华逆差在美国总逆差中的占比持续上升。据美方统计,2000 年美国全部逆差为 4 361 亿美元,对华逆差为 838 亿美元,占 19.2%;到 2008 年,总逆差是 8 162 亿美元,对华逆差是 2 680.4 亿美元,占 32.8%;而到 2009 年,总逆差是 5 035.9 亿美元,对华逆差是 2 268.7 亿美元,占 45.1%。⑤ 中国遂成为美国实施"双反"的主要对象。⑥ 第二,一些美企受金融危机的影响,

---

① 参见王荣军:《中美经贸关系:增长与平衡》,黄平、倪峰主编:《美国问题研究报告(2011)》,社会科学文献出版社 2011 年版,第 273 页。

② 潘锐、余盛兴:《论奥巴马政府对华贸易救济新趋势》,《美国问题研究》2011 年第 2 期。

③ 王阳、袁军宝、孙晓辉:《赢了! 中国轮胎保住对美出口市场》,《新华每日电讯》2017 年 3 月 12 日。

④ 宋国友:第三章《中美经贸关系》,吴心伯主编:《中美关系战略报告·2013》,第 56—57 页。

⑤ 转引自贺力平:《美国宏观经济走势与中美经济关系展望》,黄平、倪峰主编:《美国问题研究报告(2012)》,社会科学文献出版社 2012 年版,第 273 页。

⑥ 根据芝加哥全球事务委员会 2012 年的民调,67% 的被问询者认为中国对美国实施了不公平贸易。Bruce Stokes, "U.S.-China Economic Relations in the Wage of the U.S. Election", Stockholm China Forum, *Paper Series*, November 2012.根据皮尤公司的民调,2011 年 3 月,53% 的被问询者赞成与中国建立强劲的经济关系,40% 的人赞成在经济上对华强硬;而到 2012 年 10 月,前者变成 42%,后者变成 49%,主张对华实行强硬经济政策的人明显增加。"Pew: Independents, republicans increasingly support tougher economic policy toward China", October 4—7, 2012, http://www.democraticunderground.com/10021629790.

经营不佳,它们不从自身找原因,而只想立竿见影地排除主要竞争对手,这也是2009年、2016年美对华"双反"立案剧增的主要原因。第三,奥巴马政府确立了五年出口翻番的目标。不论救济措施是否有效,这也是政府朝着这个目标作出的一种努力,也就是说有国内政治的需要。救济措施中一个典型事例是"轮胎特保案"。①这是奥巴马执政以来针对中国的首起"特保案",也是较大的一起特保案。

2009年4月20日,美国钢铁工人联合会等组织代表国内9个州13家工厂向美国国际贸易委员会(ITC)提出申请,对中国产乘用车轮胎发起特保调查。诉状称,2004年至2008年间,中国轮胎"进口异常增加",损害了美国本国轮胎工业的利益,导致美国丧失5 100个工作岗位,若不对中国轮胎采取措施,到2009年年底还会有3 000名美国工人失去工作。2009年6月29日,美国际贸易委员会以中国轮胎扰乱美国市场为由,建议政府对中国输美乘用车与轻型卡车轮胎连续三年在现行关税的基础上(3.4%—4.0%)分别加征55%、45%和35%的从价特别关税。涉案产品为充气式橡胶轮胎,用于客车、货车、运动型多功能车及小型卡车等。9月11日,奥巴马政府决定对中国轮胎实施为期三年的限制关税,分别加征35%、30%和25%,于9月26日生效。

实际上,从中国进口的轮胎与原产美国的轮胎不构成竞争:美国轮胎市场可以分为高、中、低三档,中国产品主要供应中、低端市场,而美国内生产的同类产品主要供应高端市场;中国轮胎主要供应美国的维修市场,而美自产轮胎主要供应原配市场和替代市场。中国商务部条法司负责人指出,美方对中国轮胎采取的特保措施是为转嫁国内政治压力采取的贸易保护主义措施,不符合世贸规则。

事实证明,特保措施既于中方出口有损,也不能给美方带来真正利益。措施实施以来,美轮胎产业的就业率不升反降。美国劳工统计局的数据显示,轮胎制造行业的总体就业在2010年前5个月里比上年同期下降10%。此举也减少了美国国内轮胎流通领域的就业岗位,导致一些中小轮胎批发商倒闭。相关措施还增加了美低收入消费者的经济负担。美国内一些机构的数据显示,美国轮胎的平均价格上涨10%—20%。虽然轮胎价格还受橡胶成本等其他因素影响,但加征关税显然是涨价的重要原因。尽管对中国采取特保措施,但美同类轮胎进口总量却已超过措施实施前的水平,2010年上半年,美国相关类型轮胎的进口总量增长21%,进口价格则上涨了30%。特保措施使中国对美轮胎出口明显下降,而其他国家的轮胎趁机涌入美国市场。②美国消费者从这个特保案中未得其

---

① "特保"即"特定产品过渡性保障机制"和"特殊保障措施"。

② 《WTO裁定轮胎特保案中国败诉》,2011年12月16日,http://news.cntv.cn/20101216/101794.shtml。

利,反受其害。彼得森国际经济研究所经济学家霍夫鲍尔撰文指出,这一特别措施在 2011 年使美国消费者多花了约 11 亿美元。①

奥巴马的"特保"举措,主要出于国内政治的考量。工会组织是奥巴马的支持群体,他在竞选中曾经许诺,不会允许中国继续损害美国工人的利益,"特保"属于他的一种"还愿"行动。9 月 22 日,胡锦涛在纽约出席联大会议期间会晤奥巴马时指出,美方实施的对从中国进口轮胎的"特保案"不符合两国利益,类似事件"不应再发生"。奥巴马强调,轮胎"特保案"只是"个别事件",他并非有意抑制从中国的进口,"美国坚定地承诺自由贸易,反对贸易保护主义",双方同意今后加强闭门协商以解决贸易争端。②

虽然特保案的涉案金额较之中美四五千亿美元的双边贸易额占比不大,但它对中国某些特定行业、特定企业造成相当影响。2014 年 7 月,美商务部再次对从中国进口的乘用车和轻型卡车轮胎发起反倾销反补贴调查,2015 年 7 月,美国际贸易委员会裁定,中国轮胎企业被征以 30.46% 至 169.28% 的高关税。这使中国轮胎行业受到巨大冲击。山东东营市的轮胎出口占到全国的 1/4。2015 年美方"双反"裁定后,当年东营市对美轮胎出口额下降 53%。③

2. 人民币汇率问题

从 2005 年 7 月中国启动人民币汇率形成机制改革以来到 2008 年 7 月,人民币对美元已经累计升值 21%。此后人民币停止升值走势。2009 年人民币依然只能在经常项目下可自由兑换,由于中国担心资本的跨国流动会冲击金融体系,资本项目下的兑换仍然受限。中国稳定人民币币值的策略遭到来自美欧的巨大压力。2009 年和 2010 年美国要求人民币升值的呼声再度高涨起来。为了推卸美国对全球金融失衡的责任,推卸美国对金融危机的道义责任,转移国内失业增加所带来的政治压力和调整代价,美国试图把中国作为替罪羊,责难中国:既然中国持有巨额外汇储备余额和经常项目顺差,为什么不让人民币大幅升值,为什么不扩大国内消费,为什么不采取大幅增加进口的措施? 美中经济安全评估委员会是对中国施压的代表力量。它在 2009 年度向国会的报告中说,目前危

① 王荣军:《奥巴马政府对华经贸政策回顾与评估》,中国社会科学院美国研究所编:《美国战略研究简报》2012 特刊。

② Merle David Kellerhals, Jr., "Obama and China's Hu Talk on U.S.-China Relations", *Washington File*, September 24, 2009, pp.5—6. 并见潘锐、余盛兴:《论奥巴马政府对华贸易救济新趋势》,《美国问题研究》2011 年第 2 期。

③ 王阳、袁军宝、孙晓辉:《赢了! 中国轮胎保住对美出口市场》,2017 年 3 月 12 日。2017 年 3 月,美国国际贸易委员会取消对中国轮胎的额外关税,http://news.xinhuanet.com/mrdx/2017-03/12/c_136122312.htm。

机根源在于全球经济失衡。美国作为全球最大的支出者和借款人,与中国作为全球最大的储蓄者和贷款人,各自应为全球经济失衡承担一半责任。美国要运用贸易救济法律回应中国"不公平"的贸易行动,回应中国"操纵货币"的行为,以迫使中国允许人民币更灵活地反映市场力量。①

2009 年 5 月,民主党众议员蒂姆·瑞安再次提出与前几年提案大同小异的《汇率改革促进公平贸易法案》,并得到众议院 143 名同僚的支持;6 月 11 日,民主党参议员舒默再次提出《2009 年货币汇率监督改革法案》。②但 2009 年两党和府院斗争的焦点是奥巴马的医保改革,以及其他一系列重大问题,如金融监管、应对气候变化、移民法案,人民币汇率不是国会的首要关注,国会也没有就人民币问题采取进一步的行动。

2010 年年初,人民币汇率问题再次突出。财政部该于 4 月 15 日向国会提交半年度报告,而恰恰此时,胡锦涛主席要赴美参加首届核安全峰会。一些国会议员再次折腾起人民币汇率问题。3 月 15 日,130 名议员联名致函财政部长盖特纳和商务部长骆家辉,要求将中国确定为"汇率操纵国"。3 月 16 日,舒默重提《2010 年货币汇率监督改革法案》。③又有传闻,财政部要在即将向国会提交的报告中将中国列为"汇率操纵国"。④4 月 12 日,胡锦涛在会晤奥巴马时明确指出,人民币升值既解决不了中美贸易平衡问题,也解决不了美国的就业问题。中方无意寻求对美贸易顺差,愿采取进一步措施增加自美进口,促进两国贸易平衡。他希望美方努力扩大对华出口,尤其是尽快放宽对华高技术出口限制。胡锦涛强调,中方推进人民币汇率形成机制改革的方向坚定不移,但不会在外部压力下加以推进。⑤这是来自中国领导人的权威信息,奥巴马政府当然是要掂量的。从布什政府以来,美国国会已有数次鼓噪着要把中国列为"汇率操纵国",财政部报告虽屡屡指责人民币币值低估,但从未把中国定为"汇率操纵国",2010年上半年的报告也是有惊无险。

在第二轮战略与经济对话(5 月 24 日至 25 日)的开幕式上,胡锦涛在致辞中表示,中国将继续按照主动性、可控性、渐进性原则,稳步推进人民币汇率机制

---

① 参见张燕生:《全球失衡与中美在再平衡中的责任》,黄平、倪峰主编:《美国问题研究报告(2012)》,第 285 页。

② 参见何兴强:《美国国内政治与人民币汇率问题》,黄平、倪峰主编:《美国问题研究报告(2011)》,第 289 页。

③ 同上书,第 289—290 页。

④ 参见戴秉国:《战略对话》,第 160 页。4 月 5 日,美国财政部宣布推迟决定中国是否为"汇率操纵国"。

⑤ 刘东凯、陈贽、陈鹤高:《胡锦涛会见奥巴马,称人民币升值不能解决贸易失衡》,2010 年 4 月 13日,http://finance.people.com.cn/GB/11351031.html。

改革。在对话中,中国人民银行行长周小川也表示,在货币政策改革上,中国考虑国内因素多于国际因素。美方表示欢迎中方对改革人民币汇率政策的承诺,没有在此事上过多纠缠。正如财政部副部长朱光耀所说:"诸如汇率这类敏感的问题,我们希望本着双方所同意的,进行静悄悄的政策沟通,从而使得双方的意见能够得到充分的表达。"①

　　6月下旬,二十国集团峰会即将在加拿大多伦多举行。美国国会也不放过这个机会对中国施压。6月9日,舒默表示要在两周之内推动惩处中国货币政策的立法。盖特纳在10日的听证会上也指责中国的货币政策阻碍了全球经济平衡,妨碍了全球经济改革。6月19日,中国人民银行重启人民币汇率改革,自9月2日起人民币兑美元汇率涨幅增大至每月超过1%。中国人民银行副行长胡晓炼在9月初接受《华尔街日报》采访时表示,人民币在解决中美贸易失衡问题上并不能起到关键作用。中国新的汇率政策强调,中国将减少对人民币兑美元汇率管理的关注,取而代之的是关注人民币兑一篮子货币。②

　　美国国会仍然不依不饶。9月16日参议院银行、住房与城市事务委员会就人民币汇率问题举行听证会,盖特纳出席作证。他一方面强调了美中经济关系的重要性,中国是美国出口增长最快的市场,2010年比2009年对华货物出口的增速达36%;对中国在金融危机中为稳定全球经济采取的措施及其效果表示肯定和赞赏;另一方面也提到两国经济关系中存在的问题,主要是三个:中国的经济增长模式;要确立由市场主导的人民币汇率机制;要使美国企业能在同样的基础上与中国企业竞争。在讲到人民币汇率时,盖特纳指责中国从2010年7月以后"升值太慢、幅度太小",他威胁在下一个关于主要贸易伙伴的汇率半年度报告中要考虑这些因素,并考虑美国能综合采取哪些措施促使人民币更快升值。③

　　9月23日,出席联大一般性辩论的温家宝总理在纽约会晤奥巴马。温家宝指出,目前中美经贸关系面临的问题是结构性的矛盾,只有采取综合性措施,才能逐步得到解决。中方愿同美方在相互尊重、平等相待基础上,着眼大局和长远,探讨开展大规模财政、金融、贸易、投资合作的方式,共同维护国际金融稳定,

---

① 《中美战略与经济对话为何没深谈人民币汇率问题?》,2010年5月26日,http://business. sohu.com/20100526/n272347551.shtml/。

② 马继鹏:《萨默斯访华意在人民币》,2010年9月6日,http://finance. people. com. cn/GB/ 12639686.html。

③ Timothy Geitner, "China's Currency Policies and the U.S.-China Economic Relationship", Testimony before the Senate Committee on Banking, Housing, and Urban Affairs, September 16, 2010, *Washington File*, September 16, 2010, pp.9—15.

推动中美经贸关系平衡、可持续发展。中国推进人民币汇率形成机制改革的决心是坚定不移的。奥巴马表示,"中国政府必须采取更多的行动,以解决中美双方在人民币汇率问题上日益加剧的紧张形势","在未来数月希望看到人民币更快、更大幅度地升值"。①

9月30日,民主党众议员蒂姆·瑞安提出的《汇率改革促进公平贸易法案》在众议院以348票比79票的高票获得通过,达到数年来国会施压人民币升值的顶点。但国会能做的也不过如此。中期选举之后,国会对人民币的压力消退,对别的问题的关注增加。及至2011年新一届国会开张,这个法案也就成了废案。

实际上美国国内对于施压人民币升值远不是意见一致的。约翰斯·霍普金斯大学国际关系高级研究院教授鲍泰利2010年3月20日在《纽约时报》发表题为《关于中国货币的神话》的评论,批驳了通过人民币升值来帮助美国经济的种种神话。至于美国商界,那些在中国有直接投资的公司更是反对人民币升值,升值意味着它们的生产成本上升,利润下降。这种意见强烈地反映在中国美国商会所编的2010年《美国企业在中国》中。该书指出:"美国政府过分强调了人民币汇率的严重性,目前与中国之间的贸易失衡并未对美国的整体贸易赤字水平产生严重的影响,而是吸收了美国与韩国、日本等亚洲其他国家之间的赤字缩减额。"在许多情况下,供应美国的产品若不在中国生产,也会转移到墨西哥或越南等其他国家生产。人民币的重新估值不太可能给美国带来大量的就业机会。②

从2005年到2011年年底,人民币对美元总体升值幅度超过了30%。中国作为负责任的大国,也尽其所能地担负起促进全球经济再平衡的责任和义务。2011年中国对外经贸工作的重点是积极扩大进口、稳定出口、减少顺差。2011年前三季度,中国进口增速高于出口4个百分点。同时,中国在"十二五"期间开始积极鼓励消费,从出口导向转为内需立国,从投资驱动转为投资和消费双驱动。中国还加快实施"走出去"战略,鼓励资本输出和外汇资产多元化管理和运用。2006年至2010年中国对外直接投资的增速年均超过40%,明显高于外商来华直接投资10%的年均增速。而增速最快的是对美投资。③中方在2011年

① 《温家宝与奥巴马举行会晤:妥善处理分歧携手前进》,2010年9月24日,http://news. xinhuanet.com/world/2010-09/24/c_12600271_2.htm;王荣军:《奥巴马政府对华经贸政策回顾与评估》,中国社会科学院美国研究所编:《美国战略研究简报》2012特刊,第23页。

② 参见何兴强:《美国国内政治与人民币汇率问题》,黄平、倪峰主编:《美国问题研究报告(2011)》,第298—299页。

③ 参见张燕生:《全球失衡与中美在再平衡中的责任》,黄平、倪峰主编:《美国问题研究报告(2012)》,第287页。

1月《中美联合声明》中承诺"继续坚持推进人民币汇率形成机制改革,增强人民币汇率弹性"。①2011年、2012年人民币汇率水平和形成机制的调整在很大程度上使这一问题在双边关系中的敏感度降低,但并未完全消失。②

中美两国在经济上的相互依赖在一定程度上制约了美国对华汇率政治。美国相当依赖中国增持国债来稳定金融。正如美国经济学家麦金农所说:"中美之间达成了某种形式的暂时妥协。事实上,如果没有中国的(隐形)支持,由美国财政和信贷危机引发的世界性货币危机将难以避免。"③

3. 自主创新与政府采购问题

中国国务院在2006年颁布《科学技术发展中长期规划》,提出建设创新型国家的总体目标,其中首次出台自主创新政策,以做强中国制造业,提高中国制造的核心竞争力,改变中国制造产品处于国际产业链下端的状况。《规划》规定,国家实施促进高新技术企业发展的税收优惠政策。美国企业认为这使外资企业,包括美国企业处于不利的竞争地位,是对外资企业的一种歧视性政策。2007年中国政府又颁布规划的实施方案,规定只有自主创新产品才能享受政府采购中的优先待遇。2009年11月出台的《国家自主创新产品目录》规定了自主创新产品的认定标准,其中要求,产品的知识产权原始商标必须是中国国内所有并在中国注册。美商认为,中国政府的这些政策"具有保护主义色彩","把外企排除在中国市场之外","通过税收优惠、政府采购政策、标准设定和要求、安全法规、补贴和竞争法律制裁,给予中国企业各种优惠待遇"。④美方尤其不满的是上述关于政府采购的规定。为此,中美双方进行了一再交涉。

这一问题成为第二轮战略与经济对话的热点。中方明确表示,认定自主创新产品政策的"目的是鼓励中国境内依法设立的所有企业(包括外资设立的独资企业,也包括中外合资企业以及中国本土的企业)加大研究开发力度,尊重和保护知识产权,重视提高产品质量,创造和形成更多的有自主知识产权的产品,给消费者提供先进、适用和可靠的产品"。考虑到美、欧、日等国家和外资企业对2009年国家自主创新产品认定通知中的知识产权商标和申报时间表示的关切,科技部与有关各方,包括美、欧、日、韩等国在华企业的主要负责人充分沟通,举

① 《中美联合声明》(2011年1月19日),《新华每日电讯》2011年1月20日。

② 2015年8月11日,为完善人民币汇率形成机制,中国人民银行再次启动汇率改革,将人民币兑美元汇率中间价下调1 000个基点,人民币当日贬值达到1.9%,创造21年来最大单日跌幅。截至2016年8月10日,美元兑人民币中间价为1∶6.653 0,一年间贬值幅度接近8.8%。人民币贬值的主要原因是美元持续走强,世界所有主要货币,欧元、英镑、日元兑美元一概贬值,人民币的贬值幅度还是比较小的。

③ 项卫星、王冠楠:《中美经济相互依赖关系对美国汇率政治的制约》,《当代亚太》2014年第6期。

④ 中国美国商会:《美国企业在中国》,2011年版,第65—67页。

行了 20 多次座谈会,在 2010 年认定的通知中对有关表述进行了调整和完善,基本解决了各方关注的问题,体现了非歧视、市场导向和保护知识产权的原则。①在 2011 年中美两国《联合声明》中更明确指出:"中国的创新政策与提供政府采购优惠不挂钩"。②

4. 美对华高科技出口的管制

从 20 世纪 90 年代末以来美国对华高科技出口一直处于严格的管制之下,在奥巴马任内也没有松动,这是阻碍两国经贸关系发展的一个突出问题。虽然美方一再承诺要重新审议,要予以放松,却是"只听楼板响,不见人下楼"。在多次战略与经济对话中、在中美商贸联委会会议中,中方屡屡提出此事,美方也一再作出承诺,却始终不见行动。在 2012 年第四轮战略与经济对话后的记者会上,商务部长陈德铭指出,双方在对话中从战略高度讨论了这一问题,美财长盖特纳表示中方不久会看到实质性变化。陈德铭说:"中国有句古话叫一诺千金,我们希望美国这么一个大国,能够三诺千金,在放宽对华出口管制上有实质举动。"陈德铭接着说,中美贸易不平衡主要是因为美国对华出口仍有 2 400 多个品种的限制。存在这样大量的出口限制,两国间贸易很难实现平衡,并且受损害的不仅是进口方,更多的是出口方的企业,希望美方充分认识到这一点。③中国领导人也对美方多次发出这样的呼吁,但美方一直没有实际行动。

三、人文交流

"国之交在于民相亲。"人文交流是中美新型大国关系的重要方面。2010 年 5 月,中美人文交流高层磋商机制的成立及历年的会晤,大大推动了两国宽领域、多层次、广覆盖的交流新格局的形成,包括教育、科技、文化、卫生、体育、妇女、青年、旅游等各个方面,丰富了两国人民交往的渠道,拉近了双方的距离,深化了相互了解,以"润物无声"的独特方式厚植民意基础。2015 年 3 月,习近平主席接见哈佛大学校长福斯特时指出,人文交流在中美关系发展历程中发挥着积极作用,已成为新时期两国关系的重要支柱。希望双方共同努力,促进中美人文交流合作不断深化,为中美关系发展注入更多正能量。④

---

① 《第二轮中美战略与经济对话五场新闻吹风会》,2010 年 5 月 24 日,http://live.people.com.cn/note.php?id=468100521111325_ctdzb_001#1。

② 《中美联合声明》(2011 年 1 月 19 日),《新华每日电讯》2011 年 1 月 20 日。

③ 《商务部长陈德铭:望美放宽出口管制"三诺千金"》,2012 年 5 月 3 日,http://news.fznews.com.cn/guoji/2012-5-3/201253CxjIwlCOut21247.shtml。

④ 《习近平:人文交流是中美关系重要支柱》,中国网,2015 年 3 月 16 日,http://news.qq.com/a/20150316/064105.htm。

（一）教育

教育无疑是两国人文交流一个富有成果的重点领域。1978 年年底，52 名中国学生公派前往美国，8 名美国学生来到中国，成为中美建立外交关系过程中的里程碑事件。①到 2013 年 11 月，美国 10 万人留学计划启动 3 年，累积已有 67 543 名美国公民到中国留学，完成计划的 68％；中方"三个一万"项目累积落实 12 466 个中美人文交流专项奖学金名额，超额完成计划；累积派出 9 449 人赴美攻读或联合培养博士学位，完成计划的 95％；累积邀请 10 123 名美国公民来华访问或者研修，超额完成计划。②2014 年是两国人文交流的丰收年。美方"十万强"计划超额完成，美国成为中国第二大留学生来源国。双方计划三年完成的 1 000 所小学以"热爱自然、绿色生活"为主题的校际交流活动，不到一年就完成了。③

2015 年中国教育部又启动"百千万"学生交流项目，在未来 5 年里，邀请 100 名美国青年精英访华游学；邀请 1 000 名美国优秀大学生来华学习，支持 1 000 名博士赴美重点高校留学；每年公派 1 万人赴美学习研修。④在 2015 年 9 月习近平主席访美时，中方承诺在未来 3 年资助两国共 5 万名留学生到对方国家学习，也欢迎美方把"十万强"计划从大学延伸到中小学，实现到 2020 年 100 万名美国学生学习中文的目标。⑤

在国家支持和规划的留学项目之外，更多的中国学生自费去美国留学。美国务院教育和文化事务局与美国际教育研究所 2015 年 11 月 16 日联合发布的调查报告显示，2014 年至 2015 学年间，在美国高校就读的国际学生人数达到创纪录的 97.5 万人，其中，来自中国大陆的学生人数达到 30.4 万人，占总人数的 31.2％，比排名第二的印度学生多出 17.1 万人。⑥在第五轮人文交流高层磋商中决定，中方将成立一个民间性质的中美人文交流基金，与美国"十万强"基金会对接，并签署合作协议，共同开展项目，进一步推动更多美国学生来华留学。

---

① 本书第七章第三节已经讲到 2009 年美中发起了互派留学生的计划。

② 郝平：《序言》，孙华、梁伯枢主编：《寻梦中国——中美人文交流初探》，北京出版社 2015 年版，第 1—2 页。

③ 刘延东：《2014 年是中美人文交流丰收年》，http://news.xinhuanet.com/world/2015-06/25/c_1115717038.htm。

④ 《教育部部长袁贵仁：深化中美教育交流与合作》，2015 年 6 月 19 日，http://www.edu.cn/zhong_guo_jiao_yu/jiao_yu_bu/jiang/201506/t20150619_1276925.shtml。

⑤ 《习近平主席对美国进行国事访问中方成果清单》，2015 年 9 月 26 日，http://news.xinhuanet.com/politics/2015-09/26/c_1116685035.htm。

⑥ 《中国留美学生达 30 万，一年在美高校花费达 98 亿美元》，2015 年 11 月 18 日，http://blog.sina.com.cn/s/blog_8ed156550102vzqw.html。

近年来,中美合作办学成果斐然。截至 2013 年 10 月,中国教育部共批准中美大学间合作办学机构 10 个,合作办学项目 159 个,包括上海纽约大学、温州肯恩大学、昆山杜克大学等 3 所独立设置的中美合作大学,中山大学卡内基梅隆大学联合工程学院等中美合作二级学院。在第五轮磋商中,双方同意中国人民大学附属中学在美国成立普林斯顿国际数理学校,这是中国教育部批准的首家由中国学校在美国创办的纳入美国基础教育建制的国际学校。

2014 年 7 月在北京还启动了"千校携手"项目,以"千校携手,热爱自然,绿色生活"为主题,号召中美两国中小学增进交流与合作,增强环保意识。项目为期 3 年。

美国还是世界各国中设立孔子学院最多的国家。马里兰大学和天津南开大学建立了北美第一家孔子学院,2004 年 11 月 17 日签署建校协议,2005 年 3 月 8 日正式招生开课。该院立足校园,面向社会,为大华盛顿地区开设各类汉语和中华文化课程,培训汉语教师,举办形式多样的文化活动,成为当地各界人士进行文化交流的一个场所。截至 2010 年 9 月的 5 年多时间,该孔子学院及下属孔子课堂已拥有各类注册学员约 460 人,汉语推广影响到的学校达 30 余所,涉及人数几千名学生,开办各类汉语教学班 70 多班次,汉语水平考试参加人数 2010 年已超过百名,举办各种文化活动近 90 场,参加人数达 2 万人,对于发展北美的孔子学院作出了贡献。①截至 2015 年 6 月,全球 133 个国家(地区)开办了 487 所孔子学院和 894 个孔子课堂,累计学员超过 350 万人。而美国是孔子学院最多的国家,已有 107 所孔子学院和 451 个孔子课堂,注册学生近 30 万人。孔子学院及孔子课堂成为深化中美人文交流的重要平台。②

(二) 科技

科技合作是中美建交后最早开展合作的领域之一。1979 年 1 月底邓小平访问美国,和卡特总统亲自签订两国《科技合作协定》,根据协定,中美两国将在农业、能源、空间、卫生、环境、地学、工程等诸多领域进行合作,并鼓励两国大学和科研机构之间的联系和合作。协定为期五年,以后多次续签。2016 年 4 月科技部长万钢与美国白宫科技政策办公室主任霍尔德伦代表两国政府签署《中美科技合作协定延期议定书》。但从 20 世纪 90 年代以来,美国严格管制对中国的高技术出口,两国科技合作也受到影响,一些对国计民生和国家安全具有重要意义的项目,尖端的科技项目的合作无从进行,如航天,美国一系列法律禁止两国在航天领域的合作。两国的科技合作只能在传播科学知识等比较普及性的层面进行。中美双方利用各种方式加强在科技领域的公开对话,向公众普及科学知

---

① 《美国马里兰大学孔子学院》,www.hanban.edu.cn/node_6661.htm。
② 《美国目前共有 107 所孔子学院,注册学生近 30 万》,http://edu.qq.com/a/20150620/017094.htm。

识,并探索青年科技工作者感兴趣的课题。在 2013 年至 2016 年间,中美青年科技论坛一年两次在两国轮流举行,数百名青年科技工作者参加了论坛,论坛对促进他们的职业发展起良好作用。双方还各自选派青年学者、优秀博士生到对方国家、在对方导师指导下从事研究工作,为未来研发合作奠定基础。关于清洁能源的合作是两国合作的一个突出领域。2015 年在磋商中确定的一个项目是中美轨道交通装备联合研发:中国中车股份有限公司联合同济大学、上海轨道交通检测技术有限公司和美国伊利诺伊大学香槟分校等,以共同出资的方式在香槟分校成立"中美轨道交通装备联合研发中心",搭建中美行业学术和技术交流平台,促进双方轨道交通装备技术共同发展。①在 2016 年的第七轮磋商中还确定了两个项目:一个是建设上海张江—波士顿企业园,以积极发挥中美科技合作的辐射带动作用,并推动省州园区科技创新合作。在 6 月本轮磋商期间举办了上海张江—波士顿企业园揭牌仪式暨"中美科技园区合作创新论坛"。另一个是推进无锡市与麻州理工学院(MIT)合作:科技部支持无锡市锡山区与麻州理工学院产业联盟办公室(MIT-ILP)共建无锡锡山 MIT-ILP 国际技术转移中心,共建创新创业合作平台,推进双方开展技术合作研发、数据库共享、加快科技成果转化。双方人员定期交流互访,共同举办高层技术论坛。②

(三) 文化

中美两国都是具有灿烂的多元文化的国家,两国文化交流的内容十分丰富,包括博物、展览、演艺、影视、民俗以及文化领域的学术交流等,各种活动目不暇接,美不胜收。2014 年 11 月,中国艺术研究院文学院院长、2012 年诺贝尔文学奖得主莫言应美国哥伦比亚大学邀请,出席"世界领袖论坛"并作主旨演讲。史密森学会与中国文化部合作,在 2014 年 6、7 月举办史密森民俗节中国主题活动。许多中国的文化单位都有美国的合作伙伴,如中国故宫博物院与弗吉尼亚美术馆;中国国家话剧院与肯尼迪表演艺术中心;苏州昆剧院与林肯表演艺术中心等。双方的多个演艺团体到对方国家进行演出。2015 年 5 月,在北京举办"相约北京艺术节——美国主宾国"系列活动。11 月,美国 EDI 鹰龙传媒有限公司在洛杉矶举办"第十届中美电影节"。

2015 年 4 月文化部和美国家人文基金会在美国举办第四届中美文化论坛。来自哈佛大学、中国社会科学院、清华大学、北京大学等中美知名大学和学术机构的 20 多位学者和专业人士出席了论坛。论坛的主题是"培育合作:通过人文

---

① 《第六轮中美人文交流高层磋商联合成果清单》,2015 年 5 月 25 日,http://news.xinhuanet.com/world/2015-06/25/c_1115722660.htm。

② 《第七轮中美人文交流高层磋商成果清单(全文)》,2016 年 6 月 8 日,http://news.xinhuanet.com/world/2016-06/08/c_1119007835_2.htm。

研究和创新架构文化桥梁",分议题为"学术互译"、"大数据与人文研究"和"在线教育"。

2004年中美两国政府相关部门签署合作协定,在华盛顿国家植物园内建设占地12英亩的"中国园",由中国政府负责提供设计建设方案、园林建设的原材料、植物花卉、室内摆设等作为赠送给美国人民的礼物,由美方提供建设用地、建设基础配套服务和资金。作为在华府地区最大的中国式园林文化景观,该园将是美国人民了解中国文化的重要窗口。资金一半由美国政府提供,一半由民间人士募集。为此民间人士设立了全美中国园基金会,并创立维护基金及文化项目基金。①2016年9月两国元首杭州会晤推动了该项目的筹备工作。10月28日下午,中美共建中国园项目开工典礼在华盛顿国家植物园举行。崔天凯大使表示,这是落实两国元首杭州会晤成果的具体举措。中国园是中美友谊的象征,是两国人文交流合作互利共赢的典范。②

（四）卫生

中美在医疗卫生事业方面的合作直接关系到人民的生命健康以及医学科学的发展,其重要性在应对"非典型性肺炎"中得到凸显。③卫生人才培养是两国合作的一个重要方面。2015年启动"青年卫生骨干千人交流计划"。中方选派青年卫生骨干人员赴美国国立卫生研究院、美国疾控中心等机构工作,或赴美国知名大学学习;美方也选派青年专家来华交流、学习、指导。双方还实施了"中美百名医院院长互访计划"。

在疾病防控方面,中美双方合作伙伴选择乳腺癌、宫颈癌作为关注重点。美国心脏病协会继续与中方伙伴就改善心血管疾病的应对进行合作。

2016年还在中国西安举办了第六届中美健康峰会(9月),以及第三届中美医院管理研讨会,在江西南昌举办了中美健康城市论坛。

（五）体育

体育交流在中美关系史上曾起过重要作用。20世纪70年代初,"乒乓外交"成为两国关系解冻的先声。从诸如奥林匹克运动会的大型国际体育赛事到中国武术团2011年在纽约和华盛顿的巡演,再到2013年10月在北京和上海举办的NBA季前赛,体育交流受到两国民众广泛关注和热烈欢迎。中国国家体育总局与美国国务院协商配合,邀请来自体育界诸多领域的领导人参与体育界的磋商,开展了各种运动项目之间的合作与交流。其中姚明曾经效力的美国职

---

① 《美国民间团体为华盛顿植物园内建中国园呼吁》,2007年2月23日,中国新闻网,http://news.qq.com/a/20070223/000955.htm。

② 《中美共建中国园项目开工典礼在美首都华盛顿举行》,2016年10月29日,http://world.people.com.cn/n1/2016/1029/c1002-28817768.html。

③ 见本书第48—49页。

业篮球联盟(NBA)与中国同行的交流尤其突出。中国篮协选派联赛管理人员和裁判员赴美国参加由 NBA 组织的裁判员培训课程,NBA 也每年派运动员、教练员或裁判员来中国举办各种培训班。

中国的传统武术、气功也走进了美国,中国武术协会应邀派专家和展演团队赴美推广武术运动,参加"中国文化周",并举行武术研讨会;中国健身气功协会与美国太极拳健身气功中心合作,在美举办健身气功教练员培训班。

在竞技体育进行交流的同时,两国的体育合作还关注体育普及,重点开展青少年和残疾人体育的交流与合作。

（六）妇女

中美人文高层磋商对培养妇女领导力、保护妇女权益、反对家暴等给予了关注。中美妇女领导者举行了持续的交流对话。全国妇联与美国政府、高盛基金"一万名妇女项目"和其他公司和组织合作,在华举办两场女企业家精神研讨会。中华女子学院与美国威尔逊中心合作,举办女性领导力培训班。在关心妇女健康方面,全国妇联与高盛集团合作开展了提升预防乳腺癌知识和教育项目。全国妇联、美国国务院全球妇女办公室和全球清洁炉灶联盟合作开发推广使用清洁炉灶,既保护环境,又改善妇女及其家庭的健康与生活。

（七）青年

青年是两国关系的未来,人文磋商对开展两国青年交流十分重视,在两国青年从政者、青年思想者、学生领袖、青年公务员、企业家和金融工作者之间都开展了许多交流活动。双方还实施了"青年卫生骨干千人交流计划",加强青年卫生人员的培训和合作研究。两国开展了以中国青年公务员、青年教师和青年工作者为主要对象的培训项目,包括邀请美方专家来华培训、组织中国青年公务员和团干部赴美开展培训等。

2015 年两国还成立了中美青年创客大赛(China-US Young Maker Competition,CUYMC),这是由教育部主办,教育部留学服务中心、清华大学、英特尔公司承办的一项中美两国青年交流的赛事。真格基金为大赛提供了特别支持。2016 年大赛以"共创未来"为主题,关注社区、教育、环保、健康、能源、交通等可持续发展领域,结合创新理念和前沿科技,打造具有社会和产业价值的全新产品。大赛共设立包括中国的北京、天津、上海、南京、厦门、深圳、成都、西安、温州以及美国在内的十个分赛区。最终中国各分赛区的前六名以及美国分赛区的前十名,共计 64 支团队晋级决赛,参加 8 月 15 日至 18 日在北京举办的总决赛。比赛促进了创客文化和生态建设,推动中美两国青年创客在创新领域的深度交流。北京歌华文化发展集团参与了本届比赛的承办。

（八）旅游

中国公民自费出国旅游是在 20 世纪 90 年代后期开始的。1997 年 3 月,

《中国公民自费出国旅游管理办法》出台,并于当年 7 月 1 日起正式实施,标志着中国政府正式允许旅行社开办组织公民出境旅游。进入 21 世纪后,尤其是在中国"入世"以后,中国开放了越来越多的旅游目的地,2004 年中国全面开放赴欧洲旅游。2004 年 12 月,国家旅游局局长何光暐访美,与美商务部副部长格兰特·奥尔多纳斯签署《旅游合作谅解备忘录》。2007 年,首届中美省州旅游委主任、局长合作发展对话会议在美举办,此后每年在两国轮流举办,两国政府签署了《关于旅游的联合声明》。2008 年美国正式成为中国开展组团业务的出境旅游目的地国家。美国因其幅员辽阔、文化多样、景色优美,是中国旅行者最想去的地方之一,但实际上,由于种种具体原因,包括旅途遥远、费用较高,以及签证程序复杂,去美国旅游的人数不到全部出国游的 2%。2013 年中国向美国公民发放了 85 万张赴华签证,当年有 180 万人次中国公民前往美国,为美国经济贡献了 210 亿美元,创造了近 11 万个就业岗位。[1]2014 年 11 月起,中美双方为前往对方国家从事商务、旅游活动的对方公民颁发有效期最长为 10 年的多次入境签证,大大方便了中国公民赴美旅游。美国商务部的数据显示,2015 年到美国的游客人数为 7 750 万人次,其中来自中国的游客接近 260 万人次,而 2007 年中国游客赴美人数仅 40 万人次。2015 年 9 月习近平主席在访美时宣布,中美将在 2016 年举办"中美旅游年"。2016 年 2 月 29 日,美商务部和国家旅游局在北京正式启动"中美旅游年"。国家旅游局局长李金早在开幕式上表示,中方将以中美旅游年为契机,加大对美旅游开放和投资合作,实现今年中美双向旅游 500 万人次目标,把旅游打造成为中美新型大国关系的亮点。美国旅游推广局总裁兼首席执行官汤炳坤(Chris Thompson)表示,中美旅游年的设立,以旅游为切入点,推动美中互惠互利的长期合作关系。美中两国旅游业界将与政府部门协同合作,促进双向旅游。[2]

2007 年至今,中美旅游往来规模累计突破 2 200 万人次,年均增长达 7.6%,其中中国游客赴美年均增长 18.4%。频繁的人员往来带动了旅游业成为两国经贸关系的重要增长点。据美方 2015 年 10 月的数据,2007 年美国人出国旅游消费总支出为 1 442.24 亿美元,在中国消费 47.74 亿美元,占 3.3%。2014 年美国人出国旅游消费支出 2 207.57 亿美元,在中国消费 240.19 亿美元,占 10.9%。2014 年外国旅客在美消费 1 456.77 亿美元,其中中国游客消费 506.3 亿美元,占比达 34.8%。[3]

---

① 何慧:《当代中美民间交流史(1969—2008)》,科学出版社 2017 年版,第 237 页。
② 本段资料主要由中国旅游研究院院长戴斌、中国旅游研究院数据中心唐晓云教授提供。
③ 余翔:《奥巴马任内中美经贸关系评述》,《现代国际关系》2016 年第 11 期。

第三节 拓展全球治理的新边疆

一、安全方面

在重大的国际安全事务中,中美两国也进行了卓有成效的合作。以局势最复杂、冲突最尖锐、甚至仍然战火不息硝烟弥漫的中东地区来说,中美两国也有着广泛的共同利益。在阿富汗,中美两国共同努力,争取实现阿富汗的和平、稳定和国家重建。中美与国际社会一道,实现了伊朗核问题的全面政治解决,结束了长达 13 年的马拉松式的谈判。中国积极参与谈判,劝和促谈,发挥了独特的重要作用。在巴以问题上,中美都支持"两国方案"。在打击"伊斯兰国"组织方面,两国的立场是一致的,中方提供了人道主义援助。中美都在努力维护伊拉克的稳定,中国的石油公司在伊拉克经营为伊战后重建提供了帮助。在埃及问题上,中美都支持现任塞西政府,支持埃及在中东事务中发挥重要作用。对于海合会,中美两国的立场也大体一致。在叙利亚问题上,中国不同意西方迫使巴沙尔·阿萨德下台的立场,但赞成"化武换和平"的方案,并为实现"化武换和平"与美国及国际社会进行了良好的合作。当然不是说两国在中东的诸多问题上毫无分歧,但总体说来,两国的共同利益比分歧大得多。

(一)阿富汗问题

阿富汗是世界上最不发达的国家之一,又遭受长期战乱蹂躏,至今国家没有恢复和平稳定,重建任务十分艰巨。奥巴马政府上任后即提出了"阿富汗—巴基斯坦战略",旨在通过军事、政治、经济等多重政策手段改善阿富汗安全形势,确保美国于 2014 年结束阿富汗战争。奥巴马政府曾试图通过军事手段逼迫塔利班就范,但效果不彰,于是改而支持卡尔扎伊政府与塔利班进行对话。2011 年 2 月希拉里·克林顿在亚洲协会的演讲中首次表示支持阿富汗政府与塔利班对话。①阿富汗塔利班深深植根于阿富汗社会,是阿一支重要的政治力量。中国呼吁,阿富汗各政治派别摒弃前嫌,参与到政治和解进程中来,主张国际社会应支持"阿人主导、阿人所有"的和平与和解进程,为阿富汗实现和平和解创造有利的外部环境。②

① Hillary Rodham Clinton, "Remarks at the Lunch of the Asia Society's Series of Richard C. Holbrooke Memorial Addresses", February 18, 2011, http://www.state.gov/secretary/rm/2011/02/156815.htm.
② 李克强:《携手促进阿富汗及地区的安全与繁荣——在阿富汗问题伊斯坦布尔进程第四次外长会开幕式上的讲话》(2014 年 10 月 31 日,北京),http://news.xinhuanet.com/2014-10/31/c_1113065585.htm.

也就是说,在通过民族和解寻求阿富汗的和平、稳定方面,中美两国的目标是基本一致的。尤其是在美军和多国部队撤出以后,在阿富汗维护局势稳定方面中国更可以发挥自己独特的作用。

2011年11月2日,在美国支持下,阿富汗问题国际会议在土耳其伊斯坦布尔召开。会议通过由土耳其倡议发起的《阿富汗地区安全合作伊斯坦布尔进程》,强调联合国在阿富汗问题上发挥协调作用,并呼吁各国在对阿提供援助的同时尊重阿主权和领土完整。该进程现有阿富汗、中国、俄罗斯、哈萨克斯坦、印度、巴基斯坦、伊朗、土耳其等14个地区成员国。美国是该进程的"支持国"(supporting country),在急于从阿撤离的情况下,美也乐见地区国家在该进程内进行一系列合作。另有英国等15个域外国家和联合国、上合组织等12个国际和地区组织作为支持方参与。2014年10月,上任不久的阿富汗总统阿什拉夫·加尼访问中国。10月31日,阿富汗伊斯坦布尔进程第四次外长会议在北京举行,李克强总理和加尼总统出席外长会开幕式,李克强发表演说阐述中国对阿富汗问题的立场,并坚定承诺,奉行对阿友好政策,致力于同阿方深化各领域互利合作,推动中阿战略合作伙伴关系向前发展;支持阿推进和平与和解进程,继续为此发挥建设性作用;支持阿和平重建,帮助加强自主发展能力建设,继续扩大对阿在安全方面的培训和援助;支持阿融入地区合作,促进本地区经贸合作和互联互通;中方已经并将继续积极参与伊斯坦布尔进程框架下的建立信任措施及合作,愿于年内为阿举办反恐、禁毒、灾害管理等培训班。①会议确定反恐、禁毒、灾害管理、商贸投资机遇、基础设施建设、教育等六大领域64个优先项目,都是阿富汗提高国家治理、自主发展、治安防务能力所必需的。

2015年12月9日,在伊斯兰堡举行阿富汗问题伊斯坦布尔进程第五次外长会议,其间,中、巴、阿进行三边会晤,在此基础上,又举行中、巴、阿、美四方会谈。中国外长王毅会见美常务副国务卿布林肯。王毅表示,中美在阿富汗问题上的合作是中美全球战略合作的组成部分,符合双方共同战略利益。中方愿同美方加强沟通合作,参与阿和平重建与发展,支持阿尽快重启和解进程,鼓励阿、巴改善双边关系,协助阿早日实现和平、稳定与繁荣。布林肯表示,美方对中方在推动阿富汗和平重建与和解进程中发挥的重要作用表示赞赏,愿与中方就此问题保持协调,加强合作。②

---

① 李克强:《携手促进阿富汗及地区的安全与繁荣——在阿富汗问题伊斯坦布尔进程第四次外长会开幕式上的讲话》(2014年10月31日,北京),http://news.xinhuanet.com/2014-10/31/c_1113065585.htm。

② 《王毅会见美国代表团团长、常务副国务卿布林肯》,2015年12月9日,http://news.xinhuanet.com/world/2015-12/09/c_128514900.htm。

　　2016 年 1 月 11 日,阿富汗问题巴、阿、中、美四方机制首次会议在伊斯兰堡举行,四方就重启阿富汗和平进程路线图进行讨论。中国外交部阿富汗事务特使邓锡军率团与会,阿副外长卡尔扎伊、巴总统外事顾问阿齐兹、美前驻巴大使奥尔森莅会。四方代表会后发表联合声明,呼吁塔利班与阿政府进行谈判,目标是减少暴力冲突,实现阿的长治久安,为此,将对阿和平和解进程中预期障碍和应对措施作出清晰可行的评估,为双方和谈创造适宜环境。但塔利班方面的代表并没有参与此次会谈,塔利班称拒绝与喀布尔政府谈判,仅愿意与美国对话。主办方巴基斯坦被视为能对塔利班施加影响,促其参加谈判,但是巴方表示,应谨慎对待未来存在的困难。①

　　中国支持以多边的方式解决阿富汗问题。中国借助上合组织推动阿周边国家发展共同政策以维护阿的稳定。在 2012 年 6 月举行的上合组织北京峰会上阿富汗被接受为观察员国,意味着阿从此以后将被自动包含在该组织每年举行的峰会之中,从而给阿政府发展与该组织成员国之间的关系提供了机会。

　　对于美国从阿撤军问题,中国特使孙玉玺表示,中国欢迎美军主体撤离,也欢迎美军在阿保留小规模部队,帮助阿政府和民众打击恐怖主义。②

　　为了加强反恐合作与协调,中、阿、巴、塔吉克斯坦还建立了四国军队反恐合作协调机制。2016 年 8 月 3 日,首届“阿、中、巴、塔”四国机制高级领导人会议在乌鲁木齐举行。各方决定正式成立“四国机制”,旨在就反恐形势研判、线索核查、情报共享、反恐能力建设、反恐联合训练、人员培训方面开展协调并提供相互支持,相关协调合作仅在四国间展开。各方强调,成立该机制不针对任何其他国家或国际组织。③

　　8 月 5 日,中阿举行两军战略对话。中方表示,当前,国际恐怖活动进入新一轮活跃期,“三股势力”对本地区安全稳定构成现实威胁。中方愿与阿方一道,深化各领域互利合作,不断丰富中阿战略合作伙伴关系内涵,深化联演联训、情报共享、人员培训、能力建设等务实合作。阿方表示,中方倡导建立的“四国机制”具有战略意义,为四国军队提供了更多合作机会。阿方愿与中方进一步加强战略沟通、深化务实合作,继续坚决打击“东伊运”等恐怖势力,维

---

①　《阿富汗问题四方机制举行首次会议》,http://news.xinhuanet.com/politics/2016-01/13/c_128621878.htm;《阿富汗问题首次巴阿中美会议在伊斯兰堡举行》,http://www.guancha.cn/Neighbors/2016_01_11_347668.shtml。

②　《中国特使孙玉玺:中国不会填补阿富汗“真空”》,2014 年 7 月 23 日,http://china.cankaoxiaoxi.com/2014/0723/433302.shtml。

③　《中国与阿富汗共建四国合作反恐机制,或针对新疆暴恐分子》,2016 年 8 月 5 日,http://mt.sohu.com/20160805/n462807183.shtml。

护地区和平稳定。①

2014 年 10 月 28 日至 31 日加尼总统对中国进行国事访问，两国领导人就推进有关重点领域经贸合作进行富有成果的讨论，并发表《关于深化战略合作伙伴关系的联合声明》，指出：双方将在文化、教育、青年、妇女、媒体等领域加强交流与合作；中方将推动两国媒体加强互动，支持阿方促进妇女权利的努力，为阿富汗妇女儿童提供力所能及的帮助。②中国政府派遣工作组赴阿开展援助规划和基础设施建设规划工作。阿方希望在公路铁路、供水和能源、农业等三个优先领域加强与中方的合作，欢迎中国企业以各种可行的方式积极参与。2015 年 6 月 27 日，中阿经贸联委会第二次会议在北京举行。双方就双边贸易、投资、援助和人力资源开发合作，以及两国自贸区建设、中国企业在阿投资的重点项目等议题进行友好坦诚务实的讨论，并签署有关合作文件。③

阿富汗的国家建设急需各类人才，中国在为阿培训人才方面发挥了积极作用。2001 年至 2014 年，中方为阿方培训了 1 000 多名经贸、财政、农业、外交、教育、水利各领域的专业人才。④李克强总理在 2014 年 10 月伊斯坦布尔进程第四次外长会开幕式上承诺，今后 5 年为阿富汗培训 3 000 名各类人才，并提供 500 个政府奖学金名额。2008 年中国在喀布尔大学设立孔子学院，此后发展成该大学的一个重要院系。目前，中方每年为阿方培训各类人才 800 余名。中方还连续数年同美国联合举办阿外交官、农业技术人员和医务人员培训项目，并正与德、英等国探讨开展援阿三方合作。2013 年 9 月，第二届中美联合培训阿富汗外交官项目在华盛顿开班。正如王毅外长 2013 年 9 月在美国布鲁金斯学会的演讲中所说的："阿富汗局势已进入一个关键转折期，能否顺利推进国内和解与重建进程，涉及中美以及本地区各国的共同利益。双方在这一问题上的合作刚刚开始，潜力和空间还很大。只要我们发挥各自优势，相互配合，阿富汗问题完全有望成为两国合作的新亮点。"⑤中国还为阿富汗警察举办反恐、禁毒等培训班。2014 年 11 月，中国向阿移交一批警用设

① 《首届中国阿富汗两军战略对话在京举行》，2016 年 8 月 5 日，http://www.chinanews.com/mil/2016/08-05/7962889.shtml。

② 《中国与阿富汗关于深化战略合作伙伴关系的联合声明》，2014 年 10 月 29 日，http://www.chinanews.com/gn/2014/10-29/6728643.shtml。

③ 《中国—阿富汗经贸联委会第二次会议在京召开》，2015 年 6 月 27 日，中国政府网，http://news.hexun.com/2015-06-27/177085878.html。

④ 黄民兴、陈利宽：《阿富汗与"一带一路"建设：地区多元竞争下的选择》，2016 年 4 月 2 日，http://www.vccoo.com/v/23b02d。

⑤ 《王毅在美国布鲁金斯学会就中美关系发表演讲》，2013 年 9 月 21 日，http://china.huanqiu.com/hot/2013-09/4376785.html。

备,包括通信设备、取证相机、警用头盔和盾牌、药(毒)品快速检测设备等,并向阿提供相关设备操作培训帮助。中国还多次为阿富汗举办扫雷技术培训并捐赠扫雷器材。①

中国提出"一带一路"倡议后,阿富汗积极响应。由于阿连接南亚、中亚、西亚的方便地理位置,它在丝绸之路经济带的设想中占有独特地位。中方也希望这一倡议能为阿富汗带去实实在在的利益。在上述贾尼访华的联合声明中说:"阿方欢迎丝绸之路经济带倡议。作为古丝绸之路的历史传统过境路线,阿富汗愿与中方密切合作,共同推进丝绸之路经济带建设。双方认为,丝绸之路经济带建设对促进中阿互利合作和地区互联互通具有重要意义。"②2016年7月,阿首都喀布尔与乌鲁木齐恢复直航航班,首列由江苏省南通市至阿海拉顿口岸的中亚货运班列也于8月正式开通。11月18日,第71届联合国大会协商一致通过关于阿富汗问题第A/71/9号决议,呼吁国际社会进一步凝聚援阿共识,在政治、经济、安全领域向阿提供援助。决议欢迎"一带一路"等经济合作倡议,敦促各方通过这些倡议加强阿及地区经济发展,呼吁国际社会为此提供安全保障环境。

持续战乱造成阿境内大量难民流离失所,目前阿国内有超过900万人急需人道主义物资援助。2017年3月9日,联合国难民署在喀布尔举行仪式,接收中国政府提供的100万美元现汇援助,用于向阿境内难民提供人道主义救济。当天,难民署将毛毯、煤气罐等过冬物资发放给当地330多户难民家庭。根据相关协议,联合国难民署将代表中国政府开展物资采购、运输、分发等具体工作,后续援助物资也将陆续发放到难民手中。时任中国驻阿大使姚敬、阿难民和遣返事务部部长赛义德·巴尔希,以及联合国难民署驻阿办公室负责人法西亚·阿卜杜拉等出席当天仪式。③

阿富汗的毒品问题是对地区安全的一个威胁。据联合国有关机构统计,现在世界上90％以上的鸦片和海洛因产自阿富汗,阿已成为世界最大的毒品生产国和输出国。多年来,阿政府、美军和多国部队也在禁毒,但收效甚微。中国作为阿邻国,已经成为阿毒品外运的主要途经国和受害国之一。美国也一直希望阻止阿富汗国内恐怖组织和塔利班通过毒品贸易获得资金以从事恐怖暴力行动。在这一方面,中美两国以及国际社会有着很大的合作空间。

---

① 李青燕:《转型期的阿富汗成为中美合作的新领地》,2015年12月3日,http://opinion.hexun.com/2015-12-03/180956311.html。

② 《中国与阿富汗关于深化战略合作伙伴关系的联合声明》,2014年10月29日,http://www.chinanews.com/gn/2014/10-29/6728643.shtml。

③ 《中国援助阿富汗难民》,《光明日报》2017年3月12日。

（二）伊朗核问题

2015 年 7 月历时 13 年的关于伊朗核问题的谈判达成全面政治解决。中国作为负责任的大国，是伊核问题磋商机制的积极参与者，中国劝和促谈，与美、伊和相关各国进行了良好的合作，发挥了重要的作用。中国的立场是一贯和明确的：第一，坚决维护国际核不扩散机制权威，维护地区的和平与稳定；第二，伊核问题必须通过和平的外交途径解决，中国坚决维护联合国的权威，坚持多边谈判的原则，主张以多边形式（如安理会"五常"加德国对伊朗）解决该问题；第三，伊朗应增强核计划的透明度，与国际原子能机构（IAEA）合作，回答国际社会的关切，赢得国际社会的信任；第四，坚持政经分开的原则，反对将核问题与国家关系和经贸关系挂钩，主张伊朗正常的对外经贸关系不应受影响。[①]中国还积极推动美伊直接谈判。由于美伊结怨年深月久，双方疑虑重重，在谈判中往往话不投机，并且容易从负面解读对方的表态。中国既与美国保持密切沟通，又与伊朗保持着良好的关系，可以作为第三方传达双方观点，疏解疑虑。

2002 年 8 月，伊朗流亡海外的反对派团体"伊朗全国抵抗委员会"向媒体透露，伊朗在秘密建造纳坦兹铀浓缩设施和阿拉克重水反应堆，引发国际关注。12 月 12 日，美国科学与国际安全研究所公布了美国商业卫星于当年 9 月 16 日拍摄的一组照片，对伊朗上述两座核设施提出质疑。2003 年 2 月，伊朗总统穆罕默德·哈塔米承认纳坦兹核设施确实存在，但仅用于提炼核电站所需的低浓度浓缩铀。5 月，伊朗允许国际原子能机构派人视察伊朗核设施，但拒绝调查人员取样。国际原子能机构随后认定了伊朗进行铀浓缩活动。9 月，国际原子能机构首次通过决议，要求伊朗尽快签署《不扩散核武器条约》附加议定书，终止提炼浓缩铀试验。英、法、德等国出面斡旋，并威胁把伊朗核问题提交联合国安理会，10 月伊朗与英、法、德达成"德黑兰宣言"，同意完全与国际原子能机构合作。12 月，伊朗正式签署《不扩散核武器条约》附加议定书。2004 年 11 月，英、法、德三国与伊朗举行多轮会谈后在巴黎初步达成协议。伊朗此后中止与铀浓缩相关的一切外围活动，但在暂停铀浓缩活动方面又数次出现反复。

布什政府强化对伊朗的遏制政策，并把伊朗与伊拉克、朝鲜一起列入"邪恶轴心"之中。在发动伊拉克战争后布什政府也没有放松对伊朗的打压，并寄希望

---

① 《中国政府对伊朗核问题的立场》，新华网，2012 年 6 月 19 日，冀开运：《伊核问题山重水复，达成共识柳暗花明》，《当代世界》2014 年第 1 期。

于伊朗国内的改革派实行政治变革。①

　　与美国的愿望相反,2005 年 6 月,支持核开发的保守派马哈茂德·艾哈迈迪—内贾德以绝对优势当选总统。同年 8 月,伊朗重启铀浓缩活动。2006年 1 月初,伊朗宣布恢复中止两年多的核燃料研究工作,伊核问题再度升温。2 月 4 日,国际原子能机构理事会通过决议,决定把伊朗核问题报告联合国安理会。3 月 29 日,安理会通过"主席声明",要求伊朗在 30 天内中止一切核活动。安理会主席声明虽然不具法律约束力,但标志着安理会正式介入伊朗核问题。6 月 1 日,中、俄、美、英、法、德六国外长经过多次磋商,提出一项解决伊朗核问题的方案。由于伊朗反应消极,六国外长 7 月 12 日在巴黎发表声明,决定将伊朗核问题重新提交联合国安理会。7 月 31 日,安理会通过第1696 号决议,要求伊朗在 8 月 31 日之前暂停所有与铀浓缩相关的活动。8 月22 日,伊朗对六国方案作出正式答复,表示愿意立即与六国进行认真对话。但由于伊朗拒绝停止浓缩铀活动,安理会于 12 月通过第 1737 号决议,对伊朗实行制裁。自 2006 年以来,联合国"五常"与德国多次会晤,形成伊核问题六国磋商机制,2008 年 7 月起,六国与伊朗先后在日内瓦、伊斯坦布尔、巴格达、莫斯科以及阿拉木图等地举行多轮对话,双方在浓缩铀、制裁等核心问题上分歧严重,谈判进展缓慢。截至 2010 年安理会共通过 6 个关于伊朗核问题决议,实施 4 轮制裁,包括冻结涉核计划相关企业和个人在国外的资产、禁止向伊朗转让相关核技术、禁止伊朗进口重型武器装备、进行任何与可运载核武器的弹道导弹有关的活动等。②

　　在美国和西方国家制裁下,伊朗经济遭受持续重大打击。在 2013 年大选中,伊朗社会凝聚起一个共识:伊朗必须打破外界封锁,改变孤立状态。③温和务实的鲁哈尼胜出,8 月就任总统;同属温和派并善于与西方打交道的扎里夫出任外长。鲁哈尼就任后持续对美国释放善意,9 月 20 日,鲁哈尼在《华盛顿邮报》撰文称,国际政治不再是零和博弈,"血海深仇的时代已经过去",美伊"应携手合作,共同结束这种不健康的对抗方式和相互干扰"。24 日,鲁哈尼在联大发言时称,伊朗与美国能够建立一种妥善处理分歧的机制。④美方也给予了回应。奥巴

---

① 详见顾国良:《美国对伊政策:伊朗核与导弹问题》,《美国研究》2006 年第 1 期。并见本书 138页笔者对美国高官的访谈。

② 《伊朗核问题大事记》,2015 年 4 月 4 日,http://news. xinhuanet. com/world/2015-04/04/c_127656063. htm。

③ 2012 年伊朗每天石油出口量减少了 2/3,经济濒临绝境,2012 年和 2013 年伊朗经济增速分别为－6.6％和－1.9％;同期,伊朗通货膨胀率分别为 26％和 39.3％。见李绍先:《伊朗全面核协议的影响评估》,《西亚非洲》2015 年第 5 期。

④ 参见田文林:《美国与伊朗关系缓和:神话还是现实?》,《国际研究参考》2013 年第 10 期。

马同日在联大演说中承诺不对伊朗实行政权更迭,承认伊朗有权和平利用核能,表示要和平解决伊核问题。①9 月 27 日,鲁哈尼与奥巴马通了电话,这是美、伊两国领导人从 1979 年伊斯兰革命以来的首次通话,是一个标志性的事件。美伊关系趋缓为伊核问题谈判营造了良好氛围。

9 月 26 日,扎里夫与六国外长首次会晤。经过 10 月、11 月密集的、高强度的谈判,11 月 24 日凌晨,各方在日内瓦达成"历史性的"阶段性协议,根据该协议,在 6 个月内伊朗将暂停浓度为 20% 的浓缩铀活动,并将近 20% 的铀原料进行还原,使其丰度降到 5% 以下;不再增加新的离心机,并将其核设施置于国际社会的严格监督之下;停止建设阿拉克重水反应堆,不为提取钚元素而对阿拉克反应堆的乏燃料进行再处理,也不新建具有再加工能力的设施。美国将放宽对伊朗总额约 70 亿美元的制裁,包括对其数十亿美元原油营收解禁,及放松对贵金属、石化产品和飞机零件的贸易限制,但石油、金融、银行等领域的"绝大部分"制裁措施维持不变。如果该协议能得到履行,在 6 个月内将不再对伊朗发起新的制裁。如果伊朗没有遵守协议,制裁将重新实行。②

协议还不是伊朗核问题的彻底解决,但毕竟是十年来漫长谈判过程取得的历史性突破,是令人鼓舞的进展,受到国际社会的普遍欢迎。它同时显示了中国所主张的通过和平的外交途径解决伊核问题的可行性。按照协议,2014 年 7 月 24 日前,伊朗需要与六国达成最终协议。在此之前,双方在维也纳再次进行了密集的谈判,但仍无结果。欧盟负责外交和安全政策的高级代表凯瑟琳·阿什顿与伊朗外长扎里夫发表联合声明,宣布谈判延长 4 个月。谈判中双方分歧的焦点是:(1)美方坚持伊朗必须将阿拉克重水反应堆改建为轻水反应堆,以彻底废止伊朗加工提炼钚的能力;伊朗则坚持在保留重水反应堆的前提下降低核燃料的丰度。(2)美方坚持伊朗必须废弃伊朗秘密建造的福尔多浓缩铀加工厂,伊朗不同意。(3)伊朗拥有 1.9 万台 IR-1 型加工浓缩铀的离心机,其中大约 1 万台仍处于正常工作的状态。美要求伊削减至 4 000 台,并不得研发新型的 IR-2 型离心机,遭伊朗拒绝。(4)伊朗要求最终协议签订后,对伊朗的经济制裁必须一劳永逸地取消;美方则坚持视伊朗的态度在 10 年内逐步取消。③

① Barack Obama, "Remarks to the United Nations General Assembly in New York City", September 24, 2013. Online by Gerhard Peters and John T. Woolley, *The American Presidency Project*, http://www.presidency.ucsb.edu/ws/?pid=104276.

② 《伊朗与六国终达核协议换放宽制裁》,2013 年 11 月 24 日,http://www.chinanews.com/gj/2013/11-24/5539587_2.shtml。

③ 华黎明:《美伊信任赤字拖住伊核谈判脚步》,2014 年 7 月 20 日,http://news.sina.com.cn/w/2014-07-20/063930548575.shtml。

2014 年 7 月 14 日，奥巴马总统给正在南美洲访问的习近平主席打电话，双方讨论了中美在伊核问题上的继续合作及继续执行上述协议问题，奥巴马强调，伊朗必须采取措施使国际社会放心，它的核计划完全是和平的。习近平指出，伊朗核谈判既取得了进展，也仍面临不少困难。中方希望各方全力以赴，早日达成全面协议。中方愿同美方加强沟通和协调，推动各方相向而行，争取尽早达成一项全面持久解决伊朗核问题的协议。①

到了 11 月 24 日谈判的截止期限，六方与伊朗仍未达成协议。各国同意将谈判延期至 2015 年 6 月 30 日，争取 2015 年 3 月底达成框架协议，之后商谈技术细节。克里在伊核问题本轮谈判结束后举行的新闻发布会上说，在过去几天，谈判取得了实质性的进展，各方在谈判中提出了一些新的想法，但也有"显著的分歧点"。如果没有实质进展，六国不可能与伊朗永远谈下去，但现在不是离开谈判桌的时候。克里说，伊核问题十分复杂，有许多技术性问题，要达成一项好的可验证的协议，需要时间。他强调，未来几个月谈判依然艰巨。②

在伊核问题谈判的关键时刻，2015 年 2 月中旬，王毅外长访问伊朗，会晤鲁哈尼总统，与扎里夫外长进行会谈。王毅向伊方推心置腹地反复表明，伊核谈判已进入关键阶段，中方赞赏鲁哈尼总统强调伊朗不谋求发展核武器的立场，希望伊朗和六方把握机遇，坚定信心，克服困难，坚持不懈推动谈判，尽早达成互利共赢的全面协议。③2 月 15 日，王毅和扎里夫共同会见记者。王毅表示，当前伊核问题谈判面临历史性机遇，如期达成全面协议是大势所趋、人心所向。全面协议的达成，有利于伊朗维护自身合法权益，包括和平利用核能的权利；有利于伊朗人民摆脱制裁，发展经济；有利于维护国际核不扩散体系，维护地区的和平稳定。谈判进入了最后阶段，各方要再接再厉，全力跑好马拉松最艰难的"最后一公里"，避免功亏一篑，前功尽弃。④

3 月底，王毅赴瑞士洛桑出席六国与伊朗外长的会议。30 日，王毅在接受中

① 《习近平同奥巴马通话》，2014 年 7 月 16 日，http://news.xinhuanet.com/mrdx/2014-07/16/c_133486528.htm; The White House, Office of the Press Secretary, "Readout of the President's Call with President Xi of China," http://www.whitehouse.gov/the-press-office/2014/07/14/readout-presidents-call-president-xi-china。

② 《伊核问题谈判将延长七个月》，http://news.xinhuanet.com/world/2014-11/25/c_1113384753.htm。克里在他任内对伊朗核问题倾注了大量的精力，表示奥巴马政府是愿意用外交手段来解决伊朗核问题的，也希望把伊核问题的解决打造成该届政府的政治遗产。

③ 《伊朗总统鲁哈尼会见中国外长王毅》，2015 年 2 月 16 日，http://news.xinhuanet.com/world/2015-02/16/c_1114392924.htm。

④ 《王毅与伊朗外长扎里夫举行会谈》，2015 年 2 月 16 日，http://news.xinhuanet.com/world/2015-02/16/c_1114383838.htm。

国媒体的联合采访时表示,谈判已经有了非常坚实的基础,目前剩下的问题已经很少了,是最后阶段,也是最难的阶段。王毅表示,作为伊核问题六国机制中的重要成员,中国积极参与各个层别的谈判,发挥了建设性的作用。中方将在最后阶段继续发挥好作用。现在主要分歧点是三个问题:一是协议执行期限问题;二是监督机制问题;三是一旦伊朗违反协议,国际社会如何恢复制裁。①会谈期间,王毅还分别会见各国外长,劝各方把握机遇,展现灵活,作出政治决断,推动谈判取得成功。

王毅提出四点主张:第一,坚持政治引领。伊核谈判涉及大量技术问题,但伊核问题说到底是政治安全问题,各方要加强政治引领,适时作出政治决断;第二,坚持相向而行,如果原地踏步,势必功败垂成;第三,坚持分步对等,分阶段、对等推进问题的解决,各方都应承担相应的责任与义务;第四,坚持一揽子解决,照顾各方核心关切,发挥联合国安理会的作用。②中国的这些建议合情合理,切实可行,对于各方坚持谈判直到取得成功起到积极的推动作用。当时,美、伊就解除制裁问题争持不下。伊朗坚持全面、立即解除制裁,而美国则拒绝设定解除制裁的时间表。对此,中国提出了分步、对等的方案,即在合理的时间框架内首先达成一揽子协议,然后分步加以实施。这一建议对解决双方矛盾起到了关键作用。③

4月2日,伊朗核问题各方达成框架性解决方案,从而为达成最终全面协议奠定了基础。欧盟代表莫盖里尼与伊朗外长扎里夫当天代表各方在瑞士洛桑发表联合声明指出,各方对限制伊朗核设施规模、分布、铀浓缩能力、核材料贮存等事宜进行了约定,提出了国际社会帮助伊朗和平利用核技术的方案,同时也承诺将终止美国和欧盟对伊朗实施的经济制裁以及联合国安理会通过的有关制裁决议。④

7月初,王毅外长再赴维也纳出席伊朗核问题谈判。2日,王毅刚刚抵达维也纳就接受中外记者采访表示,谈判已到最后冲刺阶段,但仍有一些重要、敏感的问题需要解决,中方带来了解决问题的方案和思路,他将和各国外长进行详细、具体的讨论,希望能够形成共识。⑤

① 《王毅出席伊朗核问题六国与伊朗外长会:谈判应坚定信念》,2015年3月31日,http://gb.cri.cn/42071/2015/03/31/2225s4918328.htm。
② 《王毅就伊朗核谈判提出四点主张》,2015年4月1日,http://news.xinhuanet.com/world/2015-04/01/c_1114838802.htm。
③ 参见李绍先:《伊朗全面核协议的影响评估》,《西亚非洲》2015年第5期。
④ 《伊朗核问题框架协议达成》,2015年4月4日,http://world.huanqiu.com/hot/2015-04/6094595.html。
⑤ 《王毅抵达维也纳参加伊朗核谈判,带来中国方案和思路》,2015年7月3日,http://news.cqnews.net/html/2015-07/03/content_34657253.htm。

经过有关各方的共同努力,关于伊核问题的《全面联合行动计划》(Joint Comprehensive Plan of Action)终于在 2015 年 7 月达成,协议要点是:

——伊朗重申在任何情况下都不会寻求、开发和获得任何核武器,伊朗接受长达十年的对核活动的严格限制;伊朗拥有和平利用核能的权利;

——伊朗将把离心机的数量削减三分之二,从约 1.9 万台减少至 6104 台;

——国际社会对伊朗的武器禁运将再持续 5 年,对伊弹道导弹技术转让禁令最迟在 8 年后取消;

——国际原子能机构人员可以在 24 天内进入伊朗境内被认为可疑的地点。伊朗有权对国际核查人员的核查要求提出异议,由伊朗和六国人员组成的仲裁机构将作出裁定;

——国际原子能机构核实伊朗核计划的和平性质后,联合国、美国及欧盟将解除对伊朗的经济和金融制裁;

——如果伊朗方面违反协议,相关制裁将在 65 天后恢复;

——伊朗将移除大约 98% 的库存的浓缩铀,重新设计阿拉克重水反应堆,将其仅用于和平目的;

——协议将在获得安理会批准后 90 天内生效。[1]

这样,中、美和其他各利益攸关方共同努力,维护了国际核不扩散体制,避免了中东地区的核竞赛。

协议达成后,7 月 21 日,奥巴马总统给习近平主席打电话表示,中国在伊朗核问题谈判达成全面协议中发挥了十分重要的作用,美方感谢中方为达成这一历史性协议所作的贡献,希望同中方继续协调合作、共同努力,确保全面协议得到实施。美中在伊核问题上的合作表明,只要双方合作努力,两国就能够共同应对气候变化、经济发展、公共卫生等全球性挑战。[2]

(三)叙利亚问题

2011 年 1 月叙利亚爆发反政府示威,随后升级为武装冲突,直至大规模内战。2012 年,美国发现叙利亚政府可能使用化学武器,奥巴马多次警告说,"使用化武是红线"。[3]2013 年 8 月中旬,叙利亚发生疑似使用化学武器的事件。奥巴马根据美国的情报,认定这是巴沙尔·阿萨德政府所为,于 8 月 31 日在国会

---

① 《六国和伊朗达成历史性全面协议　安理会月底将通过》,2015 年 7 月 15 日,http://world.huanqiu.com/hot/2015-07/7006608.html.

② 《习近平同美国总统奥巴马通电话》2015 年 7 月 22 日,http://news.sina.com.cn/o/2015-07-22/050032133025.shtml.

③ 《奥巴马重申动用化武是美国红线,怀疑叙总统指控》,2013 年 3 月 21 日,http://news.xinhuanet.com/world/2013-03/21/c_115104916.htm?prolongation=1.

发表讲话,对阿萨德政府进行强烈谴责,称它违反了国际准则,也是对美国国家安全、对美国在中东盟国的威胁,美国将对阿萨德政府采取军事行动,但行动的时间和范围都是有限的,为此他寻求国会授权。①2013年9月,在俄罗斯圣彼得堡二十国峰会期间,普京明确表示反对美国对叙利亚动武,同时,在俄罗斯的积极斡旋下,阿萨德同意将叙政府拥有的化学武器交由国际监督。习近平主席在出席二十国峰会期间曾严肃地劝奥巴马,在动武问题上要慎之又慎,三思而行。安理会经过反复的紧张磋商,于9月27日通过第2118号决议,即"化学武器换和平的决议",要求叙利亚任何一方都不得使用、开发、生产、获取、储存、保留或转让化学武器,叙各方都要与禁化武组织和联合国合作。②这一决议保障了叙化武问题的"软着陆"。

中方积极支持第2118号决议的落实,并参与叙化武核查和销毁工作。根据有关计划,俄罗斯提供的武装运输车首先在叙利亚12个地点收集化学武器和制造化武原料,并将其运至叙利亚濒临地中海的港口城市拉塔基亚;在此过程中,中国提供监控设施和10辆救护车,美国对化学武器提供卫星定位跟踪,并提供3 000件用于盛放、运输、隔离化学武器的设备。两艘挪威与丹麦船只联合将这些化学武器运到意大利焦亚陶罗港,再转运至经过特殊改造的美国"开普雷"号货轮。而后,"开普雷"号把化武运送至公海,在海上进行水解销毁。中、俄、丹、挪提供海上联合护航,美国提供卫星导航服务,芬兰和日本分别提供技术和资金支持。中方还选派多名专家参与叙化武核查和销毁工作。③选择中国执行护航任务是由于中国具有强大的护航能力和丰富的护航经验,也是中国与国际社会合作、与美国、俄罗斯等国家通力合作的体现。中国海军"盐城"号护卫舰2014年1月4日抵达塞浦路斯南部的利马索尔港待命。由于各国的共同努力,至2014年6月下旬,叙利亚待运输出境的化学武器全部运出,这是国际社会合作解决棘手的地区问题的一个范例,而中国的参与彰显了大国的担当。

---

① Barack Obama, "Remarks on the Situation in Syria", August 31, 2013. Online by Gerhard Peters and John T. Woolley, *The American Presidency Project*, http://www.presidency.ucsb.edu/ws/?pid=104044.

② 华黎明:《安理会一致通过决议,叙化武危机"软着陆"》,2013年9月29日,http://www.chinanew.com/gj/2013/09-29/5334524.shtml。

③ 《叙利亚化武销毁进程延误,中国参与海运护航》,中国日报网,2014年1月18日,http://www.chinadaily.com.cn/hqzx/2014-01/18/content_17243174.htm;《中国代表介绍中方参与销毁叙利亚化武多边行动》,中国新闻网,2014年1月9日,http://politics.people.com.cn/n/2014/0109/c70731-24064326.html。

二、经济方面

在中美第二轮战略与经济对话（2010 年 5 月 24 日至 25 日）上，双方承诺致力于构建更加开放的全球贸易和投资体系，加强金融领域的交流与合作，就财政、货币和结构改革等问题加强宏观经济政策对话与协调，并与二十国集团匹兹堡峰会"强劲、可持续和平衡增长框架"下有关承诺保持一致。①

2010 年 6 月，在加拿大多伦多举行二十国集团第四次峰会。由于 1 月希腊主权债务危机的出现，控制欧债危机成了此次峰会的一个突出问题。峰会呼吁加强金融调控和改革，包括国际金融高管人员选拔机制改革，减少财政赤字和债务，反对贸易保护主义；同意要求银行增加资本额；强调采取进一步行动推动世界经济增长。峰会成功完成应对危机和宏观经济政策管理这两项核心任务，明确先刺激、后退出、再整顿财政之间的妥善安排，以此来恢复市场信心，避免了肇始于希腊的欧元区新一轮金融危机扩展成又一次全球危机，支撑了脆弱的复苏进程。②胡锦涛主席出席峰会并发表题为《同心协力，共创未来》的讲话，强调继续发扬同舟共济、合作共赢的精神，推动世界经济尽早进入强劲、可持续、平衡增长。

2010 年 11 月，在韩国首尔举行二十国集团第五次峰会。这是首次在亚洲，也是首次在"新兴市场国家"举行的峰会。峰会主要议题为汇率、全球金融安全网、国际金融机构改革和发展问题，发展议题首次成为峰会主要议题，并通过了"首尔发展共识"和跨年度行动计划。最终通过的《二十国集团首尔峰会宣言》既对当时经济复苏和长远全球治理的焦点问题给出了解答，又对包括发展在内的全球性议题作出了承诺。胡锦涛主席出席并发表题为《再接再厉，共促发展》的讲话，强调各方要本着"对历史、对未来负责"的态度，站在"维护人类共同利益"的高度，再接再厉，努力促进世界经济增长。③

在胡锦涛 2011 年 1 月对美国的国事访问中，推进中美两国和世界经济增长是两国领导人讨论的一个重点。中美《联合声明》以大篇幅相当详尽地阐述了"加强宏观经济政策沟通与合作"、"反对贸易和投资保护主义"、"促使多哈回合谈判尽快取得成功"、"培育开放、公平和透明的投资环境"、"加强全球金融体系和改革国际金融框架"等诸多全球性经济金融治理问题，这样，中美双方就把二十国集团的共识转变成两国的承诺，并为实现这些承诺

---

① 《第二轮中美战略与经济对话框架下经济对话联合成果情况说明》，2010 年 5 月 25 日，http://news.xinhuanet.com/world/2010-05/25/c_12141479.htm。

② 《二十国集团多伦多峰会宣言》（2010 年 6 月 26—27 日），http://world.people.com.cn/n1/2016/0816/c1002-28640394.html。

③ 《胡锦涛出席 G20 峰会发表重要讲话》，2012 年 11 月 12 日，http://politics.people.com.cn/GB/1024/13198482.html。

提出具体举措和办法，表明两国共同努力应对危机、促进全球经济增长的决心和担当。①

第三轮战略与经济对话（2011年5月9日至10日）进一步为落实两国元首的承诺进行具体规划，支持二十国集团在国际经济和金融事务中发挥更大作用，并确认支持强劲、可持续和平衡增长框架，致力于通过经济增长和扩大就业来提高全体人民的生活水平；巩固全球复苏、减少过度外部失衡，将经常账户失衡保持在可持续水平。在改革国际金融框架方面，双方将致力于继续以强有力的合作来提高IMF和多边开发银行的合法性和有效性。双方将继续共同促进国际社会援助发展中国家，特别是最不发达国家的努力，寻求合作支持包括非洲在内的全球减贫、发展和区域一体化，以实现联合国千年发展目标。双方承诺推动11月戛纳峰会取得积极成果。②

11月3日至4日，二十国集团第六次峰会在法国戛纳举行。峰会主要讨论国际货币体系改革、大宗商品价格、就业和劳工等问题，尤其是在希腊和意大利都达到临界点的主权债务问题，出手营救欧盟，使欧盟从困境中解脱出来。峰会呼吁建立一个更稳定和更能抗风险的国际货币体系，扩大IMF特别提款权货币组成篮子，确保IMF拥有充足资源，在此前增资共识的基础上随时进行新的增资；峰会强调采取一切措施促进经济增长。峰会通过《促进增长和就业戛纳行动计划》，每个成员国都作出了相应的承诺。③胡锦涛主席出席峰会并发表题为《合力推动增长，合作谋求共赢》的讲话，全面阐述了中国对走出国际金融危机，加强全球经济治理的立场和主张。

在中美第四轮战略与经济对话（2012年5月5日）中，双方全面落实二十国集团峰会有关承诺，加快推进由市场决定的汇率制度。中方愿继续运用多种货币政策工具实施稳健货币政策，以促进经济可持续发展和价格稳定；继续致力于推进汇率改革，增强人民币汇率双向浮动弹性，更大程度地发挥市场供求在汇率形成中的基础性作用。双方支持IMF对促进全球经济金融稳定发挥作用，再次重申落实2010年IMF份额和治理改革方案。④

2012年6月18日至19日，二十国集团第七次峰会在墨西哥洛斯卡沃斯举

---

① 《中美联合声明》（2011年1月19日），《新华每日电讯》2001年1月20日。

② 《第三轮中美战略与经济对话框架下经济对话联合成果情况说明》，2011年5月13日，http://www.fmprc.gov.cn/ce/cgfrankfurt/chn/zgyw/t822391.htm。

③ 《二十国集团领导人第六次峰会公报》，2011年11月3—4日，法国戛纳，http://world.huanqiu.com/hot/2016-08/9315767.html；《促进增长与就业的戛纳行动计划》，2011年11月4日，法国戛纳，http://world.people.com.cn/n1/2016/0816/c1002-28640376.html。

④ 《第四轮中美战略与经济对话框架下经济对话联合成果情况说明》，2012年5月5日，http://www.fmprc.gov.cn/web/zyxw/t929133.shtml。

行。峰会强调创造高质量的就业机会;强调一个开放、可预测、有规则可循的、透明的多边贸易体系的重要性,保证世贸组织的中心地位。峰会向 IMF 累计承诺增资 4 560 亿美元,包括中国在内的许多新兴经济体都作出向 IMF 增资的决定,其中中国出资 430 亿美元,巴西、俄罗斯、印度、墨西哥各 100 亿美元,南非 20 亿美元。①此次峰会还重申和加强了一个轮流举办峰会的传统:在八国集团成员和新兴经济体之间轮流,在美洲、亚洲和欧洲国家之间轮流,有利于各成员国广泛、平等参与全球治理。②胡锦涛主席在会上发表题为《稳中求进,共促发展》的讲话,全面阐述中国关于继续致力于保增长、促稳定的政策主张。③峰会期间中美两国领导人举行会晤,这是胡锦涛与奥巴马的第 12 次会晤。在会晤前的记者会上,胡锦涛表示,中方愿同美方一道,牢牢把握共建合作伙伴关系大方向,不断增进互信和合作,妥善处理分歧和敏感问题,推动中美关系持续健康稳定向前发展。奥巴马表示,近 3 年半来,美中双方打造了一个"务实的、建设性的、全面的模式",在世界经济、双边贸易、重要国际和地区问题上开展了富有成效的合作,这不仅符合美中两国利益,而且符合全球利益。他衷心感谢胡锦涛在发展美中合作关系以及在二十国集团内发挥的领导作用。④

在 2013 年 6 月上旬习近平与奥巴马的"庄园会晤"中,经济问题是两位领导人讨论的一个重点。中美两国都面临着经济转型的问题。中国要坚定地推行经济结构改革;美国要重振制造业,逐步、可控地退出量化宽松,实行经济稳定复苏。而由于两个经济体高度相互依存,一方的得失可能直接对对方的金融和经济形势产生影响,甚至波及世界。双方都高度重视发展中美经济关系,都认为两国经济合作有着广阔的空间和巨大的潜力。双方同意保持在二十国集团等多边和地区经济框架下的协调合作,坚持贸易和投资自由化,反对保护主义,完善全球经济治理,推动地区和全球经济强劲、可持续、平衡增长。⑤

① 此次我国仍以购买 IMF 票据的形式参与增资。见本书第 238 页。
② 约翰·柯顿:《二十国集团与全球治理》,郭树勇、徐谙律等译,第 494—495 页。
③ 《二十国集团领导人第七次峰会落下帷幕》,2012 年 6 月 20 日,http://finance.sina.com.cn/world/20120620/124012362331.shtml。
④ 《胡锦涛会见美国总统奥巴马,就中美关系交换意见》,2012 年 6 月 20 日,http://finance.sina.com.cn/china/20120620/080512359445.shtml; Barack Obama, "Remarks Prior to a Meeting With President Hu Jintao of China in Los Cabos, Mexico", June 19, 2012. Online by Gerhard Peters and John T.Woolley, *The American Presidency Project*, http://www.presidency.ucsb.edu/ws/?pid=101038。
⑤ 《跨越太平洋的合作——国务委员杨洁篪谈习近平主席与奥巴马总统安纳伯格庄园会晤成果》,2013 年 6 月 8 日,http://news.xinhuanet.com/world/2013-06/09/c_116102752.htm; The White House, "Press Briefing by National Security Advisor Tom Donilon", June 8, 2013, www.whitehouse.gov/photos-and-video/2013/06/08/。

7月10日至11日举行的第五轮战略与经济对话把落实两国领导人的上述共识作为主要任务。双方承诺促进经济结构改革和可持续、平衡发展。美方承诺增加投资,提高储蓄率,削减赤字,降低债务,致力于实现中期财政可持续性,并高度关注货币政策的外溢性和国际影响。双方将及时与对方讨论经济政策。双方还承诺在二十国集团、亚太经合组织等框架下加强宏观经济政策协调,推进国际金融机构改革,倡导多边开发银行强化贷款能力,促进世界经济复苏与增长。①这样,在奥巴马开启第二任期,中国顺利实现领导人换届以后,两国在多边框架下的合作实现了"无缝对接"。显然,"庄园会晤"和此次对话也为二十国集团圣彼得堡峰会(2003年9月上旬)的成功奠定了基础。

2013年9月5日至6日,在俄罗斯圣彼得堡举行二十国集团第八次峰会,峰会主题是"世界经济增长和金融稳定、就业和投资、可持续发展和国际贸易"。峰会对于加快推动金融监管关键领域的改革,将反对贸易保护主义承诺的期限延长至2016年,促进在当年12月的世贸组织部长级会议上签订一项贸易便利化协定,开启有利于投资的创新型融资工作都产生了良好作用。中国继续强调IMF改革和推动人民币加入其特别提款权篮子。

2014年7月举行的第六轮战略与经济对话把加强全球范围的金融经济合作作为一个重要话题,并达成多项共识,诸如:

——双方再次承诺与其他经济体一起密切合作,支持中方主办亚太经合组织峰会,推动区域经济一体化,促进经济创新发展、改革与增长,加强全方位基础设施建设与互联互通建设;

——双方承诺在IMF和二十国集团机制下加强合作,完善IMF的份额和治理结构,进一步提高新兴市场和发展中国家的发言权,确保IMF资源充足和实力强大;

——双方重申支持世界银行逐步实现公平的投票权,并支持世行实行可持续的财务一揽子改革措施;

——双方承诺采取切实措施,进一步推动各自金融领域改革并加强监管,支持全球金融稳定。②

当年的二十国集团峰会于11月在澳大利亚布里斯班举行,主要议题是促经济增长与促就业、全球经济恢复、贸易和能源等。中美两国主导气候变化和能源

---

① 《第五轮中美战略与经济对话闭幕》,2013年7月12日,http://www.fmprc/gov.cn/mfa_chn/zyxw_602251/t1058401.shtml。

② 《第六轮中美战略与经济对话达成四方面成果》,2014年7月11日,http://finance.21cn.com/news/macro/a/2014/07/11/21/27793588.shtml。

方面的议题。各成员国领导人核准包含 11 项内容的《二十国集团能源合作原则》，重申逐步取消化石燃料补贴，鼓励各国通报自主限制碳排放的贡献，并支持绿色气候基金。

在 2015 年第七轮中美战略与经济对话中，双方承诺密切在二十国集团、亚太经合组织等多边框架内的合作，美方积极支持中国担任 2016 年二十国集团主席国，并再次确认 IMF 份额的分配应继续向新兴市场和发展中国家转移。本轮对话的一个主要目的是为 9 月习近平主席访美进行准备。

9 月 22 日至 25 日，习近平主席对美国的国事访问取得丰硕成果。习近平与奥巴马进行深入会谈，双方承诺在 IMF 机制下加强合作，并继续完善 IMF 的份额和治理结构。美方还重申在符合 IMF 现有标准的前提下支持人民币纳入特别提款权（SDR）篮子，并在此问题上加强沟通。①

2015 年二十国集团峰会于 11 月 15 日至 16 日在土耳其安塔利亚举行。峰会主题是"共同行动以实现包容和稳健增长"，会议围绕着"包容、落实、投资"三大要素，讨论了发展，尤其是最贫穷国家的发展、自由贸易、促进就业、能源等问题。

在 2016 年 6 月 8 至 9 日举行的第八轮中美战略与经济对话中，美方再次表示支持中方作为主席国主办二十国集团杭州峰会。双方将通过世行、亚行及其他国际金融组织在第三国开展融资合作。双方欢迎 IMF 2010 年份额和治理改革方案正式生效，并敦促执董会进一步完善 IMF 的治理。美方支持 IMF 将人民币纳入特别提款权（SDR）货币篮子的决定。②

2016 年 9 月 4 至 5 日，二十国集团领导人第十一次峰会在杭州举行。峰会的主题是"构建创新、活力、联动、包容的世界经济"，中国用这四个 I（innovative, invigorated, interconnected, inclusive），为世界经济走出低迷、走向可持续发展贡献了中国理念、中国智慧，也为中国参与全球治理确立了新的历史方向。习近平表示，中国有信心、有能力保持经济中高速增长，继续在实现自身发展的同时为世界带来更多发展机遇。为此，中国将以壮士断腕的勇气，把改革进行到底。习近平再次强调，中国的发展得益于国际社会，也愿为国际社会提供更多公共产品。中国提出"一带一路"倡议，旨在同沿线各国分享中国发展机遇，共同繁荣。亚洲基础设施投资银行（AIIB）已经开始在区域基础设施建设方面发挥积极作用。中国倡导的新机制，不是另起炉灶，更不是针对谁，而是对现有国际机制的

---

① 《习近平对美国进行国事访问中方成果清单》，2015 年 9 月 26 日，http://news.xinhuanet.com/finance/2015-09/26/c_128270196.htm。

② 《第八轮中美战略与经济对话框架下经济对话联合成果情况说明》，2016 年 6 月 8 日，http://news.xinhuanet.com/2016-06/08/c_1119015522_3.htm。

有益补充和完善,目标是实现合作共赢、共同发展。中国对外开放,不是要谋求势力范围,而是要支持各国共同发展。习近平还强调了落实历次峰会成果的重要性,"应该让二十国集团成为行动队,而不是清谈馆"。习近平的讲话引起强烈共鸣,成为峰会公报的主要内容。①

通过二十国集团实行全球金融和经济治理是国际事务民主化的具体体现,是新世纪一个重要的发展趋势。冷战结束以来,国际政治向着多边主义的发展经历了一个漫长曲折的过程,到了21世纪,以中国为代表的发展中国家的群体崛起加速了这种发展进程。世界金融危机的爆发为中国等新兴经济体参与全球治理提供了机会。发达国家遇到了危机,发展中国家以前所未有的姿态参与了全球治理。历次二十国集团峰会也证明了,峰会为世界金融和经济的把脉大致是正确的,开的药方也是对症的。自然,有些国家由于国内政治的原因在落实过程中受到了一些干扰,各国之间的情况也不平衡。但如果没有新兴经济体的参与,没有二十国集团的运作,金融危机到底会往哪个方向演变是难以预料的。

到2016年举行杭州峰会时,二十国集团经过8年的努力已经从当初应对危机的紧急举措,变成全球治理的一个经常性机制。在这个机制中发展中国家多于发达国家,新兴经济体的声音、主张一开始就受到重视,它们一开始就享有话语权,也就是说,这个机制从创立之初就确立了新兴经济体平等参与全球治理的权力和地位,这在以前是难以想象的。虽然峰会至今仍然是一个论坛,不是如IMF等国际机构这样的正式组织,不是具有执行权力的实体,但这没有削弱它的重要性。它与其他的全球性组织不是竞争的关系,而是互补的关系,实际上在别的国际组织生命力遭到质疑的时候,二十国集团支持了它们,为之注入了新的生命力,推动其改革,如推动世界银行和IMF的改革。在财政部长和央行行长级别,以及领导人级别,二十国集团日益成为不断扩大的全球治理网络中处于中心地位的高效的合作平台。在二十国集团内部,来自发达国家和新兴经济体的代表们形成密集、多样且相互交叉的组合,频繁地会晤,合理地行使其责任和权力,这是一种全球治理的独特模式和渠道。②习近平主席在杭州峰会的工商峰会开幕式上的讲话中强调,二十国集团不仅属于20个成员,也属于全世界,目标是让增长和发展惠及所有国家和人民,让各国人民特别是发展中国家人民的日子都一天天好起来。③杭州峰会还邀请乍得等8国领导人参加,实现了"20+",是

① 《二十国集团领导人杭州峰会公报》,2016年9月5日,http://news.xinhuanet.com/world/2016-09/06/c_1119515149.htm。

② 约翰·柯顿:《二十国集团与全球治理》,郭树勇、徐谙律等译,第488页。

③ 习近平:《中国发展新起点,全球增长新蓝图——在二十国集团工商峰会开幕式上的主旨演讲》(2016年9月3日,杭州),http://news.xinhuanet.com/world/2016-09/03/c_129268346.htm。

二十国集团历次峰会中邀请发展中国家最多的一次。峰会公报也承诺要保护最贫困国家的发言权及代表性。

从以上叙述中也可以看出,二十国集团峰会与中美战略与经济对话的内容高度相关、高度契合。在峰会之前中美两国进行沟通磋商,达成共识;峰会期间两国领导人必定进行会晤,就两国关系和峰会的有关事项举行对话;峰会之后两国又在战略与经济对话中对峰会成果加以确认,重申承诺,并讨论具体落实措施。由于两国是世界最大的两个经济体,两国的 GDP 占了全球的 40%,是世界经济发展的主要引擎,两国的沟通实际上起到了在发达国家与发展中国家间进行协调的作用。

2015 年 11 月 30 日,IMF 执行董事会在五年一度的特别提款权货币篮子审议会上,认定人民币为"可自由使用货币",决定于 2016 年 10 月 1 日起将人民币作为第五种货币,与美元、欧元、日元和英镑一道构成特别提款权(SDR)货币篮子。依据审议,人民币在 SDR 货币篮子中的权重为 10.92%,美、欧、日、英四方货币的权重分别为 41.73%、30.93%、8.33% 和 8.09%。这一决定意味着人民币成为国际金融领域重要的储备货币之一,有力地提高了人民币的国际地位,巩固和加强了人民币国际化的信心,是中国经济进一步开放、融入世界金融体系的重要标志,也是 IMF 与时俱进自我完善的一个举措。

中国政府高度重视人民币"入篮"的工作。早在 2013 年 9 月,习近平主席就在圣彼得堡二十国集团峰会上提出,"要建设稳定、抗风险的国际货币体系,改革特别提款权货币篮子组成……中国将努力深化利率和汇率市场化改革,增强人民币汇率弹性,逐步实现人民币资本项目可兑换"。[1]2015 年 3 月 23 日,李克强总理会见 IMF 总裁拉加德女士时,与其就人民币"入篮"工作进行认真讨论。11 月 3 日,拉加德发表声明说,IMF 专家认为人民币满足了"自由使用"标准,建议将人民币纳入 SDR 篮子。欧洲大国均表赞成,美国也没有反对。[2]

人民币加入 SDR 货币篮子意义不可小觑。短期内它将增强世界对人民币、中国金融市场和中国经济的信心,促使各国官方机构在其储备构成中考虑增加人民币比重,推动私人机构投资者更多地持有人民币资产,从而扩大人民币在金融交易中的使用。长期来看,还有助于加快中国金融市场改革,具体可体现在人

[1]　《习近平主席在二十国集团领导人第八次峰会第一阶段会议上的发言》,2013 年 9 月 6 日,http://news.xinhuanet.com/politics/2013-09/06/c_117249618.htm。
[2]　周世俭:《进入 SDR 与人民币国际化》,苏格主编:《国际秩序演变与中国特色外交》,世界知识出版社 2016 年版,第 318—319 页。

民币汇率、利率市场化、资本账户开放等。2016 年 8 月 31 日,首只以人民币计价的 SDR 债券"木兰债"由世界银行在中国银行间债券市场发行,首期规模为 5 亿 SDR,相当于 7 亿美元。中国人民银行当日发表声明称,世界银行首期 SDR 计价债券的成功发行,体现了 SDR 计价债券规避单一货币工具利率和汇率风险、多元化境内外投资者资产配置的优势,有利于丰富中国债券市场交易品种,也有利于扩大 SDR 的使用。①

三、应对气候变化方面

中美合作应对气候变化是奥巴马执政时期中美关系的一大亮点。

对于中国与美国来说,改变能源消费结构、营造优美生态环境都符合两国的根本利益。

中国气候条件复杂,生态环境脆弱,极易受气候变化的不利影响。经过持续三十几年的高速发展,资源(包括能源)紧缺、环境污染的问题越来越突出,已经成为可持续发展的一个瓶颈,转变经济增长方式,推进绿色发展、循环发展、低碳发展成为必由之路,应对气候变化在中国经济社会发展全局中的战略地位进一步提升。

中国二氧化碳排放的历史累积和人均排放都很低。但根据联合国政府间气候变化专门委员会(Intergovernmental Panel on Climate Change, IPCC)第四次评估报告预计,全球未来排放增长的 2/3 至 3/4 来自发展中国家。随着中国能源消费总量的增加,二氧化碳排放也相应增加。1980 年中国能源消费总量只有 6.5 亿吨标准煤,2000 年翻了一番,增加到 13.5 亿吨,到 2015 年已经增加到 43 亿吨,其中化石能源占 91%。②中国已经成为二氧化碳排放增长最快的国家,2010 年的排放份额占世界总量的 22%,估计 2020 年将占世界总量的 25%—28%。国际上要求中国减排温室气体的压力越来越大。③

减少排放,改善空气质量也越来越成为中国民众的强烈要求。中国政府从国民经济和社会发展第十一个五年规划(2006—2010 年)以来都对节能减排提出了约束性指标,把建设资源节约型、环境友好型社会作为重点工作,坚持不懈地发展低碳经济。

奥巴马政府也把应对气候变化置于治国理政的重要议程之上。美国民主党人和共和党人在理念上存在较大差异。在有保守倾向的美国民众中,

---

① 《世行首发人民币 SDR 债券》,《环球时报》2016 年 9 月 1 日。

② 潘家华:《让雾霾治理更加可感》,《环球时报》2017 年 1 月 9 日。

③ 马建英:《奥巴马政府的气候政策分析》,《和平与发展》2009 年第 5 期;许琳、陈迎:《全球气候治理与中国的战略选择》,《世界经济与政治》2013 年第 1 期。

"气候变化怀疑论"仍有市场。据皮尤中心2012年大选期间的一项民调,有1/3的共和党人认为全球变暖"根本不算是个问题",认为"是个非常严重问题"的人在共和党人中只占19%。共和党候选人罗姆尼公开宣称,不能肯定全球变暖是二氧化碳排放造成的,因此没有必要为减排付出巨大经济代价。①以奥巴马为代表的民主党人则不然。第一,奥巴马认识到传统的化学燃料是造成温室气体的元凶,而气候变化"是对这个星球最大的威胁","全球变暖不是将来哪一天的问题,而是当前的问题"。他在2008年竞选中屡次专门就气候变化发表讲话,严厉抨击布什政府否认全球变暖的威胁,政府的能源政策只为一小部分石油利益集团服务。他在7月的一次讲话中就指出,"很显然,我们对化石燃料的依赖是21世纪我们国家安全的一个最严重的危险"。②

第二,奥巴马政府认为应对气候变化的关键是能源政策问题。奥巴马在其就职演说中就宣布,要利用太阳、风和地热来给我们的汽车提供燃料,来开动我们的工厂。③

第三,奥巴马政府把应对气候变化与克服金融危机结合起来,通过发展绿色经济来创造就业岗位,复苏经济。在奥巴马2009年推出的7 870亿美元《美国复兴与再投资法》(The American Recovery and Reinvestment Act of 2009)中,约500亿美元投资于能源领域,其中272亿美元用于提高能源效率和可再生能源研究,215亿美元用于能源基础设施建设;并计划另拨213.22亿美元用于气候-能源税收刺激。④

第四,奥巴马把应对气候变化提升到安全和国家战略的高度,提升到美国领导地位的高度。他抨击布什政府在应对气候变化方面放弃领导,无所作为,而他则要重新占领这个道德高地,在应对气候变化方面发挥领导世界的作用。他在第二任期的就职演说中说:通向可持续的能源供应的道路是漫长的,有时是困难的。但美国不能抵制这种转变,我们必须领导。我们不能把可以用来创造新的

---

① 参见元简:《认知因素对美国气候政策的影响》,《国际问题研究》2013年第6期。具有保守倾向的共和党专家普遍反对由政府投入来主导发展可再生能源、绿色能源,他们认为"一切都要由市场来决定"。对传统基金会专家的访谈,2009年9月。

② 夏正伟:《试析奥巴马的环境外交》,《国际问题研究》2011年第2期;"Remarks of Senator Barack Obama: A Secure Energy Future", http://www.barackomaba.com/2008/07/11/remarks_ofsenator_barack_obama_90.php.

③ Barack Obama, "Inaugural Address", January 20, 2009. Online by Gerhard Peters and John T. Woolley, *The American Presidency Project*, http://www.presidency.ucsb.edu/ws/?pid=44. bama_90.php.

④ Pew Center on Global Climate Change, "Key Provisions: American Recovery and Reinvestment Act", http://www.pewclimate.org/docUploads/Pew-Summary-ARRA-Key-Provisions.pdf.

岗位和新的行业的技术让给别的国家。①

因此在奥巴马政府时期中美两国在应对气候变化方面的合作具有坚实的基础。

奥巴马当选之后即任命大力倡导可再生能源的物理学家朱棣文为能源部长,推动燃煤企业结构调整及技术革新的丽莎·杰克逊为环保署长,长期从事气候变化研究的托德·斯特恩为国务卿气候变化特使。随着共和党 2008 年总统大选和国会参众两院选举中的落败,主张改革小布什环境政策的民主党人掌控国会,国会比较容易同行政当局在环境问题上保持一致。2009 年 2 月 17 日,国会通过包括新能源政策的《美国复兴与再投资法》,众议院于 6 月 26 日通过《美国清洁能源与安全法案》(The American Clean Energy and Security Act of 2009)。但由于 16 名代表汽车制造业及煤炭州的民主党参议员在是否支持法案问题上摇摆不定,尽管法案几易其稿,内容大大缩水,但最终未能在参议院通过。

中美两国在能源方面的合作始自小布什时期,一个标志性事件是 2008 年战略经济对话期间《中美能源和环境十年合作框架》的签署。②。从 2009 年奥巴马执政后,两国在这一方面的合作获得了新的势头,每年都是战略与经济对话的重要内容。

奥巴马第一任期中美战略与经济对话中与能源合作相关的主要成果一览

届次	时间	地点	主要成果
第一轮	2009 年 7 月	华盛顿	草签《中美两国加强气候变化、能源和环境合作谅解备忘录》,建立气候变化对话与合作机制,实施《十年合作框架》下所有现有五个行动计划,包括清洁高效电力、清洁高效交通、清洁水、清洁大气、森林和湿地保护。并对十年框架加以扩展。承诺在可再生能源、清洁煤(包括碳捕集和封存)、智能电网、页岩气、第二和第三代生物燃料以及先进核能方面加强合作。

---

① Barack Obama, "Inaugural Address", January 21, 2013. Online by Gerhard Peters and John T. Woolley, *The American Presidency Project*, http://www. presidency. ucsb. edu/ws/? pid＝102827.

② 见本书第五章第三节。

第二轮	2010年5月	北京	发表《中美能源安全合作联合声明》,本着"共同研究、共担风险、共享成果"的原则,继续在清洁煤、核电安全和运营、可再生能源、智能电网、页岩气、先进生物燃料、电动汽车等技术研发方面开展联合投资、研发、生产、推广等深入务实合作;签署《中美页岩气资源工作组工作计划》,签署"绿色合作伙伴实施方案";同意举行首届"中美可再生能源论坛"、"中美先进生物燃料论坛",并启动"中美可再生能源伙伴关系"相关工作。
第三轮	2011年5月	华盛顿	举办第二届中美能效论坛,决定举办能源政策对话、油气工业论坛、可再生能源产业论坛及先进生物燃料论坛;在《关于加强应对气候变化能力建设合作备忘录》框架下加强制定温室气体排放清单的能力建设,进一步促进双方在电力特别是电力管理系统和电力项目决策等领域开展合作,加强大规模风电项目研究的规划与部署及风电项目并网等方面的合作和分析;加强使用航空生物燃料方面的合作;在《关于绿色合作伙伴计划框架实施的谅解备忘录》框架下签署六对新的绿色合作伙伴关系。
第四轮	2012年5月	北京	在全球清洁炉灶联盟下加强合作,推广清洁炉灶和燃料,中方宣布加入该联盟;继续加强《十年合作框架》下各项合作,并进一步实施绿色合作伙伴关系,加强在地方层级的投入和务实合作;开展改进空气质量的试点合作和污染物控制的技术交流;实施宜居交通合作项目,深化航空生物燃料、民航节能减排以及机动车污染防治合作。

哥本哈根气候峰会没有达到国际社会的期望,由基础四国(BASIC)和美国

主导形成的《哥本哈根协议》遭到许多国家的抵制。但协议却体现了中美关于减缓气候变化的一些基本共识,其中最重要的共识是两国共同支持"自下而上"的自主减排方法。①在 2009 年 12 月哥本哈根大会以后,应对气候变化的国际形势发生了一些变化。欧盟在过去二十年中一直是国际社会应对气候变化的主导者,在发展可再生能源和提高能效方面取得了长足进步。2012 年温室气体排放已经比 1990 年下降 21.8%。②但金融危机后,欧盟经济复苏乏力,内部分裂和主权债务危机成为欧盟面临的最突出最紧迫问题,民众和舆论对气候变化问题的关注大幅度下降,在政治层面应对气候变化推动力相对弱化。其他发达国家也踌躇不前。在德班会议(2011 年 12 月)闭幕后仅一天,加拿大政府借口无力支付违反《京都议定书》减排目标的罚款而宣布正式退出《京都议定书》。2013 年 11 月的华沙会议高级别谈判一开始,日本因福岛核电站事故而放弃了到 2020 年将二氧化碳排放量比 1990 年减少 25% 的目标,修正后的减排目标是,到 2020 年在 2005 年基础上减排 3.8%,比其 1990 年的排放水平还高出了 3.1%。澳大利亚不但拒绝作出履行出资义务的新承诺,还声称"要求发达国家作新的出资承诺不现实、不可接受"。日本、澳大利亚等国的立场引起广大发展中国家的强烈不满,致使高级别谈判从一开始便陷入僵局,一直活跃在大会会场的多家非政府组织代表也宣布集体退场,以示抗议。而俄罗斯对华沙会议的几乎所有议题都不关心。③

　　美国的情况也不容乐观。2010 年中期选举后,民主党失去对众议院的控制,在参议院只保留微弱多数,国会内气候变化怀疑论者增多,对奥巴马政府的环境政策及减排努力形成掣肘。接替南希·佩洛西任众议院议长的约翰·博纳是奥巴马和民主党政策的尖锐批评者,尤其反对限制碳排放和交易政策,认为这将伤害美国的就业增长。刚当选为参议员的茶党人士兰德·保罗和马尔科·鲁比奥也公开对人类活动导致气候变暖表示怀疑。多数共和党议员认为应对气候变化的相关措施将会损害美国经济的竞争力。在美国经济界也存在着反环保势力,传统的能源部门,如煤炭、石油部门反对政府以可再生能源来取代传统能源

---

① 欧盟主导形成的《京都议定书》是采用"自上而下"方法减排,即先确定全球减排目标,然后按一定原则将总目标分解并分配给相应国家。中美主张以"自下而上"的方法减排,即根据"共同但有区别的原则"和各自的能力,提出符合本国国情的自愿减排承诺。2013 年 11 月,"自下而上"的方法通过"国家自主贡献"概念在华沙气候谈判中得到各方认可。2015 年《巴黎协定》最终采用的是"承诺加审评"的方法,即以"自下而上"为主,充分尊重各国主权,给予各国自主决定的权力,又通过建立"全球盘点"机制的"自上而下"方法来加以督促,加大行动力度。参见赵行姝:《透视中美在气候变化问题上的合作》,《现代国际关系》2016 年第 8 期。并见本书第 432 页。

② 参见于宏源:《气候谈判地缘变化和华沙大会》,《国际关系研究》2014 年第 3 期。

③ 于宏源:《试析全球气候变化谈判格局的新变化》,《现代国际关系》2012 年第 6 期;《气候谈判地缘变化和华沙大会》,《国际关系研究》2014 年第 3 期。

的意见相当强烈,化工、制造、交通等行业和农业部门都是排放大户,对政府限制排放也持反对立场。[1]由于反对势力还相当强大,在 2012 年大选中共和党候选人罗姆尼和奥巴马都没有再提到气候变化问题。一个环保组织"地球之友"称,这是 1984 年以来首次候选人辩论中根本不提气候变化的大选。[2]为了在 2015 年达成有法律约束力的全球应对气候变化协定,国际社会迫切需要新的引领,新的推动。

2013 年 1 月,奥巴马开始第二任期。6 月 25 日,奥巴马在乔治城大学发表演讲,宣布《美国总统气候行动计划》,这是奥巴马政府在 2009 年推动国会立法以建立碳交易机制的尝试失败后,为建立全国性限制碳排放作出的又一次努力。在通过有关环保和能源的立法变得极其困难的情况下,奥巴马在第二任期主要采取了总统行政命令的办法来推行其政策。《行动计划》的要点是:减少碳排放、应对气候变化给美国带来的不利影响、领导国际社会应对气候变化的行动。鉴于发电产业的碳排放占美国总排放的 1/3,奥巴马签署了一项总统备忘录,指示美国环保署尽快制定新建电厂和现有电厂的碳排放标准。[3]

2013 年中国的经济结构改革进入攻坚时期。中美双方从各自的理念出发,从自身的经济实践出发,从对国际社会的担当出发,加强了在应对气候变化问题上的合作。4 月,克里国务卿首次访华。克里在气候问题上的认识与奥巴马完全一致。他在一次讲话中说:"从某种意义来说,气候变化现在可被视为世界上另一种大规模杀伤性武器,也许是世界上最可怕的大规模杀伤性武器",科学界一致认为,二氧化碳等温室气体的排放对气候变化产生了严重的影响。[4]就在他访问的当日,中美发表了关于气候变化的联合声明。声明的主要内容是:第一,确认中美合作对应对气候变化的必要性,同意提升应对气候变化合作的规模和力度。声明强调,两国各自的举措和合作行动"对于遏制气候变化和树立可以鼓舞世界的强有力榜样,都是极为重要的"。第二,确认在应对气候变化上的合作

---

① 夏正伟、梅溪:《试析奥巴马的环境外交》,《国际问题研究》2011 年第 2 期。

② 《与环保"绝缘"的美国大选》,http://webnodeii.ftchinese.com/story/001047273?full=y。

③ Barack Obama, "Remarks at Georgetown University," June 25, 2013; "Memorandum on Power Sector Carbon Pollution Standards," June 25, 2013. Online by Gerhard Peters and John T.Woolley, *The American Presidency Project*, http://www.presidency.ucsb.edu/ws/?pid=103865; http://www.presidency.ucsb.edu/ws/?pid=103831. 2015 年 8 月 3 日,奥巴马宣布其任期中最重要也是最受争议的环境能源政策——《美国清洁电力计划》(Clean Power Plan, CPP),《计划》要求美国发电行业到 2030 年二氧化碳排放比 2005 年减少 32%,二氧化硫排放减少 90%,氮氧化物减少 72%。《美国清洁电力计划》全文,http://www.cec.org.cn/guojidianli/2015-08-06/141511.html。

④ John Kerry, "Remarks on Climate Change", Jakarta, Indonesia, February 16, 2014, https://www.state.gov/secretary/remarks/2014/02/221704.htm.

对中美关系的重要性,强调它"能够成为双边关系的一个支柱,增进彼此信任和相互尊重,为更强有力的全面协作铺平道路"。第三,声明提出在 2013 年夏中美战略与经济对话举行之前建立气候变化工作组,并立即着手工作,确定双方推进技术、研究、节能以及替代能源和可再生能源等领域合作的方式。①

声明发表后中美立即建立了气候变化工作组,中国国家发改委副主任解振华和美国气候变化特使托德·斯特恩共同担任工作组组长,以提出并实施两国在气候变化领域开展双边合作的具体建议。工作组向第五轮战略与经济对话气候变化特别联席会议提交了报告,并受权落实所提出的合作倡议。双方决定,通过在载重汽车及其他汽车,智能电网,碳捕集、利用和封存,温室气体数据的收集和管理,建筑和工业能效等领域开展新的务实合作,并将继续就多边谈判进程及国内气候政策加强对话。工作组将落实习近平主席和奥巴马总统在安纳伯格庄园会晤中就氢氟碳化物达成的共识。②从此,两国在节能减排、低碳经济方面的合作获得新的势头,更多的机制建立起来,广泛的实质性合作在双方政府的鼓励下得以进一步展开。

中美就氢氟碳化物达成的共识在国际上发挥了引领作用。原来国际社会在此问题上认识不一,一些发展中大国不赞成削减氢氟碳化物使用。由于中美两国已经就此达成一致,在 2013 年 9 月 5 日至 6 日的二十国集团峰会(俄罗斯圣彼得堡)上,各国领导人首次就逐步减少使用某些已知的强效温室气体达成一致意见。按照协议,各国将通力合作,逐步削减氢氟碳化物这类广泛应用于冰箱、空调和一些工业设备的化合物的使用。③

2014 年 7 月,第六轮战略与经济对话对一年多来两国在能源与气候方面的合作进行了总结:2013 年 7 月、2014 年 2 月举行了两次针对 6 个中方城市和 3 个美方城市的中美低碳生态城市试点示范研讨会,为推进试点城市节能减排提供技术咨询;2013 年 11 月举办第五次中国市长赴美培训班,12 月美国市长第二次赴华考察,并决定继续加强中美市长交流;在美国贸易署资助下于 2014 年夏组织一个由 9 名中国国家能源局和其他中方单位的学员组成的培训团赴美培

① 《中美气候变化联合声明》(2013 年 4 月 13 日),http://www.gov.cn/jrzg/2013-04/13/content_2377183.htm.

② 《中美第五轮战略与经济对话框架下战略对话具体成果清单》(2013 年 7 月 10 日至 11 日),http://news.xinhuanet.com/2013-07/12/c_116518909_2.htm。2013 年 6 月 9 日在安纳伯格庄园会晤时,中美两国元首宣布两国将开展合作,减少并逐步停止使用氢氟碳化合物。氢氟碳化合物广泛用于冰箱、空调的制冷剂和绝缘泡沫生产的氯氟烃(CFCs)。氢氟碳化物虽然不含有破坏地球臭氧层的氯或溴原子,但却是一种极强的温室气体。

③ 《二十国集团圣彼得堡峰会领导人声明》,2013 年 9 月 5—6 日,俄罗斯圣彼得堡,http://world.huanqiu.com/hot/2016-08/9315644.html?_k=pmea09。

训,了解美国页岩气发展实践和技术;中国国土资源部和美国务院共同在 5 月为中国官员及公司举行第一次管理和招投标合同研讨会,交流借鉴在非常规天然气可持续发展和招标与合同条款设置等方面的经验,帮助中方对非常规油气进行可持续开发奠定基础。①

对话期间,双方举行中美绿色合作伙伴结对签字仪式并宣布新增六对绿色合作伙伴。过去五年,绿色合作伙伴计划在推进中美气候变化、能源和环境领域的地方和机构合作中起到巨大作用。在这一计划下,两国的地方政府、研究机构、大学、企业、非政府组织广泛地参与合作,促进创新与投资,展现了中美在能源和环境领域合作的活力;双方核安全监管机构决定继续开展合作,包括 AP1000 反应堆的持续性监管与技术交流,实现 AP1000 建造与许可技术共享。②

2014 年 11 月奥巴马访华期间,两国元首发表关于气候变化的联合声明。声明的最主要内容是两国分别宣布了各自的温室气体减排目标。美国计划于 2025 年实现在 2005 年基础上减排 26％—28％的目标并将努力减排 28％;中国计划 2030 年左右二氧化碳排放达到峰值且将努力早日达峰,到 2030 年非化石能源占一次能源消费比重提高到 20％左右。③这一宣布具有重大意义。首先,在此前,在哥本哈根会议上,美国宣布的目标是 2020 年比 2005 年减排 17％,新目标显然比原目标大大提升了。中国先前的承诺是单位 GDP 温室气体减排,而没有宣布过何时达峰。国际上对中国一直有压力,包括发达国家、发展中国家,尤其是小岛国都希望中国确定达峰时间,然后实行排放值的绝对下降。但要作出

---

① 《中美第六轮战略与经济对话框架下战略对话具体成果清单》,2014 年 7 月 12 日,http://news.xinhuanet.com/world/2014-07/12/c_1111579285.htm。

② 2004 年中国决定建设第三代技术的核电站,通过两年的招标谈判,美国西屋公司中标。2006 年 12 月 16 日,中美双方在北京正式签署了关于在中国合作建设先进压水堆核电项目及相关技术转让的谅解备忘录,确定中国将引进美国 AP1000 核电技术,在浙江三门和山东海阳建设 4 座 AP1000 核电机组。2008 年 1 月 7 日,双方签署了修订的核安全合作议定书。此后,中美就 AP1000 机组的选址、设计、制造、建造、调试和运行阶段的核安全审评和监督开展具体合作。AP1000 核电技术是目前全球核电市场中安全性好、技术先进的商业核电技术之一,核电站正在建造之中。

③ 《中美气候变化联合声明》(2014 年 11 月 12 日),http://news.xinhuanet.com/2014-11/12/c_1113221744.htm。在声明发表的当天,克里在《纽约时报》网站发表题为《中国、美国与我们这个越来越热的星球》的文章,其中说:今天的"宣布将为三个星期后在利马恢复的全球气候谈判以及明年达到高峰的巴黎会议注入势头。两位领导人承诺在各自国家采取雄心勃勃的行动并紧密合作排除通向巴黎的障碍,这就发出了一个重要的信息:我们必须达成协定,我们可以做到,我们将做到。声明也是美中关系的一个里程碑"。John Kerry, "China, American, and Our Warming Planet", http://2009—2017.state.gov/secretary/remarks/2014/11/233958.htm。

这样的决定显然不是容易的事情。现在中国宣布了达峰时间,表明了中国转变经济增长方式,走绿色经济、低碳发展道路的决心。中国信奉"言必信、行必果",一旦宣布了目标,就是对国际社会作出了庄严承诺,就需要采取一系列强有力的切实有效的措施来予以落实,这是中国改革开放新时期遇到的新挑战。其次,按照气候谈判的计划,2015年年底巴黎气候大会将完成2020年后国际气候机制的谈判,制定出一份新的有法律约束力的全球气候协定,以确保强有力的全球减排行动。这无疑是国际社会应对气候变化的具有里程碑意义的大事。但鉴于哥本哈根的经验,要达成这样一个协定,需要各利益攸关方都作出实实在在的努力,担当起自己的责任,付出必要的牺牲。在各国相互观望顾盼,踌躇不前之际,中美两国率先宣布了这个新目标,表明了两国的国际责任和大国担当,对世界各国是一个强有力的鼓舞和推动。声明明确表示,"两国元首决定来年紧密合作,解决妨碍巴黎会议达成一项成功的全球气候协议的重大问题",表明了两国领导人决心尽自己的一切努力使巴黎会议取得成功。声明中还一一列出了两国在应对气候变化方面的具体合作项目,这对国际社会也会发挥示范效应。在中美声明发表后的一年之中,180多个国家先后宣布了各自的减排目标,从而为巴黎大会的成功打下了良好的基础。

2015年6月下旬举行的第七轮战略与经济对话关于应对气候变化的内容更加充实、丰富:

——加强和强化气候变化工作组的合作:削减氢氟碳化物;在载重汽车和其他汽车减排、电动汽车方面的合作;智能电网倡议下的四个合作示范项目的合作;继续研究工作组2014年选定的4对碳捕集、利用和封存(CCUS)合作项目的开发任务;温室气体排放数据收集和管理;欢迎和核准气候变化与森林倡议的实施计划;进行锅炉效率和燃料转换研究;举行气候智慧型/低碳城市峰会,并就城镇化智能基础设施达成合作共识,等等;

——中国环保部、美国环保局和贸易发展署就绿色港口和船舶议题进行合作;

——在五年成功运行的基础上,两国清洁能源研究中心(CERC)续约5年,主要研究先进清洁煤技术(包括碳捕集、利用和封存)、清洁汽车、建筑节能以及能源与水;

——开展可再生能源务实合作,包括太阳能发电、光伏质量认证、光伏融资、可再生能源并网和新能源城市等11个合作项目;

——中国国土资源部和美国国务院继续就非常规天然气可持续开发、天然气勘查、招标进行交流和合作;

——中国国家能源局、环保部、美国贸易发展署、能源部、国务院和商务部协调开展第二期页岩气开发技术、贸易和监管等领域培训;

——核能和核安全方面的合作。①

2015 年 6 月,中国如期正式向联合国提交"国家自主决定贡献报告":二氧化碳排放 2030 年左右达到峰值并争取尽早达峰、单位国内生产总值二氧化碳排放比 2005 年下降 60%—65%,非化石能源占一次能源消费比重达到 20% 左右,森林蓄积量比 2005 年增加 45 亿立方米左右。同时,中方还将气候变化的行动列入"十三五"发展规划之中。

2015 年 9 月,习近平主席对美国进行国事访问期间,两国元首发表了又一个关于气候变化的联合声明。声明重申气候变化是人类面临的最重大挑战之一,两国在应对这一挑战中将发挥重要作用。声明展望了即将举行的巴黎气候大会,决心携手并与其他国家一道努力,达成一项富有雄心、圆满成功的协定,在考虑 2 摄氏度以内全球升温目标的同时,推进落实公约目标;协定将体现共同但有区别的责任和各自能力原则;包含有强化的透明度体系,以建立相互间的信任和信心;欢迎彼此及其他缔约方通报国家自主贡献中提出的强化行动;提倡在本世纪内进行全球低碳转型;重申发达国家承诺到 2020 年每年联合动员 1 000 亿美元的目标,用以解决发展中国家的需要,2020 年后继续提供强有力的资金支持;提倡今后几年在各自国内和全球范围内大幅增加基础研发,争取重大技术进步,以便向绿色低碳、气候适应型和可持续发展转型。声明还列出了两国拟采取的各自、双边和多边的合作措施,包括美国的"清洁电力计划";美国重申将向绿色气候基金捐资 30 亿美元,中国宣布出资 200 亿元人民币建立"中国气候变化南南合作基金";两国将加强在二十国集团、蒙特利尔议定书、国际民航组织、国际海事组织、世界贸易组织、清洁能源部长会议等作为对《联合国气候变化框架公约》补充的有关场合开展对话合作,推进气候变化相关问题。②这一声明在巴黎大会之前两国多月发表,对于大会的成功起到了直接动员作用。

《联合国气候变化框架公约》第 21 次缔约方大会暨《京都议定书》第 11 次缔约方大会于 2015 年 11 月 30 日至 12 月 11 日在巴黎举行。来自 195 个国家以及欧盟的代表(包括 150 多个国家领导人)出席此次大会,近 2 000 个非政府组织也参加大会。习近平主席出席大会开幕式并发表题为《携手构建合作共赢、公平合理的气候变化治理机制》的演讲,强调各方要展现诚意、坚定信心、齐心协力,推动建立公平有效的全球应对气候变化机制,实现更高水平全球可持续发展,构建合作共赢的国际关系。习近平指出,巴黎大会应该摒弃"零和博弈"的狭

① 《第七轮中美战略与经济对话框架下战略对话具体成果清单》(2015 年 6 月 26 日),http://news.xinhuanet.com/world/2015-06/26/c_1115727263_3.htm。

② 《中美元首气候变化联合声明》(2015 年 9 月 26 日),http://news.xinhuanet.com/world/2015-09/26/c_1116685873.htm。

隘思维,推动各国尤其是发达国家多一点共享、多一点担当,实现互惠共赢;应该创造一个包容互鉴、共同发展的未来,各国应该加强对话、交流和学习,同时,要倡导和而不同,允许各国寻找最适合本国国情的应对之策;共同但有区别的责任原则不仅没有过时,而且应该得到遵守。习近平承诺,中国在今年 9 月宣布设立200 亿元人民币的南南合作基金,将于明年启动在发展中国家开展 10 个低碳示范区、100 个减缓和适应气候变化项目及 1 000 个应对气候变化培训名额的合作项目,继续推进清洁能源、防灾减灾、生态保护、气候适应型农业、低碳智慧型城市建设等领域的国际合作。①

奥巴马总统也在开幕式上讲话。他希望,巴黎大会是一个转折点,表明国际社会终于意识到了气候变化挑战的紧迫性,决心来拯救这个星球;美国作为最大的经济体意识到自己在造成这个问题中的作用,并将为此承担责任。他希望在巴黎谈定一份雄心勃勃的协定,建立一个强大的有透明度的系统,使国际社会有足够的资源来发展清洁能源,美国将坚定支持最不发达国家基金;希望巴黎大会将表明,世界经济正在朝向低碳经济的未来发展。②中美两国领导人亲临大会,并在开幕式上发表了这样积极的讲话,给会议带来强大的正能量,为会议的成功定下了基调。

与 6 年前的哥本哈根会议相比,巴黎气候大会最大的不同在于气候谈判模式发生了根本性转变:首先,自上而下"摊派式"的强制减排被自下而上的"国家自主贡献"所取代。在巴黎大会之前,全球已经有 186 个国家向《联合国气候变化框架公约》秘书处提交了"国家自主减排贡献"文件,这些国家碳排放量占到全球排放量的 90%。此举让各国在减排承诺方面握有自主权和灵活性,谈判压力骤然减小。其次,大国合作意愿更为强烈。中国与美国、欧盟、巴西、印度等已就气候变化发表多项双边声明,提前化解此前纠缠谈判进展的诸多分歧。中美之间还总结了 2009 年哥本哈根大会上公开争论影响谈判气氛的教训,通过双边对话增进理解,避免在谈判场合相互指责。第三,气候科学的认知更普遍、深入。联合国在 2013 年至 2014 年发布了第五次气候变化科学评估报告,对全球变暖受到人类活动影响的可能性由上次报告的"非常高"(概率在 90% 以上)调高至"极高"(概率在 95% 以上)。

---

① 习近平:《携手构建合作共赢、公平合理的气候变化治理机制——在气候变化巴黎大会开幕式上的讲话》(2015 年 11 月 30 日,巴黎),http://news. xinhuanet. com/world/2015-12/01/c_1117309642.htm。

② Barack Obama, "Remarks at the First Session of the United Nations Climate Change Conference in Le Bourget, France", November 30, 2015. Online by Gerhard Peters and John T. Woolley, *The American Presidency Project*, http://www. presidency. ucsb. edu/ws/?pid = 111271.

13 天的谈判仍然是艰苦的。在整个谈判过程中,中方一直推动在减缓、适应、资金、技术和透明度等方面体现发达国家与发展中国家的区分,要求各国按照自己的国情履行各自的义务、落实各自的行动并兑现承诺。中方代表解振华认为,中方的要求在《巴黎协定》中得到了体现,中国为协定的达成作出了巨大贡献。①12 月 12 日,《联合国气候变化框架公约》195 个缔约方一致同意通过《巴黎协定》。《协定》共 29 条,包括目标、减缓、适应、损失损害、资金、技术、能力建设、透明度、全球盘点等内容。《协定》规定,把全球平均气温较工业化前水平升高控制在 2 摄氏度之内,并力争控制在 1.5 摄氏度之内;全球将尽快实现温室气体排放达峰,21 世纪下半叶实现温室气体净零排放。根据《协定》,各方将以"自主贡献"的方式参与全球应对气候变化行动。发达国家将继续带头减排,并加强对发展中国家的资金、技术和能力建设支持,帮助后者减缓和适应气候变化。从 2023 年开始,每 5 年将对全球行动总体进展进行一次盘点,以帮助各国提高力度、加强国际合作,实现全球应对气候变化长期目标。②

《巴黎协定》获得通过后,将于 2016 年 4 月 22 日提交联合国最终签署。

2016 年 3 月 31 日,在习近平赴华盛顿出席第四届核安全峰会之际,两国元首再次发表《气候变化联合声明》宣布,中美两国将于 4 月 22 日签署《巴黎协定》,并采取各自国内步骤以便今年尽早参加协定。声明鼓励《联合国气候变化框架公约》其他缔约方采取同样行动,以使协定尽早生效。两国元首并承诺年内双方共同并与其他国家一道努力在相关多边场合取得积极成果,包括:《蒙特利尔议定书》下符合"迪拜路径规划"的氢氟碳化物修正案和国际民航组织大会应对国际航空温室气体排放的全球市场措施,清洁能源部长级会议工作,在杭州举行的二十国集团峰会,并号召二十国集团成员国建设性开展能源和气候变化国际合作。声明还充满信心地展望,中美气候变化方面的共同努力将成为两国合作伙伴关系的长久遗产。③在《巴黎协定》规定的签署日子之前发表的这个声明对于各国按时签署协议无疑是一个促进。鉴于当时仍有国家对协定态度不甚明朗,中美率先宣布签署彰显了两国对国际社会承诺的严肃性和应对气候变化的决心。

4 月 22 日是"世界地球日",2016 年的这一天是联合国开放《巴黎协定》给各国政府签署的第一天,各国领导人可在随后的一年内签署《协定》。中国国务院

① 《逾 165 个国家 22 日签署〈巴黎协定〉,中方推动功不可没》,2016 年 4 月 26 日,http://world.people.com.cn/n1/2016/0422/c1002-28296146.html.

② 《巴黎气候协定要点》,2015 年 12 月 14 日,http://news.xinhuanet.com/world/2015-12/14/c_128528392.htm.

③ 《中美元首气候变化联合声明》(2016 年 3 月 31 日,美国华盛顿),http://news.xinhuanet.com/world/2016-04/01/c_128854045.htm.

副总理张高丽作为国家主席习近平特使出席 4 月 22 日在纽约联合国总部举行的高级别签署仪式,并代表中国签署《协定》。美国国务卿克里出席仪式,并抱着孙女代表美国签署该协定。170 多个国家在 22 日签署《巴黎协定》。

9 月 4 日至 5 日二十国集团第 11 次峰会在杭州举行。前一天,9 月 3 日,习近平主席和奥巴马总统先后向联合国秘书长潘基文交存了中国和美国《巴黎协定》的批准文书。习近平在仪式上指出,《巴黎协定》为 2020 年后的全球合作应对气候变化指明了方向,标志着合作共赢、公正合理的全球气候治理体系正在形成。中国为应对气候变化作出了重要贡献。奥巴马指出,应对气候变化的威胁需要国际社会共同努力。美中两国是推动国际合作、促成《巴黎协定》的"中坚力量,在过去几年中我们两国在气候问题上的共同领导作用是全球行动的最主要的驱动力"。"作为世界上两个最大的经济体和最大的排放国,我们两国进入协定将为协定注入新的势头,并且给世界其余国家以信心,不论是发达国家或发展中国家,低碳未来是世界的前进方向。"①

联合国秘书长潘基文对中美两国交存批准文书表示欢迎和感谢,表示这将极大推动该协定于今年内生效。他高度赞赏中美两国在应对气候变化挑战方面发挥的领导作用,并发表声明称,中美两国领导人共同交存参加《巴黎协定》法律文书,展示了两国共同应对全球性问题的雄心和决心,意味着两国将联手引导未来全球应对气候变化的进程,并发挥领导作用,体现了两国的责任和担当。②

9 月 3 日,习近平与奥巴马在杭州国宾馆举行长谈。③中方的会晤成果清单中指出:两国元首"推动中美在引领全球应对气候变化方面建立了历史性的伙伴关系。气候变化合作已经成为中美双边关系的一大支柱。双方致力于落实三份气候变化联合声明,继续采取有力度的国内行动,以进一步推动国内和国际两个

---

① 《两国元首推动中美共同批准〈巴黎协定〉》,2016 年 9 月 5 日,http://finance.sina.com.cn/roll/2016-09-05/doc-ifxvpxua7866465.shtml; Barack Obama, "Remarks Announcing the United States Formal Entry Into the United Nations Framework Convention on Climate Change Paris Agreement in Hangzhou, China", September 3, 2016. Online by Gerhard Peters and John T. Woolley, *The American Presidency Project*, http://www.presidency.ucsb.edu/ws/?pid = 118918。

② Secretary General Says United States-China Agreement on Climate Change Bolsters Prospects for Adoption of Comprehensive Universal Accord, September 25, 2016, http://www.4-traders.com/news/ECOSOC-United-Nations-Economic-and-Social-Counci-Secretary-General-Says-United-States-China-Agreem-21100197/。《巴黎协定》需要代表至少 55% 全球碳排放的至少 55 个参与国签字才能生效。而中美的排放总量占全球的 40%,中美两国加入协定成为协定生效的强有力信号。

③ 详见本章第一节。

层面向绿色、低碳和气候适应型经济转型,并将不断深化和拓展中美双边气候变化合作"。①中美还发表《气候变化合作成果》。

中美在气候变化和能源合作方面取得重大突破的同时,也存在着一些矛盾和障碍,主要是清洁能源核心技术的转让壁垒、绿色贸易壁垒、碳关税等。首先,美国对中国的高技术出口管制也影响到清洁能源核心技术的转让。在美国出口控制清单上,一些清洁技术及相关软件都在其中,如生产太阳能板和 LED 灯具的有机金属化学沉积设备;生产风车涡轮机和超轻型民用复合材料飞机结构与发动机部件所需的碳纤维和机械用具,水净化处理系统部件(如化学剂、泵、阀)和节能产品(如工业用燃汽轮部件、热感成像仪);洁净煤高温气化技术,智能电网所需的高速运转计算机及软件,等等。②关于这些物项和技术,审批出口许可证手续繁琐,即便发放了许可证,还要随时接受美方的核查、验证。中国企业被迫转向别的国家寻找合作伙伴。清洁煤技术美国已经开发出十六七种,在国际上处于领先地位,但中美在这一方面的合作明显落后于中欧。美方还担心中国会利用合作机会窃取美方技术和其他知识产权。为此,众议院于 2009 年通过的《2010 财年对外关系授权法》中专门添加了一项条款,要求国务院确保国际条约不削弱美国公司的知识产权。③

其次,新能源保护主义政策。随着中国企业在本土以及全球清洁能源市场所占份额的提高,通用电气等一些美国公司开始抱怨中国政府对本国企业的扶持政策。2010 年 9 月 9 日,美国钢铁工人联合会向美贸易代表办公室提出 301 条款调查申请,指控中国产业政策"违反世贸规定",损害了美国内产业的经营和就业。指控集中在五个方面:限制稀土等重要原料的出口;要求外国投资者转让技术;歧视外国公司和产品;提供禁止性的出口补贴和使用国产货物;扭曲贸易的国内补贴。9 月 28 日,美国国会数百名议员联名致函奥巴马,要求政府就上述指控的中国清洁能源政策措施采取行动。10 月 15 日,美国贸易代表柯克宣布对中国清洁能源政策措施发起 301 条款调查。④11 月 15 日,中国政府、中国机电产品进出口商会、中华全国工商联合会新能源商会以及中国光伏产业联盟分

① 《中美元首杭州会晤中方成果清单》,《光明日报》2016 年 9 月 5 日。

② 刘卿、刘蓉蓉:《论中美清洁能源合作》,《国际问题研究》2011 年第 2 期。

③ House of Representatives, *Foreign Relations Authorization Act*, Fiscal Year 2010 and 2011, H.R.2410, Section 329;李世默、周云亨:《论新世纪以来美国对华能源政策》,《国际观察》2012 年第 2 期。

④ 李世默、周云亨:《论新世纪以来美国对华能源政策》,《国际观察》2012 年第 2 期;Sewell Chan and Keither Bradsher, "U.S. to Investigate China's Clean Energy Aid", *New York Times*, October 15, 2010;梅新育:《冷看美国对华新能源 301 调查》,2010 年 12 月 8 日,http://finance.ifeng.com/news/hqcj/20101208/3025595.shtml。

别向美国贸易代表办公室提交评论意见,驳斥美申请书中的不实指控。12 月 22 日,美国宣布该调查的最终决定,称中国《风力发电设备产业化专项资金管理暂行办法》中的补贴内容涉嫌违反世贸组织《补贴与反补贴措施协定》规定的禁止性补贴,并提起世贸组织争端解决机制项下磋商请求。此案中国上诉到世界贸易组织,最后不了了之。①

2011 年 10 月 18 号,美国 Solar World 等七家光伏企业向美国国际贸易委员会和美国商务部提出申诉,要求对中国输美光伏电池、组件等太阳能产品展开反倾销、反补贴调查。11 月 9 号,美国商务部正式立案。英利、尚德、天合、阿特斯等中国 14 家光伏企业通过中国机电产品进出口商会发表应对美国"双反"调查的声明。②美国商务部仍于 2012 年裁定对中国晶体硅光伏电池及组件征收 18.32%—249.96% 的反倾销税,以及 14.78%—15.97% 的反补贴税。③

2014 年,Solar World 公司再次挑起"双反"调查案。1 月 23 日,美国商务部发布公告称,对进口自中国的晶体硅光伏产品发起"双反"调查。12 月,美国商务部裁定,对中国大陆厂商征收 26.71%—165.04% 的反倾销税和 27.64%—49.79% 的反补贴税。稍后,美国国际贸易委员会肯定了商务部的裁定。④

尽管如此,在奥巴马任期内,中美两国已经在气候和能源合作方面取得重大突破以及实实在在的进展。2016 年大选中,共和党候选人特朗普胜出。特朗普是气候变化怀疑论者,也是奥巴马能源政策的反对者。他当选后在政府过渡网站公布的施政纲领中宣布他的政府"将实现能源独立","将简化所有能源项目的准入过程","结束煤炭战争,结束煤矿租赁禁令和内政部过度的临时规则,对奥巴马政府颁布的反煤炭法规进行自上而下的审查……放弃要花费 5 万亿美元的奥巴马—克林顿气候行动计划和清洁能源计划",以发展传统能源来创造"更多的工作机会、更多的收益、更多的财富"。⑤中美两国在应对气候变化和能源方面的合作面临严峻挑战。

①② 《中国 14 家光伏企业将联合应诉美国商务部双反调查》,2011 年 11 月 29 日,http://finance.stockstar.com/JL2011112900002237.shtml。

③ 《机电商会人士称光伏企业正积极应诉美国"双反"》,2014 年 7 月 2 日,http://guangfu.bjx.com.cn/news/20140702/524006.shtml。

④ 《美国将对中国光伏产品征收双反关税》,2015 年 1 月 22 日,http://news.xinhuanet.com/2015-01/22/c_1114087548.htm。

⑤ 《特朗普的治国纲领》,https://www.greatagain.gov/;《特朗普的能源新政有哪些?》http://news.oilchem.net/20161230/582/8014153.html。

第十章　建设性地
管控分歧

第一节　南 海 问 题

　　南海问题的实质是 20 世纪 70 年代以来越南、菲律宾、马来西亚等非法侵占中国南沙群岛部分岛礁产生的领土问题。美国不是直接当事方。美国对南海的政策有一个变化过程。长期以来美国一向对南海的领土争议基本采取中立、不介入的立场，只强调以和平手段解决领土纷争，并关注南海的航行自由。[①]从 2010 年 7 月希拉里·克林顿在河内东盟地区论坛上突然袭击式的发言[②]以来，美国在南海问题上介入越来越深。在中国与直接声索国发生争议的时候，美国总是站在对方一边，指责中国；美国不放过任何机会，包括对东南亚国家进行访问、地区论坛和国际会议期间，甚至与南海根本无关的场合提起南海问题，推动南海问题多边化、国际化，对中国施加压力；美国还打着"航行自由"的旗号，不定期地派遣舰机到南海巡弋飞越，单独地或与相关国家一起举行军事演习，抬高南海的紧张局势；奥巴马政府还加大对有关争议国家军事援助的力度，提升它们的"海洋国土意识"和抗衡中国的能力。几年下来，美国俨然成了南海问题的主要争议方，而南海问题在一段时间内似乎成了中美两国间的主要分歧。但两国也

---

①　1995 年 5 月 10 日，美国务院发布一份关于南海的口头声明，阐明美国"反对单边行为引发紧张、维护地区和平与稳定、航行自由、不对主权争端采取立场"等四点原则。见焦世新：《"亚太再平衡"与美国对南海政策的调整》，《美国研究》2016 年第 4 期。
②　详见本书第 268 页。

435

都不愿意因此发生擦枪走火,不愿因此破坏了两国的整体关系。

美国认为美国在南海有重要的战略利益和经济利益,具体说来就是:

——使世界上最繁忙的海上交通路线保持自由和畅通与美国利益攸关;

——美国要对中国进行抵近侦察活动;

——美国要保持海军在本地区的存在和行动能力;

——美国对本地区的盟友和朋友承担着义务;

——美国要鼓励本地区国家遵照国际法和国际规则来解决分歧;

——美国要保证在本地区经营的美国企业免受恐吓,等等。①

中美在《联合国海洋法公约》的解释和适用上有着重大的分歧。第一,军舰在领海的"无害通过"权问题;第二,军舰在专属经济区内的活动权问题;第三,领海基线划定问题;第四,军事测量和海洋科学研究的界定问题。中国政府通过国内立法的形式(1992年《中华人民共和国领海及毗连区法》、1996年《中华人民共和国政府关于中华人民共和国领海基线的声明》、2002年《中华人民共和国测绘法》),明确了自己的权利。美方则称,海洋空间从法律上仅划分为两部分:国家水域(national water)和国际水域(international water),前者仅包括内水、领海、岛屿与群岛水域,而后者则指领海之外的全部水域,包括毗连区、专属经济区和大陆架;《联合国海洋法公约》所规定的公海自由权利、军事活动权利等均适用于国际水域。②

一、中美之间的博弈

(一) 对中国三沙建市的反应

2012年6月,中国政府在原来隶属于广东省的西、南、中沙群岛办事处的基础上建立三沙市(地级市),以西沙永兴岛作为三沙市人民政府驻地,并成立三沙警备区。这是中国政府调整行政管理系统的一项正常措施,有利于进一步加强国家对西沙群岛、中沙群岛、南沙群岛的岛礁及其海域的行政管理和开发建设,保护南海海洋环境。但美国国务院却对此说三道四,指责中国举措导致"南海紧张的升级"。美国国务院声明称,美国对南海紧张的升级甚表关切,并密切注视着形势的发展。最近的事态包括对抗性言论的升级,资源勘探方面的分歧,施压性的经济行为,以及"斯卡巴洛礁"(黄岩岛)事件,包括设置障碍阻挡另一方的进入。"尤其是中国提升三沙市的行政级别并成立三沙警备区……与采取合作的外交努力解决分歧背道而驰,并可能导致本地区紧张的进一步升级。"③事实上,

① Ben Dolven, Shirley A. Kan and Mark E. Manyin, *Maritime Territorial Disputes in East Asia: Issues for Congress* (CRS Report for Congress), May 14, 2014, "Summary".

② 参见曲升:《美国"航行自由计划"初探》,《美国研究》2013年第1期。

③ "Statement by Patrick Ventrell, Acting Deputy Spokesperson on South China Sea", August 3, 2012, Public Affairs Office, Embassy of the United States of America, *Washington File*, August 6, 2012, pp.10—11.

连一些美国前政府官员也指出,早在中国在南沙设立行政区划之前,其他国家就已经在有争议的岛屿和海域设立了行政区划,但美国国务院从未批评过其他国家,因此美国对中国的批评显然是片面的。①

（二）支持菲律宾提起仲裁案

2013 年 1 月,菲律宾单方面将中菲有关南海争议提交《联合国海洋法公约》仲裁法庭进行仲裁。中国政府多次严正声明,仲裁庭对于菲律宾提起的仲裁没有管辖权,"中国不接受、不参与"仲裁,中国在南海的领土主权和海洋权益不受仲裁案裁决的影响。②实际上,菲律宾的诉讼是在美国的怂恿和支持下提出的。早在 2012 年 9 月 20 日,助理国务卿坎贝尔就在国会的一次听证会上表示,"我们相信,声索方应该探求任何一种外交和其他的和平解决争端的方式,包括仲裁和其他的国际法律机制"。③2014 年 3 月 30 日,菲外长德尔罗萨里奥称,菲方当日向仲裁庭提交了诉状,美国务院立即发表声明称,"美国重申支持菲律宾使用和平手段解决海上争端,无需担心任何形式的报复行为,包括恐吓或胁迫",公然给菲律宾撑腰。④在仲裁庭即将作出裁决之前,美方更是为它制造舆论,进行预热。2016 年 3 月举行的美菲第六次战略对话的声明中再一次强调,双方确认必须根据《联合国海洋法公约》所反映的国际法准则来澄清对南海的海洋权益声索,并以和平方式解决争端,包括使用和平解决争端的机制,如仲裁。双方重申,法庭作出的仲裁"对于中国和菲律宾都是有法律约束力的"。⑤3 月 22 日,助理国务卿拉塞尔也在柏林的一次演讲中说,"仲裁对中国和菲律宾都是有约束力的","裁

① 对美国前驻华大使芮效俭的访谈,2012 年 10 月 5 日。

② 《中国关于菲律宾所提南海仲裁案管辖权问题立场文件》,2014 年 12 月 7 日,http://world. huanqiu.com/article/2014-12/5229936.html。菲律宾在诉讼案中提出了 15 项请求,可以归结为四部分:第一,中国在南海实占的 8 个岛礁(包括黄岩岛)和中国主张拥有的仁爱礁作为海洋地物没有专属经济区划定的法律地位,这些地物都在菲律宾所主张的专属经济区或者大陆架延伸之内;第二,中国在南海主权的历史性依据断续线不符合国际海洋法规则,中国主张的断续线内的"历史性权利"没有国际海洋法依据;第三,中国在菲律宾"专属经济区"内的正常活动为"骚扰和破坏",要求判决中国的维权行为不合法;第四,中国在一些岛礁的陆域吹填作业破坏了南海的环境和生态。参见朱峰:《中菲仲裁案的判决结果将会改变南海局势吗?》,《亚太安全与海洋研究》2016 年第 3 期。

③ Kurt Campbell, "Maritime Territorial Disputes and Sovereignty Issues in Asia", Testimony before Senate Foreign Relations Committee Sub-committee on East Asia and Pacific Affairs, September 20, 2012, https://2009—2017.state.gov/p/eap/rls/rm/2012/09/197982.htm.

④ Press Statement By Marie Harf, Deputy Department Spokesperson, "Philippines: South China Sea Arbitration Case Filing", March 30, 2014, https://2009—2017.state.gov/r/pa/prs/ps/2014/03/224150.htm.

⑤ U.S. Department of State, "Sixth United States-Philippines Bilateral Strategic Dialogue Joint Statement", March 18, 2016, https://2009—2017.state.gov/r/pa/prs/ps/2016/03/254833.htm.

决可以作为一个转折点,使事态朝着非常正面的建设性的外交程序转变,以达成一个权宜的谅解,达成一个新的安排"。①国防部长卡特在当年的亚太安全对话上的讲话中称,"美国把联合国仲裁法庭就南海问题即将作出的仲裁视为一个机会之窗,使中国及地区的其他国家可以重新致力于构建一个有原则的未来,重启外交谈判,降低而不是提升紧张。我们大家都要努力使这样的机会得到实现",显然是在动员与会国来一起对中国施加压力,迫使中国接受仲裁结果。②

2016 年 7 月 12 日,菲律宾南海仲裁案仲裁庭作出了非法无效的所谓最终裁决。裁决照单全收了菲方 15 项诉求,全盘否定中国黄岩岛和南沙群岛海洋地物的岛屿地位及中国对中沙群岛和南沙群岛的整体性主张,否定中国的历史性权利,完全背离了公道和正义,裁决理所当然遭到中国政府和人民的强烈反对。奥巴马政府高官不放过各种场合,连连发声,一再强调仲裁有法律约束力,对中国施压,试图迫使中国接受;而如果中国不接受,则可能在国际上造成中国违反国际规则的印象,损坏中国地位和形象。国务院发言人柯比立即发表声明称:"仲裁庭今天就菲中的争议作出的决定是朝着我们共同的和平解决南海争议目标的一个重要贡献……美国坚决支持法治,我们支持和平解决南海的领土和海洋权益争议的努力,包括通过仲裁。"③7 月 12 日当天,国安会亚洲事务高级主任康达在战略与国际研究中心的南海问题讨论会上重申了科比的声明,认为仲裁可以作为有关各方进一步讨论的基础,甚至说,基于国际法的秩序能在南海得到遵守是"美国的最高国家利益"。④8 月 13 日,刚刚参加了东盟地区论坛回到美国的国务卿克里在夏威夷东西方中心的讲话中又说:"我们支持菲律宾采取步骤和平解决与中国的海洋争议,包括寻求在联合国海洋法公约下的仲裁。"⑤

奥巴马本人也明确表示支持该项仲裁案。2015 年 11 月 19 日奥巴马在菲律宾出席 APEC 会议期间会晤阿基诺三世后再次表示,"需要采取大胆的措施

---

① Daniel R. Russel, "Remarks at 'Looking East—Trends Lines in the Asia Pacific'", March 22, 2016, http://www.state.gov/p/eap/rls/rm/2016/03/255132.htm.

② Ashton Carter, "Meeting Asia's Complex Security Challenges", IISS Shangri-La Dialogue 2016 First Plenary Session, 04 June 2016, https://www.iiss.org/en/events/shangri% 20la% 20dialogue/archive/shangri-la-dialogue-2016-4a4b/plenary1-ab09/carter-1610.

③ John Kirby, "Press Statement", July 12, 2016, https://2009—2017.state.gov/r/pa/prs/ps/2016/07/259587.htm.

④ "Sixth Annual CSIS South China Sea Conference: Daniel J. Kritenbrink", http://www.youtube.com/watch?V=HIWEzu10tZA.

⑤ John Kerry, "U. S. Vision for Asia-Pacific Engagement", Honolulu, Hawaii, August 13, 2014, https://2009—2017.state.gov/secretary/remarks/2014/08/230597.htm; Christopher Bodeen, "What John Kerry meant in his statement on Philippines", http://www.philstar.com/headlines/2014/08/16/1358226/what-john-kerry-meant-his-statement-philippines.

来降低紧张,包括不再进行更多的陆域吹填,不再进行新的建设,及把南海有争议的岛礁军事化","争议需要和平解决,这就是我们支持菲律宾提起仲裁的原因"。①奥巴马在 2016 年 9 月出席东亚峰会时还在竭力鼓吹仲裁案,但已是孤掌难鸣。②

(三)加大对菲等国军事援助的力度

为了增强与中国有争议国家的实力,美国加大对菲等国的军事援助和防务合作的力度。③国会也提出了相应的主张。如 2015 年 3 月下旬参议院通过了参议院预算第 705 号修正案,批准为"印度洋—太平洋地区能力建设和安全合作的全面、多年的伙伴计划提供资金,包括海洋国土意识架构和双边、多边的演习、港口互访、美军和海岸警卫队的训练活动等"。参议院军事委员会提出的 2016 财年的军事预算包括为东南亚国家提供装备、给养和训练的 5 000 万美元,以建设它们保卫海洋国土的能力,应对南海地区对它们主权不断增长的挑战。④

(四)挑战断续线

在美国看来,南海争议的关键在于中国的断续线主张,因此质疑和挑战断续线成为美国反对中国在南海问题上立场的着重点。2014 年 2 月 5 日,拉塞尔在众议院外事委员会亚太小组就"东亚的海上争议"作证,这也是比较全面阐述美国对东海和南海政策的一个声明。证词的主要指向是中国的断续线,他以强烈的措辞表示:"使人越来越担心的是,中国在南海的行为方式表明,中国正不顾邻国的反对,以一种渐进式的努力来控制所谓'九段线'所涵盖的整个区域,虽然它没有加以任何解释,它的声索也明显缺乏国际法的依据。中国缺乏对它声索的清晰解释导致了本地区的不确定、不安全和不稳定……我要强调一点,根据国际法,对南海的任何海上声索都必须以陆地地貌为基础。中国任何使用'九段线'而不是以陆地地貌为基础来声索海上权益都是不符合国际法的。"⑤

2014 年 12 月 5 日,美国国务院出台《海洋界限:中国在南海的权益主张》的报

---

① Barack Obama, "Remarks Following a Meeting With President Benigno S. Aquino III of the Philippines and an Exchange With Reporters in Manila, Philippines", November 18, 2015. Online by Gerhard Peters and John T. Woolley, *The American Presidency Project*, http://www. presidency.ucsb.edu/ws/?pid=111148.

② 见本书第 337 页。

③ 见本书第八章第一、二节。

④ Ben Dolven, Jennifer K. Elsea, Susan V. Lawrence, Ronald O'Rourke, Ian E. Rinehart, *Chinese Land Reclamation in the South China Sea: Implications and Policy Options* (CRS Report for Congress), June 18, 2015, p.23.

⑤ Daniel R. Russel, "Maritime Disputes in East Asia", Testimony before the House Committee on Foreign Affairs Subcommittee on Asia and the Pacific, February 5, 2014, http://www.state. gov/p/eap/rls/rm/2014/02/221293.htm.

告,否定中国对南海的历史性权利,否定中国南海断续线的官方立场。①美国务院发布报告,对别国的海洋主张说三道四已经司空见惯,这个报告是美国该系列报告的第 143 号。但选择在此时发表这个报告,支持菲律宾诉讼案的意味十分明显。

（五）反对中国的陆域吹填

从 2013 年 9 月起至 2015 年 6 月,中国对南沙的一些岛礁进行陆域吹填作业。这些建设主要是为各类民事需求服务的,包括改善驻岛人员的生活条件,并更好地履行中国在海上搜救、渔业生产服务等方面承担的国际责任和义务(根据国际海事组织的规定,中国在南海的大部分地区负有海上搜救的责任)。2015年 3 月全国人大会议期间王毅外长在记者招待会上被问到南海作业时回应说:中国在自己的岛礁上开展必要的建设,不针对也不影响任何人。同时,中国将继续维护好南海的航行自由,继续致力于通过直接对话协商和平解决争议,继续为维护地区和平稳定发挥建设性作用。中国的周边外交政策旨在奉行"亲、诚、惠、容"的理念,实现睦邻、安邻、富邻,这个政策没有变,也不会变。②

4 月 9 日,外交部发言人在记者会上就岛礁建设作了进一步说明,指出:南沙岛礁扩建后,岛礁上的功能是多方面的、综合性的,除满足必要的军事防卫需求外,更多的是为各类民事需求服务的,包括避风、助航、搜救、海洋气象观测预报、渔业服务及行政管理等民事方面的功能和设施,从而可以为中国、周边国家以及航行于南海的各国船只提供必要的服务。发言人同时保证,中方进行岛礁扩建工程经过了科学的评估和严谨的论证,充分考虑到生态环境和渔业保护等问题,不会对南海的生态环境造成破坏。③2015 年 7 月 1 日,外交部发言人宣布,中国在南沙群岛部分驻守岛礁上的建设已于近日完成陆域吹填工程,下阶段中方将开展满足相关功能的设施建设。

美方对于中国的岛礁建设予以密切关注,并从各方面施加很大的压力。2014 年 7 月 11 日,助理国务卿帮办迈克尔·富克斯在国际与战略研究中心举行的年度南海研讨会上把南海的紧张局势归咎于中国。他说,"虽然不是某一个声索国要对事态负全部责任,但是中国的挑衅和单边行动的模式引起了关于中国是否愿意遵循国际法和国际规范的严重担心","虽然美国对于南海陆地地貌的主权归属不持立场,但美国对于各国对待争议的行为方式以及各方的声索是

---

① Department of State, Office of Ocean and Polar Affairs, Bureau of Ocean an International Environmental and Scientific Affairs, "Limits in the Seas, No.143, China's Maritime Claims in the South China Sea", http://www.state.gov/document/organization/234936.pdf.

② 《外交部部长王毅回答中外记者提问》,2015 年 3 月 8 日,http://www.xinhuanet.com/politics/2015lh/foreign/wzsl.htm.

③ 《外交部发言人华春莹主持例行记者会》,2015 年 4 月 9 日,http://www.fmprc.gov.cn/ce/cedz/chn/fyrth/t1253375.htm.

否符合国际海洋法有着强烈的兴趣"。如同前面拉塞尔所说的一样,他认为问题的关键在于中国的断续线,他指责断续线是一种"模糊的声索",使共同开发资源不能实现,也使相互重叠的声索难以得到解决。接着,他提出争议各方"自动冻结可能使争议升级和引起不稳定的行动和行为",具体来说是"三不建议":争议各方不再设立前哨站,不去夺取他方在 2002 年 11 月《南海各方行为宣言》发表以前已经占据的岛礁;不改变南海的地形地貌,不在岛礁上进行各种建设以改变其天然属性、面积和能力;不采取针对他国长期以来从事的经济活动的单边行动。①

进入 2015 年,美国高官更加频繁表态,以宣示美国在南海的航行和飞越自由来对抗中国的陆域吹填。3 月 31 日,第七舰队司令哈里斯在访问澳大利亚期间指责中国正在南海构筑"沙长城",并称,中国人造岛礁的范围和速度令人对中国意图表示严重关切。两个月后,哈里斯继任太平洋司令部司令。卡特防长在哈里斯就职典礼上的致辞中指责中国在南海的行为"既不符合作为亚太安全架构的国际准则,也违反地区共识",声称"反对南海争议岛礁的任何进一步军事化",要求各声索方"立即并永久停止陆域吹填的行为"。②副总统拜登在海军学院毕业典礼上的演讲中也指责中国的行为挑战了和平解决争端和航行自由的原则。③

5 月 13 日,拉塞尔在参议院外交委员会作证说:"在一年多一点的时间里,中国吹填和占据的面积是其他声索方吹填面积之和的将近四倍";助理国防部长施大伟在同一个听证会上说:"我们正在积极评估中国的陆域吹填的军事影响,并据此采取有效的适当的行动。"④

2015 年 6 月 17 日中国国家发改委网站发布消息说,为有效保障南沙岛礁民用需求,为国际社会提供南海海上救助等公共服务,促进海洋科研等国际合作,中国拟在南海岛礁规划建设一批通讯导航、环境观测、防灾减灾、交通运输、运行保障、生产生活配套设施。⑤

---

① Deputy Assistant. Secretary Michael H. Fuchs, "Remarks at the Fourth Annual South China Sea Conference," July 11, 2014, http://china. usc. edu/deputy-asst-secretary-michael-h-fuchs-re-marks-fourth-annual-south-china-sea-conference%E2%80%9D-july-11-2014.

② Terri Moon Cronk, "Carter Urges Peaceful Resolution of South China Sea Disputes", http://www.globalsecurity.org/military/library/news/2015/05/mil-150527-afps01.htm.

③ The White House, Office of the Vice President, "Commencement Address by the Vice President at the United States Naval Academy", https://obamawhitehouse. archives. gov/the-press-office/2015/05/22/commencement-address-vice-president-united-states-naval-academy.

④ "Safeguarding American Interests in the East and South China Seas", Statements of Daniel Russel and David Shear before the Senate Committee on Foreign Relations, May 13, 2015, https:// www. foreign. senate. gov/hearings/safeguarding-american-interests-in-the-east-and-south-china-seas.

⑤ 《国家发改委组织编制南沙岛礁民事功能设施建设方案》,2015 年 6 月 17 日,http://news. xin-huanet. com/fortune/2015-06/17/c_127927189. htm。

一些国会议员、军方人士和政治观察家认为奥巴马政府没有能够阻止中国进行岛礁建设，美国的南海政策是"失败"的。2016年1月众议院议长保罗·瑞安在每周例行记者会上批评奥巴马政府紧缩军费，削弱了海军。他说："我们不应该有这样一位总统，他使我们的海军缩小到了第一次世界大战前的水平。"共和党参议员、总统候选人卢比奥也公开呼吁"要使太平洋的军事同盟重新振作起来，首先美国要投入更多资源重建海军"，并扬言，如果他当选，他会让美国军舰驶过有争议的南海去挑战中国所宣称的空中和海上权利。①

（六）推动东盟对中国施压

美国在加大对南海干涉力度的同时，还极力推动东盟协调一致，共同对中国施加压力。但南海的争端本来不是中国与东盟的争端，东盟多数国家与此无关，它们保持中立立场，不愿卷入纠纷。2012年7月13日东盟外长会议（柬埔寨金边）因在南海问题上的分歧未达成联合公报，②20日，柬埔寨外交部在其网站上公布了东盟十国外长关于南海问题的六点原则声明，总体上体现了温和的中立立场。2013年东盟峰会（文莱）主席声明仅原则性地提及南海问题。美方未能如愿。

在2014年8月10日的东亚峰会外长会上，克里国务卿针对中国的陆域吹填提出，各方"自愿地共同冻结那些使争议复杂化和升级的行动"。他表示，如果各方能就"哪些行动可能导致紧张并改变陆地的事实"达成共识，并同意中止此类行动，将使2002年的宣言得到澄清并予以实行。他话锋一转，又指向了中国的断续线，声称，各声索方的要求都要清晰，都要符合《联合国海洋法公约》，缺乏清晰度产生了不确定性，而不确定性限制了各方彼此同意的解决方案以及对各方公平的共同开发的安排。③在克里的带动下，东盟外长会当天通过的声明对南海紧张局势上升表示"严重关切"，并呼吁加大同中国对话的力度。声明说："我们呼吁有关各方克制，避免导致使局势复杂化以及破坏南海地区和平、稳定和安全的行为。"但声明没有点名批评中国，没有达到美国的期望，美方希望的是一个指责中国的严厉声明。此外，东盟外长对于美国高调主张的"冻结南海行动"倡

① "Republicans Seek More Naval Resources amid South China Sea Dispute", Reuters, January 8, 2016，https://www.yahoo.com/news/republicans-call-more-naval-resources-amid-south-china-182911702.html?ref＝gs。后来成为特朗普总统国家贸易委员会主席的纳瓦罗也撰文说，奥巴马政府的"再平衡"战略是"雷声大，雨点小"。Alexander Gray, Peter Navarro, "How the Republican Nominee Will Rewrite America's Relationship with Asia", *Foreign Policy*, November 7, 2016.

② 见本书第338页。

③ "Remarks at the East Asia Summit Ministerial Intervention," August 10, 2014，http://www.state.gov/secretary/remarks/2014/08/230471.htm.

议反应冷淡,只有菲律宾最积极,在挑战中国方面走得最远。菲律宾 GMA 新闻网说,对菲方提出的冻结破坏局势稳定行为的建议,东盟声明只简单说东盟注意到菲方提议。①

2015 年 11 月的第三次美国—东盟峰会(马来西亚)决定,将双方的"对话伙伴关系"正式升级为"战略伙伴关系",并第一次将"南海航行和飞越自由"明确写入了联合声明。②2016 年 2 月,美国—东盟领导人非正式会议再度发表联合声明,对中国施压。③奥巴马在记者会上还表示,"在会上讨论了采取切实措施降低南海的紧张,包括停止陆域吹填、新的建设和争议地区的军事化"。④

(七)把南海问题国际化

美国不仅在地区场合不断提出南海争议,而且力图把这个问题扩大到世界范围,在一些与南海毫无关系的国际会议上提出该问题,动员国际社会来共同对中国施压。2015 年 4 月 17 日,在美、日策划下,七国集团外长会议通过一份《关于海洋安全的声明》,涉及东海、南海。这是七国集团首次发表类似的声明。声明内容庞杂,涉及海上通商、走私和偷渡、打击海盗、生物多样性等内容。其中第四段称,将"继续关注东海和南海局势,对类似大规模填海造地等改变现状及增加紧张局势的任何单方面行为表示关切。我们强烈反对任何试图通过威胁、强迫或武力手段伸张领土或海洋主张的做法"。声明"呼吁所有国家依照国际法,寻求和平管控或解决海域争端,包括通过国际承认的法律解决机制,并遵守相关法庭所作出的具有法律约束力的司法仲裁",不指名地对中国施加压力,为菲律宾提起的非法仲裁张目。⑤6 月的七国集团首脑会议发表了类似声明。

(八)亚太安全对话会上的唇枪舌剑

在奥巴马第二任期,亚太安全对话成为中美两国就南海问题进行面对面交锋的一个重要场所。2014 年 5 月底 6 月初的会上,双方进行了激烈的争辩。

① 《克里出席东盟论坛准备再炒南海问题》,2014 年 8 月 11 日,http://news.xinhuanet.com/world/2014-08/11/c_126853643.htm;《东盟外长发表声明对南海紧张局势"严重关切"》,2014 年 8 月 11 日,http://world.huanqiu.com/exclusive/2014-08/5101218.html。

② Barack Obama, "Joint Statement on the Association of Southeast Asian Nations-United States Strategic Partnership", November 21, 2015. Online by Gerhard Peters and John T. Woolley, *The American Presidency Project*, http://www.presidency.ucsb.edu/ws/?pid=111258.

③ 见本书第 339 页。

④ Barack Obama, "The President's News Conference in Rancho Mirage, California", February 16, 2016. Online by Gerhard Peters and John T. Woolley, *The American Presidency Project*, http://www.presidency.ucsb.edu/ws/?pid=111633.

⑤ "G7 Foreign Ministers' Declaration on Maritime Security", Lübeck, April 15, 2015, http://www.g8.utoronto.ca/foreign/formin150415-maritime.html。

5月31日，出席会议的美防长哈格尔指责中国说，"中国最近数月来采取了有碍稳定的单方面行为来重申它对南海的声索"，美国"坚决反对任何国家使用恐吓、胁迫和武力威胁来重申它们的声索"，等等。①在会上作主旨发言的中国人民解放军副总参谋长王冠中当即予以驳斥，称哈格尔的讲话毫无道理，充满着霸权主义、威胁和恐吓，对中美构建新型大国关系毫无建设性。中美两国高官在国际会议场合唇枪舌剑之激烈是自从20世纪90年代初两国在人权问题上的交锋以来所罕见的，对两国整体关系造成了负面影响。

2015年5月30日的亚太安全对话是中美之间又一次正面较量。美国国防部长卡特指责中国的行为造成了南海地区的形势紧张，并称："美国将继续如它在全世界所做的那样，在任何国际法允许的地方飞越、航行和行动，对此不要有任何误解。"他要求声索国"立即和永久停止填海造地行为"，"把水下的礁石变成飞机跑道不会带来声索主权的权利，不会带来禁止在国际空域和海域自由通行的权利"，"美国将支持声索方寻求国际司法裁决和其他和平方式解决争端的权利"。卡特还宣布了一个为期五年的"东南亚海洋安全倡议"：在五年之内向本地区国家提供4.25亿美元以改善海洋能力建设。②倡议不仅要提高相关国家的海域态势感知（maritime domain awareness，MDA），而且要建立起一个共同操作的图像（common operating picture），也就是说，美国要和这些国家一起建立一个共同的监控系统，确立一个共同的、实时的感知画面，让这些国家对南海事态与美国具有共同的感知和关切。③

与会的解放军副总参谋长孙建国对卡特的攻击回应说，当前南海局势总体上是和平的、稳定的，南海航行自由并不存在任何问题。中国在永暑礁建立联合国海洋观测站，在华阳礁、赤瓜礁启动建设两座多功能灯塔等，都是提供国际公益服务。中国岛礁建设的规模、速度与在南海承担的国际责任和义务是相称的。他重申："相关建设完全是中国主权范围内的事，是合法、合理、合情的，不针对任何国家、不影响航行自由，中方在南海的诉求没有变化，中方通过谈判协商和平解决有关争议的立场没有变化，中方保障南海航行自由和安全的意愿没有变化，

---

① Chuck Hagel, "The United States' Contribution to Regional Stability," May 31, 2014, http://www.defense.gov/speeches/speech.aspx?speechid=1857.

② Speech by U.S. Secretary of Defense Ash Carter at IISS Shangri-La Dialogue: "A Regional Security Architecture Where Everyone Rises", May 30, 2015, http://www.andrewerickson.com/2015/05/speech-by-u-s-secretary-of-defense-ash-carter-at-iiss-shangri-la-dialogue-%E2%80%A8a-regional-security-architecture-where-everyone-rises%E2%80%A8/.

③ Prashanth Parameswaran, "US Launches New Maritime Security Initiative at Shangri-La Dialogue 2015", The Diplomat, June 2, 2015, http://thediplomat.com/2015/06/us-launches-new-maritime-security-initiative-at-shangri-la-dialogue-2015/.

中方维护南海和平稳定的目标没有变化。"①

如同往年的亚太安全对话一样,2016 年的对话会上中美两国再次发生交锋。美防长卡特在 6 月 4 日的讲话中以明显平和的语调谈到两国在亚太安全事务上的关系,一再表示欢迎中国加入"有原则的安全网络",这些原则就是:国家不分大小,都能自由地作出自己的政治、经济和军事的选择;免受压力和恐吓,和平地解决纷争;由国际法所保障的航行自由和飞越得到尊重。显然,他试图以这个"网络"把中国框住。然后他话锋一转,指责"中国在本地区海上、网络和空中的行为引起了不断增长的担忧",指责"中国在南海的行为孤立了自己……长此以往,中国将筑起自我孤立的长城"。他还以挑战的口吻说,"美国将继续在本地区但凡国际法允许的地方飞越、航行和行动,本地区的所有国家也都可以这样做"。②

与会的中央军委联合参谋部副参谋长孙建国义正词严地予以回击,指出,长期以来,在中国和南海沿岸国的共同努力下,南海形势总体稳定,当前南海问题升温,是个别国家为一己私利蓄意挑动所致。他说,某些国家对国际法采取合则用、不合则弃的投机态度,一方面带头在南海实施所谓的"航行自由计划",公然炫耀武力,一方面拉帮结派,支持其盟国对抗中国,压中方接受并执行仲裁结果。中方对此坚决反对。中国人民和军队历来信理不信邪,服理不服霸。③

(九) 美国的"航行自由行动"

近年来,美国还屡次在南海进行所谓的"航行自由行动"。④

2015 年 5 月 20 日,美军派出最先进的 P-8A"海神"反潜侦察机飞越中国正在开展建设活动的南海岛礁上空,美国防部特别批准侦察机搭载了美国有线电视新闻网(CNN)记者。美军机的闯入遭到中国海军 8 次警告。身在机上的CNN 记者在飞越过程中听到无线电广播传出中国海军用英语进行喊话警告:

---

① 孙建国:《携手同护和平 共建安全亚太——在第十四届香格里拉对话会上的发言》,2015 年 5 月 31 日,http://news.xinhuanet.com/2015-05/31/c_1115464025.htm。

② Ashton Carter, "Meeting Asia's Complex Security Challenges", IISS Shangri-La Dialogue 2016 First Plenary Session, 04 June 2016, https://www. iiss. org/en/events/shangri% 20la% 20dialogue/archive/shangri-la-dialogue-2016-4a4b/plenary1-ab09/carter-1610.

③ 孙建国:《加强亚太安全合作 推进地区安全治理——在第十五届香格里拉对话会上的大会演讲》,2016 年 6 月 6 日,http://www.fmprc.gov.cn/ce/cesg/chn/zxwl/t1369922.htm。

④ "航行自由行动"(Freedom of Navigation Program, FON)是美国卡特政府在 1979 年制定的一项行动计划。当时,《联合国海洋法公约》谈判正处于最后阶段。美国政界和学界认为,这项条约将不足以保障美国的海洋权利,尤其是美国军事利用海洋的利益,因此美国有必要制定政策,抵制已经发生而且将越来越多发生的沿海国家的"过度海洋主张"。"航行自由行动"由此产生。关于这一行动的详细分析见曲升:《美国"航行自由计划"初探》,《美国研究》2013 年第 1 期。

"这是中国海军……这是中国海军……为避免误解请迅速离开!"美国防部还首次解密了机上获得的有关中国岛礁建设活动和中国海军警告美军飞机的音频视频资料,明显是要借此进行炒作,引起国际注意,联合相关国家对中国施压。中方对美方的侦察活动予以严正警告。2015 年 5 月 22 日,外交部发言人在记者会上对此表示强烈不满,指出,美军机抵近侦察的举动,对中方岛礁的安全构成潜在威胁,极易引发误判,进而导致海空意外事件,是十分不负责任,也是十分危险的,有损地区和平稳定。他要求美方严格遵守国际法和相关国际规则,不要采取任何冒险和挑衅行动。中方将继续严密监视有关海空情况,并采取适当和必要措施,防止发生危害中国岛礁安全的情况和海空意外事件。①

2015 年 10 月 27 日,美导弹驱逐舰"拉森"号进入渚碧礁 12 海里之内,进行了第一次巡航。五角大楼表示,美海军以后大致每三个月会抵近有争议的岛屿以不同方式实施一次"航行自由行动"。②美国一些智库学者认为此次巡航挑战了中国对渚碧礁附近海域"过分的"海洋权益主张,即渚碧礁作为低潮高地,不应享有 12 海里领海。③

---

① 《外交部发言人洪磊主持例行记者会》,2015 年 5 月 22 日,http://www.fmprc.gov.cn/web/wjdt_674879/fyrbt_674889/t1266139.shtml。

② 《美扬言"航行自由"是核心利益》,2016 年 4 月 6 日,http://www.cankaoxiaoxi.com/mil/20160406/1119426.shtml。

③ 据后来美军方披露的信息,在"拉森"号驱逐舰通过渚碧礁 12 海里时,关闭了火控雷达,避免了包括直升机起降或者其他的军事演练在内的任何军事操作。这一披露使此次行动在美国内遭致质疑,批评者认为,这样小心谨慎的航行实际上承认了渚碧礁拥有 12 海里的领海,这会向中国发出错误信号。参议院军事委员会主席麦凯恩于 11 月 9 日致函国防部长卡特说:"国防部公开说明这次行动和未来任何类似行动背后的意图,这非常重要",他要求国防部尽快澄清巡航南海的几个问题:第一,根据"航行自由计划","拉森"号行动到底挑战的是哪些过度声索? 第二,"拉森"号是不是根据"无害通过"规则行动,如果是,为什么? 第三,如果不是"无害通过",在进入人工岛 12 海里时,美军采取了什么样的特别行动? 第四,在行动前,是否通知中方? 如果是,美国到底是以何种名义告知的,是"无害通过",还是"自由航行"或是其他? 第五,行动有没有挑战其他国家的过度主张? 见《美议员麦凯恩逼问防长:美舰巡航南海是不是在帮助中国承认南海主权?》2015 年 11 月 16 日,http://bbs.tianya.cn/post-worldlook-1587533-1.shtml。卡特 12 日给麦凯恩回信说:他认为与挑战哪些具体的"过分权利主张"相比,表明"航行自由"不能被限制更加重要,而且美军会继续在全世界实行"航行自由行动",南海也不例外。据说,五角大楼和美国军方早在几个月前就为此次巡航做好了准备,但计划的执行屡屡遭到白宫和国务院的延迟,军方对此甚为不满,认为这使中国的立场变得更为强硬。《英媒:美国高层拖延南海巡航引军方不满》,2015 年 10 月 29 日,http://www.zaobao.com/realtime/world/story20151029-542937。关于此次巡航的详细讨论见齐皓:《美国南海"航行自由行动"的国内争论及政策逻辑》,《现代国际关系》2016 年第 11 期。据维基解密文件披露,白宫曾阻挠美军舰巡航南海,奥巴马政府在 2012 年至 2015 年 10 月停止了在南海的"航行自由"行动,理由是挑衅性过强,对中美关系不利。后来在国会的压力下又恢复了该行动。见《美媒:维基解密文件显示白宫曾阻挠美军舰巡航南海》,http://www.cankaoxiaoxi.com/world/20161028/1380863.shtml。

　　11月8日,美军两架B-52轰炸机从关岛安德森空军基地起飞,在华阳礁附近飞行,但未进入12海里范围。中国空管人员两次发出口头警告,但美军机继续执行飞行任务。美五角大楼发言人称,美军机一直在"国际空域"飞行。中国外交部发言人洪磊对此回应说,中方尊重各国依据国际法在南海享有的航行和飞越自由,但坚决反对任何国家以航行和飞越自由为名,做违反国际法、损害中国主权和安全利益的事。①12月10日,美军一架B-52轰炸机飞进了华阳礁上空2海里范围。中国军队严密监视和高度戒备,并将美机驱离。事后中方对美方提出了严正交涉,美方称此次是"无意"飞入的。

　　2016年1月30日,美海军"威尔伯"号导弹驱逐舰擅自进入中国西沙领海,闯入中建岛12海里之内。中国守岛部队和海军舰机当即对美军舰进行识别查证,予以警告驱离。西沙群岛长期在中国管辖之下,其周边海域边界早已明确,美国对此也很清楚。此次巡航可能与美国之前声称发现中国在永兴岛部署导弹有关。2月17日,美国国务院、参众两院众口一词指责中国此举是在"增强南海的军事化",国务卿克里称,"每天,每一个证据都表明,那里出现的这样那样的军事化在增加,这是严重的问题","对此我们与中方有过对话,我相信,未来几天我们将就此举行进一步非常严肃的对话"。麦凯恩同日发表声明称,中国的行动显示北京继续使用军事化和强制手段来实现其海洋主权的目标,"在南海任何地方进行任何军事部署,不论永久性的或暂时性的,都构成军事化。不仅包括雷达和地对空导弹等固定的位置,也包括战斗机、轰炸机和无人航空载具"。麦凯恩强硬主张采取更多的方式,"让北京为其行为付出更高的代价"。他说,此前美国只是偶然展开"航行自由"行动,这远远不够。要实际影响北京的行动,就意味着"要采取具有一定风险程度的政策,而这种风险程度是美国此前一直不愿考虑的"。②中国政府外交部发言人在18日的记者会上回应说,西沙群岛是中国固有领土。中国几十年来就一直在西沙群岛上部署各种防御设施,这不是什么新的事情,与所谓的南海"军事化"没有关系。希望有关国家不要进行无谓或别有用心的炒作。③

　　2016年3月上旬,"约翰·斯滕尼斯"号航母战斗群在南海举行为期5天的游弋航行。太平洋舰队发言人马特·奈特少校说,该战斗群的舰只没有进入争议岛屿12海里以内。从6月开始,美国又增派"罗纳德·里根"号航母来南海巡航,营造了双航母巡航南海的形势,加大了对中国的军事压力。6月18日,美军

①　《美两架B52轰炸机闯我南海岛礁,我守礁部队警告驱离》,http://news.ifeng.com/a/20151220/46751395_0.shtml。

②　《中美激辩永兴岛导弹部署》,《环球时报》2016年1月19日。

③　《外交部回应永兴岛导弹部署:不是什么新事情》,2016年2月18日,http://news.xinhuanet.com/world/2016-02/18/c_1118089144.htm。

集结了 1.2 万兵力,包括 140 架战机、6 艘小型舰艇和 2 艘航母,在距离南海不远的菲律宾海进行大规模演习。"约翰·斯滕尼斯"号航母战斗群司令希区柯克称,"没有任何国家的海军可以在这一片海域集中如此大规模兵力,这真印象深刻,是极其重要的操作能力"。①美国这是要告诉本地区的国家,这里还是得我美国说了算!

5 月 10 日,美"威廉·劳伦斯"号导弹驱逐舰驶入永暑礁 12 海里之内实行所谓"航行自由行动"。中国海军航空兵 2 架歼-11 战斗机、1 架运-8 警戒机受命紧急升空巡逻警戒,"广州"号导弹驱逐舰、"绵阳"号导弹护卫舰和"临汾"号护卫舰即对美舰进行识别查证,并予以警告驱离。这是美舰 3 次巡弋行动中,中方出动兵力最多的一次。②永暑礁被外界视为中国在南海地区的军事行动中心。

10 月 21 日,接受美军第三舰队指令的"迪凯特"号导弹驱逐舰进入中国西沙领海,在中建岛和永兴岛附近海域巡航。中国海军"广州"号导弹驱逐舰和"洛阳"号导弹护卫舰当即出动,对美舰进行识别查证,并予以警告驱离。

二、管控

在南海问题上,中美既有博弈,也有管控。双方相互克制,避免冲突。美舰机在中国控制岛礁周边执行"航行自由行动",中国舰机采取监视、拦截、识别、查证和驱离行动,双方始终保持距离,谨慎行事,显示双方都无意发生冲突。在近年中美战略与经济对话以及首脑会晤中南海问题被经常提及,双方坦率地、冷静地交换看法,虽然意见对立,但也都不希望看到事态恶化,以致影响了两国的总体关系。在 2015 年 9 月习近平主席对美国的国事访问中再次提到南海问题。在两位领导人的记者招待会上,奥巴马表示,美国将继续在国际法允许的地方自由地航行、飞越、无障碍地从事商业活动。他指责中国的岛礁建设不利于本地区国家和平地解决分歧。③习近平指出,中美双方在南海问题上有着共同利益。双方都支持维护南海和平稳定,支持直接当事国通过谈判协商和平解决争议,支持维护各国依据国际法享有航行和飞越自由,支持通过对话管控分歧,支持全面、有效落实《南海各方行为宣言》,并在协商一致基础上尽早完成"南海行为准则"磋商。双方同意继续就有关问题保持建设性沟通。④

南海问题更是两国军方,特别是两国海军高层对话中经常讨论的话题。

---

① 《美双航母战斗群赴西太"亮肌肉"》,《环球时报》2016 年 6 月 20 日。

② 《美军第 3 次"南海巡航"遭中方严正警告》,《环球时报》2016 年 5 月 11 日。

③ Barack Obama, "The President's News Conference With President Xi Jinping of China", September 25, 2015. Online by Gerhard Peters and John T. Woolley, *The American Presidency Project*, http://www.presidency.ucsb.edu/ws/?pid=110838.

④ 《习近平同美国总统奥巴马共同会见记者》,《光明日报》2015 年 9 月 26 日。

2015 年 4 月 29 日,中央军委委员、海军司令吴胜利与美海军作战部长格林纳特进行了视频通话,就两国海军务实交流合作、美舰机抵近侦察、南沙岛礁建设等问题交换了意见,这是两国海军领导人的首次视频通话。吴胜利指出,中方在南沙驻守岛礁进行相关建设,不会威胁南海的航行和飞越自由,反而会提高在这一海区进行气象预报、海上救助等方面的公共产品服务能力,履行维护国际海域安全的国际义务。欢迎国际组织和美国及相关国家在未来条件成熟时利用这些设施,开展人道主义救援减灾合作。格林纳特表示,中美两国海军关系日趋成熟稳定,双边合作进展顺利,希望双方今后继续加强《海上意外相遇规则》的落实运用,防止误解误判和海空意外事件的发生,希望中方能够及时向周边国家说明南沙岛礁建设的目的,并表示如能使用中方设施共同开展人道主义救援、减灾领域合作,有利于南海地区的航行安全以及维护地区的和平与稳定。①

上述美导弹驱逐舰"拉森"号闯入渚碧礁 12 海里事件发生后,吴胜利于 10 月 29 日与美海军作战部长约翰·理查森通电话表示严重关切,敦促美方停止挑衅。吴胜利说,美方的行为威胁了中国主权和安全,损坏了地区和平稳定,极具危险性、挑衅性。中国海军舰艇从两国关系大局出发,多次运用《海上意外相遇规则》对美舰进行了提醒警告,但美舰依然置若罔闻,中国海军对此表示严重关切。中方在南沙进行岛礁建设,是在我们自己的领土上开展的,是中方主权范围内的事,不针对、不影响任何国家,不会对南海航行和飞越自由造成任何影响。航行自由原则没有赋予任何国家损害他国的主权与安全的借口和特权。希望美方珍惜中美海军之间来之不易的良好局面,避免类似事件再次发生。②

2016 年 7 月下旬,约翰·理查森对中国进行访问。18 日,吴胜利在京会见了理查森一行,就共同关注的海上安全问题,特别是南海问题深入交换意见。吴胜利强调,中方绝不会牺牲南海主权权益,不要指望中方在领土主权上作出让步;中方绝不会畏惧任何军事挑衅,中国海军已作好充分准备应对任何侵权挑衅;中方也绝不会让岛礁建设半途而废,将按计划推进并完成岛礁建设;中方绝不会放弃和平解决南海问题的努力,将坚持通过谈判协商和平解决争议,通过规则机制管控危机。吴胜利指出,维护南海的和平稳定,中美很重要,中美海军很关键,合作是唯一的正确选择。他希望双方一线海空部队切实贯彻《海上意外相遇规则》和《中美海空相遇安全行为准则》,全力避免战略误判、发生紧迫局面甚至擦枪走火,共同维护南海的和平与稳定,为发展中美新型大国关系提供新的动

---

① 《吴胜利与美国海军作战部长视频通话》,2015 年 5 月 1 日,http://news.xinhuanet.com/mil/2015-05/01/c_127755307.htm。

② 《吴胜利与美国海军作战部长视频通话》,《光明日报》2015 年 10 月 31 日。

力。理查森表示愿与中方携手努力,进一步增进互信、发展友谊,为两国、两军、两国海军关系的不断发展贡献力量。①

2016 年 8 月 8 日,美国"本福德"号导弹驱逐舰抵达青岛。率领舰队来访的美太平洋舰队司令斯威夫特 9 日与中国北海舰队司令袁誉柏举行会晤。斯威夫特称,持续的海军交流,包括像环太平洋军演这样的演习、舰船的港口访问以及类似他此次访问与北海舰队的交流,都是提高合作、缓解海上紧张状况的重要基石。斯威夫特还说,尽管两国政策有许多不同,但像他与袁誉柏这样的舰队司令"有责任确保任何战术层面的行动不会产生意想不到的战略后果"。②

2016 年菲律宾举行总统选举,新总统杜特尔特 6 月上任后发表了许多言论,改变了其前任对美亲善、对华敌对的政策。由于菲在南海的地位,杜特尔特的这种政策转变对美国的"再平衡"战略是一个沉重打击。在这种情形下,奥巴马政府开始在南海问题上降低调子。7 月 25 日,克里在老挝万象东亚合作系列外长会议期间会见王毅,次日他在记者招待会上不是那么理直气壮、痛痛快快地说:"仲裁是在国际法之下进行的一个仲裁……它是具有法律约束力的,它是一个司法问题。至于说到我们的立场,我们对于声索各方不持立场。我们的立场是必须坚持法治","现在该是使公开的紧张降温,把这一页翻过去,开始使用各种外交途径"来解决问题的时候了。他甚至表示去菲律宾访问时要劝菲与中国进行谈判,③似乎想在南海问题上做一次中立。可见美国在南海问题上的策略也是斗而不破。

但这并不表明奥巴马政府的南海政策真正改变了。2016 年 9 月,奥巴马刚刚在杭州开完二十国峰会,到老挝又大谈美国的道义责任,表示"再平衡"将继续下去,美国军舰军机仍将在南海巡航,给有关国家撑腰打气。④2017 年 1 月初,美"卡尔·文森"号航母编队又抵达亚洲。该航母战斗群包括两艘驱逐舰和一艘巡洋舰、两个直升机中队、四个战斗机中队、一架预警机、一个运输机小队和一个电子战中队,显示美国在亚太地区的军事存在不会降低。

2016 年 1 月 28 日,即将卸任的台湾地区领导人马英九不顾美国反对登上

---

① 《吴胜利会见美国海军作战部长》,2016 年 7 月 18 日,http://news.xinhuanet.com/mil/2016-07/18/c_129156277.htm。

② 《美司令访华缓和南海紧张》,《环球时报》2016 年 8 月 10 日。

③ John Kerry, "U.S. Role in Asia Pacific", July 26, 2016, http://www.state.gov/secretary/remarks/2016/07/260475.htm.

④ Barack Obama: "Remarks in Vientiane, Laos", September 6, 2016. Online by Gerhard Peters and John T.Woolley, The American Presidency Project. http://www.presidency.ucsb.edu/ws/?pid=118924.

了太平岛,看望驻岛人员并发表谈话。他表示,无论就历史、地理及国际法而言,南沙群岛、西沙群岛、中沙群岛、东沙群岛及其周遭海域的主权归属不容置疑。针对菲律宾称太平岛是礁不是岛的说法,马英九亲自食用太平岛上自产的鸡肉,饮用太平岛上水井中的淡水,还把淡水带回台湾,向外界有力地证明,太平岛就是天然岛,完全具备人居住的客观条件,因而菲律宾的说法完全不能成立。①

在中美两国关于南海激烈争论的时候,美国智库中还是有比较客观的声音,呼吁保持冷静,尽量减少这一争议对中美整体关系的影响。前政府官员、著名学者贝德、李侃如、麦克戴维 2014 年 8 月在布鲁金斯学会网站发表文章,指出:美国不应当把南海争端视为与中国开始冷战的信号,或者是美中关系的中心战略问题。否则,美国不仅不能达到其战略目标,而且会极大地激化美中之间的紧张关系,破坏双方的战略互信,同时还有可能不谨慎地接受其他声索方的要求。②

第二节　网　络　问　题

互联网是人类智慧的结晶和当代先进生产力的重要标志,在国家安全、经济发展和人民日常生活中的作用越来越大,深刻影响着全球经济格局、利益格局和安全格局。到 2012 年底,全球互联网用户总数达到 24.05 亿人,占全球人口总数的 34.3％。③克林顿政府就开始把互联网安全管理纳入国家的长期发展战略,布什政府更把网络战略视为国家战略的关键要素,奥巴马政府进一步提升了国家网络战略,还正式成立了网络战司令部。④随着互联网技术的迅速发展和普及,网络一度成为奥巴马政府时期中美关系中的一个突出问题,正如有的美国学者所说的,在两国关系中,没有什么问题像网络安全问题一样,如此迅速地冒了出来,并引发了很多摩擦。⑤这些摩擦大致可以归结为两类:在价值观方面,两国

① 《台湾地区领导人马英九登上南沙太平岛,中国外交部回应》,2016 年 1 月 28 日,http://taiwan.huanqiu.com/article/2016-01/8466838.html。

② Jeffrey Bader, Kenneth Lieberthal, and Michael McDevitt, "Keeping the South China Sea in Perspective", September 2, 2014, www.brookings.edu/foreign-policy.

③ 崔建树:《美国网络空间战略研究》,上海市美国问题研究所编:《上海美国评论》第 1 辑,中西书局 2015 年版,第 18 页。

④ 关于奥巴马政府的网络战略参见张国庆:《美国网络战略与中美关系》,黄平、倪峰主编:《美国问题研究报告(2012)》,社会科学文献出版社 2012 年版,第 305—306 页。

⑤ Kenneth G. Lieberthal and Peter W. Singer, "Cybersecurity and U. S.-China Relations", February 23, 2012, http://www.foreignaffairs.com/articles/138007/kenneth-lieberthal-and-peter-w-singer/cybersecurity-and-us-china-relations.

在所谓"网络自由"方面存在分歧;在安全—经济方面,美国指控中方通过黑客攻击窃取知识产权。

一、关于"网络自由"问题

网络技术发源于美国,美国一直掌握着根域名服务器、域名、IP 地址等互联网的关键资源的管理权,在这方面具有明显的技术优势。冷战结束以后,美国利用这种优势,提倡所谓"全球网络自由",将其作为推销美式价值观的工具,促进美国的公共外交,使网络成为美国全球战略的组成部分。2006 年布什政府成立了"全球网络工作组",奥巴马政府改名为"网络自由工作组",国会在 2008 年至2012 年间专为"全球网络自由项目"拨款 9 500 万美元。①维护网络霸权成为美国维护全球霸权的一个重要方面。中国的网络自由问题包括两个相互联系的问题:第一,网民从互联网获得信息和在互联网上表达意见的自由权利;第二,美、中两国的互联网服务商在彼此国家经营的自由权。

2009 年 11 月,奥巴马总统对中国进行首次国事访问。16 日,他在上海会见青年学生时就对互联网的自由大加推崇,强调支持不加限制地使用互联网,不加控制地进入互联网。他表示既相信技术,也相信开放,信息愈是自由,社会就愈是强大,这会产生新的思想,鼓励创造性。因此他是"开放的互联网的强烈支持者,是无审查制度的强烈支持者,这是美国传统的一部分⋯⋯在美国互联网是不受审查的,这是我们力量的源泉,因此应该予以鼓励"。他还现身说法,称他能选上总统就部分归功于互联网,由于有了互联网,民众的政治参与度大大提高,尤其是可以把更多的年轻人动员起来,"互联网已经成了动员公民政治参与的强大工具"。不仅对于政治是这样,对于商业经营同样如此。20 年前,谷歌公司就是一群年轻人搞起来的。一开始只是一个科研项目,由于互联网,它们得以创造了一个产业,使世界范围内的商业整个革命化了。如果没有互联网所提供的自由和开放,就不会有谷歌。言论自由和信仰自由,不受束缚的获取信息和不受制约的政治参与并不是美国特有的原则,而是"普世权利","自由的互联网和不受约束地访问网站"应该受到普遍的鼓励。②

---

① Thomas Lum, Patricia Moloney Figliola, and Matthew C. Weed, *China*, *Internet Freedom*, *and U. S. Policy* (CRS Report for Congress), July 13, 2012, http://china. usc. edu/congressional-research-service-china-internet-freedom-and-us-policy-july-13-2012.

② Barack Obama, "Remarks at a Town Hall Meeting and a Question-and-Answer Session in Shanghai," November 16, 2009. Online by Gerhard Peters and John T. Woolley, *The American Presidency Project*, http://www. presidency. ucsb. edu/ws/? pid＝86909; Kerry Chernenkoff, "Obama Pushes Freedoms, Open Internet in China," November 16, 2009, http://foxnews. com/politics/2009/11/16/china-obama-pushes-freedoms-open-internet/.

希拉里·克林顿将"互联网自由"称作"21世纪美国外交战略的一部分",国务院顾问杰拉德·科恩称互联网是"在全球范围促进自由、平等和人权价值观的有效工具"。①美国重视中国的所谓"网络自由问题"的主要原因在于:以此促进中国的所谓"言论自由";改变美国公司接受中国审查的状况。第112届国会(2011年至2012年)通过的《全球互联网法》要求美国公司公布所有向限制互联网的国家提供的审查和侦察技术,该法还禁止出售可以被用作审查和侦察目的的任何技术。②

从20世纪90年代以来,中国的互联网发展起来,吸引了美国的知名信息技术公司来华投资,开展硬件设备制造、软件产品研发、电子商务运营等业务。其中有"八大金刚"之称的思科、IBM、谷歌、高通、英特尔、苹果、甲骨文、微软等一度占据互联网设备、操作系统、数据平台、个人终端、搜索引擎等产品和服务市场的主要份额。③到奥巴马政府时期,情况发生了变化。随着中国本土企业的崛起,市场竞争越来越激烈。2010年谷歌退出中国市场,很大程度是由于市场竞争造成的,谷歌公司却把它单纯归因于中国政府的网络审查政策。

2010年1月12日,谷歌高级副总裁和首席法律顾问大卫·德拉门德在谷歌官方博客上发文表示,谷歌集团考虑关闭"谷歌中国"网站以及中国办事处,引起社会震动。因为谷歌是仅次于百度的搜索引擎,2009年中国搜索引擎市场规模达69.5亿元,其中百度占据了63.1%的市场营收份额,谷歌中国占33.2%,两家市场份额之和超过96.3%,基本垄断了中国搜索引擎市场。导致谷歌退出中国的理由很复杂,包括市场竞争;谷歌数字化中国作者的著作,引起版权纠纷;遭受黑客攻击等。显然,谷歌公司面对各国迅速发展的政府网络审查制度,越来越感受到对其在线广告驱动的商业盈利模式的威胁。

两个多月后,从北京时间3月23日凌晨起,谷歌公司决定将原有谷歌中国的两域名(google.cn和g.cn)中的网页搜索、图片搜索和资讯(后更名为"新闻")搜索定向至谷歌香港的域名(google.com.hk)。

谷歌退出中国大陆事件被美国放大,美政界把此事的原因归结为中国政府管理互联网。2010年1月21日,希拉里·克林顿专门就"互联网自由"发表讲话,力挺谷歌公司。为了提醒受众注意,她一开始就说:"这是一个关于重要问题的重要讲话。"美国捍卫全球统一的互联网,全人类都有同样的机会从这个互联

① 崔建树:《美国网络空间战略研究》,上海市美国问题研究所编:《上海美国评论》第1辑,中西书局2015年版,第20—21页。
② Thomas Lum, Patricia Moloney Figliola, and Matthew C. Weed, *China, Internet Freedom, and U.S. Policy* (CRS Report for Congress), July 13, 2012, http://china.usc.edu/congressional-research-service-china-internet-freedom-and-us-policy-july-13-2012.
③ 参见汪晓风:《中美关系中的网络安全问题》,《美国研究》2013年第4期。

网上获取知识和信息。接着她详细阐述了互联网对于进一步实现罗斯福总统提出的"四大自由"的重要性，而且互联网又增加了一个自由，那就是"互相联系的自由"，这实际上关系到人们生活的这个星球是个什么样的世界的问题。在历史上，信息获得的不对称常常成为国家间冲突的一个重要原因。今天人们仍然面临着严重的争端和危险的突发事件，与事态有关的双方获得同样的事实与意见是至关重要的。①显然，谷歌退出中国是得到奥巴马政府支持的，网络空间已经成为中美意识形态较量的新战场。

2010 年 3 月，众参两院分别成立致力于促进互联网自由的跨党派议院团（The Global Internet Freedom Caucus），要求政府推动其他国家不受限制的互联网访问，正视其他国家的网络审查政策，采取行动确保全球互联网自由。国会还提出议案，要求设立政府支持的互联网自由基金，资助那些研发规避网络审查的技术和产品的公司。②

一年之后，2011 年 2 月 15 日，希拉里·克林顿在乔治·华盛顿大学再次就网络自由发表主题演讲，重申并呼吁世界各国接受互联网自由的理念，声称"关注和应对互联网自由受到的威胁已经成为美国外交人员日常工作的一部分"。她宣布将投入 2 500 万美元，以资助技术公司开发互联网访问工具，使网络活跃分子能够绕过网络检查。③5 月，奥巴马政府出台《网络空间国际战略》，把以前政府各部门各自为政执行的有关互联网的政策整合起来，提出了一个完整、系统的网络空间战略。为了推行这个战略，白宫设立互联网事务协调员，国务院设立互联网事务协调办公室。这个战略的要点是：第一，鼓励创新和贸易，注意保护知识产权；第二，注重网络安全；第三，加强对网络犯罪的执法行为；第四，关注利益攸关方对网络的国际治理；第五，通过帮助建设数字基础设施和应对威胁，发展新的网络伙伴；第六，网络自由。简言之，这个战略就是，在美国政府的操纵下，凭借美国在资金、技术、理念输出和组织程序等方面的优势，将互联网纳入美国对外战略的整体框架，借助强大的信息搜集、监控、分析和处理能力，塑造和掌控整个互联网世界。④

---

① "Internet Freedom", the prepared text of U.S. Secretary of State Hillary Rodham Clinton's speech, delivered at the Newseum in Washington, D.C. January 21, 2010, http://www.foreignpolicy.com/article/2010/01/21/internet-freedom.

② 汪晓风：《美国互联网外交：缘起、特点及影响》，复旦大学美国研究中心编：《美国问题研究》2010 年第 2 期，第 112 页。

③ Hillary Rodman Clinton, "Internet Rights and Wrongs: Choices and Challenges in a Networked World", February 15, 2011, http://blogs.state.gov/stories/2011/02/15/internet-rights-and-wrongs-choices-and-challenges-networked-world.

④ 参见阚道远：《美国网络自由战略评析》，《现代国际关系》2011 年第 8 期。

　　由于网络深深地进入了人们的生产和生活，可以说是无处不在，美国的网络自由战略也成了美国外交的有效工具。对中国来说，这个战略有三重影响。首先，美国又多了一个施加压力的手段和工具，使中国互联网发展的国际环境变得复杂。就如上面提到的谷歌事件，奥巴马政府总是站在这些互联网公司一边，要使互联网毫无阻拦地达到世界各地；同时把自由地从网络得到信息、自由地在网络发表意见作为美国倡导人权、"言论自由"的新内容。希拉里·克林顿在一个讲话中就说，现在的言论自由可再也不是某个个人可以到市政厅广场发表自己想说的意见，"信息网络的扩散是我们星球的新神经。当在海地或者湖南发生什么事情，我们所有人立即就能得知，而且是从当事人那里得知。而我们也能立即作出回应"。①希拉里·克林顿在几次讲话中都把矛头指向中国，对中国政府依法管理互联网加以指责。其次，美国所提倡的网络自由有一定的欺骗性，试图诱使人们认同美国的网络自由，而不认同中国政府依法管理互联网，从而在中国国内产生认识和舆论上的混乱。第三，这种网络自由的战略也为某些政治势力张目。中国新疆地区的"东突伊斯兰运动"在新疆制造事端就是利用虚拟空间来传播不实消息，煽动蒙蔽群众的。2009年7月5日新疆乌鲁木齐的事件，就是由流亡海外的民族分裂主义头子热比娅领导的"世界维吾尔代表大会"幕后操纵和策划，利用互联网和手机短信散播谣言、煽动不明真相的群众上街示威游行所导致的。②

二、关于网络安全问题

　　近年来，美方，包括政界、军界和商界不断抱怨，他们的网络遭到了黑客攻击，而有的黑客是由中国军方发起、得到中国政府支持的。美国商界更指责中国通过黑客入侵从网上窃取了美国的商业机密和技术，侵犯了他们的知识产权。2011年11月3日，美国情报机构国家反间谍执行局（Office of the National Counterintelligence Executive）发布报告，称中国和俄罗斯通过网络间谍手段窃取美国贸易和技术情报以加快自身经济发展，对美国的繁荣与安全造成威胁。众议院情报委员会主席迈克·罗杰斯在2011年10月国会听证会上扬言，"中国的经济间谍活动已经到了不能容忍的地步，我相信，美国以及我们在欧洲和亚洲的盟友都有义务来对抗北京，要求他们停止这种侵权行为。北京在对我们大家进行大规模的贸易战，我们要联合起来对它施加压力，迫使它停止这种行为。"③

①　"Internet Freedom", the prepared text of U. S. Secretary of State Hillary Rodham Clinton's speech, delivered at the Newseum in Washington, D. C., January 21, 2010, http://www.for-eignpolicy.com/article/2010/01/21/internet-Freedom.

②　顾国良、刘卫东、李枏：《美国对华政策中的涉疆问题》，第294—296页。

③　《美报告：中俄通过网络间谍窃取情报》，2011年11月4日，http://www.sina.com.cn。

气势汹汹，不可一世。

美国的网络安全公司曼迪昂特（Mandiant）在 2013 年 2 月的一份报告中绘声绘色地描述了中国人民解放军某部在过去七年中发起的针对美国近 150 家企业的"黑客攻击"。①美国贸易代表办公室 2013 年的《特别 301 报告》依据曼迪昂特报告指责说，由于"网络偷窃"，中国侵犯知识产权的问题变得"更糟了"，"有消息显示，中国的一些行为者卷入了经过策划的旨在从美国商业系统偷窃知识产权的努力"。②其实，这种指责带有很大的臆测性。有这样一个例子：2008 年至 2009 年间，美国国防部一度遭遇网络攻击，初步探测显示攻击来自中国大陆。于是国防部的一群军官认真考虑了用精确制导导弹摧毁袭击来源。正在这时，进一步探测发现真正的攻击者是美国加州的一个少年黑客，中国的 IP 地址不过是他攻击中所使用的掩护跳板而已。③

在曼迪昂特的上述报告发布以后，美国朝野在网络问题上对中国的施压力度大增，网络问题一时竟成为两国关系中最突出的问题。总统国家安全事务助理托马斯·多尼隆 2013 年 3 月 11 日对亚洲协会的讲话关于中美关系的总基调是正面、积极的，但他也在网络问题上指责中国说："网络安全问题……已经成为对两国经济关系一个日益严重的挑战。美国和中国这样的大型经济体在确保互联网保持开放、互操作性、安全、可靠和稳定方面有着巨大的共同利益……通过源自中国的规模空前的网络入侵所进行的手段高超的旨在窃取商业机密信息和专有技术的活动，引起了美国企业越来越严重的担忧……我们将采取措施，保护我们的经济不受来自网络的威胁。"④财政部长雅各布·卢（3 月中旬）、国务卿约翰·克里（4 月中旬）、参谋长联席会议主席邓普西（6 月上旬）在访华期间，均就网络安全问题对中国施压。网络问题也是习近平与奥巴马 6 月庄园会晤的讨论话题。鉴于这一问题的重要性，在克里访华期间，双方同意在战略与经济对话框架下成立网络工作组举行对话。

中美互联网论坛（U.S.-China Internet Industry Forum，CIIF）自 2007 年由中国互联网协会与美国微软公司联合创办以来举行了多次。第六届论坛于 2013 年 4 月在北京举行。来自中美互联网业界、学界和政府部门的 230 多位代

① Mandiant, "Exposing One of China's Cyber Espionage Unites," http://intelreport.mandiant.com/Mandiant_APT1_Report.pdf.
② USTR, "Special 301 Report", http://www.ustr.gov/sites/default/files/05012013%202013%20Special%20301%20Report.pdf.
③ 参见沈逸：《美国国家网络安全战略》，时事出版社 2013 年版，第 292 页。
④ Thomas Donilon, "Asia: Beyond the Headlines—The United States and the Asia-Pacific in 2013", March 11, 2013, http://asiasociety.org/new-york/events/thomas-donilon-national-security-advisor-president-barack-obama.

表与会,会议的主题是"对话、沟通、理解"。国务院新闻办公室、国家互联网信息办公室副主任钱小芊在主题演讲中强调,中美两国在促进互联网发展、维护网络安全等方面,存在共同利益,有着共同责任,应该进一步建立信任、建立信心,凝聚共识和力量,努力排除和减少各种干扰,拓展互联网治理的交流协作机制,推动两国在这一领域的合作向前发展。美副国务卿罗伯特·霍马茨、驻华大使骆家辉、微软公司资深顾问克瑞格·蒙迪就互联网治理、信息自由流动、知识产权保护等发表了意见。霍马茨表示,美中两国在互联网发展和治理方面需要的是合作而不是对抗,美方将继续加强与中国在互联网领域的合作,采取建设性措施,共同解决互联网发展面临的问题。①

2013 年 5 月 20 日,29 岁的美国国家安全局承包商前雇员爱德华·斯诺登只身飞赴中国香港,并着手将美国国家安全局的"棱镜"(Prism)监听项目的大量秘密文件从网上披露出来,在国际上掀起轩然大波。②这一事件使美国的国际形象和公信力大受损害。美国先前一直站在互联网的道德高地责难别国,包括中国进行网络审查和控制,并发起黑客攻击行为,现在自己的丑陋行为大白于天下,一度在国际上,包括与盟国的关系(如对德关系)中显得异常尴尬,也打击了美国在互联网问题上咄咄逼人的气势,在客观上有助于缓解中美两国在互联网问题上的紧张状态。中方没有利用美方的困境,在处理斯诺登事件中,中方从两国关系的大局出发,避免与美国对抗。当斯诺登到达香港时,没有收留他,也没有对此事件作出激烈反应,或者幸灾乐祸。相反,中方抱着向前看的积极态度,妥善处理了这一事件,允许斯诺登离开香港赴俄罗斯,③并于 7 月 8 日,在第五次战略与经济对话前夕,在华盛顿举行了第一次网络工作组会议,中美两国多个政府部门官员参加了对话。双方就工作组机制建设、两国网络关系、网络空间国际规则、双边对话合作措施等双方共同关心的问题进行了坦诚、深入的交流,并均表示愿本着相互尊重、平等对话的原则建设好这一机制,努力把这一两国间有分歧的领域建设成两国合作的新领域。双方还同意在 12 月举行一次"会间会"。④

中美还在打击网络犯罪方面进行合作。中美执法合作联合联络小组

---

① 《第六届中美互联网论坛在北京开幕》,2013 年 4 月 9 日,http://finance.people.com.cn/n/2013/0409/c1004-21075160.html。

② 关于斯诺登事件,详见袁征:《"斯诺登事件"及其国际影响评析》,黄平、郑秉文主编:《美国研究报告(2014)》,社会科学文献出版社 2014 年版。

③ 但美方依然对中方任由斯诺登去俄罗斯表示不满。在 7 月的战略与经济对话中,拜登副总统就表示这背离了中美建设新型大国关系的精神。袁征:《"斯诺登事件"及其国际影响评析》,黄平、郑秉文主编:《美国研究报告(2014)》,第 167 页。

④ 《第三次中美战略安全对话在华盛顿举行》,《光明日报》2013 年 7 月 11 日。

(China-US Joint Liasion Group on Law Enforcement Cooperation)成立于1998年,是中美就执法合作进行协调和沟通的主要机制和平台。2013年11月13日至15日,在华盛顿举行了联络小组第十一次会议,中国外交部条法司司长黄惠康、公安部国际合作局副局长杨少文与美助理国务卿威廉·布朗菲尔德、助理司法部长帮办布鲁斯·斯沃茨共同主持会议,美国土安全部助理部长博森、助理国务卿帮办梅建华等官员与会。会议听取了联合联络小组下设的追逃、遣返、知识产权刑事执法、反腐败、禁毒、刑事司法协助、打击网络犯罪各工作组的年度报告,就2014年重点合作领域和具体工作作出了规划。双方决定在追逃追赃、禁毒、打击网络犯罪、侵犯知识产权犯罪等领域继续加强合作,并定于2014年秋在中国举行联合联络小组第十二次会议。①

美方还以网络导致的国家安全问题为由搞贸易保护主义。近年来,中国的民营电信企业华为、中兴等公司试图进入美国市场,却一再遭遇美方阻挠和封杀。美国众议院情报委员会于2012年10月发表了一个专门针对这两家公司的报告,刻意进行丑化,莫须有地断言,"最重要的是,初步的调查已经揭示,这两家中国电信商与中国政府和军方存在着潜在的联系,因此带来了潜在的安全威胁。尤其是,这些公司受到国家影响的程度,或者向中国情报部门提供进入电信网络的程度"表明,中国"进一步进行经济和外交间谍活动的可能性是存在的"。②

2014年5月19日,美国司法部不顾中方强烈反对,宣布起诉所谓进行"网络窃密"的五名中国人民解放军军官。中方认为这严重违反国际关系基本准则,严重破坏中美在网络安全领域的合作,损害中美互信。中方敦促美方立即纠正错误,撤销对中方人员的所谓起诉。中方严正指出,美国有关部门对外国政要、企业、个人进行大规模、有组织的网络窃密和监听、监控,中国也是受害者。中国将根据形势发展作出进一步反应。③美方对"棱镜门"事件辩解说,出于国家安全

---

① 《中美执法合作联合联络小组第十一次会议在华盛顿举行》,2013年11月19日,http://www.chinacourt.org/article/detail/2013/11/id/1146850.shtml.

② "Investigative Report on the U. S. National Security Issues Posed by Chinese Telecommunications Companies Huawei and ZTE", A Report by Chairman Mike Rogers and Ranking Member C.A. Dutch Ruppersberger of the Permanent Selected Committee on Intelligence, House of Representatives, 112th Congress, October 8, 2012.

③ 实际上,中国多年来一直是黑客入侵的受害者。晚近的一个例子是中国互联网部分用户2014年1月22日突然遭遇瘫痪,当天15时10分左右,国内通用顶级根域名服务器解析出现异常,部分国内用户无法访问.com等域名网站。据初步统计,全国有2/3的网站访问受到影响。故障发生后,中国用户在访问时,都会被跳转到一个IP地址,而这个地址指向的是位于美国北卡罗拉纳州卡里镇的一家公司。经查证,这家名为Dynamic Internet Technology的公司正是"自由门"翻墙软件的开发者。木彬、邱永峥、薛小乐、刘云龙:《中国互联网突遭神秘攻击》,《环球时报》2014年1月22日,第3版。

目的的网络间谍活动是可以理解和可以接受的,而出于商业目的的网络窃密活动则是不合法的不可接受的,并声称从不利用网络从事商业窃密活动。[①]但据斯诺登揭露,美国国安局在进行大规模监控时,除了对政治、安全、军事等情报感兴趣外,也偷窃经济情报。例如,西门子公司的情报显然与美国国家安全无关,但如对美国国家利益有利,国安局也会去加以窃取。[②]由于"起诉"事件,在 2014 年第六届中美战略与经济对话期间没有再举行网络工作组会议。中方认为这一事件破坏了两国对话的气氛,美方必须撤销对五名中国军人的指控,双方才能恢复对话。

但是双方关于网络问题的对话渠道并没有中断。在 2014 年 11 月奥巴马对中国进行国事访问中,双方同意于 2015 年年初举行中国公安部和美国国土安全部部级会晤,深入探讨加强反恐、执法等相关领域合作,并同意继续在追逃追赃、遣返非法移民、禁毒、打击网络犯罪、加强知识产权执法等领域开展对话与合作。[③]2014 年 12 月 2 日,第七届互联网论坛在美国华盛顿举行,中国国家互联网信息办公室主任和美国副国务卿凯瑟琳·诺韦利出席论坛并发表演讲。中方指出,中美两国在网络空间你中有我、我中有你,已经成为密不可分的发展共同体、利益共同体、命运共同体。中国是美国互联网企业的最大境外市场,几乎所有的美国知名互联网企业都在华享有巨额收益。美国是中国互联网企业境外上市的主要目的地,在美上市企业近 50 家,总市值近 5 000 亿美元,美国股民分享了中国互联网市场发展的红利。中方对两国互联网交流提出五点建议:彼此欣赏而不是互相否定;互相尊重而不是对立指责;共享共治而不是独善其身;沟通互信而不是互相猜疑;合作共赢而不是零和博弈。中方希望把网络安全问题变成中美合作的新亮点。[④]

尽管如此,进入 2015 年,中美在网络安全方面的摩擦还是升级了。美方持续指责所谓中国自主或者得到支持的黑客组织对美国的公司和政府部门实施大规模网络攻击。2015 年 2 月至 8 月间,美方先后指责中国黑客"深度熊猫"(Deep Panda)入侵全美第二大医疗健康保险公司安森(Anthem),入侵美国人事局网络系统,[⑤]入侵世界第二大航空公司美国联合航空公司的数据库,窃取了大

---

① 参见吴心伯:《中美关系的新常态》,吴心伯主编:《中美关系战略报告·2014》,时事出版社 2015 年,第 7 页。

② 《斯诺登:NSA 会搜集情报为经济利益服务》,2014 年 1 月 27 日,http://news.ifeng.com/world/special/sndxiemi/content-3/detail_2014_01/27/33400606_0.shtml。

③ 《中美元首北京会晤主要共识和成果》,2014 年 11 月 12 日,http://news.xinhuanet.com/world/2014-11/12/c_1113222352.htm。

④ 《第七届中美互联网论坛在华盛顿举行》,2014 年 12 月 3 日,http://intl.ce.cn/qqss/201412/03/t20141203_4034080.shtml。

⑤ 2015 年 5 月,美政府人事管理部门美国人事管理局(OPM)遭遇一起重大网络入侵,据称有 400 万名在职或前任联邦雇员的个人身份信息被泄露,中国黑客被怀疑为幕后黑手。这只是美国政府遭遇的一系列重大入侵事件之一。2014 年,从白宫到国务院的其他一些部门也曾遭到网络入侵。

量的数据。美方一方面加大在网络问题上对中国施压,另一方面则以中国为假想敌,强化网络能力建设。5月,美国国防部发布新版《国防部网络空间行动战略》,明确宣布将使用网络司令部的防御力量来对付可能对美国国家基础设施造成严重后果的网络攻击;国会在审议 2016 财年《国防授权法》时,要求军方在2016 年建设完善的针对俄罗斯、中国、伊朗、朝鲜等国网络攻击的"战棋推演"能力。7月,奥巴马政府匿名官员向《纽约时报》透露,美国已经在中国大陆的网络中"植入数以千计的系统",用于"预警中国向美国发动网络战"。同时,美方又通过第二轨道向中方表示,美无意采取导致事态升级的后续行动,上述对中国军官的起诉是美国司法部的决定,行政当局无法干涉,希望中国采取建设性态度来重启双方对话。①

2015 年秋,习近平主席将对美国进行国事访问。中美双方都高度重视此次访问,做了许多准备工作来确保访问成功。两国高官多次互访,就两国的合作与管控分歧进行充分沟通。双方显然不能让网络问题上的分歧影响此次访问的成功。9月9日至12日,习近平主席特使、中共中央政治局委员、中央政法委书记孟建柱率领公安、安全、司法、网信等部门负责人访问美国,与国务卿克里、国土安全部长杰伊·约翰逊、总统国家安全事务助理赖斯等分别举行会谈,就共同打击网络犯罪等执法安全领域的突出问题进行深入探讨,达成重要共识。孟建柱指出,中美两国都是互联网大国,在当前网络空间事端频发、网络安全威胁不断上升的大背景下,双方加强网络安全领域互信与合作尤为重要。中方反对网络攻击和网络商业窃密的立场是坚定的,不管什么人,在中国境内实施网络攻击和网络商业窃密都是违反国家法律的,都应受到法律的追究。中美两国开展对话合作、共同打击网络犯罪,符合双方和国际社会的共同利益。中国代表团还与美国联邦调查局局长詹姆斯·科米以及司法部、财政部及情报部门的代表举行了会谈。此行对于习近平主席的国事访问是一次重要的准备。

9月22日,习近平主席在访美前夕接受《华尔街日报》书面采访。在谈到网络问题时,习近平强调,中国是网络安全的坚定维护者,是黑客攻击的受害国。中国政府不会以任何形式参与、鼓励或支持企业从事窃取商业秘密行为。不论是网络商业窃密,还是对政府网络发起黑客攻击,都是违法犯罪行为,都应该根据法律和相关国际公约予以打击。中美双方在网络安全上有共同关切,中方愿同美方加强合作。②

9月22日至27日,习近平主席对美国进行国事访问。中美两国领导人达

---

① 参见沈逸:《网络安全博弈与中美战略关系稳定》,《中美关系战略报告·2015》,第 59、62 页。
② 《习近平接受〈华尔街日报〉采访》,2015 年 9 月 22 日,http://news.xinhuanet.com/world/2015-09/22/c_1116642032.htm。

成诸多重要共识,取得积极成果,包括在网络问题上的成果。双方同意,各自国家政府均不得从事或者在知情情况下支持网络窃取知识产权,包括贸易秘密,以及其他机密商业信息;双方同意就调查网络犯罪、收集电子证据、减少源自其领土的恶意网络行为提供合作;双方承诺,共同继续制定和推动国际社会网络空间合适的国家行为准则,并就此话题建立一个高级专家小组继续展开讨论;双方同意,建立两国打击网络犯罪及相关事项高级别联合对话机制,建立热线作为机制的一部分,该对话机制第一次会议于 2015 年内举行,之后每年举行两次。①

在两位领导人会晤后的记者招待会上,奥巴马肯定了双方达成的上述共识,表示中美两国将共同工作,并与其他国家一起促使制定国际社会网络空间的适当规则。②习近平指出,中美作为两个网络大国,应该加强对话和合作,对抗、摩擦不是正确选项。③两国领导人达成的共识有效地将网络问题置于控制之下,建设性地使这一领域从分歧开始转变为合作。

2015 年 8 月 17 日,美、中、俄、英、法、日等 20 国专家制定了协商一致的网络空间初步行为准则,并向联合国秘书长提交了相关报告。各国同意在虚拟空间实行自律,只能利用信息技术谋求和平目的,不得用来攻击包括银行、核电站在内的重要基础设施,不得在 IT 产品中植入有害后台程序,共同致力于打击黑客。④12 月 16 日,在浙江乌镇举行第二届世界互联网大会。习近平主席在开幕辞中阐述推进互联网治理的"四大原则"和"五点主张",对于建立多边、民主、透明的全球互联网治理体系具有战略指导意义。习近平指出,网络安全是全球性挑战,维护网络安全是国际社会的共同责任,各国应该携手努力,共同遏制信息技术滥用,反对网络监听和网络攻击,反对网络空间军备竞赛。中国愿同各国一道,加强对话交流,有效管控分歧,推动制定各方普遍接受的网络空间国际规则,制定网络空间国际反恐公约,健全打击网络犯罪司法协助机制,共同维护网络空间和平安全。⑤

---

① 《习近平主席对美国进行国事访问中方成果清单》,2015 年 9 月 26 日,http://news.xinhuanet.com/politics/2015-09/26/c_1116685035_3.htm。

② Barack Obama："The President's News Conference With President Xi Jinping of China", September 25, 2015. Online by Gerhard Peters and John T. Woolley, *The American Presidency Project*. http://www.presidency.ucsb.edu/ws/?pid=110838.

③ 《习近平同美国总统奥巴马共同会见记者》,2015 年 9 月 26 日,http://news.xinhuanet.com/politics/2015-09/26/c_1116685447.htm。

④ 《专家制订全球信息领域互不侵犯条约》,http://www.cankaoxiaoxi.com/topnews/all/20150817/。

⑤ 习近平:《在第二届世界互联网大会开幕式上的讲话》,2015 年 12 月 16 日,乌镇,http://news.xinhuanet.com/video/2015-12/16/c_1117481089.htm。

结　语

一

　　从《中美关系史》第一卷起,笔者基本按照时间顺序,把两国从开始通商接触直到2016年这230多年的两国关系作了大致的阐述。这两个多世纪跨越了不同的时代,在不同的历史时期两国关系有着非常不同的内容,在这一卷的末尾总结整个的中美关系史很可能是"吃力不讨好"的事情。但从1979年中美关系正常化以来也近40年了,这是活的历史,我们今天还在继续这段历史。书中已经作了纵的叙述,这里对两国关系的构成作一番解析也许是有用的。中美关系是由哪些主要部分构成的? 这些部分对于两国关系是积极因素还是消极因素?

　　(一)社会制度和意识形态

　　中国与世界上许多国家社会制度和意识形态不同,但这种差异并没有给双边关系造成大的影响。之所以这在中美关系中成了问题,原因在于所谓"美国例外论",美国人总认为自己是"上帝的选民",他们的政治制度和价值观念具有"普世性",应当推广到全世界。一百多年来,在对华关系中,美国人总有一种"传教士热情",有一种改造中国的强烈欲望。传教士要把中国基督教化,外交官要按照美国的方案来重塑中国。美国对中国共产党领导的政治体制和意识形态一直抱着不认可、不信任的态度。在冷战时期,美国公开要对社会主义国家实行"和平演变"。中国实行改革开放后,许多美国人以为经济改革必定导致"自由化",中国势必走上西方式的民主道路,美国人憧憬了一个多世纪的改变中国的梦想现在就要实现了。冷战结束后,美国政界和学界的主流看法是,"共产主义终结了",西方的自由市场经济和民主政治取得了最后的胜利。①因此克林顿政府在任期头三年对中国施加了那么大的压力,试图改变中国的政策取向。20世纪90年代在美国辩论中国加入世贸组织、美国对华永久性正常贸易关系立法时,又有不少人认为,中国经济的快速发展"必然带来深远的政治变化","贸易和经济繁荣最终将会导致中国的自由化和民主"。②但他们的想法又没有实现,中国坚定不移地走有中国特色的社会主义道路,以致使许多人感觉到挑战。③冷战后二十多年"中国威胁论"在美国时起时伏都与两国在政治制度和意识形态上的分歧有关。

中国一心一意搞现代化建设,不干涉别国内政,不对他国的政治制度和意识形态说三道四,中国文化是非宗教文化,没有"拯救世界"或者向世界各地"传播上帝福音"的使命感。④连佐利克也说,"中国不搞意识形态上的扩张"。⑤在1989年政治风波之后邓小平对布什的特使说:"美国的制度中国不能搬,美国制度究竟好不好,美国人自己说,我们不干预。两国相处,要彼此尊重对方,尽可能照顾对方,这样来解决纠葛。"⑥可是美国人总是听不进中方的告诫,时至今日,美国政府,尤其是一些人权组织,仍然在宗教信仰自由、涉藏、涉疆、涉港问题上攻击中国。美国总统来华访问,但凡赶上星期天,必去教堂做礼拜,以示对宗教信仰自由的支持。对中国近年的一些立法也一再进行干预。这个问题在两国关系中还会长期存在。政治和意识形态方面的对立阻碍了中美两国间深层次的互信和友好关系的建立。

幸好这个分歧凌驾于中美关系的时候不是很多。1972年尼克松访华实际表明,两国愿意搁置在这一问题上的分歧,来实现两国关系正常化。虽然后来美国又一次一次地发起进攻,可是两国关系中别的因素又对它进行制约,使其不能走得太远。而且美国的许多老调重弹实际上对中国也不能造成多少伤害,基本成了美国的"自娱自乐",尽管美国还会继续做下去。

(二)台湾问题

台湾问题是中国的内政,但由于美国在20世纪40年代末介入中国内战,1954年又与台湾签订了《共同防御条约》,台湾问题成了中美关系中基本的重大

① Francis Fukuyama, "The End of History?" *The National Interest*, Summer 1989, https://ps321.community.uaf.edu/files/2012/10/Fukuyama-End-of-history-article.pdf.
② James Mann, The China Fantasy. Why Capitalism Will Not Bring Democracy to China(Penguin Books, 2007), pp.2—3.
③ 参见陶文钊主编:《美国思想库与冷战后美国对华政策》,第390—398页。
④ 楚树龙、应琛:《中美长期关系的两根支柱》,《现代国际关系》2013年第9期。
⑤ 见本书第200页。
⑥ 邓小平:《中美关系终归要好起来才行》,《邓小平文选》第3卷,人民出版社1993年版,第351页。

问题,中美三个联合公报的核心内容都是关于台湾问题。两国关系正常化表明双方在一个中国问题上达成了基本的共识,但美国的一个中国政策与中国的一个中国原则又有区别。①这种分歧的主要表现是美国的国内法"与台湾关系法",在实践中主要是美台军事关系,包括售台武器。在过去39年中它对中美关系造成了周期性的干扰,尤其对两军关系冲击更大。

大体说来,美国历届政府基本遵守了一个中国政策,在台湾问题上是有底线的,那就是台湾问题要和平解决,"反对海峡两岸任何一方单方面改变现状"。正如本书所说,在布什政府时期,台湾地区领导人陈水扁忘乎所以地搞"急独"、"法理台独",遭到布什政府的坚决反对,使中美在台湾问题上的共识和共同利益为两国关系的发展提供了正能量。

但是要清晰地看到,主张提升美台关系、甚至实际上主张搞"一中一台"、"两个中国"的亲台势力在美国,包括在国会中仍有市场。当前台湾民进党当局又拒绝承认体现一中原则的"九二共识"。民进党和美国的亲台势力相互勾结、制造事端的可能性仍然存在。为了牵制和平衡中国,"台湾牌"仍然频繁为美国的某些势力所用。这是我们要高度警惕的。

(三)经贸关系

使中美关系为中国的现代化服务是邓小平当初规划两国关系正常化的一个重要出发点。近39年来的实践证明了这种设想是正确的。尽管中美政治关系时有起伏、颠簸,但双边的经贸关系却持续发展,确实起到了中美关系"压舱石"、"减震器"的作用,而且为两国关系的发展提供了源源不断的动力。现在中美的双边贸易额已经远超5 000亿美元,中美长期互为第二大贸易伙伴,2016年中国超过加拿大成为美国的最大贸易伙伴。近年来双边投资,尤其是中国对美投资剧增。2008年世界金融危机爆发以来,中美两国在金融上的相互依赖突出了。中国外汇储备最多时近4万亿美元,至今仍有3万多亿美元,其中70%是美元。中国持有大量美国国债券,这对美国金融稳定至关重要。在过去8年中中国多次成为美国债券最大海外持有者。

中美两国经济的发展和改革既会促进两国的合作,也会导致两国的竞争。经过近40年的改革开放和现代化建设,中国在全球产业链中正在向中上端攀升,两国的经济结构趋同,各种分歧和摩擦在积累,要准备处理中美经贸关系中的老问题和新问题。但中美两国长期来的相互依存已经形成你中有我,我中有你的格局,经贸关系总体说来是互利双赢的,如果开打贸易战,只能是两败俱伤,决无赢家。经贸关系作为两国关系"压舱石"的基本状况没有改变。

———

① 详见陶文钊:《美国"一个中国政策"》,《和平与发展》2010年第6期。

（四）人文交流

"国之交在于民相亲，民相亲在于心相通。"中美一建交，两国的人文交流就开展起来，而且不断深化、发展。这是两个社会的接触，有国家层面的，更多是个人层面的。它以"润物无声"的方式滋养着两国关系，即使在两国政治关系遭遇困难的时候也没有停止，而且帮助了两国政府克服政治困难。2010年两国建立了人文交流高层磋商机制，进一步从政府角度规划、推动两国的交流，使之覆盖两国社会生活的方方面面。人文交流一直在两国关系中发挥着正能量、暖力量的作用。

（五）地区问题

亚太地区既是中美间利益交融最多的地区，又是崛起国与主导国的权力竞争突出的地区。美国是一个太平洋国家，中国尊重美国在本地区的存在和利益。美国长期以来主导亚太事务，并在这里构建了同盟体系，有一套自己的规范和做法。中国希望美国在本地区发挥稳定的作用、积极的作用，不欣赏、不认可美国的同盟体系，而且认为美国部署过多的军事力量，举行过于频繁的军事演习不利于地区稳定。但只要美国的同盟体系不针对自己，不直接损害中国利益，中国也没有采取强硬态度加以反对。中国致力于营造对现代化建设有利的周边环境，对周边国家提出了"亲、诚、惠、容"的理念，希望周边国家搭乘中国发展的便车、快车。美国感到了中国崛起的挑战，正如书中所说，奥巴马政府提出"再平衡"战略在很大程度上就是为了应对这种挑战。

现在的亚太地区处于新旧秩序并存的时期：旧秩序仍然存在，还在发挥作用；中国不会采取断然措施去推翻旧制度，去另起炉灶；新秩序的因素越来越多，美国不可能遏制这些因素的产生和壮大，但新秩序要取代旧秩序还有很长的路要走。1972年《中美上海公报》中说："任何一方都不应该在亚洲—太平洋地区谋求霸权，每一方都反对任何其他国家或集团建立这种霸权的努力。"①40多年过去了，这一原则仍然适用。"太平洋足够大，容得下中美两国。"中美两国应该在亚太地区"共同进化"，②共同做亚太和平、稳定的维护者，亚太繁荣的促进者。

（六）全球治理

直至21世纪初中国加入世贸组织，中国改革开放的一个主要目标是融入国际社会，中国的口号是"与国际接轨"，在全球治理中的作用并不突出。随着中国

---

① 钟建和：《全面推进21世纪中美建设性合作关系》，第135页。

② 这是美国外交的耆宿基辛格博士的建议，见基辛格：《论中国》，胡利平等译，中信出版社2012年版，第518页。

"入世"后经济飞速增长,尤其在金融危机爆发后,中国对世界经济增长的贡献凸显,向国际社会提供的公共产品越来越多,也越来越全面、深入地参与全球治理,奥巴马政府也认识到这一点,美国政要一再表示:没有中美两国的合作,任何重大的国际问题都难以解决。[①]

全球治理事关国际秩序和国际规则,中国希望国际秩序更加公正更加合理,推动建立更加均衡普惠的治理模式和规则,必然要对先前的秩序和规则进行改革、补充和完善,可能触动既得利益,与美国的竞争是难以避免的。在这方面 2015 年发生的两件事情具有典型意义:中国倡导的亚洲基础设施投资银行(AIIB)在 12 月正式成立,美国主导的《跨太平洋伙伴关系协定》(TPP)于 10 月达成。奥巴马政府对于 AIIB 一度竭力反对,还劝其盟友不要加入;同时通过 TPP 书写 21 世纪的贸易规则。类似的竞争还会继续发生,但这种竞争不是对抗性的,有的也可以在沟通过程中化解,美方后来也改变了对 AIIB 的态度。[②]

从上面简要的解析中可以看出,构成中美关系的诸多要素中有正面的积极的、提供正能量的要素,也有负面的消极的、对两国关系起牵制、甚至破坏作用的要素,有的要素在不同的情况下可能发挥不同的作用。但总的说来,积极的因素多于消极的因素。由于两国关系的这种构成,过去近 39 年的中美关系的发展轨迹呈现了总体向前、曲折发展、时有起伏、颠簸的状况。由于两国关系对国际事务的影响越来越大,两国合作可以成就大事,两国失和可以坏大事。

二

现在的中美关系与刚建交时的两国关系有一个显著的变化:即两国国力的差距以及相应的在国际事务中角色、地位的不同。刚建交时,中美两国的经济规模无论是总量还是人均都差得很远,完全不在一个级别上。中国改革开放以后经过近 40 年的持续高速发展,尤其是中国"入世"以后的飞跃式发展,两国国力的差距大大缩小了。即使在 2001 年中国的国内生产总值(GDP)仍然只占美国的 12.8%,而到 2016 年已经达到美国的 60%。(11.39 万亿美元比 18.56 万亿美元)中美军力的差距也较 40 年前大为缩小了。正是由于这种状况,国际上,尤其

---

① 见本书第 224 页。
② 见本书第 347 页。2017 年 1 月,美国总统特朗普签署行政命令,正式宣布美国退出 TPP。

在美国,关于中美两国可能陷入"修昔底德陷阱"的议论这几年十分盛行。[①]有的美国学者认为中美两国现在的关系是典型的新兴大国与现存大国之间的关系:新崛起的大国必然要挑战现存大国,而现存大国必然要回应这种挑战,因此冲突、战争变得不可避免。哈佛大学教授艾利森领导的团队指出,在近500年的国际关系历史上,共出现过16次这种关系,其中12次演变成了战争。美国和中国的情况是第17次。[②]笔者认为,对中美两国来说,"修昔底德陷阱"是一种可能性,但没有必然性。除了本书中尤其是第九章已经阐述的内容外,一个突出的原因是时代不同了。

21世纪的国际政治不是美国衰落、中国崛起、中国取代美国成为新的霸权国家的简单故事。[③]霸权的兴替是既往世纪的现象,到本世纪可以说已经过时了。21世纪国际政治的一个根本特点是权力的分散化。[④]主权国家仍然是国际政治的主要行为体,但国家的主权受到许多限制、削弱和侵蚀。首先,全球化对国家权力的销蚀。在全球化中每个国家都让渡了一部分主权,但也都享受了别国让渡的主权,如各国不再享有完全的关税自主权。在实际上,有的国家利用别国让渡的主权比较有成效,发展就比较快,这就是趋利避害的问题。有的国家可能利用得不那么好,或者自己感觉不好,英国脱欧就是感觉在欧洲一体化中吃亏了,想要把让渡出去的那部分主权收回来。其次,联合国、国际组织、国际条约和规则也都对国家权力造成制约。一个主权国家既然成为了国际组织和条约的成员,就要遵守它的规定,也就制约了自己的权力及其行使范围。特朗普执政后退出了应对气候变化的《巴黎协定》,退出了联合国教科文组织,退出了联合国《移民问题全球契约》的制定进程,称其"损害美国主权",他实行"美国优先",不想接受这些国际规范的约束,遭到了国际社会的普遍批评。第三,国际非政府组织,对国家形成权力制约,越来越多、越来越有影响力的强大的非国家行为体参与国际政治,如跨国公司、恐怖组织、无国界医生、无国界记者、国际犯罪组织、毒品卡特尔等,成为全球化和国际政治中不可忽视的因素。第四,技术进步也对国家权

① 艾利森教授断言,中国崛起导致了全球均势如此迅速的结构性改变,这种状况是这个世界所未曾见过的。Graham Allison, *Destined for War: Can American and China Escape Thucydides's Trap?* (Boston, New York: Huughton Mifflin Harcourt, 2017), Introduction, XVI.阿伦·弗里德伯格也说,中国经济增长的速度与规模结合在一起是史无前例的。Aaron Friedberg, "The Future of U.S.-China Relations: Is Conflict Inevitable?" http://www.jstor.org/stablbe/4137594。

② Graham Allison, *Destined for War: Can American and China Escape Thucydides's Trap?* Preface.

③ 王缉思、袁鹏、赵明昊:《总论》,傅莹、王缉思主编:《超越分歧、走向双赢——中美智库研究报告》,2017年5月22日,第9页。

④ 有的学者用"流散"、"扩散",意思都是一样的,就是非集中化。

力造成冲击，尤其是互联网，人们获得信息的自由程度是以往世纪不可想象的。

以上种种因素既影响、限制主权国家的权力，也同样影响着国际政治权力结构。在传统国际关系中，权力是相对集中的。冷战时期两极格局中国际政治的权力主要集中在美、苏两个超级大国手中。冷战结束了，有的美国学者认为美国的"单极时刻"到了，①实际上，国际体系中的权力不是集中了，而是分散了。权力结构的变化除了上面所说的由民族国家向国际非政府组织分散，主要表现在由少数大国向广大发展中国家、向新兴经济体分散，美国在全球权力格局中的份额不是扩大而是缩小了，同时，以金砖国家为代表的新兴经济体却在群体崛起，纷纷参加到全球治理中来，要求改变国际秩序中那些不合理、不公正的部分。这些因素使国际关系产生了深刻变化。一超独大、一超独霸越来越成为一种历史现象，无论是谋求维持原有的霸权优势，还是争当新的霸主，都有悖历史潮流，都是不能成功的。国际政治的民主化，国际政治向着多边主义的发展是一个不可阻挡的历史潮流，美国和中国都必须顺应这个潮流。②与此相应的是，在 21 世纪，世界的领导权将是多元的。现在中国与美国的国力还有很大的差距，就是再过二十年，中国的经济规模从总量上赶上甚至超过美国了，中国也不谋求一家独大。世界的领导权不会局限于某个或某几个国家，既不局限于美国，也不局限于中国。也许在某个问题上由这个国家或这几个国家引领，而在另一些问题上则由别的国家或另一些国家引领，而联合国则仍将在国际事务中起主导作用。③这样，新兴大国挑战现存大国的问题就淡化了。

三

当前的世界处在一个大发展、大变动的时期，国际秩序处在深刻的调整时期。第二次世界大战以后建立起来的以联合国为中心的国际体系和国际秩序仍然存在，为世界各国所公认，但国际关系中出现了许多新的因素、新的现象、新的

---

① 如见 Charles Krauthammer，"The Unipolar Moment，" *Foreign Affairs*，Vol.70，No.1(1991)，www.aldeilis.net/terror/621.pdf。

② 唐永胜：《深刻理解国际权力流变》，《世界知识》2017 年第 19 期；秦亚青：《世界秩序刍议》，《世界经济与政治》，2017 年第 6 期；陶文钊：《破解大国冲突的宿命——中美新型大国关系研究》，第 35—37 页；理查德·哈斯著、黄锦桂译：《失序时代——全球旧秩序的崩溃与新秩序的重塑》，中信出版社 2017 年版，第 140—142，217—219 页；约瑟夫·奈著、邵杜罔译：《美国世纪结束了吗》，北京联合出版社 2017 年版，第 114、123、126 等页。

③ 参见陈定定：《世界的领导权将是多元的》，《环球时报》2017 年 11 月 23 日。

事物;这个秩序建立已经七十多年了,在很多方面不再适应国际政治和世界经济的现状,需要进行与时俱进的改革。政治学家对当前这种状况有各种各样的解读,美国学者就有许多版本,有的称之为"失序的"世界、"无极世界"、"零国集团",或"无人主宰的世界"、"后西方世界",①说法不一而足。有的则仍然要捍卫"美国世纪"。②

美国学者作出各种各样的解释是自然的事情。从第二次世界大战结束以来,"美国领导世界"、"美国世界第一"成了美国政治文化的深层次积淀,成了美国人的普遍心态,他们对当前的新变化感觉不适应并不奇怪。虽然时任副国务卿的詹姆斯·斯坦伯格表示,美国已经准备好中国登上世界舞台,③但真正登上了,美国还是不习惯,不适应。正如尼克松所说,我们美国人不知道如何成为世界第二,甚至不知道如何成为并列第一。大部分美国人还没有心理准备接受中国为一个平等的合作伙伴。④

中国仍处于并将长期处于社会主义的初级阶段,中国的发展、实现中华民族复兴的伟大梦想还有很长的路要走。中国领导人意识到国际上对中国崛起的种种疑虑,近年来在诸多国际场合一再宣示:"中国不认同'国强必霸论',中国人血脉中没有称王称霸、穷兵黩武的基因。中国将坚定不移沿着和平发展道路走下去,这对中国有利,对亚洲有利,对世界也有利,任何力量都不能动摇中国和平发展的信念。"⑤"永远不称霸,永远不搞扩张"是中国几代领导人对国际社会的庄严承诺。在中国共产党第十九次全国代表大会上习近平总书记又庄严重申了这一承诺。为了实现现代化,中国需要长期稳定的对美关系。中国的现代化不是为了取代美国,称霸世界。中国既没有能力、也没有意愿取代美国的世界主导地位。前面已经说到,这也不符合我们这个时代的大趋势。

这么说并不意味着中国对于国际秩序只能无所作为。国际秩序要与时俱

① 如伊恩·布雷默:《零国集团时代——谁是新世界格局中的赢家和输家?》,孙建中译,新华出版社 2013 年版;Richard Haass, "The Age of non-Polarity", *Foreign Affairs*, May/June2008; Richard Haass, *A World in Disarray. American Foreign Policy and the Crisis of the Old Order*(Penguin, 2017); Charles Kupchan, *No One's World, the Rising Rest and the Coming Global Turn*(New York and Oxford: Oxford University Press, 2012); Robert Manning, "U.S. Strategy in a Post-Western World", *Survival: Global Politics and Strategy*, October 2013.
② Joseph Nye, Jr. *Is the American Century Over?* (Polity Press Ltd, 2015).
③ James Steinberg, "China's Arrival: The Long March to Global Power", September 24, 2009, https://www.cnas.org/events/chinas-arrival-the-long-march-to-global-power.
④ 《弗朗西斯·福山认为美难以接受与中国平起平坐》,2017 年 4 月 18 日,http://column.cankaoxiaoxi.com/2017/0418/1898620.shtml.
⑤ 《习近平在和平共处五项原则发表 60 周年纪念大会上的讲话》,2014 年 6 月 28 日,http://news.xinhuanet.com/2014-06/28/c_1111346206.htm.

进,要反映变动了的国际政治和世界经济大势。在这方面,中国对国际秩序是可以有所作为的,中国可以在某些特定领域,通过与志同道合的国家合作,通过包容的开放的伙伴关系,积极参与全球治理,循序渐进地推动现有国际秩序的改善,使之不断完善。2008年的金融危机为中国提供了一个契机。如果没有这个危机,中国要参与全球治理、改革现有的机制会困难得多,国际既得利益者对中国的抗拒会强大得多。危机爆发后,中国以"同舟共济"的精神,积极、稳妥地采取了一系列举措,并取得显著成果:世界银行和国际货币基金组织的份额改革、发起成立金砖国家新开发银行、成立亚投行,尤其是提出"一带一路"倡议,这是中国版的全球化蓝图,是中国为国际社会提供公共产品,是对现存国际秩序的补充和完善,是符合世界历史潮流的。

今后的几十年将是原有的国际秩序逐渐向新秩序过渡的时期,这是一个漫长的过程。只要中国不使用强制的方法去改变原有秩序中的某些成分,如美国的同盟体系;只要美国不使用强制的方法阻止中国对现有秩序的局部改善——这种改善没有损及美国的根本利益,中美两国就可以避免冲突和对抗,避免战略摊牌,可以超越所谓"修昔底德陷阱"。

在今后几十年的长过程中,中美两国之间将进行经常的相互调适、相互顺应(accommodation and adaptation)。观察中美关系有两个基本点可能在很长时间里都是适用的:第一,两国利益的高度相关性,确实是谁也离不开谁;第二,美国认定中国是对美国全球地位的主要挑战,是美国的主要竞争对手。从第一个基本点出发,两国的互利共赢的合作将继续下去;由于第二点,中美两国的竞争和博弈还会增加、会经常化,两国关系中的磕磕绊绊、颠簸起伏将是经常的事情,或者说是一种"常态",那是中美关系的另一篇章了。

附录一

英汉译名对照表

Abott, Tony	阿伯特	Blumenthal, Dan	卜大年
Alan, Richard V.	艾伦,理查德	Bodman, Sam	博德曼
Albright, Madeleine K.	奥尔布赖特	Boehner, John	博纳,约翰
Aldonas, Grant	奥尔多纳斯,格兰特	Bolten, Joshua	博尔顿,乔舒亚
Aloisi, Janathan	艾坚恩	Bolton, John	博尔顿,约翰
Amos, James	阿莫斯	Bosworth, Stephen	博思沃斯
Annan, Kofi A.	安南,科菲	Bottelier, Pieter	鲍泰利
Armitage, Richard	阿米蒂奇	Boucher, Richard A.	鲍润石
Ashton, Catherine	阿什顿,凯瑟琳	Boxer, Barbara	博克瑟
		Brookes, Peter	布鲁克斯
Bader, Jeffrey	贝德	Brown, Robert	布朗,罗伯特
Bagley, Elizabeth	巴格利,伊丽莎白	Brown, Sherrod	布朗,舍罗德
Baldwin, Sandra	鲍德温	Brownfield, William R.	布朗菲尔德,威廉
Baradei, Mohamed	巴拉迪	Burghardt, Raymond	薄瑞光
Bartlett, Roscoe G.	巴里特	Burns, R.Nicholas	伯恩斯
Beckett, Margaret	贝克特	Bush, George	布什,乔治
Bennett, Douglas	贝奈特,道格拉斯	Bush, George Walker	布什,乔治·沃克
Bennett, William	贝奈特,威廉	Bush, Jeb	布什,杰布
Berger, Samuel	伯杰	Bzrezinski, Zbigniew	布热津斯基
Berman, Howard	伯曼		
Biden, Joseph	拜登	Charlisle, Herbert	查尔斯利
Black, Jeremiah Sullivan	布莱克	Chabot, Steve	查博特
Blair, Dennis	布莱尔	Campbell, Kurt	坎贝尔
Blinken, Anthony	布林肯	Cantwell, Maria	坎特韦尔
Bloomberg, Michael	布隆伯格	Carden, David	卡登,戴维
Blix, Hans	布里克斯	Carter, Ashton	卡特,阿什顿

Casey, George	凯西	Fallon, William J.	法伦,威廉
Cha, Victor D.	车维德	Fanning, Eric	范宁,埃利克
Chao, Elaine	赵小兰	Fargo, Thomas B.	法戈,托马斯
Charlisle, Herbert	查尔斯利	Faust, Catharine Drew Gilpin	福斯特
Cheney, Richard	切尼		
Christensen, Thomas	柯庆生	Feith, Douglas	费思,道格拉斯
Chu, Steven	朱棣文	Fernandez, Jose	弗南德兹
Clinton, Hillary Rodman	克林顿,希拉里	Ferguson, Mark	福格森
Cohen, Jerad	科恩,杰拉德	Feulner, Edwin J.Jr.	福尔纳
Cohen, William	科恩	Flournoy, Michele	弗卢努瓦,米歇尔
Crowley, Philip. J.	克劳利	Fleischer, Ari	弗莱彻
Comey, James	科米,詹姆斯	Friedman, Thomas	弗里德曼
Cox, Christopher	考克斯	Freeman, Chas, Jr.	傅立民
Craner, Lorne W.	克拉纳,洛恩	Freeman, Charles, III	弗立曼
Crowley, Philip	克劳利	Friesbie, John	傅强恩
Cuming, Bruce	柯明,布鲁斯	Froman, Michael	弗罗曼
		Fuchsia, Michael	富克斯,迈克尔
D'Amato, C.Richard	达马托		
Davies, Glen	戴维斯,格林	Garten, Jeffrey	加藤,杰弗里
Delay, Tom	迪莱,汤姆	Gates, Robert	盖茨
DeTrani, Joseph	狄长礼	Geithner, Timothy	盖特纳
Deutsch, Peter	德希,彼得	Gibson, Charles	吉布森,查尔斯
Dobriansky, Paula J.	多布里扬斯基	Gilley, Bruce	吉雷,布鲁斯
Dole, Robert	多尔,罗伯特	Gilman, Benjamin	吉尔曼
Donilon, Thomas	多尼隆	Glaser, Bonnie	葛莱仪
Doran, Jim	多兰	Glaser, Charles	格莱泽,查尔斯
Donovan, Patrick	多诺凡	Glaser, Daniel	格雷泽,达纽尔
Dowlatshahi, Tala	多拉沙希,塔拉	Goldstein, Morris	戈尔斯坦
Downie, Leonard, Jr.	唐尼	Gomes, Aijalon Mahli	戈梅斯
Drummond, David	德拉门德,大卫	Graham, Lindsey	格拉厄姆
Dumbaugh, Kerry	邓凯丽	Grant, Heidi	格兰特
		Greenert, Jonathan	格林纳特
Earnest, Josh	欧内斯特	Gregg, Judd	格雷格,贾德
Edelman, Eric	艾德曼	Gregoire, Christine	葛瑞格尔,克里斯汀
Ereli, Adam	艾瑞里	Gutiérrez, Carlos	古铁雷斯
Evans, Donald Louis	埃文斯		
		Hadley, Stephen John	哈德利

Hagel, Chuck	哈格尔	Kirby, John	柯比
Harding, Harry	何汉理	Kirk, Mark	柯克,马克
Harper, Stephen	哈珀	Kirkpartrick, Jeane	柯克帕特利克
Hart, Clifford, Jr.	夏千福	Kissinger, Henry	基辛格
Hathaway, Robert	海塞威	Kristol, William	克里斯托尔
Hecker, Siegfried	赫克,希格弗里德	Kwan, Michelle Wingshan	关颖珊
Helms, Jesse	赫尔姆斯		
Hicks, Kathleen	希克斯,凯瑟琳		
Hill, Christopher	希尔,克里斯托弗	Lampton, David Mike	蓝普顿
Hufbauer, Gary Clyde	霍夫鲍尔	Lantos, Tom	兰托斯
Holdren, John	霍尔德伦	Lardy, Nicholas	拉迪
Holmer, Alan	霍尔默,艾伦	Larsen, Rick	拉森
Hormats, Robert	霍马茨,罗伯特	Lavoy, Peter	拉弗伊,彼得
Hughes, Karen	休斯,卡伦	Lawless, Richard P.	劳利斯
Hunter, Duncan	亨特	Leach, James	李奇
Huntsman, Jon	洪博培	Leavitt, Michael O.	莱维特
Hyde, Henry	海德	Lefkowitz, Jay	列夫科维茨
		Lieberman, Joseph	利伯曼
Inhofe, James M.	殷霍夫	Libby, I.Lewis	利比,刘易斯
		Lieberthal, Kenneth	李侃如
Jackson, Lisa P.	杰克逊,丽莎	Linder, John	林德,约翰
Jeffrey, James	杰弗里	Loevinger, David	洛文格
Johns, Michael	约翰斯	Lohnman, Walter	洛曼,沃尔特
Johnson, Jay	约翰逊,杰	Lord, Winston	洛德,温斯顿
Johnson, Stephen	约翰逊,斯蒂芬	Lugar, Richard	卢格,理查德
Jones, James L.	琼斯		
Joseph, Robert	约瑟夫	Mabus, Ray	马布斯
		Mackay, Peter	麦凯
Kagan, Robert	卡根	McCain, John S., III	麦凯恩
Kelly, James	凯利	McCarthy, Gina	麦卡锡
Kerry, John	克里	McCaul, Michael	麦克考尔,迈克尔
Keating, Timothy J.	基廷,蒂莫西	McGreevey, James E.	麦克格里维
Keidel, Albert	盖保德	McClellan, Scott	麦克莱兰
Keith, James	祁锦慕	McCormack, Sean	麦科马克
Khobragade, Devyani	柯布拉加德	McCormick, David H.	麦考密克
King, John	金,约翰	McLeary, Paul	麦克雷利
King, Robert	金,罗伯特	Mann, James	孟捷慕

473

Ross, Stanley	陆士达	Snowden, Edward Joseph	斯诺登,爱德华
Roughead, Gary	拉夫黑德,盖里		
Royce, Ed	罗伊斯	Solana, Javier, Madariaga	索拉纳
Ryan, Tim	瑞安,蒂姆		
Rubio, Marco	鲁比奥	Speltz, Paul	斯佩尔兹
Rumsfeld, Donald	拉姆斯菲尔德	Starr, S. Frederick	斯塔尔,弗里德里克
Russel, Daniel	拉塞尔	Steinberg, James	斯坦伯格,詹姆士
		Stern, Todd	斯特恩,托德
Sanchez, Francisco J.	桑切斯	Sudarsono, Juwono	苏达索诺
Sandalow, David	桑达罗	Summers, Lawrence	萨默斯
Schafer, Thomas Edward	谢弗	Susilo Bambang Yudhoyono	苏西洛
Scheffer, Matt Ray	谢富尔	Swaine, Michael	史文
Schoomaker, Peter	斯库梅克	Swartz, Bruce	斯沃茨,布鲁斯
Seibel, Darryl	萨贝尔,达尔	Swift, Scott	斯威夫特
Schrage, Barbara	施蓝旗	Syring, James	叙林,詹姆斯
Schriver, Randy	薛瑞福		
Schumer, Charles	舒默,查尔斯	Taylor, Francis X.	泰勒,弗朗西斯
Schwab, Susan	施瓦布	Tenet, George	特尼特
Sedney, David	谢伟森	Thompson, Chris	汤炳坤
Shaheen, Therese	夏馨	Thompson, Tommy	汤普森
Shambaugh, David	沈大伟	Tillerson Rex	蒂勒森
Scher, Robert	谢尔,罗伯特	Tkacik, John J.Jr	谭慎格
Scott, Robert	斯科特,罗伯特	Toner, Mark	托纳
Shear, David	施大伟	Tong, Kurt	唐伟康
Shiner, Josette S.	夏娜	Trump, Donald	特朗普
Shinn, James	辛恩	Tucker, Nancy	唐耐心
Shirzad, Faryar	修扎德		
Shultz, George	舒尔茨	Ueberroth, Peter V.	尤伯罗斯
Shirk, Susan	谢淑丽		
Simon, Joe	塞蒙,乔	Verga, Peter	维尔加
Singh, Manmohan	辛格,曼莫汉		
Singh, Vikram	辛格,维克拉姆	Waldron, Arthur	林蔚
Stevens, Ted	史蒂文斯	Warner, John	沃纳
Smith, Taiya	史密斯,泰娅	Washington, George	华盛顿,乔治
Snow, John	斯诺,约翰	Weinberg, Caspar W.	温伯格
Snow, Tony	斯诺,托尼	Weldon, Kurt	韦尔登

Welsh, Mark　　　　威尔什,马克　　　Woolsey, James　　　伍尔西

Wilard, Robert　　　威拉德　　　　　 Wu, David　　　　　吴振伟

Wilder, Dennis　　　韦德宁　　　　　 Wynne, Michael　　　怀恩,迈克尔

Winnefeld, James A.　温尼菲尔德

Wirajuda, Hassan　　维拉尤达,哈桑　　Yates, Steve　　　　叶望辉

Wolf, Charles　　　　沃尔夫,查尔斯　　Young, Stephen　　　杨苏棣

Wolf, John　　　　　沃尔夫,约翰

Wolfowitz, Paul　　　沃尔福威茨　　　 Zoellick, Robert　　　佐利克

Wood, Robert　　　　伍德,罗伯特

附录二

参考书目

中　文

著作

《邓小平文选》第 3 卷,人民出版社 1993 年版。

《江泽民文选》第 3 卷,人民出版社 2006 年版。

蔡翠红:《美国国家信息安全战略》,学林出版社 2008 年版。

楚树龙、应琛:《中美长期关系的两根支柱》,《现代国际关系》2013 年第 9 期。

陈文寿主编:《台湾研究论文精选·两岸关系大事记》,台海出版社 2006 年版。

戴秉国:《战略对话——戴秉国回忆录》,人民出版社、世界知识出版社 2016 年版。

复旦大学美国研究中心编、吴心伯主编:《中美关系战略报告·2013》,时事出版社 2014 年版。

——《中美关系战略报告·2014》,时事出版社 2015 年版。

——《中美关系战略报告·2015》,时事出版社 2016 年版。

傅梦孜主编:《反恐背景下美国全球战略》,时事出版社 2004 年版。

傅梦孜主编、袁鹏副主编:《中美战略关系新论》,时事出版社 2005 年版。

宫力主编、谢莉娇副主编:《如何与美国共处——冷战后中国对美方针与中美关系》,九州出版社 2010 年版。

顾国良、刘卫东、李栩:《美国对华政策中的涉疆问题》,中国社会科学出版社 2012 年版。

郭建平:《美国亚太战略调整与台海和平稳定问题研究》,中共中央党校出版社 2014 年版。

海峡两岸关系协会编:《两岸对话与谈判重要文献选编》,九州出版社 2004 年版。

韩献栋:《朝鲜半岛的安全结构》,中国社会科学出版社 2009 年版。

郝雨凡、张燕冬主编:《限制性接触——布什政府对华政策的走向》,新华出版社 2001 年版。

何慧:《当代中美民间交流史(1969—2008)》,科学出版社 2017 年版。

胡波:《中国海权策——外交、海洋经济及海上力量》,新华出版社 2012 年版。

黄仁伟:《中国崛起的时间和空间》,上海社会科学院出版社 2002 年版。

季志业主编,袁鹏、王鸿刚副主编:《太平洋足够宽广——亚太格局与跨太平洋秩序》,时事出版社 2017 年版。

基辛格、李稻葵等：《舌战中国——21 世纪属于中国吗?》，中信出版社 2012 年版。

李敦球：《朝鲜核问题与六方会谈：缘起、实质与走向》，国务院发展研究中心世界发展研究所 2005 年 11 月。

李光耀：《李光耀论中国与世界》，中信出版社 2013 年版。

李凡：《冷战后的美国与澳大利亚同盟关系》，中国社会科学出版社 2009 年版。

李肇星：《说不尽的外交》，中信出版社 2014 年版。

刘国柱、郭拥军：《在国家利益之间——战后美国对发展中国家发展援助探研》，浙江大学出版社 2012 年版。

刘鸣主编、吴雪明副主编：《国际体系转型与利益共同体构建——理论、路径与政策》，社会科学文献出版社 2017 年版。

刘卫东：《新世纪的中美日三边关系》，中国社会科学出版社 2014 年版。

林冈：《台湾政治转型与两岸关系的演变》，九州出版社 2010 年版。

林冈、王伟男：《新时期的美国涉台政策及其变化》，九州出版社 2015 年版。

朴键一：《中国周边安全环境与朝鲜半岛问题》，中央民族大学出版社 2013 年版。

綦大鹏主编，徐弃郁、张驰、吴承义副主编：《国际战略形势与中国国家安全，2016—2017》，东方出版社 2017 年版。

裘兆琳主编：《中美关系专题研究，2004—2008》，台北 2011 年版。

全国台湾联合会编：

姜殿铭、许世铨主编，曹治洲、董平副主编：《台湾 2002》，九州出版社 2003 年版。

许世铨主编，曹治洲、李国林副主编：《台湾 2003》，九州出版社 2004 年版。

杨立宪、杨志坚主编，郑庆勇副主编：《台湾 2004》，九州出版社 2005 年版。

许世铨、余克礼主编，杨立宪、杨志坚、李国林副主编：《台湾 2005》，九州出版社 2006 年版。

许世铨、余克礼主编，杨立宪、杨志坚、郑庆勇副主编：《台湾 2006》，九州出版社 2007 年版。

周志怀主编，杨立宪、杨志坚、李国林副主编：《台湾 2007》，华艺出版社 2008 年版。

周志怀主编，杨立宪、杨志坚、郑庆勇副主编：《台湾 2008》，九州出版社 2009 年版。

周志怀主编，杨立宪、杨志坚、李国勇副主编：《台湾 2009》，九州出版社 2010 年版。

周志怀主编，杨立宪、杨志坚、郑庆勇副主编：《台湾 2010》，九州出版社 2011 年版。

周志怀主编，杨立宪、严峻副主编：《台湾 2011》，九州出版社 2012 年版。

周志怀主编，杨立宪、严峻副主编：《台湾 2012》，九州出版社 2013 年版。

周志怀主编，杨幽燕、杨立宪、严峻副主编：《台湾 2013》，九州出版社 2014 年版。

周志怀主编，杨幽燕、严峻副主编：《台湾 2014》，九州出版社 2015 年版。

周志怀主编，杨幽燕、严峻副主编：《台湾 2015》，九州出版社 2016 年版。

沈逸：《美国国家网络安全战略》，时事出版社 2013 年版。

师小芹：《论海权与中美关系》，军事科学出版社 2012 年版。

四川大学南亚研究所课题组：《阿富汗——后冲突时期的稳定与重建》，时事出版社 2015 年版。

苏格主编:《中国特色大国外交理论与实践》,世界知识出版社 2017 年版。

苏起:《危险边缘》,台北:天下远见出版公司 2003 年版。

苏起、童振源:《两岸关系的机遇与挑战》,台湾:五南图书出版公司 2013 年版。

孙华、梁伯枢主编:《寻梦中国——中美人文交流初探》,北京出版社 2015 年版。

孙哲主编,刁大明、张旭东副主编:《中美外交——管控分歧与合作发展》,时事出版社 2014 年版。

唐家璇:《劲雨煦风》,世界知识出版社 2009 年版。

唐彦林:《东亚秩序变迁中的中国角色转换》,北京师范大学出版社 2011 年版。

陶文钊:《中美关系史》(修订本,三卷本),上海人民出版社 2014 年版。

——《冷战后的美国对华政策》,重庆出版社 2007 年版。

——《美国思想库与冷战后美国对华政策》,中国社会科学出版社 2014 年版。

——《探寻中美关系的奥秘》,中国社会科学出版社 2014 年版。

王俊生:《朝核问题与中国角色——多元背景下的共同管理》,世界知识出版社 2012 年版。

王缉思、李侃如:《中美战略互疑:解析与应对》,社会科学文献出版社 2013 年版。

王缉思:《布什主义的兴衰》,世界知识出版社 2012 年版。

王缉思、倪峰、余万里主编:《美国在东亚的作用》,时事出版社 2008 年版。

王晓波:《布什政府的朝鲜政策——进攻性现实主义的视角》,社会科学文献出版社 2011 年版。

王勇:《中美经贸关系》,中国市场出版社 2007 年版。

吴健民:《外交案例》,中国人民大学出版社 2007 年版。

吴士存:《南沙争端的起源与发展》(修订版),中国经济出版社 2013 年版。

吴心伯:《太平洋上不太平——后冷战时代的美国亚太安全战略》,复旦大学出版社 2006 年版。

——《世事如棋局局新——二十一世纪初中美关系的新格局》,复旦大学出版社 2011 年版。

仵胜奇:《美国卸任总统的政治和社会角色研究》,时事出版社 2016 年版。

信强:《解读美国涉台决策:国会的视角》,上海人民出版社 2010 年版。

许世铨:《激荡中的台湾问题》,九州出版社 2007 年版。

徐博东、郭庆全编:《近十年来民进党大陆政策大事记》,九州出版社 2011 年版。

——《台海风云见证录》(四卷本),九州出版社 2012 年版。

杨成绪:《如何认识印度》,世界知识出版社 2015 年版。

杨洁勉:《大磨合:中美相互战略和政策》,天津人民出版社 2007 年版。

——《大体系:多极多体的新组合》,天津人民出版社 2008 年版。

杨文静:《奥巴马政府第一任期对华政策析论——寻求应对中国崛起的非零和关系模式》,中央编译出版社 2014 年版。

严安林:《台湾对外关系大变局》,上海社会科学院出版社 2011 年版。

尹君:《后冷战时期美国与湄公河流域国家的关系》,社会科学文献出版社 2017 年版。

袁鹏:《四百年未有之变局——中国、美国与世界秩序》,中信出版社 2016 年版。

袁征主编:《美国年鉴·2014》,中国社会科学出版社 2015 年版。

张春:《美国思想库与一个中国政策》,上海人民出版社 2007 年版。

张贵洪等:《中美印三边关系研究》,时事出版社 2013 年版。

张国庆:《媒体话语权——美国媒体如何影响世界》,中国人民大学出版社 2012 年版。

张清敏:《美国对台军售政策研究——决策的视角》,世界知识出版社 2006 年版。

张蕴岭:《寻求中国与世界的良性互动》,中国社会科学出版社 2013 年版。

——《在理想与现实之间——我对东亚合作的研究、参与和思考》,中国社会科学出版社 2015 年版。

张幼文、黄仁伟等:《中国国际地位报告·2007》,人民出版社 2007 年版。

张文宗:《族群与美国外交》,时事出版社 2016 年版。

张沱生、史文主编:《对抗·博弈·合作——中美安全危机管理案例分析》,世界知识出版社 2007 年版。

赵干城:《中印关系的现状、趋势、应对》,时事出版社 2013 年版。

正源:《克林顿访华言行录》,中国社会科学出版社 1998 年版。

郑必坚、基辛格等:《世界热议中国——寻找共同繁荣之路》,中信出版社 2013 年版。

钟建和编:《全面推进 21 世纪中美建设性合作关系——胡锦涛主席对美国进行国事访问》,世界知识出版社 2007 年版。

中国朝鲜史研究会、国务院发展研究中心世界发展研究所编:《六方会谈与东北亚安全学术讨论会》,2005 年 12 月。

中国国际问题研究所、中国国际问题研究和学术交流基金会编:《震荡与冲击——"9·11"事件后的国际关系走向》,世界知识出版社 2002 年版。

宋明江主编:《世界格局之争中的机遇和挑战》,世界知识出版社 2003 年版。

马振岗主编:《国际战略态势与中国和平发展》,世界知识出版社 2004 年版。

——《中国和平发展国际环境的新变化》,当代世界出版社 2005 年版。

——《建设和谐世界的战略环境与理论探索》,当代世界出版社 2007 年版。

——《国际风云录,2007—2008》,世界知识出版社 2008 年版。

——《改革开放 30 年中国国际环境和对外关系的演变与展望》,世界知识出版社 2009 年版。

曲星主编:《后危机时代国际格局演变与中国的和平发展环境》,时事出版社 2011 年版。

苏格主编:《国际秩序演变与中国特色大国外交》,世界知识出版社 2016 年版。

——《国际形势乱云飞渡,中国外交攻坚开拓》,世界知识出版社 2017 年版。

中国社会科学院美国研究所编:

——《美国年鉴·2002》,中国社会科学出版社 2003 年版。

——《美国年鉴·2003》,中国社会科学出版社 2004 年版。

——《美国年鉴·2004 年》,中国社会科学出版社 2005 年版。

中国社会科学院美国研究所、中华美国学会编:

黄平、倪峰主编:《美国问题研究报告(2011)·美国的实力与地位评估》,社会科学文献出版社 2011 年版。

　　黄平、倪峰主编:《美国问题研究报告(2012)·美国全球及亚洲战略调整》,社会科学文献出版社 2012 年版。

　　黄平、倪峰主编:《美国问题研究报告(2013)·构建中美新型大国关系》,社会科学文献出版社 2013 年版。

　　黄平、郑秉文主编:《美国研究报告(2014)·中美关系中的第三方因素》,社会科学文献出版社 2014 年版。

　　郑秉文、黄平主编:《美国研究报告(2015)·美国再平衡战略新挑战》,社会科学文献出版社 2015 年版。

　　郑秉文、黄平主编:《美国研究报告(2016)·2016 年大选与美国内外政策》,社会科学文献出版社 2016 年版。

　　郑秉文、黄平主编:《美国研究报告(2017)·特朗普当选与政治生态变迁》,社会科学文献出版社 2017 年版。

　　中国美国商会编:《美国企业在中国》(2001 白皮书),2001 年版。

　　——《美国企业在中国》(2004 白皮书),2004 年版。

　　——《美国企业在中国》(2011 白皮书),2011 年版。

　　——《美国企业在中国》(2013 白皮书),2013 年版。

　　中国现代国际关系研究院美国研究所编:《美国大势·2015》,时事出版社 2016 年版。

　　——《美国大势·2016》,时事出版社 2017 年版。

　　中国现代国际关系研究所危机管理与对策研究中心:《国际危机管理概论》,时事出版社 2003 年版。

　　周文重:《出使美国,2005—2010》,世界知识出版社 2011 年版。

　　——《斗而不破——中美博弈与世界再平衡》,中信出版集团 2017 年版。

　　朱锋:《国际关系理论与东亚安全》,中国人民大学出版社 2007 年版。

　　朱云汉等:《台湾民主转型的经验与启示》,社会科学文献出版社 2013 年版。

　　艾伦·龙伯格(容安澜)著,贾宗宜、武文巧译:《悬崖勒马——美国对台政策与中美关系》,新华出版社 2007 年版。

　　阿伦·弗里德博格著,洪漫、王宇丹译:《中美亚洲大博弈》,新华出版社 2012 年版。

　　鲍勃·伍德沃德著,上海美国研究所、上海市美国学会组译:《布什的战争》,上海译文出版社 2003 年版。

　　兹比格涅夫·布热津斯基著、洪漫等译:《战略远见——美国与全球权力危机》,新华出版社 2012 年版。

　　查尔斯·库普钱著,潘忠岐译:《美国时代的终结》,上海人民出版社 2004 年版。

　　戴维·梅森著,倪乐雄、孙运峰等译:《美国世纪的终结》,上海辞书出版社 2009 年版。

　　迪克·切尼、莉兹·切尼著,任东来、胡晓进译:《我的岁月——切尼回忆录》,译林出版社 2015 年版。

　　亨利·基辛格著,胡利平等译:《论中国》,中信出版社 2012 年版。

亨利·基辛格著,胡利平、林华、曹爱菊译:《世界秩序》,中信出版社 2015 年版。

加里·斯密特主编,韩凝、黄娟、代兵译:《中国的崛起——美国未来的竞争与挑战》,新华出版社 2016 年版。

克里斯托弗·科克尔著,卿松竹译:《大国冲突的逻辑——中美之间如何避免战争》,新华出版社 2016 年版。

理查德·哈斯著,黄锦桂译:《失序的时代——全球旧秩序的崩溃与新秩序的重塑》,中信出版集团 2017 年版。

理查德·哈斯著,胡利平、王淮海译:《外交政策始于国内——办好美国国内的事》,格致出版社、上海人民出版社 2015 年版。

罗伯特·卡根著,刘若楠译:《美国缔造的世界》,社会科学文献出版社 2012 年版。

罗伯特·卡普兰著,涵朴译:《即将到来的地缘战争》,广东人民出版社 2013 年版。

马丁·英迪克、李侃如、迈克尔·奥汉隆著,赵天一译、赵梅校:《重塑历史——贝拉克·奥巴马的外交政策》,中国社会科学出版社 2017 年版。

乔治·沃克·布什著,东西网译:《抉择时刻》,中信出版社 2011 年版。

佩尔韦兹·穆沙拉夫著,张春祥译:《在火线上——穆沙拉夫回忆录》,译林出版社 2006 年版。

唐耐心著,林添贵译:《1949 年后的海峡风云实录——美中台三边互动关系大揭秘》,2012 年版。

沈大伟主编,丁超、黄富慧、洪曼译:《纠缠的大国——中美关系的未来》,新华出版社 2015 年版。

斯蒂芬·哈尔珀著,邵崇忠等译:《美国为什么单干?》,辽宁教育出版社 2007 年版。

孙崎享著,郭一娜译:《日美同盟真相》,新华出版社 2014 年版。

伊恩·布雷默著,孙建中译:《零国集团时代——谁是新世界格局中的赢家和输家?》,新华出版社 2013 年版。

约翰·柯顿著,郭树勇、徐谊律等译:《二十国集团与全球治理》,上海人民出版社 2013 年版。

约翰·米尔斯海默著,王义桅、唐小松译:《大国政治的悲剧》,上海人民出版社 2003 年版。

约瑟夫·奈著,马娟娟译:《软实力》,中信出版社 2013 年版。

约瑟夫·奈著,邵杜罔译:《美国世纪结束了吗?》,北京联合出版公司 2017 年版。

战略与国际研究中心、彼得森国际经济研究所编,隆国强等译:《账簿中国——美国智库透视中国崛起》,中国发展出版社 2008 年版。

战略与国际研究中心、彼得森国际经济研究所编,曹洪洋译:《美国智库眼中的中国崛起》,中国发展出版社 2011 年版。

唐纳德·拉姆斯菲尔德著,魏马辛译:《已知与未知——美前国防部长拉姆斯菲尔德回忆录》,华文出版社 2013 年版。

詹姆斯·曼著,韩红、田军、肖宏宇译:《布什战争内阁史》,北京大学出版社 2007 年版。

吉原恒淑、詹姆斯·霍姆斯著,钟飞杨等译:《红星照耀太平洋——中国崛起与美国海上战略》,社会科学文献出版社 2014 年版。

论文·时评

包道格:《反思我在台湾的时光》,2006 年 7 月 13 日,http://www.boston320.org/articles/06-8-01-DouglasPaalSpeech.htm。

蔡鹏鸿:《美越军事合作关系析论》,复旦大学美国研究中心编:《美国问题研究》2014 年第 2 辑。

陈定定:《世界的领导权将是多元的》,《环球时报》2017 年 11 月 23 日。

陈积敏:《2015 年美国〈国家安全战略〉报告评析》,《现代国际关系》2015 年第 3 期。

陈洪桥:《美国亚太再平衡战略下的美澳合作》,《当代亚太》2014 年第 1 期。

崔建树:《美国网络空间战略研究》,上海市美国问题研究所编:《上海美国评论》第 1 辑。

崔立如:《中国和平崛起与国际秩序演变》,《现代国际关系》2008 年第 1 期。

——《多极格局与中美关系的新平衡》,《现代国际关系》2017 年第 4 期。

代帆:《国家安全与对外政策:阿基诺三世的对华政策及其启示》,《国际关系研究》2016 年第 3 期。

丁磊:《美军"慷慨"归还所占用日本土地》,《环球时报》2016 年 12 月 8 日。

樊勇明、沈陈:《TPP 与新一轮全球贸易规则制定》,《国际关系研究》2013 年第 5 期。

樊吉社:《奥巴马政府对华外交、安全政策回顾与评估》,中国社会科学院美国研究所编:《美国战略研究简报》2012 年特刊。

傅莹、王缉思主编:《超越分歧、走向双赢——中美智库研究报告》,2017 年 5 月 22 日。

顾国良:《美国对伊政策:伊朗核与导弹问题》,《美国研究》2006 年第 1 期。

韩旭东:《美国亚太"再平衡"正进行"新平衡"》,上海美国问题研究所编:《研究与参考》2014 年第 9 期。

郝洁:《中美 BIT 负面清单谈判的核心问题、美方关注及对策》,《国际贸易》2015 年第 7 期。

何杰:《中国对阿富汗的援助初探》,《国际研究参考》2016 年第 3 期。

何兴强:《美国国内政治与人民币汇率问题》,《美国问题研究报告(2011)·美国的实力与地位评估》。

何维保:《〈美菲共同防御条约〉与南海问题》,《美国研究报告(2014)·中美关系中的第三方因素》。

何英、白晶:《哥本哈根会前最后冲刺》,《中国能源报》2009 年 12 月 7 日。

贺力平:《美国宏观经济走势与中美经济关系展望》,《美国问题研究报告(2012)》。

黄民兴、陈利宽:《阿富汗与"一带一路"建设:地区多元竞争下的选择》,2016 年 4 月 2 日,http://www.vccoo.com/v/23b02d。

胡德坤、黄祥云:《美国在中日钓鱼岛争端上"中立政策"的由来与实质》,《现代国际关系》2014 年第 6 期。

华黎明:《美伊信任赤字拖住伊核谈判脚步》,2014 年 7 月 20 日,http://news.sina.com.cn/w/2014-07-20/063930548575.shtml。

华迎、张莉：《美国"出口倍增计划"的绩效评估及中国对策》，《国际贸易》2014年第9期。

贾怀勤：《中美两国贸易政策对双边贸易平衡影响之辨析》，《国际贸易问题》2004年第4期。

贾瓦哈拉尔：《印度—美国—中国的战略平衡：时代的呼唤》，复旦大学美国研究中心编：《美国问题研究》2015年第1期。

冀开运：《伊核问题山重水复，达成共识柳暗花明》，《当代世界》2014年第1期。

焦世新：《从封锁到接触：奥巴马政府对朝"新政"》，《现代国际关系》2010年第3期。

——《"亚太再平衡"与美国对南海政策的调整》，《美国研究》2016年第4期。

阚道远：《美国网络自由战略评析》，《现代国际关系》2011年第8期。

李方安：《美国对华技术出口管制的效果评判与前景分析》，《国际贸易问题》2004年第7期。

李开盛：《容纳中国崛起——世界秩序视角下的美国责任及其战略抉择》，《世界经济与政治》2017年第11期。

李栩：《奥巴马政府对缅甸政策的演变及走向》，《现代国际关系》2015年第12期。

李青燕：《转型期的阿富汗成为中美合作的新领地》，2015年12月3日，http://opinion.hexun.com/2015-12-03/180956311.html。

李绍先：《伊朗全面核协议的影响评估》，《西亚非洲》2015年第5期。

李阳、苏骁：《G20：美国领导全球经济治理的新途径》，《当代亚太》2016年第1期。

李尉华：《奥巴马政府东亚军事演习的新特点》，《国际研究参考》2015年第3期。

林利民、郑雨：《朝鲜第四次核试与东北亚新变局》，《现代国际关系》2016年第5期。

林民旺：《莫迪访美开启印美防务合作新阶段》，《世界知识》2016年第13期。

林晓光：《朝核问题研究：从六方会谈到地区安全机制》，《和平与发展》2009年第3期。

刘辉：《三一集团诉外资投资委员会与奥巴马案析》，《美国研究报告（2015）·美国再平衡战略新挑战》。

卢熙、修春萍：《2013年台湾对外关系综述》，《台湾2013》。

吕耀东：《深化同盟机制：日美双边互动的战略愿景》，《日本学刊》2012年第3期。

马建英：《奥巴马政府的气候政策分析》，《和平与发展》2009年第5期。

倪峰：《美国"重返"亚洲及其评估》，中国社会科学院美国研究所编：《美国战略研究简报》2012年第1期。

倪浩：《人民币汇改一周年：从震荡到成功》，《环球时报》2016年8月11日。

潘家华：《让雾霾治理更加可感》，《环球时报》2017年1月9日。

潘锐、余盛兴：《论奥巴马政府对华贸易救济新趋势》，复旦大学美国研究中心编：《美国问题研究》2011年第2期。

祁昊天：《萨德入韩与美国亚太反导布局的战术与战略考量》，《现代国际关系》2016年第7期。

秦亚青：《世界秩序刍议》，《世界经济与政治》，2017年第6期。

仇朝兵:《美国与印度尼西亚"全面伙伴关系"评析》,《美国研究》2015年第2期。

曲升:《美国"航行自由计划"初探》,《美国研究》2013年第1期。

任远喆:《奥巴马政府的湄公河政策及其对中国的影响》,《现代国际关系》2013年第2期。

沈丁立:《中美关系、中日关系以及东北亚国际关系》,《当代亚太》2009年第2期。

——《未来中美关系:双边调适之道》,《国际问题研究》2009年第1期。

沈逸:《网络安全博弈与中美战略关系稳定》,《中美关系战略报告·2015》。

邵育群:《美国撤军后中美在阿富汗问题上的合作空间》,《现代国际关系》2013年第8期。

时殷弘:《非传统安全与中美反扩散博弈》,《现代国际关系》2010年第3期。

时永明:《朝核问题考验奥巴马亚洲外交》,《和平与发展》2009年第3期。

宋国友:《美国再工业化战略研究》,上海市美国问题研究所编:《研究与参考》2012年第4期。

——《中美经贸关系》,《中美关系战略报告·2013》。

——《从购买国债到直接投资:中国对美金融战略的新方向》,上海市美国问题研究所编:《研究与参考》2014年第7期。

——《融合、竞争与中美经贸关系的再锚定》,《中美战略关系报告·2015》。

宋清润:《当前美越军事关系的发展与局限》,《和平与发展》2015年第1期。

孙海泳:《中美债务关系的相互依赖及影响》,上海市美国问题研究所编:《上海美国评论》第1辑。

唐笑虹:《奥巴马政府的东南亚政策与美国—东盟关系的发展》,《和平与发展》2013年第3期。

唐永胜:《深刻理解国际权力流变》,《世界知识》2017年第19期。

陶文钊:《布什政府的中东政策研究》,《美国研究》2008年第4期。

——《美国"一个中国政策"》,《和平与发展》2010年第6期。

——《近来美国智库关于美对台政策的争论》,《现代国际关系》2012年第2期。

——《如何看待美国的战略调整》,《国际关系学院学报》2012年第4期。

——《冷战后美日同盟的三次调整》,《美国研究》2015年第4期。

——《美国对华政策大辩论》,《现代国际关系》2016年第1期。

——《试论奥巴马的外交遗产》,《和平与发展》2016年第2期。

——《在博弈中寻求合作》,《当代世界》2017年第10期。

——《建交以来的中美关系》,《当代美国评论》2017年第1期。

田文林:《美国与伊朗关系缓和:神话还是现实?》,《国际研究参考》2013年第10期。

童立群:《2014年台湾对外关系综述》,《台湾2014》。

王缉思:《中美关系进入一个"新常态"》,《环球时报》2016年8月19日。

王荣军:《中美经贸关系:增长与平衡》,《美国问题研究报告(2011)·美国的实力与地位评估》。

——《奥巴马政府对华经贸政策回顾与评估》,中国社会科学院美国研究所编:《美国战略研究简报》2012 特刊。

——《2015 年的美国经济:增长持续,风险犹存》,《美国研究报告(2016)·2016 年大选与美国内外政策》。

王在邦、李军:《朝鲜二次核试探源与外交思考》,《现代国际关系》2009 年第 7 期。

王孜弘:《2014 年的美国经济:总体向好,局部各异》,《美国研究报告(2015)·美国再平衡战略新挑战》。

汪晓风:《中美关系中的网络安全问题》,《美国研究》2013 年第 4 期。

——《美国互联网外交:缘起、特点及影响》,复旦大学美国研究中心编:《美国问题研究》2010 年第 2 期。

仵胜奇:《美国卸任总统的政治和社会角色研究》,《美国研究》2015 年第 6 期。

吴日强:《换一下雷达,"萨德"僵局或可解》,《环球时报》8 月 11 日。

吴思亮、张巍、陈宇:《印度国防贸易补偿政策调整》,《国际航空》2015 年第 6 期。

吴心伯:《中美关系的新常态》,《中美关系战略报告·2014》。

吴心伯:《新常态下中美关系发展的特征与趋势》,《国际问题研究》2016 年第 2 期。

夏正伟、梅溪:《试析奥巴马的环境外交》,《国际问题研究》2011 年第 2 期。

项卫星、王冠楠:《中美经济相互依赖关系对美国汇率政治的制约》,《当代亚太》2014 年第 6 期。

许琳、陈迎:《全球气候治理与中国的战略选择》,《世界经济与政治》2013 年第 1 期。

徐辉:《发展中美新型军事关系的五大障碍》,《现代国际关系》2016 年第 10 期。

杨希雨:《中美关系中的朝核问题》,《国际问题研究》2015 年第 3 期。

杨毅:《浅析美国 2010 年〈四年防务评估报告〉》,复旦大学美国研究中心编:《美国问题研究》2010 年第 1 期。

杨悦:《奥巴马政府对朝"战略忍耐"政策探析》,《外交评论》2015 年第 4 期。

姚云竹、张沱生:《中美军事关系:演化、前景与建议》,傅莹、王缉思主编:《超越分歧、走向双赢——中美智库研究报告》,2017 年 5 月 22 日。

于宏源:《试析全球气候变化谈判格局的新变化》,《现代国际关系》2012 年第 6 期。

——《气候谈判地缘变化和华沙大会》,《国际关系研究》2014 年第 3 期。

虞少华:《危机下的朝核问题走向》,《国际问题研究》2009 年第 5 期。

余翔:《奥巴马任内中美经贸关系评述》,《现代国际关系》2016 年第 11 期。

元简:《认知因素对美国气候政策的影响》,《国际问题研究》2013 年第 6 期。

袁征:《"斯诺登事件"及其国际影响评析》,《美国研究报告(2014)·中美关系中的第三方因素》。

中美商贸联委会:《中美货物贸易统计差异研究报告》(2009 年 10 月,中国杭州),http://www.mofcom.gov.cn/aarticle/i/dxfw/nbgz/201003/20100306806806.html。

翟昆:《小马拉大车?——对东盟在东亚合作中地位作用的再认识》,《外交评论》2009 年第 2 期。

张景全、潘玉:《美国"航行自由计划"与中美在南海的博弈》,《国际观察》2016 年第 2 期。

张国宝:《美曾紧急援助中国"非典"关键物资》,2013 年 8 月 20 日,http://finance. huanqiu.com/world/2013-08/4262467.html。

张国庆:《美国网络战略与中美关系》,《美国问题研究报告(2012)·美国全球及亚洲战略调整》。

张军社:《美军机每年侦察中国 500 次,每次留空时间超 10 小时》,《人民日报》(海外版)2014 年 8 月 25 日。

张清敏:《从布什政府对台军售看美台军事关系的变化》,《美国研究》2004 年第 4 期。

张业亮:《布什政府对朝政策与朝核危机》,《美国研究》2004 年第 1 期。

张宇燕:《中美关系中的经济因素》,《美国研究》2015 年第 6 期。

张慧智:《朝鲜国家战略调整探析》,《现代国际关系》2010 年第 2 期。

张薇薇:《美日同盟的新一轮强化:内容、动因及前景》,《美国研究》2015 年第 2 期。

张文宗、程宏亮:《中美关系:避免向"临界点"滑动》,《美国大势·2015》。

张新平、杨荣国:《奥巴马第二任期美国对台政策的调整及影响》,《美国研究》2014 年第 6 期。

张燕生:《全球失衡与中美在再平衡中的责任》,《美国问题研究报告(2012)·美国全球及亚洲战略调整》。

张愿、胡德坤:《防止海上事件与中美海上军事互信机制建设》,《国际问题研究》2014 年第 2 期。

赵华胜:《中国与阿富汗——中国的利益、立场与观点》,《俄罗斯研究》2012 年第 5 期。

赵行姝:《透视中美在气候变化问题上的合作》,《现代国际关系》2016 年第 8 期。

赵毅:《美印军事合作开启新模式》,《世界知识》2016 年第 19 期。

郑继永:《朝鲜劳动党七大的几个看点》,《世界知识》2016 年第 12 期。

周方银:《美国的亚太同盟体系与中国的应对》,《世界经济与政治》2013 年第 11 期。

周琪:《冷战后美国南海政策的演变及其根源》,《世界经济与政治》2014 年第 6 期。

周世俭:《布什第二任期内中美经贸关系面临的几大问题》,《国际贸易》2005 年第 3 期。

——《冲突与摩擦会明显增加》,《国际贸易》2005 年第 3 期。

——《未来四年中美贸易步入多事之秋》,《国际商报》2004 年 11 月 24 日。

——《进入 SDR 与人民币国际化》,苏格主编:《国际秩序演变与中国特色外交》。

——《美国经济温和复苏,中美经贸将步入多事之秋》,刘古昌主编、沈国放执行主编,吴祖荣副主编:《国际问题纵论文集(2016—2017)》,世界知识出版社 2017 年版。

朱峰:《中菲仲裁案的判决结果将会改变南海局势吗?》《亚太安全与海洋研究》2016 年第 3 期。

朱凤岚:《论冷战后日美同盟关系的调整》,http://yataisuo.cass.cn/xueshuwz/shouwcontent.asp?id=937。

英 文 *

Books

The Aspen Institute, *China's Growth and Trade: Consequences for the U.S. Economy.* February, 2012.

Bader, Jeffrey A., *Obama and China's Rise. An Insider's Account of America's Asia Strategy.* Washington, D.C.: Brookings Institute Press, 2012.

Blumenthal, Dan and Randall Schriver, *Strengthening Freedom in Asia—A Twenty-First-Century Agenda for the U.S.-Taiwan Partnership.* A Joint Project of the American Enterprise Institute and Armitage International, February 2008.

Bush, Richard III, *Untying the Knot. Making Peace in the Taiwan Strait. Taiwan, Asia, Northeast Asia.* Washington, D.C.: Brookings Institution Press, 2005.

Campbell, Kurt, *The Pivot. The Future of American Statecraft in Asia.* New York,

---

* 关于三则英文资料的说明。

（1）Public Affairs Section, Embassy of the United States of America, ed., *Washington File.*这是美国大使馆新闻文化处编的一种材料,不定期出版,由文化处及驻华各领馆免费寄送给国内学者,20 世纪 90 年代称为 *Bulletin*, 2000 年起改称 *Washington File*。直到 2013 年笔者每年收到这种材料,多的时候,一星期就有好几份。内容包括:总统和政府高官的讲话、白宫和国务院的记者招待会、各大媒体驻白宫和国务院记者采写的白宫和国务院的报道、重要的国会议员的言论和表态,如 2000 年国会辩论对华 PNTR 时的提案、发言。材料刊载的内容广泛涉及美国的外交政策,对华政策只是其中一小部分,但它对研究这一时期的中美关系仍然是很有用的。

使馆还会把与中国相关又特别重要的材料发表在另一种出版物上:*Backgrounder*《背景材料》,少数情况下还会同时发表中文译文,但数量较 *Washington File* 少多了。

（2）Congressional Research Service Report for Congress.美国国会图书馆有一个部门称为 Congressional Research Service(国会研究部),专门为国会议员提供咨询。美国众议员每届任期两年,参议院每届六年(均可以无限期连任),因此国会议员的流动性是很大的,不断有新议员从各地来到华盛顿。这些议员原先大多只关心本州的事务,到了联邦国会,许多事情都是陌生的,尤其是外交方面,国会研究部就向他们提供有关各种问题的咨询和资料。这些资料是叙述事情的来由、背景、现状,帮助议员们了解其来龙去脉和症结所在。国会研究部的报告对于研究者了解某个问题的基本情况很有好处,笔者从中获益良多。

（3）American Presidency Project.这是一个非营利、非党派的网上档案库。1999 年以来,美国加州大学圣塔芭芭拉(University of California, Santa Barbara)教授 John T.Wooley 和洛杉矶西勒斯学院(Citrus College)教授 Gerald Peters 在 Lena and David G.Adishian 设立的美国加州大学-圣塔芭芭拉基金会的资助下,开始把 1789 年以来历任美国总统档案数字化,迄今该网上档案库已经拥有 128 800 多件资料,包括总统的各种演讲、行政命令、大选辩论材料、两党竞选纲领等,以及 1977 年以来副总统的言论,2001 年以来第一夫人的言论等。这个网上档案库的好处是,第一,免费使用;第二,使用方便,只要搜索百度,任何时候都可以上去,可以下载、打印。这真是数字化带给研究者的福音。当然这个档案库并非没有遗漏,但能做到现在这样已经很不错了。

Boston: Twelve, 2016.

Chan, Steve, *Looking for Balance. China, The United States, and Power Balancing in East Asia*. Stanford University Press, 2012.

Christensen, Thomas J., *The China Challenge. Shaping the Choices of a Rising Power*. New York: W.W.Norton and Company, 2015.

Dueck, Colin, *The Obama Doctrine. American Grand Strategy Today*. Oxford University Press, 2015.

Feldman, Noah, *Cool War. The Future of Global Competition*. New York: Random House, 2013.

Goldstein, Avery, *Rising to the Challenge. China's Grand Strategy and International Security*. Stanford University Press, 2005.

Goldstein, Lyle J., *Meeting China Halfway: How to Defuse the Emerging US-China Rivalry*. Washington, DC: Georgetown University Press, 2015.

Haas, Richard N, *Foreign Policy Begins at Home. The Case for Putting America's House in Order*. New York: Basic Books, 2013.

Hachigian, Nina, ed., *Debating China. The U.S.-China Relationship in Ten Conversations*. Oxford University Press, 2014.

Hathaway, Robert M. and Wilson Lee, eds., *George W. Bush and East Asia. A Midterm Assessment*. Woodrow Wilson International Center for Scholars, 2003.

——*George W. Bush and East Asia*. Woodrow Wilson International Center for Scholars, 2005.

He, Alex, *The Dragon's Footprints. China in the Global Economic Governance System under the G20 Framework*. Center for International Governance Innovation, 2016.

Indyk, Martin, Kenneth Lieberthal and Michael O'Hanlon, *Bending History. Barack Obama's Foreign Policy*. Washington, D.C.: Brookings Institute Press, 2012.

Indyk, Martin, Tanvi Madan, and Thomas Wright, eds., *Big Bets and Black Swans. Policy Recommendations for President Obama's Second Term*, January 2013. https://www.brookings.edu/wp-content/uploads/2016/06/big-bets-and-black-swans-a-presidential-briefing-book.pdf.

Kagan, Robert and William Kristol, eds., *Present Dangers. Crisis and Opportunity in American Foreign and Defense Policy*. San Francisco: Encounter Books, 2000.

Kissinger, Henry, *On China*. New York: Penguin Group, 2011.

——*World Order*, New York: Penguin Group, 2014.

Lampton, David Mike, *The Three Faces of Chinese Power: Might, Money, and Minds*. Berkeley: University of California Press, 2008.

Lampton, David Mike and Richard D.Ewing, *U.S.-China Relations in a Post-September 11th World*. Washington, DC: The Nixon Center, 2002.

Lieberthal, Kenneth and David Sandalow, *Overcome Obstacles to U. S.-China Cooperation on Climate Change*, Washington, D.C.: The Brookings Institution Press, 2008.

Mann, James, *Rise of the Vulcans. The History of Bush's War Cabinet*. Penguin Group, 2004.

——*The China Fantasy. Why Capitalism Will Not Bring Democracy to China*. Penguin Group, 2007.

Marsh, Christopher and June Dreyer, eds., *U.S.-China Relations in Twenty-First Century: Policies, Prospects, and Possibilities*. Lanham, MD, Lexington Books, 2003.

Medeiros, Evan S. and others, *Pacific Currents. The Response of U.S. Allies and Security Partners in East Asia to China's Rise*, RAND, 2008.

Mearsheimer, John J., *The Tragedy of Great Power Politics*. New York: W.W. Norton and Company, 2001.

Odgaard, Liselotte, *China and Coexistence. Beijing's National Security Strategy for the Twenty-First Century*. Woodrow Wilson International Center for Scholars Press, 2012.

Pomfret, John, *The Beautiful Country and the Middle Kingdom. America and China, 1770 to the Present*. New York: Henry Holt and Company, 2016.

Paulson, Henry M. Jr., *Dealing with China. An Insider Unmasks the New Economic Superpower*. New York, Boston: Twelve, 2015.

Rice, Condoleezza, *No Higher Honor: A Memoir of My Years in Washington*. Crown, 2011.

Rothkopf, David J., *National Insecurity. American Leadership in an Age of Fear*. New York: Public Affairs, 2014.

Shirk, Susan L., *China. Fragile Superpower*. Oxford University Press, 2007.

Steinberg, James and Michael E. O'Hanlon, *Strategic Reassurance and Resolve. U.S.-China Relations in the Twenty-First Century*. Princeton University Press, 2014.

——*A Glass Half Full? Rebalance, Reassurance and Resolve in the U.S.-China Strategic Relationship*. Washington, D.C.: The Brookings Institution Press 2017.

Sutter, Robert and Satu P. Limaye, eds., *America's 2016 Election Debate on Asia Policy and Asian Reactions*. East-West Center, 2016.

Swaine, Michael, *America's Challenge. Engaging a Rising China in the Twenty-First Century*. Carnegie Endowment for International Peace, 2011.

Tucker, Nancy Bernkopf, ed., *Dangerous Strait. The U.S.-Taiwan-China Crisis*. New York: Columbia University Press, 2005.

The U. S.-China Business Council, *Understanding the US-China Trade Relationship*, prepared for the US-China Business Council by Oxford Economics, January 2017. https://www.uschina.org/reports/understanding-us-china-trade-relationsh.

Wang, Chi, *George W. Bush and China. Politics, Problems, and Partnership*.

Lexington Books, 2009.

Zagoria, Donald S. ed. , *Breaking the China-Taiwan Impasse.* Westport, Connecticut: Praeger. 2003.

Congressional Research Service Report for the Congress

Belasco, Amy, *The Cost of Iraq, Afghanistan, and Other Global War on Terror Operations Since 9/11.* Updated February 22, 2008.

Chanlett-Avery, Emma, Den Dolven and Wil Mackey, *Thailand: Background and U.S. Relations.* December 14, 2015.

Dolven, Ben, Shirley A. Kan and Mark E. Manyin, *Maritime Territorial Disputes in East Asia: Issues for Congress.* January 30, 2013.

——*Maritime Territorial Disputes in East Asia: Issues for Congress.* May 14, 2014.

Dolven, Ben, Jennifer K.Elsea, Susan V.Lawrence, Ronald O'Rourke, Ian E.Rinehart, *Chinese Land Reclamation in the South China Sea: Implications and Policy Options.* June 18, 2015.

Dumbaugh, Kerry, *China's Maritime Territorial Claims: Implications for U.S. Interests.* November 12, 2001.

——*China-U.S. Relations in the 107ᵗʰ Congress: Policy Developments, 2001—2002.* January 23, 2003.

——*China-U.S. Relations: Current Issues for the 108ᵗʰ Congress.* Updated October 17, 2003.

——*China/Taiwan: Evolution of the "One China" Policy—Key Statements from Washington, Beijing and Taipei.* Updated November 6, 2003.

——*Taiwan in 2004: Elections, Referenda, and Other Democratic Challenges.* May 12, 2004.

——*Taiwan: Recent Developments and U.S. Choices.* Updated March 17, 2005.

——*China-U.S. Relations: Current Issues and Implications for U.S. Policy.* Updated March 15, 2005.

——*China-U.S. Relations: Current Issues and Implications for U.S. Policy.* Updated January 20, 2006.

——*Taiwan's Political Status: Historical Background and Ongoing Implications.* February 23, 2006.

——*Taiwan: Recent Developments and U.S. Policy Choices.* July 1, 2006.

——*China-U.S. Relations: Current Issues and Implications for U.S. Policy.* Updated July 14, 2006.

——*Taiwan-U.S. Political Relations: New Strains and Changes.* October 10, 2006.

——*China-U.S. Relations in the 109ᵗʰ Congress.* December 31, 2006.

——*China-US Relations: Current Issues and Implications for U.S. Policy.* Updated December 21, 2007.

——*Tibet: Problems, Prospects, and U.S. Policy.* April 10, 2008.

——*Taiwan's 2008 Presidential Election.* Updated April 10, 2008.

——*China-US Relations: Current Issues and Implications for U.S. Policy.* Updated July 29, 2009.

——*Taiwan-U.S. Relations: Developments and Policy Implications.* July 30, 2009.

Elwell, Craig K. and marc Labonte, *Is China a Threat to the U.S. Economy?* August 10, 2006.

Fergusson, Ian, Mark McMinimy and Brock Williams, *The Trans-Pacific Partnership (TPP) Negotiations and Issues for Congress.* March 20, 2015.

Kan, Shirley A., *Taiwan: Annual Arms Sales Process.* June 5, 2001.

——*China-U.S. Aircraft Collision Incident of April 2001: Assessments and Policy Implications.* Updated October 10, 2001.

——*China/Taiwan: Evolution of the "One China" Policy—Key Statements from Washington, Beijing and Taipei.* Updated April 10, 2002.

——*Taiwan: Major U.S. Arms Sales Since 1990.* Updated June 18, 2002.

——*China's Proliferation of Weapons of Mass Destruction and Missiles: Current Policy Issues.* Updated July 1, 2002.

——*U.S.-China Counter-Terrorism Cooperation: Issues for U.S. Policy.* December 7, 2004.

——*U.S.-China Military Contacts: Issues for Congress.* Updated May 10, 2005.

——*Taiwan: Major U.S. Arms Sales Since 1990.* Updated July 5, 2005.

——*U.S.-China Military Contacts: Issues for Congress.* Updated January 19, 2006.

——*U.S.-China Counter-Terrorism Cooperation: Issues for U.S. Policy.* January 20, 2006.

——*China and Proliferation of Weapons of Mass Destruction and Missiles: Policy Issues.* Updated August 2, 2006.

——*U.S.-China Counter-Terrorism Cooperation: Issues for U.S. Policy.* Updated October 10, 2007.

——*Taiwan: Major U.S. Arms Sales since 1990.* Updated November 19, 2007.

——*China and Proliferation of Weapons of Mass Destruction and Missiles: Policy Issues.* Updated March 6, 2008.

——*Taiwan: Major U.S. Arms Sales since 1990.* Updated March 6, 2008.

——*U.S.-China Military Contacts: Issues for Congress.* August 6, 2009.

——*China/Taiwan: Evolution of the 'One China' Policy—Key Statements from Washington, Beijing, and Taipei.* August 17, 2009.

————*Taiwan*: *Major U.S. Arms Sales since 1990*. Updated December 29, 2009.

————*U. S.-China Counterterrorism Cooperation*: *Issues for U. S. Policy*. January 6, 2010.

————*U.S.-China Military Contacts*: *Issues for Congress*. November 27, 2012.

————*Taiwan*: *Major U.S. Arms Sales since 1990*. Updated July 23, 2013.

————*China/Taiwan*: *Evolution of the 'One China' Policy—Key Statements from Washington, Beijing, and Taipei*. October 10, 2014.

Kan, Shirley A. and Wayne M.Morrison,

————*U.S.-Taiwan Relationship*: *Overview of Policy Issues*, August 4, 2011.

————*U.S.-Taiwan Relationship*: *Overview of Policy Issues*, June 15, 2012.

————*U.S.-Taiwan Relationship*: *Overview of Policy Issues*, September 11, 2013.

————*U.S.-Taiwan Relationship*: *Overview of Policy Issues*, December 11, 2014.

Kronstadt, K. Alan and Sonia Pinto, *U.S.-India Security Relations*: *Strategic Issues*. January 24, 2013.

Lawrence, Susan V., Thomas Lum, *U. S.-China Relations*: *Policy Issues*. March 11, 2011.

Leggett, Jane A. and Richard K. Lattanzio, *Status of the Copenhagen Climate Change Negotiations*. November 5, 2009.

Leggett, Jane A., *A U.S.-Centric Chronology of the International Climate Change Negotiations*. April 14, 2010.

Lum, Thomas and Dick K.Nanto, *China's Trade with the United States and the World*. Updated August 18, 2006.

Lum, Thomas, *Internet Development and Information Control in the People's Republic of China*. Updated February 10, 2006.

————*U.S.-China Relations*: *Policy Issues*. March 12, 2010.

Lum, Thomas, Patricia Moloney Figliola, and Matthew C.Weed, *China*, *Internet Freedom*, *and U.S. Policy*. July 13, 2012.

Lum, Thomas and Ben Dolven, *The Republic of the Philippines and U.S. Interests—2014*. April 23, 2014.

Manyin, Mark E., *U.S. Aid to North Korea*: *Fact Sheet*. May 4, 2004.

Manyin, Mark E. and others, *Pivot to the Pacific? The Obama Administration's "Rebalance" Toward Asia*. March 28, 2012.

Manyin, Mark E., *U.S.-Vietnam Relations in 2014*: *Current Issues and Implications for U.S. Policy*. June 24, 2014.

Manyin, Mark E. and others, *U.S.-South Korea Relations*. April 26, 2016.

Morrison, Wayne M., *Taiwan and the World Trade Organization*. Updated February 14, 2002.

——*China-U.S. Trade Issues*. Updated March 16, 2005.

——*Taiwan's Accession to the WTO and Its Economic Relations with the United States and China*. Updated November 4, 2005.

——*China-U.S. Trade Issues*. Updated January 17, 2006.

——China's Currency: Economic Issues and Options for U. S. Trade Policy. Updated March 7, 2008.

——*China-U.S. Trade Issues*. Updated March 7, 2008.

——*China's Economic Conditions*. Updated March 20, 2008.

Morrison, Wayne M. and Marc Labonte, *China's Currency Peg: A Summary of the Economic Issues*. Updated January 10, 2006.

Nanto, Dick K. and Emma Chanlett-Avery, *The Rise of China and Its Effect on Taiwan, Japan, and South Korea: U.S. Policy Choices*. Updated January 13, 2006.

Nanto, Dick K., James Jackson and Wayne Morrison, *China and the CNOOC Bid for Unocal: Issues for Congress*. September 15, 2005.

——*China and the CNOOC Bid for Unocal: Issues for Congress*. Updated February 27, 2006.

Nelson, Rebecca M., *The G-20 and International Economic Cooperation: Background and Implications for Congress*. March 31, 2011.

Niksch, Larry A., *Korea: U.S.-Korea Relations—Issues for Congress*. July 21, 2006.

——*North Korea's Nuclear Weapons Program*, August 1, 2006.

——*North Korea: Terrorism List Removal*. July 1, 2009.

——*North Korea's Nuclear Weapon Development and Diplomacy*. January 5, 2010.

——*Korea-U.S. Relations: Issues for Congress*. January 12, 2010.

Niksch, Larry A. and others, *North Korea's Second Nuclear Test: Implications of U.N. Security Council Resolution 1874*. July 23, 2009.

O'Rourke, Ronald, *China's Naval Modernization: Implications for U.S. Navy Capabilities—Background and Issues for Congress*. February 13, 2006.

Sanford, Jonathan E., *China's Currency: U.S. Options*. July 29, 2005.

——*China's Currency: Brief Overview of U.S. Options*. January 25, 2006.

Shinn, Rinn S., *North Korea: Chronology of Provocations, 1950—2000*. Updated January 22, 2001.

Squassoni, Sharon A., *North Korea's Nuclear Weapons: How Soon an Arsenal?* Updated August 1, 2005.

Vaughn, Bruce, *China-Southeast Asia Relations: Trends, Issues, and Implications for the United States*. Updated February 8, 2005.

Vaughn, Bruce and Thomas Lum, *Australia: Background and U.S. Relations*. December 14, 2015.

Woolf, Army F., *The Nuclear Posture Review: Overview and Emerging Issues*. January 31, 2002.

Journal Articles and Opinion Essays

"A Conversation with Henry Kissinger", *The National Interest*, September/October 2015.

Arms Control Association, "Chronology of U.S.-North Korea Nuclear and Missile Diplomacy", May 2015. http://www.armscontrol.org.

Bader, Jeffrey, Kenneth Lieberthal, and Michael McDevitt, "Keeping the South China Sea in Perspective", www.brookings.edu/foreign-policy.

Bader, Jeffrey, "Changing China Policy: Are We in Search of Enemies?" http://www.brookings.edu/blogs/up-front/posts/2015/06/22-changing-china-policy-bader.

——"Trump, Taiwan, and a Break in a Long Tradition", https://www.brookings.edu/blog/order-fro-chaos/2016/12/03/trump-taiwan-and-a-break-in-a-long-tradition/?

Biden, Joseph, "China's Rise Isn't Our Demise", September 7, 2011. http://www.nytimes.com/2011/09/08/opinion/chinas-rise-isnt-our-demise.html?_r=0.

Blackwill, Robert and Ashley Tellis, "Revising US Grand Strategy Toward China", https://www.cfr.org/report/revising-us-grand-strategy-toward-china.

Bleek, Philipp C., "Nuclear Posture Review Leaks: Outlines Targets, Contingencies", *Arms Control Today*, April 2002. http://www.armscontrol.org/act/2002_04/npraprilO2.asp.

Blumenthal, Dan, "The Revival of the U.S.-Japanese Alliance", *Asian Outlook*, February/March 2005.

——"Rethinking U.S. Foreign Policy towards Taiwan", http://shadow/foreignpolicy.com/posts/2011/03/02/rethinking_us_foreign_policy_towards_taiwan.

Blumenthal, Dan and William Inboden, "Toward a Free and Democratic China: Overhauling U.S. Strategy in Asia," *The Weekly Standard*, no 34(May 18, 2015).

Brown, David, "Dueling in the International Arena". *Comparative Connections*, July 7, 2007.

——"China-Taiwan Relations: In the Throes of Campaign Politics," *Comparative Connections*, October 2007.

Burns, Nicholas, "America's Strategic Opportunity With India: The New U.S.-India Partnership", https://www.foreignaffairs.com/articles/asia/2007-11-01/americas-strategic-opportunity-india.

Bush, Richard, III, "Interview with Richard Bush, III", by Shih Ying-ying, August 11, 2006.

——"Democratic Gridlock on Taiwan: Domestic Sources and External Implications", Remarks at the Freeman Spogli Institute for International Studies, Stanford University, November 30, 2006.

——"U.S.-Taiwan Relations: What's the Problem?" December 3, 2007. www.brookings. edu/speeches/2007/1203_taiwan_bush.

——"Democratic Consultation in Taiwan: Inspired Political Reform Needs Effective Leadership". December 17, 2007.http://www.brookings.edu/opinions/2007/1217_bush_aspex/

——"Thoughts on the Taiwan Relations Act", *China Times*, April 2009. http://www. brookiings.edu/opinions/2009/04_taiwzn_bush.aspx.

Bzrezinski, Zbigniew and John Mearsheimer, "Clash of the Titans", *Foreign Affairs*, January/February 2005.

Carpenter, Ted Galen, "Taiwan's Free Ride on U.S. Defense", *Asian Wall Street Journal*, April 23, 2007.

——"Fading Hopes for India as a Strategic Counterweight to China", October 4, 2013. http://www.china-usfocus.com/foreign-policy/fading-hopes-for-india-as-a-strategic-counterweight-to-china.

Cha, Victor D., "Korea's Place in the Axis", *Foreign Affairs*, vol. 81, no. 3 (May/June), 2002.

Chan, Sewell and Keither Bradsher, "U.S. to Investigate China's Clean Energy Aid", *New York Times*, October 15, 2010.

Cheng, Deng, "Meeting Taiwan's Self-Defense Needs", Heritage Foundation, *Backgrounder*, February 26, 2010.

Christensen, Thomas J., "A Strong and Moderate Taiwan", Speech to U.S.-Taiwan Business Council Defense Industry Conference, September 11, 2007. www.us-taiwan.org/reports.2007_sept11_thomas_chiristensen.

——"Roundtable Briefing with Taiwan Media," Washington, D.C., December 6, 2007. http://www.state.gov/p/eap/rls/rm/2007/96691.ht.

Clinton, Hillary Rodham, "U.S.-Asia Relations: Indispensable to Our Future", Remarks at the Asia Society, New York, New York, February 13, 2009. http://www.state. gov/secretary/20092013clinton/rm/2009a/02/117333.htm.

Clinton, Hillary And Timothy Geithner, "A New Strategic and Economic Dialogue with China", https://www.wsj.com/articles/SB10001424052970204886304574308753825396372.

Clinton, Hillary, "America's Pacific Century", October 11, 2011, http://foreignpolicy. com/2011/10/11/americas-pacific-century/.

Cuming, Bruce, "North Korea: The Sequel", *Current History*, April 2003.

Cossa, Ralph, "Taiwan's Three No's", *Korea Times*, February 1, 2008.

Dean, Jason and Greg Jaffe, "A Global Journal Report: Taiwan's Leader Supports a Vote on Independence—Chen's Remarks Are Likely to Provoke Fury in Beijing; Wedge Between U.S., China", *The Wall Street Journal*, August 5, 2002.

Denmark, Abraham and Tiffany Ma, "Don't Abandon Taiwan for Better China Ties", http://globalpublicsquare.blogs.cnn.com/2013/09/12/d0nt-abandon-taiwan-for-better-china-ties/.

Doran, James, "Letter of Transmittal to Jesse Helms", A Staff Trip Report to Committee on Foreign Relations, U. S. Senate. https://www. gpo. gov/fdsys/pkg/CPRT-107SPRT71658/html/CPRT-107SPRT71658.htm.

Editorial: "Losing Patience on North Korea", *Washington Post*, February 9, 2016, http://www.watertowndailytimes. com/opinion/washington-post-losing-patience-on-north-korea-20160211.

Fifield, Anna, Robin Kwong and Kathrin Hille, "US Concerned about Taiwan Candidate", *Financial Times*, September 15, 2011.

Friedberg, Aaron L., "The Future of U. S.-China Relations: Is Conflict Inevitable?" http://www.jstor.org/stable/4137594.

——"China's Recent Assertiveness: Implications for the Future of US-China Relations", June 25, 2014, http://www.forein.senate.gov/imo/media/doc/Friedberg-Testimony %20.pdf.

——"The Sources of Chinese Conduct: Explaining Beijing's Assertiveness", *Washington Quarterly*, vol 37, no 4(Winter 2015).

Garten, Jeffrey, "Bush Behind the Smiles", *Newsweek*, October 27, 2003.

Glaser, Bonnie, "Obama-Hu Summit: Success or Disappointment?" *Comparative Connections*, January, 2010.

——"Myths and U.S. Arms Sales to Taiwan", February 19, 2010. www. articles. com/atimes/china/CB19A101.html.

Glaser, Charles L., "A U.S.-China Grand Bargain? The Hard Choice between Military Competition and Accommodation", *International Security*, vol.39, no.4(Spring 2015).

Goldberg, Jeffrey, "The Obama Doctrine. The U. S. President Talks through His Hardest Decisions about America's Role in the World", *Atlantic*, April 2016 Issue.

Goldstein, Lyle J., "Resetting the US-China Security Relationship", *Survival*, vol.53, no.2, pp.89—116, http://dx.doi.org/10.1080/00396638.2011.571014.

Grammaticas, Damian, "Obama Stirs up China's Sea of Troubles", November 11, 2011, http://www.bbc.co.uk/news/mobile/world-asia-15795088.

Hammond-Chambers, Rupert, "Time to Straighten Out America's Taiwan Policy", http://online.wsj.com/article/SB10000142405274870450440457618383810151722.html.

——"Make Taiwan Part of the Pivot", *The Wall Street Journal*, April 29, 2012.

Harding, Harry, "Asia in American Grand Strategy", Hathaway, Robert M. and Wilson Lee, eds., *George W.Bush and Asia. A Midterm Assessment.*

——"Has U.S. China Policy Failed?" *The Washington Quarterly*, vol.38, no.3(Fall 2015).

Hardley, Stephen, "America, China and the New Model of Great Power Relations", November 5, 2014, www.lowyinstitute.org.

Harold, Scott, "Expanding Military Contacts to Enhancing Durability: A Strategy for Improving U. S.-China Military-to-Military Relations", http://muse.jhu.edu/journals/asp/summary/vol6/16.harold.html.

Harsono, Andreas, "No Model for Muslim Democracy," *New York Times*, May 21, 2012.

Hart, Clifford, Jr., "Speech to U.S.-Taiwan Business Council Defense Industry Conference", September 12, 2006, Denver. http://blog.ifeng.com/article/371434.html.

Hart, Melanie, "Assessing American Foreign Policy Toward China". Testimony Before the Senate Foreign Relations Committee Subcommittee on Near East, South Asia, Central Asia, and Counterterrorism, September 29, 2015. http://www.foreign.senate.gov/imo/media/doc/092915_REVISED_Hart_Testimony.pdf.

The Heritage Foundation and the Project for the New American Century, "Statement on the Defense of Taiwan", August 20, 1999.

Memoli, Michael A., "Hillary Clinton Once Called TPP 'the Gold Standard'", *Los Angeles Times*, http://www.latimes.com/politics/la-na-pol-trade-tpp-20160926-snap-story.html.

Hickey, Dennis V., "Parallel Progress: US-Taiwan Relations During an Era of Cross-Strait Rapprochement", *Journal of Chinese Political Sciences*(2015: 20).

Higgins, Andrew, "Taiwan's Pro-China Chief Reelected," *Washington Post*, January 15, 2012.

Holmes, James R., "Responding to China's Assertiveness in South China Sea", June 2014, http://www.nbr.org/publications/elment.aspx?id=746.

Ikenberry, John, "The Future of the Liberal Order", *Foreign Affairs*, Vol.90, Iss.3 (2011).

Inada, Tomomi, "The Evolving Japan-U. S Alliance—Keeping Asia and the Pacific Peaceful and Prosperous", September 15, 2016. https://www.csis.org/events/evolving-japan-us-alliance-keeping-asia-and-pacific-peaceful-and-prosperous.

"Independents, Republicans Increasingly Support Tougher Economic Policy Toward China", wwwdemocraticunderground.com/10021629790.

Kelly, James, "U.S.-East Asia Policy: Three Aspects", in *George W.Bush and Asia. A Midterm Assessment*.

Kim, Insook, "The Six-Party Talks and President Obama's North Korea Policy", http://www.nti.org/analysis/articles/obamas-north-korea-policy/.

Kirby, John, "Meeting Between Cross-Strait Leaders", November 7, 2015, https://groups.google.com/forum/#!topic/wanabidii/p5aSfLnCao8.

Kissinger, Henry, "Power Shifts", *Survival*, vol.52, no.6, December 2011, http://dx.doi.org/10.1080/00396338.2010.540792.

Lampton, David Mike, "The Faces of Chinese Power", *Foreign Affairs*, Vol.86, No.1.

——"A Tipping Point in U.S.-China Relations Is Upon Us", http://www.uscnpm.org/blog/2015/05/11/q-tipping-point-iin-u-s-china-relations-is-upon-us-part-i/.

Lohman, Walter, "Defrost the U.S.-Taiwan Relationship", Heritage Foundation, *Web-Memo*, March 1, 2011.

Lawrence, Susan, "The Guardian Angel Finally Had Enough," *Far Eastern Economic Review*, April 22, 2004.

——"Bush to Chen: Don't Risk It", *Far East Economic Review*, May 20, 2004.

Lieberthal, Kenneth, "Bring Beijing Back in", in *Big Bets and Black Swans. Policy Recommendations for President Obama's Second Term*, edited by Martin Indyk, Tanvi Madan, and Thomas Wright, January 2013.

——"The American Pivot to Asia. Why President Obama's Turn to the East Asia Is Easier Said Than Done", *Foreign Policy*, December 21, 2011. http://www.foreign.policy.com/article/2011/12/21/the_american_pivot_to_asia.

Lieberthal, Kenneth and Peter W. Singer, "Cybersecurity and U.S.-China Relations", February 23, 2012, http://www.foreignaffairs.com/articles/138007/kenneth-lieberthal-and-peter-w-singer/cybersecurity-and-us-china-relations.

MaCain, John and Joseph Lieberman, "Renewing American's Asia Policy", *Wall Street Journal*, May 27, 2008. https://www.wsj.com/articles/SB121183670827020887.

McDevitt, Michael, "China, South China Sea, United States", December 10, 2014, http://www.amti.csis.org/assesintg-u-s-policy-in-south-china-sea/.

Mann, James, "Behold China", https://chinadigitaltimes.net/2010/03/james-mann-behold-china/.

Manning, Robert, "America's China Consensus Implodes", May 21, 2015, http://nationalinterest.org/fuature/Americas-china-consensus-implodes-1293821.

Mauzy, Diance K. and Brian L.Job, "U.S. Policy in Southeast Asia. Limited Reengagement after Years of Benign Neglect", http://www/hks.harvard.edu/fs/pnorris/Acrobat/Burma_Mauzy.Job.pdf.

Mearsheimer, John, "The Rise of China Will Not Peaceful at All", *The Australian*, November 18, 2005.

——"Can China Rise Peacefully?" *National Interest*, 8 April 2014, http://nationalinterest.org/article/say-goodbye-taiwan-9931?page=show.

Mufson, Steven, "President Pledges Defense of Taiwan", *Washington Post*, 26 April, 2001, A22.

Moy, Kin, "Trends in the U.S.-Taiwan Relationship", Carnegie Endowment for International Peace, October 3, 2013, https://china.usc.edu/kin-moy-trends-us-taiwan-relationship-october-3-2013-0.

Nye, Joseph S., "Transformational Leadership and U.S. Grand Strategy", *Foreign*

Affairs, Vol.85, No.4(July/August 2006).

——"Taiwan and Fear in US-China Ties", *Taipei Times*, January 14, 2007.

O'Hanlon, Michael, Richard Bush, III, "China's Rise and the Taiwan Challenge", http://www.brookings.edu/opinions/2007/0503china.aspx>.

Paulson, Henry, Jr. and Robert Rubin, "Why the United States Needs to Listen to China", *The Atlantic*, June 2015. http://www.theatlantic.com/magazine/archive/2015/06/the-blame-trap/392081.

"Pew: Independents, Republicans increasingly support tougher economic policy toward China", October 4—7, 2012, http://www.democraticunderground.com/10021629790.

Pollack, Jonathan D., "The Bush Administration and East Asia: Does the United States Need a New Regional Strategy?" Hathaway, Robert M. and Wilson Lee, eds., *George W.Bush and East Asia*.

Pomfret, John, "In Fact and in Tone, U.S. Expresses New Fondness for Taiwan", *Washington Post*, 30 April 2002.

——"Taiwanese Leader Condemns Beijing's 'One China' Policy; Chen Dismisses Fear in U.S. of Rising Tension", *Washington Post*, October 7, 2003.

——"Obama Hails Manmohan Singh, Hails India's Regional Role", November 25, 2009, http://www.washingtonpost.com/wp-dyn/content/article/2009/11/24/AR2009112403522.html.

Rice, Condoleezza, "Promoting the National Interests", *Foreign Affairs*, January/February, 2000.

Romberg, Alan, "The Taiwan Tangle", *China Leadership Monitor*, No. 18 (Spring 2006).

——"Taiwan: All Politics, All the Time", *China Leadership Monitor*, No.19(Summer 2006).

——"Election 2008 and the Future of Cross-Strait Relations". *China Leadership Monitor*, No.21(Summer 2007).

——Applying to the UN "in Name of Taiwan", *China Leadership Monitor*, No.22(Fall 2007).

——"Future Cross-Strait Relations and a Possible Modus Vivendi", December 3, 2007. http://www.stimson.org//summaries/future-cross-strait-relations-and-a-possible-modus vivendi.

Ross, Robert S., "The Stability of Deterrence in the Taiwan Strait", *The National Interest*, Fall 2001.

——"Explaining Taiwan's Revisionist Diplomacy", *Journal of Contemporary China*, August 2006.

——"The Problem With the Pivot: Obama's New Asia Policy Is Unnecessary and Counterproductive", *Foreign Affairs*, November/December 2012.

Roy, Denny, "U.S.-China Relations and the Western Pacific", http://thediplomat.com/2014/01/us-china-relaitons-and-the-western-pacific/.

Schriver, Randal, "It looks as though the Olympic torch will not pass through Taiwan", *Taipei Times*, May 1, 2007.

——"Taiwan Needs 'Six new assurances'", *Taipei Times*, August 22, 2007.

——"Taiwan Faces Two Chinas", July 9, 2010, http://www.washingtontimes.com/news/2010/jul/9/taiwan-faces-two-chinas/.

Scott, Robert E., "U.S.-China Trade, 1989—2003. Impact on jobs and industries, nationally and state by state", January 11, 2005, http://www.epi.org/publication/wp270/.

Shambaugh, David, "Finding Common Ground", *China and US Focus Digest*, vol 8 (October 2015).

Smith, Matt, "U.S. to Face 2030 a 'First Among Equals,' Report Projects," December 11, 2012, http://edition.cnn.com/2012/12/10/us/intelligence-2030/index.html.

Snyder, Scott, "U.S. Policy Toward North Korea", *SERI Quarterly*, January 2013. http://www.cfr.org/north-korea/us-policy-toward-morth-korea/p29962.

Stokes, Bruce, "U.S.-China Economic Relations in the Wage of the U.S. Election", Stockholm China Forum, Paper Series, November 2012.

Stokes, Mark A., "Taiwan's Security: Beyond the Special Budget", American Enterprise Institute, No.2, 2006.

Summers, Larry, "The Word—Including China—Is Unprepared for the Rise of China", November 8, 2015, https://www.washingtonpost.com/opinions/the-world-including-china-is-unprepared-for-the-rise-of-china/2015/11/08/70aa6c70-84ab-11e5-8ba6-cec48b74b2a7_story.html.

Swaine, Michael, "Trouble in Taiwan", *Foreign Affairs*, March/April 2004.

——"Bush Has a Tiger by the Tail with His China Policy", *Los Angeles Times*, June 17, 2002, B-11.

——"U.S.-China Crisis Management Project. Internal Report", 2007. Carnegie Endowment for International Peace.

——"Beyond U.S. Predominance in the Western Pacific: The Need for a Stable U.S.-China Balance of Power". Washington, DC: Carnegie Endowment for International Peace, April 20, 2015. http://carnegieendowment.org/2015/04/20/beyond-american-predominance-in-western-pacific-need-for-stable-u.s.-china-balance-of-power/.

Tellis, Ashely, "Balancing without Containment: A U.S. Strategy for Confronting China's Rise," *The Washington Quarterly*, Fall, 2013.

——"Opportunities Unbound: Sustaining the Transformation in U.S.-India Relations", Carnegie Endowment Report, January 2013, http://carnegieendowment.org/2013/01/07/opportunities-unbound-sustaining-transformation-in-u.s.-indian-relations-pub-50506.

Tkacik, John J., Jr., "Stating America's Case to China's Hu Jintao: A Primer on U.S.-

China-Taiwan Policy". Heritage Foundation: *Backgrounder*, No.1541, April 26, 2002.

——"Dealing with Taiwan's Referendum on the United Nations". Heritage Foundations: *WebMemo*, No.1606.

——"America's Stake in Taiwan", Heritage Foundation: *Backgrounder* No.1996.

Tucker, Nancy and Bonnie Glaser, "Should the United States Abandon Taiwan?" *Washington Quarterly*, Fall 2011.

Waldron, Arthur, "The Asia Mess: How Things Did Not Turn Out As Planned", February 17, 2015. *Orbis*, Spring 2015.

Zoellick, Robert B. "Whither China: From Membership to Responsibility?" September 21, 2005, Public Affairs of Section, Embassy of the United States of America, *Backgrounder*, September 27, 2005.

——"Shunning Beijing's infrastructure bank was a mistake for the US", June 7, 2015, http://www.ft.com/cms/s/0/c870c090-0a0c-11e5-a6a8-00144feabdc0.html#axzz4JTHoTjxf.

附录三

大 事 记

2000 年

12 月 14 日　　江泽民主席电贺乔治·沃克·布什当选美国总统,并希望与美方共同努力,在中美三个联合公报的原则基础上推动中美关系在新世纪里继续健康稳定地向前发展。

2001

1 月 4 日　　美国当选总统乔治·沃克·布什致函江泽民主席,对江主席祝贺他当选表示感谢。

1 月 20 日　　乔治·沃克·布什宣誓就任美国第 43 任总统。

2 月 16 日　　布什总统致函江主席,表示愿与中方加强对话与合作,期待在上海出席亚太经合组织(APEC)领导人非正式会议,并访问中国。

2 月 18 日　　江主席复函布什总统,邀请布什来华出席 APEC 峰会并访华。

3 月 13 日　　中国新任驻美大使杨洁篪向布什总统递交国书。

3 月 18 日至 24 日　　应美国政府邀请,钱其琛副总理对美国进行访问。分别会见布什总统、切尼副总统、鲍威尔国务卿、拉姆斯菲尔德国防部长、赖斯国家安全事务助理。

4 月 1 日上午　　美国一架 EP-3 军用侦察机在海南岛东南 104 公里处海域上空对中国进行侦察时,撞毁对其进行跟踪监视的中方歼-8 飞机一架,飞行员王伟罹难。肇事美机未经许可进入中国领空。

4 月 1 日晚　　外交部部长助理周文重紧急召见美国驻华大使普理赫,提出严正交涉和抗议。

4 月 4 日　　外交部部长唐家璇召见普理赫,就美军用侦察机撞毁中国军用飞机事再次向美方提出严正交涉。

4 月 11 日　　唐家璇接受美国政府全权代表、美驻华大使普理赫递交的致歉信。

4 月 12 日　　美军用侦察机机组人员 24 人离境返美。

4月18日至19日	以外交部美大司司长卢树民为团长的中方代表团与以美国助理国防部长帮办维尔加为首的美方代表团,就返还美机问题进行谈判,没有结果。
4月18日	中国在第57届联合国人权会上连续第十次挫败美国提出的反华提案。
4月24日	布什总统宣布售台大笔武器的决定,包括4艘基德级驱逐舰、8艘柴油动力潜艇、12架反潜飞机、12架扫雷直升机等。
同日	布什在接受美国广播公司记者采访时表示,如果台湾遭到攻击,美国将"尽其所能协防台湾"。
4月25日	李肇星副外长紧急召见普理赫大使,就美决定向台湾出售诸多先进武器提出严正交涉和强烈抗议。
5月1日	美国"国际宗教自由委员会"发布2001年度报告,其中涉华部分对中国宗教状况妄加评论,肆意攻击。
5月15日	美国负责东亚及太平洋事务的助理国务卿凯利访华,向中方通报美发展导弹防御系统计划,并就中美关系等问题交换意见。
5月8日至27日	美方允许达赖喇嘛蹿访美国,中方就此向美方提出严正交涉。
6月2日至5日	中美就EP-3飞机返还问题再次进行磋商,就美机的拆运达成协议。
7月4日	美EP-3飞机拆运工作全部结束。
7月5日	江泽民应约与布什通电话。
7月16日	布什致函江泽民,表示期待着秋天对中国的访问。
7月25日	唐家璇外长在越南河内出席东盟地区论坛期间会晤美国国务卿鲍威尔。
7月28日至29日	鲍威尔访问北京。江泽民主席、朱镕基总理、钱其琛副总理分别予以会见,唐家璇与鲍威尔进行会谈。鲍威尔强调,中国不是美国的敌人,美国希望与中国发展建设性关系。
7月28日	江泽民接受美国新任驻华大使雷德递交国书。
8月8日	江泽民在北戴河会见美参议院外交委员会主席拜登率领的美国议员代表团。
9月11日	美国纽约、华盛顿地区遭受国际恐怖主义暴力袭击,造成重大人员伤亡和财产损失。当晚,江泽民致电布什,向美国政府和人民表示深切慰问,表示中国反对一切形式的恐怖主义。
9月12日	江泽民应约与布什通电话,布什感谢江泽民对美国人民的关心,期待着与中国和其他国家一道,共同打击国际恐怖主义。
9月20日至21日	唐家璇外长应鲍威尔邀请访问美国。
9月25日	中美反恐专家磋商在华盛顿举行。
10月8日	江泽民应约与布什通电话,布什感谢中国政府就反对国际恐怖主义所发表的声明。

同日	外交部发言人就美英开始对阿富汗实施军事打击发表谈话指出,中国政府一贯反对一切形式的恐怖主义,支持联合国有关决议,支持打击恐怖主义的行动。有关军事行动应避免伤及无辜,并希望和平尽早恢复。
10月9日	中美人权对话在华盛顿举行。
10月19日	江泽民会晤前来参加APEC峰会的布什,双方一致同意共同致力于发展中美建设性合作关系。
11月12日	江泽民与布什通话,就落实两国元首上海会晤精神和中美关系有关问题交换看法。
12月4日至6日	美国反恐事务协调员泰勒大使访华,与中方就反恐问题进行磋商。
12月13日	布什打电话给江泽民,通报美方将退出《反导条约》。江泽民阐明中方立场。

2002

1月29日	布什在其《国情咨文》中把朝鲜、伊拉克、伊朗并列为"邪恶轴心"国家,引起舆论大哗。
2月21日至22日	布什对中国进行工作访问。两国元首深入讨论双边关系和国际形势,一致同意中美加强对话与合作,妥善处理分歧,共同推动中美建设性合作关系进一步发展。
3月4日	美国国务院发表2001年度国别人权报告,涉华部分继续对中方进行无端指责。遭中国外交部发言人驳斥。
3月11日	美方不顾中方反对,允许台湾防务主管部门负责人汤曜明访美,出席"美台商业协会"在佛罗里达举办的"美台防卫峰会"。美国防部常务副部长沃尔福威茨和助理国务卿凯利与会并会见汤曜明。
3月16日	外交部副部长李肇星召见美大使雷德,就美允许汤曜明访美提出严正交涉。
3月19日	美国国会通过支持台湾成为世界卫生组织"观察员"的法案,布什总统于4月4日签署成为法律。
4月8日	外交部发言人表示坚决反对美方支持台湾参与世界卫生组织的做法,要求美方立即纠正错误,停止对台湾当局分裂祖国活动的纵容和支持。
4月27日至5月3日	胡锦涛副主席应邀访美,先后到访夏威夷、纽约、华盛顿和旧金山等地。
7月13日	美国防部向国会提交所谓《中国军力年度报告》,对中国国防现代化说三道四,遭中国外交部、国防部发言人批驳。
8月3日	台湾地区领导人陈水扁以视频直播的方式,向东京举行的"世界台湾同乡联合会"年会发表讲话,妄称"台湾与对岸的中国是'一边一国'"。

8月4日	美国国务院和国安会发言人重申,美国的一个中国政策没有改变。
8月25日至27日	美常务副国务卿阿米蒂奇来华参加中美副外长级政治磋商并为江泽民即将访美进行准备,李肇星与之进行会谈,阿米蒂奇重申,美国不支持"台湾独立"。
10月7日	美国务院公布2002年度国际宗教自由报告,涉华部分继续对中国政府进行指责。
10月8日	中国外交部发言人表示,美国宗教报告不顾事实,是对中国内政的粗暴干涉,中方表示强烈不满和坚决反对。
10月17日	美副国务卿博尔顿和助理国务卿凯利访华,向中方通报朝核问题有关情况。中方表示中国一贯支持朝鲜半岛无核化,维护半岛和平稳定,希望1994年美朝《框架协议》得到切实履行。
10月22日至25日	江泽民应邀对美国进行工作访问,与布什就中美关系和共同关心的国际问题达成诸多共识。江泽民阐明中国政府解决台湾问题的"和平统一、一国两制"的基本方针,强调"台独"势力的分裂活动是对台海地区稳定和中美关系发展的最大威胁。布什表示,美方理解台湾问题的敏感性,坚持基于三个公报和"与台湾关系法"的一个中国政策,反对"台湾独立"。

2003年

1月10日	江泽民应约与布什通电话,布什介绍美国在朝核问题上的立场,表示仍愿通过对话解决朝核问题。江泽民表示不赞成朝鲜退出《不扩散核武器条约》,主张朝鲜半岛无核化,通过对话解决朝核问题。
1月20日	王光亚副外长与博尔顿在北京举行第三次中美副外长级战略安全、多边军控和防扩散磋商。
2月18日至19日	中美第三次反恐磋商和金融反恐工作组第二次磋商在北京举行。
2月23日至24日	鲍威尔访华,与中方就中美关系、台湾问题以及伊拉克、朝核等问题交换意见。鲍威尔在记者招待会上表示,准备在多边框架内应对朝核问题。
3月8日	中国派特使赴朝,与金正日委员长等朝鲜领导人就朝鲜半岛局势以及举行多方会谈等交换看法。朝方接受中方提出的在北京举行三方会谈的建议。
3月31日	美国务院2002年度国别人权报告出台,涉华部分继续对中国人权状况进行攻击。中国外交部发言人予以驳斥。
4月12日	朝鲜外务省发表正式谈话表示,如果美国有意为解决核问题而大胆转变对朝政策,朝鲜将不会受限于对话的形式。
4月23日至25日	中、朝、美三方会谈在北京钓鱼台国宾馆芳菲苑举行,中国副外长王毅主持会议,外交部亚洲司司长傅莹、朝鲜外务省美洲局副局长李根、美助理国务卿凯利分别率团出席。

5月6日	国务院副总理兼卫生部长、全国防治非典型性肺炎总指挥吴仪应约与美卫生部长汤普森通电话,就中美开展非典防治交流与合作交换意见。
5月13日	美国"国际宗教自由委员会"发布2003年度"国际宗教自由报告",其涉华部分对中国宗教政策和宗教自由进行无端指责。遭中国外交部发言人批驳。
5月19日	吴仪副总理在日内瓦出席第56届世界卫生大会期间会见美国卫生部长汤普森,双方就非典防治、中美疾病控制合作等问题交换意见。
6月1日	胡锦涛主席在法国埃维昂出席南北领导人非正式对话期间会晤布什。胡锦涛强调台湾问题对中美关系稳定发展的重要性,希望美方恪守承诺,妥善处理台湾问题,不向"台独"势力发出错误信号。布什表示继续坚持一个中国政策,遵守美中三个联合公报,反对"台独"。布什还赞扬中方为促成关于朝核问题的北京三方会谈所作的积极努力。双方就尽快恢复关于朝核问题的多边对话达成共识。
7月12日至20日	中国政府特使戴秉国副外长先后出访美、朝、俄三国,并分别向布什和金正日递交胡锦涛的亲笔信。金正日对举行新一轮三方会谈表示同意。
7月29日	中美海关部门负责人在北京正式签署"集装箱安全倡议"声明,以开展海上集装箱运输安全领域的反恐合作。
7月30日	美国防部公布又一份《中国军力报告》,攻击中国国防现代化,宣扬"中国威胁论"。
8月1日	朝鲜外务省发言人发表谈话称,朝鲜已向美国提出就解决核问题直接举行有中、朝、美、韩、日、俄六国参加的会谈。
8月27日至29日	旨在解决朝核问题的六方会谈第一轮会谈在北京钓鱼台芳菲苑举行。美方提出"全面、可核查、不可逆转地废除朝鲜核计划"的要求,朝方表示不能接受。但各方都愿致力于通过对话和平解决核问题,维护半岛的和平与稳定。
10月19日	胡锦涛在泰国曼谷出席APEC峰会期间会晤布什,双方就中美关系、台湾、经贸、朝核等问题交换意见,并达成重要共识。中方赞赏并希望美方切实履行在台湾问题上作出的严肃承诺,布什表示,美国政府坚持一个中国政策,遵守美中三个联合公报,反对"台独",这一政策不会改变。布什高度赞赏中国为促进朝鲜核问题的和平解决所发挥的积极作用。
同日	布什致函胡锦涛,祝贺中国首次载人航天飞行成功。
11月6日至8日	王毅副外长访美,磋商第二轮六方会谈事宜。
11月21日	温家宝总理在访问美国前夕接受《华盛顿邮报》总编辑伦纳德·唐尼专访,表示中国不放弃和平解决台湾问题的努力,但对任何分裂祖国的挑衅行动,中国不会坐视不管,中国人民会不惜一切代价,维护祖国统一。

11 月下旬至 12 月初	美国白宫和国务院发言人多次表态,不断重申美国的一个中国政策,强调维持台海的稳定符合美国的利益。
11 月 22 日至 24 日	中方邀请朝鲜副外相金永日访华,向他介绍第二轮六方会谈筹备情况。
12 月 7 日至 10 日	温家宝应布什总统邀请访问美国。
12 月 9 日	布什会晤温家宝。双方积极评价中美关系所取得的进展,表示将进一步加强互利合作,推动两国建设性合作关系发展。布什在白宫记者招待会上说,美国政府反对任何单方面改变台海地区现状的决定。台湾领导人的言行表明,他可能作出决定单方面改变现状,对此我们是反对的。

2004 年

1 月 1 日至 3 日	全国人大常委会副委员长兼秘书长盛华仁赴美国夏威夷,会晤美参议院临时议长史蒂文斯,就中国全国人大与美国会参议院建立正式交流机制交换意见,并签署"谅解备忘录"。
2 月 25 日至 28 日	关于朝核问题六方会谈第二轮会谈在北京举行。会谈发表《主席声明》,确认各方将致力于朝鲜半岛无核化,通过对话和平解决核问题,维护半岛和本地区的和平、稳定。
3 月 8 日至 9 日	戴秉国副外长作为中国政府特使访美,会见鲍威尔、赖斯等高官和国会领袖,就中美关系、台湾问题和朝核问题交换意见。
3 月 31 日	李肇星在柏林出席阿富汗问题国际会议期间与鲍威尔举行会晤,就中美关系、台湾、朝核、阿富汗、伊拉克等问题交换意见。
4 月 13 日至 15 日	美国副总统切尼来华进行工作访问。
4 月 19 日至 21 日	朝鲜最高领导人金正日应邀访华,中朝双方对北京三方会谈和两轮六方会谈给予积极评价,金正日表示,朝方坚持最终无核化目标,寻求通过对话和平解决的立场没有变化。
4 月 21 日	凯利出席众议院听证会,就美国对台湾政策进行全面阐述,要求台湾地区领导人实施负责任、民主和克制的领导,强调布什关于反对单方面改变现状的表态。
4 月 19 日至 25 日	吴仪副总理赴美与美商务部长埃文斯、贸易代表佐利克共同主持第 15 届中美商贸联委会,双方签署涉及知识产权保护、海运、最终用户访问等领域的 8 项协议,并就在商贸联委会框架内建立 6 个工作组机制达成共识。
5 月 29 日	胡锦涛与布什通电话,双方就联合国安理会有关伊拉克问题决议草案及台湾问题交换看法。
6 月 10 日至 13 日	李肇星作为胡锦涛特使赴华盛顿参加美国政府为里根总统举行的追悼仪式,并赴得克萨斯州出席美前总统布什的 80 岁生日庆祝活动。

6月23日至26日	六方会谈第三轮会谈在北京举行,各方达成共识:以循序渐进的方式,按照口头对口头,行动对行动的原则,寻求核问题的和平解决。
7月30日	胡锦涛应约与布什通电话,就中美关系、朝核等问题交换意见。
8月1日至8日	美国国会参议院临时议长特德·史蒂文斯率团访华,正式启动美参议院与中国全国人大交流机制。胡锦涛、全国人大常委会委员长吴邦国、温家宝分别予以会见,盛华仁与史蒂文斯举行工作会谈。
10月7日	胡锦涛应约与布什通电话,就中美关系、台湾、经贸等问题交换意见。
10月24日至25日	鲍威尔访华。他在25日接受香港凤凰卫视采访时说,只有一个中国,台湾不是独立的,不享有作为一个国家的主权,这仍然是美国坚定的政策。
11月20日	胡锦涛在智利圣地亚哥出席亚太经合组织峰会期间会晤布什,再次强调中国决不允许"台独",决不允许任何人把台湾从中国分割出去,希望中美共同遏制"台独"分裂势力的分裂活动,希望美方不向"台独"势力发出任何错误信号。布什表示,美方理解台湾问题的敏感性,坚持一个中国政策,遵守三个联合公报,不支持单方面改变台湾现状和宣布"独立"的言行,不会向台湾当局发出不一致的信号。

2005年

3月4日	胡锦涛在全国政协会议期间就台湾问题作四点重要讲话:坚持一个中国原则决不动摇,争取和平统一的努力决不放弃,贯彻寄希望于台湾人民的方针决不改变,反对"台独"分裂活动决不妥协。
3月14日	全国人大第十届第三次会议通过《反分裂国家法》,其中第八条规定:"台独"分裂势力以任何名义、任何方式造成台湾从中国分裂出去的事实,或者发生将会导致台湾从中国分裂出去的重大事变,或者和平统一的可能性完全丧失,国家得采取非和平的方式及其他必要措施,捍卫国家主权和领土完整。
3月20日	美国新任国务卿赖斯访华。她在会晤中国领导人时强调,美国继续把中国当作可信赖的良好伙伴,中美可以应对亚太地区和世界各地的许多问题,把握许多机会。
4月1日	戴秉国与来访的朝鲜第一副外相姜锡柱举行会谈,戴秉国表示,朝鲜弃核才有安全,才有发展。姜锡柱表示,朝鲜愿在朝美秘密接触后尽快重返六方会谈。
4月29日	胡锦涛会晤来大陆访问的中国国民党主席连战,双方就坚持"九二共识",反对"台独",谋求台海和平稳定,促进两岸关系发展等达成五项愿景:促进尽速恢复两岸谈判,共谋两岸人民福祉;促进终止敌对状态,达成和平协议;促进两岸经济全面交流,建立两岸经济合作机制;促进协商台湾民众关心的参与国际活动的问题;建立党对党定期沟通的平台。

5月5日	胡锦涛应约与布什通电话,就两国关系、台湾、经贸等问题交换意见。
6月1至17日	盛华仁率全国人大代表团访美,与美国参议院举行交流机制建立后的第二次正式会晤。
7月7日	胡锦涛在英国苏格兰鹰谷出席八国集团与发展中国家领导人对话期间会晤布什。
7月26日至8月7日	朝核问题六方会谈第四轮会谈第一阶段会议在北京举行。各方一致同意在本轮会谈中要取得实质性成果,愿意不折不挠地坚持下去。
8月1日至2日	戴秉国与美常务副国务卿佐利克在北京举行首次中美战略对话。
9月3日	胡锦涛主席应约与布什总统通电话,就美国部分地区遭受"卡特里娜"飓风袭击表示慰问。
9月7日至9日	吴邦国在纽约出席第二届世界议长大会期间会晤美国会参议院临时议长特德·史蒂文斯,与众议院议长哈斯特德通电话,会见众议院"美中工作小组"共同主席柯克等人,就中美关系、台湾问题、两国议会交往等问题交换意见。
9月13日	胡锦涛在纽约出席联合国成立六十周年首脑会议期间会晤布什。胡锦涛强调,为了确保中美关系健康发展,必须妥善处理台湾问题。布什表示,美理解这一问题的高度敏感性,坚持一个中国政策的立场不会改变。两国元首一致同意增进交流和互信,扩大共识和合作,全面推进21世纪中美建设性合作关系。
9月13日至19日	朝核问题六方会谈第四轮会谈第二阶段会议在北京举行。会议发表了《共同声明》,六方一致重申,以和平方式可核查地实现朝鲜半岛无核化是六方会谈的目标;朝方承诺,放弃一切核武器及现有核计划,早日重返《不扩散核武器条约》,并回到国际原子能机构保障监督;美方确认无意以核武器或常规武器攻击或入侵朝鲜,并同意在适当的时候讨论向朝鲜提供轻水反应堆问题。
9月15日	美国财政部指控澳门汇业银行为朝鲜政府机构和公司提供洗钱服务,指控朝鲜政府伪造、贩卖美元,宣布对8家朝鲜实体实行金融制裁。
9月21日	佐利克对美中关系全国委员会发表题为《中国向何处去?》的演讲,系统阐述美国对华政策,提出中国应成为国际体系负责任的利益攸关方。
10月28日至30日	胡锦涛应邀对朝鲜进行正式友好访问,并向朝鲜领导人提出发展两国关系的四点建议,两国还签订一系列经济技术合作协定。
11月9日至11日	六方会谈第五轮会谈第一阶段会谈在北京举行,讨论如何落实《9·19共同声明》中的各项原则。
11月19日至21日	布什访华。
12月6日	朝鲜以要求美国先行解除对朝企业的制裁为由,拒绝继续参加六方会谈。

12月7日至9日	戴秉国与佐利克主持的第二次中美战略对话在华盛顿举行。会后,佐利克亲自陪同戴秉国前往纽约州海德庄园罗斯福故居参访。
12月3日	台湾进行"三合一"选举(县市长、县市议员、乡镇市长)选举,结果在23席县市长中国民党由原来的8席升至14席,民进党由原来的10席降至6席,亲民党1席,新党1席,无党籍1席。

2006年

1月29日	台湾地区领导人陈水扁在春节讲话中提出所谓"三大诉求":废除"国统会"和"国统纲领",制定"新宪法","以台湾名义加入联合国"。
1月30日	美国国务院发表声明,重申坚持一个中国政策,不支持"台湾独立",反对单方面改变现状,旨在促进地区和平、稳定和繁荣。
2月中旬	美国安会亚洲事务高级主任韦德宁和国务院台湾事务协调科科长夏千福访问台湾,要求陈水扁放弃"废统"。陈水扁迫于美国压力,改为"'国统会'终止运作","'国统纲领'终止适用"。
2月28日	中共中央台湾工作办公室、国务院台湾事务办公室受权发布声明,坚决反对陈水扁的"废统"活动。
3月2日	美国务院发言人就"废统"问题发表声明,指出:废除一项承诺就是改变现状,台湾信守承诺对于维持现状至关重要。
4月18日至21日	胡锦涛对美国进行首次国事访问。两国领导人就加强合作,全面推进中美建设性合作关系达成重要共识。胡锦涛强调中美在反对和遏制"台独"、维护台海和平稳定方面有共同战略利益,并对布什坚持一个中国原则,反对"台独"表示赞赏。布什表示美国在台湾问题上的立场没有变化,不希望看到台湾当局单方面改变台海现状的行动损害美中关系。
4月28日	美国务院公布了新的《2005年恐怖主义国别报告》,朝鲜再次名列其中。
5月31日	由美国实际掌控的朝鲜半岛能源开发组织(KEDO)执行董事会宣布,由于朝鲜长期没有履行1994年《框架协议》,正式决定终止在朝鲜的轻水反应堆项目。
7月5日	朝鲜试射包括"大浦洞二号"在内的远程导弹和"劳动"中程导弹在内的7枚导弹。
7月6日	胡锦涛应约与布什通话,就朝鲜半岛局势交换意见。
7月10日至15日	中共中央政治局委员、国务院副总理回良玉率团访朝并出席《中朝友好合作条约》签订45周年纪念活动。朝方向回良玉表示,朝鲜无法戴着"制裁"的帽子参加六方会谈。
7月15日	联合国安理会通过第1695号决议,对朝鲜导弹试射表示严重关切和谴责,强烈敦促朝鲜立即无条件重返六方会谈。

7月16日	胡锦涛在圣彼得堡出席八国集团与发展中国家领导人对话会议期间会晤布什。
8月7日至12日	美参议院临时议长特德·史蒂文斯率团访华，与全国人大举行中美议会（参议院）定期交流机制第三次正式会晤。
10月9日	朝鲜在咸镜北道吉州郡丰溪里进行当量约4 000吨TNT炸药的地下核试验。
10月9日	中国政府外交部发表声明，对朝鲜核试验表示坚决反对，强烈要求朝鲜重回六方会谈轨道。
10月14日	联合国安理会通过第1718号决议，要求朝鲜不再进行任何核试验和发射弹道导弹，立即无条件返回六方会谈。
10月17日至22日	赖斯出访中、日、韩、俄四国，重申美国对和平解决朝核问题的承诺，重申美国对保卫日、韩等盟国的承诺，遏制日本试图推翻"无核三原则"的企图。
10月31日	根据中方建议，中、朝、美三国的六方会谈团长在北京举行非正式会晤，就继续推进六方会谈交换意见。
11月8日至9日	第三次中美战略对话在北京举行。
12月14日至15日	首次中美战略经济对话在北京举行，由吴仪和美财长保尔森共同主持。对话围绕"中国的发展道路和经济发展战略"进行深入讨论。
12月18日至22日	六方会谈第五轮会谈第二阶段会议在北京重启，各方重申将认真履行《9·19共同声明》中作出的承诺，同意根据"行动对行动"的原则，分阶段落实共同声明。会谈期间，美朝就金融制裁进行双边接触。

2007年

1月1日	台湾地区领导人陈水扁在元旦讲话中鼓吹"以台湾名义加入联合国"。
1月16日至18日	美国助理国务卿希尔与朝副外相金桂冠再次在柏林直接接触，共同讨论履行《9·19共同声明》起步阶段的方案。
2月8日至13日	六方会谈第五轮会谈第三阶段会议在北京举行，并通过《落实共同声明起步行动》的共同文件。在未来60天内，朝方将关闭并封存宁边核设施，朝美双方将开始双边谈判，解决两国间悬而未决的双边问题并向全面外交关系迈进。
3月19日	美国助理财政部长帮办格莱泽宣布，美朝就冻结的2 500万美元资金达成协议，美同意将其解冻，朝表示款项将用于人道主义目的。
3月19日至22日	第六轮六方会谈第一阶段会议在北京举行。会议听取各工作组的报告，同意履行起步行动头60天的要求，但涉朝资金的转移问题遇到困难。
4月11日	民进党中常会通过"以台湾的名义加入联合国公投连署"活动的连署书。

5月22日至23日	第二次中美战略经济对话在华盛顿举行,双方集中讨论四个议题:服务业、能源与环境、经济平衡增长、创新。
6月20日至21日	第四次中美战略对话在美国马里兰州怀河会议中心举行。
6月25日	朝鲜外务省发言人宣布,在汇业银行被冻结的资金已经按照朝方要求转账。
6月26日至30日	国际原子能机构代表一行四人对朝鲜进行访问,视察宁边地区的核设施,并与朝方就关闭和封存宁边核设施的验证程序达成共识。
7月15日	朝鲜外务省宣布宁边核设施停止运转。
7月18日至20日	第六轮六方会谈团长会在北京举行,并就履行《9·19共同声明》和《起步行动》文件中的承诺达成"框架共识"。
7月	陈水扁首次致函联合国秘书长潘基文,申请"加入联合国",立即遭到拒绝。
8月初	陈水扁再次为"加入联合国"事致函联合国,再次被联合国法律事务厅退回。
8月25日至9月1日	美国国会众议院"美中工作小组"共同主席里克·拉森和马克·柯克率团访华,先后访问北京、乌鲁木齐、喀什、上海等地,吴邦国等会见代表团。
8月28日	美国常务副国务卿内格罗蓬特约见香港凤凰卫视记者发表谈话,警告说,美国把台湾当局的"入联公投"看作"走向独立,走向改变现状的一个步骤",举办这次"公投"的想法是"一个错误",台湾应避免任何挑衅性的步骤。
9月6日	胡锦涛在悉尼出席APEC峰会期间会晤布什。胡锦涛强调,今明两年是台湾局势的高危期,必须对台湾当局提出更加严厉的警告,搞任何形式的"台独"分裂活动都是绝对不能得逞的。布什表示,美国坚定奉行一个中国政策,内格罗蓬特的表态代表了美国的立场。
9月11日	美国负责东亚事务的助理国务卿帮办柯庆生在美台国防工业会议上发表讲话,严厉批评陈水扁的"公投"是"居心不良的",是"旨在改变现状的步骤",是"包裹着民主外衣"的冒险行为。
9月27日至10月3日	第六轮六方会谈第二阶段会议在北京举行,并就落实《9·19共同声明》第二阶段行动达成共识,即《10·3共同文件》,朝鲜同意将现有的核设施进行以废弃为目标的去功能化,并完整申报其核计划;美将履行将朝鲜从支恐国家名单中除名及终止对朝适用《敌国贸易法》的承诺。
9月28日	中国政府外交部发言人宣布,中国向朝鲜提供的5万吨重油已全部运抵朝鲜。
10月15日	胡锦涛总书记在中共第十七次全国代表大会的报告中呼吁,在一个中国的原则基础上,协商正式结束两岸敌对状态,达成和平协议,构建两岸关系和平发展框架。

11月1日	美国负责的10万吨(其中5万吨代日本出)重油运抵朝鲜。
11月27日至29日	由六方会谈参与国官员组成的朝核设施去功能化调查团访问朝鲜。
12月6日	胡锦涛应约与布什通电话,胡锦涛强调,坚决反对和制止"台独",维护台海和平稳定,符合中美共同战略利益。布什表示将在台湾问题上与中方保持合作。
12月6日	美国助理国务卿帮办柯庆生与台湾媒体记者举行圆桌会议,明确表示,"入联公投"是"不明智的、挑衅性的、危险的",不符合台湾人民利益,也不符合美国利益。
12月10日	"美国在台协会"理事主席薄瑞光专程赴台会见陈水扁及国民党、民进党双方候选人,再次重申美国反对"入联公投"立场。
12月12日至13日	中美第三次战略经济对话在河北省香河举行,围绕"抓住经济全球化的机遇和应对经济全球化的挑战"进行深入讨论。
12月18日	朝鲜启动核反应堆燃料棒分离工作。
12月21日	赖斯在年终记者招待会上表示,"以台湾的名义加入联合国"的"公投"是一种挑衅性政策,它毫无必要地提升台湾海峡的紧张,美国对此表示反对。

2008年

1月17日至18日	中美第五次战略对话在贵阳举行,双方就确保中美关系长期健康稳定发展、加强两国在国际、地区问题上的协调合作等问题坦诚、深入交换意见。国防部外事办公室副主任丁进攻少将、美助理国防部长詹姆斯·辛恩参加对话。
3月22日	台湾举行地方领导人选举,民进党的"入联公投"被挫败,国民党候选人马英九、萧万长胜出。
3月26日	胡锦涛与布什通电话,赞赏布什和美国政府多次表示坚持一个中国政策、遵守中美三个联合公报,反对"台独"、反对"入联公投",希望中美双方继续为维护台海和平稳定共同努力。
5月8日	美国朝核问题工作组访朝,朝方交给美方从1986年以来的长达18 882页的核设施运行日志,包括宁边5兆瓦反应堆和后处理设施的材料。
6月17日至18日	中美第四次战略经济对话在马里兰州安纳波利斯举行,主题是"经济可持续增长",由国务院副总理王岐山和美财长保尔森共同主持。双方签署了《中美能源环境十年合作框架》及《中美能源环境十年合作框架下的绿色环保计划框架》。
6月26日	朝鲜驻华大使崔镇洙向六方会谈主席国代表武大伟提交长达60页的核申报清单,内容涉及核计划、核设施和核材料,但未包括核武器。

6月27日	朝鲜于当地时间17时5分炸毁了宁边核设施冷却塔,美国务院韩国/朝鲜科科长长金成以及美技术人员在现场目睹爆破过程,各相关国家主流媒体人员目睹和报道了本次爆破。
7月10日至12日	六方会谈团长会议在北京举行,会议的新闻公报就验证机制、监督机制、宁边核设施去功能化和经济能源援助落实的时间表作出具体规定。
8月11日	美国没有按计划把朝鲜从支持恐怖主义国家名单中除名。
8月14日	朝鲜中断宁边核设施去功能化工作。
10月10日	布什批准将朝鲜从支恐国家名单中除名。
10月13日	朝鲜外务省发表声明,恢复宁边核设施去功能化工作。
10月	布什政府宣布向台湾出售包括"爱国者"-3反导弹系统、E-2T预警机升级系统、30架阿帕奇直升机、扫雷舰等价值64.63亿美元的武器。
11月15日	胡锦涛出席在华盛顿举行的二十国集团第一次峰会。
12月4日至5日	第五次中美战略经济对话在北京举行,主题是"奠定长久的中美经济合作伙伴关系的基石"。对话就金融危机的起源、加强合作反对贸易保护主义、支持经济增长等问题达成共识。
12月8日至11日	六方会谈团长会议在北京举行,讨论验证、去功能化和对朝能源援助等问题,但各方未就验证问题取得一致。
12月12日	美国务院发言人表示,在未就验证达成协议的情况下,美中止向朝鲜提供重油。
12月15日至16日	中美第六次战略对话在华盛顿举行。双方积极评价三年多来的对话成果,希望维护好、发展好这一机制。

2009年

1月1日	胡锦涛主席和布什总统互致贺电,纪念中美关系正常化30周年。
1月12日至13日	中国人民外交学会与美国威尔逊国际学者中心基辛格中美研究所在北京举行纪念中美建交30周年研讨会。
1月13日	朝鲜外务省发表声明,对弃核的验证需要在朝鲜和韩国全面实施。
1月17日	朝鲜宣布与韩国进行"全面对抗"。
1月20日	美国总统奥巴马宣誓就职。当天中国发表《2008年中国的国防》白皮书,警告美国对台军售"严重损害"中美关系。
1月30日	奥巴马与胡锦涛就贸易平衡等问题进行电话交谈。
2月20日至22日	美国国务卿希拉里·克林顿访华。
2月26日	美国国务院发表年度国别人权报告,继续攻击中国的人权状况。
3月9日	美国"无瑕"号侦察船在南海与中国海监执法船只进行对峙事件。
3月9日至13日	杨洁篪对美国进行工作访问。
3月25日	美国防部发表2009年度《中国军力报告》,渲染中国正开发"干扰"性武器,相关做法改变亚洲地区军事平衡。

4月1日	胡锦涛与奥巴马在英国伦敦参加二十国集团峰会期间举行会晤。
4月11日	中国"海监81"舰在香港东南面东沙群岛附近驱赶美国观测船。
5月1日	美海军监测船"胜利"号在未经中方许可情况下进入黄海中国专属经济区活动,与中方发生对峙。
5月3日	美国"国际宗教自由委员会"发布报告,部分内容攻击中国继续压制"异见人士",对宗教活动"进行新的严格限制"。
5月6日	胡锦涛与奥巴马通电话,就共同应对金融危机、甲型流感疫情、朝核问题及南亚局势交换意见。
5月16日	奥巴马正式提名犹他州州长、共和党人洪博培出任驻华大使。
5月22日	朝鲜进行第二次核试验。
5月24日至31日	众议院议长南希·佩洛西率领的众议院代表团访华。
5月28日	参议院外交关系委员会主席克里访华。
5月31日至6月2日	美国财长盖特纳访华。
6月3日	胡锦涛应约同奥巴马通电话,就朝鲜半岛局势等交换意见。
6月5日	美国常务副国务卿斯坦伯格访华,寻求中国支持对朝鲜实行更严厉制裁。
6月6日至7日	美国气候变化问题特使托德·斯特恩访华,会晤国务院副总理李克强和国家发改委副主任解振华,双方同意争取在哥本哈根气候变化大会上取得积极成果。
6月9日	全国人大代表团访问美国国会,按照两国议会交流机制举行第十次会晤。
6月11日	中国一艘潜艇在南海与美军舰"约翰·麦凯恩"号拖拽的声呐相撞。
6月19日	中国政府关闭谷歌搜索引擎上的一些内容,称其包含色情和其他低俗内容。
6月24日	国台办主任王毅在美分别会见斯坦伯格和白宫国安会亚洲事务高级主任贝德。
6月6日	武大伟副外交长访美,与斯坦伯格就朝核问题等进行磋商。
6月14日至17日	美国商务部长骆家辉与能源部长朱棣文访华,与中方就能源合作、应对气候变化进行商讨。
6月27日至28日	首轮中美战略与经济对话在华盛顿举行。
7月2日至3日	美国负责制裁朝鲜事务的官员菲利普·戈德伯格访华,与中方商讨实施联合国对朝制裁决议。
8月7日	美国参议院正式确认洪博培出任驻华大使。
9月3日	美朝鲜问题特使博思沃斯访华,与杨洁篪外长就朝核问题交换意见。
9月9日至14日	全国人大常委会委员长吴邦国访美。
9月11日	美对从中国进口的轿车与轻型卡车用轮胎实施惩罚性关税。
9月14日	白宫高级顾问瓦莱丽·贾特勒和负责民主和全球事务的副国务卿玛丽亚·奥特罗在印度达兰萨拉与达赖见面,要求达赖推迟访美。

9 月 22 日	胡锦涛在出席联大一般性辩论期间与奥巴马举行第二次会晤。
9 月 24 日	美常务副国务卿斯坦伯格在新美国安全中心发表讲话,提出中美"战略再保证"建议。
10 月 5 日至 10 日	达赖窜访美,在华盛顿未受到奥巴马接见。
10 月 26 日	美国务院发表年度国际宗教自由报告,继续将中国列为"特别关注国"。
10 月 30 日	第二十届中美商贸联委会在杭州举行,美商务部长骆家辉、贸易代表柯克和农业部长维尔萨克出席,中方王岐山副总理及商务部长、农业部长等官员出席。
11 月 5 日	美商务部宣布对从中国进口的油井管征收最高为 99% 的初步反倾销关税,涉及金额达 26.3 亿美元。
11 月 15 日至 19 日	奥巴马对中国进行国事访问。17 日,中美发表联合声明。
12 月 7 日至 18 日	联合国气候变化大会在丹麦首都哥本哈根举行,温家宝与奥巴马出席。
12 月 29 日	美商务部初步裁定对中国输美钢格板征收 14.36%—145.18% 的反倾销税。
12 月 30 日	美国国际贸易委员会最终批准对价值约 27.4 亿美元的中国产石油钢管征收 10%—16% 的关税。

2010 年

1 月 12 日	谷歌高级副总裁大卫·德鲁蒙德发表声明,称谷歌中国的基础设施遭黑客攻击,谷歌将停止网络审查,可能退出中国市场。
1 月 21 日	希拉里·克林顿发表关于互联网政策的演讲,指责中国限制网络自由。
1 月 29 日	美国防部通知国会,将向台出售包括 60 架黑鹰直升机、114 枚爱国者导弹、两艘扫雷艇和博胜系统在内的价值近 64 亿美元的武器。
2 月 18 日	奥巴马在白宫地图室会见达赖。
3 月 2 日	斯坦伯格和国安会亚洲事务高级主任贝德访华,修复对华关系。
3 月 11 日	美国务院发布《2009 年各国人权报告》,攻击中国政府限制人民的言论、集会、结社及网络活动的自由。
3 月 11 日	奥巴马签署行政令,成立由国务卿、财长、商务部长等组成的"扩大出口内阁",负责实施"全国出口战略"。
3 月 15 日	130 名议员联名致函盖特纳和骆家辉,要求对中国采取的"货币保护主义"行为进行深入调查。
3 月 16 日	查尔斯·舒默、林赛·格雷厄姆等十几名美国两党参议员提出《汇率监管改革议案》。
3 月 23 日	谷歌退出中国大陆。
3 月 24 日至 26 日	中国商务部副部长钟山率团赴美,就中美贸易平衡、贸易摩擦及人民币汇率等问题与美方进行沟通。

3 月 29 日	斯坦伯格就美对华政策举行记者招待会。
3 月 29 日	奥巴马在白宫椭圆形办公室会见中国新任驻美国大使张业遂。
4 月 6 日	美发布 2010 年《核态势评估报告》，称中国的核计划缺乏透明度，对中国的核战略意图进行质疑。
4 月 12 日	胡锦涛与奥巴马在华盛顿核安全峰会期间举行会晤。
5 月 9 日至 24 日	达赖在美进行为期 15 天的窜访活动。
5 月 13 日至 14 日	中美人权对话在华盛顿举行。
5 月 25 日至 26 日	第二轮中美战略与经济对话在北京举行。
5 月 25 日	中美人文交流高层磋商机制成立仪式暨首轮会议在北京举行，刘延东国务委员和希拉里·克林顿国务卿出席并主持会议。
6 月 19 日	中国人民银行发言人发表谈话，宣布进一步推进人民币汇率形成机制改革。
6 月 26 日	胡锦涛与奥巴马在二十国集团多伦多峰会期间举行会晤。
7 月 8 日	美财政部发布半年度报告，未将中国列入"汇率操纵国"。
7 月 9 日	联合国安理会通过关于"天安"号事件的主席声明，美对此强烈不满。
7 月 13 日	韩国《朝鲜日报》披露，美韩可能在黄海和日本海同时进行军演。遭到中方坚决反对。
7 月 23 日	希拉里·克林顿在第 17 届东盟地区论坛会上发表关于南海政策的讲话，对中国进行指责，遭杨洁篪驳斥。
8 月 31 日至 9 月 3 日	中国政府朝鲜半岛事务特别代表武大伟就恢复六方会谈事宜访美。
9 月 5 日至 8 日	美总统国家安全事务副助理托马斯·多尼隆和白宫国家经济委员会主任劳伦斯·萨默斯访华，为胡锦涛访美作准备。
9 月 12 日至 16 日	美朝鲜政策特别代表博思沃斯、国务院官员金成、国安会官员丹尼尔·拉塞尔访问韩、日、中三国，就朝核问题进行沟通。
9 月 22 日	王岐山应约与盖特纳通话，就中美财政、金融、经贸问题交换看法。
9 月 22 日至 24 日	温家宝参加联大会议期间会晤奥巴马，表示人民币汇率并非中美贸易逆差的根本原因，不存在大幅升值的条件。
10 月 10 日至 13 日	首届东盟防长扩大会议（10＋8）在越南河内举行，梁光烈防长与美防长盖茨会晤。
11 月 11 日	胡锦涛与奥巴马在韩国首尔二十国集团第五次峰会期间举行会晤。
12 月 7 日	美国通用电气与中国南车公司签约，投资 5 000 万美元，共同促进高速铁路及其他轨道交通技术在美国市场的推广发展。
12 月 14 日至 15 日	第 21 届中美商贸联委会会议在华盛顿举行。

2011 年

1 月 3 日至 7 日	美朝鲜问题特使博思沃斯访问韩、中、日。
1 月 9 日至 12 日	美防长盖茨访华。

1月14日	希拉里·克林顿就对华政策发表演说。
1月18日至21日	胡锦涛对美国进行国事访问。
1月26日	奥巴马发表《国情咨文》，称美国正经历"斯普特尼克时刻"，表达了对中国挑战的焦虑。
2月5日	美财政部发表《国际汇率政策报告》，未将中国列为"汇率操纵国"，但认为人民币汇率仍然"大幅低估"，中国汇改"没有到位"。
2月7日	美国际贸易委员会决定对从中国进口的油井管和钻环征收反倾销税。
2月9日	美国国防部发布《2011年美国国家军事战略》，对"中国军事现代化的程度与战略意图"表示关切。
2月26日	中国人民对外友好协会副会长李小林和湖南省委书记周强访美，与美国全国州长协会主席、华盛顿州州长克里斯汀·葛瑞格尔签署建立中美省州长论坛的协议，以促进两国地方领导人的合作。
3月9日	奥巴马提名商务部长骆家辉为驻华大使。
4月10日至16日	国务委员刘延东访美，与希拉里·克林顿共同主持第二届中美人文交流高层磋商。双方在科教、文体、青年、妇女等6个领域达成40多项合作协议。
4月19日	中美在西雅图举行首届中美城市经贸合作会议。来自上海、重庆、西安、无锡等城市的代表与美方代表商谈合作事宜。
4月27日至28日	美国负责民主、人权和劳工事务的助理国务卿迈克尔·波斯纳访华，与中方举行新一轮人权对话。
4月30日	胡锦涛就美南部发生龙卷风灾害造成人员死亡，向奥巴马表达慰问。
5月9日至10日	第三轮中美战略与经济对话在华盛顿举行。
6月25日	首次中美亚太事务磋商在美夏威夷火奴鲁鲁举行，由外交部副部长崔天凯与美国助理国务卿坎贝尔共同主持。
7月13日至16日	对外友协与美州长协会在美犹他州盐湖城共同举办首届中美省州长论坛，双方签署20多项合作协议和商业合同。
7月16日	奥巴马在白宫地图室再度会见达赖喇嘛。
7月24日至25日	希拉里·克林顿访问香港，与香港特首曾荫权以及4名立法会议员会面，出席香港美国商会午餐会并发表演说。
7月27日	美国参议院确认骆家辉出任美国驻华大使。
7月27日至29日	中共中央台办、国台办主任王毅访美，向美方官员强调反对美国对台军售的一贯立场。
8月17日	美中贸易全国委员会发布年度报告强调，2010年美对华出口较2009年增长32%。
8月17日至22日	美副总统拜登访华。
8月30日	美国际贸易委员会宣布，将向自中国进口的钢丝征收最高达253%的关税。

9月15日	英国《金融时报》网站报道,美国安会高官警告说,如果民进党在明年1月台湾选举中获胜,可能引发台海两岸关系紧张。
9月21日	奥巴马政府通知国会,将为台湾现有的145架F-16A/B战机提供升级,并为台战机飞行员提供训练项目,提供飞机零、配件,三项金额总值约58.52亿美元。中方表示强烈抗议。
10月11日	第二次中美亚太事务磋商在北京举行。
10月11日	希拉里·克林顿在《外交政策》11月号发表题为《美国的太平洋世纪》的文章,阐述亚太"再平衡"战略。
10月19日	第二届中美省州长论坛在北京举行。
10月21日	美国国家安全事务助理多尼隆访华。
10月19日至23日	希拉里·克林顿访问阿富汗、巴基斯坦、塔吉克斯坦和乌兹别克斯坦,就恐怖主义、经济和人权问题与地区领导人讨论,并提出"新丝绸之路"构想。
10月21日至28日	美国国防部长帕内塔访问印尼、日、韩,承诺强化亚太军事存在。
10月27日至29日	美常务副国务卿伯恩斯、国安会亚洲事务高级主任拉塞尔、助理国务卿帮办梅健华等人访华。
11月3日	胡锦涛在出席二十国集团戛纳峰会期间会晤奥巴马。
11月11日	希拉里·克林顿在火奴鲁鲁东西方中心发表美国的亚太战略讲话。
11月10日至14日	胡锦涛出席在美国夏威夷举行的APEC第十九次领导人非正式会议,期间与奥巴马举行会晤。
11月17日	奥巴马在访问澳大利亚期间对澳议会发表讲话阐述亚太"再平衡"战略。
11月19日	温家宝在印度尼西亚巴厘岛参加东亚合作领导人系列会议期间会晤奥巴马,就南海问题交换意见。
11月21日	第22届中美商贸联委会会议在成都举行。
12月20日	美国贸易代表办公室发布"特别301报告之恶名市场不定期审查"报告,将中国多家市场列入其中。
12月27日	美财政部在向国会提交半年度报告中称,人民币汇率改革步伐还不够快,但无法得出中国是"货币操纵国"的结论。

2012年

1月5日	奥巴马公布名为《维护美国的全球领导地位:21世纪国防的优先选项》的新军事战略报告,正式出台亚太"再平衡"战略。
1月11日	前"美国在台协会"台北办事处主任包道格抵台湾,观察台湾选举。包道格表示,一中政策必须维系,如果"九二共识"遭到破坏,将造成负面影响,引发地区紧张。
2月13日至17日	国家副主席习近平访美,会晤美国领导人,并访问艾奥瓦州首府得梅因和马斯卡廷小镇、加州洛杉矶等地。

3月7日	希拉里·克林顿在美国和平研究所就对华政策发表演讲。
3月19日	美国商务部宣布对从中国进口的钢轮产品征收巨额惩罚性关税。
3月20日	美国商务部宣布对中国产太阳能面板加征关税,将对从墨西哥和中国进口的钢丝分别征收高达38%和235%的反倾销税。
3月22日至25日	美国农业部代理副部长迈克·斯邱思率领美国农业代表团访问四川,参加在成都举行的第86届全国糖酒商品交易会,推动美与四川在农业、食品加工领域的合作。
3月25日	胡锦涛和奥巴马在参加首尔核安全峰会期间会晤。
5月1日	美国商务部宣布,将对中国生产的高压钢瓶征收税率为6.62%至31.21%的反倾销税,另外还征收15.81%的反补贴税。
5月3日至4日	第四轮中美战略与经济对话在北京举行。
5月9日	美国联邦储备委员会宣布,中国银行获准在芝加哥设立分行,中国农业银行获准在纽约设立分行。此外,美联储还批准中国工商银行购买东亚银行美国分行多数股份的申请,中国工商银行成为并购美国零售银行业务的首家中资国有银行。
5月10日	美国务院发言人纽兰就中菲黄岩岛对峙事件表态,敦促双方保持克制。
5月17日	美国商务部宣布,初步裁定中国太阳能企业以高达31%—250%的幅度在美倾销太阳能电池和面板。
5月25日	美国财政部向国会提交主要贸易对象汇率政策报告,未将中国列为汇率操纵国。
6月2日	帕内塔在新加坡亚太安全对话会上阐述美国的亚太"再平衡"战略。
6月3日	习近平会见美国艾奥瓦州州长布兰斯塔德率领的友好代表团。
6月5日	菲律宾政府发表声明表示,在与中方磋商后,中菲均已命令部分船只驶离黄岩岛海域,当地紧张局势趋缓。
6月6日至8日	菲律宾总统阿基诺三世访美,美菲发表联合声明,支持菲方增强防务能力。
6月19日	胡锦涛出席在墨西哥洛斯卡沃斯举行的二十国集团领导人第七次峰会,并与奥巴马进行会晤。
6月28日	希拉里·克林顿发表声明称,鉴于中国大幅削减进口伊朗原油,《2012年国防授权法》第1245条规定的相关制裁在未来180天内不用于中国的金融机构。
7月24日	胡锦涛会见到访的多尼隆。
7月26日	美国务院发言人纽兰表示,中国最近在南海地区实施多项计划,美国对这些"单方面行动"表示关切。
8月7日	美中贸易全国委员会在其网站上发布2002年至2011年美对华出口报告称,美对华出口10年间增长500%以上,绝大部分国会选区对华出口的增幅超过对其他国家和地区的出口。

8月21日	中国商务部发布公告说,美国政府对6个可再生能源的补贴和扶持政策违反了世贸组织规定,要求美方纠正,给予中国可再生能源产品公平待遇。
9月10日	公安部部长孟建柱与到访的美国土安全部常务副部长简·霍尔·露特举行会谈,双方同意建立双方年度会晤机制。
9月19日	习近平会见来华访问的美防长帕内塔,阐述了中方在钓鱼岛问题上的严正立场。
9月28日	奥巴马签署行政命令,以国家安全考虑为由,阻止中资拥有的罗尔斯公司在靠近美俄勒冈州一海军基地的地点建造4个风力发电场。
10月9日	美众议院常设特别情报委员会发表报告称,中国两大通信设备商华为和中兴公司对美构成"安全威胁"。
10月10日	美国商务部宣布,将对从中国进口的总值约数十亿美元的光伏电池板和电池征收从18.32%—249.96%不等的最终反倾销税。
11月13日至14日	在澳大利亚参加美澳外交和防长年度磋商会议的希拉里·克林顿和帕内塔表示,美将继续实施重返亚太这一长期性战略。
11月17日	希拉里·克林顿在新加坡表示,美欢迎任何准备满足TPP的高标准的国家,包括中国,加入该协定的谈判。
11月18日至20日	奥巴马出访泰国、缅甸,并出席在柬埔寨举行的东亚峰会。奥巴马重申,维护南海和平与稳定、遵守国际法、不受阻碍地进行合法商务活动以及航行自由,这些都是美国国家利益之所在。
12月7日	奥巴马政府宣布,将中国、印度、韩国、中国台湾等九个主要经济体免受有关进口伊朗石油的制裁的期限再延长180天,以换取这些经济体停止从伊朗购买石油。
12月12日	朝鲜宣布"光明星3号"二期卫星发射成功。
12月19日至20日	第23届中美商贸联委会在华盛顿召开。

2013年

1月22日	联合国安理会通过对朝制裁第2087号决议。
2月12日	朝鲜宣布成功实施第三次核试验。杨洁篪召见朝鲜驻华大使表示"强烈不满和坚决反对",并同美国务卿克里通电话,呼吁有关各方着眼大局,妥善应对,避免局势轮番升级。
2月18日	美国网络安全公司曼迪昂特公司公布一份长达60页的报告,称位于上海的解放军某部队对美国多个行业的公司发起过"持续的"攻击。
2月22日	白宫发表题为"减少美国商业秘密遭窃的行政战略"的报告,所引用的19个受害案例中16个涉及中国。
2月27日	美国商务部宣布,对从中国进口的总值数亿美元的胶合板确定高达27%的反补贴税初步税率。美国2011年从中国进口了总值约6.17亿美元的硬木和装饰胶合板。

3月11日	多尼隆在纽约亚洲协会发表讲话称,网络安全问题已成为美中经济关系中一个日益严峻的挑战。
3月13日	美国广播公司(ABC)新闻频道播出对奥巴马的专访。奥巴马称网络安全威胁不断加剧绝对是事实。
3月14日	奥巴马打电话祝贺习近平就任中国国家主席。
3月19日至21日	美国总统特别代表、新任财长雅各布·卢访华,会晤习近平和国务院总理李克强。
3月20日	外交部长王毅应约同克里通电话,就朝鲜半岛局势交换意见。
4月2日	崔天凯抵达华盛顿履新,出任第十任中国驻美大使。
4月13日	美新任国务卿克里访华,会晤习近平、李克强等领导人及国务委员杨洁篪。
4月15日至16日	第二届中美省州长论坛在北京和天津举行,美国艾奥瓦、威斯康星和弗吉尼亚州州长以及中国天津市、河北省、黑龙江省、福建省、广西壮族自治区等5个省、自治区、直辖市负责人出席。习近平会见参会双方代表。
4月16日	习近平致电奥巴马,就美国波士顿发生爆炸事件并造成严重人员伤亡表示慰问。
4月22日至24日	中国朝鲜半岛事务特别代表武大伟访美。
4月29日	美国防部长哈格尔在与到访的日本防卫大臣小野寺五典举行的联合记者会上表示,钓鱼岛属于美日安保条约的适用范围。
5月1日	美贸易代表办公室发布2013年"特别301报告",连续第九年将中国列入"重点观察国"名单。
5月6日	美国国防部发布2013年度《中国军事与安全态势发展报告》,首度以较大的篇幅谈论钓鱼岛问题,并称中国2012年9月公布的钓鱼岛领海基线"不恰当"。
5月14日	白宫网络安全协调员迈克尔·丹尼尔在华盛顿举行的"路透网络安全峰会"上说,美国同中、俄最近就黑客问题举行的对话取得实质性进展。中国已同意设立一个中美联合工作组,解决诸如网络间谍等互联网安全问题。
5月26日至28日	多尼隆访华,为下月两国元首会晤作准备。
6月1日	美国国防部长哈格尔在新加坡出席亚太安全对话会时称,美国空军已将其60%的海外驻军部署在亚太地区。
6月6日	《华盛顿邮报》曝光政府"棱镜"计划,国家安全局和联邦调查局直接接入微软、谷歌、苹果、脸谱、雅虎等9家网络巨头的中心服务器,实时跟踪用户电邮、聊天记录、视频、音频、文件、照片等上网信息,全面监控特定目标及其联系人信息。
6月7日至8日	习近平同奥巴马在美国加利福尼亚州安纳伯格庄园举行会晤。

6 月 10 日	美联社称,藏身香港的前美国中央情报局技术助理爱德华·斯诺登称,自 2009 年以来,美国家安全局在全球共实施了超过 6.1 万例电脑黑客袭击,包括成百上千例以香港和中国内地为目标的袭击。
6 月 24 日	针对斯诺登离开香港抵达莫斯科,克里称,此事"令人深感不安"。白宫发言人卡尼称,香港当局故意选择释放在逃嫌犯斯诺登,会对美中关系产生负面影响。
7 月 1 日	《华尔街日报》网站载文称,美国对中国大型风力发电机制造商华锐风电及其两名高管提起刑事诉讼,指控华锐风电从美国超导体公司窃取风力发电机控制软件的源代码。
7 月 8 日至 12 日	第五轮中美战略与经济对话在华盛顿举行。
9 月 6 日	习近平在圣彼得堡参加第六次二十国峰会期间会晤奥巴马。
9 月 6 日	中国双汇国际 71 亿美元收购美史密斯菲尔德食品公司。这是迄今为止中国企业在美最大的并购案。
10 月 20 日至 22 日	河北省与艾奥瓦州缔结友好省州关系 30 周年纪念活动在艾奥瓦州举行,习近平为纪念活动发来贺信。
11 月 18 日	习近平会见前总统克林顿,赞赏克林顿任总统期间为推动中美关系发展作出的积极努力,以及卸任后同中方在扶贫、慈善、卫生防疫特别是艾滋病防治等领域开展的有效合作。
11 月 20 日	美总统国家安全事务助理苏珊·赖斯发表美亚洲政策的演讲,称要把中美新型大国关系"可操作化"。
11 月 21 日	国务院副总理刘延东在华盛顿与克里共同主持第四轮中美人文交流高层磋商。
11 月 23 日	中国宣布划设东海防空识别区后,美政府作出强硬反应。
12 月 2 日	即将访华的美国环保署长吉娜·麦卡锡在美国进步中心发表演讲,强调美中合作应对气候变化的重要性。
12 月 4 日至 5 日	习近平、李克强、国家副主席李源潮等同来访的美副总统拜登举行会晤。
12 月 19 日至 20 日	第 24 届中美商贸联委会在北京举行。

2014 年

1 月 23 日	美国副国务卿伯恩斯与外交部副部长张业遂共同主持中美战略安全对话会议。
2 月 7 日	美国参议院批准鲍卡斯为新任驻华大使。
2 月 13 日	正在菲律宾访问的美海军作战部长乔纳森·格林纳特在菲国防大学演讲称,如果中国"侵占西菲律宾海(即我南海)有争议的帕加萨岛(即我中业岛)",美将根据 1951 年签署的《美菲共同防御条约》向菲提供帮助。

2 月 14 日至 15 日	克里访华,会晤习近平、李克强、杨洁篪,并与王毅会谈,吁请中国帮助说服朝鲜回到弃核谈判之中。
2 月 21 日	奥巴马在白宫会见达赖。
2 月 24 日	美太平洋舰队司令哈里斯在会见菲律宾将领时表示,美将恪守《美菲共同防御条约》规定的义务,但支持南海各主权声索方通过外交渠道解决领土争端。
3 月 4 日	美国国防部公布《四年防务评估报告》,妄称中国军事现代化缺乏透明度和开放性;继续寻求利用反介入和区域拒止方式,及网空、外空控制技术等新手段对抗美国优势。
3 月 10 日	习近平同奥巴马通电话,就中美关系及乌克兰局势交换意见。
3 月 20 日至 26 日	应习近平夫人彭丽媛邀请,奥巴马夫人米歇尔携母亲和两个女儿访华。这是中美建交 35 年来美"第一夫人"首次单独正式访华。
3 月 24 日	习近平在荷兰海牙出席第三届核安全峰会期间会晤奥巴马。
3 月 31 日	美国国务院副发言人哈尔夫指责中方试图阻拦菲方前往仁爱礁的补给船是挑衅,敦促中方允许菲保持在仁爱礁的存在。
4 月 1 日	外交部发言人洪磊指出,中国对包括仁爱礁在内的南沙群岛拥有无可争辩的主权,决不会坐视菲方企图侵占仁爱礁的任何挑衅。
4 月 5 日	拜登在白宫会见访美的香港前政务司司长陈方安生及民主党人李柱铭,强调美长期支持香港民主发展和"一国两制"框架下的高度自治。
4 月 8 日	伯恩斯在亚洲协会演讲,称东中国海与南中国海的海事争端是对亚洲安全最严重的威胁之一。
4 月 5 日至 10 日	美国国防部长哈格尔访问日、中、蒙三国。
4 月 6 日	哈格尔与小野寺五典会晤时表示,钓鱼岛在日本实际控制下,适用《美日安保条约》第五条。
4 月 23 日至 25 日	奥巴马访问日本,在与日本首相安倍会谈后的记者会上称,《美日安保条约》适用于钓鱼岛,支持日本为解禁集体自卫权所作的努力。
4 月 27 日	奥巴马访问马来西亚,与马总理纳吉布会晤。双方决定将双边关系提升至全面伙伴关系,并就加强军事合作达成共识。
4 月 28 日	奥巴马访问菲律宾,美菲签署《加强防卫合作协议》。
5 月 6 日	美国务院称中国钻井平台"海洋石油 981"在南海作业具"挑衅性",无助于维护地区和平与稳定。
5 月 8 日	拉塞尔在越南河内表示,美国非常担心出现危险事态,美反对任何威吓行为,特别是在争议海域。
5 月 1 日	美国司法部宣布对 5 名中国军人提起诉讼,指控他们对美国核电厂、钢铁公司以及太阳能公司等实施网络经济间谍活动。
5 月 31 日	美国国防部长哈格尔在亚太安全对话会上指责中国近来在南海采取的"单边行动破坏地区稳定"。

6月4日	在布鲁塞尔举行的七国集团集团峰会称,对东海和南海紧张局势"深表关切"。
7月2日	习近平会见美前财长保尔森,强调中美要按照两国构建中美新型大国关系的重要共识,坚持增进和积累互信,扩大利益契合点,加强合作,多栽花、少栽刺,排除干扰,避免猜忌和对抗。
7月8日	国家发改委副主任解振华和美特使斯特恩就应对气候变化合作在京签署一系列协议。
7月9日至10日	第六轮中美战略与经济对话在北京举行。
7月11日	美国助理国务卿帮办迈克尔·福克斯在战略与国际研究中心(CSIS)举行的"南海局势暨美国政策"研讨会提出冻结特定行动3项建议。
7月14日	在巴西访问的习近平应约同奥巴马通电话,就伊朗核问题和朝鲜半岛问题交换意见。
7月14日	世贸组织的一个争端仲裁专家小组认为,美对中国22类产品课征惩罚性反补贴税的部分做法违反世贸规则。
7月15日	美哥伦比亚特区巡回上诉法院作出裁决,判定中国三一重工集团子公司罗尔斯公司针对奥巴马签发的行政命令胜诉。
7月16日	外交部证实,"海洋石油981"钻台平台在完成作业后撤离。
7月22日	李克强会见出席中美工商领袖和前高官对话的美方代表,表示中国愿做国际经贸新体系建设的参与者和贡献者。
8月9日至10日	克里在出席东盟地区论坛期间推销"冻结南海行动倡议"。
9月9日	习近平会见来访的苏珊·赖斯,强调构建中美新型大国关系要夯实战略互信基础、增进了解、妥处分歧、减少摩擦。
10月5日	美国联邦调查局局长科米在一档新闻节目中诬称,中国正在对美国发动一场"凶猛的网络战",每年给美国企业造成数十亿美元的损失。
10月22日	马萨诸塞州交通局正式批准向中国北车采购284辆地铁列车,这是中国轨道交通装备首次登陆美国。
11月11日至12日	奥巴马对中国进行国事访问,中美双方发表《气候变化联合声明》。
12月1日至2日	美国务院就香港警方清场"占中"表态称,美国继续呼吁示威者和平表达理念,香港当局保持克制。2日,美国国会就"占中"召开听证会。
12月5日	美国国务院网站发表题为"海洋界限——中国在南中国海的海洋主张"报告,攻击中国的断续线主张不符合国际海洋法。
12月7日	中国外交部授权发布《中华人民共和国政府关于菲律宾共和国所提南海仲裁案管辖权问题的立场文件》,驳斥菲律宾的立场和做法。
12月9日	中国外交部驳斥美国务院的报告,称美方无视基本事实与国际法理,无助南海争议的解决和南海地区和平稳定。
12月3日至5日	第十二次中美执法合作联合联络小组会议在北京举行,就加强反腐败追逃追赃合作达成重要共识。

12 月 17 日至 18 日	第 25 届中美商贸联委会在芝加哥举行。中国宣布将批准两种生物科技品种的大豆以及一种生物科技品种的玉米的进口;承诺简化制药和医学产品的监管程序,加快审批过程。

2015 年

1 月 1 日	"台北驻美经济文化代表处"在华盛顿双橡园举行"元旦升旗仪式",并为 4 名校级军官授勋。
1 月 5 日	中国政府外交部向美方提出严正交涉,要求其恪守一个中国政策,慎重妥善处理涉台问题,防止此类事情再次发生。
同日	美国国务院发言人普萨基称美国事前不知情,该事件不符合美国的政策,没有美方官员出席。
1 月 20 日	奥巴马发表《国情咨文》称,中国想要制定本地区的贸易规则,这将使美国工人和企业处于不利地位。亚洲的贸易规则"应该由美国而不是中国来制定"。
2 月 5 日	奥巴马和达赖喇嘛一同出席国家祈祷早餐会。
2 月 11 日	习近平应约同奥巴马通电话互致新春祝福。
3 月 2 日	奥巴马在接受路透社专访时称,中国起草中的《反恐法》要求外国科技公司交出密钥并在其系统上安装安全"后门""会给中国当局以监控权"。
3 月 2 日	美国国会下属的美中经济与安全评估委员会(USCC)发布报告《中国太空技术进步及其对美国的影响》称,中国要"在太空领域形成与美国同等的竞争力","试图阻断美国军事通信并摧毁美军在军事冲突中取胜的能力"。
3 月 24 日	美国战略司令部司令塞西尔·黑尼在国防部的媒体吹风会上表示,中国的太空战能力是美国的重要关切对象。
4 月 6 日	美国国防部长卡特在亚利桑那州立大学演讲时称,美国对中国在国防支出、网络空间和领土争端等领域的活动感到忧虑,但美中没有必要成为敌人。
4 月 8 日至 9 日	中美第六轮海洋法和极地事务对话在西雅图举行。该对话始于 2010 年,并被纳入战略与经济对话框架之下。
4 月 9 日至 10 日	中共中央政治局委员、中央政法委书记孟建柱会见来访的美国国土安全部长约翰逊;国务委员、公安部部长郭声琨与约翰逊举行两部首次会晤。双方发表《成果声明》,肯定两国开展执法安全合作的重要意义,确定的合作领域包括反恐、追逃追赃与遣返、知识产权刑事保护、海上执法、打击利用互联网实施的犯罪等。
4 月 10 日	美国国务院公布《香港政策报告》。这是国务院时隔 8 年再次发布相关报告。

4月10日	奥巴马表示支持延长将于年底到期的《美中和平利用核能合作协定》。
4月28日	奥巴马与到访的日本首相安倍会谈时重申对日本的安全承诺,重申《美日安保条约》适用于钓鱼岛。
5月16日	天津大学教授张浩在洛杉矶入境时被逮捕,并被当地法院以涉嫌经济间谍罪起诉。一同被起诉的还包括另两名天大教师在内的5名中国公民。
5月21日	美国助理国务卿帮办董云裳在布鲁金斯学会发表题为《台湾:至为重要的东亚伙伴》的演讲,强调美方致力于与台湾建构全面、持久且互惠的伙伴关系;两岸关系稳定是美国持久不变的利益,任何一方都不应片面改变现状;欢迎双方候选人访美。
5月27日至30日	美国国防部长卡特在亚太安全对话会上对中国在南海的岛礁建设进行攻击,解放军副总参谋长孙建国予以驳斥。
6月3日至4日	台湾民进党主席、地区领导人选举参选人蔡英文访问华盛顿。
6月4日	45家美国行业组织联名致函中国全国人大常委会法制工作委员会,敦促中方对上月公布的《境外非政府组织管理法》草案进行修改。信函称,该草案涉及面"过于广泛",在对"非政府组织"的定义中把贸易协会、外国商会、专业协会等都归入其中,可能对美中关系的未来产生重大负面影响。
6月4日	美国国土安全部指责以中国为基地的黑客潜入美国联邦政府人事管理局的电脑网络。
6月16日	美中贸易全国委员会发布美国对华出口年度报告显示,2014年,美国对华出口总额达1200亿美元,仅次于对加拿大和墨西哥的出口。
6月22日	第五轮中美战略安全对话在华盛顿举行。
6月22日	刘延东在美休斯敦赖斯大学出席第二届中美大学校长论坛并发表演讲。
6月23日至24日	第七轮中美战略与经济对话、第六轮中美人文交流高层磋商在华盛顿举行。
6月25日	美国负责民主、人权和劳工事务的助理国务卿马利诺夫斯基称,中国有关境外非政府组织管理的立法可能对在华外国人造成广泛影响,并对"人权活动人士"造成"严重限制"。
6月30日	外交部发言人在记者会上表示,中国在南沙群岛部分驻守岛礁上的建设已于近日完成陆域吹填工程,下阶段中方将开展满足相关功能的设施建设。
7月1日	美国国防部发布奥巴马任内第二份《国家军事战略》报告称,俄罗斯、伊朗、朝鲜和中国对美国及其盟国构成"严重安全隐患"。
7月18日	美军太平洋舰队司令斯威夫特乘P8-A侦察机在南海海域上空巡逻。
7月21日	习近平应约同奥巴马通电话,奥巴马对中方在伊朗核问题谈判达成全面协议中发挥的十分重要的作用表示感谢。

8月15日	海外首个抗战纪念馆在美国旧金山中国城隆重开馆。
8月26日	驻美大使崔天凯在美国《国家利益》杂志网站发表题为《聚焦中美利益交汇点》的文章。
9月9日至12日	习近平主席特使、中央政法委书记孟建柱率公安、安全、司法、网信等部门负责人访美,与美方就共同打击网络犯罪等执法安全领域的突出问题深入交换意见,达成重要共识。
9月15日	美国94名企业高管联名致函习近平和奥巴马,希望两国领导人推动双边投资协定谈判取得重大进展。
9月21日	苏姗·赖斯在乔治·华盛顿大学发表演讲,阐述奥巴马政府对华政策。
9月22日	美国国防部发言人彼得·库克在记者会上表示,两架中国空军歼轰7型飞机9月15日在山东半岛以东约80英里的黄海上空对一架美国RC-135侦察机进行拦截。
9月22日	习主席在对美进行国事访问前夕接受《华尔街日报》书面采访。
9月22日至27日	习近平对美国进行首次国事访问,并参加联合国成立70周年系列峰会。双方再次发表关于应对气候变化的联合声明。
10月6日	奥巴马宣布TPP达成协议。
10月17日	中央军委副主席范长龙在北京出席香山论坛时表示,"即使在涉及领土主权的问题上,中国也决不轻言诉诸武力,力避擦枪走火",始终坚持通过与直接当事方的友好协商解决分歧争端;中国愿与东盟国家在南海举行《海上意外相遇规则》联合训练和海上搜救、救灾联合演练。
11月7日	美国国务院发表声明,对习近平主席和台湾地区领导人马英九在新加坡的会面表示欢迎。
11月22日	第26届中美商贸联委会在广州举行,双方强调充分挖掘省州和城市间经贸合作的巨大潜力。
11月30日	习近平在巴黎出席联合国气候变化大会期间会晤奥巴马,双方强调加强合作,并同其他各方一道努力,使巴黎大会达成有雄心的成果。
12月1日至2日	首次中美打击网络犯罪及相关事项高级别联合对话在华盛顿举行,达成《打击网络犯罪及相关事项指导原则》,决定建立热线机制,就网络安全个案、网络反恐合作、执法培训等达成广泛共识。
12月10日	美国一架B-52轰炸机凌晨一度进入中国南沙群岛华阳礁上空2海里范围,美官员称是出于某种原因偏离了航线,误入该岛礁上空。
12月11日	习近平同奥巴马通电话,双方表示要继续保持密切协调,推动气候变化巴黎大会取得成功。
12月14日	两国领导人再次通话,对两国合作推动联合国气候变化大会通过《巴黎协定》表示赞赏。
12月16日	奥巴马政府就价值18.3亿美元的对台军售案通知国会。

12 月 18 日	美国国会批准国际货币基金组织 2010 年份额和治理改革方案。
12 月 18 日	美国贸易代表办公室公布 2015 年"恶名市场名单",被点名的全球 17 家实体商场包括中国 5 家:北京秀水街、上海七浦路批发市场、深圳罗湖城、广州金龙盘市场和汕头澄海市场。
12 月 27 日	全国人大常委会通过《反恐法》,习近平签署第三十六号主席令予以公布。美国国务院发言人普莱斯 22 日曾批评该法将进一步限制中国的言论、结社、集会和宗教自由,并可能影响美国对华贸易和投资。

2016 年

1 月 4 日	美国国务院就中国在永暑礁机场进行校验飞行表达关切,发言人柯比呼吁"停止南海争议海域的填海造地和军事化活动"。
1 月 5 日	美国海军作战部长约翰·理查森公布题为《维持海上优势构想》的计划,并称 25 年来,美国首次面临大国竞争的回归;俄、中都寻求成为全球强国,其许多军事能力专门针对美军弱点。
1 月 6 日	朝鲜宣布"成功试爆了第一枚氢弹",这是朝鲜第四次核试验。
1 月 16 日	美国国务院祝贺蔡英文赢得台湾地区领导人选举。
1 月 20 日至 21 日	美国常务副国务卿布林肯访华,与外交部副部长张业遂共同主持中美战略安全对话会间会。国台办主任张志军 21 日会见布林肯。
1 月 30 日	美"柯蒂斯·威尔伯"号驱逐舰闯入中建岛 12 海里海域。
2 月 7 日	韩国宣布韩美启动磋商在韩部署"萨德"系统,中方明确表示反对部署。
2 月 23 日至 25 日	王毅访问美,会晤奥巴马、赖斯,与克里等会谈,就朝核、南海等问题阐述中方立场,并表示支持美方于 3 月底举行第四次核安全峰会,美方表示期待参加 9 月在杭州召开的二十国峰会。
2 月 26 日	美国国安会亚洲事务高级主任康达在美一智库就美国与东盟关系发表演讲时称,菲律宾就中菲南海争端提起的国际仲裁案结果对双方都将具有约束力。
2 月 29 日	外交部发言人洪磊表示,中国不接受、不参与菲律宾南海仲裁案具有充分的国际法依据,这一立场是明确、一贯的。
2 月 29 日	2016"中美旅游年"在京开幕,习近平在开幕式上致贺词。
3 月 2 日	联合国安理会通过第 2270 号决议,对朝鲜实施一系列制裁措施,以遏制其核与导弹开发计划,并呼吁恢复六方会谈。
3 月 18 日	美国助理国务卿拉塞尔、助理国防部长施大伟与到访的菲副外长加西亚、菲副防长巴蒂诺举行第六次美菲年度双边战略对话。会后两国发表的联合声明宣布,美军将以轮驻方式使用菲境内的 5 个军事基地。
3 月 31 日	习近平在华盛顿出席第四次核安全峰会期间会晤奥巴马。美方表示支持中方主办二十国集团杭州峰会;双方高度评价第三份气候变化联合声明并宣布将于 4 月 22 日同时签署《巴黎协定》;双方同意发表中美核安全合作联合声明,推动第四次核安全峰会取得成功。

4月19日	美国国防部发布《2015财年航行自由行动》报告,称美军方去年针对中国、印度、印尼等13个国家和地区采取"航行自由计划"行动。
4月22日	习近平特使、国务院副总理张高丽在纽约联合国总部出席《巴黎协定》高级别签署仪式,并代表中国签署该协定。
4月23日	美菲"肩并肩"联合军演结束后,美军留在菲的6架战机飞越黄岩岛附近空域开展行动,首次在南海争议地区进行"空海态势感知飞行"。
4月27日	美国贸易代表办公室发布2016年"特别301报告",中国在报告中再次被列入"重点观察名单"。
5月10日	美国派遣"威廉·劳伦斯"号驱逐舰闯入永暑礁12海里之内,遭中国战机和船舰的监视、警告、驱离。
5月11日	中美网络安全问题高级别专家会谈落幕,这是上年9月中美签署网络安全协议后举行的首次会谈。
5月17日	美国商务部宣布对来自中国的冷轧扁钢的进口税率提高到522%,中国商务部对此表示强烈不满。
5月17日	美军一架EP-3侦察机在海南岛附近进行抵近侦察,中国派遣两架歼-11型战斗机对其进行跟踪监视驱离。
5月25日	美商务部宣布对来自中国的耐腐蚀钢铁征收高额的反倾销税。
6月5日	中央军委联合参谋部副参谋长孙建国在香格里拉对话会上,就菲律宾提起的南海仲裁案阐述中国政府的立场。
6月5日	美国参议院军事委员会主席麦凯恩率议员团访台。
6月5日	第六轮中美战略安全对话在北京举行。
6月6日至7日	第八轮中美战略与经济对话、第七轮中美人文交流高层磋商在北京举行。
6月7日	美国空军一架RC-135侦察机在东海进行抵近侦察,遭一架中国歼-10战斗机拦截。
6月13日	习近平致电奥巴马,就12日美国佛罗里达州奥兰多市发生枪击事件造成重大人员伤亡表示慰问。
6月14日	第二次中美打击网络犯罪高级别联合对话在北京举行,会议通过《中美打击网络犯罪及相关事项热线机制运作方案》,并联合发表成果清单。
6月15日	奥巴马在白宫地图室第四次会见达赖。
7月12日	应菲律宾单方面请求建立的南海仲裁案仲裁庭作出片面裁决。白宫发言人欧内斯特、美国务院发言人约翰·柯比称,裁决是"最终结果且具有约束力"。
7月13日	美国就中国对9种原材料(锑、钴、铜、石墨、铅、氧化镁、滑石、钽、锡)征收5%到20%的出口税向世贸组织提出诉讼。

7月24日	美国荣鼎咨询公司最新发布的报告显示,本年前6个月,中国对美直接投资激增,达到创纪录的184亿美元,高出上年全年153亿美元,中国对美投资已经连续三年超百亿美元。
7月25日	克里、岸田文雄和澳大利亚外长毕晓普发表联合声明,鼓吹南海仲裁案仲裁庭的裁决是"最终的且具有法律约束力的"。
8月22日	先正达公司与中国化工集团发表联合声明,称两家公司已接到外国在美投资委员会对它们拟议中交易的批准,双方价值高达430亿美元的并购将在年底前完成。
9月3日	习近平在杭州西湖国宾馆会见前来出席二十国集团峰会的奥巴马,双方进行长时间的深入交谈。
9月6日	奥巴马访问老挝并出席在万象举行的东亚峰会,这是他任内第十一次访问亚太地区。奥巴马在万象表示,美国将继续在所有国际法允许的地方飞越、航行和作业。
9月15日	美国国防部长卡特会晤日防卫大臣稻田朋美,双方确认"尖阁群岛"(即我钓鱼岛及其附属岛屿)"处于日本的管辖权之下","属于美日安保条约的适用对象"。
9月19日	李克强在纽约出席联大系列高级别会议期间会见奥巴马,强调经贸合作是两国关系"压舱石"和"推进器",反对美在韩部署"萨德"系统。
9月26日	美国国务院副发言人称,美国将继续支持台湾对国际民航组织等机构"有意义的"参与。
10月7日	"美国在台协会"正式宣布,由美资深外交官莫健出任协会理事主席。
10月19日	世贸组织发布中国诉美反倾销措施案专家组报告,裁定美国针对中国出口产品实施的多项反倾销措施违反世贸规则。本案涉及机电、轻工、五矿等多个产业,年出口金额约84亿美元。中方敦促美方尊重世贸组织裁决,改正滥用贸易救济措施的错误做法。
10月23日至29日	"美国在台协会"新任理事主席莫健访台。
11月14日	习近平与美当选总统特朗普通电话表示祝贺。双方同意保持密切联系,并早日会面。
11月19日	习近平在利马出席亚太经合组织峰会期间会晤奥巴马,两国元首一致同意确保中美关系继续沿着正确轨道健康稳定向前发展。
11月21日至23日	第27届中美商贸联委会在华盛顿举行。
11月30日	联合国安理会通过第2321号决议,强烈谴责朝鲜第五次核试验并强化对朝制裁。
12月1日、2日	美国会参、众两院分别通过"2017财年国防授权法",第1254节中提到,国会认为五角大楼应推动美台高层资深防务官员之间的交流。
12月2日	特朗普与台湾地区领导人蔡英文通电话,强调美台之间"密切的经济、政治和安全关系",引起中方严重不满。

12月5日	白宫发言人欧内斯特透露,美国安会高官在周末与中方进行沟通,美方再次保证坚持一个中国政策。
12月12日	白宫发言人表示,美国将继续坚持其长期奉行的一个中国政策,台湾是中国的一部分,不会把台湾问题当作与中国打交道的筹码。
12月17日	菲律宾总统杜特尔特表示,他将"搁置"海牙仲裁庭此前作出的裁决,并打算废止允许美国在菲驻军和部署军事装备的协议。
12月16日	奥巴马在年终记者会上警告当选总统特朗普说,一个中国原则处于中国国家概念的核心位置,如果想颠覆这一理解,就必须想清楚会产生什么后果。

后　记

　　带着些许遗憾,我把书稿发给了上海人民出版社的责编。从《中美关系史》第一卷写到本书,我从近代史、现代史进到了当代史。当我写完第三卷时,并没有写本书的想法。第三卷结束在20世纪末,结尾又恰好是中美就中国加入世贸组织达成协议、美国成立了对华永久性正常贸易关系立法,我对这个立法一直评价很高,视为两国关系的一个重要突破。以此作为《中美关系史》的结尾,使读者对两国关系的未来有个乐观的期望,本来就可以了。但经历了21世纪头十几年的发展后,我又产生了强烈的冲动要把这段历史也记录下来。因为这十几年中,中国的面貌、国际形势都发生了大变化,中美关系的范围大大拓展,包括了许多多边议题、全球性议题,无论在安全方面、经济方面和全球治理方面;布什时期与奥巴马时期的对华政策和两国关系又有许多不同,这些新现象、新内容、新特点促使我又写了本卷。我起先也并非没有估计到写当代史的难处,但真正写起来,才有了切身体会。有的问题写得比较充实,有的问题材料难以寻觅,写得显然不够深入;两国关系的现象描述出来了,却无法作进一步的解读,难以探讨背后的真正动因;对于中美双方的决策过程更是难以触及;中美关系的范围越来越宽广,也产生了笔者的知识准备不够用的问题。但这十六年的事情是笔者亲眼目睹的,有的事情还多少有点参与,有点切身感受;笔者也尽可能采访了一些参与决策的美方官员和了解内情的前官员;中国一些已经卸任的外交官(钱其琛、唐家璇、戴秉国、李肇星、周文重、吴建民)的回忆录对本书写作很有帮助。笔者希望达到了最初设定的目的:把这十六年中两国关系中的大事记载下来,把中美关系演变的基本轨迹描述出来。等后来的学者再研究这段中美关系时,本书能为他们提供一些材料和参照;同时也希望能为同行和广大读者观察当今及往后的中美关系提供一些有益的借鉴。

为写作本书采访的前任和时任美国政府官员主要有：

包道格，"美国在台协会"驻台北办事处主任（2001—2004）；

李侃如，国家安全委员会亚洲事务高级主任（1998—1999）；

贝德，国家安全委员会亚洲事务高级主任（2009—2010）；

薄瑞光，"美国在台协会"理事主席（2006—2016）；

傅立民，助理国防部长（1993—1994）；

傅强恩，美中贸易全国委员会会长；

卜睿哲，"美国在台协会"理事主席（1997—2002）；

海塞威，前众议院外交事务委员会高级助手；

格林，国家安全委员会负责日、朝、澳、新事务主任（2001—2004）；亚洲事务高级主任（2004—2005）；

康达，国务院东亚司中蒙事务处处长（2009—2011）；

凯利，助理国务卿（2001—2005）；

汉密尔顿，前众议院外交事务委员会主席；

李维亚，常务助理国务卿帮办、代理助理国务卿（2005—2007）；

洛曼，参议员麦凯恩的高级助手（1991—1996）；参议员赫尔姆斯的高级助手（2002）；

莫健，国家安全委员会亚洲事务高级主任（2001—2004）；

麦艾文，国安会中国事务主任（2009—2013）；亚洲事务高级主任（2013—2016）；

薛瑞福，助理国务卿帮办（2001—2004）；

容安澜，国务院副发言人（1991—1994）；国务院政策规划司副司长（1993—1996）；

芮效俭，美国驻华大使（1991—1995）；

施蓝旗，"美国在台协会"华盛顿办事处执行理事；

夏馨，"美国在台协会"理事主席（2002—2004）；

韦德宁，国安会中国事务主任（2001—2005）；亚洲事务高级主任（2005—2009）；

夏千福，国务院台湾事务协调科科长（2004—2009）；

叶望辉，副总统国家安全事务副助理（2001—2005）。

本书是中国社会科学院学部委员创新课题成果。2015 年立项，2018 年结项。感谢院科研局为本项目提供了资助。从立项到结项，美国研究所领导和学术委员会都给予了大力支持。院科研局的金香同志、美国所科研处的陈宪奎研究员、董玉齐、潘文婷同志提供了多方面的帮助，友人、中国现代国际关系研究院张文宗副研究员帮助制作了奥巴马时期两国关系大事记、院图书馆的王玉巧同志帮助借阅图书资料,上海人民出版社的责任编辑秦堃同志做了认真细致的编辑工作,对于他们及其他提供过各种帮助的朋友,在此一并表示感谢。笔者特别要感谢的是学术助手、北京外国语大学的仵胜奇博士,没有他协助搜集资料,我的工作定会事倍功半。自然,书中的错谬欠缺之处完全由笔者负责。

陶文钊

2018 年于中国社会科学院美国研究所

图书在版编目(CIP)数据

中美关系史.2001—2016/陶文钊著.—上海：
上海人民出版社,2023
ISBN 978-7-208-18389-6

Ⅰ.①中… Ⅱ.①陶… Ⅲ.①中美关系-国际关系史
-2001-2016 Ⅳ.①D829.712

中国国家版本馆 CIP 数据核字(2023)第 124763 号

责任编辑　秦　堃
封面装帧　胡　斌
美术编辑　夏　芳

中美关系史(2001—2016)
陶文钊　著

出　　版　上海人民出版社
　　　　　(201101　上海市闵行区号景路 159 弄 C 座)
发　　行　上海人民出版社发行中心
印　　刷　启东市人民印刷有限公司
开　　本　720×1000　1/16
印　　张　34
插　　页　2
字　　数　638,000
版　　次　2023 年 7 月第 1 版
印　　次　2024 年 5 月第 2 次印刷
ISBN 978-7-208-18389-6/D·4159
定　　价　150.00 元